传统文化经典读本系列

毕宝魁
尹博 著

古文观止
译注评

上

中国出版集团
现代出版社

目　录

上　册

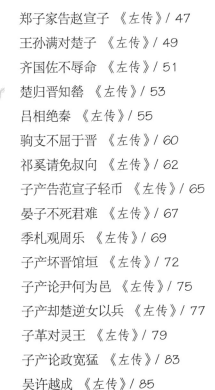

卷之四

卷之六

下　册

卷之七

卷之八

前　言

　　半年伏案，《古文观止译注评》即将交稿付梓。不免有些许感慨，写在前面。长袖善舞，多财善贾，博学善书。吾不敢言博学，但我敢说勤奋如我者实不多。然半年能写完如此大部头书稿，亦有缘由。这与我对《古文观止》的熟悉程度有关，全书共二百二十二篇，其中三分之一是我已注释过的篇章，直接使用即可，只需核对原文，增加翻译和评析。其中三分之一是我极其熟悉的篇章，故写起来如鱼得水，可自由自在，倏忽往来；如驾轻就熟，可扬鞭策马，任意驰骋。只有三分之一是在三十年前阅读过而印象很浅之文，但译注评这一部分，却使我大增学识，引起许多思考，兴趣更浓。故在写作过程中，我始终处在比较亢奋的状态中。亢奋则头脑清，思维活，思路清，思考深，写作速度快。故本书之写作和《元曲三百首译注评》之写作的感觉一样——爽，真爽，特爽。

　　当年介之推反对"贪天功为己有"，我也如此，不但不敢贪天功为己有，更不敢贪人功为己有。必须说明，写作能够如此快，要感谢先进的信息传播手段。如果还是和几十年前一样先把原文抄写在原稿纸上，一个字一个字地书写，绝对不会如此之快。如今全书的原文不必自己敲打，从网上都可以下载。注释和译文也都有现成的文字。这样，关键则在于选择和修改去留。这便需要极其审慎的态度。本书依据的底本是中华书局 1959 年 9 月新一版，一切文字均用此书校对核定。原文之外，所有文字都经过我的眼睛和大脑，不敢放过一句话、一个词、一个字。故我敢说，或许有不同见解，但本书在学术上没有硬伤。

二十年前，我便有个心愿，就是把最流行的《唐诗三百首》《宋词三百首》和《古文观止》全部进行译注评，这样对于普及流传将大有益处。先秦时原典，当时学人都能懂，汉人读不懂则加注，唐人连汉人的注也读不懂则加疏，如今注疏都读不懂则应该是译注评。故这种方式是古诗文流传后世和流向世界的最佳方式。当然，译注评的准确精练则是关键，也是我极其注意的方面。如今，不仅这三种流传最广的诗文选本都经我手译注评出版，《元曲三百首译注评》也在今年六月出版，心情大好特好。

《古文观止》之所以能够长期广泛流传，是因其选篇有独到之处，其着眼点在中华传统文化之核心价值方面，确实就是韩愈所说的"尧以是传之舜，舜以是传之禹，禹以是传之汤，汤以是传之文、武、周公，文、武、周公传之孔子，孔子传之孟轲"的那个"道"。在浩如烟海的古代文献中选择篇章，需要有标尺和权衡，其轻重长短难以把握，而本书之选的核心便是五千年不断的"道"。前两卷都是《左传》，第三卷主体是《国语》，是华夏文化早期思想的最主要载体。这些文字告诉我们，华夏民族一直坚持仁义忠信。如《祭公谏征犬戎》记载了周穆王伐犬戎的政治错误，是西周天子失德之始，而《召公谏厉王弥谤》则是周天子失德之再，文章明确表现出民本思想和民主政治的倾向。针对《子革对灵王》《展禽论祀爰居》两篇综合阅读思考，便可以确定在两千六百年前华夏大地存在不同版本的《三坟》《五典》《八索》《九丘》这些书。文化偏远的楚国都有，洛阳和曲阜能没有吗？子革能够讲解，而鲁国贤士展禽肯定读过，其后的老子、孔子肯定都读过这些书。那么，通过这些记载上溯，可以肯定我们的三皇五帝时代是真实的历史。《里革断罟匡君》可以说是最早的关于环境保护和生态平衡的理论和认识，比孟子"数罟不入洿池"早了几百年而且更具体更严格。其后的文章中都贯穿着华夏传统之核心价值观。阅读这些文章感觉在聆听先贤的教诲，仿佛在各个历史时期的社会生活当中一样，净化灵魂，提升道德，明辨是非，知道荣耻，加强自信。

韩文公说："化当世莫若口，传来世莫若书。"传承文化最主要的方式还是撰写图书，使其成为古今中外文化的桥梁。但愿此书能够基本满足读者诸君的阅读期待。但愿二百年后还有人阅读此书。

这是我和妻子尹博合作的第二本书。尹博主要执笔唐代部分，其他由我完成，并由我最后统稿。二人同心，其利断金，同心之言，其臭如兰。何况是夫妻同心，对于稍有疑惑之处，我们便讨论切磋，直到意见完全统一。

感谢臧永清、张晶和赵海燕为本书付出的辛苦劳动。

3

卷之一

《左传》

《左传》是我国现存最早的叙事详细的编年体史书，记述自鲁隐公元年（前722）至鲁哀公二十七年（前468）春秋各国的重要史事。《史记》上说是春秋末年鲁太史左丘明所作，基本是可信的。

作为重要的史学、文学名著，《左传》内容丰赡，记述翔实，而且善于以简洁笔墨状写繁复的历史事件，刻画人物栩栩如生，尤其善于描写战争。"文采若云月，高深若山海"（晋·杜预语），饮誉千秋，对我国史学与文学之发展产生了深远影响。

郑伯克段于鄢
《左传》

初①，郑武公娶于申②，曰武姜③，生庄公及共叔段。庄公寤生④，惊姜氏，故名曰寤生，遂恶之⑤。爱共叔段⑥，欲立之。亟请于武公⑦，公弗许。

及庄公即位，为之请制⑧。公曰："制，岩邑也⑨，虢叔死焉⑩，他邑唯命⑪。"请京⑫，使居之，谓之京城大叔⑬。祭仲曰⑭："都城过百雉⑮，国之害也。先王之制：大都不过参国之一⑯，中五之一，小九之一。今京不度⑰，非制也⑱，君将不堪⑲。"公曰："姜氏欲之，焉辟害⑳？"对曰："姜氏何厌之有㉑！不如早为之所，无使滋蔓㉒，蔓难图也。蔓草犹不可除，况君之宠弟乎！"公曰："多行不义必自毙㉔，子姑待之。"

既而大叔命西鄙北鄙贰于己㉕。公子吕曰㉖："国不堪贰㉗，君将若之何㉘？欲与大叔，臣请事之；若弗与，则请除之。无生民心㉙。"公曰："无庸㉚，将自及㉛。"

大叔又收贰以为己邑㉜，至于廪延㉝。子封曰："可矣，厚将得众㉞。"公曰："不义不昵㉟，厚将崩㊱。"

大叔完聚㊲，缮甲兵㊳，具卒乘㊴，将袭郑。夫人将启之㊵。公闻其期，曰："可矣！"命子封帅车二百乘以伐京㊶。京叛大叔段，段入于鄢，公伐诸鄢。

3

五月辛丑㊷，大叔出奔共㊸。

书曰㊹："郑伯克段于鄢。"段不弟㊺，故不言弟；如二君，故曰克㊻；称郑伯，讥失教也㊼；谓之郑志。不言出奔，难之也。

遂寘姜氏于城颍㊽，而誓之曰㊾："不及黄泉㊿，无相见也。"既而悔之。

颍考叔为颍谷封人(51)，闻之，有献于公，公赐之食，食舍肉(52)。公问之，对曰："小人有母，皆尝小人之食矣(53)，未尝君之羹(54)，请以遗之(55)。"公曰："尔有母遗，繄我独无(56)！"颍考叔曰："敢问何谓也？"公语之故，且告之悔。对曰："君何患焉(57)？若阙地及泉(58)，隧而相见(59)，其谁曰不然？"公从之。公入而赋(60)："大隧之中，其乐也融融！"姜出而赋："大隧之外，其乐也泄泄(61)。"遂为母子如初(62)。

君子曰："颍考叔，纯孝也，爱其母，施及庄公(63)。《诗》曰：'孝子不匮，永锡尔类(64)。'其是之谓乎(65)？"

【注释】

①初：当初，《左传》中追叙以前事情常用语。②郑武公：郑国是姬姓诸侯国，国君都姓姬，武公名掘突。申是姜姓诸侯国，在今河南南阳一带。③武姜：春秋时期国君夫人称呼由国君谥号和女子姓氏合成。④寤生：逆生，难产。寤，通"牾"，倒着。⑤恶之：厌恶庄公。之：代指庄公。⑥爱共叔段：偏爱共叔段。爱：有贬义。⑦亟（qì）：屡次。⑧为之请制：（姜氏）替共叔段请求把制作为封地。制：地名，又名虎牢关，在今河南荥阳汜水镇西。⑨岩邑：险要的城镇。⑩虢叔：东虢国国君，曾依仗地势险要，不修德政，被郑武公所灭。⑪他邑唯命：其他地方唯命是从。⑫京：地名，今河南荥阳东南，距郑国都城较近。⑬谓之京城大叔：那里的人称呼共叔段为京城大叔。大：同"太"。⑭祭（zhài）仲：字足，郑国大夫。⑮雉：古代度量单位，长三丈高一丈为一雉。⑯参国之一：国都的三分之一。参：同"三"。⑰不度：不合礼法制度，指城墙建筑超过标准。⑱非制：不是先王制度。⑲不堪：承受不了，意为控制不住。⑳焉辟害：怎样能够避免这场灾祸？辟：通避。㉑厌：同"餍"，满足。㉒无使滋蔓：不要使其滋生蔓延。无：通"毋"。㉓图：图谋。㉔自毙：自己走向死亡。㉕既而：不久。贰：两属。原来归国君管辖，现在要求也归自己管辖。㉖公子吕：字子封，郑国大夫。㉗国不堪贰：国家受不了两个国君。㉘若之何：对他怎么办？㉙无生民心：不要让百姓产生二心而无所适从。㉚无庸：不用。庸：同"用"。㉛自及：自己走向灭亡。㉜收贰以为己邑：指共叔段收原来两属的西鄙、北鄙为自己专管。㉝廪延：地名，在今河南延津北。㉞厚将得众：地盘大将会有更多百姓。㉟不义不昵：不义，指君臣关系不合

礼义。不昵：指兄弟关系不亲。㊱厚将崩：土地再多也要崩溃。㊲完聚：修筑好城郭，聚集民众。㊳缮甲兵：修整好铠甲和武器。㊴具卒乘（shèng）：准备好步兵和战车。㊵启之：为共叔段开启城门。之：代指共叔段。㊶帅：同“率”，率领。㊷五月辛丑：辛丑，古代干支记日。㊸共：诸侯国名，在今河南辉县。㊹书曰：这里指孔子记载说。《春秋》为孔子所修，“经”文只一句话。㊺不弟：不遵守当弟弟的本分。㊻克：指通过战争打败。㊼失教：缺失教育。㊽寘：同“置”。颍：地名，郑国边境城市，在今河南临颍西北。㊾誓之：对姜氏发誓。之：代指姜氏。㊿黄泉：黄泉路，指死亡。(51)颍考叔：郑国大夫。颍谷：地名，在今河南登封西南。封人：管理边疆事务之官。(52)食舍肉：吃饭时把肉留下来。(53)尝：品尝，吃。(54)君之羹：国君恩赐的肉羹。(55)遗（wèi）之：送给母亲。(56)繄（yī）：句首语气词，无实义。(57)何患：有什么忧虑的。(58)阙：通“掘”。(59)隧而相见：在地道里相见。隧：隧道。(60)赋：赋诗。(61)泄泄：舒畅快乐的样子。(62)如初：如同当初。(63)施（yì）：推及，延续。(64)孝子不匮，永锡尔类：出自《诗经·大雅·既醉》，大意说，孝子的孝道永无穷尽，一直会影响与他同类的人。(65)其是之谓乎：说的大概就是这种情况。

【译文】

当初，郑武公从申国娶来妻子，称武姜，生庄公和共叔段。生庄公时足位难产，使姜氏受了惊吓，因此起名叫“寤生”，于是很厌恶他，而偏爱共叔段，想要立共叔段为世子接国君的班。多次向郑武公请求，武公没有答应。

等到庄公即位，姜氏替共叔段请求封到制这个地方。庄公说：“制，是个险要的地方，虢叔便死在那里，其他邑镇唯命是从。”姜氏替共叔段请求京这个地方。庄公让他住到那里，那里的人称呼他为“京城太叔”。祭仲曰：“都邑城墙超过百邑的规模，便是国家的祸害。按照先王的制度，大的都邑城墙不能超过国都的三分之一，中等的不能超过五分之一，小的不能超过九分之一。如今京不遵守法度，不符合规定制度，您将要控制不了。”庄公说：“姜氏要这样做，怎么能够躲开这种祸害呢？”祭仲说：“姜氏有什么满足呢？不如早点给共叔段安排住所，不要让他的势力滋生蔓延。滋生蔓延就不好图谋了。蔓延的野草还不可以根除，何况是国君尊崇的弟弟呢。”庄公说：“多做不道义的事情一定会自取灭亡。你姑且等着吧。”

不久共叔段就命令本来是国君直接管辖的西边和北边两个边境地区，既要服从庄公，也要归自己管辖。公子吕说：“国家受不了两个人的统治，您对于这件事将如何处理？如果要把国家辞让给太叔，我请求去侍奉他。如果不辞让给太叔，就请除掉他。”庄公说：“不用着急，他将要自己走向灭亡。”

共叔段又收已经归属的西边和北边边境的两个地区为自己的采邑，一直延伸到廪延这个地区。子封说："可以下手剪除他了，地盘再大将得到更多的民众。"庄公说："共叔段对于君臣关系不遵守道义，对于兄弟不亲近，地盘再大也将要崩溃。"

太叔修完城郭，聚集民众，修造铠甲兵器，准备好战车，将要偷袭郑国国都。夫人将在城里为他打开城门。庄公听说了他起事的日期。说："可以下手了。"命令子封率领二百辆战车来讨伐京。京的百姓背叛了共叔段，共叔段逃跑到鄢。庄公的部队到鄢去讨伐他。五月辛丑这一天，太叔出逃到共国。

《春秋》上记载道："郑伯在鄢战胜共叔段。"共叔段不遵守当弟弟的本分，因此不称呼为弟；如同是两个国君，所以说"战胜"；称呼为郑伯，讥刺他在教育上有失误。不说共叔段逃走，有责难郑伯之意。

于是庄公将姜氏安排在颍城，并对她发誓说："如果不到黄泉路上，不要相见了。"不久他就后悔了。

颍考叔作为颍谷管理边境事务的官员，听说这种情况，到庄公那里送礼，庄公赐给他酒菜，吃的时候他把肉留下来。庄公问他为何留肉，颍考叔回答说："小人我有老母亲，凡是我吃过的食物我妈妈都吃过，她没有吃过国君赐予的羹汤，请允许我把羹肉送给母亲。"庄公说："你很幸福啊！有母亲可以留给她肉吃。我偏偏没有。"颍考叔说："敢问您说的是什么意思啊？"庄公把事情的经过告诉他，并告诉他自己后悔了。颍考叔回答说："国君您有什么忧愁的呢？如果挖地道到地下泉水，就在地道里见面，那么谁又能说不能这样呢？"庄公听从了他的意见。庄公进入地道中赋诗道："大的地道之中，心情快乐啊多么融融！"姜氏出来时赋诗说："大的地道之外，心情快乐啊多么畅快！"于是他们又如同当初一样恢复了母子关系。

君子评论说："颍考叔有纯粹的孝心，爱他的母亲，推及庄公身上。"《诗经》说："'孝子的孝道永无穷尽，一直会影响与他同类的人。'说的大概就是这种情况吧？"

【评析】

本文选自《左传·隐公元年》，记载春秋初期郑国统治集团内部的一次政治斗争。通过描述郑庄公与胞弟共叔段为争夺君权而钩心斗角，最后发展成军事斗争的历史事件，揭露了当时权力争夺的尖锐复杂以及统治阶级伦理道德的虚伪。

本文在塑造人物性格方面非常成功，作者紧紧围绕郑庄公与共叔段争夺最高权力这一中心，在复杂的矛盾冲突中刻画各种类型的人物形象，语言简洁洗练，善于选择典型的言行表现各自的性格特点。如庄公的老谋深算，工于心计；共叔段的狂妄自大，贪婪忤逆；姜氏的乖戾昏聩，偏心干政。其次，如祭仲老成持重，公子吕急躁直率的个性通过他们的语言表现得栩栩如生，而颍考叔的机智善谏则通过具体的行动来表现，手法巧妙。人物的主从关系处理也很好，郑庄公为主要人物，共叔段和姜氏为次要人物，祭仲、公子吕、颍考叔为衬托人物，在相互比照烘托中使人物性格更加鲜明突出。

作者精于剪裁，详略、取舍恰到好处。详写矛盾的起因以及发展和结局，略写战争。本来是叙事，重点却在写人。在不过千字的短文中，通过充满戏剧色彩的矛盾冲突，着意刻画出庄公、共叔段、姜氏以及智者颍考叔四个个性鲜明、形象栩栩如生的历史人物。细节描写增加了故事的生动性和人物性格的丰富性，如"庄公寤生"、颍考叔献礼和"食舍肉""隧而相见"等描写都活灵活现，对于丰富人物性格、深化主题都起到了很强的作用。

周郑交质

《左传》

隐公三年①。郑武公、庄公为平王卿士②。王贰于虢③，郑伯怨王。王曰："无之。"故周郑交质④：王子狐为质于郑⑤，郑公子忽为质于周⑥。

王崩，周人将畀虢公政⑦。四月，郑祭足帅师取温之麦⑧；秋，又取成周之禾⑨。周郑交恶。

君子曰："信不由中⑩，质无益也。明恕而行，要之以礼⑪，虽无有质，谁能间之⑫？苟有明信，涧溪沼沚之毛⑬，蘋蘩蕴藻之菜⑭，筐筥锜釜之器⑮，潢污行潦之水⑯，可荐于鬼神⑰，可羞于王公⑱；而况君子结二国之信，行之以礼，又焉用质？风有采蘩采蘋⑲，雅有行苇泂酌⑳，昭忠信也㉑。"

【注释】

①三年：公元前 720 年。②平王卿士：指周平王属下大臣。平王初年，郑武公和郑庄公先后以诸侯身份在朝廷兼职作卿，有实权。③贰于虢：有二心于虢国。指不专门信任郑国国君而也兼听虢国国君意见。④交质：交换人质。春秋战国时期，不信任的双方相互用亲人或大臣做

抵押以取信。⑤王子狐：周平王的儿子姬狐。⑥郑公子忽：郑庄公的儿子姬忽。⑦畀（bì）：给予，托付。⑧祭（zhài）足：即祭仲，郑国大夫。温：周地，今河南温县西南。⑨成周：即东周首都。这里指东边郊区。⑩中：通"衷"，内心。⑪要：约束。⑫间：挑拨离间。⑬涧溪：山中小河。沼：池塘。沚：水中小块陆地。毛：野草。⑭蘋：即四叶菜，又称田字草。蘩：即白蒿。蕴藻：一种喜欢丛生的水草。⑮筐筥（jǔ）：都是盛物的编制器具。用竹子或条子编制而成。锜釜：都是容器、炊具，类似锅。⑯潢污（huáng wū）：停积的死水。行潦（lǎo）：路旁的积水，包括车道沟里的水。⑰荐：祭祀鬼神之物品，特指未用猪、羊、牛的祭品。⑱羞：美味。这里用如动词。⑲采蘩、采蘋：都是《诗经·召南》中的诗篇，叙述妇女采野菜供祭祀用，取其不嫌菲薄之意。⑳行苇、泂（jiǒng）酌：是《诗经·大雅·生民之什》中的两篇。是祭祀后宴请父老乡亲的诗，歌颂相互忠诚爱护，亲近忠诚。㉑昭：表明彰显忠诚信任。

【译文】

郑武公、郑庄公父子两代担任周平王的卿士。平王对于虢公比较信任，不专信庄公，因此郑庄公埋怨平王。平王说："没有这样啊！"于是周王朝和郑国交换人质，平王的儿子姬狐到郑国做人质，而郑庄公的儿子姬忽到东周雒邑做人质。

周平王死，周王室即将把政事交给虢公处理。四月，郑国大夫祭足率领军队抢收温地的麦子；秋天，又去抢收周王室的庄稼。周王室和郑国关系恶化。

君子评价说："如果不是从内心相互信任，交换人质也没有什么用处。能够明确采用恕道而行，相互用礼来约束，即使没有人质，谁又能够挑拨离间呢？如果确实表明有诚信，那么即使是山间小溪、池沼、沙滩上的野草，野蘋、白蒿、聚藻类的野菜，方筐、圆筥、鼎、釜等简陋的器皿，停滞的死水、车道沟里的积水都可以进献鬼神，也可以进献王公。何况是君子订立两国之间如此重要的盟约，如果依照礼来进行，又哪里用得着人质？《诗经》《国风》中有《采蘩》《采蘋》的篇章，《大雅》中有《行苇》《泂酌》的篇章，都是表彰忠信的意思。"

【评析】

本文记载周平王和郑庄公相互不信任而交换人质的事件。全文分两部分，前面叙事，极其简明，寓议论于叙述中。堂堂周天子，连用人的权力都没有，而且居然和自己的卑子交换人质。王室的权威丧失殆尽。这件事是周王室渐衰的突出表现。郑庄公派军队去抢收王室成熟的麦子和庄稼，实在是欺人太甚，而王室显得无可奈何，东周之衰可见一斑。

后面君子的评论是从"信"和"礼"两个方面来提出的。其实首先应该是礼，其次才是信。"涧溪沼沚之毛，蘋蘩蕴藻之菜，筐筥锜釜之器，潢污行潦之水"排比句的运用，表现出很高的文字功底和文学才能。最后举出《诗经》四篇为例证，也可以看出作者对于经典的熟练程度。

石碏谏宠州吁

《左传》

卫庄公娶于齐东宫得臣之妹[①]，曰庄姜。美而无子，卫人所为赋硕人也[②]。又娶于陈，曰厉妫[③]。生孝伯，蚤死[④]。其娣戴妫[⑤]，生桓公，庄姜以为己子。

公子州吁，嬖人之子也[⑥]。有宠而好兵[⑦]，公弗禁，庄姜恶之。

石碏谏曰[⑧]："臣闻爱子，教之以义方，弗纳于邪。骄奢淫佚，所自邪也[⑨]。四者之来，宠禄过也[⑩]。将立州吁，乃定之矣。若犹未也，阶之为祸[⑪]。夫宠而不骄，骄而能降，降而不憾，憾而能眕者[⑫]，鲜矣[⑬]。且夫贱妨贵，少陵长，远间亲，新间旧，小加大，淫破义，所谓六逆也[⑭]。君义，臣行，父慈，子孝，兄爱，弟敬，所谓六顺也[⑮]。去顺效逆，所以速祸也[⑯]。君人者，将祸是务去[⑰]，而速之，无乃不可乎。"弗听。

其子厚与州吁游[⑱]，禁之，不可。桓公立，乃老。

【注释】

①东宫：太子居东宫，故东宫也代指太子。得臣：齐国太子之名。②硕人：《诗经·卫风》篇名。③妫（guī）：陈国之姓。厉和戴都是谥号，即古代有地位的人死后给予的封号。④蚤：同"早"。⑤娣：妹妹。⑥嬖（bì）人：低贱而得到宠幸之人。⑦好兵：喜欢兵器和打仗。⑧石碏（què）：卫国大夫。⑨自邪：出自邪恶之途。⑩宠禄：恩宠和俸禄。⑪阶之为祸：成为他做坏事的阶梯。⑫眕（zhěn）：安定的意思。⑬鲜：很少。⑭六逆：六种倒逆的情况。这里是针对庄姜、桓公和嬖人、州吁说的。庄姜是正妻，桓公是嫡出，是贵、长、亲、旧、大、义；嬖人是妾，州吁是庶出，是贱、少、远、新、小、淫。⑮六顺：是当时社会人伦的六种正常秩序。⑯速祸：加速灾祸到来的时间。⑰务去：一定除去。⑱其子厚：石碏的儿子石厚。

【译文】

卫庄公娶了齐国太子的妹妹庄姜。庄姜非常美丽而没有生儿子，她是卫国人为之创作《硕人》之诗的大美人。卫庄公又从陈国迎娶妻子，叫厉妫。生孝伯，早死。她的妹妹戴妫，生桓公，庄姜把他当作自己的儿子。

公子州吁，是卫庄公妾生的儿子，受宠爱而爱好兵器和打仗，庄公没有禁止，庄姜很厌恶他。

石碏劝谏道："我听说人爱自己的儿子，就要用道义和正确的伦理来教导他，不要让他走上邪路。骄傲、奢侈、淫荡、放纵，都来自邪路。这四种坏习惯的养成，都是恩宠、娇惯而给俸禄过多的缘故。如果将要立州吁为国君，就确定下来。如果还没有这种打算，这样做就是为他遭到灾祸做了阶梯。受到宠爱而能够不骄傲，骄傲了而能够接受压制，受到压制而能够不怨恨，怨恨而能够安定的人，是非常少的。况且卑贱的妨碍高贵的，年少的凌辱年长的，关系疏远的离间关系亲密的，新的挑拨旧的，小的压迫大的，过分淫乱的破坏遵守礼义的，就是所谓的六种忤逆常理的情况。国君正义有理，臣子遵奉实行，父亲慈爱，儿子孝顺，兄长友爱，弟弟尊敬，就是所谓的六种顺应人伦天理的情形。离开顺应的人伦天理而任由忤逆的情况发展，是加速灾祸的出现啊。当国君的，就要尽快坚决去除这些忤逆之事，反而促使其加速到来，这恐怕不可以吧！"卫庄公不听。

石碏的儿子石厚和州吁交往密切，石碏禁止他，禁止不了。桓公即位的时候，石碏即告老还乡。

【评析】

本文主要记载卫国老臣石碏的思想观点。前面叙事简明，只几十字便把矛盾产生以及事件的起因交代得很清楚。文字洗练，线索清晰。后面大段是重点所在，表现石碏的社会秩序观和伦理观，是与当时等级制度相适应的观念，具有合理性。可以说是儒家思想形成的资源。"夫宠而不骄，骄而能降，降而不憾，憾而能眕者，鲜矣。"具有递进式的推理方式，逻辑严密。"且夫贱妨贵，少陵长，远间亲，新间旧，小加大，淫破义，所谓六逆也。君义，臣行，父慈，子孝，兄爱，弟敬，所谓六顺也。"这段话的语气和语言形式有《论语》中孔子语言的影子。

臧僖伯谏观鱼

《左传》

鲁隐公五年。春，公将如棠观鱼者①。臧僖伯谏曰②："凡物不足以讲大事，其材不足以备器用，则君不举焉③。君将纳民于轨物者也④。故讲事以度轨量，谓之轨⑤；取材以章物采，谓之物⑥。不轨不物，谓之乱政。乱政亟行，所以败也。故春蒐⑦、夏苗⑧、秋狝⑨、冬狩⑩，皆于农隙以讲事也。三年而治兵，入而振旅⑪，归而饮至，以数军实。昭文章，明贵贱，辨等列，顺少长，习威仪也。鸟兽之肉不登于俎⑫，皮革、齿牙、骨角、毛羽不登于器，则君不射，古之制也。若夫山林川泽之实，器用之资，皂隶之事⑬，官司之守，非君所及也。"

公曰："吾将略地焉。"遂往，陈鱼而观之。僖伯称疾不从。

书曰："公矢鱼于棠⑭。"非礼也，且言远地也。

【注释】

①棠：一作"唐"，鲁国邑名，在今山东鱼台县东。鱼：通"渔"，动词，捕鱼。②臧僖伯：人名，鲁隐公伯父，名驱（kōu），字子臧，封于臧（今郯城县），伯为排行，僖是谥号。③讲：讲习，训练。大事：指祭祀和军事活动等。材：材料，原料。器用：指祭祀所用的器具与军用物资。举：指行动。④纳：纳入，引导的意思。轨物：法度和准则。⑤度（duó）：衡量。量：程度。⑥章：彰显。采：物品华美的外表。⑦春蒐（sōu）：指春天打猎。蒐，搜寻，谓搜寻不产卵、未怀孕的禽兽。⑧夏苗：指夏天打猎，谓捕猎伤害庄稼的禽兽。⑨秋狝（xiǎn）：指秋天打猎。狝，杀，谓顺应秋天肃杀之气，进行捕猎活动。⑩冬狩（shòu）：指冬天打猎。狩，围守。谓冬天各种禽兽都已长成，可以不加选择地进行围猎。⑪治兵：指练兵、比武等军事演习活动。振旅：整顿部队。⑫登：装入。俎（zǔ）：古代举行祭祀活动时用以盛祭品的礼器。⑬皂隶：奴隶，这里指负责这些工作的杂役。⑭书：指《春秋》。矢：陈列，摆出。

【译文】

春天，隐公将要到棠地观看渔民捕鱼。臧僖伯进谏说："凡是物品不足以用到讲习祭祀、军事等大事上，所用材料不能制作礼器和兵器的，国君就不要亲自去关注和接触它。国君是将民众引向社会规范和行为准则的人。所以讲习大事以法度为准则进行衡量，叫作轨，选取材料制作器物以显示它的文采，叫作物。事情不符合轨物就叫作乱政。乱政的事情多次发生，就是国家所以衰亡的原因。所以国君春天蒐猎，夏天打猎也是护苗，秋天打猎顺应天时而主杀，冬天打猎可以不用选择。四季的狩猎活动，都在农闲时节进行，并借此讲习军事。每三年演练一次，回到国都都要对军队进行检阅，并要到宗庙进行祭告，宴饮庆贺，清点军用器物和猎获物。同时要文采鲜艳，贵贱分明，等级井然，少长有序，这都是讲习大事的威仪！鸟兽的肉不能放到祭祀用的器具里，皮革、牙齿、骨角和毛羽不能用来制作军事器物。这样的鸟兽，君主就不会去射它，这是自古以来的制度啊！至于山林川泽的物产，一般器物的材料，都是由仆役们去负责，有关官吏按职分去管理，不是君主所应涉足的事。"隐公说："我将要到那里去巡视。"于是就去了棠地，让渔民把各种渔具都摆出来捕鱼，他在那里观赏。僖伯推说有病而没有随同前往。《春秋》上说："隐公在棠地陈设渔具。"是说他在棠地观鱼这一行为不合礼法，并且说他去的地方还远离国都。

【评析】

　　《古文观止》之选篇，主要着眼点在内容之惩恶扬善方面。本文通过鲁隐公要到棠地观鱼，大夫臧僖伯劝谏的经过，委婉批评了鲁隐公违礼的行为，阐释了国君应该遵守的礼制和行为规范。臧僖伯是鲁国贵族，可以看出是一位深知礼乐而且有责任心的人。他之所以谏阻隐公到棠地观鱼，是因为这一行动不符合当时国君应该遵循并身体力行之行为规范。不符合礼制就会"乱政"；而屡屡"乱政"，国家便会出现政治混乱，就会导致国家的败亡。况且，隐公远离国都到棠地观鱼，并非为体察民情，更不是与民同乐。本身是没有道理的，因此他才不敢反驳臧僖伯的谏言，最后找个借口前去。说明当时隐公尽管是国君，也要受礼的制约，也要受到很多限制。

　　本文的最大特点，就是紧紧围绕着"礼"字展开劝谏，从观点到为阐明观点所举述的诸多理由及作为论据的事物和行为，都没有离开"礼"字。另外劝谏的起因虽然是"公将如棠观鱼"，劝谏的直接目的也是阻止隐公"如棠观鱼"，但谏辞中对此事却不着一语。这不仅仅是婉言法，更重要的是这种表达法反映出进谏者进谏的着眼点，并不在于隐公"如棠观鱼"这一具体行为，而是要维护当时的整个礼制。

郑庄公戒饬守臣

《左传》

鲁隐公十一年。秋七月，公会齐侯、郑伯伐许①。庚辰，傅于许②。颍考叔取郑伯之旗蝥弧以先登③，子都自下射之④，颠。瑕叔盈又以蝥弧登⑤，周麾而呼曰⑥："君登矣！"郑师毕登。壬午，遂入许。许庄公奔卫⑦。齐侯以许让公⑧。公曰："君谓许不共⑨，故从君讨之。许既伏其罪矣。虽君有命，寡人弗敢与闻⑩。"乃与郑人。

郑伯使许大夫百里奉许叔以居许东偏⑪。曰："天祸许国，鬼神实不逞于许君⑫，而假手于我寡人，寡人唯是一二父兄⑬，不能共亿⑭，其敢以许自为功乎？寡人有弟⑮，不能和协，而使糊其口于四方，其况能久有许乎？吾子其奉许叔以抚柔此民也，吾将使获也佐吾子⑯。若寡人得没于地，天其以礼悔祸于许⑰，无宁兹许公复奉其社稷⑱，唯我郑国之有请谒焉，如旧昏媾⑲，其能降以相从也。无滋他族，实逼处此⑳，以与我郑国争此土也。吾子孙其覆亡之不暇，而况能禋祀许乎㉑？寡人之使吾子处此，不惟许国之为，亦聊以固吾圉也㉒。"乃使公孙获处许西偏㉓，曰："凡而器用财贿㉔，无置于许。我死，乃亟去之㉕！吾先君新邑于此㉖，王室而既卑矣，周之子孙，日失其序㉗。夫许，大岳之胤也㉘。天而既厌周德矣㉙，吾其能与许争乎？"

君子谓郑庄公于是乎有礼㉚。礼，经国家，定社稷，序民人，利后嗣者也。许无刑而伐之㉛，服而舍之，度德而处之，量力而行之，相时而动，无累后人，可谓知礼矣。

【注释】

①公：鲁隐公。齐侯：齐僖公。郑伯：郑庄公。许：国名，在今河南许昌市。②傅：同"附"，靠近。③蝥（máo）弧：郑伯之旗名。④子都：郑国大夫。子都与颍考叔有争车之怨，故射之以报怨。⑤瑕叔盈：郑国大夫。⑥周麾：麾同"挥"，向四方挥舞。⑦许庄公奔卫：许庄公出逃到卫国。⑧以许让公：把许国让给鲁隐公。⑨共：同"供"。⑩弗敢与闻：不敢接受郑国的领土。⑪百里：许国大夫。许叔：许庄公之弟。⑫不逞于许君：不使许君得志，意思是不满意许君。⑬父兄：父老兄弟。指同姓臣子。⑭共亿：同心而相安无事。亿：通"忆"。⑮寡人有弟：指共叔段，详见《郑伯克段于鄢》。⑯吾子：二人谈话时对对方的敬称。⑰得没于地：

能够善终的委婉说法。⑱社稷：社：土神。稷：谷神。代表国家政权。⑲昏媾：相互结亲。昏，通"婚"，婚姻。⑳他族：其他部族，即诸侯国。㉑禋（yīn）祀：祭天神之礼。㉒圉（yǔ）：边境。㉓西偏：西面的边境地区。㉔而：通"尔"，你。㉕亟：急切。㉖先君：指郑武公。指郑武公东迁建新都于新郑。㉗序：秩序。指诸侯地位尊卑等。㉘大岳：太岳，相传是唐尧时四方诸侯。胤：后代。㉙周德：周朝的气数。㉚于是乎有礼：在对待这件事上符合周礼。㉛刑：通"型"，指典型，法度。

【译文】

鲁隐公十一年。秋天七月，鲁隐公会合齐侯、郑伯讨伐许国。初一这一天，三国的军队迫近许国城下。颍考叔举着郑国的蝥弧旗，首先登上了城墙，郑国大夫子都从下面射他，颍考叔跌下来死了。瑕叔盈又举起蝥弧旗爬上城墙，向四方挥舞旗帜并呼喊道："我们国君登城啦！"郑国的军队全部登上城墙。于是在初三这一天，攻入许国。许庄公逃到卫国去了。齐侯要把许国让给鲁隐公。鲁隐公说："您说许国不交纳贡物，又不履行诸侯的职责，所以跟随您讨伐它。现在许国已经受到应有的惩罚了，虽然您有命令，我也不敢接受许国做自己的领地。"于是就把许国给了郑庄公。

郑庄公让许国大夫百里侍奉许庄公的弟弟许叔住在许国东部的边邑，对他说："上天降祸给许国，鬼神也不满意支持许君，所以借我的手来惩罚他，我只有少数几个同姓臣子，尚且不能同心协力，哪里还敢拿打败许国作为自己的功劳呢？我有个弟弟，还不能和睦相处，致使奔走四方到处寄食，又怎么能长久占有许国呢？你侍奉许叔安抚这里的百姓，我将派公孙获来帮助你。如果我能得到善终而长眠于地下，上天施恩，懊悔前日对许的降祸，难道许公就不能再来掌管他的国家吗？只是我们郑国如果有什么请求时，希望相亲相近如同老亲家一样，能屈尊降贵答应我们。千万不要助长他族，使他族逼近、居住在这里，来和我郑国争夺这地方。如果那样，我的子孙连挽救自己国家的危亡都无暇照顾，又怎能祭祀许国的山川呢？我之所以让你住在这里，不单是为许国着想，也借以巩固我们郑国的边防啊！"于是又派公孙获驻扎在许国西部境，对他说："凡是你的器物钱财，不要放在许国。我死了，你就马上离开许国！先君新近在这里建成都邑，眼看周王室的地位权力一天天衰微，周的子孙也一天天失去原有秩序。许国是太岳的后代。上天既然厌弃周朝的气运，我们是周的子孙，怎么能和许国相争呢？"

君子认为："郑庄公在这件事上是符合礼制的。礼制，可以治理国家，稳定政权，安抚百姓，并有利于后世子孙。许国不守法度就去讨伐它，伏罪了就宽恕它，度量自己的德行去处理事务，估量自己的实力去行事，看清形势而后行动，不连累后人，可以说是知礼了。"

【评析】

本文侧重郑庄公在处理许国问题上的智慧和理性。前面的叙事也值得解说一下。从鲁隐公不接受许国领地的话看，这次灭亡许国的联合军事行动是齐僖公发起的，鲁国和郑国是随从。在攻城时郑国军队最勇敢。颍考叔最先登上城墙却被本国大夫子都暗箭射下来死亡。而文中后来也没有交代对这件事的追查和处理，是班师回国后追查出来的。许国被占领后，齐侯和鲁隐公的态度值得玩味。齐国距离许国比较远，即使接受也不好管理，鲁国其实不算远，但也不接受。最后交给郑国，这才引出郑庄公对此事的安排和对于留下的守臣的告诫。

最后几句借用君子的话是对郑庄公处理这件事的赞美。郑庄公是春秋初期重要的人物，历史贬词多而赞词少。实际这个人政治上很老练。贬抑他多在对共叔段的问题上，但此事不应该过多批评郑庄公，而主要责任确实在共叔段方面。郑庄公问题比较大的是关于"周郑交质"，尤其是后来派军队去祸害王室的庄稼则显得无赖、霸道。在这件事上显示出他的远见和谋略，"王室而既卑矣，周之子孙，日失其序"显示出他对于天下大势的判断是很准确的，故对于后事的安排也是很清楚而正确的。

臧哀伯谏纳郜鼎

《左传》

桓公二年。夏四月，取郜大鼎于宋①，纳于大庙②，非礼也。

臧哀伯谏曰③："君人者，将昭德塞违④，以临照百官。犹惧或失之，故昭令德以示子孙。是以清庙茅屋⑤，大路越席⑥，大羹不致⑦，粢食不凿⑧，昭其俭也；衮冕黻珽⑨，带裳幅舄⑩，衡紞纮綖⑪，昭其度也；藻率鞞鞛⑫，鞶厉游缨⑬，昭其数也；火龙黼黻⑭，昭其文也；五色比象⑮，昭其物也；钖鸾和铃⑯，昭其声也；三辰旂旗⑰，昭其明也。夫德，俭而有度，登降有数⑱。文物以纪之，声明以发之，以临照百官，百官于是乎戒惧，而不敢易纪律。今灭德立违⑲，而置其赂器于大庙，以明示百官。百官象之，其又何诛焉？国家之败，由官邪也；官之失德，宠赂章也。郜鼎在庙，章孰甚焉？武王克商，迁九鼎于洛邑⑳，义士犹或非之㉑，而况将昭违乱之赂器于大庙。其若之何？"公不听。

周内史闻之曰㉒："臧孙达其有后于鲁乎㉓？君违，不忘谏之以德。"

【注释】

①郜（gào）：国名，姬姓，开国国君是周文王一庶子，春秋时为宋国所灭，其故地在今山东成武县东南。鼎：古代一种烹饪器物，又因常用作旌功记绩之礼器，所以又作为传国重器。②大（tài）庙：即太庙，天子或诸侯国国君的祖庙。③臧哀伯：鲁国大夫，鲁隐公伯父臧僖伯之子。④昭德塞违：彰明发扬美德堵塞违背礼制的错误行为。⑤清庙茅屋：即祖庙，因其肃穆清静，故称。茅屋：茅草房，显示清简。⑥大路：也作"大辂"，即大车，特指天子或诸侯国国君祭天时所乘之车。越（yuè）席：车篷是用蒲草编织的席子。越，通"括"，结。⑦大（tài）羹：即太羹，也作"泰羹"，古代祭祀时所用的肉汁。不致：指不调五味，不加各种作料。⑧粢（zī）食：用黍稷加工品制作的饼食，用作祭品。粢，黍稷，泛指谷类粮食。不凿：不春，这里指不精细加工。⑨衮（gǔn）：古代帝王及公卿祭祀宗庙时所穿的礼服。冕（miǎn）：古代帝王、公卿、诸侯所戴的礼帽。黻（fú）：通"韨"，古代用作祭服的熟皮制蔽膝。珽（tǐng）：古代君臣在朝廷上相见时所持的玉制朝板，通称"笏板"。⑩带：指束在腰间的革带，皮带。裳（cháng）：古代男女穿的裙式下衣。幅：古代自足至膝斜缠在小腿部的帛条或布条，犹今天之绑腿。舄（xì）：泛指鞋子。⑪衡：把冠冕稳定在发髻上的横簪。紞（dǎn）：古代垂在帽子两旁用以悬挂塞耳用玉瑱（tián）的带子。紘（hóng）：古代冠冕系在颔下的带子。古人戴冠冕时，先用簪子别在发髻上，再用紘绾住，系在簪子的两端。綖（yán）：古代覆在冠冕上的一种长方形饰物，以木板为干（gàn），外包黑色布帛。⑫藻率（lù）：一种用来放玉的木垫儿，外包熟皮，并绘有水藻形图案。鞞（bǐng）：刀剑套。鞛（běng）：佩刀刀鞘的饰物。⑬鞶（pán）：绅带，又名"大带"，束衣用。厉：下垂的大带。游：古代旗帜上下垂的饰物。缨：马头上的饰物。⑭火龙黼（fǔ）黻：都是古代礼服上所绣之花纹，如火形者为"火"，如龙形者为"龙"，黑白色相间如斧形者为"黼"，黑青色相间如"亚"形者为"黻"。⑮五色：指青、赤、黄、白、黑五种颜色。比象：指比照天地万物所画出的各种图像。⑯钖（yáng）鸾和铃：都是系在车马和旗帜上的铃铛，系在马额头上的叫"钖"，系在马嚼子上的叫"鸾"，系在车前用作扶手的横木上的叫"和"，系

在绘有龙形图案的旗帜竿头的叫"铃"。⑰三辰：指日、月、星。旃（qí）：旗面绘有龙形图案，竿头系有小铃铛的旗子。⑱登降：增减。登为增，降为减。有数：指有节度、节制。⑲灭德立违：泯灭道德而树立违背礼制的榜样。⑳九鼎：相传为夏禹所铸，用以象征九州。夏、商、周三代都把它作为政权的象征，成为传国之宝。洛邑，东周都城所在，即今洛阳市。㉑义士：指伯夷、叔齐等不肯降服于周朝的人。㉒周内史：周朝的史官。㉓臧孙达：即臧哀伯。

【译文】

鲁桓公二年。夏天四月，鲁桓公从宋国取得原属郜国的传国大鼎，安置在太庙里，这是不符合礼制的。

臧哀伯劝谏桓公说："做百姓君主的人，要彰明发扬德行，堵塞违背礼制的行为，来为百官做出榜样。即使这样做还怕有缺失之处，所以还要显示各种美德来传示子孙。因此那清静肃穆的太庙用茅草做屋顶，天子乘坐来祭祀天地的车子用草席做车篷，祭祀用的肉汁不用五味调和，黍稷、糕饼等祭品不用精细加工的好米，这些都是为了显示节俭。祭祀的礼服、礼帽，皮做的蔽膝、玉制的朝板，腰带、下衣、绑腿、有夹底的鞋子、帽子上的横簪、冠旁的填绳、系冠的带子、冠顶的盖板等，这些都是为了显示等级上的差别。皮做的玉垫、刀鞘上的装饰品、腰间的大带、下垂的带子、旌旗上的飘带、马头上的饰物，这些都是为了显示尊卑等级的礼数。礼服上绣着火形、龙形、斧形、弓形等不同图案的花纹，这些是为了显示贵贱等级在纹彩上的差别。用五色绘出各种图像来装饰器物服饰，这是为了显示这些器物的本原和差别。车马旗帜上的各种铃铛，是为了表明声音节奏。旌旗上画的日、月、星辰，是为了显示光明。所谓的德行，就是节俭而有法度，上下尊卑祭品多少都有一定的礼数，并用纹彩和颜色加以标志，用声音和光亮加以表现，把这些礼仪都摆在百官面前作为典范，于是百官才会警戒畏惧，而不敢违反法度和纪律。如今君王您毁灭德行，树立违礼的坏榜样，把别国贿赂的宝器安放在太庙里，以此来明白昭示百官。百官都来效法，君王又怎么来惩罚他们呢？国家的衰败，是由于官吏不走正道。官吏丧失德行，则是国君宠爱和贿赂风行的缘故。郜鼎放在鲁国的太庙里，还有比这更公开的贿赂吗？周武王打败殷商，将九鼎搬到王城，还有义士批评他，更何况将标志违礼作乱的贿赂之器放在太庙，又会怎么样呢？"桓公不听。

周朝内史听说这件事说："臧哀伯将会有后嗣在鲁国吧！国君违背礼制，不忘用道德来进行规劝。"

【评析】

　　本文实际就是以臧哀伯借桓公把郜国神器郜鼎放置在太庙中这件事为因由，对鲁桓公进行礼的知识的教育，讲解治国大略。开篇一句如同当头棒喝："取郜大鼎于宋，纳于大庙，非礼也。"实际上已经做了判断。下面便直接写臧哀伯的谏言，"君人者，将昭德塞违，以临照百官"是全文的中心，"昭德塞违"四个字则是全文的筋骨，诗词讲究诗眼，文有文眼，这是个字便是文眼。后面的全部文字紧紧围绕这四个字展开。"昭德"是从正面阐释礼的引导作用，于是从太庙、天子与国君的车马以及服饰的样式、颜色等来说明为何如此的原因，便是有贵贱尊卑的等级秩序，各个等级的人都尽自己的职责和义务，恪守礼制的规定，则天下就会安定。"塞违"，其实就是堵塞惩处一切违背礼制的做法。鲁桓公将郜鼎收入鲁国的太庙本身就是最大的违礼，对于百官的影响是非常不好的。"国家之败，由官邪也；官之失德，宠赂章也"具有振聋发聩的意义，具有永恒的认识价值。百姓说的"上梁不正下梁歪"，就是这个道理。一切政权或国家的衰败，根源都在于上层。孔子思想实际是对中国历史的熟谙和总结。《论语·为政》中说"导之以德，齐之以礼，有耻且格"，实际便是"昭德塞违"的变相说法。而且孔子"君子之德风，小人之德草，风行草上必偃"的提法和本文的观点也是一致的。

　　本文在阐述礼制时，连用七个排比句，从七个方面，即"昭其俭""昭其度""昭其数""昭其文""昭其物""昭其声""昭其明"，来阐明君主如何在自己的现实行动中体现和落实这一根本社会责任，气势夺人，很有说服力，也显示出臧哀伯对于礼制的熟悉。然后，话锋一转，才落到桓公"纳郜鼎"是"灭德立违"举动，批判的力度极强。

　　还有一点也值得注意：臧僖伯和臧哀伯是父子，他们虽然姓臧，但与鲁国宗室血缘关系紧密。臧僖伯是鲁隐公的伯父，实际上没有出五服，这样他们把鲁国当成自己的国家，有很强的责任意识。另外，由于他们是鲁国宗室，是大贵族，而鲁国又是周文化，周礼知识最完备的国家，鲁国的太庙便是周礼知识、文献以及礼器最全的博物馆，故臧僖伯、臧哀伯父子对于周礼知识掌握得如此丰富和牢固，是我们研究春秋时期社会生活的教材，有很强的认识价值。

季梁谏追楚师

《左传》

桓公六年。楚武王侵随^①，使薳章求成焉^②，军于瑕以待之^③。随人使少师董成^④。

斗伯比言于楚子曰^⑤："吾不得志于汉东也^⑥，我则使然^⑦。我张吾三军而被吾甲兵^⑧，以武临之，彼则惧而协以谋我，故难间也。汉东之国，随为大。随张，必弃小国。小国离，楚之利也。少师侈^⑨，请羸师以张之^⑩。"熊率且比曰^⑪："季梁在^⑫，何益？"斗伯比曰："以为后图。少师得其君。"

王毁军而纳少师。少师归，请追楚师。随侯将许之。季梁止之曰："天方授楚^⑬。楚之羸，其诱我也，君何急焉？臣闻小之能敌大也，小道大淫^⑭。所谓道，忠于民而信于神也。上思利民，忠也；祝史正辞^⑮，信也。今民馁而君逞欲^⑯，祝史矫举以祭^⑰，臣不知其可也。"公曰："吾牲牷肥腯^⑱，粢盛丰备^⑲，何则不信？"对曰："夫民，神之主也。是以圣王先成民，而后致力于神。故奉牲以告曰'博硕肥腯^⑳。'谓民力之普存也，谓其畜之硕大蕃滋也，谓其不疾瘯蠡也^㉑，谓其备腯咸有也^㉒。奉盛以告曰：'洁粢丰盛。'谓其三时不害而民和年丰也^㉓。奉酒醴以告曰：'嘉栗旨酒^㉔。'谓其上下皆有嘉德而无违心也。所谓馨香，无谗慝也^㉕。故务其三时，修其五教^㉖，亲其九族^㉗，以致其禋祀^㉘。于是乎民和而神降之福，故动则有成。今民各有心，而鬼神乏主，君虽独丰，其何福之有？君姑修政而亲兄弟之国，庶免于难。"

随侯惧而修政，楚不敢伐。

【注释】

①楚：芈（mǐ）姓国。西周时立国于荆山一带。周成王封其首领熊绎以子男之田，为楚受封之始。后来楚国自称王。楚武王为楚国第十七代君。楚也称荆。随：随国，姬姓，今湖北随县。②薳（wěi）章：楚大夫。③瑕：随地。在今湖北省随县境。④少师：官名。董：主持。⑤斗伯比：楚大夫。楚子：指楚武王。因楚为子爵，故称楚子。⑥汉东：指汉水以东的小国。⑦我则使然：是我们自己造成的。使然：使之这样的。⑧张：陈列。被：同"披"。⑨侈：骄傲自大。⑩羸（léi）：瘦弱。羸师：使军队故意装作衰弱。⑪熊率（lǜ）且（jū）比：楚大夫。⑫季梁：随国贤臣。⑬天方授楚：上天刚刚帮助楚国。授：付予。楚强盛，古人认为天意如此。

⑭道：符合天道。淫：淫乱，暴虐。⑮祝史：管理祭祀的官吏。正辞：公正的言辞。指如实说明，不虚假。⑯馁（něi）：饥饿。逞欲：随心所欲。⑰矫：假。⑱牲牷：纯色而完整的牛、羊、猪。腯（tú）：肥壮。⑲粢盛：盛在祭器里供神用的谷物。黍、稷叫粢，装进器皿后叫盛。⑳博：多，这里指全。硕：大，高大。㉑瘯蠡（cù lí）：六畜所患皮肤病。㉒咸有：指百姓普遍兼备而无所缺。㉓三时：指春、夏、秋三个农忙季节。㉔醴：甜酒。嘉：美好，善良。栗：敬。旨：美味。或说栗是新收获之粮谷。㉕谗：诬陷人的坏话。慝：邪恶。㉖五教：指父义、母慈、兄友、弟恭、子孝。㉗九族：上自高、曾、祖、父，下至子、孙、曾、玄，加上本身。㉘禋祀：诚心祭祀。

【译文】

鲁桓公六年。楚武王侵犯随国，派薳章去要求议和。军队扎在瑕地，等待随国派人来谈判。随国派少师来主持议和的谈判。

斗伯比对楚王说："我们之所以在汉水以东不能够得志，全是我们自己的失误造成的！我们扩大军队，增加装备，用武力来威胁他们。这些小诸侯国惧怕灭亡，就联合协同来对付我国，因此很难离间它们。汉水以东的诸侯国，随国是最大的。如果随国骄傲起来，就必定会离弃那些小国。小国离散，咱们楚国就可从中得利了。少师这个人，一向狂妄自大，请把我们的军队装扮成疲惫软弱的样子，使他更加傲慢。"熊率且比说："随国的季梁还在啊，这有什么用？"斗伯比说："以后会有用处！少师很得国君的宠信。"

于是楚武王故意损毁军容，来接待少师。少师回去，果然请求追击楚军。随侯将要答应他。季梁急忙阻止，说："上天正在帮助楚国，楚军的疲弱，恐怕是引诱我们上当吧。君王何必急于出师呢？臣听说，小国之所以能抗拒大国，是因为小国遵守正道而大国荒淫残暴。所谓的道，就是尽心竭力为人民服务而取信于鬼神。国君经常考虑如何利民，这就是忠。祝官史官老老实实地向神灵祭告汇报，这就是信。现在人民在挨饿而君王纵情享乐，祝官史官在祭祀鬼神时却虚报功德，臣不知道这样的情况如何能抗拒大国！"随侯说："我上供的牲畜毛色纯正，膘肥肉壮，祭器里的黍稷也很丰盛，怎么能说不真是诚信呢？"季梁回答说，"人民才是鬼神的主人。圣明的君主总是先把人民的事情办好，然后再致力于祭祀鬼神。所以在进献牺牲时就祷告说：'请看献上的牲畜多么硕大肥壮啊！'意思就是说：我国人民普遍都有这种繁育饲养牲畜的能力，请看他们的牲畜肥大且繁殖力很强，没有生癣生病，是说百姓都拥有这样的牲畜。在奉上黍稷时就祷告说：'请看献上的黍稷多么洁净而丰盛！'意思就是说，今年春、夏、秋三季都没有灾害，人民和睦、收成丰盛。在进献美酒甜酒时则祷告说：'请尝尝我们用好米酿成的美酒吧！'意思是说：请看在我全国上下都有美德而不干违背天理的事！所谓的馨香，就是上上下下都有德行而没有谗言和邪行。所以要使百姓能够安心于三个农忙季节的农作，讲习五教，亲和九族，虔敬地祭祀鬼神。于是人民都很和睦，鬼神也就降下福祉，他们的一举一动都有成就。如今，百姓各怀心事，鬼神也就缺了主人，您的祭礼虽然丰盛，怎么能得到幸福呢？您还是先完善修整内政，和周围兄弟之国建立亲密友好的关系，也许可以避免灾祸吧。"

随侯听后感到恐惧，于是完善整顿内政。楚国也不敢侵犯它。

【评析】

本篇在主旨上和《曹刿论战》有相似处，都具有很强烈的民本思想。开篇叙事交代背景，楚军侵犯随国后驻扎在瑕地派人讲和。更具体的背景则没有文献可以查考。应当是楚国到此地来兼并扩大领土，可能遇到比较顽强的联合抵抗，不得已驻扎此地，才派人求和。通过楚国两大夫的对话先烘托出季梁的贤达，接着记录了季梁劝谏随侯的话。季梁开篇便提出"所谓道，忠于民而信于神也"的观点，反映了春秋时代对于民和神关系的一种进步主张：民是主体，神是附属。所以好的君主必须首先做好对民有利的事，然后再去致力于祭祀神祇之事，即"圣王先成民而后致力于神"。这是很深刻的见识，孔子"敬鬼神而远之"的观点应该是受到这类观点的启发而提炼出来。季梁先忠民信神并提，然后深入论述应该以民为主，神为辅。换言之，如果百姓不拥护，神便不会保护你。吴楚材、吴调侯说："起手将忠民信神并提，转到民为神主。先民后神，乃千古不易之论。篇中偏从致力于神处，看出成民作用来。故足以破随侯之惑，而起其惧心。"很得其神髓。

曹刿论战

《左传》

十年春①，齐师伐我。公将战。曹刿请见②。其乡人曰："肉食者谋之③，又何间焉④？"刿曰："肉食者鄙⑤，未能远谋。"遂入见。问："何以战⑥？"公曰："衣食所安⑦，弗敢专也⑧，必以分人。"对曰："小惠未徧⑨，民弗从也。"

公曰："牺牲玉帛⑩，弗敢加也，必以信⑪。"对曰："小信未孚，神弗福也。"公曰："小大之狱⑫，虽不能察，必以情⑬。"对曰："忠之属也⑭，可以一战。战则请从。"

公与之乘⑮。战于长勺⑯。公将鼓之，刿曰："未可。"齐人三鼓⑰，刿曰："可矣。"齐师败绩⑱。公将驰之⑲。刿曰："未可。"下视其辙⑳，登轼而望之㉑，曰："可矣。"遂逐齐师。

既克㉒，公问其故。对曰："夫战，勇气也，一鼓作气㉓，再而衰㉔，三而竭㉕，彼竭我盈㉖，故克之。夫大国，难测也，惧有伏焉。吾视其辙乱㉗，望其旗靡㉘，故逐之。"

【注释】

①十年：鲁庄公十年（前684）。②曹刿（guì）：鲁国一平民。③肉食者：指贵族，当权者。④间：参与。⑤肉食者鄙：权贵眼光短浅。⑥何以战：依靠什么去作战。⑦衣食所安：我所享受的衣食。安：安逸，享受。⑧专：自己专用享受。⑨小惠未徧：小恩小惠不能普遍享受到。徧：通"遍"。⑩牺牲玉帛：祭祀用的猪牛羊和丝织品。⑪必以信：一定守信义。⑫小大之狱：大小不同的诉讼事件，指官司。⑬必以情：一定按照情理公平处理。⑭忠之属：中正公平一类。⑮公与之乘：庄公和曹刿同乘一辆战车。⑯长勺：地名，今山东曲阜市东。⑰三鼓：指敲击三次战鼓。⑱败绩：失败。⑲驰之：指挥部队驱车追赶齐军。⑳下视其辙：下车观看敌军战车的车辙。㉑登轼：登上车前的横木。㉒既克：已经打败敌人。㉓一鼓作气：第一次敲击战鼓，战士们士气最高涨。㉔再而衰：第二次敲击战鼓，士气就开始衰落了。㉕三而竭：第三次击鼓，士气就全没了。㉖彼竭我盈：敌人士气衰竭，我军士气正旺盛。㉗辙乱：车辙混乱不整齐。㉘旗靡：军旗倒下了。

【译文】

鲁庄公十年春天，齐国军队来讨伐我国。庄公将要迎战。平民曹刿请求觐见。他的乡人说："打仗是朝廷高官应该谋划的，你又何必参与呢？"曹刿回答说："那些大官见识浅陋，没有深谋远虑。"于是进去见庄公。曹刿问："您凭什么和齐国军队作战？"庄公说："衣食等生活用品，不敢自己独自享用，一定把它分给别人。"曹刿说："小恩小惠不能遍及很多人，百姓是不会跟从您的。"庄公又说："祭祀用的畜生和宝玉布帛，我不敢虚报和以次充好，一定要非常诚信。"曹刿说："这种小的信用不会得到神的信任，神是不会保佑您的。"庄公又说："大大小小的案件，虽然不能完全审判清楚，但一定根据实情进行公正审理判断。"曹刿说："这是尽心尽力为百姓做事的表现，可以打一仗。打仗的时候请允许我跟从。"

庄公和曹刿坐在一辆车上，在长勺摆开战场。庄公将要下令击鼓，曹刿说："不可以！"齐国军队敲击三次战鼓了，曹刿说："可以击鼓了！"齐国军队溃败下去。庄公将要下令追击，曹刿说："不可以！"他下车观察齐军战车的车辙，再登上车前横木远望，说："可以下令追击了。"于是去追逐溃败的齐国军队。

已经取胜后，庄公询问曹刿取胜的原因。曹刿说："作战，就是一股勇气。第一次击鼓时，气势最旺盛，第二次击鼓就衰退了，第三次击鼓时气势已经没有了。对方的气势已经衰竭而我军的气势最足，所以打败他们。大国作战的情况是难以捉摸的，我害怕他们有埋伏。后来看到他们的车辙很混乱，远望他们的军旗也倒了，所以才去追逐他们。"

【评析】

这是中国古代非常著名的以弱胜强的战例。文章简明扼要，叙事简练，详略得当。全文分两部分，开头大段通过曹刿和庄公的对话，写作战准备和可以交战的条件。这是非常重要的部分，折射出曹刿的民本思想和要求司法公正的思想。庄公的前两个回答都被曹刿否定了。最后说的"小大之狱，虽不能察，必以情"才被曹刿肯定，认为是"忠之属也"，这是非常重要的观念，体现出智慧的光辉。后半部分是对战争过程的概括描述。没有写具体的战争镜头而集中刻画曹刿指挥的过程。表现出曹刿对局势把握的准确。最后关于取胜原因的解释，揭示出曹刿的聪明才智和杰出的指挥艺术。语言极其简练准确，留下一些成语。"一鼓作气""肉食者鄙"直接出自本文。"取信于民""以逸待劳"也是从本文概括出来的。

齐桓公伐楚盟屈完

《左传》

僖公四年，春，齐侯以诸侯之师侵蔡①，蔡溃，遂伐楚。楚子使与师言曰②："君处北海③，寡人处南海④，唯是风马牛不相及也⑤。不虞君之涉吾地也⑥，何故？"管仲对曰⑦："昔召康公命我先君太公曰⑧：'五侯九伯⑨，女实征之⑩，以夹辅周室⑪。'赐我先君履⑫，东至于海，西至于河，南至于穆陵⑬，北至于无棣⑭。尔贡包茅不入⑮，王祭不供，无以缩酒⑯，寡人是徵⑰。昭王南征而不复⑱，寡人是问。"

对曰："贡之不入，寡君之罪也⑲，敢不供给？昭王之不复，君其问诸水滨⑳！"师进，次于陉㉑。

夏，楚子使屈完如师㉒。师退，次于召陵㉓。齐侯陈诸侯之师㉔，与屈完乘而观之。齐侯曰："岂不穀是为㉕？先君之好是继㉖，与不穀同好何如㉗？"对曰："君惠徼福于敝邑之社稷㉘，辱收寡君㉙，寡君之愿也。"

齐侯曰："以此众战㉚，谁能御之？以此攻城，何城不克？"对曰："君若以德绥诸侯㉛，谁敢不服？君若以力，楚国方城以为城㉜，汉水以为池㉝；虽众，无所用之。"

屈完及诸侯盟。

【注释】

①齐侯：齐桓公。他率领本国军队以及宋、鲁、陈、卫、郑、许、曹八国联军侵犯蔡国。②楚子：楚国虽大，但爵位是子爵。即楚成王。师：指诸侯联军。③处：居住在。北海：北海边上，泛指北方。④南海：泛指南方。⑤风马牛不相及：说法不一，一般指两地马或者牛发情相互之间都不可能够得上，比喻没有关系和瓜葛。⑥不虞：想不到。涉吾地：进入我的领地。⑦管仲：齐国大夫，名夷吾，春秋时期著名政治家。⑧召康公：周成王时辅政大臣太保召公奭。谥号为"康"，故称"康公"。先君太公：指齐国开国国君姜尚，通称姜太公，又称姜子牙，又名吕望，或称太公望。⑨五侯九伯：五和九皆是虚数，泛指很多诸侯。⑩女：汝。实：是。⑪夹辅：辅佐。周室：周朝天下。⑫履：本义是鞋，这里是动词，指步履可以到达的地方。⑬穆陵：穆陵关，在湖北麻城县北一百里。一说在山东临朐县南一百里大岘山上。⑭无棣：地名，在齐国北境，今山东省无棣县北。⑮包茅：捆束起来的青茅，祭祀时用来过滤渣滓的植物。不入：没有进入王室，指不纳贡。⑯缩酒：过滤酒。一说是古代祭祀时的仪式之一，即把酒倒在茅束上再渗下去，如同神喝了一样。⑰徵：追究，问责。⑱昭王：即周昭王，名瑕，相传南巡渡汉水时船坏落水而亡。⑲寡君：臣子对别国君臣称自己国君时所用的谦词。⑳问诸水滨：到水边去问。诸：之于的合音。㉑陉（xíng）：山名，在今河南省郾城县南。次：驻扎。㉒屈完：楚国大夫，奉命出使请求结盟。㉓召陵：地名，在今河南省郾城县东。㉔陈：同"阵"，即齐桓公命令

诸侯的军队列阵。㉕不穀：古代诸侯自谦之词。㉖先君之好是继：继承先君的友好关系。㉗同好：同盟友好。㉘徼（jiào）：本义是边际。㉙辱：屈辱您。外交谦词。收：收容，接纳。㉚众战：如此多的军队打仗。㉛绥：安抚。㉜方城：山名，在今河南省叶县南。㉝池：护城河。

【译文】

鲁僖公四年春天，齐桓公率领诸侯的联军侵略蔡国，蔡国军队溃败，于是讨伐楚国。楚国国君楚成王派大使到联军处责问齐桓公道："你们齐国住在北海，我们住在南海，就是牛马发情相互之间都够不上。没有想到您进入我们的领地，请问这是什么缘故？"管仲回答道："从前召康公曾经代表成王命令我们的先祖太公说：'五侯九伯，你可以征讨他们，来辅佐我们周室统治天下。'并赐给我们先祖可以到达的地方范围，东面一直到大海，西面到黄河，南面到穆陵，北面到无棣。你楚国应承担的贡品——成捆的青茅没有进贡给王室，王室的祭祀供应不上，没有用来过滤酒的东西，因此我要追问这件事。当年周昭王南行而没有能够回去，我也要追问这件事。"

楚国大使回答说："贡品没有及时献纳，是我们楚国的罪过，怎敢不供给呢？至于昭王没有返回去，请您到汉水的水边去问。"于是诸侯的军队向前推进，驻扎在陉。

夏天，楚成王派大臣屈完到诸侯联军处。联军后退，驻扎在召陵。齐桓公命令诸侯的军队列阵摆开队形，和屈完乘车参观。齐桓公说："哪里是我愿意这样做，是为了继承先君的友好关系，和我们齐国结盟友好怎么样？"屈完回答道："您恩赐福祉给我们国家，承蒙您接纳我们的国君，是我们国君的愿望。"

齐桓公说："用这些军队来打仗，谁能够抵抗得了？用这些军队进攻城池，什么城池不能攻打下来？"屈完回答说："您如果用道德来安抚团结诸侯，谁敢不服从？如果用武力威胁，楚国将用方城山为城墙，用汉水做护城河；虽然你们的军队众多，也没有什么用。"

屈完和各国诸侯结盟。

【评析】

本文记载楚国外交官屈完机智善变的外交才能，反映出春秋前期社会各诸侯国之间在军事和外交方面的风貌。开头写齐桓公率领八国联军侵略蔡国取胜后顺便讨伐楚国，楚国派大使前来质问的经过。通过管仲的话可以知道是"欲加之罪，何患无辞"，当时各诸侯国都不向王室上供，而周昭王之死与楚国没有关系。楚国大使据理力争，双方未达成协议。其后楚国再派屈完为大使前去谈判。齐桓公列阵展示实力，但屈完不卑不亢，答词柔中有刚，最后结盟休兵。

这次事件，非常清楚地表现出"春秋无义战"的情况。齐桓公率领八国联军侵略蔡国的起因是这样的："齐侯与蔡姬乘舟于囿，荡公，公惧，变色，禁之，不可。公怒，归之，未绝之也。蔡人嫁之。"蔡姬可能年龄小，又是水乡之人，性格好动，和丈夫齐桓公乘船而故意摇荡，桓公害怕禁止她不听，就把她赶回娘家，但没有正式休了她，也就是没有办理离婚。而蔡国就把她改嫁了。于是齐桓公大怒，这才联合七个诸侯国侵略蔡国。这哪里有什么正义可言。

另外，本文中突出的思想是服德不服力，这是中国自古以来的重要观点，即孔子提倡的"称德不称力"，突出道德的力量而不提倡动用武力。

宫之奇谏假道
《左传》

僖公五年。晋侯复假道于虞以伐虢①，宫之奇谏曰②："虢，虞之表也③。虢亡，虞必从之。晋不可启，寇不可玩④，一之为甚，其可再乎？谚所谓辅车相依，唇亡齿寒者⑤，其虞虢之谓也。"

公曰："晋，吾宗也⑥。岂害我哉？"对曰："大伯、虞仲，大王之昭也⑦。大伯不从，是以不嗣⑧。虢仲、虢叔，王季之穆也⑨。为文王卿士⑩，勋在王室，藏于盟府⑪。将虢是灭，何爱于虞？且虞能亲于桓庄乎⑫？其爱之也，桓庄之族何罪？而以为戮。不唯逼乎⑬？亲以宠逼⑭，犹尚害之，况以国乎？"

公曰："吾享祀丰洁⑮，神必据我⑯。"对曰："臣闻之，鬼神非人实亲⑰，惟德是依。故周书曰：'皇天无亲，惟德是辅⑱。'又曰：'黍稷非馨，明德惟馨⑲。'又曰：'民不易物，惟德繄物⑳。'如是，则非德，民不和，神不享矣。神所冯依㉑，将在德矣。若晋取虞㉒，而明德以荐馨香㉓，神其吐之乎？"

弗听，许晋使。宫之奇以其族行，曰："虞不腊矣㉔！在此行也，晋不更举矣㉕。"

冬，晋灭虢。师还，馆于虞㉖，遂袭虞，灭之，执虞公㉗。

【注释】

①晋侯：晋献公。复假道：再次借道。鲁僖公二年，晋国曾向虞国借道讨伐虢国，占领夏阳。因此这是第二次借道。②宫之奇：虞国大夫。③虢（guó）：国名，是周文王之弟虢仲的别支。表：国家疆域的外围，屏障。④寇：外来的敌军。玩：忽视。⑤辅：颊骨。车：牙床。颊骨下面的腮帮子包裹着牙床，相互依赖。⑥吾宗：我同一个祖宗。相同祖先为同宗。晋、虞、虢同为姬姓国。⑦大伯：即太伯，太王长子。虞仲：太王次子。昭：古代帝王死，在宗庙里设神位，位次在左的称昭，在右的称穆，左右更迭分别辈分次序。⑧不嗣：没有继承爵位。吴太伯是长子，理应继承君位。但他看出父亲喜欢兄弟季历之子姬昌，如果自己继承君位，下一代国君不会是姬昌。他也看出姬昌有圣德，于是和二弟仲雍一起离家出走。所以没有继承君位。故曰"不嗣"，便是孔子极其赞美的"泰伯"。⑨穆：虢仲、虢叔是季历的次子和三子，即文王的两个弟弟。季历在庙中为昭位，儿子便是穆位。虢仲封东虢，已经被晋所灭。虢叔封西虢，即本文中之虢。⑩卿士：在王室执政的大臣。⑪盟府：主管盟誓典册的官府。⑫桓、庄：桓叔与庄伯。桓、庄之族是晋献公的同祖兄弟，血缘关系很近。⑬逼：威胁，迫近。⑭宠：尊贵。⑮享祀：祭祀活动。请鬼神接受祭祀的食品。⑯据：保佑，依附。⑰实：通"是"。宾语前置之提示语。鬼神非人实亲，意思说鬼神并不亲近人。⑱《周书》：古书名，已佚。⑲黍稷：泛指五谷，之祭祀食品。馨：香气。鬼神闻到香气便是接受了祭祀。⑳繄（yī）：语气词。㉑冯依：凭依。冯：通"凭"。㉒取虞：取得虞国，指灭虞。㉓馨香：这里代指祭品。㉔不腊：不能举行腊祭。腊：古代年终的祭礼。㉕更举：再次起兵。㉖馆于虞：驻扎在虞国，占领虞国。㉗执：捉住。

【译文】

鲁僖公五年。晋献公再次向虞国借道来讨伐虢国。大夫宫之奇劝谏道："虢国，是虞国的外围和屏障。虢国灭亡，虞国一定也会随着灭亡。晋国的贪心不可以助长，外来的敌军不可以忽视，借道一次已经算很过分了，怎么可以借第二次呢？谚语所谓的'颊骨和牙床相互依存，嘴唇没有了牙齿就要遭受寒冷'，说的就是虞国和虢国的关系啊！"

虞公说："晋国是我的同宗，怎么会害我呢？"宫之奇回答说："太伯、虞仲，是太王的儿子。太伯不愿意服从传嫡长子的规矩，主动放弃，所以没有继承君位。虢仲、虢叔，是王季的儿子，是文王的执政大臣，对王室是有功勋的，记载他们功勋的典册还收藏在王室档案库里。就连虢国都要灭亡，对于虞国还有什么怜惜呢？况且虞国能比晋献公的曾祖桓叔和祖父庄伯更亲吗？晋国对于桓、庄两族是应该很亲爱的。桓、庄两族有什么罪过呢？而把他们都灭掉了。不就是因为晋献公感觉受到他们威胁了吗？

至亲之族因为职位尊崇而有威胁，还加以杀害，何况是以一个国家对其有威胁呢？"

虞公说："我祭祀鬼神的祭品丰盛而干净，鬼神一定会保佑我的。"宫之奇回答说："我听说，鬼神不是亲近人，而是保佑道德。所以《周书》说'上天没有亲人，只是辅佐有德的人'。又说：'并不是祭祀的五谷散发的香气，有好道德的人的祭品才有香气。'又说：'祭祀人的物品都一样，唯有有德的人才是被接受的祭品。'这样的话，如果没有德行，百姓就不团结，那么鬼神就不接受祭祀。鬼神所凭据依靠的，将在德行。如果晋国取得虞国，然后修明德行而用丰盛洁净的祭品贡献给鬼神，难道鬼神还能吐出来吗？"

虞公不听宫之奇的意见，答应了晋国大使的要求。宫之奇带领他的家族离开了虞国，说："虞国不能再进行腊祭了！就在这次了，晋国不用再次出兵了。"

冬天，晋国灭掉虢国，军队返回时就驻扎在虞国，于是袭击虞国，灭掉虞国，捉住囚禁了虞公。

【评析】

这是在中国历史上非常著名的故事。主要记载宫之奇反对借道的理论，提出"辅车相依，唇亡齿寒"的观点，比喻生动准确，非常有说服力，并反驳了虞公"同宗"和祭祀丰洁的迂腐之见，提出德行和民心才是立国和保国的关键。这里有两点值得注意：一是敬鬼神，不否定祭祀也不否定鬼神；二是提出德行，提倡立国之关键在德行，只有德行才能团结民众。实际孔子提出的"敬鬼神而远之"的观点便是从前代历史上继承来的，是非常智慧的。顺便提一下，就在宫之奇劝谏的时候，百里奚也在虞国，但百里奚没有说话，也是一种智慧，因为说话也无济于事，反而会招致罪过。

本文语言精练，"辅车相依""唇亡齿寒"都是古谚语，经过宫之奇的运用便流传下来。"皇天无亲，惟德是辅""黍稷非馨，明德惟馨"也都非常有哲理而被后世广泛运用。

齐桓下拜受胙

《左传》

鲁僖公九年。会于葵丘①，寻盟②，且修好，礼也。

王使宰孔赐齐侯胙③，曰："天子有事于文武④，使孔赐伯舅胙⑤。"齐侯将下拜。孔曰："且有后命。天子使孔曰：'以伯舅耋老⑥，加劳⑦，赐一级，无下拜！'"对曰："天威不违颜咫尺⑧，小白余敢贪天子之命⑨，无下拜？恐陨越于下⑩，以遗天子羞，敢不下拜？"下，拜，登，受⑪。

【注释】

①葵丘：宋国地名，在今河南省兰考县境内。一说在民权县东北。当时齐桓公与宋襄公、鲁僖公、卫文公、郑文公、许僖公、曹共公在葵丘相会。②寻盟：重温旧盟。齐桓公曾在曹国的洮会合过鲁、宋等诸侯，故称"寻盟"。③王：周襄王。宰孔：周襄王使臣。宰，官名。孔，人名。胙（zuò）：古代祭祀时供的肉。④文、武：周文王与周武王。有事：这里指祭祀。⑤伯舅：周天子尊称同姓诸侯为伯父或叔父，尊称异姓诸侯为伯舅。周，姬姓；齐，姜姓。⑥耋（dié）老：老迈，年高。耋，七八十岁。⑦加劳：加上有功劳。一说重加慰劳。⑧咫（zhǐ）尺：距离很近，八寸为咫。⑨小白：齐桓公名。余：我。敢：怎敢。贪：贪妄，意为恃宠而违礼法。⑩陨越：坠落，指违背礼法。⑪受：接受胙肉。

【译文】

鲁僖公九年。夏天，（齐桓公与众诸侯）在葵丘相会，重温旧盟誓约，并发展友好关系，这是合乎礼的。

周襄王派宰孔赐给齐桓公祭肉，说："天子祭祀文王和武王，派我来赐给伯舅胙肉。"齐桓公将要下阶跪拜，宰孔说："还有后面的命令。天子派我来时说：'因为伯舅年事已高，加之有功劳，赐给一等，不用下阶跪拜！'"齐桓公回答说："天子的威严离颜面不过咫尺之远，小白我岂敢受天子的命令而'不用下阶跪拜'？我怕因失礼而从诸侯的位置上坠落下来，给天子带来羞辱，岂敢不下阶跪拜？"于是下阶，跪拜，再登堂，接受胙肉。

【评析】

本文记述了齐桓公在会晤诸侯时接受周襄王赏赐祭肉的一个场面。全文围绕"下拜"二字展开，一波三折，既反映了周王室的衰微，也反映了当时还普遍存在尊周意识。依据周礼，"胙"不应赐异姓诸侯，且诸侯受赐必须"下拜"。周襄王却赐给齐侯"胙"，这是一破例，又传令免去"下拜"之礼，这是二破例。齐桓公虽年迈功高，且当着众诸侯之面，坚持要"下拜"受赐，绝不违礼法。

《左传》刻画人物，往往着墨不多，以外显内，通过人物之言行表现人物性格。本文写齐桓公只有一段话、一套程式化动作，就把一个雄才大略、遵守礼法的形象刻画得形神毕肖。

《左传》是为《春秋》而作的，故作者评价历史人物的准则与当时孔子"尊王"的宗旨完全一致。故文章在平稳朴实中仍可见到对齐桓公的赞许。

阴饴甥对秦伯

《左传》

鲁僖公十五年。十月，晋阴饴甥会秦伯①，盟于王城②。

秦伯曰："晋国和乎？"对曰："不和。小人耻失其君而悼丧其亲③，不惮征缮以立圉也④。曰：'必报仇，宁事戎狄。'君子爱其君而知其罪，不惮征缮以待秦命⑤。曰：'必报德，有死无二⑥。'以此不和。"秦伯曰："国谓君何？"对曰："小人戚⑦，谓之不免；君子恕，以为必归。小人曰：'我毒秦⑧，秦岂归君？'君子曰：'我知罪矣，秦必归君。贰而执之，服而舍之⑨，德莫厚焉，刑莫威焉。服者怀德，贰者畏刑。此一役也，秦可以霸。纳而不定，废而不立，以德为怨，秦不其然。'"秦伯曰："是吾心也。"改馆晋侯⑩，馈七牢焉⑪。

【注释】

①阴饴甥：名饴，甥，指他为晋侯外甥。因封于阴（今河南陕县至陕西商县一带），故又称阴饴甥，晋大夫。秦伯：指秦穆公。②王城：今陕西朝邑县西南。③小人：指缺乏远见之人。君：指晋惠公。他借秦穆公力才做了国君，后和秦发生矛盾，在战争中被俘。④惮：怕。征缮：征集财赋，修缮兵器，准备打仗。圉：晋惠公太子名。⑤君子：指晋国有远见的贵族。待秦命：等待秦国的决定。⑥必报德，有死无二：报答秦国对晋的恩德，至死没有二心。⑦戚：忧愁、悲哀。⑧毒：毒害，得罪。指晋惠公与秦为敌。以前晋国发生灾荒，秦国输送粮食；后来秦国发生灾荒，晋国一点也不给。⑨贰：背叛。舍：释放。⑩改馆：换个住所，改用国君之礼相待。⑪馈：赠送。七牢：牛、羊、猪各一，叫作一牢。七牢是当时款待诸侯的礼节。

【译文】

鲁僖公十五年十月。晋国的阴饴甥会见秦伯，两国在王城结盟。

秦穆公问他："你们晋国内部意见和谐吗？"阴饴甥说"不和。小人以失去国君为耻，又因丧失亲人而悲伤，不怕多征赋税，舍得花钱添置武器盔甲，并且拥立太子姬圉继任国君。他们说：'一定要报仇，宁可奉事戎狄。'君子则爱自己的国君，但也知道他的罪过。他们也不怕多征赋税，舍得花钱添置武器盔甲，却是为了等待秦国的决定。他们说：'宁可牺牲，一定得报答秦国的恩德。'这样，意见就不一致。"秦穆公又问："你们对国君的命运怎样看？"阴饴甥说："小人发愁，认为国君不免灾祸；君子宽心，以为国君必定回来。小人说：'我们对秦国太无情了，秦国岂肯还我国君？'君子则说：'我们已经认罪了，秦国必定还我国君。'他背叛了，就抓起来；他认罪了，就放回来。恩德再没有比这更厚的了，刑罚也没有比这更威严的了。内心臣服的人自然感恩怀德，那怀有二心的也会畏惧刑罚。这一仗如此了结，秦国真可成就霸业了。不然的话，当初帮他回国登位，又不让他安于其位；后来废他的君位，又不让他复位，以致原来施的恩德，反变成仇恨，秦国总不会这样做吧！"秦穆公说："你讲的正合我心啊！"马上就让晋侯改住宾馆，赠送七牢，以诸侯之礼相待。

【评析】

这是在复杂特殊背景下的一段对话，刻画了两个人的形象，即秦穆公和阴饴甥，而以阴饴甥为主。当时的背景是这样的：晋献公因为宠信骊姬废长立幼，他死后造成晋国内部的政治动荡。公子夷吾到秦国避难，阴饴甥等跟随。重耳也逃到外国避难，跟随者几个人。晋献公死，大臣杀太子奚齐，国内无主，秦穆公派兵送夷吾回国即位，这便是晋惠公。晋惠公答应给秦国焦、瑕两地，回国后就不给了。晋国有灾荒，秦国给粮食救助，秦国发生饥荒，晋国不但不给，反而出兵侵略。于是秦穆公大怒，发兵讨伐晋国。两军在韩原大战，晋国战败，晋惠公被俘。秦穆公本来想要杀掉晋惠公，于是先把他囚禁起来。让随从阴饴甥回到晋国观察大臣反映以便采取具体对策。阴饴甥回国后又来见秦穆公，才有这段对话。

阴饴甥在这种背景下见秦穆公，既理屈又尴尬。但他在回答秦穆公时，开篇说晋国内部不和，便很容易引起秦穆公的高度关注，接着他巧妙地将国人分为"君子""小人"两部分，一正一反，既承认晋侯过错，向秦服罪；又表明晋国士气不可轻侮，不卑不亢，把话说得恰到好处，把秦穆公说服。阴饴甥以他的庄重自持、才智纵横，既赢得秦穆公的尊重，又不辱使命，达到营救自己国君的目的。这是一篇饱含思想智慧的外交辞令。

吴楚材、吴调侯说本文用的是"整对格"。所谓整对格，就是名词对名词，概念对概念，句与句对，段与段对。以本文来说，"君子"与"小人"对，"报仇"与"报德"对，"威"与"恕"对，"怀德"与"畏刑"对。内容含意上的正反开合，则是意与意对。这种整对格，骈散结合，笔锋旋转纵横，挥洒自如，在唐以后的散文中，曾被大量运用。

子鱼论战
《左传》

僖公二十二年。楚人伐宋以救郑①，宋公将战②。大司马固谏曰③："天之弃商久矣④！君将兴之，弗可赦也已⑤。"弗听。

及楚人战于泓⑥，宋人既成列，楚人未既济⑦。司马曰："彼众我寡，及其未既济也，请击之。"公曰："不可。"既济，而未成列，又以告。公曰："未可。"既陈而后击之⑧，宋师败绩。公伤股，门官歼焉⑨。

国人皆咎公。公曰："君子不重伤⑩，不禽二毛⑪。古之为军也，不以阻隘也⑫。寡人虽亡国之余⑬，不鼓不成列⑭。"子鱼曰："君未知战。勍敌之人⑮，隘而不列，天赞我也⑯。阻而鼓之，不亦可乎？犹有惧焉！且今之勍者，皆吾敌也。虽及胡耇⑰，获则取之，何有于二毛？明耻教战，求杀敌也。伤未及死，如何勿重⑱？若爱重伤⑲，则如勿伤。爱其二毛，则如服焉！三军以利用也⑳，金鼓以声气也㉑。利而用之，阻隘可也。声盛致志㉒，鼓儳可也㉓。"

【注释】

①楚人伐宋以救郑：宋襄公率领许、卫等国讨伐郑国，因为郑国依附楚国，所以楚国出兵伐宋救郑国。②宋公：宋襄公。③大司马：即宋庄公之孙公孙固，是统率军队的最高长官。④天之弃商：宋国是殷商贵族的封国，此时灭亡已经四百多年。⑤弗可赦也已：是不可以得到

赦免的。⑥泓：宋国河流名，在今河南省柘城县西北。⑦未既济：没有完全渡过河来。⑧陈：同"阵"。⑨门官：保卫国君的官员。⑩重伤：第二次伤害已经受伤的人。⑪二毛：头发花白的人。⑫阻隘：险要的关隘。⑬亡国之余：亡国者的后代。宋国是商朝后代。⑭鼓：击鼓进攻。不成列：没有列好阵的队伍。⑮勍（qíng）敌：强劲的敌军。勍：强劲。⑯赞：助。⑰胡耇（gǒu）：老人。⑱勿重：不第二次杀伤。⑲爱：怜悯。⑳三军：春秋时大的诸侯国，有上、中、下三军。这里泛指军队。㉑金鼓：古代打仗，用金鼓来指挥作战。击鼓进军，鸣金收兵。这里之鼓舞士气。㉒声盛致志：声威大而同心协力。㉓鼓儳：击鼓攻击没有成列的敌军是可以的。

【译文】

鲁僖公二十二年，楚国人讨伐宋国来救援郑国，宋襄公将要迎战。大司马公孙固谏阻说："上天抛弃殷商已经很久了。您想要复兴殷商王朝，恐怕上天不会宽赦您的。"宋襄公不听。

和楚国军队在泓水开战。宋国军队已经布好阵形，楚国军队还没有完全渡过河来。大司马说："敌人众多而我们人少，趁他们还没有完全渡河，请击鼓攻击他们。"襄公说："不可以！"楚军完全过了河但还没有列好阵形，大司马又请求击鼓进攻，襄公还说："还不可以击鼓进攻。"等到楚军完全列好阵形后才开始进攻，宋国军队战败，襄公伤了大腿，他的护卫官战死了。

宋国的人都责怪襄公。襄公说："君子在战争中不伤害已经受伤的人，不擒获头发花白的人。古代指挥军事的人，不凭借地势险要来战胜敌人。我们虽然是灭亡的国家的后代，但也不进攻还没有列好阵形的敌军。"子鱼说："您不明白战争的道理。对于强大而有战斗力的敌人，占据险要地形而敌人没有列好阵，这是上天帮助我们的机会。阻击他们而进攻，不也可以吗？还有什么害怕的呢？况且如今在战场上，强大而能战斗的人，都是我们的敌人，即使是老人，也照样擒获而俘虏他，何况是白发苍苍的人？平常训练士兵明白什么是耻辱，教育士兵们要英勇作战，就是追求能够杀敌。敌人受伤还没有死，为什么不再杀他？如果可怜而不忍心再伤害，就不如干脆就别伤害人家。如果可怜头发花白的老人，就不如干脆服输而不要打仗。军队就是要抓住有利的战机，击鼓就是鼓舞士气的。有利的战机要会运用，即使是进攻遇到险阻的敌人也是可以的。敲锣击鼓是鼓舞官兵士气，即使是攻击没有摆好阵形的敌人也是可以的。"

【评析】

本文通过一场战争的过程，记录两个人对于战争指挥的不同意见以及对于战争与仁义关系的看法，很有启示意义。宋军实力远不如楚军，必须依靠作战指挥得体方有取胜之可能。因此当楚军半渡，或者刚刚渡完河还没有列阵时对其发起攻击是最好的机会。军事指挥官子鱼两次提出击鼓进攻都被宋襄公否定。最后等楚军摆好阵形才开始作战，宋军失败就是必然的。事后，宋襄公还为自己的错误寻找理由。三条理由都站不住，可以说毫无道理。战场上就是你死我活，宋襄公还假仁假义，提出什么"不重伤""不禽二毛""不以阻隘也""不鼓不成列"，全是迂腐之言。遭到大司马子鱼的有力反驳。战争本来就是残酷的，在战场上只有胜负，不是你死就是我亡，因此抓住天时、地利、人和的所有机遇，求得战争的胜利才是唯一目的。战机难得而易失，稍纵即逝，能够捕捉战机是取胜的关键。对于敌人的仁慈便是对于自己战士的残忍，这是没有什么可说的。宋襄公之失败就是犯了迂腐的错误，而且自己还认识不到。这才是悲哀的地方，也是其贻笑千古的原因。

文章简洁明快，详略得当。对于战争过程根本没有描写，直接交代结果，"宋师败绩。公伤股，门官歼焉"。国君受伤，护卫官战死。而后面记述襄公和子鱼的议论却很详细，重点突出。

寺人披见文公

《左传》

鲁僖公二十四年。吕、郤畏逼①，将焚公宫而弑晋侯②。寺人披请见③。公使让之，且辞焉，曰："蒲城之役④，君命一宿，女即至⑤。其后余从狄君以田渭滨⑥，女为惠公来求杀余⑦，命女三宿，女中宿至⑧。虽有君命，何其速也？夫袪犹在⑨，女其行乎！"对曰："臣谓君之入也，其知之矣。若犹未也，又将及难。君命无二，古之制也。除君之恶，唯力是视。蒲人、狄人、余何有焉⑩？今君即位，其无蒲、狄乎！齐桓公置射钩，而使管仲相⑪。君若易之，何辱命焉？行者甚众，岂唯刑臣⑫？"公见之，以难告⑬。晋侯潜会秦伯于王城。己丑晦⑭，公宫火。瑕甥、郤芮不获公⑮，乃如河上，秦伯诱而杀之。

【注释】

①吕、郤：吕即阴饴甥，郤即郤芮，都是晋惠公、晋怀公的旧臣。畏逼：害怕遭受迫害。晋文公为公子流亡在外时，晋惠公曾经要杀他。吕、郤是晋惠公亲信大臣，故害怕受迫害。②晋侯：晋文公重耳。弑：古时子杀父，臣杀君为弑。③寺人：宫中的侍卫小臣，类似后世的宦官。披，人名。见：谒见。④蒲城：在今陕西省永济市。鲁僖公五年，晋惠公派寺人披攻披收捕重耳。⑤一宿：隔一夜。女：通"汝"，你。⑥田：打猎。⑦惠公：即晋惠公夷吾。⑧中宿：中间那夜，即第二夜。⑨祛（qū）：衣袖。⑩余何有：和我有什么关系。⑪置射钩：鲁庄公九年，管仲奉公子纠与小白在乾遭遇，管仲曾射中小白革带上的钩。后来他投奔齐桓公（小白），齐桓公能听鲍叔牙劝说，置射钩之仇而不问，任用其为相，齐国大治富强，齐桓公称霸。⑫刑臣：披自称，因为他是受了宫刑之人。⑬难：指即将发难的事情相告。⑭晦：阴历每月最后一天称晦日。⑮瑕甥：即阴饴甥。

【译文】

鲁僖公二十四年。吕甥、郤芮害怕受到威逼迫害，图谋焚烧晋文公的宫室而杀死文公。宫中侍卫小臣披请求进见，文公令人指责他，并且拒绝接见，说："蒲城之战，君王命你第二天赶到，你马上就来了。后来我逃到狄国同狄国国君到渭河边打猎，你替惠公前来谋杀我，惠公命你三天后赶到，你第二天就到了。虽有君王的命令，怎么那么快呢？在蒲城被你斩断的那只袖口还保留着。你就走吧！"披回答说："小臣以为君王这次返国，大概已懂得为君之道。如果还没有懂，恐怕您又要遇到灾难。对国君的命令没有二心，这是古代的制度。除掉国君所憎恶的人，就看自己有多大的力量，尽多大的力量。您当时是蒲人或狄人，对于我来说，又有什么关系呢？但现在您即位为君，难道就不会再发生蒲、狄那样的事件吗？从前齐桓公抛弃射钩之仇，而让管仲辅佐自己，您如果改变桓公的做法，又何必辱蒙您下驱逐令？这样，要逃走的人就会很多，又哪里岂只是受刑的小臣我一人？"于是文公接见了披，他把即将发生的叛乱报告了文公。晋文公暗地里和秦穆公在秦国的王城会晤。三月的最后一天，晋文公的宫室果然被烧。瑕甥、郤芮没有捉到文公，于是逃到黄河边上，秦穆公诱他们过河，把他们杀了。

【评析】

晋文公流亡十九年，历经磨难，六十三岁才回到晋国主政。国内政局混乱多年，故矛盾重重。前国君重用的大臣而且参与过谋杀他的阴饴甥、郤芮便设计要谋害他。密谋被寺人披知道，寺人披便将其秘密报告给晋文公。但寺人披也曾经亲自追杀过晋文公，故晋文公开始不愿见他，后来则接见并听取了他的报告。不但避免被害，也使得国家又避免了一场动乱。对于寺人披的人格，褒贬不一。有人认为其反复无常，不值得称道，有些迂腐。寺人披认清了晋文公的胸襟和才能，才在关键时刻告密并成功的。应该看到，晋国从晋献公死后动乱二十余年，前两任国君晋惠公和晋怀公确实无德无才无能，故急需德才兼备之国君来拨乱反正，故保护晋文公维护国家安定是首要任务，寺人披就是在这种情况下告密的。故无可厚非，而且他并无反复无常之举动。在见面后，他关于齐桓公不计前嫌重用管仲而开创霸业的说辞最能打动晋文公的心，是智慧的表现。而在为自己开脱的辩说过程中，能够不卑不亢，层层推进，理直气壮，是很精彩的辩词。

介之推不言禄

《左传》

僖公二十四年。晋侯赏从亡者①，介之推不言禄②，禄亦弗及。

推曰："献公之子九人，唯君在矣③。惠、怀无亲④，外内弃之。天未绝晋，必将有主。主晋祀者⑤，非君而谁？天实置之，而二三子以为己力⑥，不亦诬乎⑦？窃人之财，犹谓之盗。况贪天之功，以为己力乎？下义其罪⑧，上赏其奸⑨，上下相蒙⑩，难与处矣。"

其母曰："盍亦求之⑪？以死谁怼⑫？"对曰："尤而效之⑬，罪又甚焉！且出怨言，不食其食⑭。"其母曰："亦使知之，若何？"对曰："言，身之文也⑮。身将隐，焉用文之？是求显也⑯。"其母曰："能如是乎！与女偕隐⑰。"遂隐而死。

晋侯求之不获，以绵上为之田⑱。曰："以志吾过⑲，且旌善人⑳。"

【注释】

①晋侯：晋文公。从亡：跟随晋文公一起出国流亡的人。②介之推：姓介名推。之是语助词。后世讹为介子推。③献公：晋献公。君：指晋文公。④惠、怀：晋惠公、晋怀公。晋惠公是晋

文公弟弟，怀公是晋惠公的儿子。⑤主晋祀：主持晋国祭祀，国君的委婉说法。⑥二三子：犹言"那几个人"，指随晋文公流亡的人。⑦诬：诬枉不实。有欺骗意。⑧下义其罪：在下位的人把贪功的错误当成是合理的，应该的。⑨上赏其奸：在上位的人鼓励赏赐他们的奸邪行为。⑩上下相蒙：上下的人相互蒙蔽欺骗。⑪盍（hé）：何不的意思。⑫怼（duì）：怨恨。⑬尤：批评责难。⑭不食其食：即不拿他的俸禄。前一个食是动词，后一个是名词。⑮言：语言。文：修饰。⑯显：显达，出名。⑰偕隐：一起隐居。⑱绵上：地名，在今山西介休县南，沁源县西北的介山（一说名绵山）下。为之田：作祭祀介之推的封田。⑲志：标志，记载。⑳旌：表彰显扬。

【译文】

鲁僖公二十四年。晋文公赏赐跟随他流亡的人。介之推没有讲自己的功劳，故也没有赏赐他爵禄。

介之推说："晋献公有九个儿子，只有当今国君在世了。晋惠公、怀公不讲亲情，国内外的人都抛弃了他们。上天没有灭绝晋国，就一定要有国君。主持晋国政权，除了国君还有谁呢？实际上是上天安排的国君位置，而那几位却以为是自己的功劳和力量，这不是太诬枉骗人吗？偷窃别人的财物，还被称为盗贼，何况是贪取上天的功劳以为是自己的力量呢？下面的人把自己的错误认识当作合理的，上面的人赏赐他们的奸猾行为。上下相互欺骗蒙蔽，这样的人和圈子实在难以相处。"

介之推母亲说："你何不也去请求爵位俸禄？如果就这样的话，死了又怨谁呢？"介之推回答说："我认为他们错了而还去效仿他们，罪过就更重了。而且既然我已经说了不满国君的话，就不能再拿晋国的俸禄了。"他的母亲说："也让他们知道你的情况和想法，怎么样？"介之推回答说："语言，是用来表白自身行为的。自身即将要隐居起来，哪里还用表白呢？这样做是追求显扬有名。"他母亲说："你能这样做啊！那我和你一起去隐居。"于是母子隐居一直到死。

晋文公找不到介之推，就把绵上的田地封给介之推作为祭祀他的费用。说："用这种方式来记载我的过失，并且用来表彰显扬善良的人。"

【评析】

这段文字主要是记载介之推在晋文公封赏跟随流亡大臣时的表现和观点。开头一句交代事情的起因和背景。由于晋献公废长立幼，杀害世子申生造成晋国政治的混乱。公子重耳被迫流亡十九年，有一些亲故随从他流亡在外。历史上和后来一直称晋文公这段经历叫"晋文公走国",非常著名。在秦穆公帮助下晋文公回晋国即位,要封赏跟随自己流亡的有功之人。其他人都纷纷邀功,自己讲述功劳。唯有介之推不说话。而介之推在晋文公饥饿最甚时曾经割大腿肉给文公吃,贡献特殊。介之推不居功,不邀赏,和母亲隐居绵山到死。晋文公为表彰善良的人,弥补自己当时未能及时发现这件事的过错而颁赐绵上之田作为介之推的祭田。

文章很短,却完整记载了这件事情的始末,言简意赅。却能突出重点。介之推关于"贪天之功为己有"的一段推论,不惮费辞,层层推衍。一说晋献公九子,唯有晋文公在;再说晋惠公、晋怀公昏庸而众叛亲离,才给晋文公机会;三说晋国是大国强国,不能灭亡而必有君主,只有晋文公才适合这个位置了。这样推论后用一句话论断:"天实置之。"介之推认为晋文公的君位是上天安排的,然后批评那些争宠邀功之人"贪天之功为己有"的错误做法。言之有理,干脆利落。

其后和母亲的对话既进一步表现介之推的高洁,更显示出其母也是位深明大义的女性。能够支持儿子宁可清贫至死也要成全儿子的美德,和儿子一道隐居。这是位伟大的母亲。中国历史有许多伟大的母亲成全了儿子的英雄行为。孔子的母亲、孟子的母亲、范滂的母亲、陶侃的母亲、欧阳修的母亲、杨万里的母亲都具有这种彪炳千古的精神。

还有一点值得我们思考,即介之推的议论,尤其是和母亲的议论,作者是怎么知道的? 这大概是口述历史的话题,并不影响我们对故事和言论的信任。

展喜犒师

《左传》

鲁僖公二十六年夏。齐孝公伐我北鄙①。公使展喜犒师②,使受命于展禽③。齐侯未入竟④,展喜从之。曰:"寡君闻君亲举玉趾,将辱于敝邑,使下臣犒执事⑤。"齐侯曰:"鲁人恐乎?"对曰:"小人恐矣,君子则否。"齐侯曰:"室如县磬,野无青草⑥,何恃而不恐?"对曰:"恃先王之命。昔周公、大公⑦,股肱周室⑧,夹辅成王。成王劳之,而赐之盟,曰:'世世子孙无相害也!'载在盟府⑨,太师职之⑩。桓公是以纠合诸侯,而谋其不协,弥缝其阙而匡救其灾⑪,昭旧职也⑫。及君即位,诸侯之望曰:'其率桓之功⑬。'我敝邑用是不敢保聚，曰：'岂其嗣世九年，而弃命废职？其若先君何？君必不然。'恃此而不恐。"齐侯乃还。

【注释】

①齐孝公：齐桓公之子。②公：指鲁僖公。展喜：鲁国大夫。③受命：接受出使之命，即请教。展禽：鲁国大夫，名获，食邑在柳下，死后谥曰惠，故又称柳下惠。④竟：同"境"。⑤玉趾：指脚。表示礼节的套话，意思是贵足、亲劳大驾。敝邑：指鲁国，自谦之词。执事：左右办事的官员，用作对方的敬称。⑥县：同"悬"。磬：中间空虚之打击乐器。野无青草：指旱情严重。⑦周公：周文王儿子姬旦，鲁国的始祖。大公：太公，齐国始祖姜尚，又称姜太公。⑧股肱（gōng）：大腿和手臂。这里的意思是辅佐。⑨载：盟约也叫载书，简称为载。盟府：掌管盟约文书的官府。⑩太师：主管盟誓的官。职：掌管。⑪弥缝：填满缝隙。这里的意思是补救。⑫昭：发扬光大。旧职：指大公的旧职。⑬率：遵循。桓：指齐桓公。

【译文】

僖公二十六年夏天。齐孝公率兵侵犯我国北部边境。鲁僖公派遣展喜去犒劳齐国军队，让他先向展禽请教犒赏时的辞令。齐孝公还没有进入鲁国境内，展喜就出境去跟着齐孝公，对他说："我们国君听说您亲劳大驾，将要屈尊光临敝国，特派臣下来犒劳您的属下。"齐孝公说："鲁国人害怕吗？"展喜回答说："小人害怕，君子则不害怕。"齐孝公说："百姓家中空空荡荡像挂起来的磬，田野里光秃秃地连青草都没有，凭什么不害怕？"展喜回答说："凭借先王的命令。从前周公和齐太公辅佐周王室，在如同股肱一般协助成王。成王慰劳他们，还赐给他们盟约，盟约上说：'世世代代的子孙都不要互相残害！'这个盟约保存在盟府里，由太史掌管着。齐桓公因此集合诸侯，商讨解决他们的纠纷，弥补他们的过失，救助他们的灾难，这都是为了发扬光大齐太公的旧职。等到您当上国君，诸侯都盼望着说：'他会继承桓公的功业！'我们敝国因此不敢保城聚众，人们会说：'难道他继承桓公之位才九年，就丢弃使命放弃职责吗？他怎么对先君交代呢？君王一定不会这样做的。'人们凭借这一点就不害怕。"于是，齐孝公就领兵回国了。

【评析】

本文记录了鲁国一次出色的外交活动。齐孝公攻打鲁国。当时是齐强鲁弱，而且鲁国又刚刚发生饥荒，实在是无力抵抗。于是鲁僖公派使臣展喜前往，并特意让他行前向哥哥展禽问计。展禽面授机宜，使展喜圆满地完成了任务。

展喜凭借一张嘴便化险为夷，说退了齐国的军队。这有两方面的原因，一是展喜抓住历史上周公和齐国始祖姜太公二人的关系以及天子命其结盟的特殊关系和齐桓公解决诸侯国纠纷的历史功绩来称赞齐国先君的功德，再给齐孝公戴高帽，使其没有理由进攻鲁国。二是客观原因，即齐国朝廷内部也不稳定，齐孝公没有坚决作战的决心。故经展喜这样一游说，便借坡下驴撤军了。这里需要指出的是，展喜的说辞和策略都出自展禽，故"公使展喜犒师，使受命于展禽"两句话非常关键。展喜是从国君那里接受的出使任务，而国君又让他去展禽那里接受命令，看似矛盾，实际是当时惯例。出使者只接受使命而不接受具体言辞，展喜实际就是到展禽那里请教如何游说的言辞。故展喜的话都是展禽面授机宜策划的。这样，展禽的形象便凸显出来。展禽是这一时期的鲁国大贤，智慧勇敢，忠正耿直。他可能在家隐居，故展喜去请教。展禽是展喜的哥哥，又是鲁国归隐臣子，于公于私都会尽力。孔子和左丘明对于展禽即后世大名鼎鼎的柳下惠都极其崇敬，故这样写，没有埋没他的功绩和智慧。

烛之武退秦师

《左传》

（僖公三十年）晋侯、秦伯围郑[①]，以其无礼于晋[②]，且贰于楚也[③]。晋军函陵[④]，秦军氾南[⑤]。

佚之狐言于郑伯曰[⑥]："国危矣！若使烛之武见秦君[⑦]，师必退。"公从之。辞曰："臣之壮也，犹不如人。今老矣，无能为也已。"公曰："吾不能早用子[⑧]，今急而求子，是寡人之过也。然郑亡，子亦有不利焉。"许之。

夜缒而出[⑨]。见秦伯曰："秦晋围郑，郑既知亡矣。若亡郑而有益于君，敢以烦执事[⑩]。越国以鄙远[⑪]，君知其难也。焉用亡郑以陪邻？邻之厚，君之薄也。若舍郑以为东道主[⑫]，行李之往来，共其乏困[⑬]，君亦无所害。且君尝为晋君赐矣[⑭]，许君焦、瑕[⑮]，朝济而夕设版焉[⑯]，君之所知也。夫晋，何厌之有[⑰]？既东封郑[⑱]，又欲肆其西封，若不阙秦[⑲]，将焉取之？阙秦以利晋，唯君图之。"

秦伯说[20]，与郑人盟。使杞子、逢孙、杨孙戍之[21]，乃还。

子犯请击之[22]，公曰："不可，微夫人之力不及此[23]。因人之力而敝之[24]，不仁。失其所与，不知[25]；以乱易整[26]，不武；吾其还也。"亦去之[27]。

【注释】

①晋侯：晋文公。秦伯：秦穆公。②无礼于晋：指晋文公流亡时到郑国，郑文公没有按照礼节接待他。③贰于楚。指郑国晋国有二心，和楚国也友好。僖公二十八年城濮之战时，郑国曾经是楚国盟军。④函陵：郑国地名，在今河南省新郑县北。⑤氾南：郑国地名，在今河南省中牟县南。⑥佚之狐：郑国大夫。郑伯：郑文公。⑦烛之武：郑大夫。⑧子：古代对成年男子的尊称。⑨夜缒（zhuì）：夜间用拽着绳子从城墙上下去。⑩执事：指秦穆公手下办事的人。这里是和对方国君说话的委婉说法。⑪越国以鄙远：越过国家而把远方的领土作为自己的领土。鄙：边境的城镇。⑫东道主：东方道路上招待食宿的主人。郑国在秦国东方，故这样说。⑬行李：指使者。共：同"供"，供应。⑭尝为晋君赐：指秦穆公曾经帮助晋文公回国并获取政权。⑮焦、瑕：两地名，在今河南省三门峡市一带。⑯朝（zhāo）：早晨。济：渡河。设版：打土墙用的夹板。指打墙设防。⑰何厌之有：有什么满足的呢？厌：同"餍"。⑱东封郑：向东面扩展自己的领土，把郑国作为晋国的边疆。⑲阙：损害、减少。⑳说：同"悦"，高兴。㉑杞子、逢孙、杨孙：都是秦国大夫。㉒子犯：晋大夫，即狐偃，晋文公的舅父。㉓微：非，不是。夫人：那个人，指秦穆公。㉔敝：使其不利，受损失。㉕知：同"智"。㉖乱：指关系破裂。㉗去之：撤军回去了。

【译文】

鲁僖公三十年。晋文公、齐桓公率领部队包围了郑国。因为郑文公曾经对晋文公不礼貌，而且还和楚国友好。晋国军队驻扎在函陵，秦国军队驻扎在氾南。

佚之狐对郑文公说："国家危险了！如果派烛之武去面见秦穆公，军队一定会退去。"郑文公听从了他的意见，去请烛之武。烛之武推辞道："我在年富力强的时候，尚且不如别人。如今年纪大了，没有什么能力办事了。"郑文公说："我没有及早地重用你，现在遇到紧急情况才来求你，这是我的过错。然而如果郑国灭亡了，对于你也有不利的地方啊！"烛之武答应了。

夜里，用绳子把烛之武从城墙上放下去。烛之武见到秦穆公，说："秦国和晋国围困郑国，郑国已经知道要灭亡了。如果灭亡郑国对于您有利益的话，我怎么敢来麻烦您呢！越过一个国家的领地而把边远的地方作为自己的边境领地，您知道那是非常难做到的事。那么又哪里用得着灭亡郑国来增强邻国的实力呢？邻国土地扩大，实际上等于削弱了您的力量。如果您能够舍弃灭掉郑国而是留下来作为贵国在东边道路上的主人，秦国的使臣往来经过时，郑国可以供应缺少的物资，对于您也没有什么妨害。况且您对晋国国君曾经有过赐予和恩惠，答应给您焦、瑕两个地方，可是他早晨渡河回到晋国，晚上就在那里修筑城墙了，这都是您所知道的。那个晋国，有什么满足的时候？如果已经灭亡郑国作为他国东部的边境，又要肆意向西扩展领土，如果要不损害秦国，将要向哪里获取土地呢？灭亡郑国是损害秦国而有利于晋国，请您仔细考虑。"秦穆公听完，很高兴，和郑国结盟，派杞子、逢孙、杨孙驻扎在郑国帮助守城，便撤军回去。

晋国大臣子犯请求攻击秦军，晋文公说："如果不是秦国的力量我到不了今天，凭借了人家的力量而又去损害人家，是不仁。失去了同盟国，是不明智。用战乱来代替整齐的秩序和队伍，不算武勇，我们也回去吧。"也撤军离开了。

【评析】

这是中国历史上非常著名的外交辞令。秦晋两个大国围困小国郑国，在军事力量上不成正比，郑国面临灭亡的危险。老臣烛之武临危受命，夜间绳缒出城见秦穆公，用巧妙的辞令说服秦穆公而解救了郑国。其巧妙之处在于，烛之武本质里是为郑国，但必须用利害关系才能说动对方，因此他的话表面上层层都在为秦穆公着想：一、秦晋如果联合灭亡郑国，是没有问题的，但如果灭郑有利于秦国，我就不来了。秦国在最西，中间是晋国，最东边是郑国。灭亡郑国，领土只能归晋国。实际上晋国扩大而秦国什么也得不到。二、如果不灭郑，以后秦国就多一个在东边的主人，可以供应来往使者的困乏，是有利的。三、晋国贪得无厌，忘恩负义。四、晋国如果得到郑国，疆域扩大，力量更强，势必继续扩张，向西便只有秦国了。总之，灭亡郑国损害秦国而有利于晋国。这番话推理严密，完全没为郑国考虑，句句都替秦国着想，有极强的说服力。

本文在叙事上有侧重和伏笔，仔细思索可悟。开头说这次围郑的原因是"无礼于晋且贰于楚也"，就点出这次行动的起因是晋国，因此烛之武游说的对象只能是秦穆公。而最后的结局也是秦军先退而帮助郑国戍守。前后的线索分明，合情合理，也暗示出烛之武的智慧。

蹇叔哭师

《左传》

鲁僖公三十二年冬。杞子自郑使告于秦曰^①："郑人使我掌其北门之管^②，若潜师以来，国可得也。"穆公访诸蹇叔^③。蹇叔曰："劳师以袭远，非所闻也。师劳力竭，远主备之^④，无乃不可乎？师之所为，郑必知之。勤而无所，必有悖心^⑤。且行千里，其谁不知？"公辞焉。召孟明、西乞、白乙^⑥，使出师于东门之外。蹇叔哭之曰："孟子^⑦！吾见师之出而不见其入也。"公使谓之曰："尔何知！中寿，尔墓之木拱矣^⑧！"

蹇叔之子与师^⑨，哭而送之，曰："晋人御师必于殽^⑩，殽有二陵焉^⑪。其南陵，夏后皋之墓地^⑫；其北陵，文王之所辟风雨也^⑬，必死是间，余收尔骨焉？"秦师遂东^⑭。

【注释】

①杞子：秦国大夫。②掌：掌管。管，钥匙。③访：询问，征求意见。蹇叔：秦国老臣。④远主：指郑国。郑国和秦国之间隔着晋国。⑤勤：劳苦。无所：一无所得。悖（bèi）心：违逆之心，反感。⑥孟明：秦国大夫，姜姓，百里氏，字孟明，名视。百里奚之子。西乞：秦国大夫，字西乞，名术。蹇叔之子。白乙：秦国大夫，字白乙，名丙。蹇叔之子。三人都是秦国将军。⑦孟子：即孟明视，子，是尊称。⑧中寿：中等年纪。为秦穆王讽刺蹇叔现已年老昏聩。拱：两手合抱。⑨与师：参加军队。⑩殽（xiáo）：同"崤"，山名，在今河南省洛宁县西北。⑪陵：大山。崤山有两陵，南陵和北陵，相距三十里，地势险要。⑫夏后皋：夏代君主，名皋，夏桀的祖父。后：国君。⑬文王：周文王。辟：同"避"。⑭东：向东出发。

【译文】

鲁僖公三十二年冬。秦国大夫杞子从郑国派人向秦国报告说："郑国人让我掌管他们国都北门的钥匙，如果派兵悄悄前来，就可以得到他们的国家。"秦穆公访问老臣蹇叔征求意见。蹇叔说："让军队辛勤劳苦地偷袭远方的国家，我从没听说有过这种事。军队辛劳精疲力竭，远方的国家又会有防备，这样做恐怕不行吧？军队的行动，郑国必定会知道。军队辛勤劳苦而一无所得，一定会产生叛逆念头。再说行军千里，谁能不知道呢？"秦穆公告辞出来，没有听从蹇叔的意见。他召见孟明视、西乞术和白乙丙三位将领,让他们从东门外面出兵。蹇叔哭着说:"孟明啊,我看着大军出发,却看不见他们回来了!"秦穆公派人对蹇叔说:"你知道什么?你如果在中寿的年龄死去,你坟上的树都有两手合抱那么粗了。"

蹇叔的儿子跟随军队一起出征,他哭着送儿子说:"晋国伏击的军队一定要在崤山,崤有两座山头。南面的山头是夏王皋的坟墓,北面的山头是周文王避过风雨的地方。你们一定会战死在这两座山之间,我到那里去收拾你的尸骨吧。"于是秦国军队向东出发。

【评析】

本文刻画秦穆公和蹇叔两个人物形象,而蹇叔为主。在两年前,秦、晋两国的军队围郑,郑国老臣烛之武游说秦穆公,秦穆公和郑国私下结盟,留下三名大将率兵帮助郑国。杞子便是当时留下的三人之一。他从郑国派人送来密信,于是才有这个故事。秦穆公见到密信第一反应是征求蹇叔意见。秦穆公对于蹇叔有知遇之恩,蹇叔自然要忠于秦穆公,于是提出反对的意见。理由极其充分,一是"劳师以袭远",二是"师劳力竭,远主备之",三是"师之所为,郑必知之",四是"勤而无所,必有悖心"。但秦穆公没有听从他的意见,而是派遣三名将军要出兵。蹇叔则二哭,先对孟明视哭。秦穆公很反感,但没有采取打击手段。出发时蹇叔二哭,并预测出失败的地方。这就太聪明了。而此事最后的结局和蹇叔预测的完全一样,可见蹇叔是位智者。

秦穆公也不是昏庸之人,但他是从秦国长远发展的前途看。当年他留下三人帮助郑国也是埋下的伏笔,我们可以推测,那三人是带着任务留下的,这就是寻找机会做内应而拿下郑国,作为秦国向东方扩张的根据地。否则杞子也不会送密信。机会一来,秦穆公利令智昏,便失去对形势的准确判断。而蹇叔则是客观地分析情况,秦穆公只是考虑郑国,而蹇叔指出危险来自晋国。蹇叔是宋国人,是秦穆公得到百里奚后,百里奚推荐蹇叔,秦穆公派人用高规格高待遇请到秦国的。从这件事看,蹇叔熟悉地理,故能够准确判断出晋军设伏的地点。故蹇叔是个忠诚、智慧、爱国、负责任的老者形象,可敬可爱。

卷之二

郑子家告赵宣子

《左传》

鲁文公十七年。晋侯合诸侯于扈①，平宋也②。

于是晋侯不见郑伯，以为贰于楚也。郑子家使执讯而与之书③，以告赵宣子曰④："寡君即位三年，召蔡侯而与之事君⑤。九月，蔡侯入于敝邑以行⑥，敝邑以侯宣多之难⑦，寡君是以不得与蔡侯偕。十一月，克减侯宣多⑧，而随蔡侯以朝于执事。十二年六月，归生佐寡君之嫡夷⑨，以请陈侯于楚，而朝诸君⑩。十四年七月，寡君又朝，以蒇陈事⑪。十五年五月，陈侯自敝邑往朝于君。往年正月，烛之武往朝夷也⑫。八月，寡君又往朝。以陈蔡之密迩于楚，而不敢贰焉⑬，则敝邑之故也。虽敝邑之事君，何以不免？在位之中，一朝于襄，而再见于君⑭，夷与孤之二三臣，相及于绛⑮。虽我小国，则蔑以过之矣⑯。今大国曰：'尔未逞吾志⑰。'敝邑有亡，无以加焉。古人有言曰：'畏首畏尾，身其余几⑱？'又曰：'鹿死不择音⑲。'小国之事大国也，德，则其人也；不德，则其鹿也。铤而走险⑳，急何能择？命之罔极㉑，亦知亡矣。将悉敝赋以待于鯈㉒，唯执事命之㉓。文公二年，朝于齐㉔；四年，为齐侵蔡㉕，亦获成于楚。居大国之间，而从于强令，岂有罪也？大国若弗图，无所逃命。"

晋巩朔行成于郑㉖，赵穿、公婿池为质焉㉗。

【注释】

①晋侯：指晋国国君晋灵公。扈：郑国城邑，故地在今河南省原阳县。②平宋：平定宋国内乱。宋昭公无道被杀，立宋文公。③郑伯：指郑国国君郑穆公。子家：郑国公子，大夫。执讯：掌管通信联络的官。④赵宣子：晋国卿大夫赵盾。⑤蔡侯：指蔡庄公。君：这里指晋襄公，是晋灵公之父。⑥敝邑：对别人称自己国家的谦词。⑦侯宣多：郑国大夫，因立郑穆公有功，所以恃宠专权作乱。⑧克减：克服减少，即压制的意思。⑨归生：即子家，归生是其名，子家是字。夷：郑国太子。⑩陈侯：陈国陈共公。⑪蒇（chǎn）：完成。⑫往年：这里指去年。烛之武：郑大夫，见《烛之武退秦师》。⑬密迩：紧密靠近。贰：二心。⑭襄：晋襄公。君：指晋灵公。

⑮孤：指郑国国君。绛：晋国都城，在今山西新绛县。⑯蔑：无。⑰未逞吾志：没有使我的志向得到实现。⑱畏首畏尾，身其余几：其意说北畏晋，南畏楚，分身无术，有什么办法呢？⑲音：同"荫"，树荫。⑳铤：疾走，快速奔跑。㉑罔极：无穷无尽。㉒赋：指兵，古代按田赋出兵，所以称赋。儵（tiáo）：晋郑交界的地方。㉓命之：听从你们的命令。㉔文公：指郑文公。㉕四年：指郑文公四年。㉖成：讲和修好。巩朔：晋大夫。㉗赵穿：晋执政大夫。池：晋灵公的女婿。

【译文】

鲁文公十七年。晋灵公召集各国诸侯在郑国的扈地会合，目的是要与宋国谈和。

当时晋灵公拒绝见郑穆公，认为郑国既服从晋国又投靠楚国。郑国大夫子家就派一位送信的官员到晋国送了一封信，信是写给赵盾的，信中说："我们君主即位第三年，就邀请蔡庄公一起服从你们君主。这年九月，蔡庄公来到我国准备同我们国君一起去晋国朝拜，但因我国发生侯宣多恃宠专权之难，我们君主因此而不能与蔡庄公一起去。这年十一月，我国克制除掉侯宣多，我们君主就与蔡庄公相随朝见服事于您这位执政。我们君主即位后第十二年六月，我辅佐我们君主的太子夷，为向楚国请求他们与陈灵公讲和，特地去朝见你们君主。我们国君即位十四年七月，我们君主又以完成了陈国的事情去朝见你们。十五年五月，陈灵公从我国去朝见你们君主。去年正月，烛之武去你们国家看望太子夷。八月，我们君主又去朝拜。作为陈、蔡，与楚国如此亲密相近，却不敢投靠楚国，那是我们的缘故。虽然我们如此对待贵国君主，却为何不能免去被你们责罚的命运呢？你们国君在位的时候，我们朝见过晋襄公一次，而朝见过现在在位的晋灵公两次。太子夷与我们国君的一些臣僚一个接一个地去到绛都。虽则我们是小国，这样做也没有哪个国家能超过吧。现在你作为大国说：'你们做得还不能令我们满意开心。'我国就只有灭亡，再不能增加什么了。古人有言说：'头也害怕尾也害怕，留下身子还能剩余多少呢？'又说：'鹿要死也就不管自己死在哪个树荫下了。'小国服侍大国，大国以仁德对待它，它就是人；不用仁德对待它，它就是一只鹿，着急了就会疾速走入险境，着急了还能有什么选择吗？大国无准则地下命令，我们也知道要灭亡了，只能把我国的全部军资集中起来在儵地等待了，任凭你执政命令我们吧。我们文公即位的第二年六月壬申，曾到齐国朝见。四年二月壬戌，因为齐国侵伐蔡国，我们也只得与楚国谈和。处在大国之间，都要求我们服从强者的命令，难道这也成了我们的罪过？你们大国如果不考虑这些，那我们就无处逃命了。"

赵盾看到信后派巩朔到郑国和谈，赵穿、公婿池也到郑国做了人质。

【评析】

本文记载郑晋之间一次外交斗争。郑国处于晋楚两强之间，外交处境很困难。对近邻晋国要侍奉，对远点的楚国也要朝拜。这次在郑国边境举行会盟，盟主晋国居然不见郑国国君，等于拒绝郑国参加。于是郑国大臣子家给晋国主政大臣赵宣子即赵盾写信，并派专门人员送去。当时晋灵公年少，晋国执政者是赵盾。这是很明确记载的通过信件进行的外交。信中的内容主要是两点：一、郑国在最近二十余年间对于晋国的两代君主是毕恭毕敬，已经达到无以复加的程度，可是晋国还是不满足。我们郑国除了亡国已经没有办法了。二、笔锋一转，用"鹿死不择音"的比喻，提出"铤而走险"的警告，并提出集中所有军队准备和晋国死拼。再提曾经和楚国有过和约。这样，如果真的开战，既有郑国本国的坚决抵抗，又会有楚国的外援。这对于晋国有一定的威胁。因此，这封类似最后通牒的书信产生了作用。晋国立即做出反应，派人到郑国表示友好，并派去人质。信中关于鹿的比喻精彩生动，"铤而走险"一词就出自这里。

王孙满对楚子

《左传》

鲁宣公三年。楚子伐陆浑之戎①，遂至于雒②，观兵于周疆③。定王使王孙满劳楚子④。楚子问鼎之大小轻重焉⑤。

对曰："在德不在鼎。昔夏之方有德也，远方图物，贡金九牧⑥，铸鼎象物⑦，百物而为之备，使民知神奸⑧。故民入川泽山林，不逢不若⑨。螭魅罔两⑩，莫能逢之。用能协于上下，以承天休⑪。桀有昏德，鼎迁于商，载祀六百⑫。商纣暴虐，鼎迁于周。德之休明⑬，虽小，重也。其奸回昏乱，虽大，轻也。天祚明德，有所底止⑭。成王定鼎于郏鄏⑮，卜世三十，卜年七百，天所命也。周德虽衰，天命未改。鼎之轻重，未可问也。"

【注释】

①楚子：楚庄王，公元前613年至前591年在位。陆浑之戎：古戎人的一支，也叫允姓之戎。

原在秦晋西北，春秋时，迁到伊川，今河南嵩县西北。②雒（luò）：指雒水，今作洛水。发源于陕西，经河南入黄河。③观兵：检阅军队以显示军威。疆：边境。④王孙满：周大夫，周共王的玄孙。⑤鼎：即九鼎。相传夏禹收九牧所贡金铸成九鼎，象征九州，三代时奉为传国之宝，也是王权的象征。⑥贡：把物品进献给天子。金：指青铜。九牧：即九州。传说古代把天下分为九州，州长官叫牧。贡金九牧，是"九牧贡金"的倒装。⑦铸鼎象物：用九州的贡金铸成鼎，把画下来的各种东西的图像铸在鼎上。⑧百物：万物。备：具备。神奸：鬼神怪异之物。⑨不逢不若：不会遇到不顺的东西。逢，遇。若，顺，顺从。⑩螭魅（chī mèi）：也作"魑魅"。传说山林里的鬼怪。罔两（wǎng liǎng）：传说中河川里的精怪。⑪用：因。协：和协。休：荫庇，保佑。⑫祀：年，与"载"同义。⑬德之休明：道德美善光明。⑭底止：最终的限度，极限。⑮成王：周成王。定鼎：定都。郏鄏（jiá rǔ）：地名。周王城所在，在今河南洛阳市西。

【译文】

鲁宣公三年。楚王攻打陆浑地区的戎人，于是到了雒水，在周朝边境上炫耀武力。周定王派王孙满去慰劳楚王。楚王询问周王室九鼎的大小轻重。

王孙满回答说："统治天下在于道德，不在于鼎。从前夏朝刚刚实行德政的时候，远方各地把各种奇异东西都画成图像，九州长官贡献出青铜，铸成九鼎，再把画下来的各种物象铸在鼎上，鼎上面有各种东西的图像，教人民知道神物和怪异。因此人民进入川泽山林，不会碰到对自己不利的东西。螭魅罔两这些妖怪都不会遇到。因此能够上下和协，受到上天保佑。夏桀昏乱，鼎迁到商朝，前后六百年。商纣暴虐，鼎又迁到周朝。天子德行美善光明，地域虽然小，也是重的。如果奸邪昏乱，地域虽大，也是轻的。上天赐福给有美德的人，也是有一定极限的。成王把九鼎放在郏鄏，曾经占卜过，可以传世三十代，享国七百年，这是上天命令的。今天周朝的德行虽然衰减，可天命还没有改变。九鼎的轻重，是不可以问的。

【评析】

春秋时期，王室权威每况愈下。楚庄王借出兵北伐伊川境内陆浑之戎之机，顺势移兵洛邑，耀武扬威，不可一世。周定王派大夫王孙满去慰劳。楚庄王开口就问鼎。王孙满忠诚睿智，回答从容不迫而隐含凌厉。全篇故事便在"霸"与"德"两字中展开。两个人物性格跃然纸上。王孙满的回答，从"德""天"二字入手。先从"德"字出发，以"德"抗"霸"，一语击中楚庄王之心："在德不在鼎。"立论如金石，坚不可摧。

接着以夏、商、周的历史变迁为鉴，有根有据地讲述了鼎的来历和几易其主的过程，用以说明有德的君主才配有鼎，才会拥有天下。"德之休明，虽小，重也。其奸回昏乱，虽大，轻也"的议论委婉地批评楚庄王霸而无德，你还不配问鼎。鼎随德迁，王孙满妙转机杼，又搬出个"天"来。"周德虽衰，天命未改"，周王朝的命数是天定的，天命难违。王孙满的答话，无一句直接指说楚庄王，却无一语不在谴责他，条理严密，含蓄有力，与楚庄王的凶蛮直率形成鲜明对比。还应指出，王孙满出使慰问，并没有估计到问鼎的问题，一切回答都是随机应变，可以看出其是位机智而理性的人。

齐国佐不辱命

《左传》

鲁成公二年。晋师从齐师，入自丘舆①，击马陉②。齐侯使宾媚人赂以纪甗、玉磬与地③。不可，则听客之所为④。宾媚人致赂⑤，晋人不可，曰："必以萧同叔子为质⑥，而使齐之封内尽东其亩⑦。"对曰："萧同叔子非他，寡君之母也；若以匹敌，则亦晋君之母也。吾子布大命于诸侯，而曰必质其母以为信，其若王命何⑧？且是以不孝令也。诗曰：'孝子不匮，永锡尔类⑨。'若以不孝令于诸侯，其无乃非德类也乎？先王疆理天下⑩，物土之宜，而布其利。故诗曰：'我疆我理，南东其亩⑪。'今吾子疆理诸侯，而曰'尽东其亩'而已；唯吾子戎车是利，无顾土宜，其无乃非先王之命也乎？反先王则不义，何以为盟主？其晋实有阙⑫。四王之王也⑬，树德而济同欲焉⑭；五伯之霸也⑮，勤而抚之，以役王命⑯；今吾子求合诸侯，以逞无疆之欲。诗曰：'敷政优优，百禄是遒⑰。'子实不优，而弃百禄，诸侯何害焉？不然，寡君之命使臣，则有辞矣⑱。曰'子以君师辱于敝邑，不腆敝赋，以犒从者⑲；畏君之震，师徒挠败⑳。吾子惠徼齐国之福㉑，不泯其社稷，使继旧好，唯是先君之敝器土地不敢爱㉒。子又不许，请收合余烬㉓，背城借一㉔。敝邑之幸，亦云从也；况其不幸，敢不唯命是听？'"

【注释】

①丘舆：地名，齐国境内，在今山东省青州市内。②马陉（xíng）：地名，齐邑名，在青州

市西南。③宾媚人：齐国上卿，即国佐。赂：赠送财物。甗（yǎn）：陶器，甑的一种，是一种礼器。玉磬：乐器。纪：古国名。为齐所灭。纪甗玉磬，是齐灭纪时所得到的珍宝。④客：指对方。这里指晋国。⑤致赂：献上礼品。⑥萧同叔子：萧，国名。同叔：国王的名称。子：女儿。萧君同叔的女儿，即齐顷公的母亲。⑦封内：国境内。尽东其亩：田地垄亩全改为东西向，道路沟渠也相应地变为东西向。因齐、晋东西相邻，这样一改，以后晋国兵车过入齐境便于通行。⑧王命：先王以孝治天下的遗命。先王，已去世的君王。⑨见《诗经·大雅·既醉》。⑩疆理：指划分疆界和沟渠小路。⑪我疆我理，南东其亩：见《诗经·小雅·信南山》。⑫阙：缺点，过失。⑬四王：指夏禹、商汤、周文王和周武王。⑭济：满足的意思。同欲：共同的欲望。⑮《孟子》："五霸者，三王之罪人也。"赵台卿注："齐桓、晋文、秦穆、宋襄、楚庄。"⑯役王命：从事于王命。⑰见《诗经·商颂·长发》。⑱辞：同"词"，话。⑲犒：犒劳，慰问。⑳挠（ráo）败：失败。㉑徼（yāo）：求取，招致。㉒爱：吝惜。㉓烬：火灰。余烬：指残余的军队。㉔背城借一：背靠着城，再打一仗。意即在城下决一死战。

【译文】

　　鲁成公二年。晋军追赶齐军，从丘舆进入齐国境内，攻打马陉。齐顷公派国佐宾媚人将纪国的炊器、玉磬赠送给晋国，并归还鲁、卫两国的土地。并说如果还不行，就任凭他们所为。宾媚人送上礼物，晋国人郤克不答应，说："必须用萧同叔的女儿做人质，同时使齐国境内的田亩全部改为东西向。"宾媚人回答说："萧同叔的女儿不是别人，是敝国国君的母亲。如果以对等相待，也就是晋国国君的母亲。您向诸侯颁布天子的命令，却说一定要人家的母亲做人质作为凭信，将如何面对周王以孝治天下的遗命？而且这是以不孝来命令诸侯。《诗经·大雅·既醉》说：'孝子的孝道永无穷尽，一直会影响与他同类的人。'如果以不孝命令诸侯，恐怕是不道德之类的行为吧？先王划定天下的疆界，根据各地的实际情况而布置因地制宜的方略。所以《诗经·小雅·信南山》说：'我划定疆界，治理沟垄，朝南朝东修起田埂。'现在您划分和治理诸侯的土地，却说'全部将田垄改为东西向'而已，只顾有利于您的战车出入，不顾土性所宜，恐怕这不是先王的遗命吧？违反先王就是不义，怎么做诸侯的盟主？而且晋国的确有过错。四王统一天下的时候，树立德行而帮助大家共同实现愿望。五伯称霸诸侯的时候，勤劳王事，安抚诸侯，奉行天子的命令。现在您却谋求会合诸侯，来满足无止境的贪欲。《诗经·商颂·长发》说：'施政宽和，百福聚集。'您实在不肯宽大，从而抛弃各种福禄，这对于诸侯有什么害处呢？如果您不同意，敝国国君命令使臣，已有言辞在先了，说：'您率领贵国的军队光临敝国，敝国以微薄的兵赋来犒劳您的随从。由于畏惧贵国国君的威严，军队遭到了挫败。承蒙您为求取齐国的福佑，不灭绝它的社稷，使它继续同贵国保持旧日的友好关系，敝国决不敢吝惜先君这些破旧的器物和土地。可是您又不答应。那就请允许我们收集残余部队，在敝国城下决一死战。即使敝国侥幸取胜，也要服从贵国；倘若不幸战败，怎么敢不完全听从贵国的命令呢？'"

【评析】

齐国侵占鲁国、卫国的土地，晋国和鲁、卫都是姬姓诸侯国，于是出兵伐齐，在鞌地大战，非常激烈，是《左传》记载的著名战役。结果齐军败绩，逃回本国。晋君追击而进入齐国境内。在如此危急情况下，齐顷公派正卿国佐即出使求和，真是临危受命。面对郤克提出的苛刻条件，他从容不迫据理逐条驳斥。其实晋国提出的两个条件确实太霸道而缺少人性。给国佐以口实，使者是可以代表国君说话的，因此国佐用齐顷公的口气，从"孝道"和各国要因地制宜两个角度对晋国的无理要求进行驳斥，然后转守为攻，指出晋国的错误，提出先王"树德而济同欲"的高尚明智的做法。实际就是"恕道"，这是非常有力度的反驳。最后表示，实在不可以，齐国也可以背城一战，破釜沉舟奉陪到底！底气十足，因为齐国当时也是大国，实力是外交的坚实后盾。软硬兼施，有理有据，确实是非常好的外交辞令。

楚归晋知䓨

《左传》

鲁成公三年。晋人归楚公子穀臣与连尹襄老之尸于楚①，以求知䓨②。于是荀首佐中军矣③，故楚人许之。王送知䓨④，曰："子其怨我乎？"对曰："二国治戎⑤，臣不才，不胜其任，以为俘馘⑥。执事不以衅鼓⑦，使归即戮，君之惠也。臣实不才，又谁敢怨？"王曰："然则德我乎？"对曰："二国图其社稷，而求纾其民⑧，各惩其忿以相宥也⑨，两释累囚⑩，以成其好。二国有好，臣不与及，其谁敢德？"王曰："子归何以报我？"对曰："臣不任受怨，君亦不任受德。无怨无德，不知所报。"王曰："虽然，必告不穀⑪。"对曰：

"以君之灵，累臣得归骨于晋⑫，寡君之以为戮，死且不朽。若从君惠而免之，以赐君之外臣首⑬；首其请于寡君，而以戮于宗⑭，亦死且不朽。若不获命⑮，而使嗣宗职⑮，次及于事，而帅偏师以修封疆⑯，虽遇执事⑰，其弗敢违⑱。其竭力致死，无有二心⑲，以尽臣礼⑳。所以报也！"王曰："晋未可与争。"重为之礼而归之㉑。

【注释】

①归：送还。公子穀臣：楚庄王儿子。连尹：楚国官名，主射之官。襄老：楚国大臣。②求：索取。知罃：又称荀罃，晋楚邲之战被楚俘虏。③于是：在这个时候。荀首：知罃父亲。佐中军：担任中军副帅。④王：指楚共王。⑤治戎：治兵，演习军队。这里的意思是交战。⑥馘（guó）：割下敌方死者左耳朵用来报功。这里与"俘"连用，指俘虏。⑦鼓：取血涂鼓，意思是处死。⑧纾：缓和，减轻。⑨惩：戒，克制。忿：怨恨。宥（yòu）：宽恕，原谅。⑩累囚：被捆绑起来的囚徒。⑪不穀：古代诸侯的谦称。⑫累臣：知罃自称。归骨于晋：意谓能够活着回到晋国。⑬外臣：外邦之臣。臣子对别国君主称外臣。⑭戮于宗：在宗庙中被处死。⑮宗职：祖世世袭的职位。⑯偏师：副帅、副将所属的军队，非主力军队。⑰执事：办事人员。委婉指楚王。⑱违：躲开，躲避。⑲致死：以死相拼。战斗到死。⑳以尽臣礼：指为晋君效忠。㉑礼：礼仪。

【译文】

鲁成公三年。晋国把楚国公子穀臣和连尹襄老的尸首归还给楚国，以此要求交换被楚国俘虏的知罃。当时荀首已经是中军副帅，所以楚人答应了。楚王送别知罃，说："您怨恨我吗？"知罃回答说："两国兴兵，下臣没有才能，不能胜任自己的职责，做了俘虏。君王的左右没有用我的血来祭鼓，而让我回国去接受本国的诛戮，这是君王的恩惠。下臣实在没有才能，又敢怨恨谁？"楚王说："那么你感激我吗？"知罃回答说："两国各自为自己的国家打算，而求得让百姓得到平安，各自抑止自己的愤怒来互相原谅，两边都释放被俘的囚犯，以结成友好。两国友好，下臣不曾与谋，又敢感激谁？"楚王说："您回去，用什么报答我？"知罃回答说："下臣不承担什么怨恨，君王也没有什么恩德，没有怨恨，没有恩德，就不知道该报答什么。"楚王说："尽管这样，还是请你一定要把想法告诉我。"知罃回答说："以君王的福佑，被囚的下臣能够带着这把骨头回到晋国，寡君如果加以诛戮，死而不朽。如果由于君王的恩惠而赦免下臣，赐给您的外臣家父荀首，家父荀首向寡君请求，而把下臣在自己宗庙中诛戮，也死而不朽。如果得不到寡君杀我的命令，而让下臣继承宗子的地位，按次序承担晋国的军事，率领偏师以治理边疆，即使碰到君王的文武官员，我也不会躲避，竭尽全力以至于死，没有第二个心念，以尽到为臣的职责，这就是用来报答于君王您的。"楚王说："晋国是不可以拼争的。"于是就对知䓨重新举行礼仪，送他回去。

【评析】

本文记载晋楚交换战俘时晋国知䓨在回答楚王送别前问话时的机智敏捷，突出其忠义爱国，理智冷静的性格。

知䓨是在鲁宣公十二年晋楚邲之战时被俘的。而这次交换战俘距离邲之战已经九年。从知䓨父亲依然担任将军来看，估计知䓨的年龄也不会很大。前面说"于是荀首佐中军矣，故楚人许之"，暗示楚国释放知䓨与其父亲担任将军有一定关系，但主要的还是两国的外交成果。这样的背景，知䓨当然了解，因此他在回答楚共王问话时便出自公对公的角度，因为这确实不是个人恩怨，是国家与国家之间的交涉。这样，便不涉及仇恨与恩德，所以楚共王询问是怨恨还是感恩戴德时，他回答得很清楚。但楚共王一定让他说此时的心情。他回答得很委婉但又很坚决，柔中有刚。意谓以后如果自己在战场上遇到楚国军队甚至楚王，两国发生战事，依旧会奋不顾身拼死作战的，依旧是公对公。只有大公无私才可以正义凛然，有底气才能义正词严。故公心、忠心是关键。知䓨形象的光辉正在这里。

吕相绝秦

《左传》

成公十三年。晋侯使吕相绝秦①，曰："昔逮我献公及穆公相好②，勠力同心③，申之以盟誓，重之以昏姻④。天祸晋国⑤，文公如齐，惠公如秦。无禄⑥，献公即世⑦，穆公不忘旧德，俾我惠公，用能奉祀于晋⑧；又不能成大勋，而为韩之师⑨。亦悔于厥心，用集我文公⑩，是穆之成也！文公躬擐甲胄⑪，跋履山川，逾越险阻，征东之诸侯，虞、夏、商、周之胤而朝诸秦⑫，则亦既报旧德矣。

"郑人怒君之疆埸⑬，我文公帅诸侯及秦围郑⑭。秦大夫不询于我寡君，擅及郑盟。诸侯疾之，将致命于秦⑮。文公恐惧，绥靖诸侯⑯。秦师克还无害，则是我有大造于西也⑰。

"无禄，文公即世，穆为不吊⑱，蔑死我君⑲，寡我襄公，迭我殽地⑳，奸绝我好，伐我保城㉑。殄灭我费滑㉒，散离我兄弟，挠乱我同盟㉓，倾覆我国家，我襄公未忘君之旧勋㉔，而惧社稷之陨㉕，是以有殽之师㉖。犹愿赦罪于穆公，穆公弗听，而即楚谋我㉗。天诱其衷，成王陨命㉘，穆公是以不克逞志于我。

"穆、襄即世，康、灵即位。康公我之自出㉙，又欲阙翦我公室，倾覆我社稷；帅我蟊贼，以来荡摇我边疆㉛，我是以有令狐之役㉜。康犹不悛㉝，入我河曲㉞，伐我涑川㉟，俘我王官㊱，翦我羁马㊲，我是以有河曲之战㊳。东道之不通，则是康公绝我好也。

"及君之嗣也㊴，我君景公，引领西望，曰：'庶抚我乎！'君亦不惠称盟，利吾有狄难，入我河县㊵；焚我箕、郜㊶；芟夷我农功㊷；虔刘我边陲，我是以有辅氏之聚㊸。君亦悔祸之延，而欲徼福于先君献、穆㊹，使伯车来命我景公曰㊺：'吾与女，同好弃恶，复修旧德，以追念前勋。'言誓未就，景公即世，我寡君是以有令狐之会㊻。

"君又不祥，背弃盟誓。白狄及君同州㊼，君之仇雠，而我之昏姻也㊽。君来赐命曰：'吾与女伐狄。'寡君不敢顾昏姻，畏君之威而受命于使㊾。君有二心于狄，曰：'晋将伐女。'狄应且憎㊿，是用告我。楚人恶君之二三其德也，亦来告我曰：'秦背令狐之盟，而来求盟于我。昭告昊天上帝，秦三公，楚三王曰[51]：余虽与晋出入[52]，余唯利是视。'不穀恶其无成德，是用宣之，以惩不壹。

"诸侯备闻此言，斯是用痛心疾首，昵就寡人。寡人帅以听命，唯好是求，君若惠顾诸侯，矜哀寡人而赐之盟[53]，则寡人之愿也。其承宁诸侯以退，岂敢徼乱[54]？君若不施大惠，寡人不佞[55]，其不能以诸侯退矣！敢尽布之执事，俾执事实图利之。"

【注释】

①晋侯：晋厉公。吕相：晋国大夫魏锜之子。②逮：自从。献公：晋献公。穆公：秦穆公。③勠力同心：齐心协力。④昏姻：即婚姻；昏，通"婚"。秦晋几代人相互为婚姻。秦国国君娶

晋国公主，晋国也如此。故有"秦晋之好"的成语。⑤天祸晋国：指骊姬之乱，晋献公杀害公子申生，晋国政治大乱。⑥无禄：无福，不幸。⑦即世：去世。⑧俾（bì）：使。晋国内乱，秦穆公派兵送晋惠公回国即位。⑨韩之师：指鲁僖公十五年秦军伐晋，战于韩原，晋惠公被俘事。⑩集我文公：指秦穆公送重耳回国即位事。成：成就、成全。⑪躬擐（huàn）甲胄：亲自穿铠甲戴头盔。⑫虞、夏、商、周之胤：虞舜以及三代的后代，即各国诸侯。⑬疆埸（yì）：边境。⑭我文公句：晋文公和秦穆公曾经率领军队包围郑国。详见《烛之武退秦师》。⑮致命于秦：和秦国拼命。⑯绥靖：安抚。⑰大造：很大的贡献。造：造化，恩德。⑱不吊：不吊唁。⑲蔑死我君：蔑视我们已死的国君。⑳迭：进入，这里是侵犯的意思。㉑保城：边境上保卫边防的城镇。㉒殄（tiǎn）灭：消灭、占领。费（bì）：滑国的首都，在今河南省偃师县附近。㉓挠乱：扰乱。郑、滑都是姬姓，又是同盟之国，故称"兄弟""同盟"。㉔襄公：晋襄公。㉕隙：受到损害。㉖殽之师：指秦晋殽之战。鲁僖公三十三年，晋在殽打败秦军。㉗即楚：亲近楚国。谋我：图谋我晋国。㉘成王陨命：指鲁文公元年楚成王被杀之事。㉙康、灵即位：秦康公、晋灵公即位。㉚康公我之自出：秦康公的母亲是晋献公的女儿。㉛蟊（máo）贼：两种损害庄稼的害虫。这里指晋国公子雍。㉜令狐之役：令狐，地名，在今山西省临猗县西。鲁文公七年，晋襄公死，晋国大臣赵盾主张立公子雍，而襄公夫人坚决要求立原定太子，于是立晋灵公。秦国还不知道这消息，派军队护送公子雍回国。晋国出兵阻挡，于是发生战争。㉝悛（quān）：悔改。㉞河曲：晋地名，在今山西省永济县一带，恰值黄河转折之处，故称"河曲"。㉟涑（sù）川：水名，源出山西绛县，至永济入黄河。㊱王官：晋地名，在今山西闻喜县南。㊲羁马：地名，在今山西省永济县南。㊳河曲之战：河曲之战，胜负未分。秦军在夜间撤走。㊴君：指秦桓公。㊵吾有狄难：指鲁宣公十五年晋伐赤狄潞国并将其灭亡一事。河县：指黄河沿岸的地方。㊶箕、郜：今山西省蒲县东北有箕城，即其地。郜：地名，在今山西省祁县西。㊷芟（shān）夷：割除、铲除。农功：指庄稼。㊸虔刘：屠杀。辅氏：地名，在今陕西省朝邑县西北。㊹献、穆：指晋献公和秦穆公。㊺伯车：秦桓公的儿子。㊻令狐之会：在鲁成公十一年。㊼白狄：狄族中的一支。同州：与秦国同属雍州。㊽我之昏姻：白狄和赤狄同属狄族，赤狄之女子季隗是晋文公夫人。㊾受命于使：指接受秦国使臣的命令。㊿憎：憎恨。51昊天：上天。秦三公：指秦穆公、秦康公、秦共工。楚三王：指楚成王、楚穆王、楚庄王。52出入：之有来往。53矜哀：同情可怜。是外交辞令。54承宁诸侯以退：答应安抚诸侯而退走。55不佞：不才。自谦词。

【译文】

　　鲁成公十三年。晋厉公派大夫吕相到秦国去断绝外交关系说："从前我国献公和贵国穆公开始相互交好，同心协力，用盟约和誓言来明确这种友好关系，再用相互联姻来加固这种关系。上天降祸给晋国，发生内乱。文公出奔到齐国，惠公出奔到秦国。不幸献公去世，贵国穆公不忘旧日恩德，使我国惠公回到晋国即位，主持祭祀。可是秦国却不能成就更大的功业，而发生韩原之战。后来穆公内心有些后悔，因此帮助文公回国即位，这确实是穆公的成全。文公亲自顶盔贯甲，跋山涉水，越过艰难险阻，征服东方之诸侯，率领虞舜、夏禹、商汤和周的后代而去朝拜秦国，这样也算是报答了秦国的旧恩了。

"郑国人打扰了您的边境，我们文公率领诸侯和秦国军队共同围困郑国。你们秦国大夫也不征求我们国君的意见，三子和郑国结盟。诸侯都很痛恨这件事，将要和你们秦国拼命，我们文公很害怕你们受损失，于是安抚诸侯。秦国军队能够安全回去而没有受到攻击，我们晋国对于西方秦国有很大的功劳啊！

"不幸的是，文公去世，穆公不派人来吊唁，这是轻蔑我们死亡的国君，轻视我们的襄公，又突然侵犯我们的殽地，断绝和我们的友好关系，讨伐我们边境的城镇。消灭我们同姓的滑国，离散我们的兄弟，阻挠破坏我们的同盟，颠覆我们的国家，我们的襄公并没有忘记穆公以前的恩德，但是怕国家灭亡，因此才发生殽地的战争。虽然这样，我们还是希望穆公能够赦免我们的罪过。但是穆公不听，却去亲近联络楚国来图谋我们国家。是上天显示出他的心意而保佑我们的国家，楚成王被杀死，因此穆公不能够在对待我国问题上得逞快意。

"贵国穆公和我国襄公去世，秦康公和晋灵公即位。康公是我们晋国的外甥，却又要损害我们的公室，颠覆我们的国家，率领我们国家的内奸来骚扰我国的边疆，因此才发生令狐之地的战争。康公还不悔改，进入我国的河曲地区，攻打我们涑水之地，抢掠我王官地区，占领我们的羁马之地，我国于是发动河曲之战。秦国东方道路的阻断，是因为康公断绝了和我们的友好关系。

"等到您即位，我们国君景公简直是伸长脖子向西眺望，并说道：'秦国或许能够安抚我们和我们和好吧！'可是您并不领情和我们结盟，反而利用我们有赤狄之战的困难，进入我们河县，焚烧我们箕、郜地区，祸害割除我们的庄稼，杀戮我们边境的百姓，因此我们有辅氏地区的集结兵力而设防。您也后悔战事的蔓延，而想向两国先君晋献公和秦穆公求得保佑，于是派伯车来向我国景公说：'我和您共同和好，抛弃过去的仇怨，恢复原来的友好关系，来追念先君穆公和献公的恩德和功绩。'誓言还没有实现，景公就去世了，因此我们国君有令狐的会盟。

"但是您又不善良，背弃盟约。白狄和你们秦国同在一州，是你们的仇人，却是和我们晋国有婚姻关系的亲戚。你们国君来下达命令说：'我和你共同讨伐狄人。'我们国君不敢顾及有婚姻关系，畏惧你们国君的威势而接受你国使者的命令。您却对狄人有二心，大耍两面派，说：'晋国即将要讨伐你们。'狄人表面应付你们，而把这种情况告诉我们。楚国人也怨恨你三心二意反复无常，也来报告我们说：'秦国背叛令狐之盟约，而来请求和我们结盟。昭告昊天上帝、秦三公、楚三王说：我虽然和晋国有来往，但我只看利益。我厌恶他没有道德，因此把这件事公告天下，来惩诫言行不一的人。'

"诸侯全都听说了这些话，因此为这件事痛心疾首，都来亲昵接近我。现在我率领诸侯来听您的答复，只求和好。您如果能够开恩考虑诸侯的意愿，同情可怜我而恩赐和我们结盟，则是我的愿望。我也承诺安抚诸侯然后退兵，岂敢来打扰您？如果您不能施与大的恩惠，我也没有什么大才能，就无法使诸侯退兵了。我把我的想法都大胆向您陈述了，希望您能够好好考虑考虑吧。"

【评析】

秦晋两国毗邻，都是春秋初期的强国，在晋献公和秦穆公时代两国缔结友好关系，又建立带有制度性的婚姻关系，几代人都如此。但两国由于都是强国而且毗邻，故又产生许多摩擦和争夺。秦穆公和晋文公先后称霸，都是春秋五霸之一。

到鲁成公十三年（前578），距离秦穆公和晋献公时代八十多年，秦晋之间发生许多事情。这年，晋联合齐、鲁、宋、郑、曹等国组成联军进攻秦国，破秦军于麻隧（今陕西省泾阳北）。战前，晋厉公派魏锜之子吕相前去秦国谈判，有下战书的性质，因此左传作者用了"吕相绝秦"这样的词语。

全文都是外交辞令，很像是对于秦国声讨的檄文。开篇从晋献公和秦穆公缔结两国友好关系说起，晋献公是秦穆公的岳父，从这层关系来看，秦晋之好就是由晋国发起并占主导地位的。这样就为以后的说辞提供一个良好的出发点。下面的"韩之师""烛之武退秦师""秦晋殽之战""令狐之役""河曲之战""辅氏之聚""令狐之会"等都是这八十年中秦晋两国发生的或战争或会盟的重要事件。如果仅从本文来看，秦国多理屈。尤其是最后秦国两面三刀的嘴脸确实很可恶。因此吴楚材父子在最后的评语中说："此文饰辞驾罪，不肯一句放松，不使一字置辨，深文曲笔，变化纵横，读千遍不厌也。"

但有两点需要说明，即这篇文字是事先准备好的，但应该是出自吕相本人的文笔。古代外交官一般情况下都是受命不受辞，即接受国君交给的使命和外交任务，但具体说辞由外交官自己处理。有时需要现场临时发挥，有时是随机应变。故古代外交官都长于辞令。本篇涉及时间跨度比较长，涉及事件比较多，故很值得注意。

驹支不屈于晋

《左传》

襄公十四年。会于向①，将执戎子驹支②，范宣子亲数诸朝③，曰："来，姜戎氏④。昔秦人迫逐乃祖吾离于瓜州⑤，乃祖吾离被苫盖，蒙荆棘⑥，以来归我先君。我先君惠公有不腆之田⑦，与女剖分而食之⑧。今诸侯之事我寡君，不如昔者，盖言语漏泄，则职女之由⑨。诘朝之事⑩，尔无与焉⑪；与，将执女。"

对曰："昔秦人负恃其众，贪于土地，逐我诸戎。惠公蠲其大德⑫，谓我诸戎，是四岳之裔胄也⑬。毋是翦弃⑭，赐我南鄙之田，狐狸所居，豺狼所嗥⑮。我诸戎除翦其荆棘，驱其狐狸豺狼，以为先君不侵不叛之臣，至于今不贰⑯。昔文公与秦伐郑，秦人窃与郑盟而舍戍焉⑰，于是乎有殽之师⑱。晋御其上，戎亢其下⑲，秦师不复，我诸戎实然。譬如捕鹿，晋人角之⑳，诸戎掎之㉑，与晋踣之㉒。戎何以不免？自是以来，晋之百役，与我诸戎，相继于时，以从执政，犹殽志也。岂敢离逷㉓？今官之师旅，无乃实有所阙㉔，以携诸侯㉕，而罪我诸戎。我诸戎饮食衣服，不与华同，贽币不通㉖，言语不达㉗，何恶之能为㉘？不与于会，亦无瞢焉㉙！"赋青蝇而退㉚。

宣子辞焉㉛，使即事于会，成恺悌也㉜。

【注释】

①向：地名，在今安徽省怀远县。②戎子：一个戎部族的首领，姜戎。驹支：姜戎首领名。③范宣子：晋国大臣，又名士匄。数：数落质问。④姜戎氏：指驹支。⑤离于瓜州：离开瓜州。瓜州：地名，在今甘肃省敦煌市境内。⑥乃祖：你的祖先。被：通"披"。苫：草帘子。蒙荆棘：指走过许多荆棘之路。⑦不腆之田：不多的土地。⑧剖分：分开。⑨职女之由：职责都在于你的缘由。女：通"汝"。⑩诘朝：明天早晨。⑪无与：不要参与。⑫蠲（juān）：显示。⑬四岳之

60

裔胄：四岳，尧时的诸侯长。裔胄：后代。⑭翦弃：剪除抛弃，指灭绝。⑮南鄙之田：南部边疆的土地。嗥：嚎叫。⑯不贰：没有二心。⑰昔文公句：指晋文公和秦穆公围郑，烛之武说服秦穆公，秦穆公私下与郑国结盟并留军队帮助戍守之事，详见《烛之武退秦师》。⑱殽之师：指殽之战，秦君要偷袭郑国，在殽遭到晋君伏击而大败。详见《蹇叔哭师》。⑲晋御其上：晋君这种正面作战。戎亢其下：戎人军队在侧面抗击。⑳角之：扭住鹿的犄角。㉑掎（jǐ）之：捉住大腿。㉒踣（bó）：同"仆"。弄倒下。㉓逖（tì）：远。㉔阙：缺失。㉕携：指诸侯有二心。㉖贽币：古人往来是所持的礼物。㉗言语不达：语言不通畅，也指没有语言往来。㉘何恶之能为：能干什么坏事呢？㉙瞢（méng）：本义指糊涂，这里指郁闷，舒畅。㉚青蝇：《诗经·小雅·甫田之什》中的一篇。批评君子不应该听信谗言。㉛辞：道歉。㉜恺悌（kǎi tì）：和蔼厚道。

【译文】

襄公十四年，晋国在向地召集诸侯，打算把姜戎首领驹支抓起来。晋国大臣范宣子在大堂上当众亲自数落驹支道："你往前来，姜戎氏。从前秦人强迫驱逐你们的祖先离开瓜州，你们的祖先吾离披着草帘子编制的衣服，硬挺着走过充满荆棘的道路，前来投奔我们晋国的先君。我们先君晋惠公只有并不宽广的领土，也仍然分给你们一部分共同享用。如今诸侯侍奉我们国君，不如以前，大概是你泄露什么语言，而这主要是你的责任和原因。明天早晨结盟的事，你就不要参加了。参加就要把你抓起来。"

驹支回答道："从前秦人依恃他们人多，贪求土地，驱逐我们各个戎人的部落。惠公显示出很大的恩德，说我们各个戎人部族，都是四岳的后代，不要就这样剪除抛弃，恩赐给我们晋国南部边境的土地，那里是狐狸的住所，到处是豺狼吼叫的声音。我们各个戎人部落剪除其荆棘杂树丛，驱赶走那里的狐狸豺狼，成为晋国先君不侵犯不背叛的臣子，一直到今天也没有二心。过去晋文公联合秦国讨伐郑国，秦人私下里和郑国结盟而且留下军队驻扎戍守，于是才发生后来秦晋殽之战。战斗中，晋军在上面攻击，我们在下面策应抵抗，秦国军队没有突围出去，实在是我们各个戎人部族拼力作战的结果。譬如捕捉野鹿，晋人扳住犄角，我们戎人拽住大腿，和晋人共同把野鹿揿倒。戎人为什么还不能免于你们的责难呢？自从秦晋殽之战以来，晋国的各种战争，都要带上我们各个戎人部族，前后相继，跟从你们的执政大臣，就像秦晋殽之战那样的情志。怎么敢离心离德疏远呢？如今你们官府中的将帅大臣，或许是有什么过错或者缺失，而疏远了诸侯，却加罪于我们戎人。我们各个戎人部族饮食服装都和华夏民族不同，也没有各种礼节往来，语言不流畅而且不相交往，能干什么坏事？即使不参与会盟，也没有什么遗憾！"赋诵《青蝇》之诗后而退出去。

范宣子听罢，向他道歉，让他参与了会盟，以成就谦和礼让的君子之德。

【评析】

这是非常重要的中国古代社会民族融合的史料，对于研究中国文化史也有重要价值。从文学角度看，依旧最能体现《左传》的特点，叙事简明，议论逻辑严谨，语言本色。全文由两段语言构成。开头简单交代背景后便是范宣子质问驹支的话，气势汹汹，强词夺理，有仗势欺人的味道。关键是质问的理由不充分，诸侯和晋国关系疏远和驹支有什么必然关系？后面则是驹支的回答，有理有据，不卑不亢，层次清晰。一、我们诸戎当年被秦国驱逐而失去家园，是晋惠公收留我们，恩德无边。二、我们开垦原始荒芜的土地，其后一直忠实于晋国而无二心。三、秦晋殽之战之时我们立有大功，对于晋国有贡献；从那次后晋国的所有战事我们都参加并尽心尽力，没有一点离心离德之事。四、诸侯疏远晋国之事，是你们有什么过错或缺失，硬加罪于我们。我们和华夏民族饮食服饰不同，没有礼节往来，语言也不熟练且没有交往，与我们有什么关系。最后一句非常果断刚烈，不参加会议没有什么。可以说义正词严，理足气盛。最后结局是范宣子道歉，允许其参加次日的会盟。

这段文字可以看出诸戎在逐步融入华夏文化的生动例证。这位姜戎首领驹支居然有如此熟练的语言表达能力，尤其是赋《青蝇》一事，更令人惊叹。可以看出当时上层贵族对于《诗经》的熟练程度。一是要能够背诵《诗经》的原文，二是要理解原文的意思，这样才能正确运用到特定的场合。《青蝇》是《小雅》中的一篇，本诗斥责到处散步流言蜚语的谗佞小人，"青蝇"的比喻很恰切，后来多把这种小人比喻为"苍蝇"。"恺悌君子，无信谗言"是后世常用警世语言。而当年姜戎首领驹支居然如此熟练运用，可见当时文化程度很高。

祁奚请免叔向

《左传》

鲁襄公二十一年。栾盈出奔楚①。宣子杀羊舌虎，囚叔向②。人谓叔向曰："子离于罪，其为不知乎③？"叔向曰："与其死亡若何？诗曰：'优哉游哉，聊以卒岁④。'知也。"

　　乐王鲋见叔向曰⑤："吾为子请。"叔向弗应，出不拜。其人皆咎叔向。叔向曰："必祁大夫⑥。"室老闻之曰⑦："乐王鲋言于君无不行，求赦吾子，吾子不许；祁大夫所不能也，而曰必由之。何也？"叔向曰："乐王鲋从君者也，何能行？祁大夫外举不弃仇⑧，内举不失亲⑨，其独遗我乎？诗曰：'有觉德行，四国顺之⑩。'夫子，觉者也⑪。"

　　晋侯问叔向之罪于乐王鲋⑫。对曰："不弃其亲，其有焉。"于是祁奚老矣，闻之，乘驲而见宣子⑬，曰：《诗》曰：'惠我无疆，子孙保之⑭。'《书》曰：'圣有谟勋，明徵定保⑮。'夫谋而鲜过，惠训不倦者，叔向有焉，社稷之固也。犹将十世宥之⑯，以劝能者。今壹不免其身⑰，以弃社稷，不亦惑乎？鲧殛而禹兴⑱；伊尹放大甲而相之⑲，卒无怨色；管蔡为戮⑳，周公右王㉑。若之何其以虎也弃社稷？子为善，谁敢不勉，多杀何为？"宣子说㉒，与之乘，以言诸公而免之㉓。不见叔向而归，叔向亦不告免焉而朝㉔。

【注释】

①栾盈：晋大夫，与范鞅不和而谋害对方。事败被驱逐，故出奔楚。②宣子：即范鞅。羊舌虎：栾盈的同党。叔向：羊舌虎的哥哥，名叫羊舌肸（xī）。③离：通"罹"，遭遇。知：通"智"。④优游：闲暇而快乐自得的样子。这两句诗今本《诗经》中没有，属于逸诗。⑤乐王鲋（fù）：即东桓子，晋大夫。⑥祁大夫：即祁奚。⑦室老：古时卿大夫家中有家臣，室老是家臣之长。⑧不弃仇：祁奚曾向晋君推荐过他的仇人解狐。⑨不失亲：祁奚曾向晋君推荐过的他的儿子祁午。⑩见《诗经·大雅·抑》篇。觉：正直。⑪夫子：那个人，指祁奚。觉者：有正直德行的人。⑫晋侯：指晋平公。⑬驲（rì）：古代驿站的马车。⑭见《诗经·周颂·烈文》篇。⑮见伪《古文尚书·胤征》篇。谟（mó）：谋略。⑯十世：指远代子孙。宥：赦宥。⑰壹：指因羊舌虎这一件事。⑱鲧：夏禹的父亲，因治水不利被杀。⑲伊尹：商朝初年大臣。大甲：即太甲，汤的嫡长孙，即位为商王，因不守汤法被伊尹流放三年，悔改后回国复位。⑳管蔡：管叔、蔡叔，周公的弟弟。㉑周公：周武王弟弟，名旦，是周初著名大臣，辅佐成王和康王，制定礼乐制度。㉒说：同"悦"，高兴。㉓诸：之于的合音。㉔不告免：即不报告自己免罪的事。

【译文】

　　鲁襄公二十一年。栾盈出奔逃跑到楚国，范宣子杀了羊舌虎，软禁了羊舌虎的哥哥叔向。有人问叔向说："你遭遇到这样的罪过，是因为不够明智吗？"叔向说："那些死了的和逃跑的，又怎么样呢？《诗》说：'难得清闲和优游啊，就这样来度过此一生！'这才是明智。"

乐王鲋去见叔向说："我去为您求情。"叔向没有理会，乐王鲋离开时，也不作揖拜谢。在场的人都埋怨叔向。叔向说："一定是祁大夫救我。"管家听到这话就说："乐王鲋在君主面前说的话，没有不被采纳的。请求赦免您，您却不理会。祁大夫不可能办到的事，您却说必须由他。为什么呢？"叔向说："乐王鲋是顺从君主的人，怎么能行？祁大夫举荐外人不遗弃有仇的人，举荐熟人不遗漏亲人，他难道会单单漏掉我吗？《诗》说：'有正直德行的人，天下人都会顺从他'。祁大夫就是正直的人！"

晋侯向乐王鲋问起叔向的罪责，乐王鲋说："他是不背弃亲人的人，他应该有些牵涉吧。"这时候，祁奚已告老还乡，听到叔向被囚禁之事，赶紧坐上驿站的快车来见范宣子。说：《诗》说：'给予我恩惠无边的人，子孙后代永远受到保护。'《尚书》说：'圣贤有谋略和功勋，应当彰明他的功劳和加以保护。'谋划而少有过失，给人许多有益的教诲而不知疲倦，叔向就有这样的能力。叔向是国家的柱石，即使他十代的子孙犯了罪也应该宽宥，以此勉励那些有能力的人。如今因为他的弟弟犯罪一事而使他不得免罪，丢弃国家栋梁，这不是很糊涂吗？从前鲧被诛杀，他儿子禹却兴盛起来；伊尹起初曾放逐太甲，后来又辅佐太甲为相，太甲始终没有怨恨伊尹的表示；管叔、蔡叔因造反被杀，是因为周公辅佐成王。您为什么由于羊舌虎的缘故抛弃国家的基础呢？您与人为善，谁还敢不竭力为国！为什么要多杀人呢？"范宣子听了很高兴，便同他一起坐车，把他的意见陈述给晋平公而赦免了叔向。祁奚也不见叔向就回家了。叔向也没有去向祁奚致谢，径直上朝面君。

【评析】

这段文字在简明的叙事中刻画出四个人物，且给人留下极其深刻的印象。叔向受弟弟牵连，突然被捕，但他临危不惧，头脑极其清醒，且有知人之明，对于乐王鲋和祁奚有截然不同的态度。乐王鲋来讨好，主动提出要救他，他不理睬。祁奚已经退休，他却认为祁奚一定能够救他，也只有祁奚才能够救他。其理由也很充分。而在祁奚救他后，他没有前去感谢，因为他知道祁奚是出自公心而非私交，他深知祁奚的品德。祁奚是至公的高尚之人，其为国家爱惜人才，其"外举不弃仇，内举不失亲"是流传甚久的故事。因此他果然急忙出手相救，理直气壮，说服了当事人范宣子，事成则"不见而归"，根本不希望别人报答。他实在是高人。相形之下，乐王鲋先去买好，但在关键时刻完全顺从国君之话，是虚伪和卑鄙的小人。这种人在现实生活中随处可见。而范宣子能够采纳祁奚的意见，免除叔向之罪，也是个开明之人。因叔向弟弟羊舌虎要谋害的就是范宣子，所以范宣子对于这件事的意见至关重要。本文叙事简明，对话有个性，人物形象鲜明。

子产告范宣子轻币

《左传》

襄公二十四年。范宣子为政①，诸侯之币重②，郑人病之③。

二月，郑伯如晋④。子产寓书于子西⑤，以告宣子，曰："子为晋国，四邻诸侯，不闻令德而闻重币。侨也惑之⑥。侨闻君子长国家者⑦，非无贿之患⑧，而无令名之难⑨。夫诸侯之贿⑩，聚于公室，则诸侯贰⑪；若吾子赖之⑫，则晋国贰⑫。诸侯贰则晋国坏⑬，晋国贰则子之家坏⑭。何没没也⑮？将焉用贿？夫令名，德之舆也⑯。德，国家之基也。有基无坏，无亦是务乎？有德则乐，乐则能久⑰。诗云：'乐只君子，邦家之基⑱。'有令德也夫！'上帝临女，无贰尔心⑲。'有令名也夫！恕思以明德，则令名载而行之，是以远至迩安⑳。毋宁使人谓子，子实生我，而谓子浚我以生乎㉑？象有齿以焚其身㉒，贿也。"

宣子说，乃轻币。

【注释】

①范宣子：晋国首席执政大臣。②币重：指各种货物，这里指晋国向附属国征收的供物数量增多，负担重。③病之：以之为病。病：很重的忧虑。④郑伯：郑简公。⑤子产：即公孙侨，春秋时期著名政治家，是郑国贵族子国的儿子，名侨，字子产，一字子美。寓书：把信托付给子西。子西：当时随同郑简公去晋国的大臣。⑥侨：子产自称。对别人称呼自己的名属于谦词。⑦长国家：作为国家之首长，即指第一执政大臣。⑧贿：财物。⑨令名：美好的名声。⑩诸侯之贿：诸侯上供的财物。⑪公室：指国家府库。⑫吾子：指范宣子。赖：依赖，即收入自己府库。⑬诸侯贰：诸侯和晋国离心离德。⑭晋国贰：晋国国君和范宣子离心离德。⑮没没：糊涂，不

清醒。⑯舆：车。⑰乐则能久：共同快乐才能长久。⑱乐只君子，邦家之基：《诗经·小雅·南山有台》中的诗句，首章是"南山有台，北山有莱。乐只君子，邦家之基。乐只君子，万寿无期"。⑲上帝临女，无贰尔心：《诗经·大雅·大明》中的一章，本章是："殷商之旅，其会如林。矢于牧野，维予侯兴，上帝临女，无贰尔心。"⑳远至迩安：远方的人来投奔，近处的人很安心。㉑浚：清理河道或水井，这里是获取、捞取的意思。㉒焚其身：指毁掉身体。

【译文】

鲁襄公二十四年。晋国范宣子执政，诸侯国向晋缴纳供物的数额加重了。郑国很忧愁这件事。二月，郑国国君郑简公到晋国去。子产写封信请随行的大臣子西转交给范宣子，信上说："您主持晋国政权，四方的诸侯没有听到您有什么好的德行而只听说加重缴纳供物的数量。我非常疑惑，您为何这样做。我听说执掌国家权力的人，并不忧愁没有财物，而忧愁美好德行之名难以获得。诸侯的那些供物，如果都聚集到国家的府库，诸侯就会和晋国离心离德；如果您依赖这些供物而收进自己的府库，那么晋国朝野就会和您离心离德。诸侯离心离德则晋国将受到损失，晋国朝野和您离心离德则您的家将会遭殃。怎么会这样糊涂不清醒呢？哪里需要什么财物？那美好的名声，是传播德行的马车。道德，是国家的根基。有了根基就不会坏死，难道不应该追求这点吗？有道德就可以和人同乐，与人同乐就能够持久。诗说：'与人同乐的君子，就是国家的根基。'是说有美好的道德啊！'上帝来光顾你，你千万不要三心二意。'是说有美好的名声啊！有换位思考的恕道而表现出清明的道德，那么美好的名声就会载着道德而流行到四方，所以远方之人前来投奔而附近的人都安心。宁可让人说，实际是您生养了他们，而能让人们说您掏空了他们的钱财来维持你的生命吗？大象因为有宝贵的牙齿而丧失生命，便是因为象牙值钱啊！"

范宣子很高兴，于是就减轻了各附属国缴纳供物的数量。

【评析】

这是非常值得重视的一段文字，郑国著名政治家子产通过一封信便解决了当时很多小诸侯国棘手的一件事，实际上也间接帮助了范宣子和晋国。首先要搞清楚一件事，即文中子产的话不是面对面说的，而是书信上的语言，故是书面语。"寓书"是把书信交给子西。这样，引号内的文字便是子产的信。实际上这封信对于历史也产生了很大的作用。春秋时期的政治家水平都很高，尤其是说明事理的能力非常强，本文便体现了这种特点。首先指出事实和总体的社会影响，"不闻令德而闻重币"很有刺激性，点中要害。接着写"重币"有害无利。钱财如果归公室，则诸侯怨恨晋国，如果归您，则国君和百姓怨恨您。对于国和家都有害而无益，这是一。作为执政大臣，缺的不是钱而是道德和令名，这是二。钱、道德、令名是对立的。只有道德和令名才会使远者归附而近者安稳。第三再用大象因为象牙贵重而被猎杀为例，可以给人以不寒而栗之感，极其有说服力。其实，劝人以利害为关键，如果利害关系说清楚，便会产生效果。

文章记事和议论都很精彩。开头一句交代事情的起因，最后一句交代结果，一个字都难以改易，惜墨如金，真是好文笔。

晏子不死君难

《左传》

襄公二十五年。崔武子见棠姜而美之①，遂取之。庄公通焉②，崔子弑之③。晏子立于崔氏之门外④，其人曰⑤："死乎⑥？"曰："独吾君也乎哉？吾死也？"曰："行乎⑦？"曰："吾罪也乎哉？吾亡也？"曰："归乎⑧？"曰："君死安归？君民者，岂以陵民⑨？社稷是主。臣君者，岂为其口实⑩？社稷是养。故君为社稷死则死之；为社稷亡则亡之。若为己死而为己亡，非其私昵⑪，谁敢任之？且人有君而弑之，吾焉得死之？而焉得亡之？将庸何归⑫？"

门启而入，枕尸股而哭。兴，三踊而出⑬。人谓崔子必杀之，崔子曰："民之望也⑭，舍之得民⑮。"

【注释】

①崔武子：名崔杼，齐国正卿。棠姜：齐国棠邑大夫的妻子称棠姜。死时崔杼去吊唁，见棠姜美而娶了她。②庄公：齐庄公。通：私通。③弑：大臣杀君主，儿子杀父亲称"弑"。④晏子：晏婴，字平仲，齐国著名政治家。⑤其人：指崔杼家的守门人，也是崔杼的属下。⑥死乎：为齐庄公而死吗？⑦行：指离开齐国而出行到别国。⑧归：指归隐，即弃官。⑨君民者：给人民当国君的人。⑩臣君者：给国君当大臣的人。口实：指俸禄。⑪私昵：私交亲密。⑫将庸何归：

为什么要归隐呢？⑬踊：跳。⑭民之望：百姓仰望的人。⑮舍之得民：释放他会得到民心。

【译文】

鲁襄公二十五年。齐国崔杼看见棠姜而爱她的美貌，于是娶了她。齐庄公到他家与棠姜私通，崔杼就把庄公杀了。晏婴来到崔杼府邸站立在门外，守门人问道："你准备为国君死吗？"晏婴回答道："他只是我的国君吗？我为什么为他而死？"又问："你准备走吗？"晏婴回答道："我有什么罪过吗？我为什么要走？"又问："你准备辞官归隐吗？"晏婴回答道："国君死又哪里需要归隐？给百姓当国君的人，难道只是高居于人民之上而欺压百姓吗？君主的职责是主持国家事务。给国君当大臣的，难道只是为了俸禄？而是要保护扶持国家。因此国君为国家而死，臣子就要为国君而死；国君为国家而流亡，大臣就要跟随他流亡。如果国君为自己而死或者为自己而流亡，如果不是和他私交非常亲密的人，谁敢承担这种责任而跟随？况且人家是得到国君信任的大臣杀了国君，我哪里能为之死？又哪里用得着流亡呢？又为什么归隐呢？"

门开启后晏婴进去，枕着庄公的尸体而哭泣，然后站起来，跳了三跳就出去了。有人说崔杼一定会杀了晏婴。崔杼说："这是百姓所仰慕和寄寓希望的人。放过他会得到百姓的拥护。"

【评析】

齐庄公因为荒淫昏庸而被杀，当时作为大夫且比较受重用的晏婴对这件事采取了正确的态度，即前去为之哭泣几声，以尽臣子之礼，但不殉身，不流亡，不辞官，提出令人信服并被社会所承认的观点：国君和大臣都应该对国家负责。国君为国家死则应该殉身，为自己死则没有必要殉身，更谈不上流亡和归隐。也符合后来孔子提倡的"君君臣臣，父父子子"的观点。晏婴的做法和观点可以说都是很理性的。文章开篇只两句话便交代出事情的起因。门者的身份未定，文中也没有交代，应是当时崔杼的心腹。他的三问，是本文起势之关键，实际也是崔杼对晏婴态度的试探。死、亡、归三种态度都被晏婴否定，然后正面提出君臣对待"社稷"应该有的态度，是全文的中心。最后写崔杼放过晏婴的原因是晏婴颇有民望，也突出注重社稷和百姓的观点。

季札观周乐

《左传》

鲁襄公二十九年。吴公子札来聘①。请观于周乐②。使工为之歌《周南》《召南》③。曰："美哉！始基之矣④，犹未也，然勤而不怨矣⑤。"为之歌《邶》《鄘》《卫》⑥。曰："美哉，渊乎⑦！忧而不困者也。吾闻卫康叔、武公之德如是⑧，是其《卫风》乎？"为之歌《王》⑨。曰："美哉！思而不惧，其周之东乎⑩！"为之歌《郑》⑪。曰："美哉！其细已甚⑫，民弗堪也。是其先亡乎！"为之歌《齐》⑬。曰："美哉，泱泱乎⑭！大风也哉！表东海者，其大公乎⑮？国未可量也。"为之歌《豳》⑯。曰："美哉，荡乎⑰！乐而不淫，其周公之东乎⑱？"为之歌《秦》⑲。曰："此之谓夏声⑳。夫能夏则大，大之至也，其周之旧乎㉑！"为之歌《魏》㉒。曰："美哉，沨沨乎！大而婉㉓，险而易行，以德辅此，则明主也！"为之歌《唐》㉔。曰："思深哉㉕！其有陶唐氏之遗民乎㉖？不然，何忧之远也？非令德之后㉗，谁能若是？"为之歌《陈》㉘。曰："国无主，其能久乎㉙！"自《郐》以下无讥焉㉚！

为之歌《小雅》㉛。曰："美哉！思而不贰，怨而不言，其周德之衰乎？犹有先王之遗民焉㉜！"为之歌《大雅》㉝。曰："广哉！熙熙乎！曲而有直体㉞，其文王之德乎？"为之歌《颂》㉟。曰："至矣哉！直而不倨㊱，曲而不屈；迩而不逼，远而不携；迁而不淫，复而不厌；哀而不愁，乐而不荒㊲；用而不匮，广而不宣；施而不费，取而不贪㊳；处而不底㊴，行而不流。五声和㊵，八风平㊶；节有度，守有序㊷。盛德之所同也！"

见舞《象箾》《南籥》者㊸，曰："美哉，犹有憾㊹！"见舞《大武》者㊺，曰："美哉，周之盛也，其若此乎㊻？"见舞《韶濩》者㊼，曰："圣人之弘也，而犹有惭德，圣人之难也㊽！"见舞《大夏》者㊾，曰："美哉！勤而不德。非禹，其谁能修之！"见舞《韶箾》者㊿，曰："德至矣哉！大矣，如天之无不帱也[51]，如地之无不载也！虽甚盛德，其蔑以加于此矣[52]。观止矣！若有他乐，吾不敢请已！"

【注释】

①吴公子札：即季札，吴王寿梦的小儿子。②周乐：周王室的音乐舞蹈。③工：乐工。《周

南》《召南》：《诗经》十五国风开头的两种。以下提到的都是《国风》中各国的诗歌。④始基之：开始奠定了基础。⑤勤：劳，勤劳。怨：怨恨。⑥邶（bèi）：周诸侯国，在今河南汤阴南。鄘：周诸侯国，在今河南新乡市南。卫：周诸侯国，在今河南淇县。⑦渊：深远。⑧康叔：周公的弟弟，卫国开国君主。武公：康叔的九世孙。⑨《王》：即《王风》，周平王东迁洛邑后的乐歌。⑩周之东：周室东迁。⑪郑：周代诸侯国，在今河南新郑一带。⑫细：琐碎。这里用音乐象征政令。⑬齐：齐国，在今山东，和鲁国毗邻。⑭泱泱：宏大的样子。⑮表东海：为东海诸侯国作表率。大公：太公，指国开国国君吕尚，即姜太公。⑯豳（bīn）：西周公刘时的旧都，在今陕西彬县东北。⑰荡：博大的样子。⑱周公之东：指周公东征。⑲秦：即秦风，在今陕西一带。⑳夏：西周王跷一带。秦：在今陕西、甘肃一带。夏声：正声，雅声。㉑周之旧：指西周旧地。㉒魏：诸侯国名，在今山西芮县北。㉓沨沨（fēng）：轻飘浮动的样子。㉔唐：在今山西太原。晋国开国国君叔虞初封于唐。㉕思深：忧思深沉。㉖陶唐氏：指帝尧。晋国是陶唐氏旧地。㉗令德之后：美德者的后代，指陶唐氏的后代。㉘陈：国都宛丘，在今河南淮阳。㉙国无主：陈国音乐放荡淫乱，百姓无所顾忌，故曰无主。㉚郐（kuài）：在今河南郑州南，被郑国消灭。㉛《小雅》：指《诗·小雅》的音乐。㉜先王：指周代文、武、成、康等王。㉝《大雅》：指《诗·大雅》的音乐。㉞熙熙：和美融洽的样子。直体：正直的操守。㉟《颂》：指《诗经》中的《周颂》《鲁颂》和《商颂》。㊱倨：傲慢。㊲荒：荒淫，过度。㊳贪：贪婪。㊴底：停滞。㊵五声：指宫、商、角、徵、羽。和：和谐。㊶八风：指八方之风很平和。㊷守有序：乐器演奏有一定次序。㊸《象箾（shuò）》：舞名，武舞。《南籥（yuè）》：舞名，文舞。㊹憾：遗憾，美中不足。㊺《大武》：周武王的乐舞。㊻若此：像这样。㊼《韶濩（hù）》：商汤的乐舞。㊽惭德：遗憾，缺憾。㊾《大夏》：夏禹的乐舞。㊿《韶箾》：虞舜的乐舞。(51)帱（dào）：覆盖。(52)蔑：无，没有。

【译文】

鲁襄公二十九年。吴国公子季札来鲁国访问。请求观赏周的音乐和舞蹈。鲁国让乐工为他演奏《周南》和《召南》。季札说："美好啊！教化开始奠基了，但还没有完成，然而百姓已经是辛劳而不怨恨了。"乐工为他演奏《邶风》《鄘风》和《卫风》，季札说："美好啊，多深厚啊！虽然有忧思，却不至于困窘。我听说卫国的康叔、武公的德行就像这个样子，这大概是《卫风》吧！"乐工为他演奏《王风》，季札说："美好啊！有忧思却没有恐惧，这大概是周室东迁之后的乐歌吧！"乐工为他演奏《郑风》，季札说："美好啊！但它烦琐得太过分了，百姓忍受不了。这大概会最先亡国吧。"乐工为他演奏《齐风》，季礼说："美好啊，宏大而深远，这是大国的音乐啊！可以成为东海诸国表率的，大概就是太公的国家吧？国运真是不可限量啊！"乐工为他演奏《豳风》，季礼说："美好啊，博大坦荡！欢乐却不放纵，大概是周公之东部的音乐吧！"乐工为他演奏《秦风》，季礼说："这乐歌就叫作正声。能作正声自然宏大，宏大到了极点，大概是周室故地的音乐吧！"乐工为他演奏《魏风》，季礼说："美好啊，轻飘浮动！粗犷而又婉转，变化曲折却又易于流转，加上德行的辅助，就可以成为贤明的君主了。"乐工为他演奏《唐风》，季礼说："思虑深远啊！大概是帝尧的后代吧！如果不是这样，忧思为什么会这样深远呢？如果不是有美德者的后代，谁能像这样呢？"乐工为他歌唱《陈风》，季礼说："国家没有主人，难道能够长久吗？"《郐风》以下的音乐，季礼就不作评论了。

乐工为季礼演奏《小雅》，季礼说："美好啊！有忧思而没有二心，有怨恨而不言说，这大概是周朝德政衰微时的音乐吧？还是有先王的遗民在啊！"乐工为他演奏《大雅》，季礼说："音域多广阔啊！令人非常愉悦舒服，委婉曲折又有正直的操守，大概是文王的德行吧。乐工为他演奏《颂》，季礼说："好到极点了！正直而不傲慢，委曲而不卑下，紧凑而不急促，悠远而不游离，多变化而不细碎，有反复而不厌倦，哀伤而不忧愁，欢乐而不荒淫，利用而不匮乏，宽广而不张扬，施与而不耗损，收取而不贪求，安守而不停滞，流行而不泛滥。五声和谐，八音协调；节拍有法度，演奏乐器先后有序。这都是拥有大德大行之人共有的品格啊！"

季礼观看《象箭》和《南籥》两种乐舞后说："美好啊，但还有美中不足！"看到表演《大武》时说："美好啊，周朝兴盛的时候，大概就是这样子吧。"看到表演《韶濩》时说："圣人如此伟大，仍然有不足之处，做圣人实不容易啊！"看到表演《大夏》时说："美好啊！勤于民事而不自以为有功。除了夏禹外，谁还能做到这样呢！"看到表演《韶箭》时说："德行达到顶点了！伟大啊，就像上天无所不覆盖一样，像大地无所不容纳一样！虽然有超过大德大行的，恐怕也超不过这个了。观赏达到至境了！如果还有其他乐舞，我也不敢再请求观赏了！"

【评析】

季礼，春秋时代的大贤。他是吴国君主寿梦的儿子。吴王阖闾是他的侄儿，地位极其崇高，坚决辞位而不出任国君之职。在当时是闻名天下的大贤，是孔子极力赞美的人。凡与他交往的人都是那个时代天下的名人。他访问过卫国的蘧瑗、史鱼，郑国的子产。挂剑赠徐公的典故也出自他。他是文化、艺术水准极高,学问极大的人。季札这次访问鲁国是鲁襄公二十九年,当年孔子才九岁。这是研究春秋时期音乐以及文学最珍贵的资料。起码可以看出以下几点:一、当时周朝音乐、舞蹈保存得非常完整,而都在鲁国。几年前韩宣子访问鲁国参观太庙时,也曾深有感触地说:"天下之礼,尽在鲁矣。"这也是为何鲁国能够产生孔子的原因。二、当时贵族的文化艺术水准是相当高的。文学、音乐和舞蹈三位一体,具有教化功能和观察政治得失之功能。三、季札对于音乐的欣赏水平极高,通过音乐可以了解各地的政治情况以及风俗民情,对于《诗经》中各国国风的评论都很深刻和准确,而且顺序和今本《诗经》的排列顺序基本一致。说明当时鲁国乐工是依照编辑顺序演奏的。故《诗经》已经有基本完整的本子。四、季札欣赏品鉴的应该是音乐而不是歌词。故通过印象进行形象描述,对于中国文学评论好用形象和通感手法有很大的启迪作用。五、其崇尚温柔敦厚的美学风格的倾向已经出现,对于中国文学提倡温柔敦厚的中和之美有重要影响,对于孔子的文化观、文学观、美学观都有很大影响。

子产坏晋馆垣

《左传》

鲁襄公三十一年。子产相郑伯以如晋①,晋侯以我丧故②,未之见也。子产使尽坏其馆之垣③,而纳车马焉。

士文伯让之④,曰:"敝邑以政刑之不修,寇盗充斥,无若诸侯之属⑤,辱在寡君者何,是以令吏人完客所馆,高其闬闳⑥,厚其墙垣,以无忧客使。今吾子坏之,虽从者能戒,其若异客何⑦?以敝邑之为盟主,缮完葺墙,以待宾客。若皆毁之,其何以共命⑧?寡君使匄请命⑨。"

对曰:"以敝邑褊小⑩,介于大国,诛求无时⑪,是以不敢宁居,悉索敝赋⑫,以来会时事⑬。逢执事之不闲,而未得见;又不获闻命,未知见时。不敢输币⑭,亦不敢暴露。其输之,则君之府实也⑮,非荐陈之⑯,不敢输也。其暴露之,则恐燥湿之不时而朽蠹⑰,以重敝邑之罪。侨闻文公之为盟主也⑱,宫室卑庳⑲,无观台榭⑳,以崇大诸侯之馆,馆如公寝㉑;库厩缮修㉒,司空以时平易道路㉓,圬人以时塓馆宫室㉔;诸侯宾至,甸设庭燎㉕,仆人巡宫，车马有所，宾从有代㉖，巾车脂辖㉗，隶人、牧、圉㉘，各瞻其事㉙；百官之属各展其物；公不留宾，而亦无废事㉚；忧乐同之，事则巡之㉛，教其不知，而恤其不足。宾至如归，无宁菑患㉜；不畏寇盗，而亦不患燥湿。今铜鞮之宫数里㉝，而诸侯舍于隶人，门不容车，而不可逾越；盗贼公行。而天疠不戒㉞。宾见无时，命不可知。若又勿坏，是无所藏币以重罪也。敢请执事，将何所命之？虽君之有鲁丧㉟，亦敝邑之忧也。若获荐币，修垣而行，君之惠也，敢惮勤劳？"文伯复命。赵文子曰㊱："信。我实不德，而以隶人之垣以赢诸侯㊲，是吾罪也。"使士文伯谢不敏焉。晋侯见郑伯，有加礼，厚其宴好而归之㊳。乃筑诸侯之馆。

叔向曰㊴："辞之不可以已也如是夫㊵！子产有辞，诸侯赖之，若之何其释辞也㊶？《诗》曰：'辞之辑矣，民之协矣；辞之怿矣，民之莫矣㊷。'其知之矣。"

【注释】

①相：辅佐。郑伯：指郑简公。②晋侯：晋平公。我丧：指鲁襄公死。③坏：拆毁。馆垣：宾馆的围墙。④士文伯：晋国大夫士匄。让：责备。⑤诸侯之属：诸侯的大臣。属：臣属，属官。在：问候。⑥闬闳（hán hóng）：指馆舍的大门。⑦异客：其他诸侯国的宾客。⑧完：同"院"，指墙垣。葺：用草盖墙。共命：供给宾客所求。⑨请命：请问理由。⑩褊小：狭窄，土地面积小。⑪诛求：责求，勒索贡物。无时：没有定时。⑫赋：指财物。⑬会：朝会。时事：随时朝贡的事。⑭输币：送上财物。⑮府实：府库中的物质。⑯荐陈：把礼物当中陈列进献。⑰朽蠹（dù）：腐坏损失。⑱侨：子产名侨。文公：指晋文公。⑲卑庳（bì）：低小。⑳观：门阙。台：土筑高坛。㉑公寝：国君住的宫室。㉒库厩（jiù）：仓库和马圈。㉓司空：负责建筑的官员。平易：平整。㉔圬人：泥水工匠。塓（mì）：涂墙，粉刷。㉕甸：甸人，掌管柴火的官。庭燎：庭中照明的火炬。㉖有代：有人代为服役。㉗巾车：管理车辆的官。脂：指加油。辖，车轴头的挡铁。㉘隶人：清洁工。㉙瞻：看管，照顾。㉚不留宾：不让来客滞留。无废事：没有耽误诸侯之事。㉛巡：巡查。㉜菑：同"灾"。㉝铜鞮（dī）之宫：晋侯的别宫，在今山西沁县西南。㉞天疠：天灾。不戒：无法防备。㉟鲁丧：指鲁襄公死。㊱赵文子：晋国大夫赵武。㊲垣：这里指房舍。赢：接待。㊳加礼：礼节特别隆重。宴：宴会。好：指宴会上送给宾客的礼物。㊴叔向：晋大夫，著名贤人。㊵已：停止、废弃。㊶释辞：放弃辞令。㊷出自《诗经·大雅·板》。辑：和顺。协：融洽。怿：同"怿"，喜悦。莫：安定。

【译文】

鲁襄公三十一年。子产辅佐郑简公到晋国去，晋平公由于鲁国有丧事的缘故，没有接见他们。子产派人把宾馆的围墙全部拆毁，把自己的车马放进去。

晋国大夫士文伯责备子产说："敝国由于政事和刑罚没有搞好，到处是盗贼，不知道对辱临敝国的诸侯属官怎么办，因此派官员修缮来宾住的馆舍，馆门造得很高，围墙修得很厚，使宾客使者不会感到担心。现在您拆毁了围墙，虽然您的随从能够戒备，但是对待别国的宾客怎么办呢？由于敝国是诸侯的盟主，修建馆舍围墙，来接待宾客。如果把围墙都拆了，怎么能满足宾客的要求呢？我们国君派我来请问你们拆墙的理由。"

子产回答说："敝国国土狭小，处在大国的中间，大国责求我们交纳贡物没有一定时候，所以我们不敢安居度日，只有搜寻敝国的全部财物，以便随时前来朝见贵国。碰上您没有空，没能见到，又没有得到命令，不知道朝见的日期。我们不敢进献财物，又不敢把它们存放在露天里。要是进献上，那就成了贵国君王府库中的财物，不经过进献的仪式，是不敢进献的。如果把礼物放在露天里，又怕日晒雨淋而腐烂生虫，加重敝国的罪过。我听说文公从前做盟主时，宫室低小，没有门阙和台榭，却把接待宾客的馆舍修得十分高大，宾馆像国君的寝宫一样。仓库和马棚也修得很好，司空按时平整道路，泥水工匠按时粉刷馆舍房间；诸侯的宾客来到，有人点起庭院中的火把，仆人巡视客舍，存放车马有地方，宾客的随从有代劳的人员，管理车辆的官员给车轴加油，打扫房间的，饲养牲口的，各自照看自己分内的事；各部门的属官要检查招待宾客的物品；文公从不让宾客们多等，也没有被延误了的事；与宾客同忧共乐，出了事随即巡查，有不懂的地方就指教，有需要就加以接济。宾客到来就好像回到家里一样，哪里会有灾患啊；不怕有人抢劫偷盗，也不用担心干燥潮湿。现在晋侯的鞮鞮宫方圆数里，却让诸侯宾客住在像奴仆住的房子里，车辆进不了大门，又不能翻墙而入；盗贼公然横行，天灾难防。接见宾客没有定时，召见命令也不知何时发布。如果还不拆毁围墙，就没有地方存放礼品，我们的罪过就要加重。斗胆请教您，您对我们有什么指示？虽然贵国遇上鲁国丧事，可这也是敝国的忧伤啊。如果能让我们早献上礼物，我们会把围墙修好了再走，这是贵君的恩惠，我们哪敢害怕辛劳？"士文伯回去报告了。赵文子说："的确是这样。我们实在不注重培养德行，用像奴仆住的房舍来招待诸侯，这是我们的过错啊。"于是，他派士文伯前去道歉，承认自己不明事理。晋平公以隆重的礼节接见了郑简公，宴会和礼品也格外优厚，然后让郑简公回国。晋国接着建造了接待诸侯的宾馆。

叔向说："辞令不可废弃就是这样的啊！子产善于辞令，诸侯靠他的辞令得到了好处，为什么要放弃辞令呢？《诗经·大雅·板》中说：'言辞和顺，百姓融洽；言辞动听，百姓安宁。'子产懂得这个道理啊。"

【评析】

子产是春秋时期著名政治家，《左传》对他的言行记载比较多，左丘明和孔子对他都很尊敬热爱，故会如此。子产早于孔子二三十年，他的许多事迹孔子和左丘明都有所耳闻。这则故事记载子产的胆识和辞令之高妙严谨。到晋国进贡，还有国君在，而晋国不接待而且没有确定时间表，失礼太甚，子产抓住理由才敢于拆毁宾馆的院墙。当晋国派人责问时，他据理力争，又摆出晋文公当年如何对待来访诸侯的史实使对方无话可说，最后争得了面子和利益。有一点应该指出，即子产是这一时期著名的贤人，天下闻名。故敢于如此做事，而晋国也有给子产面子的因素。叔向的言论补充说明辞令的重要和叔向的贤达，作者也是有意为之的。

子产论尹何为邑

《左传》

鲁襄公三十一年。子皮欲使尹何为邑①。子产曰："少②，未知可否。"子皮曰："愿③，吾爱之，不吾叛也。使夫往而学焉④，夫亦愈知治矣。"子产曰："不可。人之爱人，求利之也。今吾子爱人则以政。犹未能操刀而使割也⑤，其伤实多。子之爱人，伤之而已，其谁敢求爱于子？子于郑国，栋也⑥。栋折榱崩⑦，侨将厌焉⑧，敢不尽言？子有美锦⑨，不使人学制焉。大官大邑，身之所庇也⑩，而使学者制焉。其为美锦，不亦多乎⑪？侨闻学而后入政，未闻以政学者也。若果行此，必有所害。譬如田猎⑫，射御贯⑬，则能获禽；若未尝登车射御，则败绩厌覆是惧⑭，何暇思获？"

子皮曰："善哉！虎不敏⑮。吾闻君子务知大者、远者，小人务知小者、近者。我，小人也。衣服附在吾身，我知而慎之；大官、大邑，所以庇身也，我远而慢之⑯。微子之言，吾不知也。他日我曰⑰：'子为郑国，我为吾家，以庇焉，其可也。'今而后知不足。自今请虽吾家，听子而行。"子产曰："人心之不同，如其面焉。吾岂敢谓子面如吾面乎？抑心所谓危⑱，亦以告也。"子皮以为忠，故委政焉⑲。子产是以能为郑国⑳。

【注释】

①子皮：郑国大夫，名罕虎，公孙舍的儿子。②少：年轻。③愿（yuàn）：谨慎老实。④不吾叛也：即不背叛我的意思。夫：人称代词，他：指尹何。下句的"夫"同。治：治理，管理。⑤操刀：拿刀。割：一般指切割肉类。⑥栋：栋梁。⑦榱（cuī）：屋椽。⑧侨：子产名。厌（yā）：通"压"。下文"厌覆"的"厌"同。⑨美锦：美丽的丝织品。锦：有彩色花纹的绸缎。⑩庇（bì）：庇护，寄托，依赖。⑪其为美锦，不亦多乎：它比起美锦来价值不就更多吗？这是说官邑重于美锦。⑫田猎：打猎。射御：射箭驾车。⑬射御贯：射箭驾车的技术熟练了。贯：通"惯"，习惯，熟习。⑭败绩厌覆是惧：即"惧败绩厌覆"。败绩，指事情失利。厌覆，指乘车的人被倾覆碾轧。⑮虎：子皮名。敏：聪明。⑯远：疏远，疏忽。慢：轻视。⑰他日：从前。家：卿大夫的采地食邑。⑱抑（yì）：不过，然而。⑲委政：把政事委托给子产。⑳能为郑国：能够在郑国执政。

【译文】

子皮想让尹何管理自己的采邑。子产说："尹何年轻，不知道是否能够胜任。"子皮说："这个人忠厚谨慎，我很喜爱他，他一定不会背叛我的。让他到那里学习一下，就会更加懂得治理政事了。"子产说："不可以这么做。一个人喜爱别人，那就应该有利于他。现在您喜爱他，就想把政事交给他管理，这就好像让一个还不会拿刀的人去割肉一样，受到伤害的实在太多了。您所谓爱人，只不过是伤害人家罢了，那么以后谁还敢争取求得您的喜爱呢？您在郑国如同房屋的栋梁，栋梁折断，屋椽自然要崩塌，我也会被压在屋子底下，怎敢不把自己的全部想法说出来呢！如果您有一块美丽的锦缎，您一定不肯让人用它来练习剪裁衣服。担任大官治理大邑，这些都是人们身家性命之所寄托，却让一个正在学习的人来担当。大官大邑与美丽锦缎相比，不是更加贵重吗？我只听说过学习好了然后再去当官从政，没听说过就用当官从政的方式来学习的。如果真的这么做，一定会受到危害。比方说打猎吧，射箭、驾车这一套都练熟，才能猎获禽兽；假若从来就没有登过车、射过箭和驾过车，总是害怕翻车轧死，那么，哪里还顾得上思考猎获禽兽呢？"子皮说："说得太好了！我这个人很笨。我听说过，君子总是努力使自己懂得那些重大的遥远的道理，小人

76

总是使自己懂得那些微小的眼前的事情。我是个小人啊！衣服穿在我身上，我是知道加以爱惜的；大官、大邑，这是身家性命之所寄托，我却认为是遥远的事情而疏远怠慢它。假如没有您这番话，我是不会懂得这个道理的。从前我说过：'您治理郑国，我治理我的封地，在您的庇荫之下，可以把封地治理好。'从现在起才知道，这样做还是不够的。从今以后我请您允许，即使是治理我的封地，也要听您的意见行事。"子产说："人心的不同，就像人的面貌一样。我怎敢说您的面貌同我的一样呢？不过我心里认为危险的事情，还是要奉告的。"子皮认为子产非常忠实，所以就把郑国的政事委托给他。子产因此才能够治理郑国。

【评析】

子产是春秋时期著名政治家，也是中国历史上比较著名的人物。故《左传》对他的言行记录得比较多。本故事表现了子产的远见卓识和知无不言的坦诚态度，而另一人物子皮虚怀若谷，从善如流。二人互相信任、互相理解，堪称人际关系的楷模。对话逐渐展开和深入。开始子皮关于用人之事试探征求子产的意见，子产提出疑问。子皮再度提出自己的看法。子产则明确表示不赞成。然后用美锦不能用来试验裁剪以及不熟练射御不能打猎的生动比喻，说明不应该当官执政来让人试验的道理，极其生动形象，浅显易懂，非常有说服力。最后子皮十分信服。文章围绕用人问题展开对话，简练畅达，曲折尽情，极富表现力。

子产却楚逆女以兵

《左传》

鲁昭公元年。楚公子围聘于郑^①，且娶于公孙段氏^②。伍举为介^③。将入馆，郑人恶之^④。使行人子羽与之言^⑤，乃馆于外。

既聘，将以众逆^⑥。子产患之，使子羽辞曰："以敝邑褊小，不足以容从者，请墠听命^⑦！"令尹使太宰伯州犁对曰^⑧："君辱贶寡大夫围^⑨，谓围'将使丰氏抚有而室^⑩。'围布几筵^⑪，告于庄、共之庙而来^⑫。若野赐之，是委君贶于草莽也！是寡大夫不得列于诸卿也！不宁唯是，又使围蒙其先君^⑬，将不得为寡君老^⑭，其蔑以复矣。唯大夫图之！"子羽曰："小国无罪，恃实其罪⑮。将恃大国之安靖己⑯，而无乃包藏祸心以图之⑰。小国失恃而惩诸侯⑱，使莫不憾者，距违君命，而有所壅塞不行是惧⑲！不然，敝邑，馆人之属也⑳，其敢爱丰氏之祧㉑？"

伍举知其有备也，请垂櫜而入㉒。许之。

【注释】

①公子围：楚康王的弟弟，当时担任令尹，楚国掌握军政大权的最高官员。聘：访问。这里指迎亲。②公孙段氏：郑大夫，名子石。③伍举：又称椒举，伍子胥的祖父。介：副使。④恶：讨厌、憎恨。⑤行人：官名，外交官。管朝觐聘问之事。⑥逆：迎。⑦墠（shàn）：郊外祭祀的场地。⑧令尹：指公子围。太宰：官名，掌管王家内外事务。伯州犁：楚人。⑨贶（kuàng）：赠送，赐予。寡大夫：对于他国自称本国大夫的谦词。⑩丰氏：即公孙段氏。公孙段食邑于丰，故称丰氏。而：通"尔"，你。"抚有而室"，就是做妻室。"将使丰氏抚有而室"是引郑君的话。⑪布：设置。几筵：古时的一种祭席。⑫庄、共：楚庄王、共王。庄王是公子围祖父，共王是他父亲。⑬蒙：欺。先君：指庄王、共王。⑭老：大臣。⑮恃：指依靠大国而自己无防备。⑯靖：安定。⑰而：同"尔"，你。包藏祸心：外表和好，心怀恶意。⑱惩：警戒。⑲距：同"拒"。壅塞：阻塞不通。⑳馆人：管理客馆、招待宾客的人。㉑祧（tiāo）：远祖的庙。㉒櫜（gāo）：盛弓箭的袋子。垂櫜：表示袋子里没有装弓箭之类的武器。

【译文】

鲁昭公元年。楚国公子围到郑国聘问，同时迎娶公孙段家的女儿。伍举担任副使。他们即将住进城内宾馆，郑国人厌恶他们，怀疑有诈，派外交官子羽同他们谈判，于是他们住在城外的馆舍。

访问程序结束后，公子围准备带领军队前去迎亲。子产很忧虑这种情况，派子羽去推辞，说："由于敝国地方狭小，容纳不下随从的人，请允许我们在城外修整祭祀的地面听候命令。"公子围派太宰伯州犁回答说："辱蒙君王赏赐敝国大夫围，告诉围说'将让丰氏做你的妻室'。围摆设了祭筵，在庄王、共王的宗庙祷告之后才来。如果赏赐在野外举行仪式，这是将君王的赏赐抛在了草丛里，这样就使敝国大夫围不能置身于卿大夫的行列了。不仅是这样，更使围欺骗自己的先君，将不能再做敝国国君的大臣，恐怕也无法向敝国国君复命了。希望大夫考虑这件事。"子羽说："小国没有罪，依赖大国才真正是它的罪过。本来打算依赖大国安定自己，又恐怕他们包藏祸心来图谋自己。敝国唯恐小国失去依赖，致使诸侯心怀戒备，使他们莫不怨恨大国，抗拒违背君王的命令，从而使大国的命令阻塞不通而无法施行。要不是这个原因，敝国是替贵国看守馆舍的，怎敢爱惜丰氏的宗庙而不让入内？"

　　伍举知道郑国有了防备，就请求让军队垂下箭囊入城。郑国同意了。

【评析】

　　子产是春秋时期著名的政治家，在中国历史上也很有影响。这则故事是记载他能够审时度势，预防国家受到损害，而且还要有理有节。楚国强大，郑国弱小，故需要时刻提高警惕。楚国前来访问和迎亲的公子围便是后来的楚灵王，是位张扬傲慢，好大喜功之人。因此子产等郑国大臣对他有反感。而他迎亲的队伍又比较大，这不能不引起郑国的疑心，故首先没有让他们进城。但访问仪式结束后，楚国迎亲队伍要进城举行仪式，子产派使者子羽前去交涉提出在郊外举行仪式，但楚国副使武举说的理由极其充分。子羽便把郑国的担心说出来，其中的"小国无罪，恃实其罪"是非常含蓄但极其尖锐深刻的话，意思说我们郑国是小国，没有罪过，我们把自己国家的安全完全依靠大国这才是罪过。接着子羽又委婉指出楚国要想占领郑国不难，但恐怕就要得罪天下诸侯了。公子围和武举觉得对方的理由也很充分，便答应了郑国的要求，把所有的箭袋都倒着，表明里面没有武器才进城。这样，问题便都解决了。本文赞美子产时刻保持警惕，把国家安全放在第一位的智者形象。整个事件子产并没有出面，而是幕后总导演，但读者却能够明白他的存在和作用。双方的外交辞令都很精彩。

子革对灵王

《左传》

　　鲁昭公十二年。楚子狩于州来①，次于颍尾②，使荡侯、潘子、司马督、嚚尹午、陵尹喜帅师围徐以惧吴③。楚子次于乾溪④，以为之援。

　　雨雪⑤，王皮冠，秦复陶，翠被，豹舄⑥，执鞭以出，仆析父从⑦。右尹子革夕⑧，王见之。去冠被，舍鞭⑨，与之语曰："昔我先王熊绎⑩，与吕伋、王孙牟、燮父、禽父，并事康王[11]，四国皆有分[12]，我独无有。今吾使人于周，求鼎以为分[13]，王其与我乎？"

对曰："与君王哉！昔我先王熊绎，辟在荆山[14]，筚路蓝缕[15]，以处草莽，跋涉山林，以事天子，唯是桃弧、棘矢[16]，以共御王事[17]。齐，王舅也[18]；晋及鲁、卫，王母弟也[19]。楚是以无分，而彼皆有。今周与四国服事君王[20]，将唯命是从，岂其爱鼎？"王曰："昔我皇祖伯父昆吾[21]，旧许是宅[22]。今郑人贪赖其田，而不我与。我若求之，其与我乎？"

对曰："与君王哉！周不爱鼎，郑敢爱田？"王曰："昔诸侯远我而畏晋，今我大城陈、蔡、不羹[23]，赋皆千乘[24]，子与有劳焉。诸侯其畏我乎？"对曰："畏君王哉！是四国者[25]，专足畏也，又加之以楚，敢不畏君王哉？"

工尹路请曰[26]："君王命剥圭以为鏚柲[27]，敢请命。"王入视之。析父谓子革："吾子，楚国之望也！今与王言如响，国其若之何？"子革曰："摩厉以须[28]，王出，吾刃将斩矣。"

王出，复语。左史倚相趋过[29]。王曰："是良史也[30]，子善视之。是能读《三坟》《五典》《八索》《九丘》[31]。"对曰："臣尝问焉，昔穆王欲肆其心[32]，周行天下，将皆必有车辙马迹焉。祭公谋父作《祈招》之诗[33]，以止王心，王是以获没于祗宫[34]。臣问其诗而不知也；若问远焉，其焉能知之？"王曰："子能乎？"对曰："能。其《诗》曰：'祈招之愔愔[35]，式昭德音[36]。思我王度[37]，式如玉，式如金。形民之力[38]，而无醉饱之心[39]。'"王揖而入，馈不食，寝不寐[40]，数日。不能自克，以及于难[41]。

仲尼曰："古也有志[42]：'克己复礼，仁也。'信善哉[43]！楚灵王若能如是，岂其辱于乾溪？"

【注释】

①楚子：楚灵王，楚共王庶出儿子，趁楚共王有病杀了他夺位当上楚王。狩：打猎。州来：地名，古小国名，春秋时属楚，后为吴所灭。故址在今安徽省凤台县。②颍尾：颍水下游进入淮河处，即今安徽颍上县东南的西正阳镇。③荡侯等五人：都是楚大夫。徐：小国名，在今江苏徐州一带。④乾溪：地名，在今安徽亳州。⑤雨雪：下雪。雨：动词。⑥皮冠：皮帽。秦复陶：秦国赠的羽衣。翠被：用翠羽装饰的披肩。舄：鞋。⑦仆析父：楚大夫。⑧右尹：官名。夕：晚上谒见。⑨舍：放下。⑩熊绎：楚国始祖。⑪吕伋、王孙牟、燮父、禽父：齐、卫、晋、鲁四

国的始祖。康王：即周康王，周王第三代。⑫四国：指齐、卫、晋、鲁。⑬鼎：夏、商、周三代视为传国之宝。⑭辟：同"僻"。荆山：楚人发祥地，今湖北省南漳县西。⑮筚路：柴车。蓝缕：破烂的衣服。⑯桃弧、棘矢：桃木做的弓，棘木（酸枣木）做的箭。⑰共：同"供"。⑱齐，王舅也：周成王的母亲是姜太公的女儿。⑲晋及鲁、卫，王母弟也：晋、鲁、卫的开国国君都是姬姓王国。⑳四国：指齐、晋、鲁、卫。㉑昆吾：楚的远祖，曾住在许地。许：周初分封的诸侯国。㉒许：周初分封的诸侯国之一，在今河南省许昌。后许国南迁，其地为郑国所有。㉓陈、蔡：本为周武王所封的诸侯国，后来为楚所灭。不羹：地名，有东西二邑。㉔赋：指兵车。㉕四国：指陈、蔡、和东西不羹。㉖工尹路：工尹，主管百工的长官。路：人名。㉗锲柲（qī bì）：斧头和斧柄。㉘摩厉：把刀磨快等着。摩：通"磨"。厉：通"砺"，磨刀石。须：等待。㉙左史：官名。周代史官有左史、右史之分，左史记言，右史记事。倚相：人名。㉚是：这个人，指倚相。㉛三坟：据说是古代三皇之书。五典：据说是五帝之书。八索：据说是记载八卦之书。九丘：据说是记载九州地理之书。㉜穆王：周穆王姬满，好周游。肆：放肆，放纵。㉝祭（zhài）公谋父：周朝卿士。《祈招》：此诗已佚。祈招（sháo）：人名，周朝司马。㉞祇宫：周穆王别宫，故址在今陕西省南郑县。㉟愔愔：宁静深沉。㊱式：语首助词，无意。昭：明了。㊲度：仔细思考。㊳形民之力：考量估计一下百姓的能力。㊴而无醉饱之心：不要有追求享受的心理。㊵馈不食：送来的食物不能吃下去。寝不寐：睡觉不能入睡。㊶以及于难：第二年，楚灵王在内乱中失败自缢而死。㊷志：记载。㊸信：实在。善：好。

【译文】

鲁昭公十二年。楚灵王到州来进行冬猎，驻扎在颍尾。派荡侯、潘子、司马督、嚚尹午、陵尹喜率领军队包围徐国以恐吓吴国。楚王驻扎在乾溪，作为他们的后援。天下雪了，楚王穿戴着皮帽，秦国制作的羽衣，翠鸟羽毛的披肩，豹皮鞋，拿着鞭子而出。仆析父跟随着。右尹子革晚上进见，楚王会见他，脱去帽子、披风，放下鞭子，和他谈话，说："从前我们先王熊绎与齐国的吕伋、卫国的王孙牟、晋国的燮父、鲁国的伯禽同时侍奉周康王，四国都有分赐的宝器，唯独我国没有。现在我派人到周室，要求将鼎也作为分赐给我国的宝器，周王会给我吗？"

子革回答说："会给君王啊！从前我们先王熊绎，远在偏僻的荆山地方，乘坐破旧的柴车，穿着破衣烂衫，居于草野荒凉之地，跋涉山林，来侍奉天子，只有这桃木做的弓、枣木做的箭，来供奉王室大事之用。齐，是周王的舅父；晋及鲁、卫，都是周王的同母兄弟。楚国因此没有分赐到宝器，而他们都有。现在周室与上述四国都服侍君王，将会唯命是从，怎么会吝惜鼎？"楚王说："从前我们的远祖伯父昆吾，住在许国旧地，如今郑国人贪图依赖那里的田地有利，而不给我们。我如果向他们要求，会给我们吗？"

子革回答说："会给君王啊！周室不吝惜鼎，郑国岂敢吝惜田地？"楚王说："从前诸侯认为我国偏远而畏惧晋国，如今我们大力修筑陈、蔡、东、西不羹四个城邑，兵车达到一千辆，你也参与其事是有功劳的，诸侯会畏惧我们吗？"子革回答说："会畏惧君王啊！单这四大城邑，已足以使人畏惧了，再加上楚国，岂敢不畏惧君王呢？"

这时工尹路请示说："君王命令破开圭玉装饰斧柄，冒昧请君王指示。"楚王进去察看。仆析父对子革说："您是楚国的希望，现在和君王说话好像回声一样应和，国家可怎么办呢？"子革说："我磨快言语的刀刃以等待时机，君王出来，我的词锋就会如同刀刃一般砍下去。"

楚王出来，又接着谈话。左史倚相从面前小步快速走过，楚王说："这个人是好史官，你要好好看待他。这个人能读《三坟》《五典》《八索》《九丘》这样的古书。"子革回答说："下臣曾经问过他，从前周穆王想要随心所欲，走遍天下，要使天下都留有他的车辙马迹。祭公谋父作了《祈招》的诗篇来制止穆王的贪心，穆王因此能在祗宫寿终正寝。下臣曾问他诗句却不知道。如果问年代久远的事，他怎能知道？"楚王说："你能吗？"子革回答说："能。那首诗说：'《祈招》的音乐和谐，表现了美德的声音。想起我们君王的气度，似玉，似金。保全百姓的力量，而没有像追求醉饱一样的贪心。'"楚王作了一揖就进去了，有好几天，送上饭不吃，躺下睡不着，但还是不能自己克制自己，以致最后遇到祸难。

孔子说："古代有记载：'克制自己，回到礼制上来，这就是仁。'说得真好啊！楚灵王如果能像这样，岂会在乾溪受辱？"

【评析】

本文通过行为和对话描写主要表现两个人物：楚灵王和子革。楚灵王是春秋后期争议很大之君主，他是楚康王弟。楚康王死后，其幼子即位为君，楚灵王趁侄子国君生病，亲手将其勒死，自立为王。灵王即位后，与吴国多次交战，先后灭陈、蔡两个华夏诸侯国，又修筑东、西不羹两座大城以威慑中原，重新成为霸主。但他的野心进一步膨胀，不思采用温和的怀柔手段稳固政权基础，反而再次出兵与吴国争夺徐国，本故事就发生在这时。

灵王率军驻扎在离徐国不远的乾溪，以狩猎为名，炫耀武力。他穿戴豪华奢侈，威风凛凛，显示出好大喜功的神态。大臣子革进见，灵王遂摘下帽子，脱下披风，放下鞭子，以示对大臣的尊敬。这一细节，显示出楚灵王对于子革的尊重，接着是两人的对话。开始楚灵王连续发问，都是索取，子革全部是顺着说。工尹路有事请示楚灵王，楚灵王进到里面去。楚灵王的随仆析父有机会提示并埋怨子革。子革告诉他自己已经准备好严厉言辞进行进谏。通过子革的回答可以看出用的是"欲擒故纵"之法。这是小插曲。楚灵王出来和子革接着谈话，恰巧右史倚相路过，又是一小插曲，子革借机用倚相的口吻进谏，以周穆王为因由，告诫楚灵王不要好大喜功，不要不爱惜民力，这样容易失败。楚灵王毕竟是国君，完全理解子革话里的意思，也认识到自己的问题，几日里寝食不安，但最后还是难以克服改正，最后失败自杀。

子革不是楚国本土的大臣，是从郑国来"政治避难"的公子，原名郑丹，子革是他的字。春秋时代列国人才流动频繁，"楚才晋用"的例子很多，中原人才逃往楚国的也不少。作为落魄公子，子革能够做到右尹，显示了楚国任用人才的不拘一格。灵王与子革的对话，则显示了灵王对子革的充分信任。

倚相的出现也值得注意，楚国的史官居然能够读懂《三坟》《五典》《八索》《九丘》这些史书，令人惊叹，也可以看楚国接受三代文化之快。

最后孔子的评价揭示了主题。孔子曰："一日克己复礼，天下归仁。"克己，就是要克制自己的欲望；复礼，就是要符合周礼的规定。一旦能够做到克己复礼，则天下纷纷扰扰都归于自己的仁心，不再会有欲壑难填的苦恼，也不会再有自取灭亡的冲动。孔子对于楚灵王有惋惜的意味。

子产论政宽猛

《左传》

昭公二十年。郑子产有疾。谓子大叔曰①："我死，子必为政。唯有德者能以宽服民②，其次莫如猛。夫火烈，民望而畏之，故鲜死焉。水懦弱，民狎而玩之③，则多死焉。故宽难。"疾数月而卒。

大叔为政，不忍猛而宽。郑国多盗，取人于萑苻之泽④。大叔悔之，曰：

"吾早从夫子，不及此。"兴徒兵以攻萑苻之盗，尽杀之，盗少止。

　　仲尼曰："善哉！政宽则民慢，慢则纠之以猛。猛则民残，残则施之以宽。宽以济猛；猛以济宽，政是以和。《诗》曰⑤：'民亦劳止，汔可小康⑥，惠此中国，以绥四方⑦。'施之以宽也。'毋从诡随⑧，以谨无良，式遏寇虐⑨，惨不畏明⑩'。纠之以猛也。'柔远能迩⑪，以定我王。'平之以和也。又曰：'不竞不絿⑫，不刚不柔，布政优优⑬，百禄是遒⑭。'和之至也！"

　　及子产卒，仲尼闻之，出涕曰："古之遗爱也。"

【注释】

　　①子大叔：即子太叔，郑简公、郑定公时为卿。②以宽服民：用宽松的政策来使百姓信服。③狎：玩弄，轻视。④萑苻（huán pú）：泽名，即圃田泽，在今河南省中牟县西北。⑤诗：即孔子说的《诗三百》。这六句诗都出自《诗经·大雅·民劳》。⑥汔（qì）：庶几，希望。⑦中国：周天下的中心，今陕西河南一带，即西周东周中心。绥：安抚。⑧从：通"纵"。诡随：不问是非而盲目跟随他人。⑨式：语助词，无实义。遏：遏制，制止。⑩惨：语气助词，犹"曾""乃"。⑪柔远能迩：怀柔远方的人能够使他们亲近。⑫竞：急躁。絿：拖沓。⑬优优：温和宽厚。⑭遒：积聚，有凝聚力。

【译文】

　　鲁昭公二十年。郑国子产有病了，对子太叔说："我死后，你一定执政。只有有道德的人才能够用宽缓温和的行政方式领导百姓并使之服从，其次不如实行猛烈严格的政治。火很猛烈，人们望见就畏惧，故很少死于火的。水性柔弱，人们喜欢而玩弄它，则很多人被溺死。"得病几个月后，子产就去世了。

　　太叔执政，不忍心猛烈严厉而宽缓温和。郑国出现许多盗贼，聚集在萑苻泽中劫取人的财物。太叔后悔了，说："我如果早点听从夫子的话，就不会弄到这个地步。"于是调动步兵攻打围剿聚集在萑苻的盗贼，全部杀死。盗贼稍微收敛了。

　　孔子说："好啊！施政太宽缓百姓就会轻慢，轻慢就用严厉来纠正。过于严厉猛烈百姓就容易受伤害，再施用宽缓温和的方式。用宽缓调剂猛烈，用猛烈调剂宽缓。这样政治就会平和。《诗》说：'老百姓也太劳苦了，希望让他们有个小小的安宁。虽然受到恩惠的是中原地区，但四方诸侯国也会闻风效仿。'这是施政宽厚的好处。'不要放纵小恶而盲目跟随他人，来使不好的人也谨慎小心，来遏制盗寇和暴行，让那些不畏天命的人得到教训'。这是用猛烈严厉的施政来调剂社会矛盾。'怀柔远方，安定邦畿之内，周王室就能够安定。'这是平和的施政方针。《诗》又说：'不过于提倡竞争也不能过于拖沓，不过于刚硬也不过于疲软，施政宽松温和，各种福禄官员都会向这里聚集。'这是政治平和到了最高境界。"

　　子产去世的时候，孔子听说了，哭着说："这是古代遗留给百姓的仁爱之人啊！"

【评析】

　　这实际是一篇议论文，子太叔执政如同是论据一般，只是证明子产预见的正确。对于子太叔执政时由于没有听子产的提示而采取宽缓政策，结果是"郑国多盗，取人于萑苻之泽"，只一句交代其后果。而重点则是孔子对于子产观点以及这件事情的评价。孔子借题发挥，引用《诗经》中的句子，对施政宽猛各自的作用都有概括的说明，最后用宽猛相济逐渐回归适度上来。实际还是以施政的中庸状态为最佳，因此集中体现了孔子的施政思想。最后一句，记载孔子听到子产去世的消息时"出涕曰"，应该是作者目睹之情形，否则他怎么知道孔子"出涕"的。通过孔子大段的议论和最后一句的记载，便可以确定《左传》确实为左丘明所作，而且左丘明和孔子关系非常密切。孔子对于左丘明也是非常尊重的。

吴许越成
《左传》

　　鲁哀公元年。吴王夫差败越于夫椒①，报槜李也②。遂入越。越子以甲楯五千保于会稽③，使大夫种因吴太宰嚭以行成④。

　　吴子将许之。伍员曰⑤："不可。臣闻之：'树德莫如滋，去疾莫如尽⑥。'昔有过浇杀斟灌以伐斟鄩⑦，灭夏后相⑧。后缗方娠⑨，逃出自窦⑩，归于有仍⑪，生少康焉，为仍牧正⑫。惎浇能戒之⑬。浇使椒求之⑭，逃奔有虞⑮，为之庖正⑯，以除其害。虞思于是妻之以二姚⑰，而邑诸纶⑱，有田一成⑲，有众一旅⑳。能布其德，而兆其谋，以收夏众，抚其官职；使女艾谍浇㉑，使季杼诱豷㉒，遂灭过、戈㉓，复禹之绩。祀夏配天，不失旧物。今吴不如过，而越大于少康，或将丰之，不亦难乎？勾践能亲而务施，施不失人，亲不弃劳，与我同壤而世为仇雠。于是乎克而弗取，将又存之，违天而长寇雠^㉔，后虽悔之，不可食已^㉕。姬之衰也^㉖，日可俟也^㉗。介在蛮夷，而长寇雠，以是求伯^㉘，必不行矣。"

弗听。退而告人曰："越十年生聚，而十年教训，二十年之外，吴其为沼乎^㉙！"

【译文】

鲁哀公元年。吴王夫差在夫椒打败越军，报了槜李之仇，于是趁势攻进越国。越王勾践带领披甲持盾的五千人守住会稽山，并派大夫文种，通过吴国的太宰伯嚭向吴王求和。

吴王将要答应他。伍员说："万万不可！臣听说：'树立品德，必须灌溉辛勤；扫除祸害，必须连根拔尽。'从前过国的浇，杀了斟灌又攻打斟鄩，灭了夏王相。相的妻子后缗刚刚怀孕，从城墙的小洞里逃走，逃奔到有仍，生了少康。少康后来做了有仍的牧正，他非常痛恨浇，又能警惕戒备。浇派椒四处搜寻少康，少康逃奔有虞，在那里做了庖正，躲避祸害。虞思把两个女儿嫁给他，封他在纶邑，有田一成，不过十里，有众一旅，不过五百。但他能布施德政，开始谋划，收集夏朝的余部，使其专心供职。他派女艾去浇那里刺探消息，派季舒去引诱浇的弟弟豷，终于灭亡过国和戈国，恢复夏禹的功业，祭祀夏的祖先，以配享天帝，恢复了夏朝的天下。现在吴国不如过国，越国却大于少康，如果让越国强盛起来，吴国岂不就难办了吗？勾践这个人能够亲近臣民，注重布施恩惠。肯施恩惠，就不失民心；亲近臣民，就不会忽略有功之人。他与我国土地相连，又世代有仇，现在我们战胜他而不加以消灭，反而打算保全他，这便是违背天命而助长仇敌，将来即使后悔，也不可以生存了！姬姓的衰亡，指日可待呀。我国处在蛮夷之间，而又助长仇敌，这样来谋求霸业，一定行不通啊！"

吴王不听。伍员退朝而告人说："越国用十年时间聚集财富，再用十年时间教育和训练人民，二十年后，吴国的宫殿怕要变成池沼啊！"

【评析】

这是中国历史上最著名的吴越春秋故事，"卧薪尝胆"也出自这个故事中。本文记载的是伍子胥预言性的忠告，只是勾践灭吴故事的开端。伍子胥的政治眼光非常敏锐深刻，他用少康中兴的历史典故做论据，客观上也提供了夏王朝的一段历史故事。本文提供这样的经验和教训：从吴王夫差的角度来看，不能采纳忠言，反而受伯嚭的蒙蔽，不能及时消灭勾践政权而留下隐患。更主要的是他在以后的岁月中不能正确认清天下大势，穷兵黩武，最后才被勾践灭掉。从勾践的角度看，就是要审时度势，能屈能伸，主动求和，极尽谦卑，留得青山在不愁没柴烧。否则就不会有重新振兴的可能。从伍子胥的角度看，他是最郁闷忧愤的，他看得很清楚说得很明白却不被采纳。而事态的发展完全被他说中，可以看出他的远见卓识。

卷之三

《国语》

《国语》是一部国别体的史书，记载西周末年和春秋时期五百余年间周、鲁、晋等八个国家的重要史实。记言多而叙事少，与以叙事为主的《左传》恰成鲜明的对照。司马迁两次说过"左丘失明，厥有国语"，故为春秋时期左丘明所作，可信。《国语》是研究先秦历史的重要史料。

祭公谏征犬戎

《国语·周语上》

穆王将征犬戎①，祭公谋父谏曰②："不可。先王耀德不观兵。夫兵戢而时动③，动则威。观则玩，玩则无震④。是故周文公之《颂》曰⑤：'载戢干戈⑥，载櫜弓矢⑦；我求懿德⑧，肆于时夏⑨。允王保之⑩。'先王之于民也，茂正其德⑪，而厚其性；阜其财求⑫，而利其器用；明利害之乡⑬，以文修之，使务利而避害，怀德而畏威，故能保世以滋大⑭。

"昔我先世后稷⑮，以服事虞夏⑯。及夏之衰也⑰，弃稷弗务，我先王不窋用失其官⑱，而自窜于戎翟之间⑲。不敢怠业，时序其德，纂修其绪⑳，修其训典㉑；朝夕恪勤㉒，守以惇笃㉓，奉以忠信，奕世戴德㉔，不忝前人㉕。至于武王，昭前之光明，而加之以慈和，事神保民，莫不欣喜。商王帝辛㉖，大恶于民，庶民弗忍，欣戴武王㉗，以致戎于商牧㉘。是先王非务武也，勤恤民隐㉙，而除其害也。

"夫先王之制：邦内甸服㉚，邦外侯服㉛，侯卫宾服㉜，夷蛮要服，戎翟荒服㉝。甸服者祭，侯服者祀，宾服者享㉞，要服者贡㉟，荒服者王㊱。日祭，月祀，时享，岁贡，终王，先王之训也。

"有不祭，则修意；有不祀，则修言；有不享，则修文；有不贡，则修名；有不王，则修德㊲。序成而有不至㊳，则修刑。于是乎有刑不祭，伐不祀，征不享，让不贡，告不王。于是乎有刑罚之辟㊴，有攻伐之兵，有征讨之备，有威让之令，有文告之辞。布令陈辞，而又不至，则又增修于德，无勤民于远。

"是以近无不听，远无不服。今自大毕、伯仕之终也⁴⁰，犬戎氏以其职来王，天子曰：'予必以不享征之'，且观之兵，其无乃废先王之训而王几顿乎⁴¹？吾闻夫犬戎树惇，能帅旧德，而守终纯固，其有以御我矣⁴²。"王不听，遂征之，得四白狼、四白鹿以归。自是荒服者不至⁴³。

【注释】

①穆王：周天子，名满。康王之孙，昭王的儿子。犬戎：我国古代西方民族名，即昆戎。商朝和周朝时，在今陕西泾水渭水流域游牧。②祭（zhài）公谋父（fǔ）：周穆王大臣，封于祭，故叫祭公。谋父是字。③戢（jí）：聚集，收藏。时动：按照一定的季节行动。如春夏务家，冬于讲武。④震：惧怕。⑤周文公：即周公，"文"是他的谥号。周公是周武王的弟弟，名旦，也称叔旦。⑥载：语助词，无义。干戈：兵器名。⑦櫜（gāo）：古时收藏弓箭的袋子。这里用作动词，把弓箭收藏起来。⑧懿德：美德。⑨时：是，这。夏：中国。⑩允：信，相信。王：指周武王。⑪茂：通"懋"，勉励。德：道德。⑫阜（fù）：大，多。⑬乡（xiāng）：所在。⑭滋：增益，加多。⑮稷：农官。周族始祖弃。舜时曾掌管农事，后世称弃为后稷。⑯虞夏：虞舜和夏朝。弃是舜的农官。弃的儿子不窋又继为夏启的农官。⑰夏之衰：指夏启儿子太康时代。⑱不窋（kū）：弃的儿子。⑲窜：逃跑，隐藏。戎翟：同"戎狄"，我国古代对西北部各民族的统称。⑳纂（zuǎn）：继续。绪：事业。㉑训典：教化制度。㉒恪：恭敬，谨慎。㉓惇（dūn）：朴实忠厚。笃：诚实。㉔奕（yì）世：累世。㉕忝（tiǎn）：辱。㉖辛：即商纣王名辛。㉗欣戴：很高兴拥戴武王。㉘戎于商牧：在商地牧野打仗。㉙恤：安抚。隐：痛苦。㉚邦内：指国都周围五百里地区。甸服：近郊百姓用耕作田地交粮食以及出兵车服侍天子。㉛邦外：在国都近郊四方五百里的地区，封诸侯国来服侍天子。㉜侯卫：在诸侯国外围地区，也是五百里，以宾客身份服侍天子。㉝夷蛮：对古代边远人民的称呼。要服：依靠立约结盟来服侍天子。荒服：地区遥远，只是要承认天子地位即可。㉞享：献，指献上祭品祭祀祖先。㉟贡：贡献祭品祭祀。㊱王：指戎翟的首领承认周朝的正统，每个首领接任后要朝拜天子。㊲德：指文德，即文化礼乐。㊳序：次序。指以上意、言、文、名、德五方面的次序。㊴辟：法令，条例。㊵大毕、伯仕：犬戎氏两个部落首领的名字。㊶顿：困顿，败坏。㊷御：防御，抵御。㊸不至：不来朝见天子，指不承认周天子的正统。

【译文】

周穆王将要征伐犬戎，祭公谋父劝阻说："不可以这样做。先王显示德行而不炫耀武力。兵力是储存起来到一定时候动用的，一动用就使人畏惧。炫耀武力就会滥用，滥用就不能使人畏惧。所以周公在《诗经·周颂·时迈》中说：'将将兵器好好收藏，将弓箭藏在皮囊；我们君王寻求美德，施与这华夏之邦。君王定能保持天命久长。'先王对于百姓，努力引导端正他们的德行，使他们的性情更加宽厚；扩大他们的财源，改进他们的工具；指明利害的方向，用礼法整顿他们，使他们追求利益而避免祸害，怀念恩德而畏惧威力，所以能保证周王室世代相承，日益壮大。

"从前我们先王世代做农官之长，服事虞、夏两朝。到夏朝衰落时，废除农官，不再致力于农业，我们先王不窋，因而失去官职，隐藏到戎狄中间。他仍然不敢怠慢祖业，时常称道祖先的功德，继续完成祖先留下的事业，研习祖先的训令和典章；早晚谨慎勤恳，忠实地遵守，诚恳地奉行，世代继承祖先的功德，不辱前人。到了武王，发扬前代光明的德行，再加上仁慈与温和，侍奉神灵，保养百姓，莫不欢欣喜悦。商王帝辛，为百姓所极端憎恶，百姓不能忍受，欣然拥戴武王，在商朝国都郊外的牧野地方作战。这不是先王致力于武力，而是为了尽力体恤百姓的痛苦，除掉他们的祸害。

"先王的制度：王畿以内五百里的地方称甸服，王畿以外五百里的地方称侯服，侯服以外至卫服以内的地方称宾服，宾服以外的蛮、夷地方称要服，要服以外的戎、狄地方称荒服。甸服地方的诸侯供给天子祭祀祖父、父亲的祭品，侯服地方的诸侯供给天子祭祀高、曾祖的祭品，宾服地方的诸侯供给天子祭祀远祖的祭品，要服地方的诸侯供给天子祭神的祭品，荒服地方的诸侯则朝见天子。祭祖父、父亲的祭品一日一次，祭高、曾祖的祭品一月一次，祭远祖的祭品一季一次，祭神的祭品一年一次，朝见天子一生一次。这是先王的遗训。

"如有不逐日进贡的，天子就修省内心；有不按月进贡的，天子就修明法令；有不按季进贡的，天子就修明礼仪；有不进岁贡的，天子就修明尊卑名分；有不朝见的，天子就修明德行。这几个方面依次做到而仍有不来的，天子就修明刑法。这时就要惩罚不逐日进贡的，讨伐不按月进贡的，征讨不按季进贡的，责备不进岁贡的，晓谕不来朝见的。这时也就有惩治的法律，有攻伐的军队，有征讨的装备，有严厉谴责的命令，有用文字晓谕的文告。发布命令，公布文告，而再有不来的，天子就在德行上增强修养，不让百姓到远方去受苦。

"所以近处的诸侯无不听命，远方的诸侯无不归顺。现在大毕、伯士一去世，新即位的犬戎国君就带着贡品前来朝见。天子却说：'我一定要以不享的罪名征讨他。'

并且向他炫耀武力，这样做恐怕会废弃先王的遗训，而使朝见天子之礼濒于破坏吧？我听说那犬戎国君秉性敦厚，能遵循祖先的遗德，遵守终生朝见一次之礼，专一不二，他们会有防御我们的准备的。"穆王不听，去征战犬戎，只得到四只白狼、四只白鹿。从此以后，荒服地方的诸侯就再也不来朝见了。

【评析】

　　这则史料非常有价值，周穆王是位好高骛远的人，当他提出要攻打戎狄时，大臣祭公进行劝谏，劝谏的内容有两点，一是"先王耀德不观兵"，即用道德来引导治理天下，轻易不能动用军事手段。这是非常重要的观点，也是中华民族传统文化中的重要内容。二是具体阐释了当时五服制度的内容。这是我们认识周朝礼乐内容和政治制度的文献资料。周穆王没有采纳他的意见，出兵征讨戎狄，实际是以失败告终的。最后周穆王只猎获四只白狼、四只白鹿而已，等于动用军队长途跋涉而打了一次猎。劳民伤财，更主要的是失德，损失了周天子的道德形象，其直接恶果是戎狄从此不再来朝拜，等于不承认周王朝。这是西周失德的开始，其后又出现厉王、幽王，烽火戏诸侯，西周被灭亡。从此开始了春秋战国时期依靠五霸来维系三代以来的华夏文明。故这段文字之历史文化价值极其重要。

召公谏厉王弭谤
《国语·周语上》

　　厉王虐①，国人谤王。召公告曰②："民不堪命矣！"王怒，得卫巫③，使监谤者。以告，则杀之。国人莫敢言，道路以目④。王喜，告召公曰："吾能弭谤矣⑤，乃不敢言。"

　　召公曰："是障之也⑥。防民之口，甚于防川⑦。川壅而溃，伤人必多，民亦如之。是故为川者决之使导⑧，为民者宣之使言⑨。故天子听政，使公卿至于列士献诗⑩，瞽献曲⑪，史献书⑫，师箴⑬，瞍赋⑭，矇诵⑮，百工谏⑯，庶人传语⑰，近臣尽规⑱，亲戚补察⑲，瞽、史教诲⑳，耆、艾修之㉑，而后王斟酌焉，是以事行而不悖㉒。民之有口也，犹土之有山川也，财用于是乎出；犹其有原隰衍沃也㉓，衣食于是乎生。口之宣言也，善败于是乎兴㉔。行善而备败^㉕，所以阜财用衣食者也^㉖。夫民虑之于心而宣之于口，成而行之，胡可壅也？若壅其口，其与能几何^㉗？"

王弗听，于是国人莫敢出言。三年，乃流王于彘^㉘。

【注释】

①厉王虐：周厉王，名胡。虐：残暴。②召公：即邵穆公，名虎。周之卿士。③卫巫：卫国的巫者。④道路以目：人们在道路上相遇而不敢交谈，只能用眼神交流，敢怒不敢言。⑤弭谤：消除、制止不满意的语言。⑥是障之也：这是阻塞封堵啊。意为堵住百姓的口不让说话。⑦甚于防川：比堵塞河口不让水流通的后果更严重。川：河流。⑧决之使导：挖掘河道使水流通畅。⑨宣之使言：引导百姓使他们畅所欲言。⑩公卿：高级官爵。列士：一般官爵。献诗：进谏讽谏的诗。⑪瞽献曲：盲人乐师献乐曲。⑫史献书：史官向天子献历史书籍，使天子知道政体作为借鉴。⑬师箴：师傅向天子进有劝诫意义的格言。⑭瞍赋：无眸子的盲人用赋诵方式进言。⑮矇诵：矇，有眸子而看不见的盲人。诵：不配音乐的诵读。⑯百工：为王从事各种特殊技艺的人。⑰庶人传语：平民通过其他渠道向天子传递意见。⑱近臣尽规：王左右的人尽规谏的责任。⑲亲戚补察：王的同宗弥补监察王的行为。⑳瞽、史教诲：即前文的"瞽献曲""史献书"。㉑耆、艾修之：六十岁曰耆，五十岁曰艾。修：修饰，润色。㉒悖：违背，错谬。㉓原隰衍沃：原：平原。隰：湿地。衍：低下平坦之地。沃：低下有水源之地。㉔善败：善政与败坏的政治。㉕行善而备败：推行好的政治，防备败坏的政治。㉖阜：本义是高起的土山，这里引申为增多的意思。㉗与：赞成、支持。几何：多少人。㉘彘：地名，在今山西省霍县境内。

【译文】

周厉王暴虐，国都的人严厉批评他。召公劝告他说："百姓忍受不了您暴虐的行为了。"周厉王大怒，找来一个卫国的巫者，派他监视提意见的人。只要报告上来，就杀那个人。国都中的百姓见面不敢说话，只是用眼神相互传递意思。厉王高兴了，告诉召公说："我能够制止诽谤我的话了，他们不敢再说什么了。"

召公说："这只不过是把人的嘴堵起来罢了。堵塞人民的言论，比堵塞河流更可怕。如果堵塞的河流一旦决口，伤害的人一定非常多，堵塞人民的口也是这样。因此治理水患的人要疏通河道使水流畅通，治理百姓的人要宣传开导他们使他们说话。所以天子听取意见处理政事，要求公卿以及大夫士都要进献讽谏的诗篇，乐官贡献反映民意的歌曲，史官贡献可资借鉴的史书，太师贡献有警示意义的箴言，盲人乐师朗诵公卿以及士大夫所献的诗，诵读讽谏的文辞，百官进谏，普通百姓向天子传达自己的意见，左右近臣要尽规劝的职责，亲戚补充考察缺失的地方，乐师和史官进行教诲，年老的长者进行修改润色，然后王斟酌思考再决定事务。所以政事推行起来而不违背法度情理。百姓有嘴，就好像土地上有山岭河流，财富用度都从这里产生。好像有平原湿地和肥沃的田野，衣服饮食都从这里产生。让百姓尽情发言，政事的好坏都能够从这里反映出来。然后推行善政而防备不好的政策，这是用来增加财富用度和衣食的途径啊。百姓在心里思考成熟后才用嘴说出来，应该采纳而推行，怎么可以堵塞呢？如果堵塞百姓的嘴，和百姓共同拥有天下还能多长时间？"

周厉王不听，于是国都的百姓再也没有敢说话的。三年后，厉王被大臣和百姓流放到彘这个地方。

【评析】

本文选自《国语·周语上》。厉王为西周最大的暴君，横征暴敛，贪婪残忍，民不堪命。邵穆公直言劝告，厉王不仅不加悔改，反而变本加厉，派遣卫国"神巫"监视民众，大肆屠杀、镇压。结果不出三年，国都的百姓便产生暴动，把他放逐到彘地。

文章重点是中间三段邵公的话：其主旨是"防民之口，甚于防川"，"为民者宣之使言"即要广泛听取各方面的意见，不能压制舆论。前段、后段设喻，中间是正面说明。围绕不能止谤之主题，层层设喻，比喻生动贴切，词锋犀利，笔势纵横，堪称说理妙文。

本文有很高的史学价值。一、西周时期，天子并没有绝对的生杀大权，百姓还有一定的言论自由。故当厉王制止百姓言论的时候，人们是坚决反抗的。最后结果是厉王失败而被驱逐。这在西周历史上是第一次。二、厉王被驱逐，最后死在被流放之地，而这十多年间没有天子，是几位大臣共同执政，历史称"共和"，而中国使用甲子纪年也是从这一年开始。这是中国历史上的标志性事件，时公元前841年，该年也是中国历史上具有标志性的年份。西周天子失德，开始于穆王姬满，严重失德则是厉王，其后便是幽王。这三个人便葬送了周朝大一统天下的局面。

襄王不许请隧

《国语·周语中》

晋文公既定襄王于郏①，王劳之以地②。辞，请隧焉③。王弗许，曰："昔我先王之有天下也，规方千里，以为甸服④。以供上帝山川百神之祀，以备百姓兆民之用，以待不庭不虞之患⑤。其余以均分公侯伯子男⑥，使各有宁宇⑦，以顺及天地，无逢其灾害。先王岂有赖焉⑧？内官不过九御⑨，外官不过九品⑩，足以供给神祇而已⑪，岂敢厌纵其耳目心腹⑫，以乱百度⑬。亦唯是死生之服物采章⑭，以临长百姓，而轻重布之⑮，王何异之有？

"今天降祸灾于周室⑯，余一人仅亦守府⑰，又不佞以勤叔父⑱，而班先王之大物⑲，以赏私德。其叔父实应且憎，以非余一人。余一人岂敢有爱也。先民有言曰：'改玉改行。'⑳叔父若能光裕大德，更姓改物㉑，以创制天下，自显庸也，而缩取备物㉒，以镇抚百姓。余一人其流辟于裔土㉓，何辞之与有？若犹是姬姓也，尚将列为公侯，以复先王之职，大物其未可改也。叔父其茂昭明德，物将自至，余敢以私劳变前之大章，以忝天下㉔，其若先王与百姓何？何政令之为也？若不然，叔父有地而隧焉，余安能知之？"

文公遂不敢请，受地而还。

【注释】

①郏（jiá）：周王城地名，在今河南洛阳西。惠后借助狄人的势力立自己的儿子叔带为周王，襄王出奔。晋文公率领军队消灭叔带势力，仍立襄王。②劳：犒劳。赏赐。襄王把阳樊、温原、攒茅之田赏赐给晋文公。③隧：隧道。挖隧道通到坟墓里叫隧，是天子之葬礼。④甸服：王畿之内的土地。⑤百姓：有世功的百官。不庭：不来朝拜。不虞：意外的灾害。⑥其余：指甸服以外的土地，均分公侯伯子男：平均分配给公侯伯子男五等爵位。据《周礼记载》：公封地方五百里，侯四百里，伯三百里，子二百里，男一百里。⑦宁宇：安宁的生活环境。⑧赖：依赖的利益。这里是说周王把天下的土地和利益都分配给诸侯，王室拥有不多。⑨九御：即九嫔，女官。⑩九品：即九卿。主持政务的官员。⑪神祇：神灵。⑫耳目：指声色。心腹：指饮食等嗜欲。⑬度：法度。⑭服物：指使用的礼器和服装。采章：彩色花纹图案。⑮轻重：贵贱等级。布：分布展示。⑯天降灾祸：指叔带之乱。⑰府：先王的府藏。⑱不佞：谦词，即不才，指自己。⑲班：颁发、赐给。大物：指大的礼数，这里指葬礼隧的规格。⑳玉：指死者的佩玉，是有严

格的等级规定的。改行：改变地位。㉑更姓：改变姓氏。改物：指改变制度。㉒缩：收。备物：指服物华章和通地道到陵墓的待遇。㉓流：流放。辟：处罚。裔土：边远之地。㉔私劳：私人恩德。忝：辱。

【译文】

晋文公已经帮助周襄王在郏地恢复王位，周襄王便把几块地盘赏赐给他作为酬劳。晋文公推辞土地，而请求允许自己用掘地道的天子葬礼的规格。周襄王不答应，说："从前我们先王拥有天下的时候，规定方圆一千里王畿地区属于甸服，直接征收粮谷和兵员。（此地）用来供给山川百神祭祀的费用，来准备王室百官的生活费用以及发生的意外灾害。其余的土地都用公平的方式分配给公侯伯子男五等爵位，使各自有安宁的生活，以恭顺地服侍天地，不要遭遇灾害。先王难道有什么依赖的特殊利益吗？先王宫内的嫔妃不过九人，朝廷的官员不过九卿，只有足以供给神灵的祭祀而已。怎么敢放纵自己的声色嗜欲来尽情享乐，来扰乱法度呢？也只有活着或者死去时的衣冠形制和颜色图案不同，用来统率百姓，并将这些衣冠服色按照贵贱等级分配颁布给百官罢了。其他方面王又有什么特殊待遇呢？

"如今上天给周王室降下大祸，只有我一个人守护着王室的政府，又没有才能而劳累了叔父，如果颁布先王的最大的礼数来赏赐给对我个人有私恩的人，叔父即使接受也会憎恶我，因为这不是我一个人的事情。如果是我个人所有我怎么敢吝啬呢？先人有话说：'改变佩玉就是改变地位。'叔父如果能发扬光大美德，改朝换代改变姓氏和正朔服色，开创新的制度，自己向天下宣布，再把死生服色采章都取去，用来镇抚百姓。我一个人即使被流放到偏远荒凉的地方，哪里敢说什么话呢？如果天下还是姬姓的，我还会被列为公侯，来恢复先王的旧制，那么葬礼这样的制度就是不能改变的。叔父您如果勤修德行，光明道德，这种待遇也许会自动到来。我怎么敢因为私恩而改变先王的重大制度，使天下受辱，怎么对得起先王和百姓呢？还怎么推行政令呢？如果不这样的话，即使是叔父在自己的领地内挖掘地道来用天子葬礼，我又怎么能够知道呢？"

晋文公于是不敢再请求隧的葬礼，接受赐予的土地就回国了。

【评析】

平王东迁之后，王室权威急速下降，失去对于天下的控制能力。而王室内部多灾多难。周襄王实际个人能力还可以，但是遭受被迫流亡之苦。晋文公出兵消灭叛乱者，恢复周襄王的天子之位，于是提出自己要用天子葬礼的请求。实际是很过分的僭越之举。周襄王是在晋文公扶持下恢复的王位，没有实力直接驳斥，于是用极其委婉的道理说明不是天子就不能用天子之礼，而天子实际上在其他方面和诸侯没有什么区别，区别就是生活之礼和死亡之礼不同，礼是最重要的制度，是不能随便恩赐别人享受的。您如果要享受，可以自己明确宣布做天子，即使把我流放了也不敢有怨言。软中有硬，而且很尖锐。最后的意思说，作为大诸侯国的您，即使在本国使用这种葬礼，我又怎么能知道呢？实际也含有我无可奈何的意思，但是让我同意则不可能。话说到这里，晋文公无话可说。只好接受土地回国。晋文公是好耍权术的人，所以孔子说："晋文公谲而不正，齐桓公正而不谲。"周襄王完全用大道理来进行回答，一句不同意也没有说，但所有的话都是不同意的理由，而且极其尖锐严密，可见其思维之缜密。

单子知陈必亡

《国语·周语中》

定王使单襄公聘于宋①。遂假道于陈，以聘于楚。火朝觌矣②，道茀不可行也③。候不在疆④，司空不视涂⑤，泽不陂⑥，川不梁⑦，野有庾积⑧，场功未毕⑨，道无列树⑩，垦田若艺⑪，膳宰不致饩⑫，司里不授馆⑬，国无寄寓⑭，县无旅舍⑮。民将筑台于夏氏⑮。及陈，陈灵公与孔宁、仪行父南冠以如夏氏⑯，留宾弗见。

单子归，告王曰："陈侯不有大咎⑰，国必亡。"王曰："何故？"对曰："夫辰角见而雨毕⑱，天根见而水涸⑲，本见而草木节解⑳，驷见而陨霜㉑，火见而清风戒寒。故《先王之教》曰：'雨毕而除道，水涸而成梁，草木节解而备藏，陨霜而冬裘具㉒，清风至而修城郭宫室。'故《夏令》曰：'九月除道，十月成梁。'其时儆曰：'收而场功，偫而畚挶㉓，营室之中，土功其始㉔，火之初见，期于司里。'此先王所以不用财赂，而广施德于天下者也。今陈国火朝觌矣，而道路若塞，野场若弃，泽不陂障，川无舟梁，是废先王之教也。"

"周制有之曰㉕：'列树以表道㉖，立鄙食以守路㉗，国有郊牧㉘，疆有寓望㉙，薮有圃草㉚，囿有林池㉛，所以御灾也，其余无非谷土，民无悬耜，野无奥草㉜。不夺民时，不蔑民功㉝。有优无匮㉞，有逸无罢㉟。国有班事㊱，县有序民㊲。’今陈国道路不可知，田在草间，功成而不收，民罢于逸乐，是弃先王之法制也。

“周之《秩官》有之曰：‘敌国宾至㊳，关尹以告㊴，行理以节逆之㊵，候人为导，卿出郊劳㊶，门尹除门㊷，宗祝执祀㊸，司里授馆㊹，司徒具徒㊺，司空视途，司寇诘奸㊻，虞人入材㊼，甸人积薪㊽，火师监燎㊾，水师监濯㊿，膳宰致餐(51)，廪人献饩(52)，司马陈刍(53)，工人展车，百官各以物至，宾入如归。是故小大莫不怀爱。其贵国之宾至(54)，则以班加一等，益虔(55)。至于王使，则皆官正莅事(56)，上卿监之。若王巡守(57)，则君亲监之。’今虽朝也不才(58)，有分族于周(59)，承王命以为过宾于陈(60)，而司事莫至(61)，是蔑先王之官也。

“《先王之令》有之曰：‘天道赏善而罚淫，故凡我造国，无从匪彝(62)，无即慆淫(63)，各守尔典，以承天休(64)。’今陈侯不念胤续之常(65)，弃其伉俪妃嫔(66)，而帅其卿佐以淫于夏氏(67)，不亦渎姓矣乎(68)？陈，我大姬之后也(69)。弃衮冕而南冠以出(70)，不亦简彝乎？是又犯先王之令也。

“昔先王之教，茂帅其德也(71)，犹恐殒越(72)。若废其教而弃其制，蔑其官而犯其令，将何以守国？居大国之间(73)，而无此四者，其能久乎？”

六年(74)，单子如楚。八年，陈侯杀于夏氏。九年，楚子入陈(75)。

【注释】

①定王：周定王。单（shàn）襄公：名朝，定王的卿士。②火：即二十八宿中的心宿，又叫商星，是一颗恒星。觌（dí）：见。此指夏历十月，心宿早见于东方。③道茀（fú）：野草塞路。④候：候人。路上迎送宾客的官吏。⑤司空：官名，西周始置，春秋、战国时沿用。职责是掌管工程建设，包括修治道路。⑥泽：水积聚处。这里指水塘。陂（bēi）：泽边堵水的堤岸。⑦梁：桥梁。⑧庾（yǔ）：露。积：积聚之物。⑨场功：指收割庄稼。场：场院，打粮、晒粮的地方。⑩列树：古时候在道路两旁种树作为标记。⑪垦田：已开垦的田地。蓺（yì）：茅芽。⑫膳宰：即膳夫。宣达王命以及主管王的饮食等事的官吏。饩（xì）：活的牲畜。⑬司里：掌管客馆的官。⑭寄寓：犹言旅馆。⑮夏氏：指陈大夫夏徵舒家。陈灵公与徵舒母夏姬公开淫乱，所以要老百姓给夏氏筑台。⑯陈灵公：名平国。孔宁、仪行父：都是陈国的大夫。南冠：楚国的帽子。⑰大咎：大灾祸。⑱辰角：星名。九月初寒露节黎明在东方出现。见：同“现”，下同。⑲天根：星名。

寒露后五天早晨在东方出现。⑳本：氐星，寒露后十天早晨出现。㉑驷：星名，又名房星，九月中霜降节早晨出现。节解：指草枯萎树叶落。㉒冬裘：冬天的裘皮大衣。㉓偫（zhì）：预备。畚（běn）：装土的器具。挶（jú）：抬土的工具。㉔营室：星名，即室星。夏历十月黄昏时，出现在南方正中。㉕周制：周朝制度法规。㉖列树以表道：道路两边栽树标志道路所在。㉗鄙：四面边境邑镇。守路：守候过路之人提供食宿方便。㉘郊：城郊。牧：牧场。㉙畺：同"疆"。寓：寓舍。望：负责接待的人员。㉚薮：泽无水叫薮。圃草：茂盛的草。㉛囿：蓄养禽兽，种植草木的园林。㉜奥草：深草。㉝蔑：废弃，耽误。㉞优：优裕。匮：缺乏。㉟逸：安逸。罢：同"疲"。㊱班事：官吏有班列次序。㊲序民：百姓劳动生活也有次序。㊳敌国：对等的国家。㊴关尹：负责守关的官吏。㊵行理：官名，负责外交官员的助手。逆：迎接。㊶卿：天子、诸侯的高级长官。郊劳：到郊区慰劳。㊷门尹：负责把门的官员。除：打扫卫生。㊸宗祝：宗伯和太祝，都是官名，掌管宗庙祭祀等礼仪。㊹授馆：安排馆舍。㊺司徒：官名，掌管土地和人民。具徒：准备安排服务人员。㊻司寇：官名，掌管刑狱纠察。㊻虞人：掌管山林泽地的官吏。㊽甸人：主管照明柴薪的官吏。㊾火师：管理火的官吏。㊿水师：管理水的官吏。(51)膳宰：厨师。(52)廪人：掌管出纳粮谷的官吏。饩：这里指粮米。(53)司马：这里指主管马匹的官吏。不是大臣的司马。(54)贵国：尊贵的国家，指高等级国家。(55)虔（qián）：虔诚恭敬。(56)莅（lì）：临。(57)巡守：守，同"狩"；天子视察诸侯国叫巡守。(58)朝：单襄公自称。不才：谦词。(59)分族：是周王朝分出的家族。(60)过宾：路过陈国的宾客。(61)司事：负责具体事务的官员。(62)匪彝：违背常规。匪：同"非"。(63)慆（tāo）：轻慢。(64)休：吉庆，好事。(65)胤续：接续家族的后代。(66)伉俪妃嫔：指陈灵公的夫人和姬妾。(67)卿佐：大臣。这里指孔宁、仪行父。(68)渎：亵渎。(69)大姬：周武王女儿是虞胡公妃子，是陈国的远祖母。(70)衮冕：衮衣和冕。周朝的礼服和礼帽。(71)茂：勉力、努力。(72)殒越：颠仆、违背。(73)大国：指晋、楚等国。(74)六年：周定王六年（前601）。(75)楚子：楚庄王灭陈，将其纳入本国领土，设置一个县。

【译文】

周定王派单襄公出使访问宋国，顺道再借道陈国而去访问楚国。已是清晨能见到商星的季节了，道路上依然杂草丛生无法通行。负责接待宾客的官员也不在边境迎候，负责道路的司空不巡视道路，湖泽不筑堤坝，河流不架桥梁，野外堆放着谷物，打谷场还没有修整，路旁没有种植树木，田里的庄稼稀稀拉拉，膳夫不供应伙食，里宰不安排住处，都邑内没有客房，郊县里没有旅舍。百姓将去为夏氏修筑台观。到了陈国都城，陈灵公与大臣孔宁、仪行父穿戴着楚地流行的服饰到夏氏家去玩乐，丢下客人也不会见。

　　单襄公回朝后告诉周定王说："陈侯如果不遭凶灾，国家也一定要灭亡。"周定王问："为什么呢？"单襄公答道："辰角星在早晨出现时表示雨水结束，天根星在早晨出现时表示河流将干枯，氐星在早晨出现时表示草木将凋落，房星在早晨出现时便要降霜了，商星在早晨出现时表示天气已冷，该准备过冬了。所以先王教诲说：'雨季结束便修整道路，河流干枯便修造桥梁，草木凋谢便储藏谷物，霜降来临便备好冬衣，寒风吹起就修整城郭宫室。'所以《夏令》说：'九月修路，十月架桥。'届时又提醒人们说：'结束场院的农活，备好土箕和扁担，当营室之星见于中天时，营造工作就要开始。在大火星刚出现时，到司里那儿去集合。'这正是先王能够不费钱财而向民众广施恩惠的原因啊。如今陈国早晨已能见到商星了，而道路依旧好像被杂草堵塞，农村的谷场已被废弃，湖泊不筑堤坝，河流不备舟桥，这是荒废了先王的遗教。

　　"周代的制度规定：'种植树木以标明道路，在边境提供食宿以款待旅客。国家有专设的牧场，边境有接待宾客的设施，洼地里有茂盛的水草，园苑中有林木和水池，这都是用来防备灾害的。其余的地方无不是农田，百姓没有闲置的农具，田野没有丛生的杂草。不侵占耽误农时，劳力不被浪费。生活富裕而不穷困，百姓安逸而不疲惫。都城中各类人员职责分明，郊外的民众劳作井然有序。'如今陈国的道路无法辨认，农田埋没在杂草丛中，庄稼熟了无人收割，百姓为国君的享乐而疲于劳作，这是抛弃了先王的法度。

　　"周的《秩官》上说：'地位相等国家的宾客来访，关尹便向上报告，行理手持符节去迎接，候人引路，卿士到郊外表示慰问，门尹清扫门庭，宗祝陪同客人行祭礼，司里安排住处，司徒调派仆役，司空视察道路，司寇查禁奸盗，虞人供应物品，甸人运送燃料，火师照看火烛，水师料理盥洗，膳宰进送熟食，廪人献奉粮米，司马备齐草料，工人检修车辆，百官各自按职责照应，客人来访如同回到了家里。因此大小宾客无不感到满意。如果大国的客人到了，接待的规格就提高一个等级，更加恭敬。至于天子派官员到来，则由各部门的长官接待，上卿加以督察。如果天子下来巡视，就由国君亲临督察。'如今臣虽然没有什么才能，但还是天子的亲族，是奉了天子的使命作为宾客而途经陈国，然而主管的官员却不来照应，这是蔑视先王所制定的官职。

　　"先王的法令中说：'天道是奖善惩恶的，所以凡由我们周室治国以来，不允许违背法令，不迁就怠惰放纵，各自遵守你们的职责，以接受上天的赐福。'如今陈侯不顾念历代相承的法度，抛弃自己的夫人妃嫔，带领下属到夏氏那里去恣意淫乐，这不是亵渎了姓氏吗？陈侯是我们大姬的后裔，却丢弃正式的礼服而穿戴楚地的服饰外出，这不是简慢了礼制吗？这又违背了先王的政令。

"过去先王的教诲，即使认真遵行还恐怕有所差池。像这样荒废先王的遗教、抛弃先王的法度、蔑视先王的分职、违背先王的政令，凭什么来保卫国家？地处大国的中间而不仰仗先王的遗教、法度、分职、政令，能够长久吗？"

周定王六年，单襄公到楚国。定王八年，陈灵公被夏徵舒杀害。定王九年，楚庄王灭掉陈国而将其纳入自己的版图。

【评析】

公元前601年，单襄公受周定王委派，前去宋国、楚国等国访问。路过陈国时，他看到路上杂草丛生，边境上也没有迎送宾客的人，到了国都，陈灵公跟大臣一起戴着楚国时兴的帽子去著名的寡妇夏姬家寻欢作乐，丢下周天子代表不理睬不接见。单襄公回到京城后，跟定王说，陈侯本人如无大的灾难，陈国也一定会灭亡。单襄公的预言很快实现了。两年后，与夏姬私通的陈灵公在谈笑中侮辱夏姬的儿子夏徵舒，被夏徵舒射死。陈国也被楚国所灭而并入楚国的版图。

通过单襄公的话，可以知道即使到春秋中叶，西周初年制定的礼乐制度依旧还有一定的约束力，最起码是判断统治者能否顺利统治的标准和尺度。同时也可以看出这些制度的现实理性和对于社会政治秩序以及外交礼仪，人民生产生活的合理安排和指导意义。陈国是个反面典型，而其他诸侯国应该还是很有秩序的。周之《秩官》有之曰："敌国宾至，关尹以告，行理以节逆之，候人为导，卿出郊劳，门尹除门，宗祝执祀，司里授馆，司徒具徒，司空视途，司寇诘奸，虞人入材，甸人积薪，火师监燎，水师监濯，膳宰致餐，廪人献饩，司马陈刍，工人展车，百官各以物至，宾入如归。"这是多么周到的安排。即使到现代，这种各负其责，分工细致的接待工作也是极其科学成功的。这也是周礼的一部分内容，在两千多年前，这种制度不是很好吗？孔子说："郁郁乎文哉，吾从周。"这是可以理解的。

展禽论祀爰居

《国语·鲁语上》

海鸟曰"爰居"，止于鲁东门之外二日^①。臧文仲使国人祭之^②。展禽曰^③："越哉，臧孙之为政也！夫祀，国之大节也，而节，政之所成也。故慎制祀以为国典^④。今无故而加典，非政之宜也。

"夫圣王之制祀也，法施于民则祀之，以死勤事则祀之，以劳定国则祀之，能御大灾则祀之，能捍大患则祀之。非是族也^⑤，不在祀典。昔烈山氏之有天下也^⑥，其子曰柱^⑦，能植百谷百蔬。夏之兴也，周弃继之^⑧，故祀以为稷。共工氏之伯九有也^⑨，其子曰后土^⑩，能平九土^⑪，故祀以为社。黄帝能成命百物^⑫，以明民共财^⑬。颛顼能修之^⑭，帝喾能序三辰以固民^⑮，尧能单均刑法以仪民^⑯，舜勤民事而野死^⑰，鲧障洪水而殛死^⑱，禹能以德修鲧之功^⑲，契为司徒而民辑^⑳，冥勤其官而水死^㉑，汤以宽治民而除其邪^㉒，稷勤百谷而山死^㉓，文王以文昭，武王去民之秽。故有虞氏禘黄帝而祖颛顼，郊尧而宗舜^㉔；夏后氏禘黄帝而祖颛顼，郊鲧而宗禹；商人禘舜而祖契，郊冥而宗汤；周人禘喾而郊稷，祖文王而宗武王。幕能帅颛顼者也^㉕，有虞氏报焉^㉖；杼能帅禹者也^㉗，夏后氏报焉；上甲微能帅契者也^㉘，商人报焉；高圉、太王能帅稷者也^㉙，周人报焉。凡禘、郊、祖、宗、报，此五者，国之典祀也。加之以社稷山川之神，皆有功烈于民者也。及前哲令德之人，所以为民质也^㉚；及天之三辰，民所以瞻仰也；及地之五行^㉛，所以生殖也；及九州名山川泽，所以出财用也。非是，不在祀典。今海鸟至，已不知而祀之，以为国典，难以为仁且知矣。夫仁者讲功，而知者处物。无功而祀之，非仁也；不知而不问，非知也。今兹海其有灾乎？夫广川之鸟兽，恒知而避其灾也。"

是岁也，海多大风，冬暖。文仲闻柳下季之言，曰："信吾过也。季子之言，不可不法也。"使书以为三策^㉜。

【注释】

①二日：《国语》原书作"三日"。②臧文仲：鲁国大夫。③越：指越礼。展禽：即柳下惠（季），鲁大夫。④国典：国家的常法。⑤族：类。⑥烈山氏：即神农氏。⑦柱：古代传说中的人

物。⑧弃：传说为周之始祖，尧舜时农官。⑨共工氏：传说不一，一说为水官。九有：即九州。
⑩后土：名句龙，传说黄帝时为土官，后世便祀为土神。⑪九土：九州的土地。社：土地神。
⑫黄帝：是五帝之首，姬姓，号轩辕氏。命：名。成命：定百物之名。⑬明民：使民明，即开发
民智。共：通"供"。⑭颛顼（zhuān xū）：即高阳氏，黄帝之孙。⑮帝喾（kù）：即高辛氏，黄
帝之曾孙。三辰：日、月、星。固：安定。⑯尧：古代帝王名，号陶唐氏，名放勋。单：通"殚"，
尽。仪：善。⑰舜：古代帝王名，姚姓，号有虞氏，名重华。⑱鲧（gǔn）：大禹父亲，治水失
败被尧杀死。殛：杀死。⑲禹：姒姓，名文命，夏朝开国君主。⑳契：传说为商之始祖。辑：和睦。
㉑冥：契六世孙，夏时水官。勤于职守而死在水中。㉒汤：商朝开国君主，一般称商汤、成汤。
㉓山死：传说后稷死在黑水之山。㉔禘：禘、祖、郊、宗、报，均为祭礼名。㉕帅：遵循。㉖报：
报答祖恩的祭祀。㉗杼：禹的后代，即少康的儿子。㉘上甲微：契的八世孙，商汤的六世祖。
㉙高圉：稷的十世孙。太王：高圉的曾孙，即古公亶父，文王的祖父。㉚质：诚信。㉛五行：金、
木、水、火、土。㉜策：古代写字用的竹简或木板。

【译文】

　　一种名叫"爰居"的海鸟，停在鲁国国都东门外已经两天了。臧文仲命令国都
里的人去祭祀它。展禽说："臧孙治理政事太越礼了！祭祀，是国家的大法，而法度，
则是政治成功的基础。所以要慎重地制定祀典作为国家的常法。如今无故增加祀典，
不是治理政事应该做的事情。

　　"圣明的先王制定祀典的准则是，对百姓执行法度就祭祀他，努力王事而死就
祭祀他，安定国家有功劳就祭祀他，能防止重大灾害就祭祀他，能抵御重大祸患
就祭祀他。不是这一类的，不在祀典之内。从前神农氏拥有天下，他的后代名叫柱，
能种植各种谷物和菜蔬；夏朝建立以后，周的始祖弃继承了柱的事业，所以将其
作为谷神祭祀。共工氏称霸九州，他的后代担任土官之长，称为后土，因能治理
九州的土地，所以将其作为土神祭祀。黄帝能替各种事物命名，使百姓了解事物
的名称，供给所需的财赋。颛顼又能进一步加以修定；帝喾能按次序排列日、月、
星辰以安定百姓，尧能竭力公平刑法以为百姓的准则，舜努力民事而死于野外，
鲧堵洪水而被杀，禹能以德行修正鲧的事业，契任司徒而百姓和睦，冥尽水官的
职责而死于水中，汤以宽大治理百姓并替他们除掉邪恶的人，后稷致力于谷物种
植而死在山间，文王以文德昭著，武王除掉百姓所唾弃的坏人。所以有虞氏禘祭
黄帝而祖祭颛顼，郊祭尧而宗祭舜；夏后氏禘祭黄帝而祖祭颛顼，郊祭鲧而宗祭

禹；商朝人禘祭帝喾而祖祭契，郊祭冥而宗祭汤；周朝人禘祭帝喾而郊祭后稷，祖祭文王而宗祭武王。幕是能继承颛顼的人，有虞氏为他举行报恩祭；季杼是能继承夏禹的人，夏后氏为他举行报恩祭；上甲微是能继承殷契的人，商朝人为他举行报恩祭，高圉、太王是能继承后稷的人，周朝人为他们举行报恩祭。总共有禘、郊、祖、宗、报，这五种，是国家的祭祀大典。加上土神、谷神、山川之神，都是对百姓有功绩的；还有，前代有智慧和美德的人，是百姓所信赖的；天上的日、月、星辰，是百姓所仰望的；地上的金、木、水、火、土，是万物赖以生长繁殖的；九州的大山河湖，是赖以出产财富的。不是上述这些，不在祀典之内。现在海鸟飞来，自己不懂而去祭祀它，当作国家的大典，这就难以算是仁爱和智慧了。仁者善于评价功劳，智者善于处理事物。无功而祭祀，不是仁；自己不懂又不问，不是智。如今这一带海上恐怕将有灾害吧？大江大海的鸟兽，总是预先知道并躲避即将到来的灾害。"

这年，海上多大风，暖冬。文仲听了柳下季的话说："确实是我的错啊！季先生的话，不可不当作原则啊！"让属下写了三个竹简记录下这件事。

【评析】

这则故事非常有趣，曲阜距离东部海岸距离不远，有两只叫"爰居"的海鸟飞到东城门不走，臧文仲不明白怎么回事，便叫国人去祭祀。引起鲁国大贤展禽的一番大议论。这番议论反映出：祭祀是当时国家大事，只有为人民建立功劳者以及有益于人民之事物，大家才祭祀。而海鸟不属于这种类型，没有理由祭祀。最后展禽指出可能是东海气候有变化，爰居预先感知而飞来避难。后来证明果真如此。展禽主张"仁者讲功，智者处物"，反对"淫祀"，是颇有见地的。臧文仲当时应该是执政大臣，而展禽属于在野人物。这里有几个问题需要说明：一、展禽即柳下惠，大名鼎鼎，他如此丰富的知识是从哪里来的？应该是在执政时在国家太庙中看到的，说明他是位勤奋而博学的人。二、展禽所叙述的关于祭祀对象的那些人，对于我们研究古代史有重要的参考价值。臧文仲家族在鲁宣公前后是鲁国大家族。后来鲁昭公和季平子矛盾公开便与臧氏家族有关。这些对于我们全面准确理解鲁国发展历史以及孔子思想都有补益。

里革断罟匡君

《国语·鲁语上》

宣公夏滥于泗渊^①，里革断其罟而弃之^②，曰："古者大寒降^③，土蛰发^④，水虞于是乎讲罛罶^⑤，取名鱼^⑥，登川禽^⑦，而尝之寝庙^⑧，行诸国人，助宣气也。鸟兽孕，水虫成，兽虞于是乎禁罝罗^⑨，猎鱼鳖，以为夏槁^⑩，助生阜也^⑪。鸟兽成，水虫孕，水虞于是乎禁罝罶^⑫，设阱鄂^⑬，以实庙庖^⑭，畜功用也。且夫山不槎蘖^⑮，泽不伐夭^⑯，鱼禁鲲鲕^⑰，兽长麑麌^⑱，鸟翼鷇卵^⑲，虫舍蚳蝝^⑳，蕃庶物也，古之训也。今鱼方别孕，不教鱼长，又行网罟，贪无艺也^㉑。"

公闻之，曰："吾过而里革匡我，不亦善乎！是良罟也！为我得法。使有司藏之^㉒，使吾无忘谂^㉓。"师存侍^㉔，曰："藏罟不如寘里革于侧之不忘也^㉕。"

【注释】

①宣公：即鲁宣公。滥：这里是沉浸的意思。泗：水名。发源于山东蒙山南麓。渊：水深处。②里革：鲁国大夫。断：这里是割破的意思。罟（gǔ）：网。③降：降下。④土蛰（zhé）：动物冬眠时潜伏在土中或洞穴中不食不动的状态。这里指在地下冬眠的动物。发：奋起。这里是说醒过来，钻出土来。⑤水虞：古代官名，掌管水产。讲：研究，练习。罛（gū）：大渔网。罶（liǔ）：捕鱼的竹笼。大口窄颈，腹大而长，无底。⑥名：大。⑦登：通"得"，求取。川禽：水中动物，如鳖蜃之类。⑧尝：尝新，古代秋祭名。寝庙：古代宗庙。古代宗庙分庙和寝两部分。供祀祖宗的前殿称庙，藏祖宗衣冠的后殿称寝，合称寝庙。⑨兽虞：古代官名，掌管鸟兽的禁令等。罝（jū）：捕兽的网。罗：捕鸟的网。⑩猎（cuò）：刺取。槁：干枯。这里指干的鱼。⑪阜：生长。⑫罝罶（lù）：小渔网。⑬阱：为猎取野兽而设的陷坑。鄂（è）：埋有尖木桩的陷坑。⑭庙庖：宗庙里作祭祀贡品的厨房。⑮槎（chá）：砍伐。蘖（niè）：树木的嫩芽。也指树木被砍伐后所生的新芽。⑯泽：聚水的洼地。伐：砍伐。夭（ǎo）：初生的草木。⑰鲲（kūn）：鱼子。鲕（ér）：鱼卵。⑱长：使成长，抚养。麑：幼鹿。麌（yǎo）：幼麋。⑲翼：用翼遮护，保护。鷇（kòu）：待哺食的雏鸟。卵：鸟蛋。⑳虫：昆虫，虫子。舍：舍弃，放弃。蚳（chí）：蚁卵。蝝（yuán）：蝗的幼虫，是古人做酱的原料。㉑贪：贪欲。艺：限度。㉒有司：官吏。古代设官分职，各有专司，因称官吏为"有司"。㉓谂（shěn）：规谏。㉔师：乐师，名存。㉕寘：同"置"。

【译文】

鲁宣公在夏天到泗水的深潭中下网捕鱼，里革割破他的渔网而把它丢在一旁，说："古时候，在大寒以后，冬眠的动物便开始活动，水虞在这时候才计划用渔网、鱼笱，捕大鱼、捉龟鳖等，拿到寝庙里祭祀祖宗，同时也把这种形式在百姓中间推行，这是为了帮助散发地下的阳气。当鸟兽开始孕育，鱼鳖已经长大时，兽虞这时便禁止用网捕捉鸟兽，只准刺取鱼鳖，并把它们制成夏天吃的鱼干，这是为了帮助鸟兽生长。当鸟兽已经长大，鱼鳖开始孕育的时候，水虞便禁止用小渔网捕捉鱼鳖，只准设下陷阱捕兽，用来供应宗庙和庖厨的需要，这是为了储存物产，以备享用。而且，到山上不能砍伐新生的树枝，在水边也不能割取幼嫩的草木，捕鱼时禁止捕小鱼，捕兽时要留下小麋鹿和小驼鹿，捕鸟时要保护雏鸟和鸟卵，捕虫时要避免伤害蚂蚁和蝗虫的幼虫，这是为了使万物繁殖生长。这是古人的教导。现在正当鱼类孕育的时候，却不让它长大，还下网捕捉，真是贪心而没有极限啊！"

宣公听了这些话以后说："我有过错，里革便纠正我，不也是很好吗？这是一张很有意义的网，它使我认识到古代治理天下的方法，让主管官吏把它收藏好，使我永远不忘里革的规谏。"有个名叫存的乐师在旁侍奉宣公，说道："保存这张网，还不如将里革安置在身边，这样就更不会忘记他的规谏了。"

【评析】

这段文字在于赞美里革敢于割破国君正在打鱼的渔网而进谏，进谏的内容全系古训，内容丰富具体。而最后用"贪无艺也"四字批评，言简意赅而且尖锐。宣公能够承认错误而接受意见，很开明，而师存的意见也极有见地。三个人物形象都很好。本文客观上表现了中国古代保护野生动物的意识，里革提到的措施是极其细微全面的措施，也是人们自觉意识的体现，非常宝贵，在世界文化中极有意义和价值，对于今天环境保护意识有重要的借鉴作用。孟子多次提到"数罟不入池""斧斤以时入山林"实际便是对这种思想的继承和强调。

敬姜论劳逸

《国语》

公父文伯退朝①，朝其母②，其母方绩③。文伯曰："以歜之家④，而主犹绩⑤，惧干季孙之怒也⑥。其以歌为不能事主乎？”其母叹曰：“鲁其亡乎？使僮子备官⑦，而未之闻邪⑧？居，吾语女⑨。昔圣王之处民也，择瘠土而处之⑩，劳其民而用之，故长王天下。夫民劳则思，思则善心生；逸则淫，淫则忘善，忘善则恶心生。沃土之民不材⑪，淫也。瘠土之民，莫不向义⑫，劳也。

"是故天子大采朝日⑬，与三公九卿祖识地德⑭，日中考政，与百官之政事。师尹惟旅牧相，宣序民事⑮。少采夕月⑯，与大史司载，纠虔天刑⑰。日入，监九御⑱，使洁奉禘郊之粢盛⑲，而后即安。诸侯朝修天子之业命⑳，昼考其国职㉑，夕省其典刑㉒，夜儆百工㉓，使无慆淫㉔，而后即安。卿大夫朝考其职，昼讲其庶政，夕序其业，夜庀其家事㉕，而后即安。士朝受业，昼而讲贯㉖，夕而习复，夜而计过，无憾㉗，而后即安。自庶人以下，明而动，晦而休㉘，无日以怠。王后亲织玄紞㉙；公侯之夫人，加之以纮綖㉚。卿之内子为大带㉛，命妇成祭服㉜，列士之妻加之以朝服㉝，自庶士以下，皆衣其夫㉞。社而赋事㉟，烝而献功㊱，男女效绩，愆则有辟㊲，古之制也。君子劳心，小人劳力，先王之训也。自上以下，谁敢淫心舍力㊳？今我寡也，尔又在下位㊴，朝夕处事，犹恐忘先人之业。况有怠惰，其何以避辟？吾冀而朝夕修我㊵，曰：‘必无废先人。’尔今曰：‘胡不自安？’以是承君之官，余惧穆伯之绝祀也。”

仲尼闻之曰："弟子志之㊶，季氏之妇不淫矣！"

【注释】

①公父文伯：鲁国下大夫。名歌：即季孙歌。②朝：古代谒见君王叫朝。谒见长辈也可以叫朝。③绩：绩麻，用麻纺线。④歌：文伯自称其名。⑤主：主人。这里指家长，因为父亲已死，母亲最尊。⑥干：冒犯。季孙：指季康子，当时鲁国正卿，首席执政大臣。⑦僮子：愚昧无知的年轻人。备官：充任官职。⑧未之闻：未闻之。指没有听说治国的大道理。⑨居：坐下。吾语女：我说给你。⑩瘠土：瘠薄的土地。⑪沃土：肥沃的土地。材：人才。⑫向义：向往道义。⑬大采：五彩礼服。朝日：天子在春分之日举行仪式叫朝日。⑭识地德：熟悉土地的性质和恩德。⑮师尹：官名。旅：当是率领之意。牧相：各国诸侯的大臣。宣序民事：宣布民事的次序和安排。⑯少采：夕月：秋分祭天。⑰大史：即太史，西周、春秋时期的太史掌管天文历法、祭祀等，是很重要的朝廷大臣。纠：通究，探究。天刑：天象显示的吉凶情况。⑱九御：九嫔之官。掌管祭祀物品供应的。⑲禘：禘祭，由天子主持的祭祀。郊：天子主持的郊祭。粢

109

（zī）：季稷，谷子高粱，代指五谷。⑳业命：事业和命令。㉑国职：国家大事。㉒典刑：法令条文。㉓儆：告诫。百工：百官。㉔惰淫：怠惰放荡。㉕庀（pí）：治理。㉖讲贯：讲解贯穿，即学习贯穿。㉗憾：遗憾。㉘晦：夜晚。㉙玄纮（dǎn）：黑色悬挂在帽子上的黑绳。㉚纮綖（hóng yán）：都是冕上的部件，是系冕的丝绳。㉛内子：卿的正妻为内子。大带：贵族袍服腰间系的大带。㉜命妇：大夫的妻子称命妇。祭服：祭祀时所穿的黑色礼服。㉝列士：所有的士。朝服：上朝所穿的官服。㉞衣其夫：给他的丈夫做衣服。㉟社：春社社祭。㊱烝：冬祭名。献功：报告农事成功。㊲愆：过错。辟：处罚。㊳淫心舍力：不上心而且偷懒不卖力气。㊴下位：下大夫的位置。㊵冀：希望。而：通"尔"，你。修我：修养自己的品德。㊶志之：记住敬姜的话。

【译文】

公父文伯退朝回家，去拜见母亲，他的母亲正在绩麻。文伯说："像我这样的家庭，而家长还要绩麻，恐怕会惹季康子生气，他会以为我不能敬养母亲啊！"他的母亲敬姜叹口气道："鲁国难道要灭亡吗？怎么让糊涂的人充当官员，竟这样没有听过治国的道理？坐下，我给你讲一讲。从前圣明的君王领导百姓，选择贫瘠的土地安置他们，让他们很辛劳而领导支配他们，所以能够长期统治天下。百姓劳累辛苦，就会思考节俭，思考人生之不易，思考这些问题就会产生善良的心理；安逸闲适就会放纵淫荡，一放纵淫荡就会忘记善念，忘记善念就会产生恶念。肥沃富足地方的百姓不出人才，就是太清闲放纵了。贫瘠地方的百姓，没有不向往仁义的，就因为劳苦。

"所以天子在春分之日穿着五色礼服去祭日，并与三公九卿共同熟悉大地生长万物的规律，中午要考察国家政治以及百官的政绩。师尹统率地方官员，宣布部署对于地方百姓的政令。傍晚，穿三色服装祭月，并和掌管天文的太史、司载共同恭恭敬敬地观察上天显示的祸福吉凶。到晚上要监视九御，要求他们把祭祀的物品收拾得干干净净，然后才安心睡觉。诸侯早晨要研究天子的命令和自己应该办的职责，白天要考察国家大事，晚上要学习熟悉国家的法令条文，夜里要告诫属下百官，使他们不能懒惰放纵，然后才安息睡觉。卿大夫早晨要思考自己的职责，白天要办理各种具体事务，晚上整理总结一天来的工作，没有什么遗憾和缺失了，然后才安心睡觉。自普通百姓以下，都是天亮就起来劳动，到晚上才休息，没有一天懈怠。王后要亲自织天子悬挂在冕上的黑色丝带，公侯夫人要为夫君做系冕的小丝带，卿的夫人要做大带，大夫的妻子要做祭服，士的妻子要再加上做朝服。自一般的士人以下的夫人，都亲自给丈夫做衣服。春社向神明祷告祭祀后开始农事耕种，冬祭则要禀告汇报农事成功。男男女女各自要为工作效力，有过错就要处罚，这是自古以来的制度。君子从事脑力劳动，小人从事体力劳动，这是先王的遗训。自上而下，谁敢心思放荡而不尽心竭力劳动呢？如今我是寡妇，你又在下位，即使早晚劳作，还要担心忘记先人的事业。何况如果有所懈怠懒惰，怎么可以躲避开处罚呢？我很希望你每天都提醒我说：'千万不要荒废先人的事业。'你今天却说：'为什么不自己安逸清闲？'用这种态度担任国君的职官，我害怕穆伯将要断绝祭祀。"

孔子听到这件事后说："弟子们记住，季氏家的这位夫人，可以说是勤劳而不放纵啊！"

【评析】

《国语》本来是以记言为主的史书，本篇最明显地体现了这一特点。这是一篇劳动的赞歌，用敬姜教育儿子的方式阐释了提倡勤劳、反对放纵安逸的观点。敬姜的观点可以概括出以下几点：一、"民劳则思，思则善心生；逸则淫，淫则忘善，忘善则恶心生。"这种观点是有道理的，也有现实根据。二、从天子到庶民，从王后到民妇，每人每天都有自己的职责，都要尽自己的本分，都要劳动。到年终都要考绩，这是古制。三、"君子劳心，小人劳力，先王之训也。自上以下，谁敢淫心舍力。"虽然社会分工不同，地位不同，但都要尽心尽力，做好自己本职工作。这样，全天下才会安定。这种观点是以每个人各自有自己的工作职责，都要完成自己应尽的义务为前提。从宏观来看，劳动是人类发展和进步的前提，也是每个个体生命的必需，这一点是永恒的真理。离开劳动，人生便黯淡无光，便没有任何意义，失去了价值。

敬姜是鲁国季孙氏家的主妇，季孙氏掌门人一直是鲁国执政的首席官员，除季平子时期有一段时间是孟孙氏掌门人孟僖子做首席执政官外，一直都是季孙氏执政。作为这样家族的主妇能有如此的见识，难能可贵。孔子的赞美也很值得品味。季康子时期是孔子晚年时期，孔子对于季氏一直有看法，孔子一生，十七岁前是季武子，十七岁到三十多岁是季平子，三十多岁到六十多岁是季桓子，晚年则是季康子。孔子在鲁国未能实现政治理想，最主要的障碍便是季孙氏。但孔子对于季孙氏家的主妇敬姜依然能够正确评价，显示出公正的态度，这便是圣人的作为。

叔向贺贫

《国语·晋语八》

叔向见韩宣子①，宣子忧贫，叔向贺之。宣子曰：“吾有卿之名而无其实②，无以从二三子③，吾是以忧，子贺我，何故？”

对曰：“昔栾武子无一卒之田④，其官不备其宗器⑤，宣其德行，顺其宪则⑥，使越于诸侯⑦。诸侯亲之，戎狄怀之⑧，以正晋国。行刑不疚⑨，以免于难⑩。及桓子⑪，骄泰奢侈，贪欲无艺⑫，略则行志⑬，假贷居贿⑭，宜及于难，而赖武之德以没其身。及怀子⑮，改桓之行，而修武之德，可以免于难，而离桓之罪⑯，以亡于楚⑰。夫郤昭子⑱，其富半公室⑲，其家半三军⑳，恃其富宠，以泰于国㉑。其身尸于朝，其宗灭于绛㉒。不然，夫八郤，五大夫，三卿㉓，其宠大矣，一朝而灭，莫之哀也，唯无德也。今吾子有栾武子之贫，吾以为能其德矣㉔，是以贺。若不忧德之不建，而患货之不足，将吊不暇，何贺之有？”

宣子拜，稽首焉㉕，曰：“起也将亡㉖，赖子存之，非起也敢专承之，其自桓叔以下㉗，嘉吾子之赐㉘。”

【注释】

①叔向，春秋晋国大夫羊舌肸，字叔向。韩宣子：名起，是晋国的卿。爵位在大夫之上。②实：这里指财富。③无以从二三子：意思是家里贫，没有供宾客往来的费用，不能跟卿大夫交往。二三子：指晋国的卿大夫。④栾武子：晋国的卿。无一卒之田：没有一百人所有的田亩。古代军队编制，一百人为“卒”。一卒之田是一百顷。是上大夫的俸禄。⑤宗器：祭器。⑥宪则：法制。⑦越：超过。⑧怀：怀念，归附。⑨刑：法，就是前边的宪则。行刑不疚：指栾书弑杀晋厉公而不被国人责难。⑩以免于难：因此避免了祸患。意思是没有遭到杀害或被迫逃亡。⑪桓子：栾武子的儿子。⑫艺：度，准则。⑬略则行志：忽略法制，任意行事。⑭假货居贿：把财货借给人家从而取利。贿：财。⑮怀子：桓子的儿子。⑯离桓之罪：因桓子的罪恶而遭罪。离：同“罹”，遭到。⑰以亡于楚：终于逃亡到楚国。⑱郤（xì）昭子：晋国的卿。⑲其富半公室：他的财富抵得过半个晋国。公室：公家，指国家。⑳其家半三军：他家里的用人抵得过三军的一半。当时的兵制，诸侯大国三军，合三万七千五百人。一说郤家人占据了晋国三军中一半的职位。晋国有三军，三军主将与将佐，合称为“六卿”。㉑以泰于国：就在国内非常奢侈。泰：

过分、过甚。㉒其身尸于朝：郤昭子被杀，陈尸朝堂。其宗灭于绛：他宗族在绛被灭掉。绛：晋国的旧都，今山西省翼城县东南。㉓八郤，五大夫，三卿：郤氏八个人，其中五个大夫，三个卿。㉔吾子：您，古时对人的尊称。能其德矣：能够行他的道德了。㉕稽首：顿首，把头叩到地上。㉖起：韩宣子自称他自己的名字。㉗桓叔：韩氏的始祖。㉘嘉：赞许。这里是感谢的意思。

【译文】

　　叔向去拜见韩宣子，韩宣子正为贫困发愁，叔向却向他表示祝贺。宣子说："我有卿大夫的名称，却没有卿大夫的财富，没有钱可以跟你们这些卿大夫们交往，我正为此发愁，你却祝贺我，这是什么缘故呢？"

　　叔向回答说："从前栾武子连一百顷田也没有，家里穷得连相应官职祭祀的器具都备不齐全；可是他能够传播德行，遵循法制，名闻于诸侯各国。各诸侯国都亲近他，一些少数民族都归附他，因此使晋国安定下来。执行法度，没有弊病，因而避免了灾难。传到桓子时，他骄傲自大，奢侈无度，贪得无厌，犯法胡为，放利聚财，应该遭到祸难，但依赖他父亲栾武子的余德，才得以善终。传到怀子时，怀子改变他父亲桓子的行为，学习他祖父武子的德行，本来可以凭这一点免除灾难；可是受到他父亲桓子罪孽的连累，因而逃亡到楚国。那个郤昭子，他家的财产抵得上晋国公室财产的一半，他家里的用人抵得上三军的一半，他倚仗自己的财产和势力，在晋国过着极其奢侈的生活，最后他的尸体在朝堂上示众，他的宗族在绛这个地方被灭亡。如果不这样的话，那八个姓郤的中有五个做大夫，三个做卿，他们的权势够大的了，可是一旦被诛灭，没有一个人同情他们，只是由于没有德行的缘故。现在你有栾武子的清贫境况，我认为你能够继承他的德行，所以表示祝贺，如果不忧愁德行的建立，却只为财产不足而发愁，我表示哀怜还来不及，哪里还能祝贺呢？"

　　宣子下拜，并叩头说："我正在趋向灭亡的时候，全靠你拯救了我。你的恩德我不敢独自承受，恐怕从我的祖宗桓叔以下的子孙，都要感谢您的恩赐。"

【评析】

　　叔向去韩宣子家拜访，"宣子忧贫，叔向贺之"，这个开头便很引人注意。叔向层层深入地展开论述。文章先举出栾、郤两家的事例说明，说明贫可贺，富可忧，可贺可忧的关键在于是否有德。接着再把宣子与栾武子加以类比，点出可贺的原因，并进一步指出，如不建德而忧贫，则不但不可贺，反而是可哀怜的，点出本文的中心论点。逻辑严谨，非常有说服力。最后用韩宣子的拜服作结，说明论点，有巨大的说服力。这样既把道理讲得清清楚楚，又使人感到亲切自然。本文引用晋国近代的历史事实，当时的人们都很熟悉，故更有说服力和感染力。最核心的观点是大臣"忧德不忧贫"，其实和孔子提倡的"君子忧道不忧贫"是一致的。"骄泰奢侈，贪欲无艺"将会遭到失败的论点也是很可取的。

王孙圉论楚宝
《国语·楚语下》

王孙圉聘于晋①，定公飨之②。赵简子鸣玉以相③，问于王孙圉曰："楚之白珩犹在乎④？"对曰："然。"简子曰："其为宝也几何矣？"曰："未尝为宝。楚之所宝者，曰观射父，能作训辞⑤，以行事于诸侯，使无以寡君为口实。又有左史倚相⑥，能道训典⑦，以叙百物⑧，以朝夕献善败于寡君，使寡君无忘先王之业；又能上下说于鬼神⑨，顺道其欲恶，使神无有怨痛于楚国。又有薮曰云连徒洲⑩，金木竹箭之所生也，龟珠角齿、皮革羽毛，所以备赋⑪，以戒不虞者也⑫；所以共币帛，以宾享于诸侯者也。若诸侯之好币具，而导之以训辞，有不虞之备，而皇神相之⑬，寡君其可以免罪于诸侯，而国民保焉⑭。此楚国之宝也。若夫白珩，先王之玩也，何宝之焉？圉闻国之宝，六而已：圣能制议百物⑮，以辅相国家，则宝之；玉足以庇荫嘉谷⑯，使无水旱之灾，则宝之；龟足以宪臧否⑰，则宝之；珠足以御火灾⑱，则宝之；金足以御兵乱⑲，则宝之；山林薮泽足以备财用，则宝之。若夫哗嚣之美⑳，楚虽蛮夷，不能宝也。"

【注释】

①王孙圉：楚国大夫。②定公：名午。飨：设宴招待。③赵简子：晋国执政。④白珩：楚国著名的佩玉。⑤观射父：楚国大夫。训辞：指外交辞令。⑥左史倚相：周代史官分左史、右史，左史记言，右史记事。倚相是当时学问渊博者。⑦训典：先王流传下来的典籍。即《三坟》《五典》《八索》《九丘》。⑧叙：次第，次序。百物：百事。⑨上下：指天地。说：同"悦"，古人观念，

史官能和鬼神交往。⑩薮：多草的湖泽。云：云梦泽，在今湖北。徒洲：洲名。⑪赋：军队以及装备。⑫不虞：意外的突发事件。⑬皇：大。相：帮助。⑭保：指拥护保护。⑮圣：指通达事理者。制议：谓安排妥当，使各得其宜。⑯玉：指用玉祭祀。嘉谷：好庄稼。⑰龟：指用龟甲占卜。宪：法度。臧否：好坏善恶。⑱珠：珍珠之类。⑲金：指金属可以制造兵器。⑳哗嚣：喧哗的声音。

【译文】

楚国大夫王孙圉到晋国访问，晋定公设宴招待他，大夫赵简子佩戴着能发出鸣响的玉来陪客，他问王孙圉说："楚国的白珩还在吗？"王孙圉回答说："在。"简子说："那可是宝物啊，能值多少钱啊？"王孙圉说："我们没有把它当成宝。楚国所当成宝的，叫观射父，他能发表训导和外交辞令，来和各诸侯国打交道，使我国国君不会被人抓住什么话柄。还有左史倚相，能够说出先王的训导和典章，陈述各种事物，朝夕将成败的经验和教训告诉国君，使国君不忘记先王的基业；还能上下取悦于鬼神，顺应了解它们的善恶，使神不会对楚国有怨恨。还有叫作云连徒洲的多草之湖，那是金属、木材、箭竹、箭杆所生产的地方，龟甲、珍珠、兽角、象牙、兽皮、犀牛皮、羽毛、牦牛尾等也出产于那里，用于军备，来防备意外发生的祸患；也用来供应钱财布匹，用来招待宴飨各国诸侯。如果各国诸侯对礼品感到满意，再加之贤相们的训导和外交辞令，可以有发生意外事件的准备，而皇天神灵会保佑，我国君王就能够免于各诸侯国之罪责，而我国百姓也得到了保护。这才是楚国的宝贝。如果说到白珩，这只是先王的玩物，哪称得上宝啊？我听说所谓国家的宝，仅有六方面：圣贤能够掌握和评判万事万物，以辅佐国家的，就将他当作宝；足以庇护赐福使五谷丰登的祭祀的宝玉，使国家没有水旱的灾难，就将它当作宝；足以准确预告福祸的龟甲，就将它当作宝；足以用来抵御火灾的珍珠，就将它当作宝；足以防御兵乱可以制造兵器的金属，就将它当作宝；足以供给财政用度的山林湿地沼泽，就将它当作宝。至于喧哗吵闹的美玉，楚国虽然是野蛮偏远的国家，是不可能将它当作宝的。"

【评析】

楚国多人才，可惜楚王不能正确任用，才使国家一步步走向衰落。王孙圉也是楚国人才之一。他对于宝物的见解至今仍给我们以深刻的启示。一个国家应该看重的是人才，是土地山水。古代认为某些玉石、乌龟、珠宝具有灵气，所以它们也被作为宝物。而且这些宝物和国家大事如祭祀、战争、农业生产等联系在一起才有特殊的意义和价值。但是，纯粹是装饰品的白珩却不在宝物之列。所宝唯贤人和土地，是本文的主要论点。王孙圉与赵简子形成鲜明对照，赵简子看重的是佩玉，在外国使臣面前有意弄得叮当作响，想炫耀一番，结果碰个软钉子。文章前后照应，开头写赵简子"鸣玉以相"，最后以王孙圉认为这是"哗嚣之美"而不值得重视相照应。结尾虽未写赵简子之反应，但其尴尬之状是完全可以想象的。

诸稽郢行成于吴

《国语·吴语》

吴王夫差起师伐越①，越王勾践起师逆之江②。大夫种乃献谋曰③："夫吴之与越，唯天所授，王其无庸战④。夫申胥⑤、华登⑥，简服吴国之士于甲兵⑦，而未尝有所挫也⑧。夫一人善射，百夫决拾⑨，胜未可成。夫谋必素见成事焉⑩，而后履之⑪，不可以授命⑫。王不如设戎，约辞行成⑬，以喜其民，以广侈吴王之心⑭。吾以卜之于天，天若弃吴，必许吾成而不吾足也⑮，将必宽然有伯诸侯之心焉⑯；既罢弊其民，而天夺之食⑰，安受其烬⑱，乃无有命矣。"

越王许诺，乃命诸稽郢行成于吴⑲，曰："寡君勾践使下臣郢，不敢显然布币行礼⑳，敢私告于下执事曰：'昔者越国见祸，得罪于天王㉑，天王亲趋玉趾㉒，以心孤勾践㉓，而又宥赦之。君王之于越也，繄起死人而肉白骨也㉔。孤不敢忘天灾，其敢忘君王之大赐乎？今勾践申祸无良㉕，草鄙之人，敢忘天王之大德，而思边陲之小怨，以重得罪于下执事？勾践用帅二三之老㉖，亲委重罪，顿颡于边㉗。今君王不察，盛怒属兵㉘，将残伐越国㉙。越国固贡献之邑也，君王不以鞭箠使之㉚，而辱军士使寇令焉㉛！勾践请盟。一介嫡女，执箕帚以晐姓于王宫㉜；一介嫡男，奉盘匜以随诸御㉝。春秋贡献，不解于王府㉞。天王岂辱裁之？亦征诸侯之礼也。'夫谚曰：'狐埋之而狐搰之㉟，是以无成功。'今天王既封殖越国㊱，以明闻于天下，而又刘亡之㊲，是天王之无成劳也㊳。虽四方之诸侯，则何实以事吴㊴？敢使下臣尽辞，唯天王秉利度义焉㊵！'"

【注释】

①吴王夫差：吴王阖闾之子。②越王勾践：越王允常之子。逆：迎战。③大夫种：即文种，越国大夫。④庸：用。⑤申胥：即伍子胥，封于申，故又称申胥。⑥华登：吴国大夫。华登是宋国贵族，华氏在宋国作乱失败后逃奔到楚国。⑦简服：训练。⑧挫：败。⑨决拾：都是射箭用具。⑩素：预先。⑪履：实行。⑫授命：拼命。⑬约辞：委婉的言辞。行成：求和。⑭广侈：扩张，使其生骄心。⑮不吾足：不把我们放在心上。⑯伯：通"霸"，称霸。⑰罢：通"疲"，疲劳。⑱烬：灰烬。这里指衰败。⑲诸稽郢：越国大人。⑳币：礼品。㉑天王：对吴王夫差的尊称。得罪：指勾践射伤吴王之父阖闾。㉒亲趋玉趾：亲劳大驾。㉓孤：舍弃。㉔繄：就是。起死人而肉白骨：使死人复活而使白骨生肉。㉕申祸：再度遭受灾祸。无良：自己不良。㉖边陲：边境。用：因此。老：老臣。㉗顿颡：叩头直至额触地。㉘属：会集。属兵：集合队伍。㉙残伐：杀伐。㉚鞭箠：鞭子。㉛寇令：抵御盗寇的命令。㉜箕帚：畚箕、笤帚。晐（gāi）姓：贡纳诸姓妇子到天子之宫。㉝槃匜（yí）：洗手脸的用具。㉞解：同"懈"。㉟掘（gǔ）：掘出。㊱封殖：培植。这是以草木自比。㊲刈：芟草。㊳成劳：成功的功劳。㊴实：信实。㊵秉：拿，执。度：衡量。

【译文】

吴王夫差出兵攻越，越王勾践带兵在江边迎击。大夫文种献计说："吴越谁存谁亡，只看天意如何，用不着打仗了。伍子胥和华登练出来的吴国士兵，从来没打过败仗，只要有一人精于射箭，就会有百人拉起弓弦进行训练。我们很难战胜他们。凡是谋划一件事情，必须预见到成功以后才可以去实行，决不可轻易拼命。君王不如保全兵力，严守阵地，用谦卑的言辞向吴国求和，让吴国人高兴，让吴王的野心一天天膨胀。我们可由此占卜天意，如果天弃吴国，吴人一定会答应议和，不把我国放在眼里，而放心大胆地到中原诸侯国去争霸。等他百姓疲惫了，再遇上天灾歉收，我们便可以稳稳当当去收拾残局，吴国就没有天命了。"

越王同意了，派诸稽郢到吴国去求和，说："敝国君主勾践，派遣小臣诸稽郢前来，不敢公然献上玉帛，在天王驾前行礼，只好冒昧地私下向天王左右的官员说，从前，越国不幸冒犯天王，天王亲自出动玉趾，本来打算灭我勾践，又宽恕了我。天王对我越国的恩德，真是让死人复活，让白骨生肌，我勾践既不敢忘记天降的灾祸，又怎敢忘记天王的厚赐呢？如今我勾践既因无德而重遭天祸，我们这些草野的鄙贱之人，又怎敢忘记天王的大德，只因边境的小怨而耿耿于怀，以致再次得罪天王的左右呢？勾践因此率领几个老臣，亲自承担重罪，在边境上向天王叩响头。如今天王未了解下情，

117

勃然大怒，出兵讨伐。越国本来就是向天王称臣进贡的城邑啊，天王不用鞭子来统治它驱使它，却屈辱您尊贵的将士们来执行讨伐。因此勾践请求盟约。今送来一个嫡生的女儿，让她拿着簸箕扫帚在王宫里打扫卫生；还送来一个嫡生的儿子，让他捧着盘子和脸盆，随同侍卫们服侍天王。春秋两季，向天王的府库进贡，决不有丝毫懈怠。天王又何必御驾亲征？这本是天子向诸侯征税之礼啊！谚语说：'狐狸埋下它，狐狸又扒出来，所以劳而无功。'如今天王既已扶植了越国，这种情况已经明白地传遍天下；如果又来消灭它，天王岂不也是劳而无功吗？这样即使是四方的诸侯则如何相信吴国诚实呢？下臣我斗胆把话都说清楚，请天王就在利和义两方面多加权衡吧！"

【评析】

春秋后期，吴越两国毗邻，生活习俗等相似，故相互攻击侵占。在吴国取得决定性胜利后，越王勾践求和，能够忍受屈辱，卧薪尝胆，以图将来报仇。这次吴王夫差再度准备伐越。越国大夫文种提出服软求和的策略。勾践采纳并派使臣诸稽郢前去。本文重点记载他的游说之词。主要就是用极虔诚极卑微的言辞来讨好夫差，再用虚夸之词赞美夫差，助长其骄傲扩张之野心，最后再用义和利来约束夫差，取得成功。这是篇著名的外交辞令。

申胥谏许越成

《国语·吴语》

吴王夫差乃告诸大夫曰："孤将有大志于齐①，吾将许越成，而无拂吾虑②。若越既改，吾又何求？若其不改，反行吾振旅焉③。"申胥谏曰："不可许也。夫越非实忠心好吴也，又非慑畏吾甲兵之强也④。大夫种勇而善谋⑤，将还玩吴国于股掌之上⑥，以得其志。夫固知君王之盖威以好胜也⑦，故婉约其辞⑧，以从逸王志⑨，使淫乐于诸夏之国⑩，以自伤也。使吾甲兵钝弊⑪，民人离落⑫，而日以憔悴⑬，然后安受吾烬⑭。夫越王好信以爱民，四方归之，年谷时熟，日长炎炎⑮，及吾犹可以战也。为虺弗摧⑯，为蛇将若何？"吴王曰："大夫奚隆于越⑰？越曾足以为大虞乎⑱？若无越，则吾何以春秋曜吾军士⑲？"乃许之成。

将盟，越王又使诸稽郢辞曰："以盟为有益乎？前盟口血未干⑳，足以结信矣。以盟为无益乎？君王舍甲兵之威以临使之，而胡重于鬼神而自轻也。"吴王乃许之，荒成不盟㉑。

【译文】

吴国国王夫差便告诉各位大夫说："我还对齐国有大的企图，我将同意越国的求和，你等不要违背我的意愿。如果越国已经改过，我（对它）还有什么要求呢？如果它不悔改，（等我从齐国）回来，我挥师讨伐它。"申胥劝道："不能同意求和啊。越国不是诚心和吴国和好，也不是害怕我们的军队的强大。（他们的）大夫文种有勇有谋，（他）将把（我们）吴国在股掌之上玩得团团转，来实现他的愿望。他本来就知道君王您喜欢逞威斗胜，所以婉转驯服地言说，来纵容国王您的心志，使您沉浸在征服中原各国的快乐中，来让你自己伤害自己，使我们的军队困顿疲惫，民众流离失所，而日益憔悴，然后他们安全地收拾我们的残局。而越王信用好，爱惜民众，四方百姓都归顺他，年年谷物按时节成熟，日子过得蒸蒸日上。在我们还能够（跟他们）打仗的时候，在越国是小蛇的时候不摧毁它，成为大蛇将怎么办？"吴王说："大夫你干吗长越国的威风，越国足以成为大患吗？如果没有越国，那我春秋演习向谁炫耀我的军队啊？"吴王同意了越国的求和。

将要盟约时，越王又派诸稽郢砌词说："认为盟誓有用吗？上次盟誓时喝的血酒还没干呢，足以保证信用啊。认为盟誓没用吗？君王家的军队的威武降临便能使唤我们，干吗要看重鬼神而看轻您自己的威力啊？"吴王便同意讲和，空有讲和没有盟誓。

【评析】

　　本文主要表现文种与申胥两名大臣，二人对于形势和对方的分析不谋而合，利害关系分析得也很到位，甚至有些用词都相近，伍子胥说"然后安受吾烬"，而文种在为勾践谋划时说待吴国折腾差不多时"安受其烬"。这两位智者都把对方看得非常清楚。越王勾践用文种而灭吴称霸。吴王夫差不用伍子胥而亡国，说明决策者能否虚心采纳下属的正确意见，是关系国家兴亡成败的决定性因素。

《公羊传》

　　《公羊传》，春秋三传之一。孔子弟子子夏传经，子夏弟子战国时期齐国人公羊高所作。一直到汉景帝时才由后学著录成书。用问答体解释《春秋》的微言大义。董仲舒是《春秋公羊传》专家，其学术根基在此。东汉学者何休为本书作解诂，称《春秋公羊解诂》。

春王正月
《公羊传》

　　鲁隐公元年。元年者何①？君之始年也。春者何？岁之始也。王者孰谓？谓文王也②。曷为先王而后言正月③？王正月也④。何言乎王正月？大一统也⑤。

　　公何以不言即位⑥？成公意也。何成乎公之意？公将平国而反之桓⑦。曷为反之桓？桓幼而贵⑧，隐长而卑⑨。其为尊卑也微⑩，国人莫知。隐长又贤，诸大夫扳隐而立之⑪。隐于是焉而辞立，则未知桓之将必得立也；且如桓立，则恐诸大夫之不能相幼君也⑫。故凡隐之立，为桓立也。隐长又贤，何以不宜立？立適以长不以贤⑬，立子以贵不以长⑭。桓何以贵？母贵也。母贵，则子何以贵？子以母贵，母以子贵。

【注释】

　　①元年：指鲁隐公元年（公元前722年）。②文王：周文王。③曷：为什么。正月：阴历每年第一个月。④王正月：指周历正月。古时改朝换代即改正朔。周历以建子之月为岁首。⑤大一统：天下统一。⑥公：指鲁隐公。⑦平国而反之桓：隐公打算平治鲁国后，把政权归还桓公。

120

⑧桓幼而贵：桓公的母亲仲子是鲁惠公的夫人。⑨隐长而卑：隐公的母亲声子只是随嫁来的姐妹。⑩尊卑也微：贵贱差别并不大。⑪扳：拥戴。⑫相：拥护和辅佐。⑬適：同"嫡"。⑭立子以贵不以长：确立世子依照出身尊卑而不依照长幼。

【译文】

鲁隐公元年。"元年"是什么意思？指君王登位的第一年。"春"是什么意思？就是一年开始的季节。"王"指的谁？指周文王。为什么先说"王"，再说"正月"？因为指的是周王确立的正月。为什么要说周王的正月？表明大一统，天下都实行王的政令。

为什么不说隐公登位？这是成全隐公的心愿。什么要成全隐公的心愿？隐公打算先把国家治好，再把政权还给桓公。为什么要把政权还给桓公？因为桓公年幼而尊贵，隐公年长而卑贱。他兄弟俩身份尊卑的区别很微小，国人并不了解。隐公年长而贤明，诸大夫拥戴他而立为国君。这时如果隐公辞让，桓公能否登位，还没有把握。即使桓公能够登位，大夫们能否拥护辅佐幼君，也没有把握。所以，隐公登位，全是替桓公着想。隐公年长又贤明，为什么不宜立为国君？因为立夫人所生的嫡子为国君，只凭年长，不凭贤明；立媵妾的儿子为国君，只凭尊贵，不凭年长。桓公为什么尊贵？因为他的母亲尊贵。母亲尊贵，儿子也就尊贵吗？是的。儿子因母亲而尊贵，母亲又因儿子而尊贵。

【评析】

《春秋公羊传》在汉代前期是显学，作者公羊高是战国时齐人，相传是子夏弟子。该书是今文经学的重要典籍，着重阐释《春秋》之"微言""大义"，史事记载则比较简略。这段文字重点说明隐公之德，对于隐公的内心揭示很准确，有赞美肯定之意。这段还对几个用字的意义有辨析，如"元""春""王""正月"等都有说明，这也是对于孔子著《春秋》之微言大义的说明。

宋人及楚人平

《公羊传》

宣公十五年。外平不书①，此何以书？大其平乎己也②。何大乎其平乎己？

庄王围宋③，军有七日之粮尔；尽此不胜，将去而归尔。于是使司马子反乘堙而窥宋城④，宋华元亦乘堙而出见之⑤。司马子反曰："子之国如何？"华元曰："惫矣⑥！"曰："何如？"曰："易子而食之⑦，析骸而炊之⑧。"司马子反曰："嘻！甚矣惫！虽然，吾闻之也，围者柑马而秣之⑨，使肥者应客，是何子之情也⑩？"华元曰："吾闻之，君子见人之厄，则矜之⑪；小人见人之厄，则幸之⑫。吾见子之君子也，是以告情于子也。"司马子反曰："诺，勉之矣⑬！吾军亦有七日之粮尔，尽此不胜，将去而归尔。"揖而去之⑭。

反于庄王⑮。庄王曰："何如？"司马子反曰："惫矣！"曰："何如？"曰："易子而食之，析骸而炊之。"庄王曰："嘻！甚矣惫！虽然，吾今取此，然后而归尔。"司马子反曰："不可，臣已告之矣，军有七日之粮尔。"庄王怒曰："吾使子往视之，子曷为告之？"司马子反曰："以区区之宋⑯，犹有不欺人之臣，可以楚而无乎？是以告之也。"庄王曰："诺，舍而止。虽然，吾犹取此，然后归尔。"司马子反曰："然则君请处于此，臣请归尔。"庄王曰："子去我而归，吾孰与处于此？吾亦从子而归尔。"引师而去之。

故君子大其平乎己也。此皆大夫也。其称人何？贬。曷为贬？平者在下也⑰。

【注释】

①外平不书：《春秋》是鲁国史书，其他国家均称外。这句说，对于其他国家之间讲和的事不记载。②平乎己：讲和是由个人之力量完成的。己：人自己，这里指个人关系，不是国家。③庄王：楚庄王。④司马：官名，掌管军队和军赋。子反：公子侧。堙（yīn）：为攻城而堆的土山。⑤华元：宋国大夫，司马。⑥惫（bèi）：疲惫，极度困难。⑦易子而食之：交换小孩儿而吃。当是饥饿而死的儿童。⑧析骸而炊之：分开尸骨而当燃料。⑨柑马而秣之：柑，通"钳"，指马戴嚼子。喂马时戴嚼子，马便无法吃草。不吃则显得吃饱了。⑩肥者：当指人而言。即用胖人应对外人，显示城中生活好，不困乏。⑪厄：困苦，灾难。矜：怜悯，同情。⑫幸：幸灾乐祸。⑬勉之：努力坚持。⑭揖：相互作揖，拱手礼。⑮反：同"返"。⑯区区：小小的意思。⑰平者在下也：讲和的人都是在下位的臣子。

【译文】

鲁宣公十五年。鲁国史书《春秋》是不记载外国之间相互讲和之事的，但为什么记载这个事件呢，主要是赞美其是个人因素讲和的。为什么要赞美个人因素讲和呢？

楚庄王包围宋国，军队只有七天的粮食了。这些粮食吃完如果还不能取胜，就要撤军回去了。于是派司马子反登上准备攻城而堆的土山上去窥探一下城里的情况。这时，宋国守城的大将华元也登上土山，出来见子反。司马子反问："你的国家里怎么样啦？"华元说："可太困难了！"子反问："困难到什么程度啦？"华元说："人们交换各自的死孩子吃。劈开拆散尸骨当柴火烧。"司马子反说："哎呀！太困难了！即使如此，我听说过，被包围的人给马戴嚼子后喂马，让敌军远看以为马不爱吃草，用胖人去应对客人，来隐瞒困难的情况。可是你却如实说，这是什么心情呢？"华元说："我也听说，君子看见别人的危难，就会怜悯同情，小人看见他人的危难就会幸灾乐祸。我看你是君子，所以把实际情况告诉你了。"司马子反说："说得好，我答应你，努力坚持吧！我军也只有七天的军粮了，吃完这些粮食还不能攻下城池，即将要撤军回去了。"二人拱手相互作揖告别。

子反回去见楚庄王。庄王问："怎么样？"司马子反说："太困难了！"庄王再问："困难到什么程度啦？"子反说："人们交换各自的死孩子吃。劈开拆散尸骨当柴火烧。"庄王说："哎呀！可太困难了！尽管如此，我今天也要攻取宋国，然后再回去。"司马子反说："不可以，我已经告诉华元了，我们军中只有七天的粮食了。"庄王生气地说："我让你去侦察，你为什么把实情告诉他？"司马子反说："那么小小的宋国，还有不欺骗人的大臣，我们楚国怎么可以没有啊？所以我告诉他了。"庄王道："可以！你就住在这里。虽然军粮不足，我还是要攻下宋国，然后再回去。"司马子反说："这样的话，请您驻扎在这里，我请求回去。"庄王说："你如果离开我而回去，我和谁驻扎在这里啊？我也跟从你回去算了。"于是率领军队而离开了。

因此有德君子赞美这次讲和完全是个人关系完成的。这两个人都是大夫，为什么称呼为人而不称呼大夫呢？是贬抑。为什么贬抑？讲和是由臣子自己决定而不是国君。

【评析】

"春秋三传"各有特点和侧重，《公羊传》侧重阐释《春秋》的微言大义，所以本文开头和结尾都说明了《春秋》记载这件事的原因和一些字词的褒贬之意，中间叙述事件的来龙去脉。汉代以孔子修的《春秋》作为国家内政外交政策和策略的指导，最重视的便是《春秋公羊传》，董仲舒便是《春秋公羊传》专家。文中客观上反映了春秋时期各诸侯国之间的战争给百姓带来的深重灾难。被围的宋国居然达到"易子而食之，析骸而炊之"的程度，令人不寒而栗，太残酷了。因此，两军的主帅即宋国的华元和楚国的子反私下里达成协议，结束了这场残酷的战争，因此《春秋》记载下两个人的言行，实际是表彰赞美他们的做法。但最后又指出对他们隐约的批评，主要是对子反的批评。因为他自己私下讲和而不是归美于楚庄王，最后又坚决反对楚庄王要攻城的决定，没有进行说服劝谏而是要自己先回去，实际有要挟国君的嫌疑。当然这种批评是值得商榷的。最后指出对于华元和司马子反称人而未称大夫是委婉的贬抑，这便是所谓的微言大义的春秋笔法。

吴子使札来聘

《公羊传》

鲁襄公十九年。吴无君无大夫①，此何以有君有大夫？贤季子也②。何贤乎季子？让国也③。其让国奈何？谒也，馀祭也，夷昧也，与季子同母者四④。季子弱而才，兄弟皆爱之，同欲立之以为君。谒曰："今若是迮而与季子国⑤，季子犹不受也。请无与子而与弟，弟兄迭为君，而致国乎季子。"皆曰诺。故诸为君者皆轻死为勇，饮食必祝，曰："天苟有吴国，尚速有悔于予身⑥。"故谒也死，馀祭也立。馀祭也死，夷昧也立。夷昧也死，则国宜之季子者也，季子使而亡焉⑦。僚者⑧，长庶也⑨，即之。季之使而反，至而君之尔。阖闾曰⑩："先君之所以不与子国，而与弟者，凡为季子故也。将从先君之命与，则国宜之季子者也；如不从先君之命与，则我宜立者也。僚恶得为君乎？"于是使专诸刺僚⑪，而致国乎季子。季子不受，曰："尔弑吾君，吾受尔国，是吾与尔为篡也⑫。尔杀吾兄，吾又杀尔，是父子兄弟相杀，终身无已也。"去之延陵⑬，终身不入吴国。故君子以其不受为义，以其不杀为仁，贤季子。则吴何以有君，有大夫？以季子为臣，则宜有君者也。札者何？吴季子之名也。春秋贤者不名，此何以名？许夷狄者，不壹而足也。季子者，所贤也，曷为不足乎季子？许人臣者必使臣，许人子者必使子也。

【注释】

①无君无大夫：当时以中原地区华夏民族的诸侯国为文化正统，吴、越等国被认为是文化低的蛮夷之邦，故不承认其国的国君和大夫。②贤：用作动词。季子：公子札是吴王寿梦的小儿子，古以伯、仲、叔、季排行，因此以"季子"为字。《史记》称他为"季札"。③让国：辞让国君之位。据《史记·吴世家》记载，寿梦生前就想立季札，季札力辞，才立长子诸樊（即谒）。寿梦死后，诸樊又让位季札，季札弃其室而耕，乃止。④谒：寿梦长子，一作"遏"，号诸樊。《春秋》经写作"吴子遏"，《左传》《史记》称"诸樊"。馀祭：寿梦次子，《左传》记其名一作"戴吴"，马王堆三号墓出土帛书《春秋事语》作"余蔡"。夷昧：寿梦三子。《左传》作"夷末"，《史记》作"馀昧"。⑤迮（zé，又读zuò）：仓促。⑥尚：佑助。悔：咎，灾祸，这里指亡故。⑦使而亡：出使在外。《史记·吴世家》所记与此不同："王馀昧卒，季札让，逃去。"认为季札是为让位而逃走的。⑧僚：《公羊传》这里说他是"长庶"，即吴王寿梦妾所生的长子，季札的异母兄。《史记·吴世家》则说他是"王馀昧之子"。此以《公羊传》为是。⑨长庶：年龄最长的庶子。⑩阖闾：谒之子，即公子光。⑪专诸：伍子胥为阖闾请的刺客，在酒席上刺杀了吴王僚。⑫篡（cuàn）：用非法手段夺取政权或地位。⑬延陵：春秋吴邑，今江苏常州。季札食邑于此，所以又号"延陵季子"。

【译文】

鲁襄公十九年。吴国本无所谓国君，无所谓大夫，这则记载为什么承认它有国君，有大夫呢？是为了表明季子的贤良。季子贤在哪里呢？是辞让国君的位置啊。他辞让君位是怎么回事呢？谒、馀祭、夷昧跟季子是一母所生的四兄弟，季子年幼而有才干，兄长们都爱他，一起想立他做国君。谒说："现在如果就这样仓促地把君位给他，季子还是不能接受的。我愿不传位给儿子而传位给弟弟，由弟弟依次接替哥哥做国君，最后把君位再传给季子。"馀祭、夷昧都说行。所以几个哥哥在位时都勇敢不怕死，每次就餐必定祈祷，说："上天如果让吴国存在下去，就保佑我们早点遭难吧。"所以谒死了，馀祭做国君。馀祭死了，夷昧做国君。夷昧死了，国君的位置应当属于季子了。季子出使在外，僚是寿梦的庶长子，就即位了。季子出访回国，就把僚当作国君。阖闾说："先君所以不传位给儿子，而传位给弟弟，都是为了季子的缘故。要是遵照先君的遗嘱呢，那么国君应该季子来做；要是不照先君的遗嘱呢，那么我该是国君。僚怎么能做国君呢？"于是派专诸刺杀吴王僚，而把国家交给季子。季子不接受，说："你杀了我的国君，我接受了你给予的君位，这样我变成跟你一起篡位了。

你杀了我哥哥，我又杀你，这样父子兄弟相残杀，就一辈子没完没了了。"于是离开国都到了延陵，终身不入吴国宫廷。所以君子以他不受君位为义，以他的反对互相残杀为仁，称许季子的贤德。那么吴国为什么有国君，有大夫呢？既承认季子是臣，就应该有君啊。札是什么呢？是吴季子的名。《春秋》对贤者不直称其名，这则记载为什么称名呢？认可夷狄，不能只凭一事一物就认为够条件了。季子是被认为贤的，为什么季子还不够条件呢？认可做别人臣子的，就一定要使他像个臣子；认可做人儿子的，一定要使他像个儿子。（言外之意是：季子是夷狄之邦的臣子，是夷狄之王的儿子，就要在用语遣词上显示出这一点来。这就是所谓"《春秋》笔法"。）

【评析】

公元前 544 年（鲁襄公二十九年），吴国派公子札访问鲁国，《左传》对经过情形有详细记载。尤其是对于其欣赏音乐的记载很有价值。当时的吴王馀祭是公子札二哥。吴国在公子札的父亲寿梦就位时（前 585）就已称王。但中原诸国还是视吴国为蛮夷之邦，《春秋》记事称为"吴子"，"子"的爵位在公、侯、伯之下，实际上是贬称。而《公羊传》出于"诸夏"的民族偏见和地域偏见，甚至否认吴国"有君、有大夫"，认为《春秋》记事用语抬高了吴国的地位。这篇文章是《春秋公羊传》解释《春秋》为什么用"吴子"肯定吴国"有君"，用"聘"肯定吴国"有大夫"的。全文层层设问，步步深入，以事实说明公子札的贤、仁、深明大义，正是他才使吴国在诸夏心目中的地位得到提高。这可以看出《公羊传》和《左传》的区别。

《穀梁传》

《穀梁传》，春秋三传之一。孔子弟子子夏传经，子夏弟子战国时期鲁国人谷梁赤所作。该书为儒家经典之一，至西汉时才著录成书，比《公羊传》晚出。起于鲁隐公元年，终于鲁哀公十四年。

郑伯克段于鄢

《穀梁传》

鲁隐公元年。"克"者何？能也。何能也？能杀也。何以不言杀，见段之有徒众也^①。段，郑伯弟也。何以知其为弟也？杀世子、母弟目君，以其目君^②，知其为弟也。段，弟也而弗谓弟，公子也而弗谓公子，贬之也。段失子弟之道矣^③。贱段而甚郑伯也^④。何甚乎郑伯？甚郑伯之处心积虑^⑤，成于杀也^⑥。于鄢^⑦，远也；犹曰取之母之怀中而杀之云尔^⑧，甚之也。然则为郑伯者宜奈何？缓追，逸贼^⑨，亲亲之道也。

【注释】

①段：即共叔段，郑伯同母弟。②目君：目，视为。③段失子弟之道：共叔段贪得无厌，失去了作为弟弟和臣子的本分和规矩。④贱段而甚郑伯：贬抑共叔段也是加重郑伯的罪过。⑤处心积虑：指郑伯没有尽早教育警告共叔段，而一定要等他发动叛乱构成大罪。⑥成于杀：犹言置于死地。⑦鄢：地名，今河南鄢陵县境。⑧犹曰取之母之怀中而杀之云尔：好像是从母亲怀中抢过来要杀掉一样。⑨缓追：不要紧追不舍。逸贼：放掉贼人，这里指共叔段。

【译文】

鲁隐公元年。"克"是什么意思？是能够战胜。为什么不说杀？是因为知道共叔段有随从和民众。共叔段，是郑伯的弟弟。怎么知道是弟弟呢？因为假如国君杀了嫡亲的长子或同母所生的弟弟，便用国君的爵号称呼他，因为把郑伯视为国君，就知道共叔段是弟弟。共叔段，是弟弟而不称呼为弟弟，是公子而不称呼为公子，是贬抑他。共叔段失去了作为弟弟的本分和规矩。贬抑共叔段也是加重郑伯的罪过。怎么说是加重郑伯的罪过呢？是批评郑伯处心积虑要置共叔段于死地，要一直等他叛变而构成死罪时才下手。共叔段已经跑到鄢陵这样偏远的地方，就好像是从母亲怀中夺取后而杀掉的，这也是加重郑伯罪责的意思。那么，作为郑伯应该如何呢？不要紧追不舍，而是要放缓追击的程度，而让共叔段逃跑，这才是把共叔段当作亲兄弟的正确做法。

【评析】

《穀梁传》据说是子夏学生穀梁赤所作。实际情形是子夏把《春秋》经传授给弟子，其弟子公羊高作《公羊传》，穀梁赤作《穀梁传》，最后由子夏审阅定稿。两书侧重解释《春秋》之微言大义。本书选了《左传》中的本篇，将两书的同样一篇对照来读，便大有心得。《左传》侧重叙事，讲述"郑伯克段于鄢"的故事。而本篇则是对这句话每个用字的解释，这对于理解《春秋三传》的相互关系以及我们对于《春

《秋》的理解都极其关键。既然公羊高和穀梁赤都是子夏的学生，或者是子夏授意二人各自作传，而子夏审阅定稿。故两传都明确记载了孔子的生日，这是我们至今看到的关于孔子出生年月日最早的记载，非常珍贵。

虞师晋师灭夏阳

《穀梁传》

鲁僖公二年。非国而曰灭，重夏阳也①。虞无师，其曰师，何也？以其先晋②，不可以不言师也。其先晋何也？为主乎灭夏阳也。夏阳者，虞、虢之塞邑也③。灭夏阳而虞、虢举矣④。虞之为主乎灭夏阳何也？晋献公欲伐虢⑤，荀息曰⑥："君何不以屈产之乘⑦、垂棘之璧⑧，而借道乎虞也？"公曰："此晋国之宝也。如受吾币而不借吾道⑨，则如之何？"荀息曰："此小国之所以事大国也。彼不借吾道，必不敢受吾币。如受吾币而借吾道，则是我取之中府，而藏之外府；取之中厩，而置之外厩也。"⑩公曰："宫之奇存焉⑪，必不使受之也。"荀息曰："宫之奇之为人也，达心而懦⑫，又少长于君。达心则其言略⑬，懦则不能强谏；少长于君，则君轻之。且夫玩好在耳目之前⑭，而患在一国之后，此中知以上乃能虑之⑮。臣料虞君中知以下也。"公遂借道而伐虢。宫之奇谏曰："晋国之使者，其辞卑而币重，必不便于虞。"虞公弗听，遂受其币，而借之道。宫之奇又谏曰："语曰：'唇亡则齿寒⑯。'其斯之谓与！"挈其妻子以奔曹⑰。献公亡虢，五年而后举虞。荀息牵马操璧而前曰⑱："璧则犹是也，而马齿加长矣⑲。"

【注释】

①夏阳：虢邑，在今山西省平陆县东北约三十五里。《左传》作下阳。②虞：周文王分封之姬姓小国，在今山西省平陆县北。先晋：虞国答应借道，是先有灭虢之心，客观上也在前面导引。师：可泛指军队，这里指没有像样的军队。③塞邑：边塞城镇。④虢：周初始封姬姓国，有东、西、北虢之分，东虢、西虢已先后亡于郑、秦。晋献公所伐为北虢，占地当今河南三门峡和山西平陆一带，建都上阳。⑤晋献公：名诡诸，晋武公之子，在位二十六年。⑥荀息：晋献公最亲信的大夫，食邑于荀，亦称荀叔。献公病危时以荀息为相托以国政，献公死后在宫廷

政变中为里克所杀。⑦屈：即北屈，晋地名，在今山西省吉县东北。乘（shèng）：古以一车四马为一乘。这里专指马。⑧垂棘：晋地名，在今山西省潞城县北，产玉。⑨币：泛指一切宝物财货。⑩府：府库。厩：马圈。⑪宫之奇：虞大夫，有远见卓识。⑫达心：心里通达。懦：懦弱，软弱。⑬略：简略。⑭玩好：指美玉宝马。⑮中知：即中等智慧。知：同"智"。⑯唇亡齿寒：当时成语，嘴唇在外，没有嘴唇牙齿自然暴露在寒冷中。⑰曹：西周初年始封诸侯国之一，姬姓，建都陶丘（今山东定陶县西南）。⑱操：拿着。⑲马齿加长（zhǎng）：马随着年岁的增加牙齿也增加。

【译文】

　　鲁僖公二年。不是国都而说灭，是看重夏阳。虞国的军队不是一支像样的军队，《春秋》说是军队，为什么呢？因为把虞国写在晋国之前，不可以不说军队。它写在晋国之前是为什么呢？灭夏阳是以虞国为主的。夏阳，是虞、虢交界处虢国的一个要塞。夏阳一失，虞、虢两国便都可占领了。虞国为什么要为主而灭夏阳呢？是晋献公想要讨伐虢国，荀息说："君主为什么不用北屈出产的马，垂棘出产的璧，向虞国借路呢？"献公说："这都是晋的国宝，如果虢国接受了我的礼物而不借路给我，那又拿它怎么办？"荀息说："这是小国用来服侍大国的。它不借路给我们，一定不敢接受我们的礼物。如接受了我们的礼而借路给我们，那就是我们从里面的库藏拿出来，而藏在外面的库藏里；从里面的马房里把马牵出来，而放在外面的马房里。"献公说："宫之奇在，一定不会让虢公接受的。"荀息说："宫之奇的为人，心里明白，可是怯懦，又比虞君大不了几岁。心里明白，话就说得简短，怯懦就不能拼命谏阻，比虞君大不了几岁，虞君就不会太尊重他。再加上珍玩心爱的东西就摆在耳目之前，而灾祸是在一个国家的背后，这一点要有中等智力以上的人才能够考虑到。臣料想虞君是中等智力以下的人。"献公就借路征伐虢国。宫之奇劝谏说："晋国的使者言辞谦卑而礼物贵重，一定对虞国没有好处。"虞公不听，就接受了晋国的礼物而借路给晋国。宫之奇又谏道："俗语说：'唇亡齿寒。'说的岂不就是这种情况吗？"他带领老婆孩子投奔到曹国去了。晋献公灭了虢国，五年以后占领了虞国。荀息牵着马捧着璧，走上前来说："璧还是原来那样，而马的牙齿增加了。"

【评析】

　　这则故事和《左传》《宫之奇谏假道》是同一件事。《左传》侧重记事而《穀梁传》侧重议论评价，其基本风格和《公羊传》有相近之处。本文通过言论突出几个人物。晋国荀息最突出，他是整个伐虢灭虞之战的设计者，他对于虞公和宫之奇的判断极其准确，可见其是非常会识人的智者。宫之奇虽然进谏却不被接受，无可奈何只好把家搬走。还应指出，遇到昏庸的国君或者上级，是没有办法说服的。在这件事情的过程中，百里奚也在虞国当臣子，他一句话都没有说，可能知道说了也没有用。故遇到昏庸之主是非常郁闷而无可奈何的。

▌《礼记》

《礼记》儒家经典之一。《礼》分三礼，即《周礼》《仪礼》《礼记》，记述春秋末战国初一些儒家礼教学说和典章制度等。当是孔子弟子及再传弟子所作，非成于一人之手。《檀弓》是其中名篇，分上下两篇。

晋献公杀公子申生

《礼记·檀弓上》

晋献公将杀其世子申生①，公子重耳谓之曰②：“子盖言子之志于公乎③？”世子曰：“不可。君安骊姬④，是我伤公之心也。”曰：“然则盖行乎？”世子曰：“不可。君谓我欲弑君也。天下岂有无父之国哉？吾何行如之？”使人辞于狐突曰⑤：“申生有罪，不念伯氏之言也⑥，以至于死。申生不敢爱其死⑦。虽然，吾君老矣，子少，国家多难。伯氏不出而图吾君⑧，伯氏苟出而图吾君，申生受赐而死。”再拜稽首，乃卒。是以为恭世子也⑨。

【注释】

①晋献公：晋国国君。公元前 676 年至前 651 年在位。世子：又称太子，是天子或诸侯的嫡长子，君位继承人。申生：晋献公嫡长子，夫人齐姜所生。②重耳：申生异母弟，即晋文公。③盖：通"盍"（hé），何不。④安：安逸，安适，舒服。⑤辞：辞别，诀别。狐突：姓狐，名突，字伯行，申生的师傅，重耳的外祖父。⑥伯氏：对狐突的敬称。念：记住。伯氏之言：鲁闵公二年，晋献公命申生领兵伐东山皋落氏（赤狄别种，在今山西垣曲东南），狐突劝申生乘机出逃，申生没有采纳他的意见。⑦爱其死：吝惜其死。⑧伯氏二句：不出：狐突劝申生出逃，申

生没有听从，狐突在伐东山皋落氏以后，就推托有病，在家不出。图吾君：为吾君图。图：谋划，策划。赐：恩惠。稽首：叩头到地，最恭敬的跪拜礼。⑨恭：申生的谥号。"恭"是敬顺事上的意思。申生明知父命错误，却仍然顺从而自杀，所以谥"恭"。

【译文】

晋献公将要杀死他的世子申生，公子重耳对申生说："你怎么不把心中的委屈向父亲表明呢？"世子说："不行。君父要有骊姬才舒服，我要是揭发她对我的诬陷，那就太伤老人家的心了。"重耳又说："既然这样，那么你何不逃走呢？"世子说："不行。君王认准我要谋害他。天下哪有没有父亲的国家呢？我能逃到哪里去呢？"于是申生派人去向师傅狐突诀别说："申生有罪，没有听从您的教导，以至难免一死。申生不敢贪生怕死。然而，我的国君老了，他的爱子奚齐年幼，国家将会多灾多难。您不出来为国君谋划政事也就罢了，如果您出来为国君筹划政事，申生虽死也蒙受您的恩惠。"于是他拜了两拜，叩了两个头，就自杀了。因此他的谥号为"恭"。

【评析】

这篇短文，没有议论，没有说教，只是一段对话，一段独白，完全通过人物自己的语言来塑造人物形象。写得委婉曲折，血泪交织，十分感人。申生之无奈之忠孝在语言中都表现出来。怕伤父亲之心而不表白，宁可一死，派人向师傅倾诉之话既有歉意又关心国家命运，是死后之忠。虽然有迂腐之嫌，但确实感人。过人之处在于千古奇冤。但是申生之忠孝有迂腐之处：一、本来有机会说清楚却委屈受死，窝囊至极。二、暂时不让父亲伤心却令父亲担负昏庸之历史罪名，实际效果不好。三、明知自己死而国家将乱，还不说明，实际效果也不好，两个幼弟都被杀，故可怜而不可取。他与汉武帝之太子刘据以及唐玄宗太子李瑛不同，刘据和李瑛都极力争取和父亲见面说明，但被奸臣阻隔，不给机会。这三个人都是中国历史最著名的被陷害而死的太子。

曾子易箦

《礼记·檀弓上》

曾子寝疾，病①。乐正子春坐于床下②，曾元、曾申坐于足③，童子隅坐而执烛④。童子曰："华而睆⑤，大夫之箦与⑥？"子春曰："止！"曾子闻之，瞿然曰⑦："呼！"曰："华而睆，大夫之箦与？"曾子曰："然。斯季孙之赐也⑧，我未之能易也。元，起易箦。"曾元曰："夫子之病革矣⑨，不可以变⑩。幸而至于旦⑪，请敬易之。"曾子曰："尔之爱我也不如彼⑫。君子之爱人也以德，细人之爱人也以姑息⑬。吾何求哉？吾得正而毙焉⑭，斯已矣。"举扶而易之。反席未安而没⑮。

【注释】

①疾：小病。病：重病。②乐正子春：曾参弟子。③曾元、曾申：都是曾子儿子。④隅：名词作状语，在角落。⑤华而睆（huǎn）：华美，光滑。⑥箦（zé）：竹席。⑦瞿然：惊叹的样子。⑧季孙：季孙氏，鲁国大夫。⑨革（jí）：急，指病重。⑩变：在此指移动。⑪至于旦：等到天亮。旦：天亮。⑫彼：指童仆。⑬姑息：无原则的宽容。⑭正而毙：谓合于正礼而殁。⑮反：同"返"。没：同"殁"，死。

【译文】

曾子躺在病床上，非常严重。曾子弟子乐正子春坐在床旁边，曾元、曾申坐在床脚下，童仆坐在角落，拿着蜡烛。童仆说："华美而光洁，那是大夫才能享用的竹席啊！"子春说："住嘴！"曾子听见这话，惊惧地说："啊！"童仆又说："华美而光洁，那是大夫的竹席啊！"曾子说："是的。这是季孙氏送的，我还没有换掉它啊。曾元，扶我起来换掉竹席。"曾元说："您的病非常严重，不能动。等到早晨，一定遵从您的意思换掉它。"曾子说："你爱我不如他。君子按照道德标准去爱护人，小人爱人则以无原则地姑息迁就。我还有什么要求吗？我能够按照礼制正道死，也就足够了。"曾元等人扶着抬起他的身体，然后更换了竹席，把他送回席子，还没有躺好曾子就死了。

【评析】

曾子是孔子弟子中内圣方面的典型，《论语》中记载他死前的三段话和本故事都很生动地表现其谨慎守礼的精神。文章宗旨是赞美曾参是以身护礼的典范。他那种严于律己的精神令人感动。"君子之爱人也以德，细人之爱人也以姑息"，将"德"的内容具体化为遵守礼制，遵纪守法永远是人生应该信守的底线，仍然是富有启发性和生命力的名言。细节描写也非常精彩，虽用字不多，但侍疾的场景具体，人物方位很具体，神态逼真。尤其是童子口无遮拦，曾元为难之神态，曾参表态之语重心长，都使人有身临其境之感。

有子之言似夫子

《礼记·檀弓上》

有子问于曾子曰[①]："问丧于夫子乎[②]？"曰："闻之矣：'丧欲速贫，死欲速朽'。"有子曰："是非君子之言也。"曾子曰："参也闻诸夫子也[③]。"有子又曰："是非君子之言也。"曾子曰："参也与子游闻之[④]。"有子曰："然。然则夫子有为言之也[⑤]。"

曾子以斯言告于子游。子游曰："甚哉，有子之言似夫子也！昔者，夫子居于宋，见桓司马自为石椁[⑥]，三年而不成。夫子曰：'若是其靡也[⑦]，死不如速朽之愈也。''死之欲速朽'，为桓司马言之也。南宫敬叔反[⑧]，必载宝而朝[⑨]。夫子曰：'若是其货也[⑩]，丧不如速贫之愈也。'丧之欲速贫，为敬叔言之也。"

曾子以子游之言告于有子。有子曰："然！吾固曰非夫子之言也。"曾子曰："子何以知之？"有子曰："夫子制于中都[⑪]：四寸之棺，五寸之椁。以斯知不欲速朽也。昔者夫子失鲁司寇[⑫]，将之荆[⑬]，盖先之以子夏，又申之以冉有[⑭]。以斯知不欲速贫也。"

【注释】

①有子：孔子的弟子有若。②丧：当官然后失去官职。③参：曾子自称。曾子名参，字子舆。④子游：孔子弟子，姓言名偃。⑤有为言之：有所指而言，即"有所为言"。⑥桓司马：宋国大司马，名魋（tuí）。椁（guǒ）：套在棺材外面的大棺材。⑦靡：浪费，奢侈。⑧南宫敬叔：鲁孟僖子之子仲孙阅。反：同"返"。⑨载宝而朝：南宫敬叔曾失位离开鲁国，返时载宝物朝见鲁君。⑩货：贿赂。⑪制：立规定，定制度。⑫司寇：官名，掌管刑狱、纠察等事。⑬之荆：到楚国去。⑭子夏：孔子弟子，名卜商。申：申明。冉有：孔子弟子，名冉求，字子有。

【译文】

有子问曾子道："向老师求教过失去官职方面的事情吗？"曾子回答说："听老师

说过了。老师说：'希望丢官后赶快贫穷，希望死后赶快腐烂。'"有子说："这不是君子说的话。"曾子说："我的确是从老师那听来的。"有子又说："这不是君子说的话。"曾子说："我是和子游一起听见这话的。"有子说："的确说过。但老师这样说肯定是有原因的。"

曾子把这话告诉子游。子游说："有子说话很像老师啊！从前老师住在宋国，看见桓司马给自己做石椁，三年还没完成。老师说：'像这样奢靡，还不如死了赶快腐烂掉，越快越好啊。'希望死了赶快腐烂，是针对桓司马的行为而说的。南宫敬叔失去官职，回朝廷，必定带上宝物朝见国王。老师说：'像这样对待钱财行贿，丢掉官职以后还不如赶紧贫穷，越快越好啊。'希望丢掉官职以后迅速贫穷，是针对敬叔行为说的啊。"

曾子将子游的话告诉有子。有子说："是啊。我就说了肯定不是老师的话。"曾子说："您怎么知道的呢？"有子说："老师给中都制定的礼法中有：棺材（板）四寸，椁（板）五寸。依据这知道老师不希望人死后迅速腐烂啊。从前老师失去鲁国司寇的官职时，打算前往楚国，就先让子夏去打听，又让冉有去申明自己的想法。依据这件事知道老师不希望失去官职后迅速贫穷。"

【评析】

这是极其重要的一段记录。曾子和子游都是孔子晚年收的优秀弟子，他们都亲耳聆听过孔子关于"丧欲速贫，死欲速朽"的话，但有子居然说这不是君子的话，并指出即使老师确实说过这句话，但那一定是有具体语言环境有具体针对性说的。子游证明了这一点，最后有子说出自己判断的根据。这对于我们理解《论语》，理解孔子思想都有极大的启迪。了解语言的具体环境和具体针对性是正确理解其意义的关键。

公子重耳对秦客

《礼记·檀弓下》

晋献公之丧，秦穆公使人吊公子重耳①，且曰："寡人闻之，亡国恒于斯，得国恒于斯②。虽吾子俨然在忧服之中③，丧亦不可久也④，时亦不可失也，孺子其图之⑤！"

以告舅犯⑥。舅犯曰："孺子其辞焉。丧人无宝，仁亲以为宝⑦。父死之谓何？又因以为利⑧，而天下其孰能说之？孺子其辞焉！"

公子重耳对客曰："君惠吊亡臣重耳⑨。身丧父死，不得与于哭泣之哀⑩，以为君忧。父死之谓何？或敢有他志以辱君义⑪。"稽颡而不拜⑫，哭而起，起而不私⑬。

子显以致命于穆公⑭。穆公曰："仁夫公子重耳！夫稽颡而不拜，则未为后也⑮，故不成拜。哭而起，则爱父也。起而不私，则远利也⑯。"

【注释】

①吊：吊唁，慰问死者家属。②恒：经常。斯：此，这。③俨（yǎn）然：庄重、恭敬的样子。④丧：流亡在外。⑤孺子：年轻人。图：考虑。⑥舅犯：即狐偃，重耳的舅父。⑦仁亲：仁爱和怀念亲人。⑧为利：指利用父亲之死谋取君位。⑨亡臣：流亡在外之臣。⑩与：参与。指不能哭泣父亲之死。⑪他志：指回国谋求君位。⑫稽颡（qǐ sǎng）：古代一种跪拜礼，屈膝下拜，以额触地，表示虔诚。⑬不私：不和使者私谈。⑭子显：即公子挚，秦穆公派去慰问重耳的使者。⑮未为后：古代丧礼，继承人答谢吊唁者要先稽颡而后拜。重耳稽颡而不拜便是表现自己不是继承人。⑯远利：避开谋求君位之事。

【译文】

晋国献公的丧期中，秦穆公派人慰问公子重耳，并传话说："寡人听说：失去国家常常在这个时候，得到国家也常常在这个时候。虽然您恭敬严肃，正在忧伤的服丧期间，但流亡在外也不可太久，时机也不可失去啊，年轻人，请考虑一下吧！"

重耳将这事告诉舅舅子犯。舅舅子犯说："年轻人还是推辞吧。居丧之人没有值得宝贵的东西，最可珍贵的只有仁爱和亲情。父亲死这是何等重大的事情啊？又凭借这事来谋利，那么天下谁能赞成这样做呢？年轻人还是推辞吧。"

公子重耳便对客人说："君王赏脸慰问流亡的重耳，在父亲死去居丧时候，不能直接参与哭泣表达悲哀的丧礼，而让您操心了。父亲死去这是何等重大的事情啊？我哪里还有其他的心情而辜负您来慰问我的情义啊？"重耳行稽颡之礼但不拜谢，哭着站起身来，起身后也不跟客人私下交谈。

子显复命将事情告诉穆公。穆公说："仁人啊，公子重耳！叩拜但不拜谢，是他没以晋献公的继承人而自居，所以没有拜谢。哭着起身，就表示敬爱父亲。起身但不私谈，就表示远离个人利益啊。"

【评析】

公子重耳受骊姬陷害，流亡到狄。晋献公去世，晋国无主，秦穆公派使者到重耳处吊唁，并试探他是否有乘机夺位之心。重耳和舅父子犯摸不清穆公真实意图，怕授人话柄，于己不利，于是用大道理婉言谢绝，得到穆公倍加赞许。秦穆公之问，应该有试探之意，也观察重耳之为人。重耳征求舅父意见后答复，基本是舅父的原话。因此得到秦穆公的赞许。其实舅父子犯和重耳都急切希望回国即位，不过不知道秦穆公真实心理而已，政客之嘴脸很充分，因此吴楚材评说："英雄欺人，大率如此。"孔子说"晋文公谲而不正"，大概也指这些地方。

杜蒉扬觯

《礼记·檀弓下》

知悼子卒①，未葬，平公饮酒②，师旷、李调侍③，鼓钟④。杜蒉自外来⑤，闻钟声，曰："安在？"曰："在寝⑥。"杜蒉入寝，历阶而升，酌曰⑦："旷饮斯！"又酌曰："调饮斯！"又酌，堂上北面坐饮之⑧。降，趋而出⑨。

平公呼而进之⑩，曰："蒉！曩者尔心或开予⑪，是以不与尔言。尔饮旷，何也？"曰："子卯不乐⑫。知悼子在堂⑬，斯其为子卯也大矣⑭！旷也，太师也⑮。不以诏⑯，是以饮之也。""尔饮调，何也？"曰："调也，君之亵臣也⑰。为一饮一食忘君之疾⑱，是以饮之也。""尔饮，何也？"曰："蒉也，宰夫也⑲，非刀匕是共⑳，又敢与知防㉑，是以饮之也。"平公曰："寡人亦有过焉，酌而饮寡人。"杜蒉洗而扬觯㉒。公谓侍者曰："如我死，则必毋废斯爵也㉓！"

至于今，既毕献，斯扬觯，谓之"杜举"。

【注释】

①知悼子：知罃（yīng），春秋时晋国大夫。悼是谥号。②平公：晋平公，名彪。③师旷：晋国乐师。李调：晋臣。侍：作陪。④鼓钟：敲钟。⑤杜蒉：晋平公的厨师。《左传》作"屠蒯"。

⑥寝：寝宫。国君休息的宫殿。⑦酌：斟酒。这里指敬酒。⑧北面：古代尊者坐南朝北，地位低者坐北朝南，这样正好面对。⑨降：这里指走下殿阶。⑩进之：让他进来。⑪曩者：刚才。⑫子卯不乐：商纣王是在甲子日自杀，夏桀在乙卯日被流放，所以甲子日、乙卯日是历代君王忌讳之日，禁止享乐。⑬在堂：灵柩还放在殿堂里没有下葬。⑭子卯：甲子和乙卯，古人认为不吉利的日子。⑮太师：对乐师的称呼。⑯诏：告诉。⑰嬖臣：宠幸的近臣。⑱疾：犹言忌讳之事。⑲宰夫：厨师。⑳共：同"供"。匕：羹匙。"刀匕是共"，宾语前置句。㉑与：参加。知防：察觉和防止违礼的事。㉒扬：高高举起。觯：饮酒器皿。㉓爵：饮酒器。

【译文】

知悼子死了，还没有下葬。平公饮酒作乐，师旷、李调陪伴侍奉，击鼓敲钟地演奏乐曲。杜蒉从外面来，听到钟鼓声，说："国君在哪儿？"仆人说："在寝宫。"杜蒉前往寝宫，拾阶而上，他斟酒道："师旷干了这杯。"又斟酒道："李调干了这杯。"之后他又斟酒，在大堂上面朝北厅的北面坐下干杯，然后走下台阶，小步快走出去。

平公喊他进来，说："蒉，刚才我心想你可能要开导我，所以不跟你说话。你罚师旷喝酒，为什么啊？"杜蒉回答说："子日和卯日不能演奏乐曲，知悼子还在堂上停灵，这事与子卯日相比大多了！师旷，是太师啊。他不告诉您这道理，所以罚他喝酒。""你罚李调喝酒，为什么？"杜蒉说："李调，是君主身边的近臣。为了一点喝的一点吃的就忘记君主的忌讳，所以罚他喝酒。""你自己罚自己喝酒，又是为什么？"杜蒉说："我杜蒉，膳食官而已，不去管刀匕的事务，却敢干预君主，对君主讲道理，防范错误的事，所以罚自己喝酒。"平公说："我也有过错啊，斟酒来罚我。"杜蒉洗干净酒杯斟满酒后高高举起酒杯。平公对侍从们说："如果我死了，千万不要丢弃这个酒杯啊。"

直到今天，人们敬完酒后，都要高举酒杯，叫作"杜举"。

【评析】

本文记载一个小故事，表现为一厨师的智慧。重要大臣死而未葬，国君却饮酒作乐，严重违礼又悖情。杜蒉路过门口，听到钟鼓之声后去进谏，如直接指出平公的不是，平公未必能接受。于是旁敲侧击，在罚酒三杯之后，而不搭理平公即快步走出，故意引起平公注意；待平公主动问及，他才一一说出道理，平公也完全接受批评，主动检讨认罚，效果奇佳。还有一层意思应该体会出来，即平日杜蒉一定给平公提过意见而被采纳过，所以平公才说了那句话而叫他回来。可见杜蒉是善于进谏之人。

晋献文子成室

《礼记·檀弓下》

晋献文子成室①，晋大夫发焉②。张老曰③："美哉轮焉④！美哉奂焉⑤！歌于斯⑥，哭于斯⑦，聚国族于斯⑧！"文子曰："武也⑨，得歌于斯，哭于斯，聚国族于斯，是全要领以从先大夫于九京也⑩！"北面再拜稽首。君子谓之善颂善祷⑪。

【注释】

①文子：赵武（前596—前545）的谥号。这是后人追记，所以称谥号。②发：送礼庆贺。③张老：前去送礼物的晋大夫张孟。张氏是姬姓的一个分支，三家分晋后，多属韩国。④轮：盘旋屈曲而上，引申为高大。⑤奂：通"焕"，华丽。⑥歌于斯：在这里宴饮奏乐唱诗。斯，此。⑦哭于斯：死丧哭泣在这屋里。哭，指家族死丧哭泣之事。⑧聚国族：聚，聚会。国：国宾。族：宗族。⑨武：赵武自称。⑩全要领：免于斩戮之刑。要，通"腰"。领：脖颈。古时罪重则腰斩，罪轻则戮颈，砍头。先大夫：自称已故的祖、父，赵氏自赵衰以来世代为晋卿。九京：当作"九原"，晋国卿大夫的墓地，在今山西绛县北。⑪善：擅长。

【译文】

晋国献文子赵武的新居落成，晋国大夫们都去送礼致贺。张老说："多美呀，如此高大宽敞！多美呀，如此金碧辉煌！既可以在这里祭祀歌舞，也可以在这里居丧哭泣，还可以在这里宴请国宾、聚会宗族！"献文子说："我赵武能够在这里祭祀唱诗，在这里居丧哭泣，在这里宴请国宾、聚会宗族，这说明我可以免于刑戮而善终，能跟先祖、先父一起长眠在九原了！"说完，朝北连拜两拜，叩头致谢。君子都称赞他们一个善于赞颂，一个善于祈祷。

【评析】

新居落成，同僚送礼祝贺说几句贺词，是最平常之事，但由于张老之贺词别出心裁而与众迥异，主人赵武的答词也非常深邃有人生哲理，故被记载下来。这有深刻的背景，与主人的身世经历有关。赵武便是《赵氏孤儿》中的孤儿，是父亲朋友和有正义之人在惊心动魄的情况下救助出来的。他长大成人后报仇雪恨并又建造新居，故和普通人便不同。因此张老的贺词中含有庆幸和警戒之意，而赵武的答词中"全要领"一词便特别值得注意了。他明白张老的深意，"全要领"就是善终之意。这样，贺词和答词的深层意蕴便都明白了。君子的赞美便是此意。

卷之四

《战国策》

《战国策》是继《左传》《国语》之后，另一部具有重要价值的史书，为国别体，上继春秋，下迄秦汉之际，专门记述这一时期游说之士的策谋与言论，也反映了部分义勇之士的人生风采。它是研究战国历史的重要典籍，而且文学特色十分突出。司马迁撰写《史记》，关于战国时代人物、事件的取材，主要是参考这部著作。它的作者，向无定论，有些学者考证为各国史官与一些谋臣策士。西汉时刘向做了编校，定名为"战国策"，该书共三十三篇。

苏秦以连横说秦

《战国策》

苏秦始将连横①，说秦惠王曰②："大王之国，西有巴、蜀、汉中之利③，北有胡貉、代马之用④，南有巫山、黔中之限⑤，东有殽、函之固⑥。田肥美，民殷富，战车万乘，奋击百万⑦，沃野千里，蓄积饶多，地势形便，此所谓天府⑧，天下之雄国也。以大王之贤，士民之众，车骑之用，兵法之教，可以并诸侯，吞天下，称帝而治⑨。愿大王少留意⑩，臣请奏其效⑪。"

秦王曰："寡人闻之：毛羽不丰满者不可以高飞，文章不成者⑫不可以诛罚，道德不厚者不可以使民，政教不顺者不可以烦大臣。今先生俨然不远千里而庭教之⑬，愿以异日⑭。"

苏秦曰："臣固疑大王之不能用也。昔者神农伐补遂⑮，黄帝伐涿鹿而禽蚩尤⑯，尧伐驩兜⑰，舜伐三苗⑱，禹伐共工⑲，汤伐有夏⑳，文王伐崇㉑，武王伐纣㉒，齐桓任战而霸天下㉓。由此观之，恶有不战者乎？古者使车毂击驰，言语相结，天下为一，约从连横㉔，兵革不藏。文士并饬，诸侯乱惑，万端俱起，不可胜理。科条既备㉕，民多伪态，书策稠浊㉖，百姓不足。上下相愁，民无所聊㉗，明言章理㉘，兵甲愈起。辩言伟服，战攻不息。繁称文辞，天下不治。舌敝耳聋，不见成功，行义约信，天下不亲。于是乃废文任武㉙，厚养死士，缀甲厉兵㉚，效胜于战场㉛。夫徒处而致利㉜，安坐而广地㉝，虽古五帝三王五霸，明主贤君，常欲坐而致之，其势不能。故以战续之，宽则两军相攻，迫则杖戟相橦^㉞，然后可建大功。是故兵胜于外，义强于内，威立于上，民服于下。今欲并天下^㉟，凌万乘^㊱，诎敌国^㊲，制海内，子元元^㊳，臣诸侯^㊴，非兵不可。今之嗣主，忽于至道^㊵，皆惛于教^㊶，乱于治^㊷，迷于言，惑于语，沉于辩，溺于辞。以此论之，王固不能行也。"

说秦王书十上而说不行，黑貂之裘弊^㊸，黄金百斤尽，资用乏绝，去秦而归，羸縢履蹻^㊹，负书担橐^㊺，形容枯槁，面目黧黑^㊻，状有愧色。归至家，妻不下纴^㊼，嫂不为炊。父母不与言。苏秦喟叹曰："妻不以我为夫，嫂不以我为叔，父母不以我为子，是皆秦之罪也。"乃夜发书，陈箧数十^㊽，得太公阴符之谋^㊾，伏而诵之，简练以为揣摩^㊿。读书欲睡，引锥自刺其股，血流至足，曰："安有说人主，不能出其金玉锦绣，取卿相之尊者乎？"期年⁵¹，揣摩成，曰："此真可以说当世之君矣。"于是乃摩燕乌集阙⁵²，见说赵王于华屋之下，抵掌而谈⁵³，赵王大悦，封为武安君⁵⁴。受相印⁵⁵，革车百乘，锦绣千纯，白璧百双，黄金万溢，以随其后，约从散横以抑强秦⁵⁶，故苏秦相于赵而关不通⁵⁷。当此之时，天下之大，万民之众，王侯之威，谋臣之权，皆欲决苏秦之策⁵⁸。不费斗粮，未烦一兵，未战一士，未绝一弦，未折一矢，诸侯相亲，贤于兄弟⁵⁹。夫贤人在而天下服，一人用而天下从，故曰：式于政不式于勇⁶⁰；式于廊庙之内⁶¹，不式于四境之外。当秦之隆，黄金万溢为用⁶²，转毂连骑⁶³，炫熿于道⁶⁴，山东之国从风而服，使赵大重。且夫苏秦，特穷巷掘门桑户棬枢之士耳⁶⁵，伏轼撙衔⁶⁶，横历天下，廷说诸侯之王⁶⁷，杜左右之口⁶⁸，天下莫之能伉⁶⁹。

将说楚王，路过洛阳，父母闻之，清宫除道⁷⁰，张乐设饮⁷¹，郊迎三十里。妻侧目而视⁷²，倾耳而听。嫂蛇行匍伏⁷³，四拜自跪而谢⁷⁴。苏秦曰："嫂何前倨而后卑也⁷⁵？"嫂曰："以季子之位尊而多金⁷⁶。"苏秦曰："嗟乎！贫穷则父母不子⁷⁷，富贵则亲戚畏惧。人生世上，势位富贵，盖可以忽乎哉⁷⁸？"

【注释】

①苏秦：战国时洛阳人，著名纵横家，和张仪齐名。②说（shuì）：劝说。秦王：秦国国君，秦孝公之子，即位后杀掉商鞅。③巴：今四川省东部和重庆一带。蜀：今四川省西部。汉中：今陕西省秦岭以南地区。当时三地还未归秦，但交通频繁，故言西有其利。④胡貉（hè）：

西北地区产的野兽，类似狐狸，毛皮可为裘。代：今山西、河北两地北部，产马。⑤巫山：山名，在今重庆巫山县东。黔中：地名，在今湖南省沅陵县西。限：限制，这里是险要屏障的意思。⑥殽：山名，在今河南省洛宁县。函：函谷关，在今河南省灵宝市西南一里许。⑦奋击：奋勇作战的士兵。⑧天府：天然的府库。指物产丰饶。⑨帝：本义为天神。战国时期有统一天下之野心的君主开始自号为帝。⑩少：稍微。⑪效：效果、成效。⑫文章：这里指法令条文。⑬俨然：很严肃认真。庭教：到朝堂上来指教。⑭异日：他日，以后的委婉说法。⑮神农：传说中远古帝王，农业和医药的发明者。补遂：古国名。⑯涿鹿：古地名，在今河北省涿鹿县南。蚩尤：传说中的九黎族首领。⑰驩（huān）兜：尧臣名。⑱三苗：古族名，也称苗、有苗，在今湖北武昌、湖南岳阳、江西九江一带。⑲共工：古代部族。⑳汤伐有夏：指商汤伐夏桀。㉑文王伐崇：文王伐崇侯虎。崇，古国名，在今陕西省户县东。㉒武王伐纣：指周武王伐商纣王事。㉓任：担当。㉔约从连横：南北为纵，即东方六国结盟为约从。东西为横，秦和六国分别联合则为连横。是当时各国外交的不同策略。㉕科条：规章制度。㉖书策稠浊：法规制度条文多而混乱。㉗聊：依赖。㉘明言章理：非常明显的道理。㉙废文任武：放弃文化宣传而专门使用武力手段。㉚缀甲厉兵：制造铠甲，磨砺兵器。㉛效胜于战场：在战场上较量胜负。效：通"较"㉜徒处而致利：无所事事就得到利益。㉝安坐而广地：安闲坐着就扩大国家土地。㉞杖戟相橦：挺着枪戟撞击搏斗，指短兵相接。㉟并天下：统一天下。㊱凌万乘：侵犯战胜有万辆战车的大国。㊲诎敌国：使敌对的国家屈服。诎：同"屈"。㊳子元元：以广大人民为子。元元：人民。㊴臣诸侯：以诸侯为臣。㊵至道：最高的道理。㊶惛于教：在教化上昏暗不明。惛：昏暗不明。㊷乱于治：对于如何治理国家头脑糊涂。㊸黑貂之裘弊：黑色的貂皮大衣坏了。弊：坏。㊹赢縢履蹻：绑着裹腿穿着草鞋。赢（léi）同"缧"，缠绕。縢：绑腿布。蹻（juē）：草鞋。㊺负书担橐：背着书箱，挑着行李。㊻面目黧黑：脸色很黑。㊼纴：织布帛的丝缕。这里代指织布机。㊽陈箧：摆开书箱。㊾阴符之谋：指兵书。太公：即姜太公吕尚。㊿简练以为揣摩：挑选精彩的部分反复学习。揣摩：思考琢磨。51期年：一周年。52摩燕乌集阙：到王宫去。摩：接近，这里引申为到达。燕乌集阙：当是楼观名。古代君王所居之处，在城门有左右两个对称之楼观，称"阙"。53抵掌：击掌，亲近貌。54武安：地名，在今河北省武安县。55受相印：接受相印。指赵王封苏秦为相。56约从散横：说服六国建立合纵联盟拆散连横，共同抗击秦国。57关不通：指函谷关不通。函谷关是秦国和六国联系的通道，因六国共同抗秦而函谷关交通断绝。58苏秦之策：苏秦的策略。59贤于兄弟：比兄弟之间还亲近。60式：运用。61廊庙：朝廷。62溢：通"镒"。63转毂连骑：跟随着许多车辆和骑马之人。64炫煌于道：在道路上很炫耀。炫煌：同"炫煌"。65掘门桑户棬枢：掘门，同窑门，简陋之门。桑户：用桑木做的门。棬枢：用树条当门枢。形容苏秦家很贫穷，住宅简陋。⑥⑥伏轼撙衔：伏轼：弯身伏车前横木上。撙衔：拉着马缰绳。悠闲自得貌。⑥⑦廷说：在朝廷上说服。⑥⑧杜：杜绝、堵塞。⑥⑨亢：通"抗"，抗衡、匹敌。⑦⑩清宫除道：收拾房屋，打扫街道。⑦①张乐设饮：设置音乐，备办酒席。⑦②侧目而视：不敢正面看。⑦③蛇行匍伏：像蛇那样爬行。⑦④谢：赔礼道歉。⑦⑤以前倨而后卑：以前傲慢而现在谦卑。⑦⑥季子：兄弟间最小的。或说是苏秦的字。⑦⑦父母不子：父母不以为子。⑦⑧盖：通"盍"，何的意思。

【译文】

苏秦开始将要进行连横的策略，于是游说秦惠王说："大王的国家，西面有巴、蜀、汉中的财富之利，北面有胡地之貉、代地之马的特产，南面有巫山、黔中的天险，东面有殽山、函谷关的坚固边塞。田地肥沃美好，百姓殷实富裕，有万辆战车，百万英勇善战的士兵，肥沃的原野有千里之广，储蓄和积累富饶，地势地情非常便利，这就是所谓的天然府库，天下雄伟之国。再凭借大王的贤德，士人百姓的众多，战车军队的运用，兵法的训练教导，就可以吞并诸侯，统一天下，称帝而进行统治。希望大王稍微留意一下，我请求实现这种效果。"

秦王说："我听说，羽毛不丰满的鸟，不可以高飞；没有形成法令条文的，不可以进行处理惩罚；道德不厚重的，不可以指挥使用百姓；政令教育不顺畅的，不可以领导大臣。如今先生很严肃地不远千里来到朝廷教诲我，希望换个日子再谈。"

苏秦说："我本来就怀疑大王不能采用我的意见。从前神农氏讨伐补遂，黄帝讨伐涿鹿而擒获蚩尤，尧讨伐驩兜，舜讨伐三苗，夏禹讨伐共工，商汤讨伐夏桀，周文王讨伐崇侯虎，周武王讨伐商纣王，齐桓公用战争而称霸天下。从这些历史事实来看，哪有不打仗的呢？从前使者的车毂相击到处奔驰，用言语相互结盟，全天下都是这种情形。或者是合纵或者是连横，都在显示军事实力。文士都开始运用装饰性很强的语言到处游说，诸侯都很迷惑混乱，各种矛盾都起来了，不能完全厘清。法律条文已经很完备，而百姓多虚伪，科条律法多而混乱，百姓却很贫困。上下都很愁苦，人民没有什么依靠和信任。辨明各种舆论和道理，战争越发兴起。文士们穿着高贵的服装说着辩词，而战争攻击却不停息。依靠烦琐的讲演和言辞，天下不能大治。舌头都说破了，耳朵也听聋了，却看不到成功。推行仁义、约定诚信，天下人都不亲近。于是才废弃文治而任用武力，用丰厚的待遇养育勇于献身的勇士，制造铠甲磨砺兵器，在战场上较量胜败。什么都不做而得到利益，安坐而扩大土地，虽然是古代的五帝三王五霸，圣明的君主，常想要端坐垂拱而达到这种目的，势必

146

不可能。因此用战争手段来继续实现，远一点的则两支军队相互攻击，近距离则刀枪剑戟相互撞击搏杀，然后可以建立大的功绩。因此军队对外打胜仗，加强道义在国内，国君的威信立于上面，百姓在下位服从。如今要吞并天下，凌驾在万乘大国的诸侯之上，使敌国屈服，控制整个天下，以天下的百姓为子民，使天下的诸侯为臣子，非用战争手段不可。如今那些接班的诸侯，对于最高的道理会忽视，对于教化很不明确，对于治道很混乱糊涂，对于那些花言巧语很迷惑，对于那些诡辩的言辞很沉溺。以这些情况来看，大王当然不能实行啊。"

苏秦十次交上游说秦王的书信而不被采纳，黑色貂皮大衣也破旧了，一百斤黄金也花光了，盘缠资金空乏断绝，离开秦国而回归家中。用绳索捆绑破旧的书箱，自己背着书箱挑着口袋，身形面容瘦弱，脸色铁黑，表情有惭愧之色。回到家里，正在织布的妻子也不停下织布机，嫂子也不给他做饭，父母也不和他说话。苏秦长长叹口气说道："妻子不把我当丈夫来对待，嫂子不把我当成小叔子来对待，父母不把我当儿子来对待，这都是秦国的罪过。"于是在夜间把书都拿出来，陈列几十书箱，找到太公的阴符之谋，伏案而阅读背诵，再概括简练地揣摩。读书困倦要睡着，就拿起锥子扎大腿，血一直流到脚后跟，发誓说："哪里有游说人主，不能使其出金银宝玉锦绣，而获取公卿丞相之尊贵位置的呢？"一整年时间，揣摩成功了，说："这次真的可以游说当世的国君了。"于是他就来到燕乌集阙，在华丽的大屋之下拜见游说赵王，相互击掌而谈。赵王非常喜悦，封苏秦为武安君，授给他丞相之印，包裹皮革的车一百辆，织锦刺绣一千匹，白色玉璧一百双，黄金一万镒，跟随在他的身后，结盟合纵拆散连横来制约削弱强大的秦国，因此苏秦在秦当丞相而函谷关不再通行。这个时期，天下之广大疆域，万民的众多人口，王侯的威风，大臣的权谋，都要取决于苏秦的计策。不费一斗粮食，不麻烦一个士兵，没有一个士兵参战，没有折断一根弓弦，没有折断一根箭，诸侯相互亲近，比亲兄弟还亲。贤人在而天下信服，一个人被重用而天下听从，所以，运用政策计谋而不运用武力，运用在朝廷内部而不运用在四境之外。当时秦国是正强大的时候，黄金万镒为他使用，车辆前后相接，车轮滚滚，奔驰炫耀在道路上，山东的诸侯国都闻风而服从，使赵国大大受到重视。况且这位苏秦，不过就是一位偏僻里巷里的挖洞做门，用桑木做门扇，用楼木做门枢的贫贱之士而已，伏在车前的横轼上，牵着服马的马缰绳，横行经历天下，当廷游说诸侯国的君王，杜绝其左右人的嘴，天下没有人能够与他相抗衡。

苏秦将要去游说楚王，路过洛阳。父母听说了，收拾打扫房屋，清扫道路，聘请乐队奏乐，到郊外三十里去迎接。妻子不敢用正眼看，只倾耳聆听。嫂子如同蛇那样爬行，匍匐在地上向苏秦拜了四拜而道歉。苏秦说："嫂子为什么以前傲慢而今天这样卑下呢？"嫂子说："因为你现在地位尊贵又有很多金钱。"苏秦说："唉！贫穷则父母不把你当儿子，富贵则亲戚都畏惧，人生在世，权势地位和富贵，又怎么可以忽视呢？"

【评析】

本文选自《战国策·秦策》，记述当时著名策士苏秦游说各国，由困顿到通显的过程。《战国策》是继《左传》《国语》之后，另一部具有重要价值的史书，与《国语》一样，亦为国别体，上继春秋，下迄秦汉之际，专门记述这一时期游说之士的策谋与言论，也反映了部分义勇之士的人生风采。它是研究战国历史的重要典籍，而且文学特色十分突出。司马迁撰写《史记》，关于战国时代人物、事件的取材，主要是参考这部著作。它的作者，向无定论，有些学者考证为各国史官与一些谋臣策士。西汉时刘向作了编校，定名为"战国策"，共三十三篇。

在作者笔下，苏秦刚开始时是以连横家面目出现，怂恿秦王用战争征服六国，"书十上，而说不行"，秦王没有采纳他的意见。于是就像川剧的变脸表演那样，他摇身一变成为合纵家，遍游山东各国，献策合力抗秦，同样说得头头是道，翻云覆雨，鼓浪掀波，策士形象跃然纸上。文章通过说秦之困顿与说赵之通显的铺张夸饰的对比，描形拟态，夹叙夹议，更把"贫穷则父母不子，富贵则亲戚畏惧"的淡薄人情、炎凉世态揭露无遗，使本文成为描摹世态炎凉最有力的作品。人最亲者莫过于父母，最近者莫过于夫妻，最无嫌隙者莫过于叔嫂，而在贫穷时父母、妻子、嫂子都极其冷淡，而富贵后又都变得极其恭敬，这样就最有力地表现出世人"势利眼"的行径。

本文在艺术表现上极其成功。一是苏秦的变脸，开始他用连横之策，在秦国受到冷遇，于是变脸为合纵。二是苏秦亲人的变脸。他在妻子、嫂子、父母在他贫穷和富贵时的表现便是绝妙的变脸。而这种变脸，在我们的周围不是很普遍吗？这便揭示出人性的弱点。

本文还善于运用铺张夸饰的手法，气势充沛，很有表现力。

司马错论伐蜀

《战国策》

司马错与张仪争论于秦惠王前①，司马错欲伐蜀，张仪曰："不如伐韩。"王曰："请闻其说。"

对曰："亲魏善楚，下兵三川②，塞镮辕、缑氏之口③，当屯留之道④，魏绝南阳，楚临南郑⑤，秦攻新城宜阳⑥，以临二周之郊⑦，诛周主之罪，侵楚魏之地。周自知不救，九鼎宝器必出⑧。据九鼎，按图籍⑨，挟天子以令天下，天下莫敢不听，此王业也。今夫蜀，西僻之国也而戎狄之长也⑩，敝兵劳众不足以成名⑪，得其地不足以为利。臣闻：'争名者于朝，争利者于市。'今三川、周室，天下之市朝也，而王不争焉，顾争于戎狄，去王业远矣。"

司马错曰："不然。臣闻之：'欲富国者，务广其地⑫；欲强兵者，务富其民；欲王者，务博其德。三资者备，而王随之矣。'今王之地小民贫，故臣愿从事于易⑬。夫蜀，西僻之国也，而戎狄之长也，而有桀纣之乱⑭。以秦攻之，譬如使豺狼逐群羊也。取其地足以广国也，得其财足以富民。缮兵不伤众⑮，而彼已服矣。故拔一国，而天下不以为暴；利尽西海⑯，诸侯不以为贪。是我一举而名实两附，而又有禁暴止乱之名。今攻韩劫天子，劫天子，恶名也，而未必利也，又有不义之名。而攻天下之所不欲，危⑰！臣请谒其故⑱：周，天下之宗室也⑲；韩，周之与国也⑳。周自知失九鼎，韩自知亡三川，则必将二国并力合谋，以因于齐、赵而求解乎楚、魏。以鼎与楚，以地与魏，王不能禁。此臣所谓危，不如伐蜀之完也㉑。"

惠王曰："善！寡人听子。"卒起兵伐蜀，十月取之，遂定蜀，蜀主更号为侯，而使陈庄相蜀㉒。蜀既属㉓，秦益强富厚，轻诸侯。

【注释】

①司马错：秦将，公元前316年率兵伐蜀，前301年再次出蜀平定叛乱。张仪：魏国人，战国时著名纵横家。曾以连横政策游说各国，有功于秦，封武信君。秦惠王：即秦惠文王，公元前337年至前311年在位。②下兵：出兵。三川：指当时韩国境内黄河、伊水、洛水三水流经地区，在今河南省黄河以南、灵宝市东部一带。③镮（huán）辕：山名，在今河南省偃师东南，接巩县、登封两县界。地势险要。缑（gòu）氏：古地名，当时的两个军事要地。在今河南

省偃师东南，因山得名，地当伊洛平原东部嵩山口，为军事要地。④屯留：地名，今山西屯留县。⑤南阳：今河南南阳，当时为韩国领土。南郑：今河南新郑。⑥新城宜阳：故地在今河南襄城县。⑦二周：平王东迁后都洛阳，称东周。附近有一小国，是周考王时分封的诸侯国，称西周，开国君主是西周桓公。都在公元前256年被秦国所灭。⑧九鼎：礼器，夏禹铸九鼎，以后作为传国宝物。⑨图籍：地图和户籍。⑩戎狄：古代对西部少数民族的泛称。⑪敝兵：一本作敝名。⑫务：务必、专心。⑬易：指容易。⑭有桀纣之乱：以夏桀商纣之乱喻指巴蜀之乱。当时蜀王封其弟于汉中，号苴侯。苴与巴国交好，而巴与蜀为敌国。于是蜀王伐苴侯，苴侯奔巴。蜀又伐巴，苴侯求救于秦。⑮缮：治理，指动用军队。⑯西海：一作"四海"。⑰危：危险。⑱谒：说明，陈述。⑲天下之宗室：周天子是天下的共主。⑳与国：封的诸侯国。㉑完：犹言万全之策。㉒陈庄：秦臣。公元前314年任蜀相。㉓既属：已经成为附属国。

【译文】

司马错和张仪在秦惠王面前展开一场争论。司马错要攻伐蜀国，张仪说："不如攻打韩国。"秦惠王说："我想听听你们各自的见解。"

张仪回答说："应先与魏、楚两国表示亲善，然后出兵三川，堵塞辕辕、缑氏两个隘口，挡住通向屯留的路，让魏国出兵切断南阳的通路，楚国派兵逼近南郑，秦国军队则攻击新城和宜阳，兵临二周的近郊，声讨周君的罪行，随后乘机侵占楚、魏两国的土地。周王室知道不能拯救自身，一定会交出九鼎和宝器。我们占有九鼎，掌握地图和户籍，挟持周天子，用他的名义来号令天下，天下没有敢于不听从我们的。这就是王业。如今，那个蜀国是西边偏僻落后的国家，是戎狄的首领。攻打蜀国，会使士兵疲惫，使百姓劳苦，却不足以建立名望；即使夺取那里的土地，也不足以算什么利益。我听说：'争名的要在朝廷上争，争利的要在市场上争。'现在的三川地区和周王室，正是整个天下的大市场和朝廷，大王不去争夺，反而考虑与那些戎狄去争夺名利，这就离帝王之业太远了。"

司马错说："不是这样。我听到过这样的话：'想使国家富庶，一定要扩大他的领地，想使军队强大，一定让他的百姓富足，想建立王业，一定要广布他的恩德。这三个条件具备了，王业就会随之实现了。'现在大王的土地少，百姓贫困，所以我希望大王先从容易办的事做起。蜀国是西边偏僻的国家，以戎狄为首领，而且有像桀、纣一样的祸乱。用秦国的军队前往攻打，就如同用豺狼驱赶羊群一样。得到它的土地，足以扩大秦国的疆域，得到它的财富，足以使百姓富足。整治军队又不伤害百姓，而蜀国已经归服了。因此，夺取蜀国，但天下人不认为我们暴虐；取尽了西边蜀国的财富，诸侯国也不认为我们贪婪。这就是说，我们用兵一次，就能名利双收，还能得到除暴、平乱的好名声。如果现在去攻打韩国，胁迫周天子，胁迫天子，必然招致坏名声，而且不一定有利，又有不义的名声。去进攻天下人都不希望进攻的地方，这是很危险的！请允许我讲明这个缘故：周王室，现在还是天下共同的宗室；韩国，是周国的友好邻邦。如果周天子自己知道要失去九鼎，韩王自己知道要丧失三川，那么，两国一定会联合起来，共同采取对策，依靠齐国和赵国，并且向楚、魏两国求援，以解除危难。把九鼎送给楚国，把土地送给魏国，大王是不能阻止的。这就是我所说的危险，不如攻打蜀国那样万无一失。"

秦惠王说："说得很好。我采纳你的意见。"终于出兵进攻蜀国。十月夺取了那里的土地，然后平定了蜀国。蜀国的君主改称为侯，秦国派遣陈庄去辅佐蜀侯。蜀国归附以后，秦国就更加强大富庶，轻视其他诸侯国了。

【评析】

本文记载秦国朝廷内部一次关于外交与军事的讨论。秦国当时国力很强，加强扩张是既定国策，但在先把作战目标指向哪里的问题上，谋士们产生了不同意见。张仪是著名纵横家，故语言华美而前景描绘美妙，但仔细分析有些玄虚，即有很多不确定因素，而且霸气十足，是纵横家的风格。而司马错的分析则句句可以落实，尤其是在提出扩大疆土，富国强兵，推行道德这三个前提方面，更是极其重要的国策。而且蜀地内乱，又求助于秦，出兵顺理成章。而攻韩胁迫天子则会招惹天下公愤，且有许多变数。司马错逻辑严谨，充满经验和智慧，具有老练政治家的风采。秦惠王采纳司马错的意见，是英明之君主。而且事实证明这种策略是成功的。司马错提出秦攻蜀"譬如使豺狼逐群羊"的比喻也极其生动。

范雎说秦王

《战国策》

范雎至秦，王庭迎范雎①。敬执宾主之礼，范雎辞让。是日见范雎，见者无不变色易容者。秦王屏左右，宫中虚无人，秦王跪而进曰："先生何以幸教寡人！"范雎曰："唯唯②。"有间，秦王复请，范雎曰："唯唯。"若是者三。秦王跽曰③："先生不幸教寡人乎？"

范雎谢曰："非敢然也。臣闻昔者吕尚之遇文王也，身为渔父而钓于渭阳之滨耳④。若是者，交疏也⑤。已一说而立为太师，载与俱归者，其言深也。故文王果收功于吕尚，卒擅天下而身立为帝王。即使文王疏吕望而弗与深言，是周无天子之德，而文、武无与成其王也。今臣，羁旅之臣也⑥，交疏于王，而所愿陈者，皆匡君臣之事⑦，处人骨肉之间⑧。愿以陈臣之陋忠，而未知王心也，所以王三问而不对者是也。臣非有所畏而不敢言也，知今日言之于前，而明日伏诛于后，然臣弗敢畏也。大王信行臣之言⑨，死不足以为臣患，亡不足以为臣忧，漆身而为厉⑩，被发而为狂⑪，不足以为臣耻。五帝之圣而死，三王之仁而死，五霸之贤而死，乌获之力而死⑫，奔、育之勇而死⑬。死者，人之所必不免。处必然之势，可以少有补于秦，此臣之所大愿也，臣何患乎？伍子胥囊载而出昭关⑭，夜行而昼伏，至于菱夫⑮，无以饵其口，膝行蒲伏，乞食于吴市，卒兴吴国，阖闾为霸。使臣得进谋如伍子胥，加之以幽囚不复见，是臣说之行也，臣何忧乎？箕子、接舆，漆身而为厉，被发而为狂，无益于殷、楚。使臣得同行于箕子、接舆⑯，可以补所贤之主，是臣之大荣也，臣又何耻乎？臣之所恐者，独恐臣死之后，天下见臣尽忠而身蹶也⑰，因以杜口裹足，莫肯向秦耳。足下上畏太后之严，下惑奸臣之态，居深宫之中，不离保傅之手⑱，终身闇惑，无与照奸⑲，大者宗庙灭覆，小者身以孤危。此臣之所恐耳！若夫穷辱之事，死亡之患，臣弗敢畏也。臣死而秦治，贤于生也。"

秦王跽曰："先生是何言也！夫秦国僻远，寡人愚不肖，先生乃幸至此，此天以寡人恩先生⑳，而存先王之庙也。寡人得受命于先生，此天所以幸先王而不弃其孤也。先生奈何而言若此！事无大小，上及太后，下至大臣，愿先生悉以教寡人，无疑寡人也。"范雎再拜，秦王亦再拜。

【注释】

①范雎：字叔，魏人，有智谋。在魏受陷害被鞭打装死而免。后逃到秦国，上书昭王受到重用。庭：指宫廷。②唯唯：应答语，嗯嗯，是是。这里应该是犹疑不决之语气。③跽：古人席地而坐，姿势是双膝着地，臀部坐在脚跟上。"跽"是双膝仍然着地，而把上身挺起；是一

种表示恭敬，有所请求的姿势。也称为长跪。④吕尚：姜姓，吕氏，名尚，字子牙，号太公望。博闻多谋，处殷之末世，不得志，垂钓于渭水之阳，后遇文王辅周灭殷。文王：姬姓，名昌，生前称周西伯或西伯昌，武王灭殷后追谥文王。遇吕尚于渭水北岸。⑤交疏：交情不深。⑥羁（jī）旅：滞留做客他乡。⑦匡君臣之事：纠正补救君臣关系的事情。⑧骨肉：这里指宣太后与秦昭王的母子关系。⑨信：果真。⑩厉：借作"癞"。⑪被发而为狂：披散开头发，装疯卖傻。⑫乌获：秦国力士，传说能举千钧之重。秦武王爱好举重，所以宠用乌获等力士。⑬奔、育：孟奔（一作贲）、夏育。战国时卫国人（一说齐国人）。据说孟贲能生拔牛角，夏育能力举千钧，都为秦武王所用。⑭昭关：春秋时楚吴两国交通要冲，地在今安徽含山县北。伍子胥逃离楚国，入吴途中经此地。⑮菱夫：即溧水，在今江苏省西南部，邻近安徽省。⑯箕子：商纣王叔父，封于箕（今山西太谷东北）。因谏纣王而被囚禁，武王克殷，才得到释放。接舆：春秋楚隐士，人称楚狂，曾唱《凤兮》歌讽劝孔子避世隐居。据史籍记载，箕子、接舆都曾佯狂，但未见有"漆身为厉"之事。⑰蹶：跌倒。⑱保傅：太保、太傅。周代以太师、太傅、太保为三公。这里泛指辅佐国王的大臣。⑲照奸：辨别认识奸邪之人。⑳悘（hùn）：打扰，烦劳。

【译文】

　　范雎来到秦国，秦昭王在宫庭里迎接，以正式的宾主礼仪接待，范雎也表示谦让。这一天接见范雎，看到那场面的人无不脸色变得严肃起来。秦王屏退左右的人，宫中没有别人，秦王跪着请求说："先生有什么来赐教寡人吗？"范雎说："嗯——嗯——"过一会儿，秦王再次请求，范雎依旧说："嗯——嗯——"像这样有三次了。秦王长跪着说："先生不肯赐教寡人吗？"

　　范雎表示歉意说："不是臣子敢于这样啊。臣子听说当初吕尚遇到文王的时候，身份只是个渔父，在渭水北岸垂钓罢了。像这种情况，关系可说是很生疏的。结果因为一次谈话就任他做太师，请他同车一起回去，这是因为交谈得深刻啊。所以文王果真得到吕尚为他建立的功勋，终于据有天下而自身成为帝王。假如文王因为跟吕望生疏而不跟他深谈，这样周就没有天子的德行，文王、武王也就不能成为王了。现在臣子是个客处他乡的人，与大王关系疏远，而所想要面陈的，又都是纠正国君大臣偏差错失的事。处在人家骨肉之间。臣子愿意献上一片浅陋的忠诚，却不知大王的心意如何，所以大王连问三次而不回答，就是这个原因。臣子并非有什么害怕而不敢说的，即使知道今天说在前面，明天受死刑在后面，然而臣子也不敢畏惧。大王真能实行臣子的建议，死不足成为臣子的灾祸，流亡不足以成为臣子的忧虑，浑身涂漆像生癞疮，披头散发装作发狂，不足以成为臣子的耻辱。五帝这样的圣人要死，三王这样的仁人要死，五伯这样的贤人要死，乌获这样的力士要死，孟奔、夏育这样的勇士要死。死，是人无法逃避的。处在难免一死的形势下，可以对秦国稍微有些益处，这就是臣子最大的希望了，臣子还担心什么呢？臣子胥藏在袋子里混出昭关，夜间赶路，白天隐蔽，到了溧水，没东西可吃，坐着走，爬着行，在吴市讨饭，最后振兴了吴国，使吴王阖闾成为霸主。假如臣子进献谋略能像伍子胥那样，就是把我禁闭起来，终身不再见大王，只要臣子的主张实行了，臣子还忧虑什么呢？箕子、接舆他们，浑身涂漆像生癞疮，披头散发装作发狂，可是对殷朝、楚国并无好处。假如臣子可以跟箕子、接舆有相同的行为，浑身涂漆能对我认为贤明的君主有所帮助，这就是臣子最大的荣耀了，臣子又有什么耻辱呢？臣子所担忧的，只怕臣子死后，天下人看到臣子尽忠而身体倒下，从此锁住了嘴，裹住了脚，没人再愿到秦国来。大王上怕太后的严厉，下受奸臣的伪装迷惑，居住在深宫之中，离不开辅臣的手，终身受到蒙蔽，没法洞察奸佞，大则王室覆灭，小则自身陷于孤立危险的境地。这才是臣子所怕的！至于那些被困受辱的事，死刑流亡的祸殃，臣子不敢害怕。臣子死而使秦国能够治理好，比活着更有意义。"

秦王直跪着说："先生这是什么话！秦国偏僻而远离中原，寡人愚笨而不贤明，先生竟能光临此地，这是上天要寡人来烦劳先生，从而使先王的宗庙得以保存啊。寡人能够受到先生的教诲，这是上天赐恩于先王而不抛弃他的儿子啊。先生为什么要这样说呢！事不论大小，上到太后，下到大臣，希望先生全都教导寡人，不要怀疑寡人。"范雎向秦王拜了两拜，秦王也向范雎拜了两拜。

【评析】

《古文观止》所选篇目确有深心，本文之入选，在于范雎游说人主的智慧。范雎是战国后期著名人物。他在魏国遭受冤屈险些被打死。故逃入秦国受到秦王接见时表现极其谨慎的态度。秦王此时也处在困惑之中，被母亲以及舅父等亲情左右，无法施展才能，急于求得智者点拨，故发生这种情况。作为当时非常强大的国家君主向一个来自外邦的布衣长跪求教，实在罕见。范雎初见秦王，既不像苏秦那样锋芒毕露，也不像张仪那样咄咄逼人，而是谨言慎行，唯唯再三，欲言又止。对于秦王和范雎两个人的神态描摹可谓穷形尽相。秦王之急迫，范雎之忐忐忑忑吞吞吐吐，都可以想象出来。而范雎用文王和姜子牙之典故也非常贴切，用"交疏言深"来做试探和铺垫，当确认秦王真心听取自己的意见后，则说出自己的担忧"所愿陈者，皆匡君臣之事，处人骨肉之间"，然后又引古论今，援他况己，旁敲侧击，铺张扬厉，表达了自己的意愿，即如果秦王采纳自己的意见而摆脱困境使秦国强大的话，虽万死而不辞。如果秦王不采纳自己的意见而杀害自己，不但自己死得没有价值，而且也堵塞了秦国的求贤之路。说理非常透彻，人物形象鲜明。

邹忌讽齐王纳谏

《战国策》

邹忌修八尺有余①，而形貌昳丽②。朝服衣冠，窥镜，谓其妻曰："我孰与城北徐公美③？"其妻曰："君美甚，徐公何能及公也！"城北徐公，齐国之美丽者也。忌不自信④，而复问其妾曰："吾孰与徐公美？"妾曰："徐公何能及君也？"旦日，客从外来，与坐谈，问之："吾与徐公孰美？"客曰："徐公不若君之美也！"明日，徐公来，孰视之⑤，自以为不如；窥镜而自视，又弗如远甚。暮寝而思之，曰："吾妻之美我者⑥，私我也；妾之美我者，畏我也；客之美我者，欲有求于我也。"

于是入朝见威王⑦，曰："臣诚知不如徐公美。臣之妻私臣，臣之妾畏臣，臣之客欲有求于臣，皆以美于徐公。今齐地方千里⑧，百二十城，宫妇左右莫不私王⑨，朝廷之臣莫不畏王，四境之内莫不有求于王：由此观之，王之蔽甚矣⑩。"

王曰："善。"乃下令："群臣吏民能面刺寡人之过者⑪，受上赏；上书谏寡人者，受中赏；能谤讥于市朝⑫，闻寡人之耳者，受下赏。"令初下，群臣进谏，门庭若市；数月之后，时时而间进；期年之后，虽欲言，无可进者。

燕、赵、韩、魏闻之，皆朝于齐⑬。此所谓战胜于朝廷。

【注释】

①邹忌：齐人，曾任齐相。修：长，指身高。②昳（yì）丽：光彩照人，美貌。③孰与：表示比较。"孰与徐公美"就是与徐公谁美。④不自信：自己不相信。⑤孰：同"熟"，仔细。⑥美：意动用法，以……为美。⑦威王：名田因齐，又作田婴齐。⑧地方千里：指土地面积方圆一千

平方里，是约数。⑨宫妇左右：宫里的妃嫔（pín）、随侍的宦官等。⑩蔽：所受的蒙蔽。甚矣：太深了，太厉害了。⑪面刺：当面指责。寡人：寡德之人，古时君主的自称。⑫谤讥：指责议论朝政的得失。市朝：街市和朝廷，泛指人群聚集的公共场所。⑬朝于齐：到齐国来朝见齐王，表示敬意。

【译文】

邹忌身长八尺多，而且形象外貌光艳美丽。早晨，他穿戴好衣帽，照了一下镜子，对妻子说："我和城北徐公比，谁更美呢？"妻子说："您非常美，徐公怎么能比得上您呢？"城北徐公是齐国最美的男子。邹忌自己不相信比徐公美，于是又问他的妾："我和徐公相比，谁更美？"妾说："徐公哪能比得上您呢？"第二天，有客人从外面来，邹忌与他相坐而谈，问他："我和徐公比，谁更美呢？"客人说："徐公不如您美丽。"第二天，徐公来了，邹忌仔细打量他，认为自己不如徐公；照着镜子细看，更觉得与徐公相差甚远。夜晚他躺在床上休息时思考这件事，说："我的妻子赞美我漂亮，是偏爱我；我的妾赞美我美，是害怕我；客人赞美我美，是有事情要有求于我。"

于是邹忌上朝拜见齐威王，说："我知道自己确实比不上徐公美。可是我的妻子偏爱我，我的妾害怕我，我的客人有事想要求助于我，所以他们都说我比徐公美。如今齐国有方圆千里的疆土，一百二十座城池。宫中的姬妾以及身边的近臣，没有一个不偏爱大王的，朝中大臣没有一个不惧怕大王的，全国范围内的百姓没有一个不有事想求助于大王的。由此看来，大王您受到的蒙蔽太严重了！"

齐威王说："你说得很好！"于是就下命令："大小官吏和百姓们，能够当面批评我过错的人，给予上等奖赏；上书直言规劝我的人，给予中等奖赏；能够在众人集聚的公共场所指责议论我的过失，并传到我耳朵里的人，给予下等奖赏。"命令刚下达，许多大臣都来进献谏言，宫门和庭院像集市一样热闹；几个月以后，还不时地有人偶尔进谏；满一年以后，即使有人想进谏，也没有什么可说的了。

燕、赵、韩、魏等国听说了这件事，都到齐国朝拜齐威王。这就是所谓身居朝廷而战胜敌国。

【评析】

邹忌以自身经历讽劝齐王纳谏除弊的故事，因为是自己亲历之事故有很强的说服力。首先，邹忌是怀疑妻妾和客人夸赞自己比徐公美的客观性，徐公来后，他"窥

"镜而自视"的细节极其生动，发现"弗如远甚"，才引起思索，悟出道理后，这就是人在受蒙蔽情况下，不可能正确认识自己和客观事物。然后用类比推理之法到朝廷进谏，收到奇效。通过广泛征求各个层次人员的意见，使政治开明，从而走向大治。提示统治者要时刻保持清醒头脑，防止被一些表面现象所迷惑；不要偏听偏信，要广泛听取他人意见，对于奉承的话要保持警惕，及时发现和改正自己的缺点错误，不犯或少犯错误。文章文笔流畅而富有变化，充满情趣等，细节描写和心理描写都很生动，是值得学习借鉴的。

颜斶说齐王

《战国策》

齐宣王见颜斶曰①："斶前②。"斶亦曰："王前。"宣王不说。左右曰："王，人君也，斶，人臣也。王曰'斶前'，斶亦曰'王前'，可乎？"斶对曰："夫斶前为慕势③，王前为趋士。与使斶为慕势，不如使王为趋士④。"王忿然作色曰："王者贵乎？士贵乎？"对曰："士贵耳，王者不贵。"王曰："有说乎⑤？"斶曰："有。昔者秦攻齐，令曰：'有敢去柳下季垄五十步而樵采⑥者，死不赦。'令曰：'有能得齐王头者，封万户侯，赐金千镒⑦。'由是观之，生王之头，曾不若死士之垄也。"

宣王曰："嗟乎！君子焉可侮哉？寡人自取病耳⑧！愿请受为弟子。且颜先生与寡人游，食必太牢⑨，出必乘车，妻子衣服丽都⑩。"颜斶辞去曰："夫玉生于山，制则破焉⑪，非弗宝贵矣，然太璞不完⑫。士生乎鄙野，推选则禄焉，非不尊遂也，然而形神不全⑬。斶愿得归，晚食以当肉⑭，安步以当车⑮，无罪以当贵⑯，清静贞正以自虞⑰。"则再拜而辞去。

君子曰："斶知足矣！归真反璞⑱，则终身不辱。"

【注释】

①颜斶（chù）：齐国隐士。②斶前：颜斶往前来。③慕势：倾慕权势。④趋士：主动接近士人，礼贤下士。⑤说：说法，道理，理由。⑥柳下季：又称柳下惠，即展禽，鲁国贤士。采邑在柳下，惠是谥号。垄：坟头。樵采：砍柴。⑦镒：古代重量单位，二十两为一镒。⑧病：羞辱。

⑨太牢: 古代祭祀最隆重者为太牢, 即猪、羊、牛三牲俱全。无牛则称少牢。⑩丽都: 华丽高档。⑪制则破焉: 璞加工后成玉, 但要将原始状态的璞刺破。⑫太璞不完: 本初状态的璞便不完整了。⑬形神不全: 指精神就不能完全独立自由了。⑭晚食以当肉: 晚点吃饭就会感觉香, 就当吃肉了。⑮安步以当车: 安闲散步就当坐车了。⑯无罪以当贵: 没有罪过就当尊贵了。⑰清静: 无烦心之俗事, 心情自然清明平静。贞正: 忠贞正直。自虞: 自己快乐自己。⑱归真反璞: 回归本真, 返回到自然本性去。

【译文】

齐宣王接见士人颜斶, 说: "颜斶往前来!" 颜斶也说: "请大王往前来。" 宣王很不高兴。左右的人说: "大王, 是人君。颜斶, 是臣子。王说'颜斶往前来', 你也说'王往前来', 可以吗?" 颜斶回答说: "如果我往前去算是仰慕权势, 王往前来算礼贤下士。与其我仰慕权势, 不如让王礼贤下士。" 宣王生气问道: "是君王尊贵, 还是士人尊贵?" 颜斶回答说: "士人尊贵, 王者不尊贵。" 宣王说: "有什么解释吗?" 颜斶说: "有。从前秦国进攻齐国, 下令说: '有敢去柳下季坟墓五十步以内砍柴者, 杀无赦。' 又下令说: '有能够得到齐王头的人, 封万户侯, 赏赐金千镒。' 从这件事看, 是活着的齐王的头, 还不如死去的士人的坟墓。"

宣王说: "唉! 君子怎么可以受侮辱啊? 是我自己找病啊。愿意请您接受我为弟子。而且如果颜先生和我交游, 吃饭一定是太牢, 出门一定乘车, 妻子衣服华丽高贵。" 颜斶推辞道: "宝玉产生于深山, 如果经过治理就必须把璞刺破, 不是不宝贵, 然而原始的璞就不完整了。士人生活在偏僻乡野, 推荐选拔出来则接受俸禄, 不是不尊贵富裕, 然而形神不能保全。我愿意归去。晚点吃饭就相当于吃肉, 安闲走步就相当于坐车, 没有罪过就相当于尊贵, 清静贞洁正直而自娱自乐。" 向宣王拜了两拜而告辞归去。

君子评价说: "颜斶知道知足啊! 回归本真返归原始的素朴, 这样就会终生不受侮辱。"

【评析】

本文选自《战国策·齐策》, 是高扬士人主体人格的经典篇章。颜斶高占身份、卑视王侯、秕糠富贵、"清净贞正以自娱"的思想品格非常宝贵。

作为一位普通士人的颜斶, 面对手握生杀大权的齐宣王, 不卑不亢, 直呼"王前"，并且宣称"士贵，王者不贵"，一洗战国时期卑污的士气，读来令人痛快淋漓，心神为之一爽。当然，在"手握王权，口含天宪"的至尊面前，一个普通的读书士子，竟然敢于同国王比拼高贵，敢于让君王趋前礼士，也只有在"诸侯争养士""士无定主"的战国时代才有可能。尤其是齐宣王要拜他为师，并许以富贵生活时，他能够不为富贵所引诱，能够坚持自己自由的生活，提出"晚食以当肉，安步以当车，无罪以当贵，清静贞正以自虞"，足以一扫千古媚气、颓气，震醒衰颓的世风。毛泽东词《浣溪沙·和柳亚子先生》首句"颜斶齐王各命前"，曾运用过这个典故。

文章主要是运用对话形式展示人物品格、表述思想观点；对话用语简洁精练，个性化很强。前人赞扬它"起得唐突，收得超忽"，颇得作文三昧。

冯谖客孟尝君
《战国策》

齐人有冯谖者①，贫乏不能自存，使人属孟尝君②，愿寄食门下③。孟尝君曰："客何好？"曰："客无好也。"曰："客何能？"曰："客无能也。"孟尝君笑而受之曰："诺。"左右以君贱之也，食以草具④。

居有顷，倚柱弹其剑，歌曰："长铗归来乎⑤！食无鱼。"左右以告。孟尝君曰："食之，比门下之客⑥。"居有顷，复弹其铗，歌曰："长铗归来乎！出无车。"左右皆笑之，以告。孟尝君曰："为之驾，比门下之车客⑦。"于是乘其车，揭其剑⑧，过其友曰："孟尝君客我⑨。"后有顷，复弹其剑铗，歌曰："长铗归来乎！无以为家⑩。"左右皆恶之，以为贪而不知足。孟尝君问："冯公有亲乎？"对曰："有老母。"孟尝君使人给其食用，无使乏。于是冯谖不复歌。

后孟尝君出记⑪，问门下诸客："谁习计会⑫，能为文收责于薛者乎⑬？"冯谖署曰⑭："能。"孟尝君怪之，曰："此谁也？"左右曰："乃歌夫长铗归来者也。"孟尝君笑曰："客果有能也，吾负之⑮，未尝见也。"请而见之，谢曰⑯："文倦于是⑰，愦于忧⑱，而性懦愚，沉于国家之事，开罪于先生。先生不羞，乃有意欲为收责于薛乎？"冯谖曰："愿之。"于是约车治装⑲，载券契而行⑳，辞曰："责毕收，以何市而反㉑？"孟尝君曰："视吾家所寡有者。"

驱而之薛，使吏召诸民当偿者，悉来合券㉒。券遍合起，矫命，以责赐诸民㉓，因烧其券，民称万岁。

长驱到齐，晨而求见。孟尝君怪其疾也㉔，衣冠而见之，曰："责毕收乎？来何疾也？"曰："收毕矣。""以何市而反？"冯谖曰："君云'视吾家所寡有者'。臣窃计㉕，君宫中积珍宝，狗马实外廊，美人充下陈㉖。君家所寡有者以义耳！窃以为君市义㉗。"孟尝君曰："市义奈何？"曰："今君有区区之薛，不拊爱子其民㉘，因而贾利之㉙。臣窃矫君命，以责赐诸民，因烧其券，民称万岁。乃臣所以为君市义也。"孟尝君不说㉚，曰："诺，先生休矣！"

后期年㉛，齐王谓孟尝君曰："寡人不敢以先王之臣为臣㉜。"孟尝君就国于薛㉝，未至百里㉞，民扶老携幼，迎君道中，终日。孟尝君顾谓冯谖曰："先生所为文市义者，乃今日见之。"冯谖曰："狡兔有三窟㉟，仅得免其死耳。今有一窟，未得高枕而卧也。请为君复凿二窟。"孟尝君予车五十乘，金五百斤，西游于梁㊱，谓梁王曰："齐放其大臣孟尝君于诸侯㊲，先迎之者，富而兵强。"于是梁王虚上位㊳，以故相为上将军，遣使者，黄金千斤，车百乘，往聘孟尝君。冯谖先驱诫孟尝君曰㊴："千金，重币也；百乘，显使也。齐其闻之矣。"梁使三反㊵，孟尝君固辞不往也。齐王闻之，君臣恐惧，遣太傅赍黄金千斤㊶，文车二驷㊷，服剑一㊸，封书谢孟尝君曰㊹："寡人不祥㊺，被于宗庙之祟㊻，沉于谄谀之臣㊼，开罪于君，寡人不足为也。愿君顾先王之宗庙㊽，姑反国统万人乎？"冯谖诫孟尝君曰："愿请先王之祭器，立宗庙于薛㊾。"庙成，还报孟尝君曰："三窟已就，君姑高枕为乐矣。"孟尝君为相数十年，无纤介之祸者㊿，冯谖之计也。

【注释】

①冯谖（xuān）：人名。②属：嘱，请托。孟尝君：即田文，齐国贵公子，为战国四公子之一。③寄食门下：寄托在门下当食客。④食以草具：用粗糙的器具来供给他饮食。指饮食低等。⑤长铗归来乎：长剑啊，我们还是回去吧！铗：剑。⑥比门下之鱼客：比照门下吃鱼的食客。⑦比门下之车客：比照门下有车的食客。⑧揭其剑：高举着宝剑。揭：举。⑨客我：以我为客人。⑩无以为家：没有东西赡养家庭。⑪出记：贴出告示。⑫计会：即会计。⑬收责于薛：到薛地去收债。责：通"债"。⑭署：签署姓名。⑮吾负之：我对不起他。⑯谢：道歉。⑰文倦于事：我事务繁忙很疲倦。文：孟尝君名田文。⑱愦于忧：忧虑国事而头脑混乱不清。愦：昏愦糊

160

涂。⑲约车治装：约定日期准备车辆和行装。⑳券契：即债券，关于债务的契约。㉑以何市而反：用来买什么回来？市：买。㉒合券：核对验证债券。㉓矫命：假托孟尝君的命令。矫：假托。㉔怪其疾：奇怪他太快了。㉕臣窃计：我私下里考虑。㉖下陈：在堂下站着。古时供人玩弄驱遣的女子地位低下。㉗市义：购买了仁义，这里指人心。㉘拊爱子其民：爱抚百姓，视民如子。㉙贾利之：像商贾那样在他们身上取利。㉚说：同"悦"。二字是古今字。㉛后期年：其后一周年。㉜寡人句：是罢免职务的委婉说法。㉝就国：有领地的朝廷大臣被免职后要回到自己的领地去。㉞未至百里：还有一百里未到薛。㉟狡兔有三窟：狡猾的兔子要有三个洞穴。㊱梁：指魏国，魏国首都大梁，即今河南省开封市。㊲放：放弃，指齐国罢免孟尝君。㊳虚上位：空出最高的官位，指相位。㊴诫：告诫。㊵三反：往返三次。㊶赍：本义是赠送。这里是携带。㊷文车二驷：两辆四匹马拉的彩绘的车。㊸服剑：王所佩戴的宝剑。㊹封书：加盖玉玺的书信。谢：道歉。㊺不祥：不善、不吉祥。㊻被于宗庙之祟：被立为国君而有守护宗庙的责任。祟：本义是祸患，这里引申为拖累。㊼沉于谄谀之臣：被谗佞之臣子所迷惑。沉：沉溺。㊽顾先王之宗庙：顾念齐国先王的宗庙。㊾立宗庙于薛：在薛地建立宗庙。㊿纤介之祸：一点灾祸。纤介：细微。

【译文】

　　齐国有位叫冯谖的人，贫穷困乏到难以维持生存的地步，便托人请求孟尝君，愿意到他的门下寄食。孟尝君问："客人有什么爱好？"那人回答说："客人没有什么爱好。"又问："客人有什么才能？"回答说："客人没有什么才能。"孟尝君微笑着接受了，说："好吧！"他身边的人认为孟尝君很轻视他，便让他吃最下等食客的伙食。

　　过了很长时间，冯谖依靠着柱子弹他的宝剑，唱道："长长的宝剑啊，咱们回家吧！吃饭连鱼都没有啊！"身边的人报告给孟尝君，孟尝君说："给他鱼吃，比照门下吃鱼的那些人。"又过一段时间，冯谖又弹他的那把宝剑，唱道："长长的宝剑啊，咱们回家吧！出门连车都没有啊！"身边的人都嘲笑他，又告诉孟尝君。孟尝君说："给他车坐。比照门下有车的食客。"于是冯谖乘坐着孟尝君给的车，高高举着他的宝剑去访问他的朋友，说："孟尝君以我为客人。"后来又过一段时间，又弹他的那把宝剑，唱道："长长的宝剑啊，咱们回家吧！也没有钱来养家糊口啊！"孟尝君身边的人都很讨厌，认为他贪心而不知足。孟尝君问："冯先生有家属吗？"回答说："有位老母亲。"孟尝君派人供给他母亲的饮食用度，不让有什么困难和缺乏。于是冯谖就不再弹他的宝剑唱歌了。

后来，孟尝君出示告示，询问门下食客："有谁熟悉会计业务，能够替田文到薛地去收取债务吗？"冯谖在下面署名说："我能！"孟尝君有点奇怪这个名字，问："这个人是谁啊？"身边的人说："就是总唱'长长的宝剑啊，咱们回家吧'那个人。"孟尝君说："这位先生果然有才能，我对不起他，一直没有接见他。"于是请他来见，并道歉说："我因为宰相这个职务实在忙碌得太疲倦了，又被一些愁事困扰得心烦意乱，而且性格怯懦愚暗，沉迷于国家之事，得罪了先生，先生不以为羞耻，却有意为我去薛地收取债务吗？"冯谖说："愿意。"于是套车准备行装，载着债券而即将启行，临别去向孟尝君告辞说："如果债务全部收完，用来买点什么回来呢？"孟尝君说："你看看我家缺少什么就买点什么吧！"

于是驱车快速到了薛地，派官吏召集那些应当偿还债务的人，都来核对债券。债券全部核对完，到债务人面前，假托孟尝君的命令，把所有债务全部赐给债务人，并当面烧掉债券，那里的百姓高呼万岁。

一路急行回到齐国，早晨便去求见。孟尝君奇怪他也太快了，便穿戴整齐接见他，问："债务都收完了吗？回来得怎么这么快啊？"冯谖回答道："全都收完了。""用这些钱买点什么回来啊？"冯谖说："您说'看看您家缺少什么就买点'，我私下就合计，您的宫中堆满了珍宝，名犬宝马充满了外面的狗窝马圈，美女佳丽站满了堂下。您家所缺少的就是道义。我便私自决定给您买了道义。"孟尝君问："买了道义，是怎么买的？"冯谖说："如今您拥有不太大的薛地，不像抚育爱护子女那样爱护那里的百姓，却像商贾那样向他们取利。我私自做主假托您的命令，把所有债务都赐给那里的百姓，并顺势烧了债券，百姓都高呼万岁。这就是我给您买来的道义。"孟尝君不高兴，说："好吧！先生休息去吧。"

其后过了一周年，齐王对孟尝君说："我不敢用先王的大臣为大臣。"孟尝君回到封地薛，还没有到薛地距离百里之外的时候，人民便都扶老携幼前来途中迎接孟尝君，终日都在欢迎。孟尝君回头对冯谖说："先生为我田文买的道义，到今天才看到成果啊。"冯谖说："狡猾高明的兔子要有三个洞窟，仅仅就能免于一死而已。如今只有一个洞窟，还不能高枕无忧而卧。请允许我再给您凿两个洞窟。"孟尝君给他五十辆车，黄金五百斤，到西面的梁国去游说，对梁王说："齐国允许他的大臣孟尝君到各诸侯国去，能够先迎接到的国家，就会国家富裕而军队强大。"于是梁王空出最上的位置，用原来的丞相为上将军，派遣使臣，载着一千斤黄金，用一百辆华贵的车，前去聘请孟尝君。冯谖先赶回来告诫孟尝君说："千金是极其贵重的礼品，百辆车是非常显赫的大使。齐国一定会听说的。"梁国大使三次往返，孟尝君坚决推辞不肯前去。齐王听说这种情况，君臣都很恐惧，就派遣太傅带着千斤黄金、两辆装饰华美的轻便之车、佩剑一把，加封文书而向孟尝君道歉说："寡人不好，遭受到祖宗的谴责，沉溺于谄佞阿谀之臣之中，得罪了您。我不值得您劳心，希望您能够顾及先王的宗庙，姑且回到朝廷来统治万民吧！"冯谖告诫孟尝君道："希望您请求齐王赐给先王的祭器，在薛地建立宗庙。"宗庙建成，回来报告孟尝君说："三个洞窟已经建成，您姑且高枕无忧尽情安乐吧。"孟尝君担任丞相几十年，没有一丝一毫的灾祸，都是冯谖的计策。

【评析】

战国时期，群雄角逐，为争霸图强，竞相罗致人才，大兴"养士"之风。战国四公子便是由于养士并称的。齐国的孟尝君便是其中之一。他门下食客有三千之众，冯谖是其中一员。本篇集中描写冯谖以其远见卓识为孟尝君"谋三窟"（焚券市义、谋复相位、在薛建立宗庙），以巩固其政治地位的故事。

整篇文章集中笔墨塑造两个人物——对于冯谖，作者是以赞赏的眼光着墨的，却欲扬先抑："贫乏不能自存""无好""无能"；却所求甚多，三次弹长铗而歌，显出一副平庸、贪婪姿态，以致左右"皆笑之""皆恶之""以为贪而不知足"。这就为后来的主动署名收债以及以后一连串出人意表的举动显示出高瞻远瞩和实际的运作能力。确实是虑远谋深，识见超群，不同凡响。文章突出了他诙谐、狂放，充满自信的个性特征。而孟尝君对冯谖，由最初的"笑而受之"，到"怪之""请而见之"，到"不悦"，到称赞，直至完全信赖，经历一个不断认识真相的曲折过程。既真实可信，又曲折有致。

整篇文章结构严密紧凑，情节生动逼真，布局生动自然；而行文却波澜起伏，姿态横生，引人入胜，具有极高的艺术魅力。

赵威后问齐使

《战国策》

齐王使使者问赵威后①。书未发②，威后问使者曰："岁亦无恙邪③？民亦无恙邪？王亦无恙邪？"使者不说，曰："臣奉使使威后，今不问王而先问岁与民，岂先贱而后尊贵者乎？"威后曰："不然，苟无岁，何以有民？苟无民，何以有君？故有舍本而问末者耶④？"

乃进而问之曰："齐有处士曰钟离子⑤，无恙耶？是其为人也，有粮者亦食，无粮者亦食；有衣者亦衣，无衣者亦衣。是助王养其民也，何以至今不业也⑥？叶阳子无恙乎⑦？是其为人，哀鳏寡⑧，恤孤独⑨，振困穷⑩，补不足。是助王息其民者也⑪，何以至今不业也？北宫之女婴儿子无恙耶⑫？彻其环瑱⑬，至老不嫁，以养父母。是皆率民而出于孝情者也，胡为至今不朝也⑭？此二士弗业，一女不朝，何以王齐国，子万民乎？於陵子仲尚存乎⑮？是其为人也，上不臣于王，下不治其家，中不索交诸侯⑯。此率民而出于无用者，何为至今不杀乎？"

【注释】

①齐王：齐王建。赵威后：赵惠文王妻。惠文王死，其子孝成王年幼，由威后执政。②发：启封。③岁亦无恙耶：年成还好吧？岁：年成。无恙：无忧，犹言"平安无事"。④故：通"胡"。⑤处士：有才能有道德而隐居不仕之人。钟离子：齐国处士；钟离，复姓。⑥不业：不使他做官以成就他不到功业。⑦叶（shè）阳子：齐国处士；叶阳，复姓。⑧鳏（guān）：老而无妻。⑨恤：抚恤。独，老而无子。⑩振：通"赈"，救济。⑪息：繁育。⑫北宫之女婴儿子：北宫氏的女子婴儿子。北宫：复姓。婴儿子是人名。⑬彻：除去。环：指耳环、臂环一类的饰物。瑱：一种玉制的耳饰。⑭不朝：不使她上朝。古时夫人受封而有封号者为"命妇"，命妇即可入朝。⑮於（wū）陵子仲：齐国的隐士。於陵：齐邑名，故城在今山东省长山县西南。⑯索：追求。

【译文】

齐王派遣使者去访问赵威后，书信还没有启封，威后问使者说："今年的年成好吗？老百姓好吗？齐王好吗？"使者很不高兴，说："下臣奉齐王的使命，出使到威后这里来，现在您不先问齐王，反而先问年成和百姓，岂不是把贱的放在前面，把尊贵的放在后面吗？"威后说："不是这样。假如没有收成，哪里有百姓？假如没有百姓，哪里有国君？怎么能舍弃根本而问末节呢？"

威后进而又问："齐国有个处士叫钟离子，平安无事吗？他这个人的为人处世啊，是有粮食的人给吃，没粮食的人给吃；有衣服的人给穿，没有衣服的人也给穿。这是帮助国君抚养老百姓啊，为什么到今天还不让他成就功业呢？叶阳子平安无事吗？这个人的为人处世啊，怜悯那些无妻无夫的人，顾念抚恤那些无父无子的人，救济那些困苦贫穷的人，补助那些缺衣少食的人，这是帮助国君养育百姓的人，为什么到今天不让他成就功业呢？北宫氏的女儿婴儿子平安无事吗？她摘掉耳环等首饰，到老不出嫁，来奉养父母。这是带领百姓尽孝心的人，为什么到今天还不让她上朝呢？这两个处士没有成就功业，一个孝女也不上朝，靠什么来统治齐国，做百姓的父母呢？於陵的那个子仲还活着吗？这个人做人哪，对上不向国君称臣，对下不治理他的家，也不愿同诸侯交往，这是带领百姓无所作为的人，为什么到今天还不杀掉呢？

【评析】

本文被多家选本选入，确实是好文章。全文贯穿"民为贵，君为轻"的民本思想，在战国后期各国相互征战，百姓处在水深火热之中的历史时期尤为可贵。文章有起伏波澜，赵威后趁国书启封的间隙，发出友好的三问，免得空场尴尬。这三问在无意中已经体现出民本思想。齐国大使的反问引出赵威后后面的三问，这三问如同连珠炮，步步紧逼，连贯而出。不容对方有反驳的余地。下面赵威后接着发问，连续七问。可以看出她对于齐国国内的情况极其清楚，其着眼点依旧在以民为本。"此二士弗业，一女不朝，何以王齐国，子万民乎？"是对齐国政治的最尖锐严厉的批评，可以看出其敏锐的思维和豪放的胆识，是位了不起的女性。吴楚材吴调侯评曰："通篇以民为主，直问到底；而文法各变，全于用虚字处着神。问固奇，而心亦热，末一问，胆识尤自过人。"的确颇中肯綮。赵威后批评的齐王，名建，是战国后期的亡国之君，故连庙号都没有。可见赵威后的批评是非常正确的。

庄辛论幸臣

《战国策》

"臣闻鄙语曰：'见兔而顾犬，未为晚也；亡羊而补牢，未为迟也。'臣闻昔汤、武以百里昌，桀、纣以天下亡。今楚国虽小，绝长续短，犹以数千里，岂特百里哉？

"王独不见夫蜻蛉乎①？六足四翼，飞翔乎天地之间，俛啄蚊虻而食之，仰承甘露而饮之，自以为无患，与人无争也。不知夫五尺童子，方将调饴胶丝②，加己乎四仞之上③，而下为蝼蚁食也。

"夫蜻蛉其小者也，黄雀因是以④。俯噣白粒⑤，仰栖茂树，鼓翅奋翼。自以为无患，与人无争也；不知夫公子王孙，左挟弹，右摄丸，将加己乎十仞之上，以其类为招⑥。昼游乎茂树，夕调乎酸咸⑦，倏忽之间，坠于公子之手⑧。

"夫雀其小者也，黄鹄因是以⑨。游乎江海，淹乎大沼，俯噣鳝鲤，仰啮蔆衡⑩，奋其六翮⑪，而凌清风，飘摇乎高翔，自以为无患，与人无争也。不知夫射者，方将修其碆卢⑫，治其矰缴⑬，将加己乎百仞之上。被劓磻⑭，引微缴，折清风而抎矣⑮。故昼游乎江湖，夕调乎鼎鼐⑯。

"夫黄鹄其小者也，蔡灵侯之事因是以⑰。南游乎高陂，北陵乎巫山，饮茹溪流⑱，食湘波之鱼，左抱幼妾，右拥嬖女⑲，与之驰骋乎高蔡之中⑳，而不以国家为事。不知夫子发方受命乎灵王㉑，系己以朱丝而见之也。

"蔡灵侯之事其小者也，君王之事因是以。左州侯㉒，右夏侯㉓，辇从鄢陵君与寿陵君㉔，饭封禄之粟㉕，而载方府之金㉖，与之驰骋乎云梦之中㉗，而不以天下国家为事。而不知夫穰侯方受命乎秦王㉘，填黾塞之内，而投己乎黾塞之外㉙。"

【注释】

①蜻蛉：即蜻蜓。②饴：糖浆，黏汁。③加：加害。仞：八尺，或说七尺。④黄雀因是以：因，犹。是，此。以：通"已"，语助词。因是以：仍然是这样。⑤噣：同"啄"。白粒：米。⑥以其类为招：类，同类。招，招诱，即靶子，自身成为射击的目标。⑦调乎酸咸：用酸咸调味，指被烹煮。⑧"倏忽"二句，清王念孙认为是"后人妄加"的。⑨黄鹄：大鸟名，俗名天鹅。⑩衡：通"蘅"，水草。⑪六翮（hé）：翅膀。翮，本指羽毛的茎，代指鸟翼。⑫碆（bō）卢：石键。即石制箭头。卢：黑弓。⑬矰（zēng）缴（zhuó）：射鸟用带绳的箭。⑭被劓（jiān）磻：被：遭，受。劓：锋利。磻：同"碆"，石镞。⑮抎（yǔn）：同"陨"，坠落。⑯鼎：古代烧煮食物的器具。鼐（nài）：大型的鼎。⑰蔡灵侯：蔡国的国君，名班，公元前53年被楚灵王诱杀。蔡国在今河南省上蔡县。⑱茹溪：源出巫山，在四川省巫山县以北。⑲嬖（bì）女：宠爱的女子。⑳高蔡：上蔡。㉑子发：楚大夫。㉒州侯：楚襄王宠臣。㉓夏侯：楚襄王宠臣。二人是随侍左右之幸臣。

㉔鄢陵君、寿陵君：都是楚襄王幸臣，出门则随行。㉕封禄：封地。㉖方府：四方进贡的府库。
㉗云梦：古湖泊名，面积很大，在今湖北省中部。㉘穰侯：魏冉，秦昭王舅父封于穰。㉙这两
句说，秦国将要用重兵进攻黾塞以南，把楚王俘虏送到黾塞以北的秦国去。

【译文】

　　我听俗语说："看到兔子而回头招呼猎犬捕，也不算晚。在一些羊逃跑之后再补
修羊圈，也还不算迟。"我过去听说商汤王、周武王凭借百里的地方就能够昌盛，夏
桀王、商纣王拥有天下却要亡国。如今楚国地方虽然狭小，但是截长补短，一共算
起来，还有好几千里，哪里仅仅是一百里呢？

　　大王您难道没看见蜻蜓吗？六只脚，四只翅膀，在天地之间盘旋飞翔，俯身捉
食蚊子、蛀虫，仰头承饮甘露，它自己以为没有灾难，与谁也不相争。不知道五尺
高小孩儿，正要调好黏糖，粘在丝绳上，将在几丈高的高空中粘在它身上，将它从
空中粘下来，把它作为蝼蛄蚂蚁的食物。

　　蜻蜓的事还是其中小的，黄雀也是这样。向下啄食米粒，向上栖息在茂密树枝
上，展翅奋飞。它自己以为没有灾难，与谁也不相争。不知道那王孙公子，左手拿
着弹弓，右手安上弹丸，拉紧弓弦，要向很高的地方射击它，正把黄雀的颈作为弹
射的目标。白天还在树上游玩，晚上被人加上酸咸的作料做成菜肴。顷刻间就落到
了公子手里。

　　黄雀的遭遇还是小事，天鹅也是这样。它在江、海遨游，在大水池边停留休息，
低头啄食水中的鳝鱼和鲤鱼，抬头吃菱角和水草，奋力展开翅膀，驾着清风，在空
中高高飞翔，它自己以为没有灾难，与谁也不相争。可是没想到那射手正在准备他
石制的箭头和黑弓，整治他系有生丝线的箭，要向很高很高的地方射击它，它带着
锐利的青石做成的箭头，拖着箭上的细丝绳，在清风中翻转几下身子就掉下来了。
因此，白天在江湖中遨游，晚上就放在鼎鬵中烹调了。

　　天鹅的遭遇还是小事啊，蔡灵侯也是这样。他南游高丘，北登巫山，在茹溪河
畔饮马，吃湘江的鲜鱼。他左手抱着年轻的爱妾，右手搂着心爱的美女，和她们一
起奔驰在高蔡的路上，而不把国家的安危当作正事。不知道子发正从楚王那里接受
了攻打蔡国的命令，最后他自己被红绳拴上而被献给楚王。

　　蔡灵侯的遭遇还是小事啊，君王也是这样。您左边有州侯，右边有夏侯，辇车
后面还跟着鄢陵君和寿灵君，吃着由封邑进奉来的粮食，载着四方府库所供纳的金

银，和他们一起驾着车子奔驰在云梦的路上，而不把天下国家的安危当作正事，没想到穰侯魏冉正从秦王那里接受了攻打楚国的命令，陈兵在黾塞（河南省平靖关）之内，而把自己驱逐在黾塞（河南省平靖关）之外了。

【评析】

《战国策·楚策四》记载的这一段话，前面有史实为根据。庄辛初次见到楚襄王时，大胆直言，规劝襄王不要终日与幸臣为伍，淫逸奢靡，不顾国政，这样郢都必危。襄王不但不听反而恶语相向，庄辛预料楚国必亡，于是避祸于赵国。秦果然攻克鄢、郢、巫、上蔡、陈之地，襄王流亡藏匿在城阳，楚国几乎遭到亡国之祸。于是，楚王才派人招回了庄辛。庄辛这才以由小而大，由物及人的比喻，层层深入地告诫楚襄王为王的道理，最终说服楚襄王。楚襄王封庄辛为成陵君，并用庄辛之计重新收复了淮北之地。

还应该提及，庄辛是楚庄王的后代，是楚国宗室，故楚国兴衰也关乎他的命运和前途。《左传》中记载许多这种情况。而楚襄王是怀王之子，怀王被骗，死在秦国，襄王继位，"淫逸侈靡，不顾国政"，屈原投江就是在楚襄王时代。一个昏君足以灭亡一个国家。陈后主、李后主、宋徽宗莫不如此。

这篇文章的主旨是劝谏楚襄王要及时纠正荒淫奢侈，亲近佞幸小人的错误而知道危险即在目前。庄辛运用浅显生动、寓含深刻的层层比喻，以及前喻后正的手法，告诫楚襄王不能只图享乐，而应励精图治，"以天下国家为事"，否则必将招致严重后患的道理。这种道理具有永远的警示作用。

触詟说赵太后

《战国策》

赵太后新用事①，秦急攻之。赵氏求救于齐，齐曰："必以长安君为质②，兵乃出。"太后不肯，大臣强谏。太后明谓左右："有复言令长安君为质者，老妇必唾其面。"

左师触詟愿见③，太后盛气而揖之④。入而徐趋⑤，至而自谢⑥，曰："老臣病足，曾不能疾走，不得见久矣，窃自恕⑦，而恐太后玉体之有所郄也⑧，故愿望见。"太后曰："老妇恃辇而行⑨。"曰："日食饮得无衰乎？"曰："恃鬻耳⑩。"曰："老臣今者殊不欲食，乃自强步，日三四里，少益嗜食⑪，和于身。"曰："老妇不能。"太后之色少解⑫。

左师公曰："老臣贱息舒祺⑬，最少，不肖⑭；而臣衰，窃爱怜之。愿令补黑衣之数⑮，以卫王宫。没死以闻⑯。"太后曰："敬诺。年几何矣？"对曰："十五岁矣。虽少，愿及未填沟壑而托之⑰。"太后曰："丈夫亦爱怜其少子乎⑱？"对曰："甚于妇人。"太后曰："妇人异甚⑲。"对曰："老臣窃以为媪之爱燕后⑳，贤于长安君。"曰："君过矣！不若长安君之甚。"左师公曰："父母之爱子，则为之计深远㉑。媪之送燕后也，持其踵㉒，为之泣，念悲其远也，亦哀之矣。已行，非弗思也，祭祀必祝之，祝曰：'必勿使反。'㉓岂非计久长，有子孙相继为王也哉？㉔"太后曰："然。"

左师公曰："今三世以前㉕，至于赵之为赵㉖，赵王之子孙侯者，其继有在者乎？"曰："无有。"曰："微独赵㉗，诸侯有在者乎？"曰："老妇不闻也。""此其近者祸及身㉘，远者及其子孙。岂人主之子孙则必不善哉？位尊而无功㉙，奉厚而无劳㉚，而挟重器多也㉛。今媪尊长安之位，而封之以膏腴之地㉜，多予之重器，而不及今令有功于国，一旦山陵崩㉝，长安君何以自托于赵㉞？老臣以媪为长安君计短也，故以为其爱不若燕后。"太后曰："诺，恣君之所使之㉟。"于是为长安君约车百乘㊱，质于齐，齐兵乃出。

子义闻之㊲，曰："人主之子也，骨肉之亲也，犹不能恃无功之尊，无劳之奉，而守金玉之重也，况人臣乎！"

【注释】

①赵太后：即赵威后。赵惠文王之妻，惠文王死，其子尚小而执政。②质：即人质。先秦时期，两国结盟往往各以对方之主要成员为抵押。③左师触詟：左师，官名。触詟：人名。长沙马王堆汉墓出土《战国策》残本及《史记·赵世家》均作"触龙言"，"詟"当是触龙。④盛气：怒气很盛。揖：拱手行礼，这里是以礼相待的意思。⑤徐趋：碎步紧走，速度却很慢。⑥谢：谢罪，赔礼道歉。⑦窃自恕：私下里原谅自己。⑧郄：同"隙"，空隙，这里指毛病。⑨恃辇：依靠小车。辇：一种人牵引的轻便小车。⑩恃鬻：依靠稀粥。⑪少益嗜食：稍微增加点食欲。⑫少解：稍微缓和一点。⑬贱息：谦称自己的儿子。息：子息，儿子。⑭不肖：不贤，没有出息。也是谦词。⑮补黑衣之数：在宫廷卫士中占个名额。当时赵国宫廷卫士穿黑衣服。⑯没死以闻：

冒死向您请求。没死：冒死，表示敬畏。⑰未填沟壑：没有死亡。⑱丈夫：这里指男人。⑲异甚：特别厉害。⑳媪：古时称老年妇女。燕后：赵太后女儿，出嫁到燕国为后。㉑为之计深远：为他考虑长远的利益。㉒持其踵：意谓拉着女儿不愿意让离开。踵：脚后跟。㉓必勿使反：一定不要让她回来。古代诸侯之女嫁到外国为后，或被遗弃，或国家被灭，方能回归娘家。㉔相继为王：世世代代为燕王。燕后之子当继承王位，故云。㉕今三世以前：从现在往前推三代以前。㉖赵之为赵：指赵国立国。赵国和韩国、魏国三家分晋，周天子在公元前 403 年才封三国为诸侯。㉗微独赵：不仅仅是赵国。㉘近者祸及身：近的灾祸直接发生在本人身上。㉙位尊而无功：地位尊宠而没有功劳。㉚奉厚而无劳：俸禄丰厚而没有付出劳动。奉：通“俸”。㉛挟重器：拥有宝物。㉜膏腴之地：肥美的土地。㉝山陵崩：山陵，国君，这里指赵太后。崩：君主死称驾崩。㉞托于赵：在赵国立身。㉟恣：随意、任凭。㊱约车百乘：准备好一百辆车。㊲子义：赵国之贤士。

【译文】

赵太后刚刚执政，秦国紧急进攻赵国。赵国向齐国请求救兵。齐国说："一定要用长安君为人质，才可以出兵。"太后不肯，大臣们很顽强地进谏。太后明确告诫左右说："再有说让长安君为人质的，我一定要往他脸上吐唾沫。"

左师触詟愿意觐见太后，太后盛气而等着他。触詟进来后小步紧走却很慢，到太后面前道歉说："老臣腿脚有毛病，不能走得很快，很长时间不能见太后了，私下里自己原谅自己，但恐怕太后玉体有什么小毛病，所以愿意见见太后。"太后说："老妇全靠小车出行。"触詟说："每天饮食没有什么衰减吧？"说："就依靠喝点粥。"触龙说："老臣近来很不爱吃饭，于是坚持走步，每天三四里地，稍微增加点食欲了，对于身体很好。"太后说："老妇做不到。"太后的表情稍微和缓点。

左师公触詟说："老臣有个没有出息的儿子叫舒祺，是最小的，没有出息，而我老了，私下里爱惜他。希望让他补充到黑衣的数量中，来保卫王宫，冒着死罪来请求您。"太后说："听从你的意见。多大年龄啦？"触詟回答说："十五岁了。希望趁我没有死而托付给您。"太后说："男人也爱他的小儿子吗？"触詟回答说："比女人厉害。"太后说："女人更厉害。"触詟回答说："老臣私下里认为您爱燕后，比长安君更厉害。"太后说："你说错了。没有爱长安君更厉害。"左师公触詟说："父母爱他的孩子，就要为她考虑长远。您老在送燕后的时候，抱着她的脚后跟，为她哭泣，是惦念她远嫁到外国去，也很悲哀。已经走了，不是不思念，祭祀时一定祈祷说：'一定不要让她回来．'难道不是考虑她的长远，有子孙相继为王吗？"太后说："是这样．"

左师公说："从今三代以前，一直到赵国成为赵国，赵王的子孙为侯的，他的继任者还有在的吗？"太后说："没有．"触詟说："不仅仅是赵国，其他诸侯国有在的吗？"太后说："我没有听说过．"触詟说："这是因为近的灾祸发生在本人身上，远的灾祸殃及子孙．难道是人主的子孙一定不好吗？地位尊崇而没有功绩，俸禄丰厚而没有付出劳动，而又拥有众多宝物的缘故．如今太后尊崇长安君的地位，而且又把丰美肥沃的土地封他，多给他宝物，却不让他在今天对于国家立有功劳，一旦您有什么不测，长安君凭借什么在赵国立足？老臣以为您为长安君考虑的太短，所以认为您对他的爱不如燕后．"太后说："好吧！任凭您怎样安排长安君．"于是为长安君准备好一百辆车，到齐国为人质．齐国才出动军队．

齐国君子子义听说这件事，说："国君的儿子是骨肉至亲，还不能倚仗没有功劳的尊崇地位，不能拿没有付出劳动的俸禄而守护金玉的贵重物品，何况是人臣呢！"

【评析】

本文选自《战国策·赵策》。这篇呈现出最精彩的劝谏艺术，表现出很高的智慧。赵国国君赵惠文王死后，太后刚刚执政，秦军围赵，赵国危急而向齐国求救。齐国要求用太后小儿子长安君为人质才肯出兵。太后坚决不同意，情况复杂尴尬。左师触詟经过一番辗转腾挪的劝谏，终于说服赵太后，同意派幼子出质于齐，从而换得齐国出兵援赵。

触詟谈话艺术极其高明，开始全似无关紧要地闲聊，从关心太后身体进入话题，使太后的怒气渐渐消解，不再防范对方劝谏。触龙然后用自己为小儿子安排工作的话题，侧重强调自己对小儿子的爱。这样容易引出相关话题，即人都爱自己的小儿子，进而引起谈话的兴致。这样，太后就在不知不觉中入彀。最后，用反面例证来提出正面论点，提出"位尊而无功，奉厚而无劳，而挟重器多"是贵族子孙难以持久富贵的根源，这就要求要对于社会有功劳，从正面说服其应该抓住机会使长安君为国家立功，说服了固执的太后。

文章妙处，首先，在于通篇尽是琐碎之笔，宛如悠然缓步，闲散至极，到关键处才亮出危言警语；其次，体贴妇人舐犊情深尤其疼爱幼子的天性，完全剔除政治用语，设置有效圈套，最终导入何为真爱、何为远谋的见解；最后，内容、情节充满戏剧性，形式如一场话剧，人物对话也极富典型性，能够充分体现人物个性，给人活灵活现之感。

鲁仲连义不帝秦

《战国策》

秦围赵之邯郸①。魏安釐王使将军晋鄙救赵②，畏秦，止于荡阴不进③。

魏王使客将军辛垣衍间入邯郸④，因平原君谓赵王曰⑤："秦所以急围赵者，前与齐闵王争强为帝⑥，已而复归帝，以齐故。今齐闵王已益弱⑦，方今唯秦雄天下，此非必贪邯郸，其意欲求为帝。赵诚发使尊秦昭王为帝⑧，秦必喜，罢兵去。"平原君犹豫未有所决。

此时鲁仲连适游赵⑨，会秦围赵，闻魏将欲令赵尊秦为帝，乃见平原君，曰："事将奈何矣？"平原君曰："胜也何敢言事⑩！百万之众折于外⑪，今又内围邯郸而不去⑫。魏王使客将军辛垣衍令赵帝秦，今其人在是。胜也何敢言事！"鲁连曰："始吾以君为天下之贤公子也，吾乃今然后知君非天下之贤公子也。梁客辛垣衍安在？吾请为君责而归之！"平原君曰："胜请为召而见之于先生。"

平原君遂见辛垣衍曰："东国有鲁连先生，其人在此，胜请为绍介，而见之于先将军。"辛垣衍曰："吾闻鲁连先生，齐国之高士也。衍，人臣也，使事有职，吾不愿见鲁连先生也。"平原君曰："胜已泄之矣。"辛垣衍许诺。

鲁连见辛垣衍而无言。辛垣衍曰："吾视居此围城之中者，皆有求于平原君者也。今吾视先生之玉貌，非有求于平原君者，曷为久居此围城中而不去也？"鲁连曰："世以鲍焦无从容而死者⑬，皆非也。今众人不知，则为一身。彼秦，弃礼义，上首功之国也⑭，权使其士，虏使其民，彼则肆然而为帝，过而遂正于天下⑮，则连有赴东海而死耳，吾不忍为之民也！所为见将军者，欲以助赵也。"辛垣衍曰："先生助之奈何？"鲁连曰："吾将使梁及燕助之，齐、楚固助之矣。"辛垣衍曰："燕则吾请以从矣；若乃梁，则吾乃梁人也，先生恶能使梁助之耶⑯？"鲁连曰："梁未睹秦称帝之害故也；使梁睹秦称帝之害，则必助赵矣。"辛垣衍曰："秦称帝之害将奈何？"鲁仲连曰："昔齐威王尝为仁义矣⑰，率天下诸侯而朝周。周贫且微，诸侯莫朝，而齐独朝之。居岁余，周烈王崩^⑱，诸侯皆吊，齐后往。周怒，赴于齐曰^⑲：'天崩地坼^⑳，天子下席^㉑，东藩之臣田婴齐后至^㉒，则斮之^㉓！'威王勃然怒曰："叱嗟^㉔！而母婢也^㉕！'卒为天下笑。故生则朝周，死则叱之，诚不忍其求也。彼天子固然，其无足怪。"

辛垣衍曰："先生独未见夫仆乎？十人而从一人者，宁力不胜、智不若邪？畏之也。"鲁仲连曰："然梁之比于秦，若仆邪？"辛垣衍曰："然。"鲁仲连曰："然则吾将使秦王烹醢梁王^㉖！"辛垣衍怏然不悦^㉗，曰："嘻！亦太甚矣，先生之言也！先生又恶能使秦王烹醢梁王？"鲁仲连曰："固也！待吾言之：昔者鬼侯、鄂侯、文王，纣之三公也^㉘。鬼侯有子而好^㉙，故入之于纣，纣以为恶，醢鬼侯；鄂侯争之急，辨之疾，故脯鄂侯^㉚；文王闻之，喟然而叹^㉛，故拘之于牖里之库百日^㉜，而欲令之死。曷为与人俱称帝王，卒就脯醢之地也？齐闵王将之鲁，夷维子执策而从^㉝，谓鲁人曰：'子将何以待吾君？'鲁人曰：'吾将以十太牢待子之君。'夷维子曰：'子安取礼而来待吾君？彼吾君者，天子也。天子巡狩，诸侯避舍^㉞，纳管键^㉟，摄衽抱几^㊱，视膳于堂下；天子已食，而听退朝也。'鲁人投其籥^㊲，不果纳，不得入于鲁。将之薛^㊳，假涂于邹^㊴。当是时，邹君死，闵王欲入吊。夷维子谓邹之孤曰^㊵：'天子吊，主人必将倍殡柩^㊶，设北面于南方，然后天子南面吊也。'邹之群臣曰：'必若此，吾将伏剑而死。'故不敢入于邹。邹、鲁之臣，生则不得事养，死则不得饭含^㊷，然且欲行天子之礼于邹、鲁之臣，不果纳。今秦万乘之国，梁亦万乘之国，交有称王之名。睹其一战而胜，欲从而帝之，是使三晋之大臣^㊸，不如邹、鲁之仆妾也。

"且秦无已而帝^㊹，则且变易诸侯之大臣，彼将夺其所谓不肖，而予其所谓贤，夺其所憎，而予其所爱；彼又将使其子女谗妾^㊺，为诸侯妃姬，处梁之宫，梁王安得晏然而已乎^㊻？而将军又何以得故宠乎？"

于是辛垣衍起，再拜谢曰："始以先生为庸人，吾乃今日而知先生为天下之士也！吾请去，不敢复言帝秦！"

秦将闻之，为却军五十里^㊼。适会公子无忌夺晋鄙军^㊽，以救赵击秦，秦军引而去。

于是平原君欲封鲁仲连。鲁仲连辞让者三，终不肯受。平原君乃置酒，酒酣，起，前，以千金为鲁连寿。鲁连笑曰："所贵于天下之士者，为人排患释难，解纷乱而无所取也。即有所取者，是商贾之人也⑭。仲连不忍为也。"
遂辞平原君而去，终身不复见。

【注释】

①邯郸：赵国都城，今河北邯郸市。②晋鄙：魏国大将。③荡阴：地名，今河南省汤阴县。
④客将军：原籍不在某国而任该国将军。间入：潜入。⑤因：通过。平原君：赵国公子赵胜，封
平原君，时为赵相。⑥前与齐闵王争强为帝：公元前288年，齐闵王（也写作齐湣王，名地）
称东帝。于是秦昭王（名稷）称西帝。⑦今齐闵王益弱：秦围邯郸时，齐闵王死去已二十多年。
王力先生说，此句疑有误，意思是今之齐比闵王时益弱。⑧秦昭王：秦国国君。曾多次打败敌国，
奠定了秦统一六国的基础。⑨鲁仲连：齐国高士。⑩胜：平原君赵胜自称名。⑪百万之众折于外：
公元前260年，秦将白起在长平大破赵兵，坑赵降兵40余万人。折，挫败。⑫内：指深入国境。
⑬鲍焦：春秋时隐士，因对现实不满，抱树而死。无从容：心胸不开阔。⑭上：同"尚"，崇尚。
首功：斩首之功。⑮过：甚至。正：通"政"，统治。⑯若乃：至于。恶：怎么。⑰齐威王：齐国
国君，姓田，名婴齐⑱周烈王：名喜，在位七年。崩：古代帝王死曰崩。⑲赴：同"讣"，报丧。
⑳天崩地坼：比喻天子死。坼：裂。㉑下席：新君离开原来的宫室，寝于草席上守丧，以示哀悼。
㉒东藩：指齐国。㉓斫（zhuó）：斩。㉔叱嗟：怒斥声。㉕而：通"尔"。婢，婢女。㉖烹：煮杀。
醢（hǎi）：剁成肉酱。㉗怏然：不高兴的样子。说：同"悦"。㉘鬼侯、鄂侯、文王：商纣王时的
三名诸侯。㉙子：女儿。好：貌美。㉚脯：把人杀死做成肉干。㉛喟然：叹息的声音。㉜牖（yǒu）
里：地名，今河南汤阴北。库：监狱，也作"羑里"。㉝策：马鞭。㉞巡狩：天子出巡。避舍：宫
室让给天子。㉟管键：钥匙。㊱衽：衣襟。几：座旁的小桌。㊲籥：同"钥"，即钥匙。㊳之：往，
去。㊴假涂于邹：要向邹国借道。涂：通"途"。㊵邹之孤：指已故国君的儿子，即新君。㊶主
人必将倍殡柩：古代丧礼，主人在东，灵柩在西，正面对着灵柩。天子来吊，主人就要背着灵柩。
倍，同"背"。㊷饭含：人死后，把饭放死人口中称"饭"，把珠玉放死人口中称"含"。㊸三晋：
晋国原是春秋强国，后被韩、赵、魏三家瓜分，后因称韩、赵、魏为三晋。㊹无已：没有人阻止。
㊺逸妾：嫉贤妒能的妇人。㊻晏然：平安舒适貌。㊼却军：军队撤退。㊽适会公子无忌夺晋鄙军：
魏公子无忌为救赵国，托魏王爱姬盗得兵符，又假传王命，杀晋鄙夺兵权。㊾商贾：商人。

【译文】

秦国的军队围困赵国首都邯郸。魏安釐王派出将军晋鄙营救赵国，因为畏惧秦
军，驻扎在汤阴不敢前进。

魏王派客籍将军辛垣衍，从隐蔽的小路进入邯郸，通过平原君的关系见赵王说："秦军所以急于围攻赵国，是因为以前和齐湣王争强称帝，不久又取消了帝号。如今齐国更加削弱，当今只有秦国称雄天下，这次围城并不是贪图邯郸，他的意图是要重新称帝。赵国果真能派遣使臣尊奉秦昭王为帝，秦王一定很高兴，就会撤兵离去。"平原君犹豫而没有做出决定。

　　这时，鲁仲连恰巧客游赵国，正赶上秦军围攻邯郸，听说魏国想要让赵国尊奉秦昭王称帝，就去进见平原君说："这件事怎么样啦？"平原君："我哪里还敢说什么！前不久，在国外损失了百万大军，如今，秦军打到国内围困了邯郸，又没有办法使之退兵。魏王派客籍将军辛垣衍让赵国尊奉秦昭王称帝，眼下，那个人还在这里。我哪里还敢说什么？"鲁仲连说："以前我认为您是天下贤明的公子，今天我才知道您并不是天下贤明的公子。梁国的客人辛垣衍在哪儿？我替您去责问他并且让他回去。"平原君说："我愿为您介绍，让他跟先生相见。"于是平原君去见辛垣衍说："齐国有位鲁仲连先生，如今他就在这儿。我愿替您介绍，跟将军认识认识。"辛垣衍说："我听说过鲁仲连先生，是齐国志行高尚的人。我是魏王的臣子，奉命出使身负职责，我不愿见鲁仲连先生。"平原君说："我已经把您在这儿的消息透露给他了。"辛垣衍只好应允。

　　鲁仲连见到辛垣衍却一言不发。辛垣衍说："我看留在这座围城中的，都是有求于平原君的人。而今，我看先生的尊容，不像是有求于平原君的人，为什么还长久地留在这围城之中而不离去呢？"鲁仲连："世人认为鲍焦没有博大的胸怀而死去，这种看法都错了。如今普通人不理解他的心情，认为他是为个人遭遇才如此做的。那秦国，是个抛弃礼义而只崇尚战功的国家，用权诈之术对待士人，像对待奴隶一样役使百姓。如果让它无所忌惮地恣意称帝，进而统治天下，那么，我只有跳进东海去死了，我不忍心做它的臣民。我所以来见将军，是打算帮助赵国啊。"辛垣衍说："先生打算怎样帮助赵国呢？"鲁仲连："我要请梁国和燕国帮助它，齐、楚两国本来就帮助赵国了。"辛垣衍说："燕国嘛，我相信会听从您的。至于梁国，我就是梁国人，先生怎么能让魏国帮助赵国呢？"鲁仲连说："梁国是因为没看清秦国称帝的祸患，才没帮助赵国。假如魏国看清秦国称帝的祸患，就一定会帮助赵国。"辛垣衍说："秦国称帝后会有什么祸患呢？"鲁仲连说："从前，齐威王曾经奉行仁义，率领天下诸侯去朝拜周天子。当时，周天子贫困又弱小，诸侯们没有谁去朝拜，唯有齐国去朝拜。过了一年多，周烈王逝世，齐王奔丧去迟了，新继位的周显王很生气，派人到齐国报丧说：'天子逝世，如同天崩地裂般的大事，新继位的天子也得离开宫殿居丧守孝，睡在草席上，东方属国之臣田婴齐居然敢迟到，当斩。'齐威王听了，勃然大怒，骂道：'呸！你母亲原先还是个婢女呢！'最终被天下传为笑柄。齐威王所以在周天子活着的时候去朝见，死了就破口大骂，实在是忍受不了新天子的苛求啊。然而那些做天子的本来就如此，也没什么值得奇怪的。"

辛垣衍说："先生难道没见过奴仆吗？十个奴仆侍奉一个主人，难道是力气赶不上，才智比不上他吗？是害怕他啊。"鲁仲连说："但是，梁王和秦王相比梁王像仆人吗？"辛垣衍说："是这样。"鲁仲连说："这样的话，我就会让秦王烹煮梁王剁成肉酱？"辛垣衍很不高兴，不服气地说："唉！先生的话，也太过分了！先生又怎么能让秦王烹煮梁王剁成肉酱呢？"鲁仲连说："当然能够这样，等我说给您听。从前，鬼侯、鄂侯、文王是殷纣的三个诸侯。鬼侯有个女儿长得娇美，把她献给殷纣王，殷纣王认为她长得丑陋，就把鬼侯剁成肉酱。鄂侯刚直诤谏，激烈辩白，又把鄂侯杀死做成肉干。文王听到这件事，只是长长地叹息，殷纣又把他囚禁在牖里监牢内一百天，想要他死。为什么和人家同样称王，最终落到被剁成肉酱、做成肉干的地步呢？齐湣王前往鲁国，夷维子替他赶着车子而跟随。他对鲁国官员们说：'你们准备怎样接待我们国君？'鲁国官员说：'我们打算用十副太牢的礼仪来接待您的国君。'夷维子说：'你们这是按照哪来的礼仪接待我们国君？我们国君是天子啊。天子到各国巡察，诸侯按例应迁出正宫，移居别处，交出钥匙，撩起衣襟，安排几桌，站在堂下伺候天子用膳，天子吃完后，才可以退回朝堂听政理事。'鲁国官员听了，就关闭城门上锁，不接纳齐湣王入境。齐湣王不能进入鲁国，打算借道邹国前往薛地。正当这时，邹国国君逝世，齐湣王想入境吊丧，夷维子对邹国的嗣君说：'天子吊丧，丧主一定要把灵柩转换方向，在南面安放朝北的灵位，然后天子面向南吊丧。'邹国大臣们说：'一定要这样，我们宁愿用剑自杀。'所以齐湣王不敢进入邹国。邹、鲁两国的臣子，生前不能够得到齐湣王奉养，死后又不能得到任何待遇，然而却想要在邹、鲁使用天子之礼，邹、鲁的臣子们终于拒绝齐湣王入境。如今，秦国是拥有万辆战车的国家，梁国也是拥有万辆战车的国家。都是万乘大国，又各有称王的名分，只看秦国打了一次胜仗，就要顺从地拥护它称帝，这就使得三晋的大臣还比不上邹、鲁的奴仆、卑妾了。

"况且没有人阻止而让秦国终于称帝，那么，就会更换诸侯的大臣。他将要罢免他认为不肖的，换上他认为贤能的人，罢免他憎恶的，换上他所喜爱的人。还要让他的儿女和搬弄是非的姬妾，嫁给诸侯做妃姬，住在梁国的宫廷里，梁王怎么能够安安定定地生活呢？而将军您又怎么能够得到原先的宠信呢？"

于是，辛垣衍站起来，向鲁仲连连拜两次谢罪说："当初认为先生是个普通的人，我今天才知道先生是天下杰出的高士。我将离开赵国，再不敢谈秦王称帝的事了。"

秦军主将听到这个消息，把军队后撤了五十里。恰好魏公子无忌夺得了晋鄙的军权率领军队来援救赵国，攻击秦军，秦军也就撤离邯郸回去了。

于是平原君要封赏鲁仲连，鲁仲连再三辞让，最终也不肯接受。平原君就设宴招待他，喝到酒酣耳热时，平原君起身向前，献上千金酬谢鲁仲连。鲁仲连笑着说："杰出之士之所以被天下人崇尚，是因为他们能替人排除祸患，消释灾难，解决纠纷而不取报酬。如果收取酬劳，那就成了生意人的行为，我鲁仲连是不忍心那样做的。"于是辞别平原君而去，终身不再相见。

【评析】

本文通过记录鲁仲连在紧急关头坚决反对尊秦为帝而取得实际效果的故事，人物形象极其鲜明生动。赵孝成王六年（前260），秦在长平大败赵军，秦将白起坑杀赵卒四十余万，诸侯震惊。这是战国时期非常关键的一战。公元前258年，秦军包围邯郸。魏安釐王得到消息急派大将晋鄙火速驰援赵国。秦昭襄王得知魏出兵救赵，写信恐吓魏王，扬言谁救赵先攻击谁。魏王收信后救赵决心发生动摇，命令晋鄙留兵于边境观望。然后派魏将辛垣衍秘密潜入邯郸，想通过赵相平原君赵胜说服赵孝成王一起尊秦为帝，以屈辱换和平，以解邯郸燃眉之急。平原君已经束手无策，形势岌岌可危。在此关键时刻，客游至此的鲁仲连主动去见辛垣衍，用刚刚发生不久的历史事实做论据，生动形象而又透辟地阐明了秦称帝后的严重后果，令辛垣衍彻底折服。不敢复言帝秦。而"秦将闻之，为却军五十里"。

春秋战国时期的士人多具有独立的思想和高尚的人格，而当时天下纷争而未形成大一统格局的政治局面也为士人施展自己的才能提供了舞台。苏秦、张仪、邹忌、范雎、蔡泽、冯谖、毛遂等都是活跃于战国时期的士人，他们个性张扬、足智多谋，都留下许多丰富多彩的故事，为中国历史增添许多亮丽的色彩。可惜鲁仲连留下的具体故事不多，没有前面那些士人著名。惜乎！

鲁共公择言

《战国策》

梁王魏婴觞诸侯于范台①。酒酣，请鲁君举觞②。鲁君兴，避席择言曰③："昔者，帝女令仪狄作酒而美④，进之禹，禹饮而甘之，遂疏仪狄，绝旨酒⑤，曰：'后世必有以酒亡其国者。'齐桓公夜半不嗛⑥，易牙乃煎熬燔炙⑦，和调五味而进之⑧，桓公食之而饱，至旦不觉，曰：'后世必有以味亡其国者。'晋文公得南之威⑨，三日不听朝，遂推南之威而远之，曰：'后世必有以色亡其国者。'楚王登强台而望崩山⑩，左江而右湖⑪，以临彷徨，其乐忘死，遂盟强台而弗登，曰：'后世必有以高台陂池亡其国者⑫。'今主君之尊⑬，仪狄之酒也；主君之味，易牙之调也；左白台而右闾须⑭，南威之美也；前夹林而后兰台⑮，强台之乐也。有一于此，足以亡其国。今主君兼此四者，可无戒与⑯！"梁王称善相属。

【注释】

①梁王：梁惠王。觞：酒樽，这里指饮宴。范台：又称"繁台"，遗迹在今河南开封市。②鲁君：鲁共公，即鲁恭侯。③避席：古人席地而坐，为表示敬意，离座起立，叫避席。择言：择善而言，即选择有意义的话。④帝女：可能指尧、舜的女儿。仪狄：人名。晋张华《博物志》称系禹时人，善造酒。⑤旨酒：美酒。⑥嗛（qiè）：同"慊"，满足，舒服。⑦易牙：即雍巫，字易牙，长于调味，甚得桓公亲幸，桓公死后，曾作乱。煎、熬、燔（fàn）、炙：几种烹饪方法。燔：烤肉。炙：熏烤。⑧五味：甜、酸、苦、辣、咸五味。⑨南之威：美女名，亦称"南威"。⑩楚王：楚昭王。强台：亦作"荆台"，又叫"章华台"，楚灵王所造，在今湖北监利县西北。崩山：一作"崇山""猎山"。在今湖北省京山县东。⑪左江而右湖：长江和洞庭湖。⑫陂（bēi）池：池塘。高台陂池：泛指园林建筑，游乐场所。⑬主君：尊称国君。尊：同"樽"，酒器。⑭白台、闾须：都是美女名。⑮夹林、兰台：魏国园林建筑。⑯戒：警惕戒备。

【译文】

梁惠王魏婴在范台宴请各国诸侯。酒兴正浓时，梁惠王请鲁共公敬酒。鲁共公站起身，离开自己的座席，选择善言进谏道："从前，舜的女儿让仪狄酿制美酒，酒味醇美。仪狄把酒献给了禹，禹喝了之后也觉得味道醇美。但因此疏远仪狄，戒绝美酒，并且说道：'后代一定有因为美酒而使国家灭亡的。'齐桓公有一天夜里觉得肚子饿，想吃东西。易牙就煎熬烧烤，做出美味可口的菜肴送给他，齐桓公吃得很饱，一觉睡到天亮还不醒，醒了以后说：'后代一定有因贪美味而使国家灭亡的。'晋文公得到了美女南之威，三天没有上朝理政，于是就把南之威打发走了，说道：'后代一定有因为贪恋美色而使国家灭亡的。'楚灵王登上强台远望崩山，左边是长江，右边是大湖，登临徘徊，唯觉山水之乐而忘记人之将死，于是发誓不再游山玩水。后来他说：'后代一定有因为修高台、山坡、美池，而致使国家灭亡的。'现在您酒杯里盛的好似仪狄酿的美酒；桌上放的是易牙烹调出来的美味佳肴；您左边的白台、右边的闾须，都是南之威一样的美女；您前边有夹林，后边有兰台，都是强台一样的处所。这四者中占有一种，就足以灭亡国家，如今您兼而有之，怎么可以不警惕戒备呢？"梁惠王听后连连称赞说谏言非常之好。

【评析】

战国时期，几大国都有附属国，于是大国国君便经常召集附属国国君饮宴娱乐，显示其强大。梁惠王时，魏国较强盛，于是建筑范台。范台又名吹台，是魏国君臣娱乐游宴之所。这次鲁、卫、宋、郑等小诸侯国国君朝见梁王，梁惠王非常得意，便在吹台宴集诸侯众国君。梁惠王让鲁共公祝酒，鲁共公在祝酒词中，委婉而中肯地劝导梁惠王，告诫他消除侈靡淫乐，不然有亡国之虞，语短义长，道理深刻，言直意重，表现了鲁共公卓越的政治见解。

文章主要运用譬喻说理、排比言事的手法。全文以大禹疏仪狄而戒酒，齐桓公食美味而不醒，晋文公远南威而拒色，楚庄王不登强台而排斥享乐为例，说明历代明主贤君都是拒绝美酒、佳味、女色、音乐之引诱的，而梁王却兼有四者，故应当提高警惕。理寓事中，便于接受。排比句的运用，增强了气势和说服力。从内容方面看，文章张扬的力戒酒、味、色、乐以强国兴邦的思想，可以作为历史的借鉴，即使在今天仍有其毋庸置疑的现实意义。

唐雎说信陵君

《战国策》

信陵君杀晋鄙，救邯郸，破秦人，存赵国，赵王自郊迎①。唐雎谓信陵君曰："臣闻之曰：事有不可知者，有不可不知者；有不可忘者，有不可不忘者。"信陵君曰："何谓也？"对曰："人之憎我也，不可不知也②；我憎人也，不可得而知也③。人之有德于我也，不可忘也；吾有德于人也，不可不忘也。今君杀晋鄙，救邯郸，破秦人，存赵国，此大德也。今赵王自郊迎，卒然见赵王④，愿君之忘之也。"信陵君曰："无忌谨受教⑤。"

【注释】

①自郊迎：亲自到郊外迎接。②不可不知：不可以不知道，以便防备。③不可得而知：不应该让对方知道。④卒然：猝然，突然。⑤无忌：信陵君的名。自称其名表示对对方的尊重。

【译文】

信陵君窃符救赵，杀晋鄙，救下邯郸，打败了秦兵，保存了赵国。赵孝成王亲自到郊外去迎接他。这时，唐雎对信陵君说："我听说，事情有不可以知道的，有不可以不知道的；有不可以忘掉的，有不可以不忘掉的。"信陵君说："你说的是什么意思？"唐雎回答说："别人憎恨我，我不可以知道；我憎恶别人，是不可以让人知道的；别人有恩德于我，是不可以忘记的；我有恩德于别人，是不可以不忘记的。如今，你杀了晋鄙，救下邯郸，打败秦兵，保存了赵国，这对赵国是大恩德。现在，赵王亲自到郊外迎接你。你很快就会见到赵王了，希望你把救赵王的事忘掉吧！"信陵君说："无忌我谨遵你的教诲。"

【评析】

本文很短，但意义很深刻，具有警世作用。通过唐雎向信陵君的进言，说明人做好事切不可居功自傲，于人有恩德之事不应放在心上的主旨。文章在表现主旨时，并不直白，而是迂回切入。唐雎先从事情有不可知、不可不知，不可忘、不可不忘四种情况说起，再具体为人之憎我、我之憎人，人有德于我、我有德于人而应采取的四种态度，最后水到渠成落实到救赵一事。说明虽有大德于赵，不可不忘。辩证说来，环环相扣，严谨有致；语句反复，却不刻板，回环有味，令人深思。对于他人，有恩必报，施恩不图报永远都是道德的表现。

唐雎不辱使命

《战国策》

秦王使人谓安陵君曰^①："寡人欲以五百里之地易安陵，安陵君其许寡人！"安陵君曰："大王加惠，以大易小^②，甚善；虽然，受地于先王，愿终守之，弗敢易！"秦王不悦。安陵君因使唐雎使于秦。

秦王谓唐雎曰："寡人以五百里之地易安陵，安陵君不听寡人，何也？且秦灭韩亡魏^③，而君以五十里之地存者，以君为长者^④，故不错意也^⑤。今吾以十倍之地，请广于君^⑥，而君逆寡人者^⑦，轻寡人与？"唐雎对曰："否，非若是也。安陵君受地于先王而守之，虽千里不敢易也，岂直五百里哉？"

秦王怫然怒^⑧，谓唐雎曰："公亦尝闻天子之怒乎？"唐雎对曰："臣未尝闻也。"秦王曰："天子之怒，伏尸百万，流血千里。"唐雎曰："大王尝闻布衣之怒乎^⑨？"秦王曰："布衣之怒，亦免冠徒跣^⑩，以头抢地耳^⑪。"唐雎曰："此庸夫之怒也，非士之怒也^⑫。夫专诸之刺王僚也^⑬，彗星袭月^⑭；聂政之刺韩傀也^⑮，白虹贯日^⑯；要离之刺庆忌也^⑰，仓鹰击于殿上^⑱。此三子者，皆布衣之士也，怀怒未发，休祲降于天^⑲，与臣而将四矣。若士必怒，伏尸二人，流血五步，天下缟素^⑳，今日是也。"挺剑而起。

秦王色挠^㉑，长跪而谢之曰^㉒："先生坐！何至于此！寡人谕矣：夫韩、魏灭亡，而安陵以五十里之地存者，徒以有先生也。"

【注释】

①秦王：即秦始皇帝嬴政，当时他还没有称皇帝。安陵君：魏国封的一个小国的国君。②以大易小：用大的土地换取小的土地。③灭韩亡魏：秦当时已经灭亡韩国和魏国。④长者：忠臣厚道的有德之人。⑤错意：置意。错：通"措"，安放，安置。⑥请广于君：让安陵君扩大领土。⑦逆：违背。⑧怫（fú）然：盛怒的样子。⑨布衣：平民。古代没有官职的人都穿布衣服，所以称布衣。⑩免冠徒跣（xiǎn）：也不过是摘掉帽子，光着脚。徒：光着。⑪以头抢（qiāng）

地耳：把头往地上撞罢了。抢：撞。⑫庸夫：平庸无能的人。士：这里指有才能有胆识的人。⑬专诸之刺王僚：专诸刺杀吴王僚。吴国公子光即阖闾要谋害吴王僚夺取君位，用伍子胥计谋，阴养死士专诸，在请吴王僚赴宴时将宝剑藏鱼腹中而将其刺死。⑭彗星袭月：彗星的尾巴扫过月亮。⑮聂政之刺韩傀（guī）：聂政，战国时齐国人，韩大夫严仲子与韩傀有仇，他为之刺杀韩傀。韩傀也作侠累。⑯白虹贯日：一道白光直冲上太阳。⑰要离刺庆忌：要离，勇士。庆忌是吴王僚儿子，吴王僚被杀后他逃往魏国。阖闾即位后派要离投奔庆忌而刺杀了他。⑱仓鹰击于殿上：苍鹰扑到宫殿上。仓：通"苍"，青色。⑲怀怒未发，休祲（jìn）降于天：心里的愤怒还没发作出来，上天就降示征兆。休：吉祥。祲：不祥。⑳缟（gǎo）素：白色的丝织品，这里指穿丧服。㉑秦王色挠：秦王变了脸色。挠：屈服。㉒长跪：古人席地而坐，两膝着地，臀部压在脚跟上。如果耸身挺腰，身体就显得高起来，故叫"长跪"。谢：认错，道歉。

【译文】

　　秦王派人对安陵君（安陵国的国君）说："我想要用方圆五百里的土地交换安陵，望安陵君一定要答应我啊！"安陵君说："大王给以恩惠，用大的地盘交换我们小的地盘，这再好不过了，虽然是这样，但这是我从先王那继承的封地，我愿意一生守护它，不敢交换！"秦王知道后不高兴。于是安陵君就派遣唐雎出使到秦国。

　　秦王对唐雎说："我用方圆五百里的土地交换安陵，安陵君却不听从我，这是为什么？况且秦国使韩国魏国灭亡，但安陵却凭借方圆五十里的土地幸存下来的原因，是因为我把安陵君看作忠厚的长者，所以不打他的主意。现在我用安陵十倍的土地，让安陵君扩大自己的领土，但是他违背我的意愿，是他看不起我吗？"唐雎回答说："不，并不是这样的。安陵君从先王那里继承了封地，只想守护它，即使是方圆千里的土地也不敢交换，更何况只是这区区的五百里的土地（就能交换）呢？"

　　秦王勃然大怒，对唐雎说："先生曾听说过天子发怒吗？"唐雎回答说："我未曾听说过。"秦王说："天子发怒（的时候），会倒下百万人的尸体，鲜血流淌千里。"唐雎说："大王曾经听说过百姓发怒吗？"秦王说："百姓发怒，也不过就是摘掉帽子，光着脚，把头往地上撞罢了。"唐雎说："这是平庸无能的人发怒，不是有才能有胆识的人发怒。专诸刺杀吴王僚的时候，彗星的尾巴扫过月亮；聂政刺杀韩傀的时候，一道白光直冲上太阳；要离刺杀庆忌的时候，苍鹰扑在宫殿上。他们三个人都是平民中有才能有胆识的人，心里的愤怒还没发作出来，上天就降示了吉凶的征兆。现在（专诸、聂政、要离）连同我，将成为四个人了。假若有胆识有能力的人（被逼得）

一定要发怒，那么就让两个人的尸体倒下，五步之内淌满鲜血，天下百姓因此穿丧服，今天的情形就是这样了。"说完（唐雎）挺剑而起（剑未出鞘）。

秦王变了脸色，直身而跪，向唐雎道歉说："先生请坐，怎么会到这种地步！我明白了：韩国、魏国灭亡，但安陵却凭借方圆五十里的地方存在，只是因为有先生您在啊！"

【评析】

在矛盾冲突中展示人物性格，是人物塑造之妙法，本文便如此。秦王嬴政在"灭韩亡魏"后，雄视天下，根本不把安陵放在眼里，他似乎不屑动武，企图用一句话便诈取安陵。他以为不会有问题。"安陵君其许寡人"，命令式之口吻表现他对安陵君之轻蔑。不料在安陵君那里竟碰了软钉子。在这样背景下，唐雎出使来秦，秦王便用了胁迫威逼的气势，以"天子之怒"相威胁，而唐雎则针锋相对以"布衣之怒"奋起抗争。尤其"拔剑而起"的动作，简直是气冲霄汉，在骄横而不可一世的秦王嬴政面前敢于亮剑，是何等的英雄气魄。英雄侠士的形象极其生动，如在目前。正是这种英雄气概才迫使秦王屈服。

乐毅报燕王书
《战国策》

昌国君乐毅①，为燕昭王合五国之兵而攻齐②，下七十余城，尽郡县之以属燕。三城未下③，而燕昭王死。惠王即位，用齐人反间④，疑乐毅，而使骑劫代之将⑤。乐毅奔赵，赵封以为望诸君⑥。齐田单诈骑劫⑦，卒败燕军，复收七十余城以复齐。

燕王悔，惧赵用乐毅乘燕之敝以伐燕。燕王乃使人让乐毅⑧，且谢之曰："先王举国而委将军⑨，将军为燕破齐，报先王之仇，天下莫不振动。寡人岂敢一日而忘将军之功哉！会先王弃群臣，寡人新即位，左右误寡人⑩。寡人之使骑劫代将军，为将军久暴露于外⑪，故召将军，且休计事。将军过听，以与寡人有隙，遂捐燕而归赵⑫。将军自为计则可矣，而亦何以报先王之所以遇将军之意乎？"

望诸君乃使人献书报燕王曰："臣不佞[13]，不能奉承先王之教，以顺左右之心，恐抵斧质之罪[14]，以伤先王之明，而又害于足下之义[15]，故遁逃奔赵。自负以不肖之罪，故不敢为辞说。今王使使者数之罪，臣恐侍御者之不察先王之所以畜幸臣之理[16]，而又不白于臣之所以事先王之心，故敢以书对。

"臣闻贤圣之君，不以禄私其亲，功多者授之；不以官随其爱，能当者处之。故察能而授官者，成功之君也；论行而结交者，立名之士也。臣以所学者观之，先王之举错[17]，有高世之心，故假节于魏王[18]，而以身得察于燕。先王过举，擢之乎宾客之中[19]，而立之乎群臣之上，不谋于父兄，而使臣为亚卿[20]。臣自以为奉令承教，可以幸无罪矣，故受命而不辞。

"先王命之曰：'我有积怨深怒于齐，不量轻弱，而欲以齐为事。'臣对曰：'夫齐，霸国之余教，而骤胜之遗事也[21]，闲于甲兵[22]，习于战攻[23]。王若欲伐之，则必举天下而图之。举天下而图之，莫径于结赵矣[24]。且又淮北、宋地[25]，楚、魏之所同愿也。赵若许约，楚、赵、宋尽力[26]，四国攻之，齐可大破也。'先王曰：'善。'臣乃口受令，具符节[27]，南使臣于赵。顾反命，起兵随而攻齐，以天之道，先王之灵，河北之地，随先王举而有之于济上[28]。济上之军奉令击齐，大胜之。轻卒锐兵，长驱至国。齐王逃遁走莒[29]，仅以身免。珠玉财宝，车甲珍器，尽收入燕。大吕陈于元英[30]，故鼎反乎历室[31]，齐器设于宁台[32]。蓟丘之植，植于汶篁[33]。自五伯以来，功未有及先王者也[34]。先王以为顺于其志，以臣为不顿命[35]，故裂地而封之[36]，使之得比乎小国诸侯。臣不佞，自以为奉令承教，可以幸无罪矣，故受命而弗辞。"

"臣闻贤明之君，功立而不废，故著于《春秋》[37]，蚤知之士[38]，名成而不毁，故称于后世。若先王之报怨雪耻，夷万乘之强国[39]，收八百岁之蓄积[40]，及至弃群臣之日，遗令诏后嗣之余义[41]，执政任事之臣，所以能循法令，顺庶孽者[42]，施及萌隶[43]，皆可以教于后世。

"臣闻善作者不必善成[44]，善始者不必善终。昔者伍子胥说听乎阖闾[45]，故吴王远迹至于郢[46]；夫差弗是也，赐之鸱夷而浮之江[47]。故吴王夫差不悟先论之可以立功[48]，故沉子胥而弗悔；子胥不蚤见主之不同量[49]，故入江而不改。夫免身全功，以明先王之迹者，臣之上计也。离毁辱之非[50]，堕先王之名者，臣之所大恐也。临不测之罪，以幸为利者，义之所不敢出也。"

"臣闻古之君子，交绝不出恶声；忠臣之去也，不洁其名。臣虽不佞，数

184

奉教于君子矣。恐侍御者之亲左右之说，而不察疏远之行也⁵¹。故敢以书报，唯君之留意焉。"

【注释】

①乐毅：战国时著名军事家。魏人，奉使到燕国，受燕昭王重用而建立大功。②五国之兵：赵、楚、韩、燕、魏五国联军。③三城：指齐国的聊城、莒、即墨三城，都在今山东省。④用齐人反间：齐将田单放出谣言，说乐毅想反叛燕国，自己做齐王。燕惠王信以为真。⑤骑劫：燕国将领。⑥望诸君：赵国给乐毅的封号。⑦田单：战国时齐国大将，屡立战功，封安平君，被齐襄王任为国相。诈骑劫：田单派人向燕军诈降，骑劫被蒙蔽；又用千余头牛，角上缚兵刃，尾上扎苇草灌油，夜间点燃牛尾，猛冲燕军营帐，并以数千勇士随后冲杀，大败燕军，杀死骑劫。这便是著名的"火牛阵"。⑧让：责备。⑨先王：燕惠王之父燕昭王。⑩左右误寡人：指燕惠王左右亲近的人造谣。⑪暴露：指乐毅长期在外作战，风餐露宿。⑫过听：误信流言。隙：隔阂。捐：抛弃。⑬不佞：没有才智，谦词。⑭奉承：秉承，领受。左右：书信中对对方的尊称，表示不敢直接称对方，只称呼对方的左右执事者。抵：遭受。斧质：刀斧与砧板，杀人的刑具。⑮足下：对对方的尊称。古时用于尊者，后代只用于同辈。⑯侍御者：侍候国君的人，实指惠王。畜幸：畜养宠信。⑰举错：同"举措"。行为、措施。⑱假节：凭借符节。节，外交使臣所持之凭证。⑲擢：提拔。之：我。乎：同"于"，从。⑳亚卿：官名，地位仅次于上卿。㉑霸国：齐桓公曾称霸诸侯，故称齐国为霸国。余教：留下的功绩。骤胜：多次战胜。遗事：往事。㉒闲：同"娴"，娴熟，熟练。甲兵：铠甲兵器，借指军事。㉓习：习惯，熟悉。㉔径：最近最直接。㉕淮北：淮河以北地区，是齐国属地。宋地：今江苏铜山、河南商丘、山东曲阜之间的地区，为齐所吞并。㉖许约：答应约定。㉗具符节：手持符节。具：具有。㉘河北：黄河以北。济上：济水旁边。㉙莒：今山东莒县。㉚大吕：钟名。元英：燕国宫殿名。㉛故鼎：指齐国掠夺的燕鼎，复归燕国。历室：燕国宫殿名。㉜宁台：燕台名。㉝蓟丘：燕国都城，今北京市西南。汶篁：齐国汶水边的竹田。㉞五伯：指春秋五霸。㉟不顿命：不辜负使命。㊱裂地而封：指割地封乐毅为昌国君。㊲春秋：指一般史书。古代编年史都叫春秋。㊳蚤：通"早"。㊴夷：平，这里指战败。㊵八百岁：从姜太公建国到这次战争约八百年。㊶遗令：指燕昭王留下遗书，诏令后世子孙。㊷庶孽：妾生的儿子。㊸施：延续普及。萌隶：指百姓。㊹善作者：善于开创事业的人。善成：善于守业。㊺乎：同"于"，被。㊻远迹：在远处留下足迹，指长途伐楚。郢：楚国都城，今湖北江陵西北。㊼鸱夷：皮革制的口袋。㊽先论：预见。㊾量：胆识和器量。㊿离：通"罹"，遭受。⁵¹疏远：指自己，是被燕惠王疏远的人。

【译文】

昌国君乐毅，为燕昭王联合五国的军队，攻入齐国，连下七十多座城池，都按照郡县的行政区划而进入燕国的版图。还有三座城邑未攻下，燕昭王就去世了。燕惠王继位，中了齐人的反间计，怀疑乐毅，派骑劫代替他。乐毅逃到赵国，赵王封他为望诸君。齐国大将田单用计骗了骑劫，打败燕军，收复七十多座城邑，恢复了齐国的领土。

燕王后悔了，又怕赵国任用乐毅，乘燕国战败之机来攻燕，便派人去责备乐毅，又向乐毅道歉，说："先王把整个燕国托付将军，将军为燕攻破了齐国，为先王报了仇，天下人莫不震动。寡人哪里有一刻敢忘记将军的功勋啊！不幸这时先王抛弃群臣而去，寡人刚刚继位，左右的人蒙骗了寡人。不过，寡人之所以派骑劫代替将军，只是因为将军长久在野外作战，所以调将军回国，休养休养，共商国是。将军却误信流言，和寡人有了隔阂，抛弃燕国而投奔赵国。为将军自己打算，固然可以；但是又怎样报答先王对将军的恩情呢？"

望诸君乐毅便派人进献书信，回答惠王说："臣不才，不能奉承先王的遗命，顺从大王左右的心意，恐怕回来受到刀斧之刑，以致损害先王知人之明，又使您亏于君臣之义，只得投奔赵国，承担了不贤的罪名，因此不敢为之用语言表白声明。现在大王派人来数说臣的罪过，恐怕大王左右不能体会先王重用臣的理由，也不明白臣所以侍奉先王的心意，所以才敢写信答复大王。

"臣听说，贤圣的君主，不把爵禄私赏给自己的亲人，只有立功多的才授予；不把官职随便授予自己宠幸的人，只有才能相当的才任命。所以，考察才能而授官，是成就功业的君主；根据德行而结交，是树立名声的贤士。臣以所学的知识来观察，当年觉得先王处理国家政治的措施，有高于世俗的理想，因此借用为魏王出使的机会，得以到燕国亲身考察。先王对臣过于看重，从宾客中选拔出来，安置在群臣之上，不与王室的长辈商量，便任命臣为亚卿。臣自以为能够奉行命令秉承教导，可以侥幸免于罪过，因此毫不辞让而接受了任命。

"先王命令臣，说：'我跟齐国积累了深仇大恨，哪怕国小力微，也想报齐国之仇。'臣回答说：'那个齐国，本来有霸主的传统，而且打过多次胜仗的历史，熟悉军事，长于攻战。大王如果要伐齐，必须发动天下的兵力来对付它。要发动天下的兵力，最直接的办法是先同赵国结盟。而且还有淮北，本是宋国的土地，被齐国独吞了，楚魏两国都想得一份。赵如果赞同，再约同楚魏尽力帮助，以四国的兵力进攻，就可大破齐国了。'先王说：'好！'于是臣便接受命令，准备符节，南下出使赵国。

很快回国复命，随后便发兵攻齐。顺应上天之道，倚仗先王的声威，黄河以北的齐国土地，都随着先王进兵济上而为燕国所有。济水上的燕军，奉令继续出击，大获胜利。士卒轻装，武器锐利，长驱直入，攻占齐都。齐王逃奔至莒，仅仅幸免一死。齐国所有的珠玉财宝，车甲珍器，归燕国所有。大吕钟陈列在元英殿上，燕国的宝鼎又运回历室殿，齐国的宝器都摆设在燕国的宁台。原来竖立在蓟丘的树木丛竹，栽种到齐国汶水两岸的竹田里。自从五霸以来，没有谁的功勋能够赶得上先王。先王认为实现了他的志向。认为臣没有贻误他的命令，所以裂土而封我采邑，使臣能够比于小国诸侯。臣不才，自信能够奉行命令，秉承教导，可以侥幸免于罪过，因此毫不推辞而接受封爵。

"臣听说，贤明的君主，建立了功业就不让它废弃，所以才能记载于史册；有预见的贤士，成名之后决不让它败坏，所以为后世称赞。像先王这样报仇雪恨，征服了万辆兵车的强国，没收它八百年的积蓄，直到逝世那天，还留下叮嘱嗣君的遗训，使执政任事的官员能遵循法令，安抚亲疏上下，推及百姓奴隶，这都是能够垂教于后世的啊。

"臣听说，善于创造不一定善于完成，善始不一定善终。从前，伍子胥通过言辞说服了阖闾，因此吴王能够远征到楚国的郢都；夫差却不这样，把伍子胥的尸体装在皮口袋中在江上漂浮。因为吴王阖闾不信伍子胥的预见能够立功，因此把伍子胥溺死江中而不悔；伍子胥不能早早预见新旧两主的器量不同，因此直到被投入江还不改变他的怨愤。所以，脱身免祸，保伐齐的大功，用以表明先王的业绩，这是臣的上策。遭受诋毁和侮辱的错误处置，毁害先王的美名，这是臣最大的恐惧。面临着不测之罪，用侥幸而妄图私利，我决干不出这不义之事。

"臣听说，古代的君子，和朋友断绝交往，也决不说对方的坏话；忠臣含冤离开本国，也不为自己表白。臣虽然不才，也曾多次受过君子的教诲，只是恐怕大王轻信左右的谗言，不理解我这个被疏远之人的行为和苦衷，因此冒昧回信说明，希望您多加考虑。"

【评析】

开头一段交代写信背景。燕王哙时，燕国政治混乱，齐湣王乘机起兵攻燕，掳掠燕国宝器运回齐国。燕人共立太子平为国君，这就是历史上著名的燕昭王，他为我国历史增加许多色彩和故事。燕昭王用乐毅为上将军，联合五国军队攻破齐国，为燕国报仇。燕昭王死，燕惠王即位，中齐反间计，剥夺乐毅兵权，乐毅被迫出逃，齐人大破燕军。燕惠王后悔又害怕，因而写信给乐毅，乐毅便写这封信来回答。

乐毅针对燕惠王来信中说的"何以报先王之所以遇将军之意"，从三方面予以回答：第一，写他为了报先王知遇之恩，作详尽规划，再率军队大败齐国，彻底报了积怨。简述自己为燕国立下的功劳。第二，由于燕惠王剥夺自己兵权，自己身陷危境，不得已逃往赵国。是无奈之举。而且自己这样做既可以保全自己的性命，也可以保全燕昭王和燕惠王两代君主的名声。因为自己一旦回国，很容易和伍子胥有同样的遭遇，这样就会"堕先王之名"，也会给燕惠王留下恶名。第三，说明"君子交绝不出恶声，忠臣之去也不洁其名"。他在回答第二点时只用典而不点破，正是"不出恶声"；他不避"遁逃奔赵"，正是"不洁其名"。这封信，措辞极为婉转得体；又恰到好处地显示出作者善于谋划，善于用兵，以及善于全身保名的智慧和人生轨迹。依靠君臣遇合来建功立业是古代不少志士仁人的理想，故乐毅的故事在古代诗文中经常被引用，所以这封信成为历代所传诵的名篇。

李斯

李斯，战国末期生于楚国上蔡，少时任过小吏，后师事荀子，学成后西去秦国。在丞相吕不韦提携下，见重于秦王，拜为客卿，后任丞相。在灭六国、谋统一事业中起了很大作用；后被权臣赵高谗毁，遭腰斩，灭三族。

谏逐客书
李斯

秦宗室大臣皆言秦王曰："诸侯人来事秦者，大抵为其主游间于秦耳。请一切逐客。"李斯议亦在逐中。斯乃上书曰：

"臣闻吏议逐客，窃以为过矣。昔穆公求士①，西取由余于戎②，东得百里奚于宛③，迎蹇叔于宋④，求丕豹、公孙支于晋⑤。此五子者，不产于秦，而穆公用之，并国二十，遂霸西戎。孝公用商鞅之法⑥，移风易俗，民以殷盛，国以富强，百姓乐用，诸侯亲服，获楚、魏之师，举地千里⑦，至今治强。惠王用张仪之计⑧，拔三川之地⑨，西并巴、蜀⑩，北收上郡⑪，南取汉中⑫，包九夷^⑬，制鄢、郢^⑭，东据成皋之险^⑮，割膏腴之壤^⑯，遂散六国之从^⑰，使之西面事秦^⑱，功施到今^⑲。昭王得范雎^⑳，废穰侯^㉑，逐华阳^㉒，强公室，杜私门，蚕食诸侯，使秦成帝业。此四君者，皆以客之功。由此观之，客何负于秦哉？向使四君却客而不内^㉓，疏士而不用，是使国无富利之实，而秦无强大之名也。

"今陛下致昆山之玉^㉔，有随、和之宝^㉕，垂明月之珠^㉖，服太阿之剑^㉗，乘纤离之马^㉘，建翠凤之旗^㉙，树灵鼍之鼓^㉚。此数宝者，秦不生一焉，而陛下说之，何也？必秦国之所生然后可，则是夜光之璧，不饰朝廷；犀、象之器^㉛，不为玩好；郑、卫之女，不充后宫；而骏马駃騠^㉜，不实外厩；江南金锡不为用，西蜀丹青不为采。所以饰后宫、充下陈、娱心意、说耳目者，必出于秦然后可，则是宛珠之簪^㉝、傅玑之珥^㉞、阿缟之衣^㉟、锦绣之饰^㊱，不进于前；而随俗雅化^㊲、佳冶窈窕赵女^㊳，不立于侧也。夫击瓮叩缶^㊴，弹筝搏髀^㊵，而歌呼呜呜，快耳目者，真秦之声也。郑、卫桑间^㊶，《韶虞》《武象》者^㊷，异国之乐也。今弃击瓮叩缶而就郑、卫，退弹筝而取《韶虞》，若是者何也？快意当前，适观而已矣。今取人则不然，不问可否，不论曲直，非秦者去，为客者逐。然则是所重者，在乎色乐珠玉；而所轻者，在乎人民也。此非所以跨海内^㊸、制诸侯之术也。

"臣闻地广者粟多，国大者人众，兵强则士勇。是以泰山不让土壤^㊹，故能成其大；河海不择细流，故能就其深；王者不却众庶，故能明其德。是以地无四方，民无异国，四时充美，鬼神降福，此五帝、三王之所以无敌也^㊺。今乃弃黔首以资敌国^㊻，却宾客以业诸侯^㊼，使天下之士，退而不敢西向，裹足不入秦^㊽，此所谓借寇兵而赍盗粮者也^㊾。

"夫物不产于秦，可宝者多；士不产于秦，而愿忠者众。今逐客以资敌国，损民以益仇，内自虚而外树怨于诸侯^㊿，求国之无危，不可得也。"

秦王乃除逐客之令，复李斯官。

【注释】

①穆公：秦穆公，名任好，春秋五霸之一。②由余：本晋人，后流亡戎地。秦穆公知其贤，招降之。戎：对西方少数民族的统称。③百里奚：本虞国大夫，晋灭虞，百里奚成为俘虏。被晋国作为陪嫁男媵给秦国。中途逃跑到楚国。后被秦国用五张羊皮换回。秦穆公非常重视他，

是春秋时期著名人物。④蹇叔：宋国人，与百里奚友善，经百里奚推荐而被秦穆公招来。⑤丕豹、公孙支：晋国贤士，后均归秦国。⑥孝公：秦孝公，名梁渠。商鞅：卫国人，名公孙鞅，著名变法者。⑦举地：攻取、占领。⑧惠王：秦惠王，名驷。张仪：战国时魏人，受惠文王重用，主张连横以对付合纵，与苏秦同名，是著名纵横家。⑨三川之地：今河南省黄河以南、灵宝以东至洛阳一带，因有黄河、洛水、伊水而称三川。⑩巴、蜀：皆古国名，均在今四川境。⑪上郡：地名，在今陕西北部。⑫汉中：地名，在今陕西省西南部。⑬包九夷：囊括许多少数民族。⑭鄢、郢：均楚国地名。鄢：今湖北宜城。郢：今湖北江陵纪南城。⑮成皋：地名，即虎牢关，今河南省荥阳汜水镇。⑯膏腴之壤：肥美的土地。⑰遂散六国之众：于是瓦解了六国的联军。⑱西面：面向西。⑲施（yì）：延续。⑳昭王：秦昭襄王，名则，又名稷。范雎：字叔，本战国魏人，入秦为相，帮助昭王巩固权位。㉑穰侯：名魏丹，外戚，秦国权臣，被罢免。㉒逐华阳：华阳君，名芈戎，外戚，与穰侯同时执政，权臣。㉓却客而不内：拒绝客卿而不接纳。㉔昆山之玉：昆仑山的宝玉。㉕随、和：随侯珠和和氏璧。㉖明月珠：夜间发光的宝珠。㉗太阿剑：宝剑名，相传为春秋著名铸剑家欧冶子所造。㉘纤离马：古代骏马名。㉙翠凤旗：用翠鸟羽毛装饰成凤凰图案的旗帜。㉚灵鼍：鳄鱼类，俗称猪婆龙，皮制鼓，声音洪大。㉛犀、象：犀牛角、象牙。㉜駃騠：宝马名。㉝宛珠之簪：用宛珠装饰的头簪。宛：今河南南阳。㉞傅玑之珥：镶嵌有珠玑的耳环。玑：如大米粒形的宝珠。㉟阿缟之衣：齐国东阿生产的丝绸作的衣裳。缟：白色精细丝织品。㊱锦绣：织锦刺绣。㊲随俗雅化：随着世俗变化打扮得髦而典雅。㊳佳冶窈窕赵女：容貌姣好体态苗条的赵国美女。㊴击瓮叩缶：敲击瓦盆和瓦罐。低级乐器。㊵弹筝搏髀：弹古筝，拍大腿。搏：拍击。髀：大腿。㊶郑、卫桑间：春秋战国著名时期俗乐，当时非常流行。㊷《昭虞》《武象》：古代著名雅乐。《昭虞》便是《韶》乐。昭：通韶。㊸跨海内：横跨海内，指统一天下。㊹让：辞让、拒绝。㊺五帝：一般指黄帝、颛顼、帝喾、尧、舜。三王：指夏禹，商汤，周文王、周武王三代开国之君。无敌：没有匹敌。㊻黔首：百姓。秦朝尚黑，百姓用黑巾包裹头部，故称。黔：黑色。㊼却宾客：拒绝客卿。业诸侯：使诸侯成就功业。㊽裹足：停止脚步，裹足不前。㊾借寇兵：借给强盗兵器。赍（jī）盗粮：送给强盗粮食。赍：给予、赠送。㊿自虚：对内使自己空虚。

【译文】

　　秦国宗室大臣都对秦王嬴政说："诸侯各国来服侍秦国的人，大体上是为他们国君主到秦国来游说离间的罢了，请驱逐一切客卿。"理事也在议论被驱逐之列，李斯于是上书说：

“臣听说大臣建议驱逐客卿，我私下里认为错了。从前穆公征求贤士，从西面戎地争取来由余，从东面的宛地得到百里奚，从宋国迎来了蹇叔，从晋国招徕了丕豹和公孙支。这五位贤士，都不是秦国生人，但是穆公重用他们，吞并了二十个小国，于是在西戎称霸。秦孝公用商鞅变法图强，改移风气变易习俗，百姓因此而富足，国家因此而强大，百姓愿意为国家所用，诸侯也亲近归附，战胜楚国、魏国的军队，占领土地一千多里，直到今天依然大治而强大。秦惠王采用张仪的计策，攻占三川的土地，向西吞并巴蜀之国，向北收服上郡的领土，南面攻取了汉中，囊括众多的少数民族，控制鄢陵、郢地，东面占据成皋的险要地形，割取肥沃的土地，于是瓦解了六国的合纵联盟，使六国都向西面来侍奉秦国，功绩一直延续到现在。秦昭王得到范雎，废黜了穰侯，放逐了华阳君，加强了公室的势力，抑制杜绝了私门的势力。然后如同蚕食桑叶那样蚕食诸侯的土地，是秦国成就称帝的功业。这四位国君，都是依靠客卿建立的功业。从这些事例来看，客卿有什么对不起秦国的呢？假如四位国君拒绝客卿而不接纳，疏远贤士而不重用的话，这样就会使秦国没有富足的实际和强大的名声了。

“如今陛下得到昆仑山的宝玉，拥有随侯珠、和氏璧的宝贝，悬挂着明月宝珠，佩戴着太阿宝剑，树立装饰有翠凤羽毛的旗帜，设置扬子鳄皮蒙的大鼓。这些宝物，秦国一样也不生产，但是陛下您喜欢它们，这是为什么呢？如果一定是秦国出产的才可以用的话，这样夜间发光的璧玉就不能装饰朝廷，犀牛角、象牙类的器物就不能成为您欣赏把玩的东西；郑国、卫国的美女就不能充满您的后宫，骏良駃騠那样的宝马不能充满您宫外的马圈，江南的金属和锡不能为您所用，西蜀的丹砂青雘也不能成为您使用的绘画的颜料。如果所用来装饰后宫，充塞堂下而使您心情快乐耳目愉悦的一定是出产于秦国的才可以用的话，那么镶嵌有宛珠的头簪、附有珠玑的耳环、东阿丝绸的衣服、织锦刺绣的首饰就不能进呈到您的面前，而那些随着世俗的变化而时髦新潮的面容较好体态苗条的赵国美女，也不会站立在您的身边。敲击瓦盆叩打瓦罐，弹拨古筝拍大腿而歌唱起来呜呜呀呀的，那才是地地道道的秦国本土的音乐，郑、卫和桑间这些流行歌曲，《韶虞》《武象》这样高雅的乐舞，都是异国的音乐。如今您抛弃敲击瓦盆叩打瓦罐的音乐而亲近郑、卫和桑间这些流行歌曲，屏退弹拨古筝拍大腿的音乐而采用《韶虞》的音乐，像这样做的原因是什么呢？令人快乐高兴的事物摆在面前的时候，只是采用最适合观赏的罢了。如今采用人才却不这样，不问行不行，不论对不对，不是秦国的都要离去，凡是客卿都要驱逐。然而这样就是您所重视在于美色、音乐、珠宝、玉器，而所轻视的是人才。这可不是统一天下、驾驭诸侯的方略。

"我听说如果土地广阔生产的粮食就多，国家大人口就多，武器精良士兵就勇敢。因此泰山不拒绝土壤，所以能够成就它的高大，黄河大海不挑选细小的河流，所以能够成就它的深远，王天下的人不拒绝众多的百姓，所以能够彰明他的道德。因此土地不分东西南北，百姓也没有异国他乡，四季都充满美好，鬼神也都降下福祉，这就是五帝三王之所以没有谁与之匹敌的缘故。如今却抛弃百姓来资助敌对的国家，拒绝宾客而使诸侯成就功业，使天下的士人都退缩着不敢向西来，如同裹住脚步而不敢进入秦国的领土。这就是所谓的借给强盗兵器而送给强盗粮食的做法啊。

"各种物品不是秦国出产的，可以作为宝物的非常多；士人不是秦国出生的，而愿意尽忠的也很多。如今驱逐客卿而资助敌对的国家，损害减少士人而增加仇敌的力量，对内搞空了自己而对外又和诸侯树立怨仇，要追求国家没有危险，是不可能的。"

秦王于是就解除逐客令，恢复了李斯的官职。

【评析】

李斯，战国末期生于楚国上蔡，少时任过小官，后师事荀子，学成后西去秦国。在丞相吕不韦提携下，见重于秦王，拜为客卿，在出现郑国事件后，"秦宗室大臣皆言秦王曰：'诸侯人来事秦者，大抵为其主游间于秦耳。请一切逐客。'李斯议亦在逐中"。因此李斯即兴写作此文，嬴政看到后立即取消《逐客令》，并重用李斯。李斯后任丞相。在灭六国、谋统一事业中起了很大作用；后被权臣赵高谗毁，遭腰斩，灭三族。

这是一篇典型的正面立论的议论文。开篇第一句话，就提出中心论点，指出"过矣"，能够引起秦王的高度重视。而第二段则用无可置辩的历史事实最有说服力。用秦国历史上四位国君重用客卿而取得巨大成功的实绩来说明客卿对于秦国发展壮大做出的不朽功绩。这是秦王嬴政都知道的历史事实。第三段则用秦王当下重物轻人的现实来反证逐客的错误。第四段再用古代五帝三王广纳人才来证明论点。最后则干脆利落地指出逐客的危害。

文章非常有气势，尤其是第二段连续举出秦国历史上四位开明国君重用客卿建立功业的事实，而每位国君又都从不同角度举例，秦穆公是用人，秦孝公是变法，秦惠王是扩展，秦昭王是抑制豪强，这样就不重复拖沓。而第三段则充分运用取譬设喻、比物连类等手法，指陈利害，明辨是非，感情充沛，语言生动，反复陈述秦王嬴政喜欢欣赏的各种宝物和美色都不是秦国本土的，但用"快意当前，适观而已矣"一句高度肯定这种做法的正确性，再连类而及，说明对待客卿更应该如此，说服力非常强。最后在对比中指出纳客之利和逐客之害，完成论证。全文结构紧凑，环环相扣，论点鲜明，论据确凿，论证充分。先秦书信，都有给国君上书的性质，最精彩者便是本文和乐毅的《报燕王书》。顺便提及，一般文选都没有开头结尾交代因果的记录，《古文观止》这样写，既保留了《史记》本来的交代，又极其简明地交代了前因后果，很高妙。

屈原

屈原，名平，战国时期楚国人。早年颇受怀王信任，做过左徒、三闾大夫，对内修明法度，改革政治，对外主张联齐抗秦。由于触犯了楚国贵族的利益，横遭谗毁、放逐。秦兵破楚，沉江自尽。屈原是政治家，也是文学家，又是古代重要诗人。著有《九歌》《九章》《离骚》《天问》《招魂》等，文学价值很高。在吸收民间文学艺术营养的基础上，创造了骚体这一艺术形式，与北方的《诗经》双星聚耀，对后世影响深远。

卜居
屈原

屈原既放①，三年不得复见。竭知尽忠而蔽障于谗。心烦虑乱，不知所从②。乃往见太卜郑詹尹曰③："余有所疑，愿因先生决之。"

詹尹乃端策拂龟④，曰："君将何以教之⑤？"

屈原曰："吾宁悃悃款款⑥朴以忠乎⑦，将送往劳来斯无穷乎？宁诛锄草茆以力耕乎⑧，将游大人以成名乎？宁正言不讳以危身乎⑨，将从俗富贵以偷生乎？宁超然高举以保真乎，将哫訾栗斯⑩、喔咿嚅唲⑪以事妇人乎？宁廉洁正直以自清乎，将突梯滑稽⑫如脂如韦以絜楹乎？宁昂昂若千里之驹乎⑬，将泛泛若水中之凫乎，与波上下，偷以全吾躯乎？宁与骐骥亢轭乎^⑭，将随驽马之迹乎？宁与黄鹄比翼乎^⑮，将与鸡鹜争食乎？此孰吉孰凶？何去何从？世溷浊而不清^⑯：蝉翼为重，千钧为轻；黄钟毁弃^⑰，瓦釜雷鸣^⑱；谗人高张，贤士无名。吁嗟默默兮，谁知吾之廉贞！"

詹尹乃释策而谢曰^⑲："夫尺有所短，寸有所长；物有所不足，智有所不明；数有所不逮，神有所不通。用君之心，行君之意。龟策诚不能知此事。"

【注释】

①放：被放逐。②所从：到何处去。引申为不知怎么办。③太卜：国家掌管卜筮之官。郑詹尹：人名。④端策拂龟：摆整齐蓍草，拂拭干净龟甲。⑤何以教之：有何见教，有什么问题。⑥悃悃款款：诚恳老实，尽心尽力。⑦朴以忠：朴实而且忠厚。⑧诛锄草茆：铲除茅草。⑨正言不讳：坚持正直的言论而不隐讳。⑩哫（zú）訾栗斯：巧言令色貌。哫訾：甜言蜜语，取媚于人。栗斯：小心谨慎，唯唯诺诺貌。栗：战栗。⑪喔咿嚅唲（rú ér）：想说又不敢说貌。⑫突梯：油滑。滑稽：模棱两可，圆转自如。⑬昂昂：昂首挺胸奋发貌。⑭骐骥亢轭：与千里马并驾齐驱而争高低。骐骥：宝马，千里马。亢：通"抗"。轭：车前辕上横木。⑮黄鹄：飞翔高而远之大鸟。⑯溷浊：混乱污浊。⑰黄钟：高级雅乐之乐器。⑱瓦釜：陶制锅形乐器，最低等劣质乐器。⑲谢：道歉，推辞。

【译文】

屈原被流放已经三年，不能再见到楚王。他尽心尽力忠诚国事而被谗言所蒙蔽。心情烦躁思绪纷乱，不知道下一步应该怎样走，于是前去见太卜郑詹尹说："我有许多疑惑，想通过您决断一下。"

郑詹尹端正算卦的蓍草，拂去龟甲的灰尘做好准备，问："您有什么需要解决的疑惑呢？"

屈原问道："我是宁可老实本分淳朴忠厚呢，还是媚俗取悦于人送往迎来而没完没了呢？是宁可除掉茅草用力耕作呢，还是游说大人追求成名呢？是宁可直言不讳而不惜危及生命呢，还是随从世俗追求富贵而苟且偷生呢？是宁可超然高洁而保持天生的纯真呢，还是去怯懦猥琐吞吞吐吐而讨好献媚贵夫人呢？是宁可清廉正直而保持清高呢，还是圆滑谄媚、毫无骨气、做个溜须拍马的小人呢？是宁可气宇轩昂而如同千里马呢，还是如同水中的野鸭而随波逐流苟且偷生保全性命呢？是宁可和宝马良驹驾车驰骋赛跑呢，还是随着拙劣马匹的后面呢？是宁可和大雁比翼奋飞呢，还是和普通鸡鸭争夺微薄的食物呢？这种种表现和行为，到底哪种吉祥，哪种凶险？我到底应该选择追随哪一种？社会混浊而不清，薄薄的轻飘飘的蝉翼却被看成很重很重，三万斤的重物却被说成很轻很轻；音质音色最精美的黄钟却被毁坏抛弃不用，发音低劣的瓦盆瓦罐却发出雷鸣般的声音；奸邪谄佞之徒趾高气扬，而贤德之士却遭受压抑而默默无名。我真是没有什么可说的了，谁能知道我的廉洁和忠贞？"

詹尹听到这里，于是放下算卦用的龟甲和蓍草而道歉说："尺有所短的地方，寸有所长的地方。事物都有不足的地方，智慧也有不能知道的地方，术数也有不能达到的地方，神灵也有不能通晓的地方。就用您自己的思想去做您自己的事，我的龟甲和蓍草实在也不能知道这些事情。"

【评析】

"卜居"是占卜自己如何居处，即如何处世的问题，与居住的居没有关系。东汉文学家王逸在《楚辞章句》中认定本文为屈原所作，但后世学者多有怀疑。屈原，名平，战国时期楚国人。早年颇受怀王信任，做过左徒、三闾大夫，对内修明法度，改革政治，对外主张联齐抗秦。由于他忠贞爱国，反对腐败，主张改革而触犯楚国贵族利益，遭到排挤、放逐。秦兵破楚，他愤而沉江自尽。屈原是政治家，也是文学家，又是古代重要诗人。著有《九歌》《九章》《离骚》《天问》《招魂》等，文学价值很高。在吸收民间文学艺术营养的基础上，创造了骚体这一艺术形式，与北方的《诗经》前后辉映，对后世影响深远。本文写屈原对于社会现状的愤恨和疑惑，借助决疑、设问，表达满腔悲愤之情，反映了当时楚国社会黑暗、政治腐败，贵族势力卑鄙邪恶的黑暗现实，而屈原表示绝不变心从俗、绝不与之同流合污的高尚情操。屈原未必真有所疑而往见太卜，不过是借助尖锐的设问、强烈的对比等表现手法，使愤懑得以充分释放，感情就势抒发，尤其是正文中八对对比行为的设问，很有创造力和感染力，令人心灵震颤。而这种情况古今中外皆有，故有深远而广泛的意义和价值。而其中主客问答的方式又启发了后世赋体文学的产生。

宋玉

宋玉，战国后期楚国文学家。楚襄王时曾做过文学侍从，为屈原弟子。《史记》上说他"祖屈原之从容辞令，终莫敢直谏"。但其作品艺术性比较高，富于想象力，擅长用夸张手法描写事物。

宋玉对楚王问

楚辞

楚襄王问于宋玉曰："先生其有遗行与①？何士民众庶不誉之甚也②？"

宋玉对曰："唯。然。有之。愿大王宽其罪，使得毕其辞。客有歌于郢中者③，其始曰《下里》《巴人》④，国中属而和者数千人。其为《阳阿》《薤露》⑤，国中属而和者数百人。其为《阳春》《白雪》⑥，国中属而和者不过数十人。引商刻羽⑦，杂以流徵⑧，国中属而和者不过数人而已。是其曲弥高⑨，其和弥寡。故鸟有凤而鱼有鲲。凤凰上击九千里，绝云霓⑩，负苍天，足乱浮云，翱翔乎杳冥之上。夫藩篱之鷃⑪，岂能与之料天地之高哉！鲲鱼朝发昆仑之墟，暴鬐于碣石⑫，暮宿于孟诸⑬。夫尺泽之鲵，岂能与之量江海之大哉？故非独鸟有凤而鱼有鲲也，士亦有之！夫圣人瑰意琦行⑭，超然独处⑮，世俗之民，又安知臣之所为哉？"

【注释】

①遗行：可以被遗弃的行为。②不誉：不赞成称誉。批评的委婉说法。③郢：郢城是楚国首都。④《下里》《巴人》：歌曲名，通俗歌曲。⑤《阳阿》《薤露》：也是歌曲名。⑥《阳春》《白雪》：歌曲名，最高雅歌曲。⑦引商刻羽：指刻意演奏。中国古代音乐有宫、商、角、徵、羽五音。⑧流徵：是一种流动变化的音调，属于很高的演奏技巧。⑨弥：越。⑩绝云霓：超越云层以上。⑪藩篱之鷃：在篱笆间飞行的小鸟。藩篱：篱笆。⑫暴鬐于碣石：在碣石地界露出脊背。鬐，通"鳍"。碣石：地名，在今辽宁省绥中县境内。⑬孟诸：大泽名，故址在今河南省商丘市。⑭瑰意琦行：美好的志向和高尚的行为。⑮超然：远大高拔貌。

【译文】

楚襄王问宋玉说："先生有什么不太检点的行为吧？为什么那么多的世俗民众都纷纷议论你而且还说得很厉害呢？"

宋玉回答说："嗯。是这样的，有这种情况。请大王宽恕我的罪过，让我把话都说完。有客人在郢都里演唱，刚开始时歌唱《下里》《巴人》这种最通俗的歌曲，国人听众中随着唱和的有好几千人。当他演唱《阳阿》《薤露》这种比较通俗的歌曲时，国人中随着唱和的也还有几百人。当他演唱《阳春》《白雪》的时候，国人中随着唱和的不过几十个人了。当他深情演唱而引吭高歌，一会儿高唱商音，一会儿低吟语调，又夹杂着流动飘逸的变徵之音时，国人中能够跟着哼哼的不过几个人了。这样看来，他所演唱的曲调越是高雅，能够唱和的人就越少。所以鸟中有凤凰而鱼中有鲲。那凤凰鸟向上高飞九千里，超越到云层之上，背负苍天，脚踩云彩，翱翔在高高的遥远缥缈的太空之上。那些在篱笆树丛间飞行的鹌鹑、麻雀类的小鸟，怎么能够和凤凰一样理解天地之高远呢？北冥大鱼鲲，早晨从昆仑山的脚下出发，在中途的碣石山晒晒鱼鳞，晚上到孟诸之野去住宿。那些在尺寸之水中游动的小泥鳅鱼，怎么能够和鲲同样估量大江大海的广大宽阔呢？因此，也不仅仅是鸟中有凤凰鱼中有鲲，士人中也有这种情况。圣明高尚的人有高尚深邃的思想和卓然特立的行为，超凡脱俗而独立自处，普通世俗的百姓，又怎么能够理解我的所作所为呢？

【评析】

宋玉生活的时代，和屈原接近而偏后。屈原便是在这个时代投江的，故宋玉的这种感受便更好理解而且很可贵了。楚襄王当政，朝政糜烂，国事日非，楚国地位每况愈下。宋玉不肯同流合污，随俗俯仰，结果遭到诽谤、中伤。于是，他借助答复襄王的提问，进行自我辩解，抒发其怀才不遇、反遭谗毁的愤懑之情。

文章格调轩昂，气势雄浑，咄咄逼人，以精神上的优越感自鸣高洁，突出其志行高雅，抱负不凡。构思新颖，先用曲调越高而和者越少的精彩比喻说明越是高洁之士知音越少的普遍现象，而"曲高和寡"的成语便由此浓缩而成。接着用凤凰和鲲比喻自己，也非常别致，其凤凰和鲲的形象显然受到庄子《逍遥游》的影响。或许宋玉并没有看到庄子《逍遥游》，因为凤凰的形象有鲲鹏的影子，而鲲则是未化鹏前之北冥大鱼的形象。故可能是同源而相近的传说被庄子和宋玉分别运用才会出现这种情况。此问题复杂，需要继续思考。

卷之五

《史记》

　　《史记》是司马迁所著第一部纪传体通史，上起黄帝，下至汉武帝太初年约三千多年的历史。有十二《本纪》、十《表》、八《书》、三十《世家》、七十《列传》，共一百三十篇。班固评价其"不虚美，不隐恶，其言直，其事核"，开中国正史纪传体之先河，具有里程碑意义。

五帝本纪赞

《史记》

　　太史公曰①：学者多称五帝，尚矣。然《尚书》独载尧以来②，而百家言黄帝③，其文不雅驯④，荐绅先生难言之⑤。孔子所传《宰予问五帝德》及《帝系姓》⑥，儒者或不传⑦。余尝西至空峒⑧，北过涿鹿⑨，东渐於海，南浮江淮矣，至长老皆各往往称黄帝、尧、舜之处⑩，风教固殊焉⑪。总之，不离古文者近是⑫。予观《春秋》《国语》，其发明《五帝德》《帝系姓》章矣⑬，顾弟弗深考⑭，其所表见皆不虚⑮。《书》缺有间矣⑯，其轶乃时时见于他说⑰。非好学深思，心知其意，固难为浅见寡闻道也。余并论次，择其言尤雅者，故著为本纪书首。

【注释】

　　①太史公：司马迁自称，因他曾任西汉太史令。《史记》各篇多有"太史公曰"，这是司马迁对史实加的评论。②《尚书》：即《书经》，简称《书》，我国最早的史书，是有关尧、舜、禹史事和商、周帝事迹的书。③百家：《汉书·艺文志》载有《百家》篇三十九卷。一说为诸子百家。④雅：正确。驯：通"训"，准则。事有所依，文辞又美，也就是有规范的意思。⑤荐绅：即缙绅，有官职或做过官的人。缙：插；绅，大带。古时官员腰系大带，上插笏板，即上朝用的记事手板。⑥《宰予问五帝德》及《帝系姓》：《大戴礼记》和《孔子家语》中均收有这两篇文章。⑦儒者或不传：许多学者认为《大戴礼记》和《孔子家语》都不是经书，故不讲授传习。⑧空峒：山名，传说是黄帝问道于广成子处，在今甘肃省平凉市西。⑨涿鹿：山名，在

今河北涿鹿县东南。⑩长老：年老之人。处：古迹。⑪风教：风俗教化。⑫古文：指《宰予问五帝德》《帝系姓》等上古文字写成的典籍。⑬章：通"彰"，明白、显著。⑭顾弟：只不过。弟：同"第"。⑮见（xiàn）：通"现"。表现、记载。虚：虚妄。⑯《书》缺有间：《尚书》缺亡，空白很多。⑰轶（yì）：通"佚"，散失。

【译文】

太史公司马迁说：学者多称赞五帝，久远了。然而《尚书》记载的独有尧以来，而不记载黄帝、颛顼、帝喾。诸子百家虽言黄帝，又涉于神怪，都不是典雅之训，所以当世缙绅们都不敢解说，不可取以为证。孔子所传的《宰予问五帝德》及《帝系姓》，儒者怀疑不是圣人之言，所以不传以为实。我曾经西至空峒山黄帝问道于广成子处，北到黄帝尧舜之都涿鹿，东到大海，南到江淮，我去之处所见过的长老，往往称颂黄帝、尧、舜遗留的古迹，那里的风俗教化确实有特殊的地方。总之，不背离古文记载的接近正确。我看《春秋》《国语》，这两本书发挥阐释《五帝德》《帝系姓》很彰明显著。只是儒者没有深入考证罢了，这两书所记载表现的都不虚。况且《尚书》缺亡的内容多了，它所缺失没有记载的，却时时见于其他的传说中。不好学深思，便不能心知其意而理解，所以难以对见识浅薄孤陋寡闻的人说明白。我按照黄帝、颛顼、帝喾、尧、舜的次序，选择其中语言比较典雅的文字记载，作为本纪的首篇。

【评析】

《五帝本纪》是《史记》第一篇，正由于这篇《五帝本纪》才使中国拥有五千年有文字记载的历史有了根据。本文是司马迁为其作的赞语，实际是说明文字，即从《黄帝》写起的根据，说明《五帝本纪》的史料来源和他对这些史料的看法。从中我们可以了解到司马迁对待史料的审慎态度，以及尽量往前追溯历史的深层意蕴。我们仔细体会，司马迁写作《五帝本纪》的文献依据是《五帝德》和《帝系姓》，而最重要的参照是《春秋》《国语》。笔者试说明一下，《国语·鲁语上》有《展禽论祀爰居》一篇，展禽能够一口气说出从神农氏到周武王十八位古代帝王的道德功绩，便可证明他看到过许多古书，而黄帝、颛顼、帝喾等都在其中。其他类似文字还有，司马迁所说大概指这些内容。如果仅仅依据《尚书》，大概只能从尧舜开始写，大概就是《二帝本纪》了，中国有文字记载的历史就会缩短几百年。

项羽本纪赞

《诗人》

太史公曰①：吾闻之周生曰"舜目盖重瞳子"②，又闻项羽亦重瞳子。羽岂其苗裔邪③？何兴之暴也！夫秦失其政，陈涉首难，豪杰蜂起④，相与并争，不可胜数。然羽非有尺寸⑤，乘势起陇亩之中，三年，遂将五诸侯灭秦⑥，分裂天下，而封王侯，政由羽出⑦，号为"霸王"，位虽不终，近古以来未尝有也。及羽背关怀楚⑧，放逐义帝而自立，怨王侯叛己，难矣⑨。自矜功伐⑩，奋其私智而不师古，谓霸王之业，欲以力征经营天下⑪，五年卒亡其国，身死东城，尚不觉寤而不自责⑫，过矣⑬。乃引"天亡我，非用兵之罪也"，岂不谬哉⑭！

【注释】

①太史公：太史令，即司马迁自谓。②周生：汉时姓周的儒生。舜目盖重瞳子：舜的眼睛可能是双瞳孔。盖：大约、大概、可能。③苗裔：后代，后裔。④蜂起：蜂拥而起，比喻同时起兵。⑤尺寸：很小的基础和可以借助的势力。⑥遂将五诸侯：项羽地位和灭秦之功劳都在五诸侯之上。五诸侯：指山东六国除楚国外的五国。⑦政由羽出：政令皆由项羽发出。实际主持天下大政。⑧背关怀楚：放弃关中而怀念楚国故土。⑨难矣：开始转向困难而难以成功了。⑩自矜功伐：自夸自负自己的功劳。⑪以力征经营天下：想要凭借武力经营天下。⑫自责：检讨责备自己。⑬过矣：实在是太错误了。⑭岂不谬哉：难道不是太荒谬了吗？

【译文】

太史公司马迁说：我听周生说"舜的每只眼睛都是两个瞳孔"，又听说项羽也是两个瞳孔。项羽难道是舜的后代？为什么他兴起得这么迅猛呢？当秦朝政权出现重大失误的时候，陈涉首先发难，豪杰随着蜂拥而起，相互争夺天下，多得数都数不清。然而项羽没有一点基业，在田亩之中乘势而起，三年时间便率领五国诸侯而灭掉秦国，分割天下的土地而大封王侯，天下政令由项羽决定发出，自号为"霸王"，地位虽然没有巩固到最后，但近古以来也没有出现过。等到他背离关中而回到楚国，放逐了义帝而自立为王，埋怨诸侯背叛自己就太难了。他又夸赞矜持自己的功劳业绩，专逞自己的小聪明而不肯师法古代圣贤的智慧，认为霸王的事业，要用武力征战来经营天下，五年时间最后亡国，自己也身死在东城，还不觉醒而不知道自己悔悟，就太错了。至于还说"是上天灭亡我，不是我作战无能的罪过"，岂不是太荒谬了。

【评析】

司马迁在每一篇传记后面的赞语是对传主生平是非得失的评价，非常精到深刻。把项羽列入本纪，便是司马迁有胆识的表现，因为项羽没有当过皇帝，而本纪是皇帝的传记。这不是司马迁抬高项羽，而是因为在秦汉交替的几年时间里，项羽是天下的实际统治者。这段赞语先高度肯定项羽在推翻残暴的秦王朝中叱咤风云的历史功绩，用"近古以来未尝有也"给予极高的评价。而在后半部分则对项羽提出严厉的批评：一是离开关中回到楚地，放逐义帝而自立为霸王，背信弃义是失败的开始；二是要用武力征服天下而不师法古代先王；三是怨天而不检讨自己的错误。这样泾渭分明，体现了客观公正，"不虚美，不隐恶"的原则。这是历史哲学的要求，也是司马迁"成一家之言"的具体体现。

秦楚之际月表

《史记》

太史公读秦楚之际①，曰：初作难，发于陈涉；虐戾灭秦自项氏②；拨乱诛暴，平定海内，卒践帝祚③，成于汉家。五年之间，号令三嬗④，自生民以来，未始有受命若斯之亟也⑤！

昔虞、夏之兴，积善累功数十年，德洽百姓，摄行政事⑥，考之于天，然后在位。汤、武之王，乃由契、后稷，修仁行义十余世⑦，不期而会孟津八百诸侯⑧，犹以为未可，其后乃放弑⑨。秦起襄公⑩，章于文、缪⑪，献、孝之后⑫，稍以蚕食六国⑬，百有余载，至始皇乃能并冠带之伦⑭。以德若彼，用力如此⑮，盖一统若斯之难也！

秦既称帝，患兵革不休，以有诸侯也，于是无尺土之封⑯，堕坏名城，销锋镝⑰，锄豪杰，维万世之安⑱。然王迹之兴，起于闾巷⑲，合从讨伐，轶于三代⑳。乡秦之禁㉑，适足以资贤者为驱除难耳㉒，故愤发其所为天下雄，安在无土不王㉓？此乃传之所谓大圣乎？岂非天哉？岂非天哉？非大圣孰能当此受命而帝者乎？

【注释】

①秦：指秦二世胡亥。楚：指西楚霸王项羽。②虐戾（nüè lì）：残暴，凶狠。项氏：这里指项羽。项羽，名籍，字羽，下相（今江苏省宿迁县西）人。秦二世时，陈涉首先发难。项羽和叔父项梁起义兵，大破秦军，率领五国诸侯入关灭秦，分封王侯，自称"西楚霸王"。③践：登上，踏上。祚（zuò）：通"阼"，帝位。④三嬗：三次更替。指陈涉、项氏、汉高祖。嬗（shàn）：通"禅"，更替，变迁。⑤生民以来：谓有人类以来，即有史以来。斯：这，这样。亟（jí）：急切，急速。⑥洽：融洽，悦服。摄行：代理。⑦汤：即商汤王，名履，放逐夏桀，建立商朝。武：即周武王，姓姬，名发，西伯姬昌之子，诛杀商纣（zhòu）王，建立周朝。契（xiè）：帝喾之子，虞舜之臣，封于商，赐姓子氏，为商朝的始祖。后稷：虞舜时农官名。弃掌管其事，因亦称弃为后稷，为周朝的始祖。⑧孟津：地名，在今河南省孟州市南，又名河阳渡。周武王伐纣，曾在这里会集八百诸侯。⑨放弑（shì）：指商汤王放逐夏桀，周武王诛杀商纣。⑩襄公：秦襄公，周平王东迁时始列为诸侯。⑪章：显著，显赫。文、缪（mù）：秦文公、缪公，春秋时候秦国两个国君；缪：一作"穆"。⑫献、孝：秦献公、孝公，战国时期秦国两个国君。⑬蚕食：像蚕吃桑叶般慢慢地吞并。⑭冠带之伦：高冠大带之辈，指六国诸侯。并：兼并。⑮彼：指虞、夏、商、周。此：指秦。⑯无尺土之封：秦统一后，实行郡县制，而不封子弟与功臣。⑰销锋镝：销毁兵器。锋：锋刃。镝：箭头。⑱维：通"惟"，希望，想。⑲闾巷：里巷。⑳合从（zòng）：即"合纵"，谓联合各路军队。轶（yì）：胜过。三代：谓夏、商、周三代。㉑乡：通"向"，从前。㉒适足以资贤者为驱除难耳：难，谓困难。耳：而已，罢了。㉓无土不王：这里用的是一句古语。

【译文】

太史公研读关于秦楚之际的记载，说：最早发难的是陈涉；残酷暴戾地灭掉秦朝的是项羽；拨乱反正，诛除凶暴，平定天下，终于登上帝位，取得成功的是汉家。在五年之间，号令变更了三次，自从有人类以来，帝王受天命的变更，还不曾有这样急促的。

当初虞舜、夏禹兴起的时候，他们积累善行和功劳的时间长达几十年，百姓都受到他们恩德的润泽，他们代行君主的政事，还要受到上天的考验，然后才即位。商汤、周武称王是由契、后稷开始讲求仁政，实行德义，经历十几代，到周武王时，竟然没有约定就有八百诸侯到孟津相会，他还认为时机不到。那以后，才放逐了夏桀，杀了殷纣王。秦国自襄公时兴起，在文公、穆公时显示出强大的力量，到献公、孝公之后，逐步侵占六国的土地。经历一百多年以后，到始皇帝才兼并六国诸侯。

实行德治像虞、夏、汤、武那样，使用武力像秦国这样，才能成功，统一天下就是如此艰难！

秦称帝之后，忧虑过去战争所以不断，是由于有诸侯的缘故，因此，对功臣、宗室连一尺土地都没有分封，而且毁坏有名的城池，销毁刀箭，铲除各地的豪强势力，打算保持万世帝业的安定。然而帝王的功业，兴起于民间，天下英雄豪杰互相联合，讨伐暴秦，气势超过了三代。从前秦国的那些禁令，恰好用来资助贤能的人排除创业的患难而已。因此，发愤有为而成为天下的英雄，怎么能说没有封地便不能成为帝王呢？这就是上天把帝位传给所说的大圣吧！难道这不是天意吗？难道这不是天意吗？如果不是大圣，谁能在这乱世承受天命建立帝业呢！

【评析】

因为秦楚之际历史事件密集，故司马迁用"月表"来记载大事件。在记录完后，他写作这段文字，高度概括秦楚之际的风云变幻，描述秦亡汉兴的历史轨迹，抒发自己的深沉慨叹。由于前代帝王都需要经历很长时间的经营，即使用武力如秦帝国的建成也需要百年。而秦朝灭亡，项羽失败，汉朝兴起，居然在"五年之间，号令三嬗"，对于秦王朝迅速土崩瓦解的历史现象表示惊讶，对于汉朝的建立也表示惊讶，最后只能用天命观来理解，认为只有大圣才能够担负起帝王之命。几番曲折，在感叹中留给读者思考的空间。

高祖功臣侯年表

《史记》

太史公曰：古者人臣功有五品，以德立宗庙、定社稷曰勋[①]，以言曰劳，用力曰功，明其等曰伐，积日曰阅[②]。封爵之誓曰："使河如带，泰山若厉[③]，国以永宁，爰及苗裔[④]。"始未尝不欲固其根本，而枝叶稍陵夷衰微也[⑤]。

余读高祖侯功臣，察其首封，所以失之者，曰：异哉所闻！《书》曰"协和万国[⑥]"，迁于夏、商，或数千岁。盖周封八百，幽、厉之后[⑦]，见于《春秋》。《尚书》有唐虞之侯伯，历三代千有余载，自全以蕃卫天子[⑧]，岂非笃于仁义奉上法哉？汉兴，功臣受封者百有余人。天下初定，故大城名都，散亡户口，可得而数者十二三，是以大侯不过万家，小者五六百户。后数世，民咸归乡里，户益息⑨，萧、曹、绛、灌之属或至四万⑩，小侯自倍⑪，富厚如之。子孙骄溢⑫，忘其先，淫嬖⑬。至太初，百年之间⑭，见侯五⑮，余皆坐法陨命亡国⑯，耗矣。罔亦少密焉⑰，然皆身无兢兢于当世之禁云。

居今之世，志古之道，所以自镜也，未必尽同。帝王者，各殊礼而异务，要以成功为统纪，岂可绲乎⑱？观所以得尊宠及所以废辱，亦当世得失之林也，何必旧闻？于是谨其终始，表见其文，颇有所不尽本末，著其明，疑者阙之。后有君子，欲推而列之，得以览焉。

【注释】

①社：古代帝王、诸侯祭祀的土神。稷：古代帝王、诸侯祭祀的谷神。社、稷连言，则用以代指国家。②阅：经历。③河：黄河。带：衣带。厉：同"砺"，磨刀石。④爰：乃，于是。苗裔：子孙后代。此四句誓词《困学纪闻》十二引《楚汉春秋》作"使黄河如带，太山如砺。汉有宗庙，尔无绝世"。⑤根本：指汉高祖时期始受封的功臣。枝叶：指功臣侯者的后裔。陵夷：衰颓。⑥协和万国：语出《尚书·尧典》，《尧典》作"协和万邦"，"邦"改作"国"，避汉高祖刘邦讳。⑦幽：周幽王，周宣王之子，公元前781年至前771年在位。在位期间，为政昏乱，被杀于骊山下，西周灭亡。事迹详见本书《周本纪》。厉：周厉王，周夷王之子。执政期间，剥削烦苛，压制舆论，公元前841年，国人暴动，厉王出奔彘（在今山西霍县），十四年后死于彘。事迹详见本书《周本纪》。⑧蕃：通"藩"，屏障的意思。⑨息：繁殖，增加。⑩萧、曹、绛、灌：指萧何、曹参、绛侯周勃、灌婴。⑪自倍：自然增加一倍。⑫骄溢：骄奢放荡，盛气凌人。⑬淫嬖（bì）：邪恶淫荡。⑭太初：汉武帝年号，凡四年，时当公元前104年至前101年。⑮见：同"现"。见侯五：指平阳侯曹宗、曲周侯郦终根、埤山侯仁、戴侯秘蒙、谷陵侯冯偃。⑯陨命：亡命。亡国：诸侯国被废除。⑰罔：同"网"，法网。少：稍略，略微。⑱绲：通"混"。

【译文】

太史公说，古时人臣的功绩有五等：依靠仁德建立国家安定社会的称"勋"；依靠出谋划策的称"劳"；借助武力的称"功"；明确功劳等级的称"伐"；凭借资历长短的称"阅"。封爵誓词上讲："即使黄河细得像衣带，泰山平得像磨刀石，但你们的封国也会永远安宁，还要把对你们的恩泽延及给后世。"朝廷最初不是不想稳固这些功臣们的根本，但那些枝枝叶叶却渐渐地衰微了。

我读了有关高祖给功臣们封侯的史料，考察了功臣侯们初次受封及他们后嗣失掉侯位的因由，说：奇怪啊！这和我所听到的传闻并不一样！《尚书》说："各个邦国都应协调和睦"，直到夏商时代，有的邦国竟经历几千年。周朝分封了八百个诸侯，经幽王、厉王之后，在《春秋》的记载上还能见得到。《尚书》上记载了唐尧、虞舜时的侯伯，经历夏、商、周三代千余年，仍然保全着自己的地位而屏卫着天子。这难道还不是因为他们深信仁义，遵奉君主的法令吗？汉朝兴起以来，受到分封的功臣一百多人。当时天下刚刚安定，以前那些大城名都的人口离散逃亡，可以统计的户口不过原来的十之二三，因此，大侯的封户不过万户，小的只有五六百户。以后几代，民众们都回归故乡了，户口才日益繁衍起来。萧何、曹参、周勃、灌婴这些人的后裔有的封户达到了四万，小侯的封户也增加了一倍，财产也像这样不断积累，他们确实富裕厚足了。于是，这些人的子孙骄奢淫逸，忘记祖先创业的艰难，干起荒淫邪恶的勾当。从开始受封到太初时只有百余年的时间，而原来的侯爵保持至今的只剩下五家，其余的都因犯法而丧命亡国，一下子就全完。这也是由于法网稍微严密了些的缘故，然而他们自己也没有小心翼翼地对待当世的禁令啊！

生活在今世，记住古代的道理和经验，是要把它当作镜子来对照自己，可今天与古代不一定完全一样。帝王们完全可以制定不同的礼仪法度而采取不同的统治方法，主要还是以成就功业为原则，怎么可以和古代混为一谈？观察功臣侯们为什么受到尊荣恩宠和为什么受到废黜羞辱，也是当今政治得失的经验教训，何必一定是古代的传闻！于是我在这里考察了功臣侯们的始末，把关于他们的文献改列成下表，其中还有些没能完全弄清本末之处，清楚明确地表现出来，有疑惑的则暂付阙如。如果有人想继续推究和说明其中的道理，这个表还是可以参阅的。

【评析】

司马迁的《史记》在记载历史过程的同时也在总结历史经验和人生教训，并用论赞的方式表达出来。本文旨在说明两点：一是高祖功臣封的一百多位侯爵，不到一百年就只剩下五户。主要原因是其后代多数骄奢淫逸，不知先人创立基业之艰难，其实这是官二代官三代很普遍的问题。二是古代之诸侯国，一般都能维持几百年甚至有千年的。时代在前进，不必追求完全和古代相同，但仁义忠厚，遵纪守法便可以久长，骄奢放荡，违法乱纪便容易亡身败家这一点却是永远正确的。文章反复慨叹，层层推进，说理很透彻。

孔子世家赞

《史记》

太史公曰：《诗》有之："高山仰止，景行行止①。"虽不能至，然心乡往之②。余读孔氏书，想见其为人。适鲁③，观仲尼庙堂车服礼器，诸生以时习礼其家④，余低回留之⑤，不能去云。天下君王至于贤人众矣，当时则荣，没则已焉。孔子布衣⑥，传十余世，学者宗之。自天子王侯，中国言《六艺》者⑦，折中于夫子⑧，可谓至圣矣！

【注释】

①高山仰止，景行行止：出自《诗经·小雅·车辖（xiá）》。仰：仰慕、敬仰。景行：大道，这里喻指高尚的品德。行：效法。止：句末语气助词，无意义。②乡：通"向"。③适：往。④以时：按照一定的时间。⑤低回：流连，盘桓。⑥布衣：没有官职的人。⑦《六艺》：指六经，即《诗》《书》《礼》《乐》《易》《春秋》。⑧折中：以之为标准而调和取证。

【译文】

太史公说，《诗经》上有句话："巍峨的高山可以仰望，宽广的大道可以循着前进。"我虽然不能到达那里，但是心中一直向往它。我读孔子的书，由推理可以知道他的为人。到了鲁国，我看到孔子的祠堂，他的车子、衣服和礼器，许多儒生在他家里按时演习礼仪，我徘徊留恋，舍不得离开。天下的君王以及贤人是很多的，他们当时很荣耀，死后就灰飞烟灭什么也没有了。孔子是一个平民，传到十几代，读书的人都尊崇他。从天子王侯，到全国研究六经的人，都以孔子的学说作为准则，孔子可以说是道德学问最高尚的人了！

【评析】

惺惺惜惺惺，圣人怜圣人。史圣司马迁最理解至圣孔子。因此司马迁读孔子著作之际，内心深处极为敬佩这位古代的圣人。再参观孔子故居，见到那些与孔子密切相关的器物，还见到许多儒生按时在他家中演习礼仪，使司马迁更加敬仰孔子。此文是《史记·孔子世家》的结束语。孔子本不是王侯将相，但司马迁却把他列入"世家"。他不是完全按照官本位来处理历史人物，而把孔子当作古代圣人看待。这说明司马迁颇具远见与卓识。

　　本文虚实结合。开篇引用《诗经》的话，抒发作者的感慨，乃是凭虚而起。中间部分叙写在孔子故居的所见与感受。结尾部分用"可谓至圣矣"来做结论。意脉清晰，层次清楚，令人信服！

外戚世家序

《史记》

　　自古受命帝王及继体守文之君[1]，非独内德茂也，盖亦有外戚之助焉。夏之兴也以涂山[2]，而桀之放也以妹喜[3]。殷之兴也以有娀[4]，纣之杀也嬖妲己[5]。周之兴也以姜原及大任[6]，而幽王之禽也淫于褒姒[7]。故《易》基《乾》《坤》[8]，《诗》始《关雎》[9]，《书》美釐降[10]，《春秋》讥不亲迎[11]。夫妇之际[12]，人道之大伦也。礼之用，唯婚姻为兢兢[13]。夫乐调而四时和，阴阳之变，万物之统也[14]。可不慎与？人能弘道，无如命何。甚哉，妃匹之爱[15]，君不能得之于臣，父不能得之于子，况卑下乎！即欢合矣，或不能成子姓[16]；能成子姓矣，或不能要其终[17]：岂非命也哉？孔子罕称命[18]，盖难言之也。非通幽明之变[19]，恶能识乎性命哉[20]？

【注释】

　　①受命帝王：受命于天的帝王，这里指开国创业的君主。继体：继位。守文：遵守成法。②涂山：古国名。这里指涂山氏女。传说禹娶涂山氏之女炎妻，生启，启建立夏朝。③放：放逐。夏桀暴虐，宠爱妹喜，商汤灭夏，桀被流放于南方。④有娀（sōng）：远古氏族名。这里指有娀氏之女简狄。神话传话，简狄吞燕卵有孕，生契，为商的始祖。⑤嬖：宠爱。商纣王宠爱妲己，荒淫暴虐，周武王伐纣，商军倒戈，纣自焚于鹿台。⑥姜原：周始祖后稷之母。原：或作"嫄"。大任：周文王之母。大：同"太"。⑦禽：同"擒"。西周幽王宠爱褒姒，荒淫昏乱，申侯联合犬戎攻周，幽王逃至骊山被杀，褒姒被俘，西周亡。⑧《易》：《易经》。《乾》《坤》：《易经》六十四卦前两卦。乾为阳，坤为阴，乾坤象征天地，是易经基础。⑨《诗》：《诗经》。《关雎》：《诗经》第一篇诗。《毛诗序》认为，此诗是赞美后妃之德的。⑩《书》：《书经》，又称《尚书》。釐降：下嫁。这句说，尧听说舜有贤德，就把两女下嫁给他为妻。⑪《春秋》讥不亲迎：按古代婚礼

规定，不论贵族平民，在迎亲时夫婿都应亲自到女家迎娶新娘。⑫夫妇之际：夫妻之间的人际关系。⑬兢兢：小心谨慎的样子。⑭统：一统、纲要。⑮妃（pèi）匹：配偶。妃：通"配"。⑯成：成熟，收获，引申为繁育。子姓：子孙。⑰要：求，取。终：结局，归宿。⑱罕：很少。⑲幽明：阴阳。⑳恶：哪里，怎么。性命：人的性和天命。

【译文】

自古以来，受天命的开国帝王和继承正统遵守先帝法度的国君，不只是内在的品德美好，大都也由于有外戚的帮助。夏代的兴起是因为有涂山氏之女，而夏桀的被放逐是由于妹喜。殷代的兴起是由于有娀氏的女子，商纣王的被杀是因为宠爱妲己。周代的兴起是由于有姜原及大任，而幽王的被擒是因为他和褒姒的淫乱。所以《易经》以《乾》《坤》两卦为基本，《诗经》以《关雎》开篇，《书经》赞美尧把女儿下嫁给舜，《春秋》讥讽娶妻不亲自去迎接。夫妇之间的关系，是人道之中最重大的伦常关系。礼的应用，只有婚姻最为谨慎。乐声协调四时就和顺，阴阳的变化是万物生长变化的统领，怎能不慎重呢？人能弘扬人伦之道，可是对天命却无可奈何。确实非常重要啊，配偶的亲爱之情，国君不能从大臣那里得到，父亲也不能从儿子那里得到这种亲情，何况是更卑下的人呢！夫妇欢合之后，有的不能繁育子孙；有的能繁育子孙，又不能得到好的归宿。这难道不是天命吗？孔子很少谈天命，大概是由于很难说清吧。不能通晓幽深的阴阳变化之理，怎能懂得人性和天命到底如何呢？

【评析】

本文是《史记·外戚世家》的序。《史记》中的外戚指帝王的后妃及其亲族。司马迁在这篇序中陈述三代的得失，论证后妃对国家治乱的影响。同时说明这些事实历史久远，不能详细记述，故正文只记载吕后、薄后、窦后及其家族的事迹。汉代自惠帝时起，后妃、外戚专权反复造成祸乱，其中《魏其武安侯列传》便是记录外戚之间相互倾轧的，故司马迁对于外戚干政是很清楚的。但外戚情况不同，有的起好作用，有的则专权乱政，故司马迁用命运来感叹。

伯夷列传

《史记》

夫学者载籍极博①，犹考信于六艺②。《诗》《书》虽缺③，然虞、夏之文可知也④。尧将逊位⑤，让于虞舜。舜禹之间，岳牧咸荐⑥，乃试之于位，典职数十年⑦，功用既兴⑧，然后授政。示天下重器⑨，王者大统，传天下若斯之难也。而说者曰："尧让天下于许由⑩，许由不受，耻之，逃隐。及夏之时，有卞随、务光者⑪。"此何以称焉？太史公曰：余登箕山⑫，其上盖有许由冢云⑬。孔子序列古之仁圣贤人，如吴太伯、伯夷之伦详矣⑭。余以所闻由、光义至高，其文辞不少概见⑮，何哉？

孔子曰："伯夷、叔齐，不念旧恶，怨是用希⑯。""求仁得仁，又何怨乎⑰？"余悲伯夷之意，睹轶诗可异焉。其传曰：

伯夷、叔齐，孤竹君之二子也⑱。父欲立叔齐。及父卒，叔齐让伯夷。伯夷曰："父命也。"遂逃去。叔齐亦不肯立而逃之。国人立其中子⑲。于是伯夷、叔齐闻西伯昌善养老⑳，盍往归焉。及至，西伯卒，武王载木主㉑，号为文王，东伐纣。伯夷、叔齐叩马而谏曰㉒："父死不葬，爰及干戈㉓，可谓孝乎？以臣弑君，可谓仁乎？"左右欲兵之㉔。太公曰："此义人也。"扶而去之。武王已平殷乱，天下宗周㉕，而伯夷、叔齐耻之，义不食周粟㉖，隐于首阳山㉗，采薇而食之㉘。及饿且死，作歌。其辞曰："登彼西山兮㉙，采其薇矣。以暴易暴兮，不知其非矣。神农、虞、夏忽焉没兮，我安适归矣㉚？于嗟徂兮㉛，命之衰矣！"遂饿死于首阳山。由此观之，怨邪非邪？

或曰："天道无亲，常与善人。"若伯夷、叔齐，可谓善人者非邪？积仁洁行如此而饿死㉜！且七十子之徒㉝，仲尼独荐颜渊为好学㉞。然回也屡空㉟。糟糠不厌㊱，而卒蚤夭㊲。天之报施善人，其何如哉？盗跖日杀不辜㊳，肝人之肉㊴，暴戾恣睢㊵，聚党数千人横行天下，竟以寿终。是遵何德哉？此其尤大彰明较著者也㊶。若至近世，操行不轨，专犯忌讳㊷，而终身逸乐，富厚累世不绝。或择地而蹈之，时然后出言，行不由径㊸，非公正不发愤，而遇祸灾者，不可胜数也。余甚惑焉，倘所谓天道，是邪非邪？

子曰："道不同，不相为谋㊹。"亦各从其志也。故曰："富贵如可求，虽执鞭之士，吾亦为之。如不可求，从吾所好㊺。""岁寒，然后知松柏之后凋㊻。"

举世混浊，清士乃见[47]。岂以其重若彼，其轻若此哉？

"君子疾没世而名不称焉[48]。"贾子曰[49]："贪夫徇财[50]，烈士徇名，夸者死权[51]，众庶冯生[52]。""同明相照，同类相求。""云从龙，风从虎，圣人作而万物睹[53]。"伯夷、叔齐虽贤，得夫子而名益彰。颜渊虽笃学，附骥尾而行益显[54]。岩穴之士，趣舍有时若此[55]，类名堙灭而不称，悲夫！闾巷之人，欲砥行立名者，非附青云之士[56]，恶能施于后世哉[57]？

【注释】

①载籍：书籍。②六艺：即《六经》。指《诗》《书》《礼》《乐》《易》《春秋》。③《诗》《书》虽缺：相传孔子曾经删定《诗经》《尚书》，经秦始皇焚书后，多有缺亡。④虞、夏之文：指《尚书》中的《尧典》《舜典》《大禹谟》，详细记载了虞夏禅让的经过。⑤逊位：这里指让位。逊：让，退位。⑥咸：全，都。⑦典职：任职。此指代理职务。典：主持。⑧功用：业绩，成就。⑨重器：宝器。此处用以象征国家政权。⑩许由：相传为尧时高士，尧要把天下让给他，他不接受。⑪卞随、务光：相传是夏朝末期隐士，汤要把天下传给他们，都不接受。⑫箕山：地名，在今河南登封县南。⑬冢：坟墓。⑭吴太伯：孔子《论语·泰伯》篇首章便是赞美颂扬吴太伯的。⑮其文辞：指《诗》《书》里记载的文字。少：稍微，略微。概：梗概。⑯怨是用希：即"怨用是希"。意思是怨恨因此就少了。希：同"稀"，稀少。⑰求仁得仁：出自《论语·述而》。⑱孤竹：古国名，在今河北、辽西一带。商、周一直到春秋都存在。⑲国人：指居住在国都，享有一定参与议论国事权力的人。古代兄弟排行按伯仲叔季的次序，伯夷排行第一，叔齐排行第三。中子，就是次子。⑳西伯昌：指周文王，商朝时是西伯，名姬昌。㉑木主：象征死者的木制牌位。㉒叩马：勒紧马缰绳。叩：通"扣"，拉住，牵住。㉓爰：于是就。干戈：古代常用兵器。干：盾。戈：戟。此处引申为战争。㉔左右：身旁的随从人员。兵之：用武器杀掉他们。㉕宗周：以周王室为宗主。㉖耻之：以之为耻。认为武王平暴，天下宗周是耻辱的事情。义：坚持仁义、气节。㉗首阳山：一称雷首山，在山西省永济市南。㉘薇：野豌豆，蕨类植物，草本，其叶与果可食。㉙西山：即首阳山。㉚安适归：往那里去。㉛嗟：叹词，表示惊异。徂（cú）：通"殂"，死亡。㉜积仁洁行：积累仁德，使行为高洁。㉝七十子：孔子受徒三千，通六艺者七十二人。七十：是举整数而言。㉞颜渊：孔子最赞美的弟子，认为他最好学。㉟空：空乏、穷困。㊱糟糠：借指粗劣食物。糟：酿酒剩的陈渣。糠：粮食之皮。不厌：吃不饱。厌：写作"餍"，饱。㊲卒蚤夭：终于早死。蚤：通"早"。夭：过早地死。相传颜渊二十九岁白发，三十二岁死。㊳盗跖：相传是春秋时期鲁国大盗。㊴肝人之肉：挖人肝脏当动物的肉吃。㊵暴

戾：粗暴乖张，残酷凶恶。恣睢：任意胡为。㊶彰明较著：形容非常明显，容易看清楚。彰、明、较、著：都是明显、显著的意思。㊷近世：实则当世，这是避免招致灾祸的措辞。忌讳：指法令条文禁止之事。㊸行不由径：不从小路行走，比喻光明正大。径：小路。引申为邪路。㊹这句的意思是说，主张不同，彼此不相商议、合作。语见《论语·卫灵公》。㊺语见《论语·述而》，原文作："富而可求也。"㊻语见《论语·子罕》，原文"凋"，作"彫"；句末有"也"字。㊼见：同"现"，显露。㊽语见《论语·卫灵公》。疾：痛恨。称：称颂，赞许。㊾贾子：指贾谊。㊿徇财：为了达到获得财物的目的而牺牲性命。徇：通"殉"，为某种目的而死。(51)夸者：矜夸的人。死权：为权势而死。(52)众庶：泛指百姓。冯：通"凭"，依据。(53)"同明相照"五句：语见《周易·乾·文言》，原文作"同声相应，同气相求，水流湿，火就燥，云从龙，风从虎，圣人作而万物睹"。说的是同类事物互相感应。作：起，出现，著述。睹：显露，昭著。(54)附骥尾：苍蝇附骥尾而行千里；比喻追随名人、受到名人的称扬之后而成名。骥：千里马。(55)岩穴之士：在山野隐居的人。趣：趋向，向前，取。舍：隐退。(56)青云之士：德隆望尊、地位显赫的人。(57)恶：怎，怎么，哪。施（yī）：延续、留传。

【译文】

学者们可以涉猎的书籍极其广博，但还要从《六经》中考察真实可信的记载。《诗经》《尚书》虽然残缺不全，但还可以从记载虞、夏两代的文字中考察清楚。唐尧将要退位时，把帝位让给虞舜。虞舜把帝位让给夏禹之际，四方诸侯和州牧都来推荐，这才把他放在帝王位置上加以考察试用。主持国政几十年，功绩卓著以后，然后把政权交给他。这表示天下政权是极贵重的宝器，帝王是极重要的统绪，所以传授政权是如此郑重审慎啊！可是诸子杂记里说，唐尧想把天下让给许由，许由不接受，以为耻辱，于是逃走隐居起来。到了夏朝，又出现了不接受商汤让位的卞随、务光。这又如何颂扬他们呢？太史公说，我登上箕山，说是山上可能有许由的坟墓。孔子依次论列古代的仁人、圣人、贤人，如吴太伯、伯夷这些人，都非常详细。我认为所听到的许由、务光的德行是最高尚的，但是经书里连一点大略的文字记载也见不到，这是为什么呢？

孔子说："伯夷、叔齐不记以往的仇恨，因而怨恨也就少了。""他们追求仁德，就得到了仁德，又有什么怨恨呢？"我对伯夷的意志深表同情，看到他们未被经书载录的遗诗，又感到很诧异。他们的传记上说：

伯夷、叔齐是孤竹君的两个儿子。父亲想要立叔齐为国君，等到父亲死了，叔齐要把君位让给伯夷。伯夷说："这是父亲的遗命啊！"于是逃走了。叔齐也不肯继承君位逃走了。国人只好拥立孤竹君的次子。这时，伯夷、叔齐听说西伯昌能够很好地赡养老人，就想何不去投奔他呢！等到那里，西伯姬昌已死，他的儿子武王追尊西伯昌为文王，并把他的木制灵牌载在兵车上，向东方进兵去讨伐殷纣。伯夷、叔齐勒住武王的马缰谏诤说："父亲死了不葬，就发动战争，能说是孝顺吗？作为臣子去杀害君主，能说是仁义吗？"武王身边的随从人员要杀掉他们。太公吕尚说："这是有节义的人啊。"于是挽扶着他们离去。等到武王平定了商纣的暴乱，天下都归顺了周朝，可是伯夷、叔齐却认为是耻辱的事情，他们坚持仁义，不吃周朝的粮食，隐居在首阳山上。采摘野菜充饥。他们到快要饿死的时候，作了一首歌，那歌词："登上那西山啊，采摘那里的野薇。用暴力改变残暴啊，竟认识不到那是错误而更加高危。神农、虞、夏的太平盛世转眼就已消失，哪里才是我们的归宿可以回归？鸣呼鸣呼只有一死了，命运竟然是这样的衰颓！"于是二人饿死在首阳山。从这首诗看来，他们是怨恨还是不怨恨呢？

有人说："天道是没有偏私的，总是帮助好人。"像伯夷、叔齐应该说是好人呢，还是不该说是好人呢？他们如此地积累仁德，保持高洁的品行，最终却饿死！再说，在七十名得意的学生里，孔子只推重颜渊为好学，然而颜渊总是穷困缠身，连粗劣的食物都吃不饱，最后又过早地死去。天道对好人的报偿，又怎样呢？盗跖成天杀无辜的人，烤人的心肝当肉吃，凶残放纵，聚集党徒几千人在天下横行，竟然长寿而终。这遵循的是什么道德呢？这是极大而又显著的事啊。至于说到近代，那些不走正路，专门违法犯禁的人，却能终生安逸享乐，过着富裕优厚的生活，世世代代都不断绝。而有的人，选好地方才肯迈步，适宜的机会才肯说话，走路不敢走小路抄近道，不是公正的事决不发愤去做，然而遭遇祸灾的人，数都数不过来。我深感困惑不解。假如有所谓天道，那么这是天道呢，还是不是天道呢？

孔子说："思想不一致的人，不能相互商量。"也只有各人按着自己的意志行事。所以他又说："假如富贵是可以寻求得到的话，即使做个卑微的市场管理员，我也愿去做；如果追求不到，那还是按照自己的意志去做。""到严寒季节，才知道松柏是最后凋谢的。"整个社会混乱污浊的时候，品行高洁的人才会显露出来。这难道不是因为有的人把富贵安乐看得那么重，才显出另一些人把富贵安乐看得很轻的高洁吗？

孔子说："君子所怕的是一直到死而名不被称述。"贾谊说："贪财的人为财而死，重义轻生的人为名而献身，矜夸而贪图权势的人为争权而丧生，平民百姓则贪生而恶死。"《易经》上说："同样明亮的东西，就会相互映照，同属一类的事物，自然相互感应。""云随龙吟飞腾，风随虎啸而兴，圣人述作，才使万物本来的面目显露出来。"伯夷、叔齐虽然有贤德，只有得到孔子的称赞，名声才愈加显赫。颜渊虽然专心好学，也只是因为追随孔子，如同苍蝇依附在千里马的尾巴才可以行至千里一样，颜渊的德行才更加显著。岩居穴处的隐士，或名声晓达，或湮没无闻，有时也是这样的，像这样的人如果名声埋没得不到称扬，多么可惜啊！穷乡僻壤的士人要砥砺德行，树立名声，如果不依凭德隆望尊的高士，又怎么能扬名后世呢！

【评析】

司马迁写作《史记》，有自觉继承传述孔子思想的意识，孔子高度赞美的吴太伯，被列在《世家》之首，高度赞美的伯夷，被列在《列传》之首，都表现出很强的尊奉孔子的意识。《伯夷列传》是伯夷和叔齐合传。在这篇列传中，司马迁以"考信于六艺，折中于孔子"的史料处理原则，于大量论赞之中，夹叙了伯夷、叔齐的简短事迹。他们先是拒绝接受王位，让国出逃；武王伐纣的时候，又以仁义叩马而谏；等到天下宗周之后，又耻食周粟，采薇而食，作歌明志，于是饿死在首阳山上。作者极力颂扬他们积仁洁行、清风高节的崇高品格，抒发了作者的诸多感慨。文章借助夷、齐善行，和所谓暴戾凶残、横行天下的盗跖做比照；以操行不轨，违法犯禁的人和审慎小心、有崇高正义感的人做比照，指出恶者安逸享乐，富裕优厚，累世不绝；而善者遭遇的灾祸却不可胜数，从而抒发了天道与人事相违背的现实，有力地抨击了"天道无亲，常与善人"的谎言，对天道赏善罚恶的报应论，提出了大胆的怀疑，充分表现了作者无神论的观点。

本文写作独具特色。纵观《史记》本纪、世家、列传之篇末，均有太史公的赞语，唯《伯夷列传》则无。这部分夹叙夹议，满纸赞论，伯夷的事迹成为论据，属于次要的部分。名为传纪，实则传论。史家的通例是凭借翔实的史料说话，而或于叙述之中杂以作者的意见，就算变例。所以，本文实开史家之先河，亦为本纪、世家、列传之仅有。

本文虽多赞论，但纵横捭阖，彼此呼应，回环跌宕，起伏相间。伯夷、叔齐的事实，只在中间一顿即过，然后便是对于天人关系的议论，时有鲜明比照，一目豁然；时有含蓄设问，不露锋芒，问题尖锐而又耐人寻味。最能体现司马迁借人物传记而表现自己的历史观和道德观，"究天人之际，通古今之变，成一家之言"的创作宗旨。

管晏列传

《史记》

管仲夷吾者，颍上人也①。少时常与鲍叔牙游②，鲍叔知其贤。管仲贫困，常欺鲍叔③，鲍叔终善遇之，不以为言。已而鲍叔事公子小白④，管仲事公子纠。及小白立，为桓公，公子纠死，管仲囚焉⑤。鲍叔遂进管仲⑥。管仲既用，任政于齐，齐桓公以霸，九合诸侯⑦，一匡天下⑧，管仲之谋也。

管仲曰："吾始困时，尝与鲍叔贾⑨，分财利多自与，鲍叔不以我为贪，知我贫也。吾尝为鲍叔谋事而更穷困，鲍叔不以我为愚，知时有利不利也。吾尝三仕三见逐于君⑩，鲍叔不以我为不肖，知我不遭时也。吾尝三战三走⑪，鲍叔不以我为怯，知我有老母也。公子纠败，召忽死之⑫，吾幽囚受辱，鲍叔不以我为无耻，知我不羞小节而耻功名不显于天下也⑬。生我者父母，知我者鲍子也。"鲍叔既进管仲，以身下之。子孙世禄于齐⑭，有封邑者十余世，常为名大夫。天下不多管仲之贤，而多鲍叔能知人也⑮。

管仲既任政相齐，以区区之齐在海滨⑯，通货积财，富国强兵，与俗同好恶。故其称曰⑰："仓廪实而知礼节⑱，衣食足而知荣辱，上服度则六亲固⑲。四维不张⑳，国乃灭亡。下令如流水之源，令顺民心。"故论卑而易行。俗之所欲，因而予之；俗之所否，因而去之。其为政也，善因祸而为福，转败而为功。贵轻重㉑，慎权衡。桓公实怒少姬㉒，南袭蔡，管仲因而伐楚，责包茅不入贡于周室㉓。桓公实北征山戎㉔，而管仲因而令修召公之政㉕。于柯之会㉖，桓公欲背曹沫之约㉗，管仲因而信之㉘，诸侯由是归齐。故曰："知与之为取，政之宝也㉙。"

管仲富拟于公室㉚，有三归㉛、反坫㉜，齐人不以为侈。管仲卒，齐国遵其政，常强于诸侯。后百余年而有晏子焉。

晏平仲婴者，莱之夷维人也㉝。事齐灵公、庄公、景公，以节俭力行重于齐。即相齐，食不重肉㉞，妾不衣帛。其在朝，君语及之，即危言㉟；语不及之，即危行㊱。国有道，即顺命；无道，即衡命㊲。以此三世显名于诸侯。

越石父贤，在缧绁中㊳。晏子出，遭之涂，解左骖赎之㊴，载归。弗谢，入闺㊵，久之，越石父请绝。晏子戄然㊶，摄衣冠谢曰㊷："婴虽不仁，免子于厄，何子求绝之速也？"石父曰："不然。吾闻君子诎于不知己，而信于知己者^㊸。方吾在缧绁中，彼不知我也。夫子既已感寤而赎我，是知己；知己而无礼，固不如在缧绁之中。"晏子于是延入为上客。

晏子为齐相，出，其御之妻从门间而窥其夫^㊹。其夫为相御，拥大盖，策驷马^㊺，意气扬扬，甚自得也。既而归，其妻请去^㊻。夫问其故。妻曰："晏子长不满六尺，身相齐国，名显诸侯。今者妾观其出，志念深矣，常有以自下者^㊼。今子长八尺，乃为人仆御，然子之意自以为足，妾是以求去也。"其后夫自抑损^㊽。晏子怪而问之，御以实对。晏子荐以为大夫。

太史公曰：吾读管氏《牧民》《山高》《乘马》《轻重》《九府》^㊾，及《晏子春秋》，详哉其言之也。既见其著书，欲观其行事，故次其传^㊿。至其书，世多有之，是以不论，论其轶事⁵¹。

管仲，世所谓贤臣，然孔子小之⁵²。岂以为周道衰微，桓公既贤，而不勉之至王，乃称霸哉⁵³？语曰："将顺其美，匡救其恶，故上下能相亲也⁵⁴。"岂管仲之谓乎？

方晏子伏庄公尸哭之，成礼然后去⁵⁵，岂所谓"见义不为无勇"者邪⁵⁶？至其谏说，犯君之颜，此所谓"进思尽忠，退思补过"者哉⁵⁷！假令晏子而在，余虽为之执鞭，所忻慕焉⁵⁸。

【注释】

①颍上：颍水之滨，今安徽颍上县。②游：交游，来往。③欺：此意为占便宜。指下文"分财利多自与"。④"已而"二句：齐襄公立，政令无常，数欺大臣，又淫于妇人，诛杀屡不当，有识之士都预感齐国将大乱。为避难，管仲、召忽奉襄公弟公子纠出奔鲁国，鲍叔奉襄公弟小白出奔莒国。⑤"及小白"三句：公元前686年襄公被杀。前685年，鲁国派兵保护公子纠赶回齐国争夺侯位，先由管仲领兵扼守莒、齐要道，以防小白先行入齐争位。两相遭遇，管仲射中小白带钩。小白佯死，使鲁国延误公子纠行程。小白率先入齐，立为桓公。桓公以军拒鲁，大败鲁军。鲁国被迫杀死公子纠，召忽自杀，管仲请囚。⑥进：保举，推荐。⑦合：会盟。⑧匡：匡正，匡扶，帮助。⑨尝：曾经。贾：做买卖。⑩三：泛指多次。见：被。⑪走：逃跑。⑫死之：为公子纠而死。⑬羞：以……为羞。耻：以……为耻。⑭世禄：世代享受俸禄。⑮多：推重，赞美。⑯相：出任国相。齐国东面临海。⑰其称曰：他自己称述说。以下引语是对《管子·牧民》篇有关论述的节录。其"仓廪实而知礼节"三句和"四维不张"两句见于"国颂"一节，"下令如流水之原"两句见于"士经"一节。⑱仓廪实：粮仓充实。⑲六亲：说法不一，

应该指父、母、兄、弟、妻、子。⑳四维：《管子》指礼、义、廉、耻。㉑轻重：原义指对货币价值的升降。这里指事物的轻重缓急。㉒"桓公实怒"二句：是说少姬（即蔡姬）曾荡舟戏弄桓公，制止不听，因怒，遣送回国。蔡君将其改嫁，所以桓公怒而攻蔡。㉓"管仲"二句：《左传·僖公四年》载：齐桓公伐楚，使管仲责之曰："尔贡包茅不入，王祭不共，无以缩酒，寡人是征。"古代祭祀，用裹束成捆的菁茅过滤去渣。包：裹束。茅：菁茅。按：责楚包茅不入贡于周室，这是齐伐楚的借口。㉔桓公实北征：齐桓公二十三年（前663），山戎（北狄）伐燕，燕告急于齐，桓公因伐山戎，至于孤竹而还。㉕令修召公之政：燕庄公送桓公进入齐境。桓公说："非天子，诸侯相送不出境，吾不可以无礼于燕。"于是分沟割燕君所至之地与燕，并让燕君重修召公之政，纳贡于周。召公，是燕国的始祖，周成王时为三公，"治西方，甚得兆民和"。㉖于柯之会：齐桓公五年（前681），伐鲁，鲁将曹沫三战三败，鲁庄公请献遂邑求和，桓公许，与鲁会柯而盟。"诸侯闻之，皆信齐而欲附焉。"㉗桓公欲背曹沫之约：将盟，曹沫以匕首劫持桓公于坛上，威胁桓公归还"鲁之侵地"，桓公先是被迫答应，继而"欲无与鲁地而杀曹沫"。㉘管仲因而信之：管仲劝桓公不要图一时"小快"而"弃信"于诸侯，失天下之援。于是尽"与曹沫三败所亡地于鲁"。㉙"知与之为取"二句：语出《管子·牧民》。与，给予。㉚拟：比拟，类似。㉛三归：有多种说法，如三姓女子；三处家庭、采邑、府库等。㉜反坫（diàn）：堂屋两柱间放置供祭祀、宴会所有礼器和酒的土台。也用来接待外国来宾。㉝莱：古国名，公元前567年被齐所灭。今山东黄县东南有莱子城。㉞重肉：两味肉食。㉟危言：正直地陈述己见。危：高耸貌，引申为正直。㊱危行：正直严谨实行。㊲衡命：斟酌衡量命令的情况去做。㊳缧绁：拘系犯人的绳子，引申为囚禁。㊴骖：古代一车三马或四马，左右两旁的马叫骖。㊵闺：内室。㊶惶然：惶遽的样子。㊷摄：整理。㊸诎：通"屈"，委屈。信：通"伸"，伸展，伸张。㊹御：车夫。门间：门缝。窥：暗中偷看。㊺策驷马：鞭策着四匹马。㊻去：离开。此指离婚。㊼自下：自己谦恭卑下。㊽抑损：谦恭、退让。抑：谦下。㊾《牧民》《山高》《乘马》《轻重》《九府》：都是《管子》篇名。㊿次：编次、编列。51轶事：也写作逸事，世人不太知道的，经史没有记载的有意义的事。52小之：认为他器量狭小。《论语·八佾》有"管仲之器小哉"的话。53"岂以"四句：意谓管仲应该用王道辅佐齐桓公，而不应该满足于称霸。54将顺：顺势助成。匡救：纠正、挽救。上下：指君臣百姓。55"晏子伏庄公尸"二句：齐国大夫崔杼因齐庄公与他新娶棠公的寡妻私通，设谋杀死庄公。晏婴到崔家，枕庄公尸而哭之，完成君臣之礼而去。56见义不为无勇：语出《论语·为政》。57犯：冒犯。颜：面容、脸色。引语出自《孝经·事君》。58忻（xīn）：同"欣"。慕：羡慕，向往。

　　管仲，名夷吾，是颍上人。他年轻时，常和鲍叔牙交往，鲍叔牙知道他贤明。管仲家贫，经常占鲍叔牙的便宜，但鲍叔牙始终都很好地对待他，不因为这些事而有什么怨言。不久，鲍叔牙侍奉齐国公子小白，管仲侍奉公子纠。等到小白即位，立为齐桓公，公子纠被杀死，管仲则被囚禁。于是鲍叔牙向齐桓公推荐管仲。管仲被任用以后，在齐国执政，桓公凭借着管仲的辅佐而称霸，并以霸主身份，多次会合诸侯，一次匡扶周王室，这都是管仲的智谋。

　　管仲说："我当初贫困时，曾经和鲍叔牙一起做生意，分财利时自己总是多要一些，鲍叔牙并不认为我贪财，而是知道我家里贫穷。我曾经替鲍叔牙谋划事情，反而使他更加困顿不堪，陷于窘境，鲍叔牙不认为我愚笨，他知道时运有时顺利，有时不顺利。我曾经多次做官多次被国君驱逐，鲍叔牙不认为我不成器，他知道我没遇上好时机。我曾经多次打仗多次逃跑。鲍叔牙不认为我胆小，他知道我家里有老母需要赡养。公子纠失败，召忽为之殉难，我被囚禁遭受屈辱，鲍叔牙不认为我没有廉耻，知道我不因小的过失而感到羞愧，却以功名不显扬于天下而感到耻辱。生养我的是父母，真正了解我的是鲍叔牙啊。"鲍叔牙推荐管仲以后，情愿把自身置于管仲之下。他的子孙世世代代在齐国享有俸禄，得到封地的有十几代，多数是著名的大夫。因此，天下的人不称赞管仲的才干，反而赞美鲍叔牙能够识别人才。

　　管仲出任齐相执政以后，凭借着小小的齐国在海滨的条件，流通货物，积聚财富，使得国富兵强，与百姓同好恶。所以，他在《管子》一书中称述说："仓库储备充实了，百姓才懂得礼节；衣食丰足了，百姓才能知道荣辱；国君的作为合乎法度，'六亲'才会得以稳固。""不提倡礼义廉耻，国家就会灭亡。""国家下达政令就像流水的源头，要让它顺着百姓的心意。"所以理论简明浅显就容易推行。百姓想要得到的，就给他们；百姓所反对的，就替他们废除。管仲执政的时候，善于把祸患化为吉祥，使失败转化为成功。他重视分别事物的轻重缓急，慎重地权衡事情的利弊得失。齐桓公实际上是怨恨少姬改嫁而向南袭击蔡国，管仲就寻找借口攻打楚国，责备它没有向周王室进贡菁茅。桓公实际上是向北出兵攻打山戎，而管仲就趁机让燕国整顿召公时期的政教。在柯地会盟，桓公想背弃曹沫逼迫他订立的盟约，管仲就顺应形势劝他信守盟约，诸侯们因此归顺齐国。所以说："懂得给予正是为了取得的道理，这是治理国家的法宝。"

　　管仲富贵得可以跟国君相比拟，拥有三归和国君接待外宾的设备，齐国人却不认为他奢侈僭越。管仲逝世后,齐国仍遵循他的政策,常常比其他诸侯国强大。此后过了百余年,齐国又出了个晏婴。

晏平仲,名婴,是齐国莱地夷维人。他辅佐了齐灵公、庄公、景公三代国君,由于节约俭仆又努力工作,在齐国受到人们的尊重。他做了齐国宰相,食不兼味,妻妾不穿丝绸衣服。在朝廷上,国君征求他的意见,就正直地陈述自己的意见;国君决策不征求他的意见,就正直努力地去办事。国君能行正道,就顺着他的命令去做,不能行正道时,就对命令斟酌着去办。因此,他在齐灵公、庄公、景公三代,名声显扬于各国诸侯。

越石父是个贤才,正在囚禁之中。晏子外出,在路上遇到他,就解开车上左边的马,把他赎出来,用车拉回家。晏子没有向越石父交代,就走进内室。过了好久才出来,越石父就请求与晏子绝交。晏子大吃一惊,匆忙整理好衣帽道歉说:"我即使说不上善良宽厚,也总算帮助您从困境中解脱出来,您为什么这么快就要求绝交呢?"越石父说:"不是这样的,我听说君子在不了解自己的人那里受到委屈而在了解自己的人面前意志就会得到伸张。当我在囚禁之中,那些人不了解我。你既然已经感悟到把我赎买出来,这就是了解我;了解我却不能以礼相待,还不如在囚禁之中。"于是晏子就请他进屋待为贵宾。

晏子做齐国宰相时,一次坐车外出,车夫的妻子从门缝里偷偷地看她的丈夫。他丈夫替宰相驾车,头上遮着大伞,挥动着鞭子赶着四匹马,神气十足,扬扬得意。不久回到家里,妻子就要求离婚,车夫问她离婚理由,妻子说:"晏子身高不过六尺,却做了齐国宰相,名声在各国显扬,我看他外出,志向思想都非常深沉,常有那种甘居人下的态度。现在你身高八尺,才不过做人家的车夫,看你的神态,却自以为挺满足,因此我要求和你离婚。"从此以后,车夫就谦虚恭谨起来。晏子发现了他的变化,感到很奇怪,就问他,车夫也如实相告。晏子就推荐他做了大夫。

太史公说,我读了管仲的《牧民》《山高》《乘马》《轻重》《九府》《晏子春秋》,这些书上说得太详细了!读了他们的著作,还想让人们了解他们的事迹,所以就依次编写了他们的合传。至于他们的著作,社会上已有很多,因此不再论述,只记载他们的逸事。

管仲是世人所说的贤臣,然而孔子小看他,难道是因为周朝统治衰微,桓公既然贤明,管仲不勉励他实行王道却辅佐他只称霸主吗?古语说:"要顺势助成君子的美德,纠正挽救他的过错,所以君臣百姓之间能亲密无间。"这大概就是说管仲吧?

当初晏子枕伏在庄公尸体上痛哭，完成了礼节然后离去，难道是孔子所说的"遇到正义的事情不去做就是没有勇气"的表现吗？至于晏子直言进谏，敢于冒犯国君的威严，这就是人们所说的"进就想到竭尽忠心，退就想到弥补过失"的人啊！假使晏子还活着，即使替他挥动着鞭子赶车，也是我非常高兴和十分向往的啊！

【评析】

本篇属于合传，因管仲、晏婴二人前后为齐国相，而且都有善政，故合为一传。由于二人都有书传世，故司马迁专门记载逸事。管仲侧重记载和鲍叔牙的友情，借管仲之口写出"生我者父母，知我者鲍子"的话，十分感人。鲍叔牙之知人善交，难得，管仲之深刻理解鲍叔牙之心，也很难得。这样的交情实在感人，"管鲍之交"已成为成语，可见影响之久远。晏婴则主要记载其和越石父的交往过程，突出晏婴识人且善于改过的精神，而其车夫及其妻子的故事也非常简明生动。而这几则故事有共同点：即识人尊贤，鲍叔牙不但营救管仲，还推荐其做官。晏婴也曾经赎救缧绁中的越石父。而司马迁遭遇李陵之祸后，亲戚朋友无一人挺身而出救援，故在对这些事件的记载中，可以体会出司马迁内心的酸楚。文笔简练，娓娓动人，深沉的感情寄寓在字里行间，故颇有艺术感染力。

屈原列传

《史记》

屈原者，名平，楚之同姓也①。为楚怀王左徒②。博闻强志③，明于治乱，娴于辞令④。入则与王图议国事，以出号令；出则接遇宾客，应对诸侯。王甚任之。上官大夫与之同列⑤，争宠而心害其能。怀王使屈原造为宪令，屈平属草稿未定⑥，上官大夫见而欲夺之，屈平不与，因谗之曰："王使屈平为令，众莫不知。每一令出，平伐其功，曰以为'非我莫能为也⑦'。"王怒而疏屈平。

屈平疾王听之不聪也，谗谄之蔽明也，邪曲之害公也，方正之不容也，故忧愁幽思而作《离骚》⑧。"离骚"者，犹离忧也⑨。夫天者，人之始也；父母者，人之本也。人穷则反本⑩，故劳苦倦极，未尝不呼天也；疾痛惨怛⑪，未尝不呼父母也。屈平正道直行，竭忠尽智，以事其君，谗人间之，可谓穷矣。信而见疑，忠而被谤，能无怨乎？屈平之作《离骚》，盖自怨生也。《国风》好色而不淫⑫，《小雅》怨诽而不乱⑬，若《离骚》者，可谓兼之矣。上称帝喾，下道齐桓，中述汤、武⑭，以刺世事。明道德之广崇，治乱之条贯⑮，靡不毕见⑯。其文约⑰，其辞微⑱，其志洁，其行廉⑲。其称文小而其指极大⑳，举类迩而见义远㉑。其志洁，故其称物芳㉒，其行廉，故死而不容自疏㉓。濯淖污泥之中㉔，蝉蜕于浊秽㉕，以浮游尘埃之外，不获世之滋垢㉖，皭然泥而不滓者也㉗。推其志也，虽与日月争光可也。

屈原既绌㉘。其后秦欲伐齐，齐与楚从亲㉙，惠王患之㉚。乃令张仪详去秦㉛，厚币委质事楚㉜，曰："秦甚憎齐，齐与楚从亲，楚诚能绝齐，秦愿献商於之地六百里㉝。"楚怀王贪而信张仪，遂绝齐，使使如秦受地。张仪诈之曰："仪与王约六里，不闻六百里。"楚使怒去，归告怀王。怀王怒，大兴师伐秦。秦发兵击之，大破楚师于丹淅㉞，斩首八万，虏楚将屈匄㉟，遂取楚之汉中地。怀王乃悉发国中兵，以深入击秦，战于蓝田㊱。魏闻之，袭楚至邓㊲。楚兵惧，自秦归。而齐竟怒，不救楚，楚大困。明年，秦割汉中地与楚以和㊳。楚王曰："不愿得地，愿得张仪而甘心焉。"张仪闻，乃曰："以一仪而当汉中地㊴，臣请往如楚。"如楚，又因厚币用事者臣靳尚，而设诡辩于怀王之宠姬郑袖。怀王竟听郑袖，复释去张仪。是时屈原既疏，不复在位，使于齐，顾反㊵，谏怀王曰："何不杀张仪？"怀王悔，追张仪，不及。

其后，诸侯共击楚，大破之，杀其将唐昧㊶。时秦昭王与楚婚，欲与怀王会。怀王欲行，屈平曰："秦，虎狼之国，不可信，不如无行。"怀王稚子子兰劝王行："奈何绝秦欢！"怀王卒行。入武关㊷，秦伏兵绝其后，因留怀王，以求割地。怀王怒，不听。亡走赵，赵不内㊸。复之秦，竟死于秦而归葬。

长子顷襄王立㊹，以其弟子兰为令尹。楚人既咎子兰㊺，以劝怀王入秦而不反也。屈平既嫉之，虽放流，眷顾楚国㊻，系心怀王，不忘欲反。冀幸君之一悟，俗之一改也。其存君兴国，而欲反覆之㊼，一篇之中，三致意焉。然终无可奈何，故不可以反。卒以此见怀王之终不悟也。

人君无愚智贤不肖，莫不欲求忠以自为，举贤以自佐。然亡国破家相随属㊽，而圣君治国累世而不见者，其所谓忠者不忠，而所谓贤者不贤也。怀王以不知忠臣之分，故内惑于郑袖，外欺于张仪，疏屈平而信上官大夫、令尹子兰，兵挫地削，亡其六郡，身客死于秦，为天下笑，此不知人之祸也。《易》曰："井渫不食，为我心恻⁴⁹，可以汲。王明，并受其福。"王之不明，岂足福哉！令尹子兰闻之，大怒。卒使上官大夫短屈原于顷襄王。顷襄王怒而迁之⁵⁰。

屈原至于江滨，被发行吟泽畔⁵¹。颜色憔悴，形容枯槁。渔父见而问之曰："子非三闾大夫欤⁵²？何故而至此？"屈原曰："举世混浊而我独清，众人皆醉而我独醒，是以见放。"渔父曰："夫圣人者，不凝滞于物，而能与世推移。举世混浊，何不随其流而扬其波？众人皆醉，何不铺其糟而啜其醨⁵³？何故怀瑾握瑜，而自令见放为⁵⁴？"屈原曰："吾闻之，新沐者必弹冠⁵⁵，新浴者必振衣。人又谁能以身之察察⁵⁶，受物之汶汶者乎⁵⁷？宁赴常流而葬乎江鱼腹中耳。又安能以皓皓之白，而蒙世之温蠖乎⁵⁸？"乃作《怀沙》之赋⁵⁹。于是怀石，遂自投汨罗以死⁶⁰。

屈原既死之后，楚有宋玉、唐勒、景差之徒者，皆好辞而以赋见称。然皆祖屈原之从容辞令⁶¹，终莫敢直谏。其后楚日以削，数十年竟为秦所灭⁶²。自屈原沉汨罗后百有余年，汉有贾生，为长沙王太傅⁶³。过湘水，投书以吊屈原⁶⁴。

太史公曰："余读《离骚》《天问》《招魂》《哀郢》⁶⁵，悲其志。适长沙，过屈原所自沉渊，未尝不垂涕，想见其为人。及见贾生吊之，又怪屈原以彼其材游诸侯，何国不容，而自令若是！读《鵩鸟赋》⁶⁶，同死生⁶⁷，轻去就，又爽然自失矣。"⁶⁸

【注释】

①楚之同姓：楚王族本姓芈（mǐ），楚武王熊通的儿子瑕封于屈，后代遂以屈为姓，瑕是屈原的祖先。②楚怀王：楚威王子，名熊槐。左徒：楚国官名，职位仅次于令尹。③志：同"记"。④娴：熟悉。辞令：政治外交等交际应酬方面的语言。⑤上官大夫：楚大夫。上官：复姓。⑥属（zhǔ）：撰写。⑦伐：夸耀。⑧《离骚》：屈原的代表作，自叙生平的长篇抒情诗。⑨关于诗题，后人有二说。一释"离"为"罹"的通假字，"离骚"就是遭受忧患。二是释"离"为离别，"离骚"就是离别的忧愁。⑩反本：追思根本。反，通"返"。⑪惨怛（dá）：忧伤。⑫《国风》：《诗经》内《周南》《召南》等十五个地区的民歌的总称，共一百六十篇，其中多反映男女爱情的诗篇。⑬《小雅》：也是《诗经》的组成部分之一。共七十四篇，其中多指斥朝政缺

失，讽刺时事的作品。⑭帝喾（kù）：古代传说中的帝王名。相传是黄帝曾孙，号高辛氏。齐桓：即齐桓公，名小白，春秋五霸之一。汤：商朝的开国君主。武：指周武王，灭商建立西周王朝。⑮条贯：条理，道理。⑯见：同"现"。⑰约：简练、简洁。⑱微：隐微，含蓄。⑲廉：方正不苟。⑳指：同"旨"。㉑迩（ěr）：近。㉒称物芳：指《离骚》中多用兰、桂、蕙、芷等香花芳草作比喻。㉓疏：离开。㉔濯淖（zhuó nào）：污浊。㉕蝉蜕（tuì）：这里是摆脱的意思。㉖获：玷污。滋：通"兹"，黑。㉗皭（jiào）然：洁白的样子。滓：污黑。㉘绌（chù）：通"黜"，废，罢免。指屈原被免去左徒的职位。㉙从：同"纵"。从亲：合纵相亲。当时楚、齐等六国联合抗秦，称为"合纵"，楚怀王曾为纵约长。㉚惠王：秦惠王，公元前337年至前311年在位。㉛张仪：魏人，主张"连横"，游说六国事奉秦国，为秦惠王所重。详：通"佯"。㉜委：呈献。质：通"贽"，信物。㉝商於（wū）：秦地名。商：在今陕西商县东南。於：在今河南内乡东。㉞丹淅：又作丹浙（xī）：二水名。丹水发源于陕西商洛市商州区西北，东南流入河南，至湖北均县入汉水；浙水是丹水支流。㉟屈匄：匄（gài），楚大将军。汉中：今湖北西北部、陕西东南部一带。㊱蓝田：秦县名，在今陕西蓝田西。㊲邓：春秋时蔡地，后属楚，在今河南邓县一带。㊳明年：指楚怀王十八年（公元前311）。㊴当：价值相当。这里有换取的意思。㊵顾反：回来。反：通"返"。㊶唐昧：楚将。楚怀王二十八年（公元前301），秦、齐、韩、魏攻楚，杀唐昧。㊷武关：秦国的南关，在今陕西省商县东。㊸内：同"纳"。㊹顷襄王：名熊横，公元前298年至前262年在位。令尹：楚国的最高行政长官。㊺咎：抱怨，责备。㊻虽放流：以下关于屈原流放的记叙，时间上有矛盾，文意也不连贯，可能有脱误。眷顾：眷恋，怀念。㊼反覆之：指楚人从衰弱的局势中挽救过来。㊽随属：前后相随连接。㊾《易》：即《周易》，又称《易经》。这里引用的是《易经·井卦》的爻辞。渫（xiè）：淘去泥污。这里以淘干净的水比喻贤人。㊿迁：迁徙流放地。指再度流放。[51]被：通"披"。披发，指头发散乱，不梳不束。[52]三闾大夫：楚国掌管王族昭、屈、景三姓事务的官。[53]馎（bǔ）：通"哺"，食。糟：酒渣。啜（chuò）：喝。醨（lí）：薄酒。[54]瑾、瑜：都是美玉。为：表示疑问的语气词。[55]弹冠：用手弹去帽子上的灰尘。[56]察察：洁白的样子。[57]汶汶：昏暗的样子。[58]皓皓：莹洁的样子。温蠖：尘滓重积的样子。[59]《怀沙》：在今本《楚辞》中，是《九章》的一篇。令人多以为系屈原怀念长沙的诗。[60]汨（mì）罗：江名，在湖南东北部，流经汨罗县入洞庭湖。[61]宋玉：相传为楚顷襄王时人，屈原弟子，有《九辩》等作品传世。唐勒、景差：约与宋玉同时，都是当时的词赋家。[62]数十年：几十年后，公元前223年秦灭楚。[63]贾生：即贾谊，洛阳人。西汉政论家、文学家。长沙王：指吴差，汉朝开国功臣吴芮的玄孙。太傅：君王的辅政官员。[64]湘水：在今湖南省境内，流入洞庭湖。书：指贾谊所写的《吊屈原赋》。[65]《天问》《招魂》《哀郢》：都是屈原的作品。《招魂》一说为宋玉所作。[66]《鹏鸟赋》：贾谊所作。去：指贬官放逐。就：指在朝任职。⑥⑦同生死：对于生死同样看待。⑥⑧爽然自失：迷茫无所适从的样子。

【译文】

屈原名平，与楚国的王族同姓。他曾担任楚怀王的左徒。见闻广博，记忆力很强，通晓治理国家的道理，熟悉外交应对的辞令。对内与怀王谋划商议国事，发号施令；对外接待宾客，应酬诸侯。怀王很信任他。上官大夫和他官位相等，想争得怀王的宠幸，心里嫉妒屈原的才能。怀王让屈原制定法令，屈原起草尚未定稿，上官大夫见了就想夺走它，屈原不肯给，他就在怀王面前谗毁屈原说："大王叫屈原制定法令，大家没有不知道的，每一项法令发出，屈原就夸耀自己的功劳说：'除了我，没有人能做的。'"怀王很生气，就疏远了屈原。

屈原痛心怀王不能听信忠言，明辨是非，被谗言和谄媚之词蒙蔽了聪明才智，让邪恶小人危害有公正之心的人，端方正直的君子却不为朝廷所容，所以忧愁苦闷而创作写《离骚》。"离骚"，就是离忧的意思。天是人类的原始，父母是人的根本。人处于困境就会追念本原，所以到了极其劳苦疲倦的时候，没有不叫天的；遇到病痛或忧伤的时候，没有不叫父母的。屈原行为正直，竭尽自己的忠诚和智慧来辅助君主，谗邪的小人来离间他，可以说到了极度的困境。诚信却被怀疑，忠实却被诽谤，能没有怨恨吗？屈原之所以写《离骚》，就是由怨恨引起的。《国风》虽然多写男女爱情，但不过分。《小雅》虽然多讥讽指责，但并不宣扬作乱。像《离骚》，可以说是兼有二者的特点了。它对远古称道帝喾，近世称述齐桓公，中古称述商汤和周武王，用来讽刺当时的政事，阐明道德的广阔崇高，国家治乱兴亡规律和轨迹，无不完全表现出来。他的文笔简约，词义精微，他的志趣高洁，行为廉正。文章说到的虽然细小，但意义却非常重大，列举的事例虽然浅近，但含义却十分深远。由于他志趣高洁，所以文章中多用香花芳草作比喻，由于行为廉正，所以到死也不为奸邪势力所容。他独自远离污泥浊水之中，像蝉脱壳一样摆脱浊秽，浮游在尘世之外，不受浊世的玷辱，保持皎洁的品质，出淤泥而不染。推断屈原的志向，即使和日月争辉，也是可以的。

屈原已被罢免。后来秦国准备攻打齐国，齐国和楚国结成合纵联盟互相亲善。秦惠王对此担忧，就派张仪假装脱离秦国，用厚礼和信物呈献给楚王，对怀王说："秦国非常憎恨齐国，齐国与楚国却合纵相亲，如果楚国确实能和齐国绝交，秦国愿意献上商、於之间的六百里土地。"楚怀王起了贪心，信任了张仪，于是和齐国绝交，然后派使者到秦国接受土地。张仪抵赖说："我和楚王约定的只是六里，没有听说过六百里。"楚国使者愤怒地离开秦国，回去报告怀王。怀王发怒，大规模出动军队去讨伐秦国。秦国发兵反击，在丹水和淅水一带大破楚军，杀了八万人，俘虏了楚国的大将屈匄，于是夺取了楚国的汉中一带。怀王又发动全国的兵力，深入秦地攻打秦国，在蓝田大战。魏国听到这一情况，袭击楚国一直打到邓地。楚军恐惧，从秦国撤退。齐国怀恨楚国，始终不来援救，楚国处境极端困窘。第二年，秦国要割汉中之地与楚国讲和。楚王说："我不愿得到土地，只希望得到张仪就甘心了。"张仪听说后，就说："用一个张仪来抵当汉中地方，我请求到楚国去。"到了楚国，他又用丰厚的礼品贿赂当权的大臣靳尚，通过他在怀王宠姬郑袖面前编造了一套谎话。怀王竟然听信郑袖，又放走张仪。这时屈原已被疏远，不在朝中任职，出使在齐国，回来后，劝谏怀王说："为什么不杀张仪？"怀王很后悔，派人追张仪，已来不及了。

后来，各国诸侯联合攻打楚国，大败楚军，杀了楚国将领唐昧。这时秦昭王与楚国通婚，要求和怀王会面。怀王想去，屈原说："秦国是虎狼一样的国家，不可信任，不如不去。"怀王的小儿子子兰劝怀王去，说："怎么可以断绝和秦国的友好关系！"怀王终于前往。一进入武关，秦国的伏兵就截断了他的后路，于是扣留怀王，强求割让土地。怀王很愤怒，不听秦国的要挟。他逃往赵国，赵国不肯接纳。他又回到秦国，最后死在秦国，尸体被运回安葬。

怀王的长子顷襄王即位，任用他的弟弟子兰为令尹。楚国人都抱怨子兰，因为他劝怀王入秦而最终未能回来。屈原也为此怨恨子兰，虽然流放在外，仍然眷恋着楚国，心里挂念着怀王，念念不忘返回朝廷。他希望国君总有一天醒悟，世俗总有一天改变。屈原关怀君王，想振兴国家，而且反复考虑这一问题，在他每一篇作品中，都再三表现出来。然而终于无可奈何，所以不能返回朝廷。最终由此可以看出怀王始终没有觉悟啊。

国君无论愚笨或明智，昏庸或贤明，没有不想求得忠臣来为自己服务，选拔贤才来辅助自己的。然而国破家亡的事接连发生，而圣明君主治理好国家的情况多少世代也没有出现，这是因为所谓忠臣并不忠，所谓贤臣并不贤。怀王因为不明白忠臣的职分，所以在内被郑袖所迷惑，在外被张仪所欺骗，疏远屈原而信任上官大夫和令尹子兰，军队被挫败，土地被削减，失去了六个郡，自己也被扣留而死在秦国，为天下人所耻笑。这是因为不知人所带来的祸害。《易经》说："井淘干净了，还没有人喝井里的水，使我心里难过，因为井水是供人汲取饮用的。君王贤明，天下人都能得福。"君王不贤明，难道还谈得上福吗？令尹子兰得知屈原怨恨他，非常愤怒，终于让上官大夫在顷襄王面前说屈原的坏话。顷襄王发怒，就再度放逐了屈原。

屈原到了江滨，披散头发，在水泽边一面走，一面吟咏着，脸色憔悴，身体干瘦。渔父看见他，便问道："您不是三闾大夫吗？为什么来到这儿？"屈原说："整个世界都是混浊的，只有我一人清白；众人都沉醉，只有我一人清醒。因此被放逐。"渔父说："圣人，不受外界事物的束缚，而能够随着世俗变化而变化。整个世界都混浊，为什么不随大流而推波助澜呢？众人都沉醉，为什么不也吃点酒糟，喝点薄酒呢？为什么要怀抱美玉一般的品质，却使自己被放逐呢？"屈原说："我听说，刚洗过头的一定要弹去帽上的灰沙，刚洗过澡的一定要抖掉衣上的尘土。谁能让自己清白的身躯，蒙受外物的污染呢？宁可投入长流的大江而葬身于江鱼的腹中。又哪能使自己高洁的品质，去蒙受世俗的尘垢呢？"于是他写作《怀沙》赋。就抱着石头，自投汨罗江而死。

屈原死了以后，楚国有宋玉、唐勒、景差等人，都爱好文学，而以善作辞赋而被人称赞。但他们都效法屈原辞令委婉含蓄的一面，始终不敢直言进谏。在这以后，楚国一天天削弱，几十年后，终于被秦国灭掉。自从屈原自沉汨罗江后一百多年，汉代有个贾谊，出任长沙王太傅。路过湘水时，写了文章来凭吊屈原。

太史公说，我读《离骚》《天问》《招魂》《哀郢》，为他的志向不能实现而悲伤。到长沙，经过屈原自沉的地方，未尝不流下眼泪，追怀他的为人。看到贾谊凭吊他的文章，文中又责怪屈原如果凭他的才能去游说诸侯，哪个国家不会容纳，他却自己选择了这样的道路！读了《鹏鸟赋》，把生和死等同看待，把弃官和得官等闲视之，这又使我感到茫茫然好像不知所措了。

【评析】

本文是《史记·屈原贾生列传》中有关屈原的部分，其中又删去了屈原《怀沙》赋全文。这是现存关于屈原最早的完整的史料，是研究屈原生平的重要依据。

屈原是我国历史上第一位伟大的爱国诗人。他生活在战国中后期，当时七国争雄，其中最强盛的是秦、齐、楚三国。秦国最强，齐国最富，楚国最大。屈原曾在楚国内政外交方面发挥了重要作用，并建议楚国也仿效秦国变法图强，富国强兵。他因为遭到既得利益集团的谗毁和诬陷，被楚怀王流放，但仍然关心朝政，热爱祖国。最后，屈原毅然自沉汨罗，以殉自己的理想。由于他的投江，在后世形成端午

228

节的节日。他的作品和《诗经》并称风骚，对于中国文学传统尤其是诗歌传统有重要影响。本文以强烈的感情歌颂了屈原卓越超群的才华以及对理想执着追求的精神。文笔沉郁顿挫，感慨深沉。同样的不遇，同样的"信而见疑，忠而被谤"，使司马迁对屈原的深心有最深刻的理解，因此在写作上充满低回婉转的惆怅。吴楚材、吴调侯评曰："要之穷愁著书，史公与屈子，实有同心。宜其忧思唱叹，低回不置云。"

酷吏列传序

《史记》

孔子曰："道之以政，齐之以刑，民免而无耻。道之以德，齐之以礼，有耻且格①。"老氏称："上德不德，是以有德；下德不失德，是以无德。②""法令滋章，盗贼多有③。"太史公曰：信哉是言也④！法令者治之具，而非制治清浊之源也⑤。昔天下之网尝密矣，然奸伪萌起，其极也，上下相遁⑥，至于不振。当是之时，吏治若救火扬沸⑦，非武健严酷，恶能胜其任而愉快乎⑧！言道德者，溺其职矣。故曰："听讼，吾犹人也，必也使无讼乎⑨。""下士闻道大笑之⑩"。非虚言也。汉兴，破觚而为圜⑪，斫雕而为朴⑫，网漏于吞舟之鱼⑬，而吏治烝烝⑭，不至于奸，黎民艾安⑮。由是观之，在彼不在此⑯。

【注释】

①"道之以政"句：见《论语·为政》。道：同"导"，引导，诱导。②"上德不德"句：见《老子·三十八章》。老氏：即老子，名聃，道家的创始人。③"法令滋章"句：见《老子·五十七章》。意思是说：法令越严酷，盗贼越多。④信：的确，实在。⑤制治清浊之源：把国家治理得好坏的根源。⑥昔：这里指秦始皇时代。网：比喻法律。遁：犹欺。⑦救火扬沸：比喻方法不对，不但于事无补，反而坏事。汤，热水，开水。⑧恶：疑问代词，哪里。愉（tōu）：通"偷"，苟且。⑨"听讼"句：见《论语·颜渊》。审理案件我和别人一样，一定要使人们没有诉讼啊！⑩下士闻道大笑之：见《老子·四十一章》。⑪破觚（gū）而为圜：去掉棱角，改成圆的。比喻将严酷之法改为仁德之法。觚：多角棱形的酒器。⑫斫（zhuó）雕而为朴：把物品上的刻雕花纹削去，使它恢复原先质朴的样子。比喻使烦琐的条文变得简易。⑬网漏于吞舟之鱼：比喻法网宽松不密。⑭烝烝（zhēng zhēng）：同"蒸蒸"，兴旺发达。⑮艾（yì）安：平安无事。艾：治理。⑯彼：

指道德与德治。此：指严刑酷吏。

【译文】

孔子说："用政令来引导百姓，用刑法来整治百姓，百姓虽能免于犯罪，但无羞耻之心。用道德教导，用礼乐制度来治理，百姓就会有羞耻之心，而且对于国家有亲和力。老子说："道德最高的人不口头上说道德，因此更有道德。道德低下的人口头上不离道德，因此更没有道德。""法令越多越密越具体，盗贼就会越多。"司马迁说，真是像孔子和老子说的这样啊。法令是治理天下的工具，而绝不是政治清明混浊的根源。从前天下的法网曾经非常严密，可是邪恶欺诈的事却层出不穷，最严重的时候，上上下下相互欺骗蒙蔽，以至于社会缺乏生气，不能振作。当这个时候，吏治如同是扬起热水来救火，如果不是威武刚健严厉到残酷的程度，又怎么能够担负起重任而轻松从容呢？这时候再说什么道德，就是失职了。所以老子说："下等的士人一听说言道德就大笑。"不是虚言。汉朝兴起，废除僵硬教条的法律而变为宽松有弹性的法律，破除虚伪装饰的人性而返璞归真，法网宽松甚至可以漏掉能够吞舟的大鱼，而官吏政治统治的政绩却蒸蒸日上，不至于奸诈欺罔。百姓也都太平无事。由此来看，国家的安定在于道德建设而不在于严苛的法令。

【评析】

本文是《酷吏列传》的序，表明司马迁反对严刑峻法，提倡实行德政的政治主张。秦朝严刑酷法逼迫百姓揭竿而起，汉初政令宽松，汉文帝废除肉刑都是逐步人性化的措施。到汉武帝时期，社会矛盾突出，于是利用酷吏加强统治。司马迁写作这篇列传，有一定的现实针对性和历史意义。在政治思想方面，一来自儒家之礼治德政；一来自道家之无为而治。故两引孔、老之言以证明之。这两个方面都是对为政者严刑峻法的尖锐批判。"法令者，治之具，而非制治清浊之源也"乃全序之"文眼"，既可以用孔子、老子的话为证，又可以用亡秦、汉初之事对比而不言自明。叙秦朝旧事，是从反面证明德治的重要；叙汉初"吏治烝烝"的景象，是从正面说明这种政策之优越。两相比较，自然可以使人们认同太史公的结论，即"制治清浊"的根本不在于严刑酷吏，而在于德政或礼治。文章语不多而意蕴深厚，深厚中有飞舞之致，最耐人寻味。

游侠列传序

《史记》

韩子曰①："儒以文乱法②，而侠以武犯禁③。"二者皆讥，而学士多称于世云。至如以术取宰相、卿、大夫，辅翼其世主，功名俱著于春秋④，固无可言者。及若季次、原宪⑤，闾巷人也⑥，读书怀独行君子之德⑦，义不苟合当世，当世亦笑之。故季次、原宪终身空室蓬户⑧，褐衣疏食不厌⑨。死而已四百余年，而弟子志之不倦⑩。今游侠，其行虽不轨于正义⑪，然其言必信，其行必果，已诺必诚，不爱其躯，赴士之厄困⑫。既已存亡死生矣⑬，而不矜其能，羞伐其德，盖亦有足多者焉⑭。

且缓急⑮，人之所时有也。太史公曰："昔者虞舜窘于井廪⑯，伊尹负于鼎俎⑰，傅说匿于傅险⑱，吕尚困于棘津⑲，夷吾桎梏⑳，百里饭牛㉑，仲尼畏匡，菜色陈、蔡㉒。此皆学士所谓有道仁人也，犹然遭此灾，况以中材而涉乱世之末流乎㉓？其遇害何可胜道哉！"

鄙人有言曰㉔："何知仁义，已飨其利者为有德㉕。"故伯夷丑周，饿死首阳山，而文、武不以其故贬王；跖、𫏋暴戾㉖，其徒诵义无穷㉗。由此观之，"窃钩者诛，窃国者侯，侯之门仁义存㉘"，非虚言也㉙。今拘学或抱咫尺之义㉚，久孤于世，岂若卑论侪俗㉛，与世沉浮而取荣名哉！而布衣之徒，设取予然诺㉜，千里诵义㉝，为死不顾世，此亦有所长，非苟而已也。故士穷窘而得委命㉞，此岂非人之所谓贤豪间者邪㉟？诚使乡曲之侠㊱，予季次、原宪比权量力㊲，效功于当世，不同日而论矣㊳。要以功见言信，侠客之义又曷可少哉？

古布衣之侠，靡得而闻已。近世延陵㊳、孟尝、春申、平原、信陵之徒㊴，皆因王者亲属，藉于有土卿相之富厚㊵，招天下贤者，显名诸侯，不可谓不贤者矣。比如顺风而呼，声非加疾，其势激也。至如闾巷之侠，修行砥名，声施于天下㊶，莫不称贤，是为难耳。然儒、墨皆排摈不载㊷。自秦以前，匹夫之侠，湮灭不见，余甚恨之。以余所闻，汉兴有朱家、田仲、王公、剧孟、郭解之徒㊸，虽时扞当世之文罔㊹，然其私义廉洁退让，有足称者。名不虚立，士不虚附。至如朋党宗强比周㊺，设财役贫㊻，豪暴侵凌孤弱，恣欲自快㊼，游侠亦丑之。余悲世俗不察其意，而猥以朱家、郭解等㊽，令与暴豪之徒同类而共笑之也。

【注释】

①韩子：即韩非。所引文字见《韩非子·五蠹》。②儒：儒家学派，此指儒生。文：指儒家经典，如《诗》《书》之类。乱法：破坏法度。③侠：游侠者。武：勇武的行为。禁：禁令。④辅翼：辅助。世主：当代的天子。⑤季次：即公皙哀，孔子的学生。原宪：即子思，孔子的学生。⑥闾巷人：即平民百姓。⑦怀：怀抱。独行：特异之行，不同凡俗的操节。⑧空室：室内空空，极言贫穷。蓬户：蓬蒿所编成的门，极言家贫。⑨褐衣：粗布上衣。疏食：粗糙低劣的饭食。厌：通"餍"，足。⑩志：怀念。⑪轨：车轨，"不轨"犹言"不合"。正义：指当时的道德准则和法律。⑫厄困：危急和困苦。⑬存亡生死：使将亡者得以生存，使将死者得以存活。意谓救人于危难之中。⑭多：称赞。⑮缓急：复词偏义，急迫。⑯窘：困迫。井廪：水井和仓廪。按《孟子·万章》及本书卷《五帝本纪》皆言舜未称帝时，多次遭其父与后弟的迫害，舜修仓廪，其父瞽瞍撤梯烧仓，欲将他烧死。后又让舜淘井，舜入井其父与弟象把井填死，欲活埋舜。但舜大难不死，皆逃脱。⑰伊尹：商汤贤臣。负：背。鼎：古炊具，如今之饭锅。俎（zǔ）：切肉的案板。按《孟子·万章》与本书卷三《殷本纪》说：伊尹曾寻机当了商汤的厨师，以烹调之理暗示为政之理，深得汤的赏识，被重用，建立大功。⑱傅险：又作"傅岩"，地名。据卷三《殷本纪》记载，傅说本为在傅岩服苦役的犯人，后被武丁发现，委以重任，使商代大治。⑲棘津：古代河水名。据《正义》引《尉缭子》说，姜尚年七十还得不志，只能在棘津做贩卖饮食的小贩。⑳夷吾：即管仲。桎梏（zhì gù）：古代刑具，即脚镣与手铐。㉑百里：即百里奚。饭牛：喂牛。㉒仲尼：即孔子。据卷四十七《孔子世家》云，孔子周游列国，从卫国到陈国，路过卫国匡地时，匡人见他貌似匡人憎恨的阳虎，便将他围困起来，几乎把他害死。畏：这里有遇险之意。菜色：指饥饿的容颜；孔子周游列国，路过陈、蔡两国时，途中无粮可吃，被饿得面黄肌瘦。㉓末流：乱世中的末世。㉔鄙人：指普通的平民百姓。鄙：浅陋。㉕飨：享受。㉖跖、跻：盗跖和庄跻，是春秋战国时期著名大盗。暴戾：凶暴残忍。㉗诵义：称赞道义。㉘窃钩者：窃取衣带钩的人。此指小偷。按以下三句出自《庄子·胠箧》篇。窃国者：指最高统治者。㉙非虚言：不是没有根据的话。㉚拘学：抱着一得之见，或拘守片面理论而故步自封的学者。或：有的。咫尺之义：狭隘的道理。咫：八寸。此喻陕小。㉛卑论：低下的论点。侪俗：迁就世俗之人；侪：等、齐。㉜然诺：应允。㉝诵：通"庸"，从也。㉞委命：托身。㉟贤豪间者：贤人和豪侠中间的人物；间：中间。邪：同"耶"。㊱乡曲：乡间、民间。"乡曲之侠"当指民间的游侠。㊲予：通"与"，同。不同日而论：即不可同日而语，不能相提并论。㊳延陵：春秋时代吴国公子季札，被封于延陵，故称"延陵季子"。他出使中原路过徐国时，徐君颇爱其剑，他心有赠送之意，未曾说出。待他回返时，知徐君已死，于是便将其剑挂于徐君墓地树上，以示重言诺

232

之意。㉟孟尝：即齐国孟尝君田文。春申：即楚国春申君黄歇。平原：即赵国平原君赵胜。信陵：即魏国公子信陵君无忌。以上四人是战国时代以养士闻名的好侠之士。《史记》皆有传。㊵藉：依靠、凭借。土：指封地。㊶施（yì）于天下：名声延及天下。㊷排摈：排斥，抛弃。㊸朱家、田仲、王公、剧孟、郭解：皆汉代侠士，见下文。㊹扞（hàn）：违。文罔：通"文网"，法律禁令。㊺朋党宗强：结成帮派的豪强。比周：互相勾结；比：近；周：合。㊻设财役贫：依仗自己的财富役使穷人。㊼恣：放纵。㊽猥：谬，错误。等：同等看待。

【译文】

韩非子说："儒生以儒家经典来破坏法度，而侠士以勇武的行为违犯法令。"韩非对这两种人都加以讥笑，但儒生却多被世人所称扬。至于用权术取得宰相、卿、大夫的职位，辅助当代天子，功名都被记载在史书之中，这本来没有什么可说的。至于像季次、原宪，是平民百姓，用功读书，怀抱着特异的君子德操，坚守道义，而不与当代世俗苟合，当代世俗之人也嘲笑他们。所以季次、原宪一生住在空荡荡的草屋之中，穿着粗布衣服，连粗饭蔬菜都吃不饱。但他们死四百余年了，而世代相传的弟子们，却不知倦怠地怀念着他们。现在的游侠，他们的行为虽然不符合道德法律的准则，但是他们说话一定守信用，做事一定果敢决断，已经答应的必定实现，以示诚实，肯于牺牲生命，去救助别人的危难。已经历生死存亡的考验，却不自我夸耀本领，也不好意思夸耀自己的功德，大概这也是很值得赞美的地方吧！

况且危急之事，是人们时常能遇到的。太史公说："从前虞舜在淘井和修廪时遇到危难，伊尹曾背负鼎俎当厨师，傅说曾藏身傅岩服苦役，吕尚曾在棘津遭困厄，管仲曾经戴过脚镣与手铐，百里奚曾经喂牛当奴隶，孔子曾经在匡遭遇危险，在陈、蔡遭遇饥饿而脸上都有菜色。这些人都是儒生所称扬的有道德的仁人，尚且遭遇这样的灾难，何况是中等才能而又遇到乱世末世的人呢？他们遇到的灾难怎么可以说得完呢？

世俗人有这样的说法："何必去区别仁义与否，已经受到他帮助的人就是有德。"所以伯夷以吃周粟为可耻，竟饿死在首阳山；而文王和武王却没有因此而损害王者的声誉。盗跖和庄跷凶暴残忍，而他们的党徒和部下却歌颂他们道义无穷。由此可见，"偷盗衣带钩的要杀头，窃取国家政权的却被封侯，受封为侯的人家就有仁义了"，这话并非虚假不实之言。

现在拘泥于片面见闻的学者，有的死守着狭隘的道理，长久地孤立于世人之外，哪能比得上以低下的观点迁就世俗，随世俗的沉浮而猎取荣耀和名声的人呢？而平民百姓之人，看重取予皆符合道义，应允能实现的美德，千里之外去追随道义，为道义而死却不顾世俗的责难，这也是他们的长处，并非随便就可做到的。所以读书人处在穷困窘迫的情况下，愿意托身于他们，这难道不就是人们所说的贤能豪侠中间的人吗？如果真能让民间游侠者与季次、原宪比较权势和力量，比对当今社会的贡献，是不能同日而语的。总之，从事功的显现和言必有信的角度来看，侠客的正义行为又怎么可以缺少呢？

古代的平民侠客，已经无法了解和知道了。近代延陵季子、孟尝君、春申君、平原君、信陵君这些人，都因为是君王的亲属，依仗封国及卿相的雄厚财富，招揽天下的贤才，在各诸侯国中名声显赫，不能说他们不是贤才。这就比如顺风呼喊，声音并非更加洪亮，而听的人感到清楚，这是风势激荡的结果。至于闾巷的布衣侠客，修行品行，磨砺名节，好的名望传布天下，无人不称赞他的贤德，这是难以做到的。然而儒家和墨家都排斥扬弃他们，不在他们的文献中加以记载。从秦朝以前，平民侠客的事迹，已经被埋没而不能见到，我感到非常遗憾。据我听到的情况来看，汉朝建国以来，有朱家、田仲、王公、剧孟、郭解这些人，他们虽然时常违犯汉朝的法律禁令，但是他们个人的行为符合道义，廉洁而有退让的精神，有值得称赞的地方。他们的名声并非虚假地树立起来的，读书人也不是没有根据地附和他们。至于那些结成帮派的豪强，互相勾结，倚仗财势奴役穷人，凭借豪强暴力欺凌孤独势弱的人，放纵欲望，自己满足取乐，这也是游侠之士认为可耻的。我哀伤世俗之人不能明察这其中的真意，却错误地把朱家和郭解等同起来，认为朱家和郭解与暴虐豪强之流的人同类而共同加以嘲笑。

【评析】

本文《游侠列传》前序。所谓"游侠"，是指那些轻生重义、勇于救人急困之人。汉代封建统治者和士大夫对游侠多持否定态度，司马迁却给他们立传，并予以很高的评价和极大的同情。在这篇序文里，作者对他们反复赞扬，抑扬顿挫，激情无限。

司马迁具有实事求是的可贵品格，"不虚美"，他所赞美的人一定有其生命的价值。游侠实际是对于社会权利真空或失控地方维护正义的补充，在某种意义上，是对于社会邪恶势力的威慑。有所谓"替天行道"的意义。司马迁满含深情地记述舜、伊尹、傅说、姜子牙、管仲、孔子等历史大贤都有遭遇困厄的经历来说明人有时候是需要帮助的，故这种"其言必信，其行必果，已诺必诚，不爱其躯，赴士之厄困"的游侠就有存在的必要。最后，司马迁又把这种义侠和一些帮派头目维护利益集团、鱼肉百姓的家伙区别开来，这是非常关键的一点。

滑稽列传

《史记》

孔子曰："六艺于治一也①。《礼》以节人②，《乐》以发和③，《书》以导事④，《诗》以达意⑤，《易》以神化⑥，《春秋》以义⑦。"太史公曰："天道恢恢⑧，岂不大哉！谈言微中，亦可以解纷。"

淳于髡者⑨，齐之赘婿也⑩。长不满七尺，滑稽多辩，数使诸侯，未尝屈辱。齐威王之时，喜隐⑪，好为淫乐长夜之饮，沉湎不治，委政卿大夫。百官荒乱，诸侯并侵，国且危亡，在于旦暮，左右莫敢谏。淳于髡说之以隐曰："国中有大鸟，止王之庭，三年不蜚又不鸣⑫，王知此鸟何也？"王曰："此鸟不蜚则已，一蜚冲天；不鸣则已，一鸣惊人。"于是乃朝诸县令长七十二人⑬，赏一人，诛一人，奋兵而出。诸侯振惊，皆还齐侵地。盛行三十六年。语在《田完世家》中⑭。

威王八年，楚大发兵加齐。齐王使淳于髡之赵请救兵，赍金百斤⑮，车马十驷。淳于髡仰天大笑，冠缨索绝⑯。王曰："先生少之乎？"髡曰："何敢！"王曰："笑岂有说乎？"髡曰："今者臣从东方来，见道傍有禳田者⑰，操一豚蹄，酒一盂，祝曰：'瓯窭满篝⑱，污邪满车⑲，五谷蕃熟，穰穰满家⑳。'臣见其所持者狭而所欲者奢，故笑之。"于是齐威王乃益赍黄金千镒㉑，白璧十双，车马百驷。髡辞而行，至赵。赵王与之精兵十万，革车千乘㉒。楚闻之，夜引兵而去。

威王大说，置酒后宫，召髡赐之酒。问曰："先生能饮几何而醉？对曰："臣饮一斗亦醉，一石亦醉。"威王曰："先生饮一斗而醉，恶能饮一石哉！其说可得闻乎？"髡曰："赐酒大王之前，执法在旁，御使在后，髡恐惧俯伏而饮，不过一斗径醉矣㉓。若亲有严客，髡帣韝鞠䠱㉔，侍酒于前，时赐余沥，奉觞上寿㉕，数起，饮不过二斗径醉矣。若朋友交游，久不相见，卒然相睹，欢然道故，私情相语，饮可五六斗径醉矣。若乃州闾之会㉖，男女杂坐，行酒稽留，六博投壶㉗，相引为曹㉘，握手无罚，目眙不禁㉙，前有堕珥㉚，后有遗簪㉛，髡窃乐此，饮可八斗而醉二参㉜。日暮酒阑㉝，合尊促坐㉞，男女同席，履舄交错㉟，杯盘狼藉㊱，堂上烛灭，主人留髡而送客，罗襦襟解，微闻芗泽㊲，当此之时，髡心最欢，能饮一石。故曰酒极则乱，乐极则悲；万事尽然。"言不可极，极之而衰。以讽谏焉。齐王曰："善。"乃罢长夜之饮，以髡为诸侯主客㊳。宗室置酒，髡尝在侧。

【注释】

①六艺：即六经，指《礼》《乐》《书》《诗》《易》《春秋》，是儒家的经典著作。②节人：指节制、规范人的言行。③发和：促进和谐。④导事：指记述往古事迹和典章制度。⑤达意：抒情达意。⑥神化：窥探神奇变化。⑦义：正义。即是非判断和褒贬。⑧恢恢：广阔无垠。⑨淳于：复姓。髡：名。⑩赘婿：入赘于女家的女婿。⑪喜隐：喜欢说隐语，隐语即谜语。⑫蜚（fēi）：同"飞"。⑬县令长：县的行政长官，人口万户以上的县，称"令"；人口不及万户的县，称"长"。⑭《田完世家》：即《田敬仲完世家》，在卷四十六。⑮赍（jī）：携带。⑯冠缨索绝：结缚帽子的带子尽都迸断。缨：系帽用的带子。索：尽。绝：断。⑰傍：通"旁"。禳田者：祈祷田神的人。禳：古代以祭祷消除灾祸的一种迷信活动。⑱瓯窭满篝：高地上收获的谷物盛满篝笼。瓯窭：犹杯窭，形容高地狭小之处。篝：竹笼。⑲污邪：低洼田地。⑳穰穰：丰盛、众多的样子。㉑镒：古代的重量单位。二十两为一镒，一说二十四两为一镒。㉒革车：裹有皮革的重战车。㉓径：直，就。㉔希韝：卷着袖子。希：约束袖子。韝：臂套。鞠跽：弯腰跪着，挺直上身，双膝着地。㉕奉：捧。觞：盛酒器皿。㉖若乃：至于。州闾：乡里。㉗六博：古代的一种博戏。共十二个棋子，黑、白各六，两人对博每人各六棋，故名。投壶：古代宴会的游戏，宾主依次往一种特制壶投矢，以投中多少决胜负。㉘曹：侪辈。这里指伙伴。曹：也有分组意。㉙眙：直视，瞪着眼。㉚堕珥：掉在地上的耳环。㉛遗簪：丢失的发簪。㉜参（sān）：同"三"。㉝阑：尽。㉞合尊：把残余的酒并为一樽。尊：即樽，酒器。促坐：挤在一起坐。㉟履舄（xì）交错：这里指男女的鞋子错杂地放在一起。履：鞋子。舄：木屐。㊱狼藉：杂乱无章。㊲芗泽：浓浓的香气。芗：同"香"。㊳诸侯主客：接待各诸侯国宾客的交际官。

【译文】

孔子说："六经对于治理国家来讲，同样是有作用的。《礼》是用来规范人的生活方式的,《乐》是用来促进人们和谐团结的,《书》是用来记述往古事迹和典章制度的,《诗》是用来抒情达意的,《易》是用来窥探天地万物的神奇变化的,《春秋》是用来通晓微言大义,衡量是非曲直的。"太史公说:"世上的道理广阔无垠,难道不伟大吗?言谈话语如果能稍稍切中事理,也能排解不少纷扰。"

淳于髡是齐国的一个入赘女婿。身高不足七尺,为人滑稽,能言善辩,屡次出使诸侯之国,从未受过屈辱。齐威王在位时,喜好说隐语,又好彻夜宴饮,逸乐无度,陶醉于饮酒之中,把政事委托给卿大夫。文武百官荒淫放纵,各国都来侵犯,国家危亡,就在旦夕之间。身边近臣都不敢进谏。淳于髡用隐语来规劝讽谏齐威王,说:"都城中有只大鸟,落在了大王的庭院里,三年不飞又不叫,大王知道这只鸟是怎么一回事吗?"齐威王说:"这只鸟不飞则已,一飞就直冲云霄;不叫则已,一叫就使人惊异。"于是就诏令全国七十二个县的长官全来入朝奏事,奖赏一人,诛杀一人;又发兵御敌,诸侯十分惊恐,都把侵占的土地归还齐国。齐国的声威竟维持达三十六年。这些话全记载在《田完世家》里。

齐威王八年(前371),楚国派遣大军侵犯齐境。齐王派淳于髡出使赵国请求救兵,让他携带礼物黄金百斤,驷马车十辆。淳于髡仰天大笑,将系帽子的带子都笑断了。威王说:"先生是嫌礼物太少吗?"淳于髡说:"怎么敢嫌少!"威王说:"那你笑,难道有什么说辞吗?"淳于髡说:"今天我从东边来时,看到路旁有个祈祷田神的人,拿着一个猪蹄、一杯酒,祈祷说:'高地上收获的谷物盛满篝笼,低田里收获的庄稼装满车辆;五谷繁茂丰熟,米粮堆积满仓。'我看见他拿的祭品很少,而所祈求的东西太多,所以笑他。"于是齐威王就把礼物增加到黄金千镒、白璧十对、驷马车百辆。淳于髡告辞起行,来到赵国。赵王给他十万精兵、一千辆裹有皮革的战车。楚国听到这个消息,连夜退兵而去。

齐威王非常高兴,在后宫设置酒肴,召见淳于髡,赐他酒喝。问他说:"先生能够喝多少酒才醉?"淳于髡回答说:"我喝一斗酒也能醉,喝一石酒也能醉。"威王说:"先生喝一斗就醉了,怎么能喝一石呢?能把这个道理说给我听听吗?"淳于髡说:"大王当面赏酒给我,执法官站在旁边,御史站在背后,我心惊胆战,低头伏地地喝,喝不了一斗就醉了。假如父母有尊贵的客人来家,我卷起袖子,躬着身子,奉酒敬客,客人不时赏我残酒,屡次举杯敬酒应酬,喝不到两斗就醉了。假如朋友间交游,好久不曾见面,忽然间相见了,高兴地讲述以往情事,倾吐衷肠,大约喝五六斗就醉了。至于乡里之间的聚会,男女杂坐,彼此敬酒,没有时间的限制,又做六博、投壶一类的游戏，呼朋唤友，相邀成对，握手言欢不受处罚，眉目传情不遭禁止，面前有落下的耳环，背后有丢掉的发簪，在这种时候，我最开心，可以喝上八斗酒，也不过两三分醉意。天黑了，酒也快完了，把残余的酒并到一起，大家促膝而坐，男女同席，鞋子木屐混杂在一起，杯盘杂乱不堪，堂屋里的蜡烛已经熄灭，主人单留住我，而把别的客人送走，绫罗短袄的衣襟已经解开，略略闻到阵阵香味，这时我心里最为高兴，能喝下一石酒。所以说，酒喝得过多就容易出乱子，欢乐到极点就会发生悲痛之事。所有的事情都是如此。"这番话是说，无论什么事情不可走向极端，到了极端就会衰败。淳于髡以此来婉转地劝说齐威王。威王说："好。"于是，威王就停止了彻夜欢饮之事，并任用淳于髡为接待诸侯宾客的宾礼官。齐王宗室设置酒宴，淳于髡也常常作陪。

【评析】

　　《史记·滑稽列传》记载战国时齐国淳于髡、楚国优孟及秦时优旃的故事。本文只节选开头的短序和淳于髡传。司马迁文笔极其精湛老到，而且笔法多变，善于描摹多个人物。本文写淳于髡之滑稽，生动逼真，大笑"冠缨索绝"的情态，解说醉酒缘由"若乃州闾之会，男女杂坐，行酒稽留，六博投壶，相引为曹，握手无罚，目眙不禁，前有堕珥，后有遗簪，髡窃乐此，饮可八斗而醉二参"一段文字，情景毕现，如在目前，令人解颐。吴楚材、吴调侯评曰："忽而撰出一调笑嬉戏之文，但见其齿牙伶俐，口角香艳，另用一种笔意。"便是这种意思。

货殖列传序

《史记》

　　老子曰①："至治之极，邻国相望，鸡狗之声相闻，民各甘其食，美其服，安其俗，乐其业，至老死不相往来②。"必用此为务，挽近世涂民耳目③，则几无行矣。

　　太史公曰：夫神农以前，吾不知已④。至若《诗》《书》所述虞、夏以来，耳目欲极声色之好，口欲穷刍豢之味⑤，身安逸乐，而心夸矜势能之荣。使俗之渐民久矣⑥，虽户说以眇论，终不能化⑦。故善者因之，其次利道之⑧，其次教诲之，其次整齐之，最下者与之争。

夫山西饶材、竹、榖、纑、旄、玉石⑨，山东多鱼、盐、漆、丝、声色⑩，江南出楠、梓、姜、桂、金、锡、连、丹沙、犀、玳瑁、珠玑、齿革⑪，龙门、碣石北多马、牛、羊、旃、裘、筋角⑫；铜、铁则千里往往山出棋置⑬。此其大较也⑭。皆中国人民所喜好，谣俗被服饮食奉生送死之具也⑮。故待农而食之，虞而出之⑯，工而成之，商而通之。此宁有政教发征期会哉？人各任其能，竭其力，以得所欲。故物贱之征贵，贵之征贱⑰，各劝其业，乐其事，若水之趋下，日夜无休时，不召而自来，不求而民出之。岂非道之所符，而自然之验邪？

《周书》曰⑱："农不出则乏其食，工不出则乏其事，商不出则三宝绝⑲，虞不出则财匮少。"财匮少而山泽不辟矣。此四者，民所衣食之原也。原大则饶，原小则鲜⑳。上则富国，下则富家。贫富之道，莫之夺予，而巧者有余，拙者不足。故太公望封于营丘㉑，地潟卤㉒，人民寡，于是太公劝其女功㉓，极技巧，通鱼盐，则人物归之，繦至而辐凑㉔。故齐冠带衣履天下，海岱之间㉕，敛袂而往朝焉。其后齐中衰，管子修之㉖，设轻重九府㉗，则桓公以霸，九合诸侯㉘，一匡天下；而管氏亦有三归㉙，位在陪臣㉚，富于列国之君。是以齐富强至于威宣也㉛。

故曰："仓廪实而知礼节，衣食足而知荣辱㉜。"礼生于有而废于无。故君子富，好行其德；小人富，以适其力。渊深而鱼生之，山深而兽往之，人富而仁义附焉。富者得势益彰，失势则客无所之㉝，以而不乐。谚曰："千金之子，不死于市。"此非空言也。故曰："天下熙熙，皆为利来；天下壤壤，皆为利往㉞。"夫千乘之王㉟，万家之侯㊱，百室之君，尚犹患贫，而况匹夫编户之民乎㊲！

【注释】

①老子：道家学派创始人；姓李，名耳，号老聃。其书名也称《老子》，又名《道德经》。②"至治之极"八句：引自《老子》，但文字略有不同。③"挽近世"句：挽：同"晚"。涂：堵塞。④已：同"矣"。⑤刍豢：指牲畜的肉。用草饲养的叫"刍"，如牛、羊；用粮食饲养的叫"豢"，如猪、狗。⑥渐：逐渐浸染变化。⑦眇：同"妙"。化：使之变化。⑧道：同"导"。⑨榖：即楮树，树皮可以造纸。旄：旄牛，其尾有长毛，可供旗帜装饰之用。⑩山东：指太行山以东。⑪连：同"链"，铅矿石。丹沙：同"丹砂"，矿物名，俗称"朱砂"。玳瑁：龟类，其甲为名贵的装饰品。⑫龙门：山名。在今山西稷山县和陕西韩城县之间。碣石：山名，在今河北昌黎县西北。筋、

239

角：兽筋，兽角，可用以制造弓弩。⑬山出棋置：山中出产而且如同棋子那样随意分布。⑭大较：大体的情况。⑮具：应用的东西。⑯虞：掌管山林川泽出产的官，此指开发山林川泽的人。⑰征：预兆，征兆。⑱周书，指《逸周书》，今本《逸周书》无此段话。盖是古本《逸周书》的佚文。⑲三宝：指食、事、财。⑳原：同"源"。㉑太公望：即姜尚；相传他姓姜，名尚，字子牙，其先人封在吕地，故又称"吕尚"。他辅佐武王伐纣，封于营丘，国号齐。㉒潟卤：地出盐卤，即盐碱地。㉓女功：妇女纺织刺绣等技能。㉔缲至而辐凑：因为背负着褓褓中的小孩向齐国而来。辐车上的辐条，都向车毂集中。㉕海岱之间：指东海和泰山一带。㉖管子：即管仲。㉗九府：指掌管钱财的官员有九位。㉘九合诸侯：指齐桓公曾经九次主持会盟诸侯。㉙三归：说法不一，或说有三处住宅。㉚陪臣：诸侯之大夫对天子自称陪臣。㉛威、宣：齐威王，名婴齐，田桓公之子。宣：齐宣王，名辟疆，威王之子。㉜"仓廪实"二句：见《管子·牧民》。㉝之：往、去。㉞壤壤：同"攘攘"。㉟千乘之王：拥有千辆战车的诸侯国。㊱万家之侯：拥有万户的诸侯。㊲编户：编入户籍的普通百姓。

【译文】

老子说："古代太平之世达到极盛时期的时候，虽然邻国的百姓彼此望得见，鸡犬之声彼此听得见，但人们各自以为自家的食物最香甜，衣裳最漂亮，习俗最安适，职业最快乐。以至于老死也不相往来。"如果一定以此为目标，而在近代去涂饰堵塞老百姓的耳目，使他们再回到往古时代，那几乎是行不通的了。

太史公说，神农以前的事，我已无从考知了。至于《诗经》《尚书》所记载的虞、夏以来的情况是：人们的耳朵、眼睛要竭力享受声色之乐，嘴里要吃尽各种肉食美味。身体安于舒适快乐，而心里又美慕夸耀有权势、有才干的荣耀。这种风气浸染民心已经很久了。即使用高妙的理论挨家挨户去劝导，最终也不能使他们改变。所以，首先对于人民最好的做法是顺其自然，其次是因势利导，再次是进行教育，从次是制定规章，限制他们的发展。而最坏的做法是与民争利。

太行山以西出产大量的木材、竹子、楮树、野麻、旄牛尾、玉石；太行山以东盛产鱼、盐、漆、丝，又有歌舞和女色；江南出产楠树、梓树、生姜、桂皮、金、锡、铅、朱砂、犀角、玳瑁、珠玑、象牙、皮革；龙门、碣石以北盛产马、牛、羊、毡、裘、筋、角；至于铜、铁则分布在千里的疆土上，各处的山都出产，真是星罗棋布。这是大概的情形。所有这些都是中原地区人民喜爱的必需品，通常用来做穿着、吃喝、养生送死的东西。因此大家都靠农民的耕种才有吃的，靠虞人才能把山泽中的资源开发出来，靠工人做成各种器具，靠商人贸易使货物流通。这难道是有政治教令征发和约束他们吗？人们各按其能力干自己的工作。尽自己的力量，来满足自己的欲望。因此，东西贱是贵的征兆，东西贵是贱的征兆。这就刺激各行各业的人努力从事自己的职业，以自己的工作为乐趣，就如同水往低处流一样，昼夜不停。用不着召唤，他们自己会送来；东西用不着寻求，人们自己会生产。这难道不就证明了农、虞、工、商的工作是符合经济法则的吗？

《周书》上说："农民不生产，粮食就缺乏；工人不生产，器物就缺乏；商人不转运，粮食、器物、财货就断绝；虞人不生产，财货就缺乏。"财货缺乏，山泽中的资源就不能开发了。农、工、商、虞这四种人的生产，是人民赖以穿衣吃饭的来源。来源大就富足，来源小就贫困。来源大了，对上可以使国家富强，对下可以使家庭富裕，贫富全靠自己。富了也没人掠夺他，穷了没人给他东西，而聪明的人有余，愚笨的人不足。姜太公封在营丘，那里的土地都是盐碱地，劳力很少。于是姜太公就鼓励妇女纺线织布，尽力施展她们的技巧，并且使本地的鱼盐流通外地。老百姓用襁褓背着孩子络绎不绝地归聚到那里，真如同车辐辏集于车毂似的。因而齐国产的冠带衣履，行销天下；东海和泰山之间的各小国的国君，都拱手敛袖恭恭敬敬地来齐国朝见。后来，齐国中途衰弱，管仲又修订了太公的政策，设立了调节物价出纳货币的九府。齐桓公就借此称霸，多次会合诸侯，一次匡扶帮助天子回归正位。因而管仲也有三处住宅而豪奢。他虽处陪臣之位，却比列国的君主还要富。因此，齐国的富强一直延续到齐威王、齐宣王时代。

所以，管仲说："仓库储备充实，老百姓才能懂得礼节；衣食丰足，老百姓才能分辨荣辱。"礼仪是在富有的时候产生的，到贫困的时候就废弃了。因此，君子富了，才肯施恩德；平民富了，才能调节自己的劳力。水深，鱼自然会聚集；山深，兽自然会奔去；人富了，仁义自然归附。富人得了势，声名就更显著；一旦失势，就会如同客居的人一样没有归宿，因而不快活。俗话说："家有千金的人，不会死在市上。"这不是空话啊。所以说："天下的人乐融融，都是为财利而来；天下的人闹嚷嚷，都是为着财利而往。"兵车千辆的国君，食邑万户的诸侯，食禄百户的大夫，尚且还都怕穷，更何况普通的平民百姓呢！

【评析】

司马迁有自己独立的世界观和价值观，他很重视商业活动，高度评价物资流通对于社会生活的重要作用。"货殖"就是依靠货物流通来增值的意思，司马迁首先指出商业与农业、手工业、畜牧业以及其他生产部门的关系，并对商业活动的意义有充分的认识。他说"商不出则三宝绝"，是对于商人活动作用的高度评价，没有商人的活动，社会物质供应就会断绝。在一直奉行"重农抑商"的古代社会，这种认识非常可贵。对于各地物产以及风俗也有概括的介绍，并举姜太公和管仲发展生产使国家强大为例证说明物质生产与流通的重要性。还值得注意的是，司马迁"故物贱之征贵，贵之征贱"则涉及物质供求关系对于价格的影响，虽然不是十分明确，但是这种认识已经非常可贵了。

太史公自序

《史记》

太史公曰："先人有言①：'自周公卒五百岁而有孔子。孔子卒后至于今五百岁，有能绍明世②、正《易传》，继《春秋》、本《诗》《书》《礼》《乐》之际？'"意在斯乎！意在斯乎！小子何敢让焉！

上大夫壶遂曰③："昔孔子何为而作《春秋》哉"？太史公曰："余闻董生曰④：'周道衰废，孔子为鲁司寇⑤，诸侯害之，大夫壅之。孔子知言之不用，道之不行也，是非二百四十二年之中⑥，以为天下仪表，贬天子，退诸侯，讨大夫，以达王事而已矣。'子曰：'我欲载之空言，不如见之于行事之深切著明也。'夫《春秋》，上明三王之道，下辨人事之纪，别嫌疑，明是非，定犹豫，善善恶恶，贤贤贱不肖，存亡国，继绝世，补敝起废，王道之大者也。《易》著天地、阴阳、四时、五行，故长于变；《礼》经纪人伦⑦，故长于行；《书》记先王之事，故长于政；《诗》记山川、溪谷、禽兽、草木、牝牡、雌雄，故长于风；《乐》乐所以立，故长于和；《春秋》辨是非，故长于治人。是故《礼》以节人，《乐》以发和，《书》以道事，《诗》以达意，《易》以道化，《春秋》以道义。拨乱世，反之正，莫近于《春秋》。《春秋》文成数万，其指数千⑧。万物之散聚皆在《春秋》。《春秋》之中，弑君三十六⑨，亡国五十二，诸侯奔走不得保其社稷者不可胜数。察其所以，皆失其本已。故《易》曰：'失之毫厘，差以千里。'故曰：'臣弑君，子弑父，非一旦一夕之故也，其渐久矣。'故有国者不可以不知《春秋》，前有谗而弗见⑩，后有贼而不知。为人臣者不可以不知《春秋》，守经事而不知其宜⑪，遭变事而不知其权⑫。为人君父而不通于《春秋》之义者，必蒙首恶之名。为人臣子而不通于《春秋》之义者，必陷篡弑之诛，死罪之名。其实皆以为善为之⑬，不知其义，被之空言而不敢辞。夫不通礼义之旨，至于君不君，臣不臣，父不父，子不子。君不君则犯⑭，臣不臣则诛，父不父则无道，子不子则不孝。此四行者，天下之大过也。以天下之大过予之，则受而弗敢辞。故《春秋》者，礼义之大宗也。夫礼禁未然之前⑮，法施已然之后；法之所为用者易见，而礼之所为禁者难知。"

壶遂曰："孔子之时，上无明君，下不得任用，故作《春秋》，垂空文以断礼义，当一王之法。今夫子上遇明天子，下得守职，万事既具，咸各序其宜，夫子所论，欲以何明？"

太史公曰："唯唯，否否⑯，不然。余闻之先人曰：'伏羲至纯厚⑰，作《易》八卦。尧舜之盛，《尚书》载之⑱，礼乐作焉。汤武之隆，诗人歌之⑲。《春秋》采善贬恶，推三代之德，褒周室，非独刺讥而已也。'汉兴以来，至明天子，获符瑞⑳，建封禅㉑，改正朔㉒，易服色㉓，受命于穆清㉔，泽流罔极，海外殊俗，重译款塞㉕，请来献见者不可胜道。臣下百官力诵圣德，犹不能宣尽其意。且士贤能而不用，有国者之耻；主上明圣而德不布闻，有司之过也。且余尝掌其官，废明圣盛德不载，灭功臣世家贤大夫之业不述，堕先人所言，罪莫大焉。余所谓述故事，整齐其世传，非所谓作也，而君比之于《春秋》，谬矣。"

于是论次其文。七年㉖，而太史公遭李陵之祸㉗，幽于缧绁。乃喟然而叹曰："是余之罪也夫。是余之罪也夫！身毁不用矣！"退而深惟曰："夫《诗》《书》隐约者㉘，欲遂其志之思也。昔西伯拘羑里，演《周易》㉙；孔子厄陈、蔡，作《春秋》㉚；屈原放逐，著《离骚》㉛；左丘失明，厥有《国语》㉜；孙子膑脚，而论兵法㉝；不韦迁蜀，世传《吕览》㉞；韩非囚秦，《说难》《孤愤》㉟；《诗》三百篇，大抵贤圣发愤之所为作也。此人皆意有所郁结，不得通其道也，故述往事，思来者。"于是卒述陶唐以来㊱，至于麟止㊲，自黄帝始。

【注释】

　　①先人：指司马迁的父亲司马谈。②绍：继承。③壶遂：人名，曾和司马迁一起参加太初改历，官至詹事，秩二千石，故称"上大夫"。④董生：指汉代儒学大师董仲舒。⑤孔子为鲁司寇：鲁定公十年（前500），孔子在鲁国由中都宰升任司空和大司寇，是年五十二岁。司寇：掌管刑狱的官。⑥是非：进行是非判断和褒贬。⑦经纪人伦：安排人际之间的关系次序。⑧指：同"旨"。⑨弑（shì）：古时称臣杀君、子杀父母为"弑"。⑩谗：指谄佞之小人。⑪经事：日常生活之事。⑫权：指遇意外之事的灵活策略。⑬为之：去做了。⑭犯：冒犯。指国君不依照礼来行事则会遭到大臣的冒犯。⑮未然：事情还没有发生之前。⑯否否：不是这样。⑰伏羲：神话中人类始祖。曾教民结网，从事渔猎畜牧。据说《易经》中的八卦就是他画的。⑱《尚书》载之：《尚书》的第一篇《尧典》，记载了尧禅位给舜的事迹。⑲诗人歌之：《诗经》中有《商颂》五篇，内容多是对殷代先王先公的赞颂。⑳符瑞：吉祥的征兆。公元前122年，汉武帝猎获了一头白麟，于是改年号为"元狩"。㉑封禅：帝王祭天地的典礼。秦汉后成为国家大典。封：在泰山上筑土为坛祭天。禅：在泰山下的梁父山上辟出一块场地祭地。㉒正朔：正是一年的开始，朔是一月的开始；正朔即指一年的第一天。古时候改朝换代，都要重新确定何时为一年的第一个月，以示受命于天。㉓易服色：更改车马、祭牲的颜色。秦汉时代，盛行"五德终始说"。认为每一个朝代在五行中必定占居一德。与此相应，每一朝代都崇尚一种颜色。㉔穆清：指天。㉕重译：经过几重翻译。喻远方邻邦。款塞：叩关。㉖七年：指司马迁开始写作《史记》七年。㉗遭李陵之祸：李陵，陇西成纪（今甘肃秦安）人，汉代名将李广之孙，善骑射，汉武帝时官拜骑都尉。在伐匈奴时率军深入腹地，遇匈奴主力而被围。主帅李广利按兵不动，致使李陵兵败投降。司马迁在武帝面前为他辩解，竟被下狱问罪，处以宫刑。㉘隐约：隐微含蓄。㉙西伯拘羑（yǒu）里，演《周易》：周文王被殷纣王拘禁在羑里（今河南汤阴县北）时，推演六十四卦，并作卦辞和爻辞，成为《周易》的主要内容。㉚孔子厄陈、蔡，作《春秋》：孔子为宣传自己的政治主张，曾周游列国，但到处碰壁，在陈国和蔡国，还受到了绝粮和围攻的困厄，返回鲁国后写作《春秋》。㉛屈原放逐，著《离骚》：屈原因为被流放而写作《离骚》。㉜左丘：春秋时鲁国的史官。相传他失明以后，撰写成《国语》一书。㉝孙子膑（bìn）脚，而论《兵法》：孙子，即孙膑，因受一种截去两腿膝盖上膑骨的膑刑以后得名。孙膑被庞涓陷害处以膑刑后，著有《孙膑兵法》。㉞不韦迁蜀，世传《吕览》：不韦即吕不韦，战国末年的大商人。他曾命门下的宾客编撰了《吕氏春秋》。㉟韩非囚秦，《说难》《孤愤》：韩非是战国末期法家的代表，出身韩国贵族。为李斯所谗，在狱中自杀。《说难》《孤愤》是《韩非子》中的两篇。㊱陶唐：即唐尧。尧最初住在陶丘（今山东菏泽市定陶区南），后又迁往唐县（今河北唐县），故称陶唐氏。《史记》列为

五帝之一。㉚至于麟止：汉武帝元狩元年（前122），猎获白麟一只，《史记》记事即止于此年。鲁哀公十四年（前481），亦曾猎获麒麟，孔子听说后，停止《春秋》之写作，后人称之为"绝笔于获麟"。《史记》写到捕获白麟为止，是有意仿效孔子作《春秋》的意思。

【译文】

太史公司马迁说："先父说过：'自周公死后五百年而有孔子。孔子死后到现在五百年，有能继承清明之世，辨正《易传》，接续《春秋》，遵奉《诗》《书》《礼》《乐》精义的人吗？'他的用意就在于此，就在于此吧！我又怎敢推辞呢。"

上大夫壶遂问："从前孔子为什么要作《春秋》呢？"太史公说："我听董仲舒先生讲：'周朝王道衰败废弛，孔子担任鲁国司寇，诸侯嫉害他，卿大夫阻挠他。孔子知道自己的意见不被采纳，政治主张无法实行，便褒贬评定二百四十二年间的是非，作为天下评判是非的标准。贬抑无道的天子，斥责为非的诸侯，声讨乱政的大夫，为使国家政事通达而已'。孔子说：'我与其载述空洞的说教，不如举出在位者所作所为以见其是非美恶，这样就更加深切显明了。'《春秋》这部书，上阐明三王的治道，下辨别人与人之间的伦理纲常，分清嫌疑，判明是非，论定犹豫不决之事，褒善惩恶，尊重贤能，鄙薄不肖，使灭亡的国家存在下去，断绝了的世系继续下去，补救衰敝之事，振兴废弛之业，这是王道的关键和精髓。《易》载述天地、阴阳、四时、五行，所以长于说明事物的变化；《礼》规范人伦，所以长于指导具体行事；《书》记述先王事迹，所以长于行政统治；《诗》记山川溪谷、禽兽草木、牝牡雌雄，所以长于观察风土人情；《乐》是论述音乐立人的经典，所以长于和谐人际关系；《春秋》论辩是非，所以长于统治百姓。由此可见，《礼》是用来节制约束人的，《乐》是用来诱发人心平和的，《书》是用来述说政事的，《诗》是用来表达情意的，《易》是用来讲变化的，《春秋》是用来论述道义的。平定乱世，使之复归正道，没有什么著作比《春秋》更切近有效。《春秋》不过数万字，而其中要旨就有数千条。万物的离散聚合都在《春秋》之中。在《春秋》一书中，记载弑君事件三十六起，被灭亡的国家五十二个，诸侯出奔逃亡不能保其国家的数不胜数。考察其变乱败亡的原因，都是因为丢掉了作为立国立身根本的《春秋》大义。所以《易》中讲：'失之毫厘，差以千里'，说'臣弑君，子弑父，并非一朝一夕的缘故，其发展渐进已很久了'。因此，做国君的不可以不知《春秋》，否则就是谗佞之徒站在面前也看不见，奸贼之臣紧跟在后面也不会发觉。做人臣者不可以不知《春秋》，否则就会在处理常规之事时都不知道这样做合适，遇到突发事件则不知如何灵活对待。做人君、人父若不通晓《春秋》的要义，必定会蒙受罪魁祸首的罪名。做人臣、人子如不通晓《春秋》要义，必定会陷于篡位杀上而被诛伐的境地，并蒙死罪之名。其实他们都认为是好事而去做，因为不懂得《春秋》大义，而蒙受史家口诛笔伐的不实之言却不敢推卸罪名。如不明了礼义的要旨，就会弄到君不像君，臣不像臣，父不像父，子不像子的地步。君不像君，就会被臣下触犯，臣不像臣就会被诛杀，父不像父就会昏聩无道，子不像子就会忤逆不孝。这四种恶行，是天下最大的罪过。把天下最大的罪过加在他身上，也只得接受而不敢推卸。所以《春秋》这部经典是礼义根本之所在。礼是禁绝坏事于发生之前，法规施行于坏事发生之后；法施行的作用显而易见，而礼禁绝的作用却隐而难知。"

壶遂说："孔子时候，上没有圣明君主，他处在下面又得不到任用，所以撰写《春秋》，留下一部空洞的史文来裁断礼义，当作一代帝王的法典。现在先生上遇圣明天子，下能当官供职，万事已经具备，而且全部各得其所，井然相宜，先生所要撰述的想要阐明的是什么呢？"

太史公说："是，是啊，不不，也不完全是这么回事。我听先人说过：'伏羲极其纯厚，作《易经》八卦。尧舜的强盛，《尚书》做了记载，礼乐在那时兴起。商汤周武时代的隆盛，诗人予以歌颂。《春秋》扬善贬恶，推崇夏、商、周三代盛德，褒扬周王室，并非仅仅讽刺讥斥呀。'汉朝兴建以来，至当今英明天子，获见符瑞，举行封禅大典，改订历法，变换服色，受命于上天，恩泽流布无边，海外不同习俗的国家，辗转几重翻译到中国边关来，请求进献朝见的不可胜数。臣下百官竭力颂扬天子的功德，仍不能完全表达出他们的心意。再说士贤能而不被任用，是做国君的耻辱；君主明圣而功德不能广泛传扬使大家都知道，是有关官员的罪过。况且我曾担任太史令的职务，若弃置天子圣明盛德而不予记载，埋没功臣、世家、贤大夫的功业而不载述，违背先父的临终遗言，罪过就实在太大了。我所说的缀述旧事，整理有关人物的家世传记，并非所谓著作呀，而您拿它与《春秋》相比，那就大错了。"

于是开始论述编次所得文献和材料。到了第七年，太史公遭逢李陵之祸，被囚禁狱中。于是喟然而叹道："这是我的罪过啊！这是我的罪过啊！身体残毁没有用了。"退而深思道：《诗》《书》含义隐微而言辞简约，是作者想要表达他们的心志和情绪。从前周文王被拘禁羑里，推演了《周易》；孔子遭遇陈蔡的困厄，作有

《春秋》；屈原被放逐，著了《离骚》；左丘明双目失明，才编撰了《国语》；孙膑的腿受了膑刑，却论述兵法；吕不韦被贬徙蜀郡，世上才流传《吕览》；韩非被囚禁在秦国，才写有《说难》《孤愤》；《诗经》三百篇，大都是圣人贤士抒发愤懑而作的。这些人都是心中聚集郁闷忧愁，理想主张不得实现，因而追述往事，寄希望于未来。"于是我终于下定决心记述陶唐以来直到武帝获麟那一年的历史，而从黄帝开始写起。

【评析】

  《太史公自序》是《史记》最后一篇，有总结全书的性质。由三部分组成：第一部分历叙世系和家学渊源，并概括了作者前半生的经历；第二部分简述写作《史记》的缘起和目的；第三部分是《史记》一百三十篇的各篇小序。全序规模宏大，文气深沉浩瀚，是《史记》全书的纲领。

  本篇选自第二部分，利用和胡遂对话的形式，鲜明地表达了撰写《史记》的目的，是为了完成父亲临终前的嘱托，开头交代父亲的话大有深意，实际上司马谈便把写作《史记》定位在继承孔子《春秋》而成为"王道之大者"。说明司马迁父子是自觉要继承孔子的事业而成为继往开来的文化传承人的。这一点非常重要，是《史记》中充满感情并能够感人的关键，因其中有司马迁感情的渗入。另外，司马迁有意突出《春秋》对于君臣父子所有社会角色的指导作用"故有国者不可以不知《春秋》"以下一大段文字强调《春秋》的作用和意义，实际委婉说明《史记》具有同样的功用。这是对于自己著述的自信。司马迁是自己以《史记》上续孔子的《春秋》，并通过对历史人物的描绘、评价，来抒发作者心中的抑郁不平之气。最后表白他以古人身处逆境、发愤著书的事迹自励，终于在遭受宫刑之后，忍辱负重，完成了《史记》这部巨著的情形。司马迁在写完《史记》后便如释重负而非常轻松了。他在绝笔《悲士不遇赋》中表现了这种心情，他相信后人会真正理解他的，我便非常理解，并对司马迁对于中华文明的巨大的无与伦比的贡献表达极其崇高的敬意。

司马迁

　　司马迁，西汉著名学者，伟大的史学家、文学家。汉武帝时，继父志任太史令；因李陵事件遭受宫刑，虽愤不欲生，仍"隐忍苟活"发愤著书，以毕生精力完成《史记》的创作。《史记》是我国第一部纪传体通史，其中人物传记不仅思想性高，而且有动人的艺术感染力，代表古代史传文学的最高成就，被鲁迅誉为"史家之绝唱，无韵之离骚"。对我国史学与文学的发展具有重大而深远的影响。

报任安书

司马迁

　　太史公牛马走司马迁再拜言①。

　　少卿足下②：曩者辱赐书③，教以慎于接物，推贤进士为务④，意气勤勤恳恳，若望仆不相师，而用流俗人之言。仆非敢如此也。仆虽罢驽⑤，亦尝侧闻长者遗风矣⑥。顾自以为身残处秽⑦，动而见尤，欲益反损，是以抑郁而无谁语。谚曰："谁为为之？孰令听之⑧？"盖钟子期死，伯牙终身不复鼓琴⑨。何则？士为知己者用，女为悦己者容。若仆大质已亏缺矣⑩，虽才怀随和⑪，行若由夷⑫，终不可以为荣，适足以见笑而自点耳⑬。

　　书辞宜答，会东从上来，又迫贱事⑭，相见日浅，卒卒无须臾之间得竭志意⑮。今少卿抱不测之罪⑯，涉旬月，迫季冬，仆又薄从上雍，恐卒然不可为讳⑰。是仆终已不得舒愤懑以晓左右⑱，则长逝者魂魄私恨无穷⑲。请略陈固陋。阙然久不报⑳，幸勿为过。

　　仆闻之：修身者，智之府也㉑；爱施者，仁之端也；取予者，义之表也㉒，耻辱者，勇之决也；立名者，行之极也㉓。士有此五者，然后可以托于世，而列于君子之林矣。故祸莫憯于欲利㉔，悲莫痛于伤心，行莫丑于辱先，而诟莫大于宫刑㉕。刑余之人，无所比数㉖，非一世也，所从来远矣。昔卫灵公与雍渠同载㉗，孔子适陈；商鞅因景监见㉘，赵良寒心㉙；同子参乘㉚，袁丝变色㉛：自古而耻之。夫中材之人，事有关于宦竖，莫不伤气，而况于慷慨之士乎？如今朝廷虽乏人，奈何令刀锯之余㉜，荐天下之豪俊哉！

248

仆赖先人绪业，得待罪辇毂下^㉝，二十余年矣。所以自惟：上之，不能纳忠效信，有奇策材力之誉，自结明主；次之，又不能拾遗补阙^㉞，招贤进能，显岩穴之士；外之，不能备行伍，攻城野战，有斩将搴旗之功^㉟；下之，不能累日积劳，取尊官厚禄，以为宗族交游光宠。四者无一遂，苟合取容，无所短长之效，可见于此矣。向者^㊱，仆亦尝厕下大夫之列，陪奉外廷末议，不以此时引维纲，尽思虑，今已亏形为扫除之隶^㊲，在阘茸之中^㊳，乃欲昂首伸眉^㊴，论列是非，不亦轻朝廷、羞当世之士邪！嗟乎！嗟乎！如仆尚何言哉！尚何言哉！

且事本末未易明也。仆少负不羁之才^㊵，长无乡曲之誉，主上幸以先人之故，使得奏薄伎^㊶，出入周卫之中^㊷。仆以为戴盆何以望天^㊸，故绝宾客之知，忘室家之业，日夜思竭其不肖之材力，务一心营职^㊹，以求亲媚于主上。而事乃有大谬不然者^㊺。夫仆与李陵俱居门下^㊻，素非能相善也^㊼，趣舍异路^㊽，未尝衔杯酒、接殷勤之余欢。然仆观其为人，自守奇士，事亲孝，与士信，临财廉，取与义，分别有让，恭俭下人，常思奋不顾身以殉国家之急^㊾。其素所蓄积也，仆以为有国士之风。夫人臣出万死不顾一生之计，赴公家之难，斯已奇矣。今举事一不当，而全躯保妻子之臣随而媒孽其短^㊿，仆诚私心痛之。

且李陵提步卒不满五千^㉛，深践戎马之地，足历王庭，垂饵虎口^㉜，横挑强胡^㉝，迎亿万之师^㉞，与单于连战十余日^㉟，所杀过当^㊱。虏救死扶伤不给^㊲，旃裘之君长咸震怖^㊳，乃悉征其左右贤王^㊴，举引弓之民，一国共攻而围之。转斗千里，矢尽道穷，救兵不至，士卒死伤如积。然陵一呼劳军^㊵，士无不起，躬自流涕，沫血饮泣^㊶，更张空弮^㊷，冒白刃，北向争死敌者^㊸。陵未没时，使有来报，汉公卿王侯，皆奉觞上寿。后数日，陵败书闻，主上为之食不甘味，听朝不怡^㊹。大臣忧惧，不知所出。仆窃不自料其卑贱^㊺，见主上惨怆怛悼^㊻，诚欲效其款款之愚^㊼，以为李陵素与士大夫绝甘分少^㊽，能得人之死力^㊾，虽古之名将，不能过也。身虽陷败，彼观其意，且欲得其当而报汉。事已无可奈何，其所摧败^㊿，功亦足以暴于天下矣。仆怀欲陈之而未有路。适会召问^㉛，即以此指推言陵功^㉜，欲以广主上之意^㉝，塞睚眦之辞^㉞。未能尽明，明主不晓，以为仆沮贰师^㉟，而为李陵游说，遂下于理^㊱。拳拳之忠，终不能自列^㊲。因为诬上，卒从吏议。家贫，货赂不足以自赎，交游莫救视^㊳，左右亲近不为一言⑧。身非木石，独与法吏为伍，深幽囹圄之中⑧，谁可告愬者⑧！此正少卿所亲见，仆行事岂不然乎？李陵既生降⑧，颓其家声⑧，而仆又佴之蚕室⑧，重为天下观笑。悲夫！悲夫！

事未易一二为俗人言也。仆之先，非有剖符丹书之功⑧，文史星历⑧，近乎卜祝之间⑧，固主上所戏弄，倡优所畜⑧，流俗之所轻也。假令仆伏法受诛，若九牛亡一毛⑧，与蝼蚁何以异？而世又不与能死节者次比⑨，特以为智穷罪极，不能自免，卒就死耳。何也？素所自树立使然也。人固有一死，或重于泰山，或轻于鸿毛，用之所趋异也⑨。太上不辱先⑨，其次不辱身，其次不辱理色，其次不辱辞令，其次诎体受辱⑨，其次易服受辱⑨，其次关木索、被箠楚受辱⑨，其次剔毛发、婴金铁⑨受辱，其次毁肌肤、断肢体受辱⑨，最下腐刑极矣⑨！传曰"刑不上大夫。"此言士节不可不勉励也。猛虎在深山，百兽震恐，及在槛阱之中⑩，摇尾而求食，积威约之渐也⑩。故士有画地为牢⑩，势可不入；削木为吏⑩，议不可对，定计于鲜也。今交手足，受木索，暴肌肤，受榜箠，幽于圜墙之中⑩，当此之时，见狱吏则头抢地⑩，视徒隶则心惕息⑩。何者？积威约之势也。及已至是，言不辱者，所谓强颜耳，曷足贵乎！且西伯，伯也，拘于羑里⑩；李斯，相也，具于五刑⑩；淮阴，王也，受械于陈⑩；彭越、张敖⑩，南乡称孤，系狱抵罪；绛侯诛诸吕⑪，权倾五伯，囚于请室⑫；魏其，大将也，衣赭衣，关三木⑬；季布为朱家钳奴⑭；灌夫受辱于居室⑮。此人皆身至王侯将相，声闻邻国，及罪至罔加⑯，不能引决自裁⑰。在尘埃之中⑱，古今一体，安在其不辱也？由此言之，勇怯，势也；强弱，形也⑲。审矣，何足怪乎？且人不能早自裁绳墨之外⑳，已稍陵迟，至于鞭箠之间，乃欲引节，斯不亦远乎！古人所以重施刑于大夫者，殆为此也。

夫人情莫不贪生恶死，念父母，顾妻子，至激于义理者不然，乃有不得已也。今仆不幸，早失父母，无兄弟之亲，独身孤立，少卿视仆于妻子何如哉？且勇者不必死节㉑，怯夫慕义㉒，何处不勉焉！仆虽怯懦，欲苟活，亦颇识去就之分矣㉓，何至自沉溺缧绁之辱哉㉔！且夫臧获婢妾㉕，犹能引决，况若仆之不得已乎？所以隐忍苟活，幽于粪土之中而不辞者，恨私心有所不尽，鄙陋没世㉖，而文采不表于后也㉗。

古者富贵而名磨灭㉘，不可胜记，唯倜傥非常之人称焉㉙。盖文王拘而演《周易》㉚；仲尼厄而作《春秋》㉛；屈原放逐，乃赋《离骚》㉜；左丘失明，

250

厥有《国语》⑬；孙子膑脚，《兵法》修列⑭；不韦迁蜀，世传《吕览》⑮；韩非囚秦，《说难》《孤愤》；《诗》三百篇，大抵圣贤发愤之所为作也。此人皆意有所郁结，不得通其道，故述往事、思来者⑰。乃如左丘无目，孙子断足，终不可用，退而论书策，以舒其愤，思垂空文以自见⑱。

仆窃不逊⑲，近自托于无能之辞，网罗天下放失旧闻⑳，略考其事，综其终始，稽其成败兴坏之纪㉑，上计轩辕㉒，下至于兹，为十表，本纪十二，书八章，世家三十，列传七十，凡百三十篇。亦欲以究天人之际㉓，通古今之变㉔，成一家之言㉕。草创未就，会遭此祸，惜其不成，是以就极刑而无愠色㉖。仆诚已著此书，藏之名山，传之其人，通邑大都，则仆偿前辱之责㉗，虽万被戮，岂有悔哉？然此可为智者道，难为俗人言也！

且负下未易居，下流多谤议㉘。仆以口语遇遭此祸㉙，重为乡党所戮笑㉚，以污辱先人，亦何面目复上父母之丘墓乎㉛？虽累百世，垢弥甚耳！是以肠一日而九回，居则忽忽若有所亡㉜，出则不知其所往。每念斯耻，汗未尝不发背沾衣也！身直为闺阁之臣㉝，宁得自引深藏于岩穴邪㉞！故且从俗浮沉，与时俯仰，以通其狂惑㉟。今少卿乃教之以推贤进士，无乃与仆私心刺谬乎㊱？今虽欲自雕琢㊲，曼辞以自饰㊳，无益于俗，不信，适足取辱耳。要之，死日然后是非乃定。书不能悉意，略陈固陋㊴。谨再拜。

【注释】

①太史公：官名，即太史令。牛马走：谦词，意谓如同牛马般供皇帝驱遣。②足下：书信中敬称对方之词。③曩者：从前。辱：谦词，承受。④推贤进士：推荐贤士使之被提拔。⑤罢驽：疲惫的劣马。罢：通"疲"。⑥长者遗风：谨慎忠厚有德之人遗留下来的好作风。⑦身残处秽：身体残废，处在污秽的地位。⑧谁为为之：为谁办事？孰令听之：谁来听从。⑨伯牙：春秋时楚国琴师，善于鼓琴，而钟子期能够知音。⑩大质：指身体。⑪随和：随侯珠与和氏璧，都是稀世珍宝。⑫由夷：许由和伯夷，古代让天下之高士。⑬自点：自己玷污自己。⑭贱事：琐碎的事务。⑮卒卒：匆匆忙忙。指意：您的心意。⑯不测之罪：难以预测的罪行，死罪的委婉说法。⑰卒然：突然。不可讳：死的委婉说法。⑱舒愤懑：抒发胸中的愤懑。左右：敬称对方。⑲长逝者：指死后的任安。⑳阙然不报：隔很长时间没有回信。报：回信。㉑修身者智之府：修身养性是智慧的集中表现。府：处所。㉒取予者，义之表：如何对待获取和贡献关系是义的表现。㉓立名者，行之极：树立好的名声是人生一切行为的终极目标。㉔祸莫憯于欲利：祸患没有比追求

251

欲望利益更悲惨的。㉕诟莫大于宫刑：污垢耻辱没有比受到宫刑更大的。㉖无所比数：没有办法和正常人相比。比数：比较。㉗卫灵公与雍渠：卫灵公和宦官雍渠同乘一辆车，孔子便离开卫国去陈国。㉘商鞅因景监见：商鞅因为是景监的引荐而受到秦孝公的重用。景监：秦孝公宠信的宦官。㉙赵良：秦国贤者，反对商鞅变法，并劝商鞅自己隐退。㉚同子：赵谈，是汉文帝宠信的宦官。参乘：陪同天子同坐一车。㉛袁丝：即袁盎，西汉大臣。㉜刀锯之余：指受过宫刑的人。㉝待罪：做官的谦词。辇毂：指京城。㉞拾遗补阙：不能为朝廷弥补缺漏和不足。㉟斩将搴旗：斩杀敌人将领，夺取敌人军旗。㊱向：以往。㊲亏形：身体残缺。扫除之隶：打扫卫生的仆隶。㊳阘茸：卑贱低下之人。㊴昂首伸眉：无拘无束很随意的神态。㊵负不羁之才：缺乏远大的志向。负：没有，缺乏。㊶得奏薄伎：能够发挥浅薄的才能。奏：实现，发挥。㊷周卫之中：周密的保卫状态之中。指皇宫中。㊸戴盆何以望天：头上扣着盆便无法看到天。比喻事难两全。㊹一心营职：一心一意干好自己的工作。㊺大谬不然：大错特错而不像想象的那样。㊻俱居门下：都担任能够出入宫中的职务。㊼素：平素，平常。㊽趣舍异路：追求和放弃的不一样。指人生道路不同。㊾徇国家之急：以身殉国家之急难。㊿媒孽其短：渲染增大他的罪名。媒孽：曲饼，用于造酒的酵母。(51)提步卒：率领步兵。(52)垂饵虎口：如同老虎口里的诱饵。(53)横挑强胡：向强大剽悍的匈奴发起挑战。(54)亿万之师：形容敌人兵力之多。(55)单于：古代匈奴君主的称号。(56)所杀过当：所杀伤的敌人超过自己军队的数量。(57)不给：来不及。(58)旃裘之君长：指匈奴的君主和酋长。(59)左右贤王：匈奴在单于下有左右贤王，是单于之下最高首领的称号。(60)呼劳：呼喊慰劳，指动员士兵。(61)沫血饮泣：用血抹脸，咬牙切齿而啜泣。(62)空卷：空的弓箭，这里指没有箭矢。(63)北向争死敌：向着敌人方向而拼死争战。北向：即"背向"，对着敌军的方向。(64)奉觞上寿：向皇帝进酒祝贺。觞：酒杯。(65)听朝不怡：上朝听政也不高兴。(66)窃：私下里。卑贱：地位低下。(67)惨凄怛悼：悲伤忧郁。(68)款款：忠诚恳切。(69)绝甘分少：甜美的东西自己不吃，分东西时自己拿得很少。(70)得人之死力：得到属下官兵的拼死效力。(71)摧败：摧毁打败敌人的军队。(72)适会召问：恰巧遇到皇帝召我问话。适：逢遇。(73)此指推言陵功：就用这个意思来说明推许李陵的战功。(74)广主上之意：宽慰皇帝的心情。广：使之广，宽慰。(75)塞睚眦之辞：堵塞那些冤家落井下石的诽谤之词。睚眦：怒目而视。(76)沮贰师：毁谤、中伤贰师将军李广利。(77)遂下于理：于是把司马迁送交法庭审判。理：大理，也称廷尉，负责诉讼刑狱之官。(78)自列：自己陈述，为自己伸冤。(79)交游莫救：交往的朋友没有人出面相救。(80)左右亲近：指皇帝身边的臣子。(81)囹圄：监狱。(82)告愬：哀告诉说。愬：诉说。(83)生降：求生而投降。(84)颓其家声：败坏了他家族的名声。(85)仆又佴之蚕室：我又接着受了宫刑。佴：次，紧接着。之：去。蚕室：对犯人进行宫刑的屋子，要温暖而不透风，类似养蚕之室。(86)剖符丹书：汉代皇帝发给大臣的两种享受特殊待遇的信物。剖符：把符一分为二，君臣各一，作为盟约凭证。丹书：所谓的丹书铁券，免死金牌。⑧文史星历：即太史公职责，掌管记载文化历史和天文历法。⑧卜祝：占卜和祭祀之人。⑧倡优：演奏乐舞的伶人。畜：养活。⑨若九牛亡一毛：如同九头牛损失一根汗毛。比喻极其渺小。⑨比：相比较，相提并论。⑨用之所趋异：因此人们对于死所采取的态度不同。趋：趋向。⑨太上不辱先：最上等的是不辱没先人。⑨诎体受辱：身体被捆绑而受到侮辱。诎：弯曲肢体。⑨易服：换上罪人衣服。指穿犯人服。⑨关木索：关进囚笼。被棰楚：被拷打。棰、楚：都是刑具。⑨剔毛发：指髡刑，剃光头发。婴金铁：指钳刑，用铁圈戴上脖颈。⑨毁肌肤：遭受皮肉之苦。断肢体：指刖足，即砍去脚之刑等。⑨腐刑：即宫刑，阉割生殖器。⑩槛阱：木笼和陷阱。⑩积威约之渐：长期威势逼迫积累而造成的。⑩画地为牢：在地上画个圈作为牢房。⑩削木为吏：削个木偶当法官。⑩圜墙：四周都是墙，指关在监狱里。⑩头抢地：头触地，指向狱吏叩头。⑩心惕息：胆战心惊，心中恐惧，不敢出大气。⑩拘于羑里：被拘押在羑里。地名，在今河南省汤阴县北。⑩五刑：《汉书·刑法志》中的五刑为黥刑、斩左右趾、笞杀、枭首、菹骨肉。这里泛指酷刑。⑩受械于陈：在陈被逮捕捆绑。⑩彭越：汉末起义英雄，立有战功。封梁王，被诬告谋反而被杀。张敖：汉高祖刘邦女婿，继承父亲张耳爵位为常山王，受部下牵连入狱，后被释放。⑪绛侯诛诸吕：周勃封绛侯。刘邦死后，吕后家族控制大权。吕后死后，周勃诛吕禄、吕产等，安定刘氏天下。后被人诬告曾入狱，最后被释放。⑫请室：大臣待罪之室。⑬魏其：窦婴景帝时平定七国之乱有功封为魏其侯，后因跟田蚡政权而被杀。衣赭衣：穿囚服。关三木：头、手、脚都戴刑具。⑭季布：楚人，好任侠，初为项羽将，曾多次困辱刘邦。刘邦称帝后，通缉抓捕他。他躲藏起来。朱家钳奴：季布后来髡钳为奴，卖给鲁地大侠朱家。⑮灌夫：颍阴（今河南省许昌一带）人，武帝时曾为太仆，后因得罪田蚡而被囚禁。著名的"灌夫骂座"便是他的故事。⑯罪至罔加：获罪后就会被法网所加，即受法令制裁。⑰引决自裁：即自杀。⑱尘埃：即尘俗社会。⑲勇怯四句：《孙子兵法·兵势篇》中的话，意谓勇敢、胆怯、坚强、软弱，都是形势造成的。⑳自裁：自杀。绳墨：指法律。㉑不必死节：勇敢的人不一定为节气而死。㉒怯夫慕义：怯懦的人也会仰慕节义。㉓去就之分：指舍生就义的道理。㉔沉溺缧绁：陷于牢狱之灾。㉕臧获婢妾：男女奴仆。㉖鄙陋没世：卑贱浅陋就死了。㉗文采：文章辞彩，这里指著作。㉘磨灭：逐渐消失。㉙倜傥：风流倜傥，潇洒不受拘束。㉚演《周易》：文王被商纣王软禁在羑里而推演周易而发明重卦。㉛仲尼厄：孔子困厄不得志而著《春秋》。㉜《离骚》：屈原因为被流放，忧愤而写作《离骚》。㉝厥有《国语》：左丘明因双目失明才撰写《国语》。㉞膑脚：孙膑被庞涓所害，被废掉两腿，而修《孙膑兵法》。㉟《吕览》：吕不韦被贬谪到蜀地，流传下来《吕氏春秋》一书。㊱韩非囚秦：韩非子，韩国人，入秦被李斯陷害入狱死。⑬述往事：追述以往的事迹。思来者：希望后人能够理解自己的志向节操。⑬垂空文：留下文章。文章不是社会实际功业，故称"空"。⑬窃不逊：私下里不自量力。谦语。⑭网罗：搜集。放失：散佚。⑭稽：考察。兴坏：兴盛衰败。⑭轩辕：轩辕氏，号黄帝，司马迁《五帝本纪》中第一位。⑭究天人之际：探讨研究自然界和人类的关系。⑭通古今之变：贯通古今历史发展演变的历史轨迹。⑭成一家之言：独立成为一家的历史哲学学说。⑭就极刑：接受极其残酷的刑罚。无愠色：没有恼怒的表情。⑭责：通"债"，指所遭受的冤屈和耻辱。⑭负下：负罪而在卑贱地位。下流：地位低下。⑭口语：说话。⑮乡党：家乡邻里。戮笑：批评耻笑。⑮父母之丘墓：指祖坟。⑮忽忽：精神恍惚的样子。⑮闺阁之臣：指宦官充当的官员。⑮深藏于岩穴：指隐居。⑮狂惑：狂妄昏聩疑惑，愤激之词。⑮刺谬：背谬、违背。⑮雕琢：本义是对玉进行加工，这里引申为修饰美化。⑮曼辞以自饰：用美妙的言辞来自我粉饰安慰。⑮固陋：顽固不化，见识浅陋。

【译文】

太史公愿为您效劳的司马迁谨向您再拜致意。

少卿足下：往日承蒙您写信给我，教导我务必慎重地待人接物，并推荐贤能之士。情意十分诚恳，似乎是抱怨我没有照你说的去做，而附和俗人的看法。我并不敢如此。我虽然愚钝笨拙，也曾经听说过长者的遗风。我私下认为自己身体残缺而处在污秽的环境中，稍微一动就被责备，想要帮助谁反而会损害谁，因此终日压抑郁闷而不和谁说什么话。谚语说："能为谁做什么？又让谁听什么？"钟子期死，俞伯牙终身不再弹琴。为什么？士人为知己的人所用，女子为喜欢自己的人而化妆打扮。像我这样的人身体已经残缺，即使有随侯珠、和氏璧那样的才能，有伯夷叔齐那样高的品行，却始终不可以为荣耀，正好足以令人耻笑而自取侮辱罢了。

您的信我早就应该答复，恰恰跟随皇帝东行回来，又迫于许多琐事，我们相见的机会越来越少，而且即使见面也是十分仓促，在很短的时间里也不能尽情倾诉衷肠和心意。如今您遭遇不测的罪过，大约一个多月，就接近冬季了，恐怕在仓促之间会发生不可讳的事情，这样就会使我没有机会抒发满腹的愤懑以让您知晓，而您在逝世后的魂魄也会私下里有无穷的遗憾。因此请允许我粗略谈谈自己固塞而鄙陋的想法。很长时间没有答复你，希望你不要责怪。

我听说，修身是智慧的府库；爱好施舍是仁的开端；在取和给予方面，是义的表现；知道耻辱，是勇敢的标志；建立好名声，是品行的最高表现。士人具备这五种品格，然后才可以托身于社会之上，被列入君子的行列中。因此，祸患没有比贪欲私利更凄惨的，悲哀没有比刺伤心灵更严重悲痛的，行为没有比使先人受到侮辱更丑陋的，耻辱也没有比遭受宫刑更大的了。受到宫刑的人，和任何人都无法相比，不是一代，这种情况已经是很久远的事了。从前卫灵公和雍渠同坐一车，孔子事后马上离开卫国去了陈国。商鞅是通过景监见到的国君，赵良便感觉寒心；太监赵谈陪着汉文帝同坐一车，袁盎立即变了脸色。自古以来便以和遭受宫刑的人在一起而感觉耻辱。中等才能的人，只要和宦竖有关联，没有不感觉伤害自尊心的，何况是慷慨有志气的士人呢！如今朝廷虽然缺少人才，又怎么会让受过宫刑的人，推荐天下的豪杰才俊之士呢？

我仰赖先人遗下的事业，能够在皇帝身边做事，二十多年了。所以自己反思一下：首先，对上不能对效纳忠心取得信任，不能和圣明的天子交结。其次，又不能拾取遗漏，补证缺失，招纳引进贤士和能人，发现有才能的隐居之士。对外，不能参加军队，攻城拔寨或在野外作战，有斩杀敌人将领或夺取敌军旗帜的功劳。在下，不能日积月累取得工作业绩而获取尊贵的官爵和丰厚的俸禄，作为宗族以及亲朋好友的光荣。四个方面没有实现一个，苟且随和取得人家的宽容，没有什么大小的贡献，在这种情况下就可以看出来了。从前，我也曾经厕身在下大夫的行列，奉陪在朝廷上参加议论，不能在这个时候来引导伦理纲常，尽一点自己的忠心诚意，如今已经亏缺了形体而成为扫除卫生的仆隶，处在卑贱者的行列里，却还想要昂首挺胸扬眉吐气，评论是非，不也是轻视朝廷而羞辱当代的士人嘛！唉！唉！像我这样的人，还有什么可说的呢！还有什么可说的呢！

而且事情的原始本末是不容易说清楚的。我在年轻时缺少突出的才能，长大了也没有乡里的美誉，幸亏皇帝由于我先人的缘故，使我能够奉献薄薄的技艺，可以在宫中出出进进。我以为头上顶着盆怎么能看见天，因此断绝和朋友客人的来往，忘掉家中的事情，日夜刻苦想尽自己的全部心血和才能，专心致志经营自己的职责，来讨好皇帝求得欢心。可是事情却有极其荒谬的情况。我和李陵都在门下省做官，平常并没有什么友好关系，追求和舍弃的也不一样，也没有过共同饮酒，很亲密地交往的欢乐。然而我观察他的为人，是位能够自己守住节操的奇特的士人，侍奉亲人孝敬，与朋友交往诚信，面临钱财的时候廉洁，在索取和贡献的方面很讲道义，分别长幼尊卑而有谦让之礼，恭敬俭朴而尊敬他人。经常想要奋不顾身而献身国家的紧急需要。这是他平常累积养成的修养，我认为他有国士的风度。作为人臣能够提出万死不顾一生的计谋，勇于奔赴国家的急难，这已经非常难得了。如今行事有一处不适当，而那些保全生命和家庭妻子的人就造谣夸大他的短处，我私下里实在是太痛心了！

　　况且李陵率领的步兵不足五千，深入战场的腹地，兵锋经过匈奴的王庭，如同送在虎口边上的诱饵，勇敢挑战强大的匈奴，迎战百万的军队，和单于连续作战十多天，所杀伤的敌人超过自己的军队。敌人救死扶伤都来不及，匈奴穿裘皮大衣的高级将领全都震惊恐惧，于是征集左右贤王，率领全部能够拉开弓箭的士兵，全国兵力共同进攻并包围他们。转战一千余里，箭都用光了，也没有道路可退，救兵又不来，士兵死伤都堆积起来。然而李陵一大呼号召军队，官兵没有不起来的，李陵亲自流着热泪，满脸血沫而吞咽自己的血泪，更拉开空弓，冒着雪白的刀刃，向北和敌人拼死争战。李陵没有战败覆没的时候，使有来报，大汉公卿王侯，都敬酒祝贺。其后几天，李陵战败的消息报告到来，皇帝为之吃饭都没有滋味，听朝也闷闷不乐。大臣都忧愁恐惧，不知道该如何做。我私下里不自己估计一下自己的卑贱，看见皇帝悲痛伤心，实在想要尽心奉献内心的愚见和忠诚，认为李陵平常日和士大夫交往中好东西不要而分东西自己少要，能够得人为之拼死努力，虽然是古代名将，也不能超过。身虽然战败陷敌，观察他的意思，是要寻找等待机会报答汉朝。事情已经无可奈何，他所摧毁杀伤的敌人，其功劳也足以显露在天下了。我正怀着这样的看法想要陈述一下而没有门路。正好碰上皇帝召见我征求我的看法，我就用这些话来推崇李陵的功劳，想要宽慰皇帝的心情，堵塞那些攻击诽谤的舆论。没有把话说透彻说明白，圣明的皇帝没有充分理解，以为我中伤贰师将军李广利，而替李陵游说开脱，于是把我交由大理寺审判。拳拳诚恳的忠心，始终不能解释清楚。因为属于侮辱皇帝，最后听从法官的判决。人不是草木，独自和法官狱卒为伍，深深陷入在监狱之中，能够向谁倾诉啊！这些都是您亲眼所见的，我的行为和做事难道不就是这样吗？李陵既然活着投降敌人，堕落损害了他家族的名声，而我又在蚕室受刑，两重耻辱为天下人看热闹并耻笑。悲哀啊，真是悲哀啊！

　　事情之经过与是非不太容易为普通人说明白其中的一二啊！我的先人，没有获得丹书、铁券那样的特大功勋，所从事的是起草文书、编写史料、记录天象、制定律历的工作，其职位接近于占卜之官和太祝之间，本来就是被皇上所戏弄，当如同乐师、优伶一样所畜养的人，为普通人所轻视。假使我受到法律制裁被处死刑，就像九头牛身上失去一根毛一样，跟蝼蚁之死有什么区别？而世人又不会将我与能死节的人同等看待，只不过认为我智力穷尽，罪过极大，不能自己解脱，最后接受死刑而已。为什么呢？这是自己平素所从事的职务和所处地位促成的。人总有一死，有的人死比泰山还重，有的人死比鸿毛还要轻，这是由于应用死节的方式不同的缘故。最上一等是不辱没先人，其次是不辱没自己，其次是颜面上不受辱，其次是辞令上不受辱，其次是被囚系受辱，其次是换上囚服受辱，其次是戴上刑具、挨打受辱，其次是剃掉头发、以铁索束颈受辱，其次是毁伤肌肤、断残肢体受辱，最下一等是遭腐刑，到极点了！《礼记》中说："对大夫不能用刑。"这是说士人不可不保持自己的节操。猛虎在深山时，所有的野兽都非常害怕它；待到被关进笼子里或落入陷阱之中，却摇尾讨吃的，这是以威力逐步制服它的结果。所以，对士人来说，即使是在地上画一座牢狱，那情势也叫人不敢进去；即使是一个木刻的狱吏，也不敢跟它对质，确定计谋是很明确的，必须在遇刑前自杀。如今手脚都被刑具束缚起来，脱掉衣服，接受杖责，关闭在四面墙壁之中。在这个时候，看见狱吏就以头碰地，看到狱卒就胆战心惊。为什么呢？这也是以威力强制逐步发展的结果。待到这一步，还说不受辱，不过是所谓"脸皮厚"罢了，哪里说得上尊贵呢？况且，西伯是一方诸侯之长，却被囚禁在羑里；李斯是丞相，备受五刑的处置；淮阴侯韩信是王，却在陈地被戴上刑具；彭越、张敖都曾高坐王位称孤道寡，后来又都被捕入狱；绛侯周勃诛杀吕氏党羽，权力之大超过了春秋时期的五位霸主，后来被囚禁在特设的监狱"请室"之中；魏其侯窦婴曾任大将，后来也穿上了罪人衣服，手、脚、脖子上都加了刑具；项羽的大将季布，后来剃光头，以铁圈束颈当了朱家的奴隶；灌夫曾在拘留室里受到侮辱。这些人都身居王侯将相的地位，名声传遍邻近的国家。一旦有罪受到法律制裁，也不能自杀。落入微尘一般轻贱的境地，从古至今都是如此，怎能不受侮辱呢？由此说来，勇敢或怯懦，坚强或软弱，都是由形势决定的。明白了这个道理，还有什么值得奇怪的呢？况且一个人不能早在遇刑前就自杀，因而渐渐志气衰微，待到受杖刑，这才想到要死于名节，离名节不是太远了吗？古人之所以对大夫施刑非常慎重，大概就是由于这个缘故啊。

就人的本性而言，没有不贪生厌死的，没有不怀念父母和妻子儿女的；至于为正义和公理所激奋的人，则不是这样，那是因为有所不得已的缘故。如今我很不幸，早年失去了父母，又没有亲兄弟，独自一人，少卿您看我对于妻子儿女又如何呢？况且勇士不一定死于名节，而怯懦的人仰慕道义，则随时随地都可以勉励自己不受辱。我虽然怯懦，想苟全性命，却很懂得舍生取义的道理，何至于甘心接受绳捆索

257

绑的侮辱呢！再说，奴婢侍妾一类人，尚且能自杀而不受辱，况且我是不得已啊！我之所以含垢忍辱，苟且偷生，情愿被囚禁在粪土一般的牢狱之中，是因为我私下的心愿尚未完全实现，耻于默默无闻而死，而文采不能显露给后世的人们。

古代拥有财富、尊位而姓名埋没的人，不可胜数，只有卓越超群的人才为后人所称道。文王被拘禁在羑里时推演了《周易》；孔子在困穷的境遇中编写了《春秋》；屈原被流放后创作了《离骚》；左丘明失明后写出了《国语》；孙膑被砍去膝盖骨，编著了《孙膑兵法》；吕不韦被贬放到蜀地，有《吕氏春秋》流传世上；韩非被囚禁在秦国，写下了《说难》《孤愤》；《诗经》三百篇，也大多是圣贤们为抒发郁愤而写出来的。所有这些作者都是心中感到抑郁不舒畅，他们的思想观念不被当时的人们所接受，所以叙述所经历的事情，让后世了解自己。例如左丘明眼瞎了，孙膑的腿断了，毕竟不能为世所用，于是回家著书，抒发心中的郁愤，想留下文字来表现自己的思想。

我不自量力，近来将自己的心愿寄托在无用的言辞上，搜集世上散逸的文献，粗略地考证历史人物的所作所为，统观他们由始至终的过程，考察他们成功、失败、兴起、衰败的规律，上起轩辕黄帝，下到如今，写成表十篇，本纪十二篇，书八章，世家三十篇，列传七十篇，共计一百三十篇。也想用来探究天道和人事的关系，弄清从古至今历史的发展过程，成就一家的学说。此书已经起草，尚未完成，就碰上这桩祸事，惋惜它没有写成，因此宁愿接受宫刑而没有怨怒的表情。我确实已经著述完这本书，把它暂时藏在名山之中，再传给跟自己志同道合的人，使它流行于大都会，这样我就补偿了前番下狱受刑所遭到的侮辱，即使遭到一万次杀戮，又有什么悔恨呢！然而，这番话只能说给有见识的人，对俗人就难说了。

况且，在负罪的情况下不容易处世，身处卑贱，受到的非议和指责也就很多。我就因为说话而遭到这桩祸事，深深地被邻里同乡所耻笑，以致先人蒙受污辱，还有什么颜面再为父母扫墓呢？即使再过一百代，也只是耻辱更甚而已！因此我经常一日而多次愁肠百转，平常日也总是精神恍惚，好像丢失了什么，出外时又不知要到什么地方去。每想到这桩奇耻大辱，没有一次不是汗流浃背，将衣湿透！我现在身为皇宫里的小臣，怎么能离开皇宫去过山居穴处的隐士生活呢？所以，我只好随波逐流，按照时代的风气行事，用来抒发内心的悲愤。如今少卿却教导我推荐贤能之士，这岂不跟我私下的愿望相违背吗？尽管我也想打扮自己，用美妙的言辞粉饰自己，可这对世俗没有好处，不能取信于人，恰恰是只能招致侮辱罢了。总之，到死的那一天，然后是非才会有个定论。信不能详尽地表达我的意思，只能简略地说说一些固塞而鄙陋的想法。谨再次向您致意。

【评析】

这是一篇生命的赞歌和充满悲剧感的咏叹调，借给任少卿回信的机会述说了自己遭受不白之冤而受到奇耻大辱的悲慨，在沉郁顿挫的叙事中抒发自己对于生命意义的深刻认识。信中反复述说受到宫刑之人的卑贱，而只有太监才会如此，于是他列举了"昔卫灵公与雍渠同载，孔子适陈；商鞅因景监见，赵良寒心；同子参乘，袁丝变色"的历史事实，极力说明自己也和这些宦竖同样。而司马迁受到如此的耻辱只不过是想要为皇帝分忧安慰皇帝而为失败的李陵说几句话而已。应该说，司马迁向武帝说明时，李陵只是失败而投降的消息还没有传来。司马迁遭受宫刑后李陵投降的消息才传来。这更加重了司马迁的罪责，这便是司马迁反复申述"事本末未易明"的内在原因。司马迁写作《史记》的中途遭遇此祸，这便是他为何不自杀而坚强地活下来的原因。正是要完成这部传承历史文化的巨大工程，司马迁才坚定地忍受一切难以忍受的耻辱和身心的巨大创伤，咬紧牙关，用余生的全部生命和心血浇铸成这部在人类历史上永远高高屹立的丰碑。仔细阅读，反复咏叹这篇奇文，最主要的旋律便是生命的意义和价值是对于后世有意义和有价值，而这种价值不是物质的，而是文化和道德，是承载道德的文化。司马迁在骨子里是要继承孔子《春秋》的笔法和传统，是传播载道的历史文化传统。而这一点，司马迁做到了。中国五千年不间断的文明，在文化传承上功劳最大的伟人便是孔子和司马迁。

全文纵横开阔，辞气沉雄，气势起伏跌宕。大量的排比和典故的熟练运用，极大地增强了说服力。尤其是"文王拘而演《周易》；仲尼厄而作《春秋》；屈原放逐，乃赋《离骚》；左丘失明，厥有《国语》；孙子膑脚，《兵法》修列；不韦迁蜀，世传《吕览》；韩非囚秦，《说难》《孤愤》；《诗》三百篇，大抵圣贤发愤之所为作也"一段文字，如同万丈瀑布，如同闪电惊雷，冲击着读者的心灵，不知激励了多少英雄豪杰。是《史记》玉成了司马迁，促使激励他活下来，是司马迁玉成了《史记》，才使我们今天非常有底气地说：中华民族具有五千年没有间断的文明史。

卷之六

刘邦

刘邦，字季，沛县（今江苏沛县）人。汉代开国皇帝，史称"汉高祖"或"高帝"。前206—前195年在位。

高帝求贤诏

刘邦

盖闻王者莫高于周文①，伯者莫高于齐桓②，皆待贤人而成名。今天下贤者智能，岂特古之人乎③？患在人主不交故也，士奚由进④？今吾以天之灵，贤士大夫，定有天下，以为一家。欲其长久，世世奉宗庙亡绝也。贤人已与我共平之矣，而不与吾共安利之，可乎？贤士大夫有肯从我游者⑤，吾能尊显之。布告天下，使明知朕意。御史大夫昌下相国⑥，相国酂侯下诸侯王⑦，御史中执法下郡守⑧，其有意称明德者⑨，必身劝为之驾⑩，遣诣相国府，署行义年⑪，有而弗言，觉免⑫。年老癃病⑬，勿遣。

【注释】

①盖：发语词。②伯：通"霸"，诸侯的盟主。③特：但，只是。④奚：何，怎么。⑤游：交游，指跟从。⑥昌：指御史大夫周昌。下：向下传达。⑦相国酂（zàn）侯：即丞相萧何，封酂侯。⑧御史中执法：即御史中丞，御史大夫的副手。⑨意：思想。称：符合。⑩必身劝为之驾：指郡守必须前去劝勉，并为之准备好车驾。⑪行：行为，作为。义：通"仪"，相貌。⑫有而弗言，觉免：有贤才而郡守不报告，发觉后就罢免其官。⑬癃病：驼背等形体变形等病。

【译文】

听说王者中没有能超过周文王的，诸侯的盟主中没有能超过齐桓公的，他们都是依靠贤人才成就了事业而声名显赫。现在，天下的贤人一样聪明能干，难道只有古代才有贤人吗？问题出在国君不与贤人交往的缘故。那么贤能之士怎么能够被进用呢？如今我凭借上天的保佑，贤士大夫的辅佐，平定而拥有天下，成为统一的刘氏天下。我希望它长久，世世代代供奉宗庙而不绝。贤人已经与我共同平定了天下，却不与我共同安定享受它，怎么行呢？贤士大夫有肯跟我交往的，我能够让他尊贵显耀。公告天下，使我的旨意大家都明白和知道。御史大夫周昌传达给丞相，丞相萧何传达给各诸侯王，御史中执法传达给各郡最高长官，具有思想符合德行贤明的人，一定要亲自去劝说，为他准备好车驾，送到相国府，登记履历、容貌、年龄，有贤人却没有上报的，发觉了就免除地方官的职务。年老或有驼背已经手足不灵活之病的，不要选送来。

【评析】

这是汉高祖十六年（前196）年发出的求贤诏书，真心实意，言辞恳切，对象明确，职责落实到具体官员和具体阶层。文章开篇即以古代的贤王霸主自比，提出他们成功的原因在于任用贤能。接着认为当今天下也有像古代一样的贤才，就在于君主是否能够发现和任用的问题。最后，提出旨意：要求下属官吏举荐贤才，有而不荐的要受到惩罚。从古代有为帝王谈起，引出了举荐贤才的重要性；又由举荐贤才联系到治理天下，层层展开；最后提出自己诏告天下举贤任能的旨意，环环紧扣、不蔓不枝，写得十分简短而紧凑。汉代一直有"举贤才"的制度，为治理天下提拔了许多人才。

刘恒

刘恒，高祖中子，汉文帝，是著名的节俭开明的皇帝。前179—前157年在位。

文帝议佐百姓诏

刘恒

间者数年比不登①，又有水旱疾疫之灾，朕甚忧之。愚而不明，未达其咎②。意者朕之政有所失而行有过与？乃天道有不顺，地利或不得，人事多失和，鬼神废不享与？何以致此？将百官之奉养或费，无用之事或多与？何其民食之寡乏也？夫度田非益寡③，而计民未加益，以口量地，其于古犹有余，而食之甚不足者，其咎安在？无乃百姓之从事于末，以害农者蕃④，为

264

酒醪以靡谷者多⑤，六畜之食焉者众与⑥？细大之义，吾未能得其中。其与丞相、列侯、吏二千石、博士议之⑦，有可以佐百姓者，率意远思，无有所隐。

【注释】

①比：连续，频繁。登：作物的成熟和收获。②咎：灾祸、祸根，也可引申为过失。这句是说，不明白它的祸根所在。③度（duó）：量，计算，此处为丈量土地。④蕃：繁多。⑤醪（láo）：酒。靡（mí）：浪费。⑥六畜：即马、牛、羊、鸡、犬、豕。⑦二千石：汉代内自九卿郎将，外至郡守，俸禄为二千石，即月俸百二十斛，这里是以禄俸为职务的代称。博士：秦及汉初立博士，掌管古今史事待问及书籍典守。到汉武帝时，设五经博士，置弟子员，此后博士专讲经学传授，与文帝、景帝时的博士制度有区别。

【译文】

近来连续几年农作物歉收，又有水灾旱灾和疾病传染病之灾，我非常忧虑。我愚蠢不聪明，不知道导致这些灾难的错误在哪里。我想，是我的政策有过失因而执政有过错吗，还是天道有不顺畅呢？未能充分利用地利呢？或许人事没有处理好而失去和睦呢？还鬼神被遗弃而没有祭祀呢？为什么会这样呢？养官的俸禄是不是太多而浪费了，或者是没用的事做得太多啦？为什么民众的粮食会如此匮乏呢？计算一下田地没有更少，统计民众人口也没有增加，按照人口来计算田地，与古人相比还有多余啊，但粮食是非常不足的，它的根源又在哪里呢？难道是百姓从事其他行业太多而损害农业的地方很多吗？还是做酒浪费的谷子太多呢？是禽畜吃掉的粮食很多吗？无论从大的方面还是从小的方面，我都没有想明白它的主要原因。因此要与丞相、列侯、吏二千石、博士们讨论这个问题，如果有可以帮助百姓的办法，便可以开诚布公，广开思路，不要有所隐瞒！

【评析】

本篇选自《汉书·文帝纪》，属于诏令类古文。开门见山说明忧虑民生的日益困苦。然后探讨造成这种情况的原因，从朝廷行政和民风民俗两个方面进行思考，完全从社会现实出发，最后征求大臣意见。要求大家开诚布公，各抒己见。通篇辞意委婉，虽是官式文书而如话家常，一片爱民之心充溢在字里行间，非常感人。汉文帝是一位比较体贴民间疾苦的皇帝，本表便可见一斑。

刘启

刘启，汉文帝中子，即汉景帝，前156—前141年在位。

景帝令二千石修职诏

刘启

雕文刻镂①，伤农事者也；锦绣纂组②，害女红者也③。农事伤，则饥之本也；女红害，则寒之原也。夫饥寒并至，而能无为非者寡矣。朕亲耕，后亲桑，以奉宗庙粢盛祭服④，为天下先。不受献，减太官⑤，省繇赋，欲天下务农蚕，素有畜积⑥，以备灾害；强毋攘弱，众毋暴寡，老者以寿终⑦，幼孤得遂长⑧。今岁或不登，民食颇寡，其咎安在？或诈伪为吏，吏以货赂为市⑨，渔夺百姓，侵牟万民⑩。县丞，长吏也，奸法与盗盗，甚无谓也⑪！其令二千石修其职！不事官职耗乱者⑫，丞相以闻，请其罪⑬。布告天下，使明知朕意！

【注释】

①雕文刻镂：指在器物上雕刻文采。镂：雕刻。②纂（zuǎn）组：赤色丝带。③女红（gōng）：女工：指采桑、养蚕、织衣。④粢盛（chéng）：古时盛在祭器内以供祭祀的谷物。⑤太官：管理皇帝饮食的官。⑥畜积：蓄积。⑦耆：古称六十岁。⑧遂长：成长。⑨货赂为市：贿赂成风，如同市场交易。⑩侵牟：剥削、侵蚀。牟：害虫也。⑪无谓：没有道理。⑫耗（mào）乱：昏乱不明。⑬请其罪：请求有司定他们的罪。

【译文】

在器物上雕镂花纹，是损害农业生产的事；编织刺绣精致华丽的丝带，是伤害女工的事。农业生产受到损害，就是饥饿的根源；女工受到伤害，就是受冻的根源。如果饥寒同时出现，而能不做坏事的人是很少的。我亲自耕种田地，皇后亲自种桑养蚕，为的是给祭祀祖庙时提供谷物和祭服，为天下人民做个先导。我不接受进献的物品，降低膳食标准，减少老百姓的徭役赋税，是要天下人民努力种田和养蚕，平时就有积蓄，用来防备灾害。要使百姓之间，强大的不要侵犯弱小的，富足的不要欺凌贫穷的；使老人能长寿而终其天年，使小孩儿和孤儿们都能顺利地成长。近来收成有时候不好，人民的口粮很少，其错误究竟在哪里？是不是有些奸诈虚伪的人担任了官职，官吏把权力当作财物一样进行交易，掠夺百姓，侵害谋取人民利益？县丞，是县吏中的首领，他们借着执法的机会做坏事，助盗为盗，这实在是不能容忍的。命令郡守们各自严格履行自己的职责！对于不忠于职守、昏昧不明的郡守，丞相把他们的情况报告我，要请求有关部门治他们的罪。特把这道命令宣告天下，让天下人都明确知道我的意图。

【评析】

汉景帝继承文帝遗风，推行重农抑商政策，使社会经济有很大的发展，出现后世赞扬的所谓"文景之治"。这篇文章是景帝去世前一年发布的诏令，直截了当地指出"民食颇寡"的重要原因是"诈伪为吏"而"渔夺百姓"。吏治问题一直是统治阶级最核心的问题。这篇诏令指出，官吏们凭法作奸，助盗为盗，是百姓饥寒并至的原因，因而提出整顿吏治，而且首先要求二千石的高级官员各修其职，上梁正则下梁不可能歪。这种情况具有历史借鉴意义。

刘彻

刘彻，汉景帝之子，即汉武帝，中国古代著名帝王，有雄才大略。前140年—前87年在位。

武帝求茂才异等诏

刘彻

盖有非常之功，必待非常之人，故马或奔踶而致千里[①]，士或有负俗之累而立功名[②]。夫泛驾之马[③]，跅弛之士[④]，亦在御之而已。其令州郡察吏民有茂材异等可为将相及使绝国者[⑤]。

【注释】

①奔踶（dì）：奔驰，踢人。意谓不驯服。②负俗之累：受到世俗批评的拖累。③泛（fěng）

驾：把车子弄翻，指不受驾驭。④跅（tuò）弛：放纵不羁。⑤绝国：极为辽远的邦国。

【译文】

　　要建立不同一般的事业，必须依靠不同一般的人才。因此有的马奔跑踢人，却能行千里；有的人受到世俗讥讽，却能建立功名。这些不受驾驭的马和放纵不羁的人，其实就在于如何驾驭他们罢了。我命令：各州各郡要发现官吏和百姓中那些有优秀才能，超群出众，可担任将相及出使远方之国的人才。

【评析】

　　这篇文章是汉武帝为建功立业发出的征求贤才的号召书。文章强调建功立业与发掘人才的密切关系，提出大行不避细节的选拔原则。文字精练，表现了大汉恢宏的风范和招揽贤良的急切心情，爱才的胸襟令人景仰。此外，对人才不求全责备的观点也很有见地，是很高明的人才政策。

贾谊

　　贾谊，汉初著名政论家、文学家。以年少才高，学识渊博，颇得文帝赏识；后遭谗毁，而被疏远，遂忧伤、悲愤。任梁怀王太傅时，因怀王堕马殒命，遂自伤抑郁而死。苏轼评论他："王者之佐，而不能自用其才。"贾谊的散文，局面开阔，气势磅礴，力量雄浑，如长江大河一泻千里，有强烈的理论说服力和艺术感染力。

过秦论上

贾谊

　　秦孝公据殽函之固①，拥雍州之地②，君臣固守以窥周室，有席卷天下③，包举宇内，囊括四海之意，并吞八荒之心④。当是时也，商君佐之，内立法度，务耕织，修守战之具；外连衡而斗诸侯⑤。于是秦人拱手而取西河之外⑥。

　　孝公既没，惠文、武、昭蒙故业⑦，因遗策⑧，南取汉中，西举巴、蜀，东割膏腴之地，收要害之郡。诸侯恐惧，会盟而谋弱秦⑨，不爱珍器重宝肥饶之地，以致天下之士，合从缔交[10]，相与为一。当此之时，齐有孟尝[11]，赵有平原[12]，楚有春申[13]，魏有信陵[14]。此四君者，皆明智而忠信，宽厚而爱人，尊贤而重士，约从离衡[15]，兼韩、魏、燕、赵、宋、卫、中山之众。于是六国之士，有宁越、徐尚、苏秦、杜赫之属为之谋[16]，齐明、周最、陈轸、召滑、楼缓、翟景、苏厉、乐毅之徒通其意[17]，吴起、孙膑、带佗、倪良、王廖、田忌、廉颇、赵奢之伦制其兵[18]。尝以十倍之地，百万之师，叩关而攻秦[19]。秦人开关而延敌，九国之师遁逃而不敢进[20]。秦无亡矢遗镞之费[21]，而天下已困矣。于是从散约败[22]，争割地以赂秦[23]。秦有余力而制其弊，追亡逐北[24]，伏尸百万，流血漂橹[25]。因利乘便，宰割天下，分裂河山。强国请服，弱国入朝。施及孝文王、庄襄王[26]，享国之日浅，国家无事。

及至始皇，奋六世之余烈[27]，振长策而御宇内[28]，吞二周而亡诸侯[29]，履至尊而制六合[30]，执敲扑而鞭笞天下[31]，威振四海。南取百越之地[32]，以为桂林、象郡[33]；百越之君，俯首系颈[34]，委命下吏[35]。乃使蒙恬北筑长城而守藩篱[36]，却匈奴七百余里[37]。胡人不敢南下而牧马[38]，士不敢弯弓而报怨。于是废先王之道[39]，燔百家之言[40]，以愚黔首；隳名城，杀豪杰，收天下之兵，聚之咸阳，销锋镝[41]，铸以为金人十二[42]，以弱天下之民。然后践华为城[43]，因河为池[44]，据亿丈之城，临不测之溪以为固。良将劲弩，守要害之处，信臣精卒，陈利兵而谁何。天下已定，始皇之心，自以为关中之固[45]，金城千里[46]，子孙帝王万世之业也[47]。

始皇既没，余威震于殊俗[48]。然而陈涉瓮牖绳枢之子[49]，氓隶之人[50]，而迁徙之徒也；材能不及中庸，非有仲尼、墨翟之贤[51]，陶朱、猗顿之富[52]；蹑足行伍之间，俛起阡陌之中[53]，率疲弊之卒[54]，将数百之众，转而攻秦，斩木为兵[55]，揭竿为旗[56]，天下云集响应[57]，赢粮而景从[58]。山东豪俊遂并起而亡秦族矣。

且夫天下非小弱也，雍州之地，殽函之固，自若也。陈涉之位，非尊于齐、楚、燕、赵、韩、魏、宋、卫、中山之君也；锄耰棘矜[59]，不铦于钩戟长铩也[60]；谪戍之众，非抗于九国之师也；深谋远虑，行军用兵之道，非及曩时之士也。然而成败异变[61]，功业相反。试使山东之国与陈涉度长絜大[62]，比权量力[63]，则不可同年而语矣[64]。然秦以区区之地，致万乘之势，召八州而朝同列[65]，百有余年矣；然后以六合为家，殽函为宫；一夫作难而七庙隳[66]，身

269

死人手，为天下笑者⑥⑦，何也？仁义不施，而攻守之势异也⑥⑧。

【注释】

①殽函：指殽山和函谷关，为秦国军事要塞。②雍州：古代九州之一。泛指秦本土所在地关中一带。③席卷天下：如同卷席一样占据天下。④八荒：八方极远的地方，指全天下。⑤连衡：即连横，当时秦国一外交策略。⑥西河：指魏国与秦国接壤的黄河以西的广大地区。⑦惠文：秦惠文王。武：秦武王。昭襄：秦昭襄王。蒙故业：继承前代国君的事业。⑧因遗策：继续实行前代国君遗留下来的国策。⑨会盟：开会结盟。谋弱秦：谋划削弱秦国。⑩合从缔交：合纵成功，六国结成联盟，共同对付秦国。从：通"纵"。⑪孟尝：齐国孟尝君田文。好养食客，是战国四公子之一。⑫平原：赵国平原君赵胜，战国四公子之一。⑬春申：楚国春申君黄歇，战国四公子之一。⑭信陵：魏国信陵君魏无忌，战国四公子之一。⑮约从离衡：合纵成功而拆散秦国的连横。衡：通"横"。⑯宁越：赵国人。徐尚：宋国人。苏秦：洛阳人。杜赫：周人，合纵的倡导者和主要领导人。⑰齐明：东周之臣。周最：东周君之子。陈轸：楚国人。召滑：楚国大臣。楼缓：魏相。翟景：魏国人。苏厉：苏秦之弟。乐毅：燕国将领。通其意：沟通九个合纵国之间的意见。⑱吴起：卫人，兵家。孙膑：齐人，兵家。带佗：楚国将领。倪良、王廖：都是兵家。田忌：齐国将领。廉颇：赵国将领。赵奢：赵国将领。⑲叩关：攻打函谷关。⑳遁逃：逃走。㉑亡矢遗镞：损失弓箭。镞：箭头。㉒从散约败：联军解散，合纵失败。㉓割地：割让土地。赂秦：讨好侍奉秦国。㉔追亡逐北：追逐失败逃跑的军队。㉕流血漂橹：流血之多可以使盾牌漂浮起来。橹：盾牌。㉖孝文王、庄襄王：秦国后期两位国君。㉗六世：从秦孝公到秦庄襄王为六代国君。㉘振长策而御宇内：挥动长鞭来驾驭天下。策：竹鞭。㉙二周：指西周和东周。㉚履至尊：登上最高统治地位。制六合：控制天下。六合：东西南北天地之间。㉛敲扑：刑具，打人的棍棒。鞭笞：刑具，皮鞭和竹鞭。㉜百越：古代南方少数民族的总称，也称百粤。㉝以为桂林、象郡：在那里设置桂林郡、象郡。㉞俯首系颈：低头，脖子上系绳索，表示投降臣服。㉟委命下吏：委任为下级官吏。㊱蒙恬：秦国大将，率兵三十万修万里长城。藩篱：本义是篱笆，引申为边境屏障。㊲却：攻击使之退却。㊳胡人：这里指匈奴。㊴先王之道：指儒家提倡的效法尧、舜以来的仁义学说。㊵百家之言：指《诗》《书》诸子各学派的书籍。㊶销锋镝：销毁刀剑等一切武器。㊷金人十二：熔铸成十二个大铜人，也称"金人"。㊸践华为城：踏华山以为城墙。夸张语。㊹因河为池：凭借黄河为护城河。㊺关中：关中平原，函谷关以西秦岭以北地区。㊻金城：坚固的城池，固若金汤。㊼万世之业：万代相传的家业。㊽殊俗：风俗不同的地方，这里指边远少数民族地区。㊾陈涉：名胜，阳城（今河南省登封市）人，在

秦二世元年（前209）和吴广在大泽乡起义。瓮牖绳枢：形容住房简陋。瓮牖：用罐子当窗户。绳枢：用绳子绑缚门轴。⑩氓隶：农民和奴隶。地位低下之人。⑪仲尼：孔子，儒家学派创始人。墨翟：墨子，墨家学派创始人。⑫陶朱：陶朱公，即范蠡。春秋时越国大夫，功成身退，经商致富。猗顿：春秋时鲁国人，向范蠡学习，经营畜牧业致富。⑬俛起阡陌：从田野间崛起。阡陌：田间小道。⑭疲弊：疲惫破旧。⑮斩木为兵：砍伐树木作武器。⑯揭竿为旗：举着竹竿当旗帜。⑰云集：如同云彩一般聚拢而来。⑱赢粮：带着粮食。景从：如同影子一样紧紧跟随。景：通"影"。⑲锄耰棘矜：各种农具。锄：锄头。耰：无齿的耙子。棘矜：木头棍。⑳铦：锋利。钩戟：带钩之戟。长铩：长矛。㉑成败异变：成功和失败却完全不同。㉒度长絜大：测量长短衡量大小。㉓比权量力：比较权衡力量的大小。㉔同年而语：相提并论的意思。㉕招八州而朝同列：使天下诸侯都来朝拜自己。八州：天下分为九州，秦拥有雍州，故称八州。㉖一夫作难：指陈胜起义。七庙隳：指秦王朝宗庙被毁坏。㉗为天下笑：被天下人耻笑。㉘仁义不施：不施行仁义的政策。攻守之势异：攻取天下和守护天下的情况就会不同。

【译文】

秦孝公占据殽山和函谷关的险固地势，拥有雍州的土地，君臣牢固地守卫这样的基础而在暗地里谋取周王室，有席卷天下，控制寰宇，并吞四海，吞并各国意愿和野心。在那时候，商鞅辅佐他，对内建立法规制度，致力于耕作纺织，修造防守和进攻的器械；对外实行连横策略，使殽山以东诸侯自相争斗。于是，秦人毫不费力地夺取了黄河以西之外的土地。

孝公死后，惠文王、武王、昭襄王先后继承已有的基业，沿袭前代的策略，向南夺取汉中，向西攻取巴蜀，向东割取肥沃的地区，向北占领非常重要的地区。诸侯恐慌害怕，集会结盟，谋求削弱秦国的办法。不吝惜奇珍贵重的器物和肥沃富饶的土地，用来招纳天下的优秀人才，采用合纵的策略缔结盟约，互相援助，成为一体。在这个时候，齐国有孟尝君，赵国有平原君，楚国有春申君，魏国有信陵君。这四位封君，都见事明，有智谋，心地诚而讲信义，待人很宽厚，对贤能之士很敬重，以合纵之约击破秦的连横之策，将韩、魏、燕、赵、宋、卫、中山的部队结成联军。在这时，六国士人有宁越、徐尚、苏秦、杜赫等人为他们出谋划策，齐明、周最、陈轸、召滑、楼缓、翟景、苏厉、乐毅等人沟通意见，吴起、孙膑、带佗、倪良、王廖、田忌、廉颇、赵奢等人统率他们的军队。他们曾经以十倍于秦的土地，上百万的军队，向西攻打秦国的关隘。秦人大开关门引敌深入，九国的军队却逃走而不敢入关。秦人没有损失一支箭一个箭头，天下的诸侯就已陷入困境了。于是纵约解散失败，各诸侯国争着割地来贿赂秦国。秦有余力而打击他们的薄弱地方，追赶失败的残军败将，死亡的士兵近百，血流成河，大盾牌都能漂浮得起。秦国凭借着有利的形势，割取天下土地，重新划分山河的区域。强国主动表示屈服，弱国按时入秦朝拜。待到孝文王、庄襄王依次继位，他们统治的时间不长，秦国并没有什么大事发生。

到始皇的时候，发展六世遗留下来的功业，以武力来统治各国，将东周、西周和各诸侯国统统消灭，登上宝座来控制天下，用严酷的刑罚来奴役天下的百姓，威风震慑四海。向南攻取百越的土地，把它划为桂林郡和象郡，百越的君主低着头，颈上捆着绳子，性命听凭秦的下级官吏处理。于是又派蒙恬到北方去修筑长城，守卫边境，使匈奴退却七百多里；胡人再不敢到南边来放牧，勇士不敢拉弓射箭来报仇。接着就废除古代帝王的治世之道，焚烧诸子百家的著作，为的是使百姓变得愚蠢；毁坏高大的城墙，杀掉英雄豪杰；收缴天下的兵器，集中在咸阳，销毁刀刃和箭头，用来铸成十二个铜人，来削弱百姓的反抗力量。然后凭借华山当作城池，就着黄河当作池护城河，占据着华山，面对着黄河，认为是险固的地势。好的将领手执强弩守卫着要害的地方，可靠的官员、精锐的士卒拿着锋利的兵器，盘问过往行人。天下已经安定，始皇心里自以为倚仗这关中的险固地势、方圆千里的坚固城防，就可以成就子孙万代的帝王基业。

秦始皇去世之后，他的余威依然震慑着边远地区。可是，陈涉不过是个用破瓮做窗户、用草绳系门板的贫家子弟，是最底层之人，后来做了被迁谪戍边的兵卒；才能不如平常人，更没有孔子、墨子那样的贤德，也不像陶朱公、猗顿那样富有。他跻身于戍卒的队伍中，从田野间突然奋起发难，率领着疲惫无力的士兵，指挥着几百人的队伍，掉转头来进攻秦国，折断树枝做武器，举起竹竿当旗帜，天下豪杰纷纷响应聚集，许多人都背着粮食，如影随形般地跟着他。殽山以东的英雄豪杰于是一齐起义而灭了秦王朝。

再说，一统天下的秦王朝并没有被削弱，雍州的地势，殽山和函谷关的险固，还是与从前无异。陈涉的地位并不比齐、楚、燕、赵、韩、魏、宋、卫、中山的国君更加尊贵；锄头木棍并不比钩戟长矛更锋利；那迁谪戍边的兵卒的作战能力并不能和九国部队匹敌；陈涉行军用兵的策略，也比不上先前九国的武将谋臣。然而成功和失败却异常变化，功业完全相反。假使拿东方诸国跟陈涉比一比长短大小，量一量权势力量，那简直不可相提并论。然而秦凭借着它的小小的地方，发展到兵车万乘的国势，招致八州来归，而使六国诸侯都来朝见，已有一百多年历史；然后将天下归己所有，用殽山、函谷关作为自己的内宫；一个戍卒发难国家就灭亡了，皇子皇孙都死在人家手里，被天下人耻笑，这究竟是什么原因呢？不施行仁义，攻和守的形势就是不同。

【评析】

中国的先贤具有独特的慧眼和保存文化的大智慧，好的文章多数被保存流传下来。贾谊的《过秦论》一文，便被多种版本收录，司马迁的《史记》，褚少孙增补的《史记》，后来收集的贾谊《新书》都全文收录了这篇鸿文，而几乎后世的《文选》都选录了其中的上篇，即本文。

这篇文章实际是对于强大的秦朝迅速土崩瓦解之历史教训的总结，是为汉文帝提供治国经验。贾谊心中有极其明确的认识，满腹话要说，又有丰富的历史知识、表现的强烈欲望和驾驭语言的高超本事，故文章写得神采飞扬，气势充沛。韩愈强调写文章关键在于气，气如同水，而语言文字不过是水上的漂浮物，水大则漂浮物大小毕浮。气大而语言便都合适，"气盛言宜"。清人姚鼐在《古文辞类纂》中评它为"雄骏宏肆"，近人吴闿生评它"通篇一气贯注，如一笔书，大开大阖"。都是深中肯綮之见。故充斥文中的气脉引领我们阅读的期待和兴致。这是文章能否成功的关键。

所谓文章的气盛，主要是指多用排比句或对偶句。本篇即如此，如"于是六国之士"以下，先用一"有"字领起，贯穿下面三句，罗列大量人名，就是排比句式，给人以极其强烈的印象；再如"蒙故业"以下四句，每两句一对仗，也很整齐有力，是对偶句式。全文运用对比手法更突出了所要表达的观点，这是非常重要的。作者用四个方面的对比：即秦国本身先强后弱、先盛后衰、先兴盛后灭亡的对比；秦与六国的对比；秦与陈涉的对比；陈涉与六国的对比。这几种对比交织在一起，极为鲜明地突出了中心论点，结构宏伟，气势磅礴，论证更有分量。最后水到渠成，揭示中心论点，具有斩钉截铁、掷地有声的艺术效果。

治安策一

西汉文

夫树国固①，必相疑之势②，下数被其殃③，上数爽其忧④，甚非所以安上而全下也⑤。今或亲弟谋为东帝⑥，亲兄之子西乡而击⑦，今吴又见告矣⑧。天子春秋鼎盛⑨，行义未过⑩，德泽有加焉，犹尚如是，况莫大诸侯，权力且十此者乎！

然而天下少安，何也？大国之王幼弱未壮，汉之所置傅相方握其事⑪。数年之后，诸侯之王大抵皆冠⑫，血气方刚，汉之傅相称病而赐罢⑬，彼自丞尉以上徧置私人⑭，如此，有异淮南、济北之为邪？此时而欲为治安，虽尧舜不治。

黄帝曰："日中必熭，操刀必割⑮。"今令此道顺，而全安甚易；不肯早为，已乃堕骨肉之属而抗刭之⑯，岂有异秦之季世乎⑰！夫以天子之位，乘今之时，因天之助，尚惮以危为安，以乱为治，假设陛下居齐桓之处，将不合诸侯而匡天下乎？臣又知陛下有所必不能矣。假设天下如曩时⑱，淮阴侯尚王楚，黥布王淮南，彭越王梁，韩信王韩，张敖王赵，贯高为相，卢绾王燕，陈豨在代⑲，令此六七公者皆亡恙，当是时而陛下即天子位，能自安乎？臣有以知陛下之不能也。天下淆乱，高皇帝与诸公并起，非有仄室之势以豫席之也⑳。诸公幸者乃为中涓㉑，其次廑得舍人㉒，材之不逮至远也。高皇帝以明圣威武即天子位，割膏腴之地以王诸公，多者百余城，少者乃三四十县，德至渥也㉓。然其后七年之间，反者九起㉔。陛下之与诸公，非亲角材而臣之也㉕，又非身封王之也，自高皇帝不能以是一岁为安，故臣知陛下之不能也。

然尚有可诿者曰疏㉖。臣请试言其亲者。假令悼惠王王齐㉗，元王王楚㉘，中子王赵㉙，幽王王淮阳㉚，共王王梁㉛，灵王王燕㉜，厉王王淮南㉝，六七贵人皆亡恙，当是时陛下即位，能为治乎？臣又知陛下之不能也。若此诸王，虽名为臣，实皆有布衣昆弟之心㉞，虑亡不帝制而天子自为者㉟。擅爵人，赦死罪，甚者或戴黄屋㊱，汉法令非行也。虽行不轨如厉王者，令之不肯听，召之安可致乎㊲！幸而来至，法安可得加！动一亲戚，天下圜视而起㊳，陛下之臣虽有悍如冯敬者㊴，适启其口，匕首已陷其胸矣。陛下虽贤，谁与领此㊵？

故疏者必危，亲者必乱，已然之效也。其异姓负强而动者，汉已幸胜之矣，又不易其所以然。同姓袭是迹而动，既有征矣[41]，其势尽又复然。殃祸之变未知所移[42]，明帝处之尚不能以安，后世将如之何！

屠牛坦一朝解十二牛[43]，而芒刃不顿者[44]，所排击剥割，皆众理解也[45]。至于髋髀之所[46]，非斤则斧[47]。夫仁义恩厚，人主之芒刃也；权势法制，人主之斤斧也。今诸侯王皆众髋髀也，释斤斧之用，而欲婴以芒刃[48]，臣以为不缺则折。胡不用之淮南、济北？势不可也。

臣窃迹前事[49]，大抵强者先反，淮阴王楚最强，则最先反；韩信倚胡，则又反；贯高因赵资，则又反；陈豨兵精，则又反；彭越用梁，则又反；黥布用淮南，则又反；卢绾最弱，最后反。长沙乃在二万五千户耳[50]，功少而最完，势疏而最忠，非独性异人也，亦形势然也。曩令樊、郦、绛、灌据数十城而王[51]，今虽以残亡可也；令信、越之伦列为彻侯而居[52]，虽至今存可也。

然则天下之大计可知已。欲诸王之皆忠附，则莫若令如长沙王，欲臣子之勿菹醢[53]，则莫若令如樊郦等；欲天下之治安，莫若众建诸侯而少其力。力少则易使以义，国小则亡邪心。令海内之势，如身之使臂，臂之使指，莫不制从[54]。诸侯之君不敢有异心，辐辏并进而归命天子[55]，虽在细民，且知其安，故天下咸知陛下之明。割地定制，令齐、赵、楚各为若干国，使悼惠王、幽王、元王之子孙，毕以次各受祖之分地，地尽而止，及燕、梁他国皆然。其分地众而子孙少者，建以为国，空而置之，须其子孙生者，举使君之。诸侯之地其削颇入汉者[56]，为徙其侯国，及封其子孙也，所以数偿之；一寸之地，一人之众，天子亡所利焉，诚以定治而已，故天下咸知陛下之廉。地制一定[57]，宗室子孙莫虑不王，下无倍畔之心[58]，上无诛伐之志，故天下咸知陛下之仁。法立而不犯，令行而不逆，贯高、利几之谋不生[59]，柴奇、开章之计不萌[60]，细民乡善，大臣致顺，故天下咸知陛下之义。卧赤子天下之上而安[61]，植遗腹[62]，朝委裘[63]，而天下不乱。当时大治，后世诵圣。一动而五业附[64]，陛下谁惮而久不为此？

天下之势方病大瘇[65]。一胫之大几如要[66]，一指之大几如股[67]，平居不可屈信[68]，一二指搐[69]，身虑亡聊[70]。失今不治，必为锢疾[71]，后虽有扁鹊[72]，不能为已。病非徒瘇也，又苦跖盭[73]。元王之子，帝之从弟也，今之王者，从弟之子也[74]。惠王之子，亲兄子也；今之王者，兄子之子也[75]。亲者或亡分地

275

以安天下，疏者或制大权以逼天子㊀，臣故曰：非徒病瘇也，又苦蹠戾。可痛哭者，此病是也。

【注释】

①树国：建立诸侯国。②相疑：指朝廷同封国之间互相猜忌。③被：遭受。④爽：伤败，败坏。⑤安上而全上：指稳定中央政权，保全黎民百姓。⑥亲弟：指汉文帝的弟弟淮南厉王刘长。谋为东帝：《汉书·五行志下之上》：淮南王长"归聚奸人谋逆乱，自称东帝"。刘长谋反后被废死。⑦亲兄之子：指齐悼惠王刘肥儿子济北王刘兴居。乡：向。汉文帝三年（前177）济北王谋反，发兵袭击荥阳，失败被杀。⑧见告：被告发。这句指吴王刘濞抗拒朝廷法令而被告发。⑨春秋：指年令。春秋鼎盛，即正当壮年。⑩行义未过：行为得宜，没有过失。⑪傅：朝廷派到诸侯国的辅佐之官。相：朝廷派到诸侯国的行政长官。⑫冠：二十岁。古代男子二十岁时举行冠礼，标志已成年。天子、诸侯则在二十岁时加冠。⑬称病赐罢：指诸侯以衰病为由罢免朝廷派去官员。⑭丞尉：县官。"丞尉以上"泛指诸侯国之官吏。徧：同"遍"。⑮熭（wèi）：晒，晒干。两句比喻机不可失。二句见《六韬》太公之语，《六韬》是一部讲兵法的书。⑯堕：毁弃。骨肉之属：指同姓诸侯王，他们都是皇帝的亲属。抗：举。到：割头颈。⑰季世：末年。⑱襄时：从前，以往。⑲"淮阴侯"八句：淮阴侯即韩信，汉朝建立时封为楚王，后降为淮阴侯，因谋反为吕后所杀；黥布即英布，汉初封为淮南王，彭越汉初封为梁王，都因谋反被刘邦所杀；韩信指韩王信，战国时韩国后代，汉初封韩王，后投降匈奴反汉；张敖，汉高祖刘邦女婿，汉初诸侯王赵王张耳的儿子，袭封赵王，后因与赵丞相贯高谋刺刘邦的事有牵连，改封平宣侯；卢绾（wǎn），汉初封燕王，后叛逃匈奴，死于匈奴中；陈豨（xī），汉初任诸侯国代国丞相，后反汉，自立为赵王，被杀。这些人都为异姓诸侯王。⑳仄室：侧室。豫：预。席：凭借。文帝刘恒自称高皇帝侧室之子，吕后死后，周勃等平定诸吕，刘恒以代王入为帝。这里以刘邦同文帝比。㉑中涓：皇帝的亲近之臣。刘邦起兵时，任命曹参为中涓，周勃等亦曾为中涓。㉒厮：通"仅"。舍人：门客。樊哙等曾为刘邦舍人。㉓渥：优厚。㉔七年之间：汉高祖五年到十一年。反者九起：除前述韩王信、贯高、张敖、彭越、黥布、陈豨、卢绾七事外，还有燕王臧荼和利几的谋反事件，共九起。㉕角：竞争，较量。臣之：使他们臣服。㉖诿：推诿，推托。疏：疏远。指相对于亲戚而言，韩信等都是异姓王。㉗悼惠王：刘肥，刘邦子，封齐王。㉘元王：刘交，刘邦弟，封楚王。㉙中子：刘邦子如意，封赵王。㉚幽王：刘邦子刘友，封淮阳王，后徙赵。㉛共（gōng）王：刘邦子刘恢，封梁王。㉜灵王：刘邦子刘健，封燕王。㉝厉王：即淮南王刘长，厉是谥号。㉞布衣：平民百姓。昆弟：兄弟。句意说同姓诸侯王并不把君臣之义放在眼里，

只是以平民兄弟的关系看待文帝。淮南厉王即曾称文帝为“大兄”。㉟帝制：指仿行皇帝的礼仪制度。㊱黄屋：黄缯车盖。皇帝专用。㊲致：至，来。㊳圜（huán）视而起：向四方看。圜：围绕。起：发生骚乱。㊴冯敬：汉初御史大夫，曾弹劾淮南厉王长。㊵谁与：与谁。领：治理。㊶征：征象，兆头。㊷移：改变。这里有趋向的意思。㊸坦：春秋时人名，以屠牛为业。㊹芒刃：锋刃。顿：通“钝”。㊺排：批，分开。理：肌肉之文理。解：通“懈”，四肢关节、骨头之间的缝隙。㊻髋（kuān）：上股与尻之间的大骨。髀（bì）：股骨。髋髀泛指动物体中的大骨。㊼斤：砍木的斧头。斤、斧在这里作动词用。㊽婴：施加。㊾迹：追寻。迹前事，总结历史的经验。㊿长沙：长沙王。汉初吴芮被封为长沙王，子孙世袭。在：同“才”，只。二万五千户，指长沙王所统治的户数。(51)樊：舞阳侯樊哙。郦：曲周侯郦商。绛：绛侯周勃。灌：颍阴侯灌婴。(52)信：韩信。越：彭越。伦：辈。彻侯：爵位名，后避汉武帝刘彻讳改为通侯，又改为列侯，只享受封地的租税，不问封地行政，也不一定住在封地。(53)菹醢（zū hǎi）：把人杀死剁成肉酱。(54)制从：控制和服从。(55)辐（fú）：车轮中连接轮圈与轮轴的直木。辐辏：归聚。(56)削颇入汉者：诸侯王有被削地由汉朝中央政府没收的。颇：大量。因被削之地可能在诸侯国的中心地带，所以下文有“为徙其侯国”的做法。(57)地制一定：诸侯分封土地的政策是统一固定的。(58)倍畔：背叛。倍：同“背”。(59)利几：人名，项羽部将，降汉被封为颍川侯，后反叛被杀。(60)柴奇、开章：人名，两人均参与淮南王刘长的谋反事件，为之出谋划策。(61)赤子：婴儿，这里指年幼的皇帝。句意说即使初生的婴儿继承帝位，天下也仍然太平。(62)植：扶植。遗腹：遗腹子。句意说让没有被皇帝亲自立为太子的儿子继承帝位。(63)朝：朝拜。委裘：亡君留下的衣冠。句意说旧君已死，新君未立，把亡君的衣冠放在皇座上接受朝拜。一说，谓幼君不胜礼服，坐朝则委裘于地。(64)五业：指上文所说的明、廉、仁、义、圣五项功业。(65)瘇（zhǒng）：腿脚浮肿。(66)胫：小腿。要：腰。(67)指：脚趾。股：大腿。(68)平居：平时。信：伸。(69)搐：抽搐。(70)亡聊：无所依赖。两句意为一两个肿着的脚趾一抽搐，就害怕整个身体支撑不住。(71)锢疾：积久不易治的病症。(72)扁鹊：人名，春秋战国时的名医。(73)跖戾（zhí lì）：脚掌扭折。(74)今之王者：元王：楚元王刘交，刘邦的弟弟。元王之子，楚夷王刘郢是汉文帝从弟。刘郢死后，刘戊为楚王。(75)今之王者：指齐共王刘喜，是文帝长兄齐悼惠王刘肥的孙子。(76)疏者：指从弟、兄子之子。

【译文】

分封建立的诸侯国坚固，就必然形成朝廷和诸侯相互疑忌的局面。诸侯已多次遭受这种局面的灾祸，朝廷也多次受到伤害，实在不是稳固中央、保全诸侯国的办法。而今或有皇帝的亲弟弟图谋做“东帝”，或有亲兄之子发兵西向，如今吴王又被人告上来了。皇帝正当壮年，行事得宜，没有过失，对那些诸侯王恩德有加，尚且如此，何况还有更大的诸侯，其力量十倍于此呢。

然而天下尚能稍稍安定，为什么呢？这是因为，那些大诸侯国的国君年纪尚幼，朝廷给他们设置的太傅和丞相，还掌握着大权。数年之后，这些诸侯王大多将加冠而成为成年人，血气方刚，朝廷委派的太傅丞相，会以身体有病为由被解职，于是诸侯国自从丞尉以上的官员，会广泛提拔自己的亲信，如果这样，同淮南王、济北王的行为还有什么两样呢？到那时再想要天下太平，即使是尧舜再世也没有办法统治。

黄帝说："太阳当头时一定要暴晒物件，把利刃操在手时便一定要宰割什么。"现在如果能够按照这个道理去做，求得下全上安很容易；不愿及早行动，日后弄到毁弃骨肉之亲，甚至送去杀头，难道与秦朝末年有什么两样吗？再说，有天子地位，乘着今日有利的时机，靠着上天的帮助，尚且担心不能转危为安，变乱为治，假设陛下处于齐桓公的地位，能不能大会诸侯、匡正天下呢？我又知道陛下是一定不能够的。假设天下如过去一样，淮阴侯韩信仍做楚王，黥布做淮南王，彭越做梁王，韩王信做韩王，张敖做赵王，贯高为赵相，卢绾做燕王，陈豨做代王，假令此六七公都还好好活着，在这种情况下，陛下即天子位，能自保平安吗？我有理由认为陛下是不能的。秦末天下大乱，高皇帝与上述诸公一同起事，他并没有如陛下那样作为皇帝侧室之子的势力以为凭资，诸公中的幸运者才能成为近臣，等而下之者只能做门客，他们的才能同高祖相比差得远了，高皇帝凭着圣明威武，登上天子宝座，分出肥沃的土地，封诸公为王，多的据有百余城，少的也有三四十个县，恩德是很厚的了，但在其后的七年之间，叛乱发生了九次。陛下之与诸公，没有亲自同他们较量并使他们臣服，也没有亲自分封他们为诸侯王。从高皇帝就不能以此求得一年的太平，所以我知道陛下也无法得到安宁。

但是还有一种可以推诿的说法：这些人本不是高皇帝的亲属。那么我再来说说那些皇亲。假令悼惠王仍做着齐王，元王做着楚王，中子做着赵王，幽王做着淮阳王，共王做着梁王，灵王做着燕王，厉王做着淮南王，这六七位贵人都还好好活着，在这种情势下陛下登上皇位，能太平吗？我又知道陛下是不能的了。像这些诸侯王，虽然名义上是臣子，实际上都认为同陛下是像平民兄弟那样的关系，我估计他们没有一个不想仿行皇帝的礼仪制度而自己做天子的。擅自封人爵位，赦免死囚，其中最为过分的人甚至用皇帝的车马仪仗，汉廷的法令在他们身上实行不通。即使是行为不轨像厉王那样的人，命令他都不肯服从，召见他怎么可能来呢？即使幸运来了，也不能绳之以法。触动一个亲戚，同姓王们就会相顾联合起来而谋叛。陛下的臣子中，即便有勇猛如冯敬那样的人，刚刚开口，刺客的匕首就已经插入他的胸膛了。陛下虽然贤明，有谁能帮助你处理这些事呢？

所以异姓王一定会引起危险，同姓王也必定发生叛乱，这已经成为事实了。异姓王恃强发动暴乱的，汉朝已幸而战胜他们，但又不改变之所以发生祸乱的制度。同姓王沿袭异姓王的行径而谋叛，已经有兆头了，像这样发展下去，必同异姓王完全一样。灾祸的变化，还不知会怎么样，贤明的陛下处于这种形势，尚且不能得到安宁，后世还能有什么办法来对付呢？

屠牛坦之所以一天能解割十二头牛，而锋刃不钝，是因为他所批击剥割的地方，都在肌理肢节的缝隙之间。至于髋髀等大骨头，就一定要用斧头来砍了。仁义恩厚，就是天子的锋刃；权势法制，则是天子的斧斤。现在的诸侯王，都是那些髋髀之类，丢开斧斤不用，而想施以锋刃，我以为不是缺口就是折断。为什么不能用仁义恩厚去对待淮南王、济北王这些人呢？是形势不允许。

我曾总结过去的经验，发现大抵是强者先反。淮阴侯韩信做楚王，最强大，就最先反叛；韩王信倚靠匈奴，接着又反叛；贯高有赵国的资助，就又反叛；陈豨兵精，又反叛；彭越凭借做梁王的势力，又反叛；黥布利用做淮南王的条件，又反叛；卢绾最弱，最后反叛。长沙王的封地只有二万五千户，功劳少但最为完好，同皇族关系疏远，却最忠顺，不仅是因为他秉性与众不同，也是形势造成的。假使当年让樊哙、郦商、周勃、灌婴也据有几十个城市而封王，今天即使说他们已经因此而衰败，也是可能的；如果让韩信、彭越之流列为普通的彻侯，即使说他们至今仍完好也不会错的。

那么天下之大计已经可以知道。想要诸侯王都忠实附顺，则莫过于使他们都像长沙王；想要臣子不至于因为谋反而被剁成肉酱，莫过于使他们都像樊哙、郦商那样；想要使天下太平，莫过于多封一些诸侯，并减弱每个诸侯国的力量。力量单薄就容易使他们遵守朝廷法纪，国土狭小则不会有邪念。让天下之形势，就像身体指使臂膀，臂膀带动手指，没有不能控制而不服从的。诸侯国的君主不敢有什么异心，像车辐归聚车轴那样，归心于天子，即使是平民百姓，也知道能够安心，所以天下人都会体会到陛下的英明。定出分割土地的制度，规定齐国、赵国、楚国各分为若干小诸侯国，使悼惠王、幽王、元王的子孙，全都依次得到祖上所受的封地，一直到土地分完为止，其余梁、燕各国都照这样办。那些分地多而子孙少的诸侯王，可以让一些新建立的诸侯国，暂时空缺而搁置一边，等待他们有了子孙，再让子孙去做诸侯国国君。诸侯国因犯罪而被朝廷剥夺了大片土地的，就迁徙他们的侯国，等到封他们的子孙时如数偿还。诸侯国的一寸土地、一个辖民，天子都不据为己有，只是为了国家稳定而已，所以天下人都知道陛下的廉明。分土制度确立之后，皇室宗族的子孙都不愁做不成王了，下面没有背叛的念头，上面没有诛伐的打算，所以天下之人都理解陛下对他们的仁爱。法令制定了无人触犯，命令发布后无人反对，像贯高、利几那样的叛谋就不会产生，柴奇、开章的反计也不会萌发，百姓安于本业，大臣更加恭顺，因此天下人都领会到陛下的法理用心。即使是年幼小儿做皇帝天下也会安定，甚至扶植遗腹子为君，或以亡君的礼服接受朝拜，天下也不会乱套，当代天下大治，后世歌颂圣明。采取一个措施，可以得到明、廉、仁、义、圣五项功业，陛下究竟顾忌什么而久久不这样做呢？

当今天下形势，毛病正如脚腿严重浮肿，一条小腿肿得和腰一样粗，一根脚趾肿得像腿一样粗，平时无法屈伸，只要有一两个脚趾抽筋，就会担心整个身体失去依靠。错过今天的机会不治疗，一定会成为顽症，以后即使有扁鹊那样的神医，也无能为力了。毛病还不单是脚腿浮肿，还苦于脚掌扭折。元王的儿子，是陛下的堂弟，现在继位的，是堂弟的儿子；惠王的儿子，是陛下亲哥哥的儿子，现在继位的，是兄弟之子。嫡系子孙有的还没有封地以使天下安定，非嫡系子孙反倒握有大权以威胁天子。所以我说，还不单有脚腿浮肿，又苦于脚掌扭折，本末倒置。可以为之痛哭的，就是这种病啊！

【评析】

贾谊是中国历史上著名才子，一般也作为怀才不遇的典型。但平心而论，贾谊还不能说怀才不遇。他任梁怀王太傅期间，汉文帝曾向他征求治国方略，于是他多次上书，陈述己见。本文便是其中的一部分。

汉文帝时，天下大势已定，但社会矛盾仍很尖锐，异性诸侯王虽然都被剪除，但刘氏诸侯王分裂割据势力依然很强大，与汉朝廷之间对立，成为突出的矛盾。本文便是针对这一现象而发表的见解。为此，贾谊提出了"众建诸侯而少其力"的解决矛盾的根本办法。应该说，这一设计既保持了原有诸侯的一定的地位，又保持宗室之间的亲戚关系，也可保持朝廷对于诸侯国的绝对领导地位，确实是很好的方案。是诸方都可以接受的方案。但是，由于事关汉王室与诸侯王之间的政治关系与亲族关系，汉文帝难以决断。为促使文帝早下决心，贾谊在本文中列举大量的事实，运用比喻的手法，将正反两方面的经验与教训反复对比，以论证自己的观点。尤其是最后一段"天下之势方病大瘇。一胫之大几如要，一指之大几如股，平居不可屈信，一二指搐，身虑亡聊"的比喻，极其形象逼真，而且通俗易懂。但文帝优柔寡断，未能及时解决这一严重的政治问题。后来的吴楚七国之乱等事件，证实了贾谊的预见。贾谊坚持统一、反对分裂的思想是合乎历史潮流的。其敏锐的政治洞察力也令人敬佩，不但能够预见危机之所在，还能够提出化解危机的良方，而且是可行的，具有可操作性，这就很高明。文章层层深入，气势磅礴，或引证当世发生的历史事件，或用精彩的比喻，很有说服力。

晁错

晁错，西汉著名政治家，政论家。文帝时为太子家令，以有辩才，号称"智囊"；景帝时任御史大夫。鉴于诸王侯实力过大，晁错上书建议削藩，遭到诸王侯忌恨，七国叛乱，以"请诛晁错，以清君侧"为名，景帝恐惧，斩于东市。

晁错论贵粟疏

西汉文

圣王在上，而民不冻饥者，非能耕而食之，织而衣之也，为开其资财之道也①。故尧、禹有九年之水，汤有七年之旱，而国无捐瘠者②，以畜积多而备先具也③。今海内为一，土地人民之众不避禹、汤④，加以无天灾数年之水旱，而畜积未及者，何也？地有遗利⑤，民有余力，生谷之土未尽垦，山泽之利未尽出也，游食之民未尽归农也⑥。

民贫则奸邪生。贫生于不足，不足生于不农，不农则不地著⑦，不地著则离乡轻家⑧。民如鸟兽⑨，虽有高城深池，严法重刑，犹不能禁也。夫寒之于衣，不待轻暖；饥之于食，不待甘旨；饥寒至身，不顾廉耻。人情一日不再食则饥，终岁不制衣则寒。夫腹饥不得食，肤寒不得衣，虽慈母不能保其子，君安能以有其民哉？明主知其然也，故务民于农桑，薄赋敛，广畜积，以实仓廪，备水旱，故民可得而有也。

民者，在上所以牧之⑩，趋利如水走下，四方无择也。夫珠玉金银，饥不可食，寒不可衣，然而众贵之者，以上用之故也。其为物轻微易藏，在于把握，可以周海内而无饥寒之患。此令臣轻背其主，而民易去其乡，盗贼有所劝⑪，亡逃者得轻资也⑫。粟米布帛生于地，长于时，聚于力，非可一日成也。数石之重⑬，中人弗胜，不为奸邪所利；一日弗得而饥寒至。是故明君贵五谷而贱金玉。

今农夫五口之家，其服役者不下二人，其能耕者不过百亩，百亩之收不过百石。春耕，夏耘，秋获，冬藏，伐薪樵⑭，治官府⑮，给徭役⑯；春不得避风尘，夏不得避暑热，秋不得避阴雨，冬不得避寒冻，四时之间，无日休息⑰。又私自送往迎来⑱，吊死问疾，养孤长幼在其中。勤苦如此，尚复被水旱之灾⑲，急政暴赋⑳，赋敛不时㉑，朝令而暮改。当其有者半贾而卖㉒，亡者取倍称之息㉓；于是有卖田宅、鬻子孙以偿债者矣㉔。而商贾大者积贮倍息㉕，小者坐列贩卖，操其奇赢㉖，日游都市㉗，乘上之急㉘，所卖必倍㉙。故其男不耕耘，女不蚕织，衣必文采，食必粱肉；无农夫之苦，有阡陌之得㉚。因其富厚，交通王侯㉛，力过吏势㉜，以利相倾；千里游遨，冠盖相望㉝，乘坚策肥㉞，履丝曳缟㉟。此商人所以兼并农人，农人所以流亡者也。今法律贱商人，商人已富贵矣；尊农夫，农夫已贫贱矣。故俗之所贵，主之所贱也；吏之所卑，法之所尊也。上下相反，好恶乖迕㊱，而欲国富法立，不可得也。

方今之务，莫若使民务农而已矣。欲民务农，在于贵粟；贵粟之道，在于使民以粟为赏罚㊲。今募天下入粟县官㊳，得以拜爵㊴，得以除罪㊵。如此，富人有爵，农民有钱，粟有所渫㊶。夫能入粟以受爵，皆有余者也。取于有余，以供上用，则贫民之赋可损，所谓损有余、补不足，令出而民利者也。顺于民心，所补者三：一曰主用足；二曰民赋少；三曰劝农功。今令民有车骑马一匹者，复卒三人㊷。车骑者，天下武备也，故为复卒。神农之教曰㊸："有石城十仞，汤池百步㊹，带甲百万，而亡粟，弗能守也。"以是观之，粟者，王者大用，政之本务。令民入粟受爵，至五大夫以上㊺，乃复一人耳，此其与骑马之功相去远矣。爵者，上之所擅㊻，出于口而无穷；粟者，民之所种，生于地而不乏。夫得高爵与免罪，人之所甚欲也。使天下人入粟于边，以受爵免罪，不过三岁，塞下之粟必多矣㊼。

【注释】

①资财：获取物质财富。②捐瘠：因饥饿而死或被抛弃的贫病交加之人。捐：弃。③备先具：储备先准备好。④不避：不少于。⑤遗利：剩余的潜力。⑥游食之民：游手好闲而不努力劳动的人。⑦地著：固定居住在一个地方。著：附着，固定。⑧离乡轻家：轻视家庭而轻易离开家乡。⑨民如鸟兽：百姓没有固定的生活来源，就会如同鸟兽一样到处奔波。⑩牧之：管理驱使。⑪劝：鼓励。这里指引诱。⑫轻资：轻便容易携带的资产。⑬数石（dàn）之重：几石粮食的重量，中等人便搬不动。石：古代计量单位，一百二十斤为一石。⑭伐薪樵：砍伐柴草。⑮治官府：建造修缮官府的房屋。⑯给徭役：供给各种徭役。⑰无日休息：没有一天休息。⑱私自：私人之间。⑲被：遭遇。⑳急政暴赋：紧急征收很高的税负。政：通"征"。暴赋：高额。㉑赋敛不时：收敛赋税也没有一定的时间。指随时可以增加苛捐杂税。㉒半贾：一半的价钱就出卖。贾：通价。㉓倍称之息：相当于一倍的利息。㉔鬻子孙：卖子孙。鬻：卖。偿债：偿还债务。㉕积贮倍息：囤积居奇以获取成倍的利息。㉖奇赢：不正当的盈利。㉗日游都市：每天就在城邑市场上游逛。㉘上：皇上，这里代指朝廷。㉙所卖必倍：所卖出的东西一定要加倍。㉚阡陌：本义是田间小道，引申为田地。㉛交通：交结。㉜力过吏势：势力超过官府中的官吏。㉝冠盖相望：富商们来来往往往不绝于道路。㉞乘坚策肥：乘坐坚实高档的车，驾着肥胖的马。㉟履丝曳缟：穿着丝鞋，披着丝绸长衣。缟：不染色的高级丝织品。㊱好恶乖迕：朝廷所提倡和所压抑的，在现实生活中完全相反，相互倒置。㊲以粟为赏罚：用粮食来进行赏罚。㊳入粟县官：将粮食收入官府。㊴得以拜爵：能够用粮食来获得官爵。㊵得以除罪：可以用粮食来免除一定的罪行。㊶粟有所渫：粮食有流通的渠道。㊷复卒三人：免除三个人的兵役。复：免除。㊸神农：古代传说中的人物。开创农业和中医的圣人。㊹汤池：难以逾越的护城河。汤：热水。㊺五大夫：汉代二十等爵位中的第九等。㊻擅：独自拥有的。㊼塞下：边塞之下。泛指边塞地区。

【译文】

圣明的君王在位，百姓不挨饿受冻，并不是因为君王能亲自种粮食给他们吃，织布给他们穿，而是能给人民开辟财源。所以尽管唐尧、夏禹之时有过九年的水灾，商汤之时有过七年的旱灾，而国家没有因饿死而被抛弃和饿瘦的人，这是因为贮藏积蓄的东西多，事先早已做好了准备。现在全国统一，土地之大，人口之多，不亚于禹、汤之时，再加上没有连年的水旱灾害，但积蓄却不如禹、汤之时，这是为什么呢？原因在于土地还有潜力，百姓还有余力，能长谷物的土地还没全部开垦，山林湖沼的资源尚未完全开发，游手好闲之徒还没全都回乡务农。

百姓生活贫困了，就会去做邪恶的事。贫困是由于不富足，不富足是由于不务农，不从事农业就不能在一个地方定居下来，不能定居就会离开乡土，轻视家园，像鸟兽一样四处奔散。这样的话，国家即使有高大的城墙，深险的护城河，严厉的法令，残酷的刑罚，还是不能禁止他们。人在寒冷的时候，不会等有了轻暖的皮衣才穿；饥饿的时候，也不会等有了美味才吃；饥寒交迫，就顾不上廉耻了。人之常情是：一天不吃两顿饭就要挨饿，整年不做衣服就会受冻。那么，肚子饿了没饭吃，身上冷了无衣穿，即使是慈母也不能留住她的儿子，国君又怎能保有他的百姓呢？贤明的君主懂得这个道理，所以让人民从事农业生产，减轻他们的赋税，大量贮备粮食，以便充实仓库，防备水旱灾荒，因此就能拥有人民。

百姓呢，是君主所管理和领导的，他们追逐利益就像水往低处流一样，不管东南西北没有选择。那些珠宝玉器和金银，饿了不能当饭吃，冷了不能当衣穿；然而人们还是看重它，是由于君主需要它的缘故。珠玉金银这些物品，轻便小巧，容易收藏，拿在手里，可以周游全国而无饥寒的威胁。这就会使臣子轻易地背弃君主，而百姓也随便地离开家乡，盗贼受到鼓励，犯法逃亡的人有了便于携带的财物。粟米和布帛的原料生在地里，成长需要一定季节和时间，收获也需要人力，并非短时间内可以成事。几石重的粮食，一般人拿不动它，也不为奸邪的人所贪图；可是这些东西一天得不到就要挨饿受冻。因此，贤明的君主重视五谷而轻视金玉。

现在农夫中的五口之家，家里可以参加劳作的不少于二人，能够耕种的土地不超过百亩，百亩的收成，不超过百石。他们春天耕地，夏天耘田，秋天收获，冬天储藏，还得砍木柴，修理官府的房舍，服劳役；春天不能躲避风尘，夏天不能躲避暑热，秋天不能躲避阴雨，冬天不能躲避寒冻，一年四季，没有一天休息。在私人方面，还要有交际往来，吊唁死者，看望病人，抚养孤老，养育幼儿，一切费用都要从农业收入中开支。农民如此辛苦，还要遭受水旱灾害，官府又要急征暴敛，随时摊派，早晨发命令，晚上就会修改。交赋税的时候，有粮食的人，半价贱卖后完税；没有粮食的人，只好以加倍的利息借债纳税；于是就出现了卖田地房屋、卖子孙来还债的事情。而那些商人，大的囤积货物，获取加倍的利息；小的开设店铺，贩卖货物，牟取利润。每日到集市游逛，趁政府急需货物的机会，所卖物品的价格就成倍抬高。所以商人家中男的不必耕地耘田，女的不用养蚕织布，穿的必定是华美的衣服，吃的必定是上等米和肉；没有农夫的劳苦，却占有农桑的收获。倚仗自己富厚的钱财，与王侯结交，势力超过官吏，凭借资产相互倾轧；他们遨游各地，车乘络绎不绝，乘着坚固的车，赶着壮实的马，脚穿丝鞋，身披绸衣。这就是商人所以能够兼并农民土地，农民所以流亡在外的原因。当今虽然法律轻视商人，而商人实际上已经富贵了；法律尊重农民，而农民事实上却已贫贱了。所以一般俗人所看重的，正是君主所轻贱的；一般官吏所鄙视的，正是法律所尊重的。上下相反，好恶颠倒，在这种情况下，要想使国家富裕，法令得到实施，那是不可能的。

当今的迫切任务，没有比使人民务农更为重要的了。而要想使百姓从事农业，关键在于抬高粮价；抬高粮价的办法，在于让百姓拿粮食来求赏或免罚。现在应该号召天下百姓交粮给政府，纳粮的可以封爵，或者可以赎罪；这样，富人就可以得到爵位，农民就可以得到钱财，粮食就不会囤积而得到流通。那些交纳粮食得到爵位的，都是富有产业的人。从富有的人那里得到货物来供政府用，那么贫苦百姓所担负的赋税就可以减轻，这就叫作所谓减少富有的补充不足的，法令一颁布就会使百姓得到利益。依顺百姓心愿，有三个好处：一是君主需要的东西充足，二是百姓的赋税减少，三是鼓励从事农业生产。如今制定法令，民间能输送一匹战马的，就可以免去三个人的兵役。战马是国家战备所用，所以可以使人免除兵役。神农氏曾教导说："有七八丈高的石砌城墙，有百步之宽贮满水的护城河，有上百万全副武装的兵士，然而没有粮食，还是守不住的。"这样看来，粮食是君王最需要的资财，是国家最根本的政务。现在让百姓交粮买爵，封到五大夫以上，才免除一个人的兵役，这与一匹战马的功用相比差得太远了。赐封爵位，是皇上专有的权力，只要一开口，就可以无穷无尽地封给别人；粮食，是百姓种出来的，生长在土地中而不会缺乏。能够封爵与赎罪，是人们十分向往的。假如叫天下百姓都献纳粮食，用于边塞，以此换取爵位或赎罪，那么不用三年，边地粮食必定会多起来。

【评析】

晁错是文帝、景帝时期的政治家。文帝时任太常掌故，曾从故秦博士伏生受《尚书》。后为太子家令，深得信任，号"智囊"。景帝即位，任为御史大夫。他坚持"重本抑末"政策，主张纳粟受爵，建议募民充实边塞，积极备御匈奴贵族的攻掠，并主张削藩以巩固中央集权，得到景帝采纳。吴楚七国造反，提出"请诛晁错，以清君侧"的口号。景帝听信谗言，将其处死。

西汉建国初，由于汉高祖刘邦采取罢兵归家、抑制商人、轻徭薄赋等一系列措施，使久遭破坏的农业生产逐渐得以恢复。文帝即位后继续奉行"与民休息"的政策，重视农桑，促进了农业的繁荣和商业的发展。但此时逐渐出现因商业发展而导致谷贱伤农，大地主、大商人对农民兼并侵夺加剧，大批农民流离失所，阶级矛盾日趋激化的社会现象。针对这一问题，晁错上这篇奏疏，全面论述了"贵粟"的重要性，提出重农抑商、入粟于官、拜爵除罪等一系列主张，这对于当时发展生产和巩固国防，都具有一定的进步意义。本文观点精辟，分析透彻，逻辑严谨，如"贫生于不足，不足生于不农，不农则不地著，不地著则离乡轻家"运用连锁推理的句式，非常有说服力。本文文笔犀利，具有汪洋恣肆的气势和流畅浑厚的风格。

邹阳

邹阳，西汉文学家。"为人有智略，慷慨不苟合。"景帝时，为梁孝王门客。孝王为景帝同母弟，有嗣位之意。邹阳力争以为不可，奸人乘隙进谗，邹阳被捕下狱。他在狱中上书，慷慨陈词。梁王见书，立命释放。

狱中上梁王书

邹阳

邹阳从梁孝王游。阳为人有智略，慷慨不苟合，介于羊胜、公孙诡之间。胜等疾阳，恶之孝王，孝王怒，下阳吏，将杀之。阳乃从狱中上书曰：

臣闻忠无不报，信不见疑，臣常以为然，徒虚语耳。昔荆轲慕燕丹之义[①]，白虹贯日[②]，太子畏之；卫先生为秦画长平之事[③]，太白食昴[④]，昭王疑之。夫精变天地而信不谕两主[⑤]，岂不哀哉！今臣尽忠竭诚，毕议愿知[⑥]，左右不明，卒从吏讯，为世所疑。是使荆轲、卫先生复起，而燕、秦不寤也。愿大王孰察之。

昔玉人献宝[⑦]，楚王诛之；李斯竭忠[⑧]，胡亥极刑。是以箕子阳狂[⑨]，接舆避世[⑩]，恐遭此患也。愿大王察玉人、李斯之意，而后楚王、胡亥之听，毋使臣为箕子、接舆所笑。臣闻比干剖心[⑪]，子胥鸱夷[⑫]，臣始不信，乃今知之。愿大王孰察，少加怜焉。

语曰："有白头如新，倾盖如故[⑬]。"何则？知与不知也。故樊於期逃秦之燕[⑭]，藉荆轲首以奉丹事[⑮]；王奢去齐之魏[⑯]，临城自刭以却齐而存魏[⑰]。夫王奢、樊於期非新于齐、秦而故于燕、魏也，所以去二国、死两君者，行合于志，慕义无穷也。是以苏秦不信于天下[18]，为燕尾生[19]；白圭战亡六城[20]，为魏取中山。何则？诚有以相知也。苏秦相燕，人恶之燕王，燕王按剑而怒，食以駃騠[21]；白圭显于中山，人恶之于魏文侯，文侯赐以夜光之璧[22]。何则？两主二臣，剖心析肝相信，岂移于浮辞哉[23]！

故女无美恶，入宫见妒；士无贤不肖，入朝见嫉。昔司马喜膑脚于宋[24]，卒相中山；范雎拉胁折齿于魏[25]，卒为应侯[26]。此二人者，皆信必然之画，捐朋党之私，挟孤独之交，故不能自免于嫉妒之人也。是以申徒狄蹈雍之河[27]，徐衍负石入海[28]，不容于世，义不苟取，比周于朝以移主上之心。故百里奚乞食于道路[29]，缪公委之以政；宁戚饭牛车下[30]，桓公任之以国。此二人者，岂素宦于朝，借誉于左右，然后二主用之哉？感于心，合于行，坚如胶漆，昆弟不能离，岂惑于众口哉？故偏听生奸，独任成乱。昔鲁听季孙之说逐孔子[31]，宋任子冉之计囚墨翟[32]。夫以孔、墨之辩，不能自免于谗谀，而二国以危。何则？众口铄金[33]，积毁销骨也[34]。秦用戎人由余而伯中国[35]，齐用越人子臧而强威、宣[36]。此二国岂系于俗[37]，牵于世，系奇偏之浮辞哉[38]？公听并观[39]，垂明当世。故意合则胡越为兄弟[40]，由余，子臧是矣；不合则骨肉为仇敌[41]，朱、象、管、蔡是矣[42]。今人主诚能用齐、秦之明，后宋、鲁之听，则五伯不足侔[43]，而三王易为也。

是以圣王觉寤，捐子之之心[44]，而不说田常之贤[45]，封比干之后[46]，修孕妇之墓[47]，故功业覆于天下。何则？欲善无厌也[48]。夫晋文亲其仇[49]，强伯诸侯；齐桓用其仇[50]，而一匡天下。何则？慈仁殷勤，诚加于心，不可以虚辞借也。

至夫秦用商鞅[51]之法，东弱韩、魏，立强天下，卒车裂之。越用大夫种之谋[52]，禽劲吴而伯中国，遂诛其身。是以孙叔敖三去相而不悔[53]，於陵子仲辞三公为人灌园[54]。今人主诚能去骄傲之心，怀可报之意，披心腹[55]，见情素，堕肝胆，施德厚，终与之穷达，无爱于士[56]，则桀之犬可使吠尧，跖之客可使刺由[57]，何况因万乘之权，假圣王之资乎！然则荆轲湛七族[58]，要离燔妻子[59]，岂足为大王道哉！

臣闻明月之珠，夜光之璧，以暗投人于道[60]，众莫不按剑相眄者[61]。何则？无因而至前也。蟠木根柢[62]，轮囷离奇[63]，而为万乘器者[64]，以左右先为之容也。故无因而至前，虽出随珠和璧，祗怨结而不见德⑥；有人先游，则枯木朽株，树功而不忘。今夫天下布衣穷居之士，身在贫羸⑥，虽蒙尧、舜之术，挟伊、管之辩⑥，怀龙逢、比干之意⑥，而素无根柢之容，虽极精神，欲开忠于当世之君⑥，则人主必袭按剑相眄之迹矣⑦。是使布衣之士，不得为枯木朽株之资也。

是以圣王制世御俗⑦，独化于陶钧之上⑦，而不牵乎卑乱之语⑦，不夺乎众多之口。故秦皇帝任中庶子蒙嘉之言⑦，以信荆轲，而匕首窃发；周文王猎泾渭，载吕尚归⑦，以王天下。秦信左右而亡，周用乌集而王⑦。何则？以其能越挛拘之语⑦，驰域外之议，独观乎昭旷之道也。今人主沉谄谀之辞⑦，牵帷墙之制⑦，使不羁之士与牛骥同皂⑧，此鲍焦所以愤于世也⑧。

臣闻盛饰入朝者，不以私污义⑧，底厉名号者，不以利伤行⑧。故里名胜母⑧，曾子不入⑧；邑号朝歌⑧，墨子回车⑧。今欲使天下寥廓之士，笼于威重之权，胁于位势之贵，回面污行⑧，以事谄谀之人，而求亲近于左右，则士有伏死堀穴岩薮之中耳⑧，安有尽忠信而趋阙下者哉！

【注释】

①荆轲：战国时卫人，著名刺客。燕丹：燕太子丹，曾入秦为人质。②白虹贯日：白色长虹穿日而过，比喻天象之异常。③卫先生：秦国人。画：筹划。长平：指长平之战。长平在今山西省高平县西北。秦昭襄王四十七年（前260）秦将白起在此大破赵军。坑杀降卒四十万人。④太白：即金星。昴：星宿名。食：遮蔽。⑤精变天地：精诚使天象改变。⑥毕议愿知：把我的计议全部陈述而愿意您能够理解。⑦玉人：献玉之人，指卞和，献和氏璧给楚王，两次被刖足。⑧李斯：秦始皇时丞相，被赵高谗害，虽极尽忠心，却被胡亥处死。⑨箕子阳狂：殷纣王时贤臣，为避害而装疯。阳，通"佯"。⑩接舆：春秋时楚国隐士，曾经奚落过孔子。⑪比干剖心：殷纣王时贤臣，因谏而被剖心。⑫子胥：伍子胥春秋时本楚国人，因家仇投奔吴国，因谏阻吴王被杀。鸱夷：皮口袋，伍子胥死后被装入皮口袋投入江中。⑬白头如新：在一起一辈子却如同新见面。倾盖如故：双方偶然相遇，停车靠近一交谈便如同老朋友。倾盖：古代有身份人坐车，有伞状车盖。⑭樊於期：秦国将领，因罪逃到燕国。⑮藉荆轲首：荆轲刺秦王行前，希望得到樊於期人头以容易见到秦王，樊於期慷慨自杀。⑯王奢：齐国人，因罪逃到魏国。⑰临城自刭：齐伐魏时王奢临城自杀以救魏。⑱苏秦：战国时纵横家。⑲尾生：古代著名守信之人。传说他与一女子约会在桥下相见，女子未至，水涨，尾生抱柱而淹死。⑳白圭：战国时中山国将领，

逃到魏国，助魏灭中山。㉑駃騠：宝马名。㉒夜光之璧：夜间发光的璧玉。㉓浮辞：没有根据的言辞。指谗言。㉔司马喜：宋国人，曾被割去膝盖骨。㉕范雎：战国时魏国人。拉胁折齿：因被谗毁而遭毒打，肋骨折断牙齿打掉。㉖应侯：范雎后逃入秦国掌政，封为应侯。㉗申徒狄：殷末人，上谏言不被采纳，自投雍水而死。㉘徐衍：周末人，因不满乱世，负石沉海而死。㉙百里奚：春秋时虞国人。虞国灭亡沦为奴仆，被秦穆公用五张羊皮赎来。助穆公成霸业。㉚甯戚：春秋时卫国人。饭牛：喂牛。㉛季孙：即季桓子，鲁国首席执政者。㉜子冉：墨翟，即墨子。㉝众口铄金：众多人的谗言可以使金子熔化。㉞积毁销骨：谗毁的话累积起来可以使骨头销毁。㉟戎人由余：由余来自西戎，秦穆公重用之，在西戎称霸。伯：通“霸”。㊱子臧：春秋时越国人，被齐国重用，齐威王、齐宣王两朝强盛。㊲系于俗：被世俗的见识所牵累。㊳奇偏之浮辞：奇谈怪论而没有根据的言辞。㊴公听并观：公正听取意见，全面观察事实真相。㊵胡越：距离很远的人。胡：代指北方。越：代指南方。㊶骨肉：有血缘关系的宗亲。㊷朱：丹朱，尧之子，不肖。象：舜之弟。管、蔡：管叔、蔡叔，均是周武王之弟。武王死后作乱。㊸五伯不足侔：五霸不值得相比。㊹子之：战国时燕王哙之相，欺骗燕王禅让，燕国大乱。㊺田常：春秋时齐简公的相，弑简公。㊻封比干之后：周武王伐纣胜利后封比干之子。㊼修孕妇之墓：《史记·周本纪》有“命闳夭封比干之墓”。未见修孕妇之墓。㊽欲善无厌也：追求善政而没有止境。厌：通“餍”。㊾晋文亲其仇：晋文公重用曾经追杀他的寺人披而称霸。㊿齐桓用其仇：齐桓公重用曾经射他的管仲而一匡天下。(51)商鞅：秦孝公时主持变法使秦国强大，最后被车裂。(52)大夫种：即春秋吴国大夫文种，辅佐越王勾践灭吴，后被赐死。(53)孙叔敖：春秋时楚国贤人，三次为令尹，三次离开。(54)於陵子仲：齐国人，隐居不仕，灌园种菜。(55)披心腹：即推心置腹，以诚相待。(56)爱：吝啬。即对待士人不要吝啬。(57)因：凭借。(58)湛（chén）七族：灭七族。(59)要离：春秋时吴国刺客，为吴王阖闾刺杀庆忌。燔妻子：烧死妻子。(60)以暗投人：暗中投向行人。(61)按剑相眄：手按宝剑警惕地看。眄：斜眼看。(62)蟠木根柢：蟠曲的树根。(63)轮囷：弯曲。离奇：奇形怪状。(64)万乘器：天子的宝器，当指根雕。(65)祇怨结：只是受到怨恨而不被看好。祇：只。(66)贫羸：贫穷瘦弱，指处境困窘。(67)伊、管：伊尹：商汤时贤相。管仲：齐桓公贤相。都是能臣。(68)龙逢：关龙逢，夏桀时贤臣，因谏被杀。比干：殷纣王时贤臣，因谏被剖心。(69)开忠：开始尽忠。(70)袭：沿袭。(71)制世御俗：统治社会驾驭世俗天下。(72)陶钧：制陶用的圆轮，比喻大自然。(73)牵：牵累，指受制于。(74)中庶子：太子属官。蒙嘉：秦国宠臣。(75)吕尚：即姜子牙。(76)乌集：如乌鸦之聚散，偶然遇合。(77)越挛拘之语：超越那些固执拘谨的言辞。挛拘：固执拘谨。(78)沉谄谀之辞：沉迷于谄媚阿谀的言辞。(79)牵帷墙之制：被帷帐内室中的人所牵制。指宠幸女色与宦官。(80)牛骥同皁：牛马同槽。皁：马槽。(81)鲍焦：古代廉士，自耕而食，自穿井而饮。(82)以私污义：因为私德有亏而玷污自己名义。⑧底厉：同"砥砺"，即锤炼。以利伤行：因谋利而伤害自己的品行。⑧里：街道或胡同。⑧曾子：孔子弟子，孝子，故不进入"胜母"之里。⑧朝歌：商朝末年首都，在今河南省汤阴县南。⑧墨子回车：墨子非乐，故不进朝歌之城。⑧回面污行：转变立场使自己品行受到玷污。⑧伏死堀穴岩薮：藏身隐伏而死在洞穴江湖之间。指隐居不出。

【译文】

邹阳跟从梁孝王而与之交游。邹阳为人有智谋策略，慷慨意气而不轻易随和别人，处于羊胜和公孙诡等人之间。羊胜等人嫉妒邹阳，在孝王之前说他坏话，孝王发怒而把邹阳投入监狱，将要杀他。于是邹阳从狱中给梁王上书说：

臣子听说忠心不会得不到报答，诚实不会遭到怀疑，臣子曾经以为是这样，却只不过是空话罢了。从前荆轲仰慕燕太子丹的义气，以至感动上天出现了白虹横贯太阳的景象，太子丹却不放心他；卫先生为秦国策划趁长平之胜灭赵的计划，上天呈现太白星进入昴宿的吉相，秦昭王却怀疑他。精诚使天地出现了变异，忠信却得不到两位主子的理解，难道不可悲哀吗？如今臣子尽忠竭诚，说出全部见解希望你了解，大王左右的人却不能明白，结果使我遭到狱吏的审讯，被世人所怀疑。这样的话，即使让荆轲、卫先生重生，而燕太子丹、秦昭王也不觉悟啊。希望大王深思明察。

从前卞和献宝，楚王砍掉他的脚；李斯尽忠，秦二世处他以极刑。因此箕子装疯，接舆隐居，是怕遭受这类祸害。希望大王能看清卞和、李斯的本心，而把楚王、秦二世的偏听忘记于脑后，不要让我被箕子、接舆笑话。臣子听得比干被开膛挖心，伍子胥死后被裹在马皮囊里扔进钱塘江，臣子原先不相信，今天才知道是真的。希望大王深思明察，稍加怜惜。

俗话说："有人相处到老还很陌生，有人停车交谈就一见如故。"为什么？关键在于理解和不理解啊。所以樊於期从秦国逃到燕国，用自己的头交给荆轲来帮助太子丹的事业；王奢离开齐国投奔魏国，亲自上城楼自杀来退齐军以保存魏。王奢、樊於期并非对齐、秦陌生而对燕、魏有久远的关系，他们离开前两个国家，为后两个国君效死，是因为行为与志向相合，他们无限地仰慕义气。因此苏秦不被天下各国信任，却为燕国守信；白圭为中山国作战连失六城，到了魏国却能为魏攻取中山国。为什么？确实是因为有了君臣间的相知啊。苏秦做燕相时，有人向燕王说他坏话，燕王按着剑柄发怒，用贵重的马肉给苏秦吃。白圭攻取中山国后很显贵，有人向魏文侯说他坏话，魏文侯赐给白圭夜光璧。为什么？两个君主两个臣子，互相敞开心扉、

290

肝胆相照，岂能被不实之词所改变呢！

所以女子无论美不美，一进宫都会遭到嫉妒；士无论贤不贤，一入朝廷都会遭到排挤。从前司马喜在宋国受膑刑，后来到中山国做了相；范雎在魏国被打断肋骨敲折牙齿，后来到秦国却封为应侯。这两个人，都自信有一定会成功的计谋，丢弃拉帮结派的私情，倚仗单枪匹马的交往，所以不可避免会受到别人的嫉妒。因此申徒狄自沉雍水漂入黄河，徐衍背负石头跳进大海，他们与世俗不相容，坚持操守而不肯苟且取得利益，不肯拉帮结伙在朝廷里以改变君主的主意。所以百里奚在路上讨饭，秦穆公把国政托付给他；宁戚在车下喂牛，齐桓公委任他治国。这两个人，难道是从前在朝廷里做官，靠了右亲信说好话，然后两位君主才重用他们吗？心灵感应相通，行为默契一致，关系牢固如胶似漆，即使是兄弟也不能离间他们，难道众人的言辞就能迷惑他们吗？所以偏听就会产生奸邪，独断独行就会造成祸患混乱。从前鲁国听信季孙而赶走孔子，宋国采用子冉的诡计而囚禁墨翟。凭孔子、墨翟的口才，还不能自己免除受到谗言谀语的中伤，而鲁、宋两国也因此陷于危险的境地。为什么？众人的嘴足以使金子熔化，积年累月的诽谤足以使骨骸销蚀啊。秦国任用戎人由余而称霸于中原，齐国用越人子臧而威王、宣王两代强盛一时。这两个国家难道接受俗见的束缚，被世人所牵制，被那些奇邪偏颇的不实之词所左右吗？听取各种意见，观察各个方面，为当世树立一个明智的榜样。所以心意相合就是胡人越人也可以视为兄弟，由余、子臧就是如此；心意不合就是亲骨肉也可以成为仇敌，丹朱、象、管叔、蔡叔就是例子。如今人主要是真能采取齐国、秦国的明智立场，置宋国、鲁国的偏听偏信于脑后，那么五霸不值得相提并论，三王也是容易做到的。

因此圣明的君王能够省悟，抛弃子之那种"忠心"，不喜欢田常那种"贤能"，像周武王那样封赏比干的后人，为遭纣王残害的孕妇修墓，所以功业才能够覆盖全天下。为什么？行善的愿望从来不满足。晋文公亲近往日的仇人，终于称霸于诸侯；齐桓公任用过去的敌对者，从而成就一匡天下的霸业。为什么？慈善仁爱情意恳切，确确实实放在心上，是不能用虚情假意的言辞来替代的。

至于秦国采用商鞅的变法，东边削弱韩、魏，立刻强盛于天下，结果却把商鞅五马分尸。越王采用大夫种的策略，征服了强劲的吴国而称霸于中原，最后却杀了大夫种。因此孙叔敖三次离开相位也不后悔，於陵子仲推辞掉三公的聘任去为人浇灌菜园。当今的君主真要能够去掉骄傲之心，怀着可以报效的诚意，坦露心胸，现出真情，披肝沥胆，厚施恩德，始终与人同甘共苦，待人无所吝惜，那么夏桀的狗也可叫它冲着尧狂吠，盗跖的部下也可以叫他去行刺许由，何况凭着君主的权势，借着圣王的地位呢！这样，那么荆轲被灭七族，要离烧死妻子儿女，难道还值得对大王细说吗？

我听说明月珠、夜光璧，暗中投掷给路上的行人，人们没有不按着剑柄斜眼细看。为什么？是因为无缘无故来到面前啊。弯木头、老树桩，屈曲得怪模怪样，倒能够成为君主的用具，是君主身边的人先把它夸奖一番。所以没有因由就出现在面前，即使献出随侯珠、和氏璧，也只能遭忌结怨而不会受到好报；有人先说好话，那枯木朽枝也会立下功勋而令人难忘。当今天下平民出身、家境贫穷的士人，即使胸中藏着尧、舜的方略，拥有伊尹、管仲的辩才，怀着关龙逢、比干的忠诚，可是平常没有老树桩子那样被接纳，虽然尽心竭力，想要向当世的君主剖开一片忠贞之心，那么君主一定要重蹈按剑柄斜看的覆辙。这就使平民出身的士人，连枯木朽株的待遇也得不到。

因此圣明的君主统治世俗，要有主见像独自在转盘上制造陶器一样，而不被卑微的甜言蜜语牵着鼻子走，不因众说纷纭而改变主张。因此秦始皇听信中庶子蒙嘉的话，因而相信荆轲，而出现暗藏的匕首；周文王出猎于泾水渭水之间，得到吕尚同车而回，从而取得天下。秦轻信左右而灭亡，周因赤乌降临而成王。为什么？因为文王能跨越卷舌聱牙的羌族语言，吸收其他方国的议论见解，独自看到光明正大的道理。当今君主陷在阿谀奉承的包围之中，受到妃妾近侍的牵制，使思想不受陈规拘束的人才与牛马同槽，这就是鲍焦所以愤世嫉俗的原因。

我听说盛装打扮进入朝廷的人不因为私心而玷污节操，修身立名的人不为私利而败坏行止。所以里闾以胜母为名，曾子就不肯进入；都邑以朝歌为名，墨子就回车而行。如今要使天下有远大气度的人，受到威重权势的囚禁，受到尊位显贵的胁迫，转过脸去自坏操行，来侍奉谄媚阿谀的小人，而求得亲近君主的机会，那么，士人只有隐伏老死在山洞草泽之中罢了，哪里还会有竭尽忠信投奔君主的人呢！

【评析】

邹阳曾仕吴王刘濞，刘濞阴谋叛乱，他劝阻不听，离开吴王而跟随梁孝王。梁孝王刘武是汉景帝同母弟，窦太后有意让他即位，他本人也有这种意图。邹阳力争以为不可，羊胜、公孙诡乘隙进谗，邹阳被捕下狱。他在狱中上书，慷慨陈词。陈述利害，梁王见书，立即释放了他。后来汉景帝听从爰盎进言，立七岁刘彻为太子。

羊胜、公孙诡为梁王献谋，派人刺杀爰盎。景帝追查凶手，梁王不得不令二人自杀谢罪。于是对邹阳敬为上客。可见邹阳在政治上确实有独立见解，实际上等于帮助景帝刘启和梁王刘武两个人，对于稳定当时的政治局势有很大作用。司马迁赞邹阳"抗直不挠"，班固评邹阳"有智略，慷慨不苟合"，都很精彩。

邹阳被系狱中，身罹杀身之祸，但并不迎合媚上，哀求乞怜，而在上书中继续谏诤，字里行间，还很有些"不逊"，充分显示了他的"抗直""不苟合"的性格，也是他"有智略"的表现。而最关键的是要有说服力。开头就说"忠无不报，信不见疑""徒虚语耳"，便充满感愤，能够引起梁王注意。接着用荆轲、卫先生、卞和、李斯等人的历史事实来论说自己的观点。卞和献玉而被刖足，李斯尽忠而被腰斩，这是汉代多人都提到过的典故，这里比喻自己的遭遇，非常贴切。再用比干和伍子胥的遭遇进一步说明忠臣被害的恶果，更能打动梁王的心。"白头如新，倾盖如故"阐释相知与否的道理，"故女无美恶，入宫见妒；士无贤不肖，入朝见嫉"则是任何社会都有的现象，指出人性的弱点。而嫉妒和谗言是否能够产生恶果的关键是君主能否有识别力，秦穆公和齐桓公坚定信任百里奚和宁戚，力排众议而委以重任，二国称霸。"众口铄金，积毁销骨"的比喻极其精妙，因此考验君主的智慧和意志。只有"公听并观，垂明当世"，才能"五伯不足侔，而三王易为也"。

文章大量列举史实，借古喻今，雄辩地揭示了人主惑于谗谀则危，信任忠诚则兴的道理。善用比喻，反复推论，历史典故密集而准确贴切，故有很强的说服力和艺术感染力。

司马相如

司马相如，字长卿，西汉文学家，蜀郡成都人。汉大辞赋代表作家。《子虚赋》《上林赋》为武帝所重，用为郎。

上书谏猎

司马相如

相如从上至长杨猎①，是时天子方好自击熊豕，驰逐野兽②。相如因上书谏曰：

"臣闻物有同类而殊能者，故力称乌获③，捷言庆忌④，勇期贲、育⑤。臣之愚，窃以为人诚有之，兽亦宜然。今陛下好陵阻险，射猛兽，卒然遇逸材之兽⑥，骇不存之地⑦，犯属车之清尘⑧，舆不及还辕⑨，人不暇施巧，虽有乌获、逢蒙之技不得用⑩，枯木朽株，尽为难矣。是胡、越起于毂下⑪，而羌、夷接轸也⑫，岂不殆哉！虽万全而无患，然本非天子之所宜近也。且夫清道而后行，中路而驰，犹时有衔橛之变⑬。况乎涉丰草，骋邱墟，前有利兽之乐，而内无存变之意⑭，其为害也不难矣！夫轻万乘之重不以为安，乐出万有一危之涂以为娱，臣窃为陛下不取。盖明者远见于未萌，而知者避危于无形，祸固多藏于隐微，而发于人之所忽者也。故鄙谚曰：'家累千金，坐不垂堂⑮。'此言虽小，可以喻大。臣愿陛下留意幸察。"

【注释】

①长杨：长杨宫。秦宫苑名。②樊兽：即野兽。樊：同"野"。③乌获：战国时秦国力士。④庆忌：吴王僚之子。《吴越春秋》说他有万人莫当之勇，奔跑极速，能追奔兽、接飞鸟。⑤贲、育：孟贲、夏育，皆战国时卫国人，著名勇士。⑥卒（cù）然：卒：同"猝"，突然。逸材：过人之才。这里喻指凶猛超常的野兽。⑦骇不存之地：意谓野兽被惊骇而没有存身之地。⑧属车：随从之车。这里是不便直指圣上的婉转说法。⑨还（xuán）：通"旋"。辕：车舆前端伸出的直木或曲木。这里借指舆车。⑩逢（páng）蒙：夏代善于射箭的人，相传学射于羿。⑪毂（gǔ）：车轮中心用以镶轴的圆木，也可代称车轮。⑫轸（zhěn）：车箱底部四围横木。也用为车的代称。⑬衔：马嚼。橛（jué）：车的钩心。衔橛之变：泛指行车中的事故。⑭存变之意：保持有突发事件的警惕。⑮垂堂：靠近屋檐下，坐不垂堂是防万一屋瓦坠落伤身。《史记·袁盎传》亦有"千金之子，坐不垂堂"。

【译文】

司马相如曾经跟随皇上到长杨宫去打猎。这时，天子正喜欢亲自击杀熊和野猪，驰马追逐野兽，相如因此上疏加以劝谏，疏上写道：

"臣子听说，万物中有的虽是同类而有特殊能力的，所以说到力大就称赞乌获，谈到轻捷善射就推崇庆忌，说到勇猛必称孟贲和夏育。我愚昧，私下以为人有这种情况，兽也应该有这种情况。如今陛下喜欢登上险阻的地方，射击猛兽，如果突然遇到轻捷超群的野兽，在他被逼迫没有存身之地而受到惊吓之时，它发疯般狂暴进攻，向着你的车驾和随从冲来，车驾来不及旋转车辕，人们也没机会施展技巧，纵然有乌获和逢蒙的技巧，才力也发挥不出来，枯萎的树木和腐朽的树桩全都可以变成祸害。这就像胡人、越人出现在车轮下，羌人和夷人紧跟在车后，岂不是很危险吗？即使是绝对安全而无一点害处，但这本不是天子应该接近的地方。况且清除道路然后行走，选择道路中央驱马奔驰，有时还会出现马口中的衔铁断裂、车轴钩心脱落的事故，更何况在蓬蒿中跋涉，在荒丘废墟上奔驰，前面有猎获野兽的快乐，而内心里却没有应付突然事故的准备，出现祸患就是很容易的了。至于看轻君王的高贵地位，不以此为安乐，却乐意出现在虽有万全准备而仍有一丝危险的地方，我私自以为陛下不应该这样做。大概明察之人能远在事发前就预见到它的出现，智慧之人能在祸害还未形成之前就避开它。祸患本来多半都隐藏在暗蔽之处，发生在人们疏忽之时。所以谚语说："家中积累千金，不坐在堂屋檐底下。"这句话虽然说的是小事，却可以用来说明大事。我希望陛下留意明察。

【评析】

汉武帝是位有雄才大略的帝王，年轻时好驰骋射猎，司马相如跟随身旁，亲眼看到那种驰骋飞奔的情形，感觉毕竟有不安全因素，于是写了这篇劝谏的表文。用人有异才而兽有异兽的比喻出人意表却很有说服力。再用平时感觉最安全的出行尚有意外事件进一步说明天子应该时刻注意安全的重要性，比喻精彩，说理透彻，故被武帝赞美而接受。

李陵答苏武书

西汉文

子卿足下①：勤宣令德②，策名清时③，荣问休畅④，幸甚幸甚！远讬异国⑤，昔人所悲，望风怀想，能不依依⑥！昔者不遗，远辱还答⑦，慰诲勤勤，有逾骨肉。陵虽不敏，能不慨然！自从初降，以至今日，身之穷困，独坐愁苦，终日无睹，但见异类。韦韝毳幕⑧，以御风雨。膻肉酪浆⑨，以充饥渴。举目言笑，谁与为欢？胡地玄冰⑩，边土惨裂，但闻悲风萧条之声。凉秋九月，塞外草衰。夜不能寐，侧耳远听，胡笳互动⑪，牧马悲鸣，吟啸成群，边声四起。晨坐听之，不觉泪下。嗟乎子卿！陵独何心，能不悲哉！

与子别后，益复无聊。上念老母，临年被戮[12]；妻子无辜，并为鲸鲵[13]。身负国恩，为世所悲。子归受荣，我留受辱，命也何如！身出礼义之乡，而入无知之俗，违弃君亲之恩，长为蛮夷之域，伤已！令先君之嗣[14]，更成戎狄之族，又自悲矣！功大罪小，不蒙明察，孤负陵心区区之意[15]，每一念至，忽然忘生。陵不难刺心以自明，刿颈以见志[16]，顾国家于我已矣[17]。杀身无益，适足增羞，故每攘臂忍辱[18]，辄复苟活。左右之人，见陵如此，以为不入耳之欢，来相劝勉。异方之乐，祇令人悲，增忉怛耳[19]。

嗟乎！子卿！人之相知，贵相知心。前书仓卒，未尽所怀，故复略而言之：昔先帝授陵步卒五千[20]，出征绝域[21]，五将失道[22]，陵独遇战。而裹万里之粮，帅徒步之师，出天汉之外[23]，入强胡之域。以五千之众，对十万之军，策疲乏之兵，当新羁之马[24]。然犹斩将搴旗[25]，追奔逐北，灭迹扫尘[26]，斩其枭帅[27]。使三军之士，视死如归。陵也不才，希当大任，意谓此时，功难堪矣。匈奴既败，举国兴师，更练精兵，强逾十万。单于临阵，亲自合围。客主之形，既不相如[28]，步马之势，又甚悬绝[29]。疲兵再战，一以当千，然犹扶乘创痛决命争首[30]，死伤积野，余不满百，而皆扶病，不任干戈。然陵振臂一呼，创病皆起，举刃指虏，胡马奔走；兵尽矢穷，人无尺铁，犹复徒首奋呼[31]，争为先登。当此时也，天地为陵震怒，战士为陵饮血[32]。单于谓陵不可复得，便欲引还[33]。而贼臣教之[34]，遂便复战。故陵不免耳。

昔高皇帝以三十万众[35]，困于平城，当此之时，猛将如云，谋臣如雨，然犹七日不食，仅乃得免。况当陵者，岂易为力哉[36]？而执事者云云[37]，苟怨陵以不死。然陵不死，罪也；子卿视陵，岂偷生之士，而惜死之人哉？宁有背君亲，捐妻子，而反为利者乎？然陵不死，有所为也，故欲如前书之言，报恩于国主耳。诚以虚死不如立节，灭名不如报德也[38]。昔范蠡不殉会稽之耻[39]，曹沫不死三败之辱[40]，卒复勾践之仇[41]，报鲁国之羞[42]。区区之心，窃慕此耳。何图志未立而怨已成，计未从而骨肉受刑？此陵所以仰天椎心而泣血也[43]！

足下又云："汉与功臣不薄。"子为汉臣，安得不云尔乎？昔萧樊囚絷[44]，韩彭葅醢[45]，晁错受戮[46]，周魏见辜[47]，其余佐命立功之士[48]，贾谊亚夫之徒[49]，皆信命世之才，抱将相之具，而受小人之谗，并受祸败之辱，卒使怀才受谤，能不得展。彼二子之遐举[50]，谁不为之痛心哉！陵先将军[51]，功略盖天地，义勇冠三军，徒失贵臣之意(52)，到身绝域之表(53)。此功臣义士所以负戟而长叹者也！何谓不薄哉？

且足下昔以单车之使，适万乘之虏(54)，遭时不遇，至于伏剑不顾(55)，流离辛苦，几死朔北之野(56)。丁年奉使(57)，皓首而归(58)。老母终堂(59)，生妻去帷(60)。此天下所希闻，古今所未有也。蛮貊之人(61)，尚犹嘉子之节，况为天下之主乎？陵谓足下，当享茅土之荐(62)，受千乘之赏(63)。闻子之归，赐不过二百万，位不过典属国(64)，无尺土之封，加子之勤。而妨功害能之臣，尽为万户侯(65)，亲戚贪佞之类，悉为廊庙宰(66)。子尚如此，陵复何望哉？

且汉厚诛陵以不死(67)，薄赏子以守节，欲使远听之臣，望风驰命，此实难矣。所以每顾而不悔者也。陵虽孤恩，汉亦负德(68)。昔人有言：‘虽忠不烈，视死如归。’陵诚能安(69)，而主岂复能眷眷乎？男儿生以不成名，死则葬蛮夷中，谁复能屈身稽颡(70)，还向北阙(71)，使刀笔之吏(72)，弄其文墨邪？愿足下勿复望陵！

嗟乎！子卿！夫复何言！相去万里，人绝路殊。生为别世之人，死为异域之鬼，长与足下生死辞矣！幸谢故人，勉事圣君。足下胤子无恙(73)，勿以为念，努力自爱！时因北风，复惠德音！李陵顿首(74)。

【注释】

①子卿：苏武字。足下：古代用以称上级或同辈的敬词。②令德：美德。令：美。③策名：臣子的姓名书写在国君的简策上。这里指做官。④荣问：好名声。问：通“闻”。休畅：吉祥顺利。休：美。畅：通。⑤异国：此指匈奴。⑥依依：恋恋不舍之状。⑦辱：承蒙，书信中常用的谦词。⑧韦鞲（gōu）：皮革制的长袖套，用以束衣袖，以便射箭或其他操作。毳（cuì）幕：毛毡制成的帐篷。⑨膻（shān）肉：带有腥臭气味的羊肉。酪（lào）浆：牲畜的乳浆。⑩玄冰：黑色的冰。形容冰结得厚实，极言天气寒冷。⑪胡笳：我国古代北方民族的管乐，其音悲凉。此处指胡笳吹奏的音乐。⑫临年：达到一定的年龄。此处指已至暮年。⑬鲸鲵（ní）：鲸鱼雄曰鲸，雌曰鲵。原指凶恶之人，《左传·宣公十二年》：“古者明王伐不敬，取其鲸鲵而封之，以为大戮。”此处借指被牵连诛戮的人。⑭先君：对自己已故父亲的尊称，此处指李当户。当户早亡，李陵为其遗腹子。嗣：后代，子孙。⑮孤负：亏负。后世多写作“辜负”。区区：小，少。此处作诚恳解。⑯刺心：自刺心脏，意指自杀。⑰已矣：表绝望之词。⑱攘（ráng）臂：捋起袖口，露出手臂，是准备劳作或搏斗的动作。⑲忉怛（dāo dá）：悲痛。⑳先帝：已故的皇帝，指汉武帝。㉑绝域：

极远的地域。此处指匈奴居住地区。㉒五将：五员将领，姓名不详。《汉书》未载五将失道事，唯《文选》李善注载："《集》表云：'臣以天汉二年到塞外，寻被诏书，责臣不进。臣辄引师前。到浚稽山，五将失道。'"㉓天汉：指汉朝控制的区域。㉔当：挡。这里指抵御。㉕搴（qiān）：拔取。㉖灭迹扫尘：喻肃清残敌。㉗枭（xiāo）帅：骁勇的将帅。㉘相如：相比。如：及，比。㉙悬绝：相差极远。㉚扶：支持，支撑。乘：凌驾，此处有不顾的意思。《汉书·李陵传》："士卒中矢伤，三创者载辇，两创者将车，一创者持兵战。"决命争首：效命争先。㉛徒首：光着头，意指不穿防护的甲衣。㉜饮血：犹言饮泣。形容极度悲愤。《文选》李善注："血即泪也。"㉝引还：退兵返回。引：后退。㉞贼臣：指叛投匈奴的军候管敢。㉟"昔高皇帝"二句：是说从前（汉高祖七年，前 200 年）高皇帝（即高祖刘邦）亲率大军三十万驻平城（今山西省大同市东），准备伐匈奴，被冒顿单于带领四十万骑兵围困七日之久。㊱为力：用力，用兵。㊲执事者：掌权者，此指汉朝廷大臣。㊳灭名：使名声泯灭。这里"灭名"与"虚死"对应，是取身无谓而死、名也随之俱灭之意。㊴范蠡不殉会稽之耻：鲁哀公元年（前 494）越王勾践兵败被围在会稽山，向吴王夫差求和，范蠡作为人质前往吴国，并未因求和之耻自杀殉国。㊵曹沫不死三败之辱：曹沫曾与齐国作战，三战三败，并不因屡次受辱而自杀身死。㊶卒复勾践之仇：指范蠡终于辅佐勾践灭吴，夫差自杀。㊷报鲁国之羞：庄公十三年（前 681），齐桓公伐鲁，庄公请和，会盟于柯（今山东省东阿县西南），沫以匕首劫持桓公，迫使他全部归还战争中侵占的鲁国土地。㊸椎（chuí）心、泣血：形容极度悲伤。椎：用椎打击。泣血：悲痛无声地哭。㊹萧：萧何，辅助刘邦建立基业，他曾因为请求上林苑向老百姓开放而遭囚禁。樊：樊哙，从刘邦起兵，屡建功勋，封舞阳侯。曾因被人诬告与吕后家族结党而被囚拘。㊺韩：韩信，初随项羽，后归刘邦，拜大将，屡建奇功，封楚王，后贬为淮阴侯。被吕氏斩首。彭：彭越，秦末聚众起兵，后归刘邦，多建军功，封梁王。后被处死，并夷三族。菹醢（zū hǎi）：剁成肉酱，是古代一种残酷的死刑。㊻晁错：颍川（今河南省中部及南部地区，治所在禹州市）人。景帝时，他建议削各诸侯国封地。后吴楚等七国诸侯反，有人认为是削地所致，晁错被冤杀。㊼周：周勃，沛人，从刘邦起事，以军功为将军，拜绛侯。吕氏死，勃与陈平共诛诸吕，立文帝。周勃曾被诬告欲造反而被下狱。魏：魏其侯窦婴，字王孙，观津（今河北省衡水县东）人，窦太后侄。景帝时，平定吴楚七国之乱有功，封魏其侯。与灌夫为至交。武帝时，灌夫因与丞相田蚡结仇下狱，婴力图相救，受牵连而被诛。见：受。辜：罪。㊽佐命：辅助帝王治理国事。㊾贾谊：洛阳人，自幼博学，文帝召为博士，迁太中大夫。积极参政。亚夫：即周亚夫，周勃之子，封条侯，曾屯军细柳，以军令严整闻名。景帝时，任太尉，率师平定七国叛乱。㊿二子：指贾谊、周亚夫。《文选》李善注则云："二子，谓范蠡、曹沫也。言诸侯才能者被囚戮，不如二子之能雪耻报功也。"联系全文和李陵处境，以后说为好。○51陵先将军：指李陵祖父李广。○52贵臣：指卫青。卫青为大将军伐匈奴，李广为前将军，遭遇单于军队而被调离前将军，被遣出东道，因东道远而难行，迷惑失路，被卫青追逼问罪，含愤自杀。○53刭身：之刎颈自杀。○54万乘（shèng）：一万辆车。古代以万乘称君主。文中指武力强盛的大国。虏：古代对少数民族的贬称。此指匈奴。○55伏剑：以剑自杀。此句是说，苏武在卫律逼降时，引佩刀自刺的事。○56朔北：北方。这里指匈奴境。○57丁年：成丁的年龄，即成年。这里强调苏武出使时正处壮年。○58皓（hào）首：年老白头。皓：光亮、洁白。○59终堂：死在家里。终：死。○60去帷：离开帷幄，指改嫁。去：离开。○61蛮貊（mò）：泛指少数民族。这里指匈奴。貊，古代对居于东北地区民族的称呼。○62茅土之荐：指赐土地、封诸侯。○63千乘之赏：也指封诸侯之位。古代诸侯称千乘之国。○64典属国：官名。掌管民族交往事务，位在三公之下。秩中二千石。○65万户侯：食邑万户之侯。文中指受重赏、居高位者。○66廊庙：殿四周的廊和太庙，是帝王与大臣议论政事之地，因称朝廷为廊庙。"廊庙宰"，即指朝廷中掌权的人。○67厚诛：严重的惩罚。○68孤恩：辜负恩情。恩：此指上对下的好处。下句"负德"之"德"偏指下对上的功绩。○69安：安于死，即视死如归之意。○70稽颡（sǎng）：叩首，以额触地。颡：额。○71北阙：原指宫殿北面的门楼，后借指帝王宫禁或朝廷。○72刀笔之吏：主办文案的官吏，他们往往通过文辞左右案情的轻重。○73胤（yìn）子：儿子。苏武曾娶匈奴女为妻，生子名通国，苏武归时仍留匈奴，宣帝时才回到汉朝。○74顿首：叩头，书信结尾常用作谦辞。

【译文】

子卿你好：你努力发扬美德，在清时建立功名，美好的名声传遍四方，真是太好了。我远远地寄身外国，这是古人感到悲哀之事。我常远望故人，怎能不叫人依恋！从前蒙你不弃，从远方给我回信，尽力安慰我、教诲我，比对待骨肉亲人还好，我李陵虽说无才，又怎能不感慨！自从我投降匈奴，直到今天，身处穷困之中，独自坐着，忧愁痛苦，一天到晚什么也看不到，只能见到外族的人。每天穿着皮制臂套，住着毡帐来抵御风雨，吃着带腥味的肉，喝着乳浆，来充饥解渴。想要抬眼说笑，又有谁能和我共同欢乐？边地冰层发黑，土地冻裂得十分厉害，只听见使人悲哀的北风发出凄凉萧条的声音。寒秋九月，塞外草枯，夜里不能入睡，侧耳远听，胡笳声此起彼伏，牧马悲叫，长吟悲啸，野兽成群，边地各种声音四处响起。早晨坐着听到这些声音，不知不觉就流下眼泪。唉！子卿啊子卿！我李陵的心哪有什么特别，能不伤心吗？

我和你分别以后，更觉无聊，想到上有老母，到老年被诛，妻子儿女没有罪过，也都被当作坏人杀死；我自己辜负国恩，为世上的人所悲哀。你回国得到荣耀，我留在匈奴遭到耻辱，这是命啊，叫人怎办！我生于奉行礼义的国家，来到愚昧无知的地方，背弃君王父母的恩情，长期生活在蛮夷国内，真是叫人伤心啊！使先父的儿子，变成戎狄一族的人，这是我更伤心的事！我功大罪小，不能得到君主的理解，辜负了我李陵一片诚挚的心意，每当想到这些，便忽忽悠悠忘记了自己还活着。我不难剖出心来表明自己的纯洁，割掉脑袋来表明我的心志，但国家已对我断了恩情，我杀身也没有益处，恰恰只足以增添耻辱。所以常常因忍辱而挽臂愤慨，但又苟且活着。身边的人，见我这样，就用不能入耳的欢乐曲调来劝慰、勉励我。异地的乐曲，只能令人悲哀，增加忧伤罢了。

嗳！子卿啊子卿！人们相互了解，可贵的是彼此知心。上次信写得仓促，未能把我心中的话说尽，所以现在再简略地谈一谈。以前先帝拨给我步兵五千，出征远国，五位将军因故误了会合的时间，我独自遭遇敌军和他们作战。我带了行军万里的军粮，率领徒步前进的军队，出征到汉朝以外的地方，进入强大的匈奴的领地。靠着五千士兵，对抗十万敌军，指挥疲乏的兵士，抵挡着刚上笼头的战骑，可是还能斩将夺旗，追逐逃亡的败兵，像扫除尘土一样把他们消灭得无影无踪，杀了他们勇猛的主帅。我们全军战士都视死如归。我李陵不才，很少担当重大的任务，以为这时自己的功劳难以比拟。匈奴打了败仗以后，举国动员，又挑选精兵，强大的部队人数超过十万，单于亲自临阵督战，指挥部队包围我军。敌我双方，力量已经不能相比，我们步兵和匈奴骑兵的势力，又相差极大。我们疲劳的士兵再次作战，一个当一千人用，仍然是互相搀扶着，或者用战车装着受重伤的战士，争先恐后地拼命战斗。战死的、受伤的积满原野，剩下的不满百人，而且都是身染疾病，连兵器都扛不动。可是我振臂一呼，受伤的、有病的都振作起来了，挥刀向敌人砍去，使匈奴骑兵奔亡逃跑。我们的士兵武器和箭都没有了，人们手无尺铁，连头盔都掉了还奋力呼叫，争着冲到前面去。在这个时候，天地为我震怒，战士为我吞下血泪。单于认为不能俘虏我，便想收兵回去，可是贼臣却把我军的底细告诉了他，他便又来攻击，所以我不免做了俘虏。

从前高皇帝率领三十万士兵，被匈奴围困在平城，那时，汉军猛将如云，谋臣如雨，可是依然七天无法进餐，最后才幸免于难。何况我处于这样的境遇中，哪能轻易脱难呢？然而汉朝执政的人却议论纷纷，随随便便地责怪我没有死。我没有死，是有罪的，但子卿你看我李陵，难道是一个苟且偷生的人和怕死鬼吗？哪有背弃君主父母、抛弃妻子儿女，却反认为这是对自己有利的呢？我没有死掉，是准备有所作为。本来我打算像上次信中说的那样，是想寻找机会，报答君主的恩德。我确实认为白白死掉不如建立节操，毁灭声名不如用行动报答恩德。从前范蠡没有为在会稽蒙受亡国的耻辱而死去，曹沫不因为蒙受三次打败仗的耻辱而死去，最后他们终于分别替勾践报了仇，替鲁国雪了耻。我心中深切仰慕的正是这些举动。哪里料到壮志未立，可怨恨已经产生了，计划未能实现，可骨肉亲属却已被杀了，这便是我为何仰望苍天用手击心而流血流泪的原因。

子卿又说："汉朝对待功臣的恩情不薄。"你是汉朝的臣子，怎能不这样说呢？从前萧何、樊哙被拘禁，韩信、彭越被剁成肉酱，晁错被腰斩东市，周勃、魏其侯被定罪。其他辅佐的臣子、立功的人士，如贾谊、周亚夫一类人，都真正是天下闻名的人才，他们具有为将为相的本领，却受到小人的谗害，同样遭到灾祸、受到侮辱。最终使他们怀抱才能而被人诽谤，有本领而不能施展。他们两位的死去，谁能不为他们感到痛心呢！我的祖父将军李广，功劳谋略胜过天地间的一切人，忠义勇敢在三军中数第一，只是不合贵臣心意，就自刎在远国以外，这是忠臣义士们扛着戟而长声叹息的事啊。怎能说恩情不薄呢！

况且从前你以一个轻车简从的使节身份，出使到拥有兵车万乘的匈奴，碰上不好的时机，以至于你伏剑自刎也不顾惜，辗转流离，茹苦含辛，差一点死在北方的荒原上。壮年时奉命出使匈奴，头发白了才回到汉地，年老的母亲死了，年轻的妻子改了嫁，这是天下很少听说而古今都没有过的事。那些蛮貊民族的人，尚且还赞美你的节操，何况作为统治天下的君主呢？我以为你该享受分封土地的待遇，得到封侯的奖赏。但听说你回国后，赐给你的钱不过二百万，官位不过是典属国，没有用一尺封地来报答你的劳苦。可是那些妨害他人建立功业、施展才能的臣子都被封为万户侯，皇亲国戚以及那一班贪婪谄媚的人都在朝廷担任高官。你的待遇尚且是这样，我还指望什么呢！

况且汉朝对我没死给予沉罚，对你守节给予很少的奖赏，想使在远方听到这些消息的臣子，见到这种势头而来归顺汉朝，实在是很难啊！所以我每当想到这些，便不后悔了。我虽然辜负了汉朝的恩情，汉朝对我也丧失了恩德。前人有话说："忠心虽不很强烈，却把死看得像回家一样。"我果真能安然就义，可君主又怎能怀念和关照我呢？男子汉活着不能成名，死了埋葬在蛮夷之乡。谁又能弯腰叩头，回过头来面对宫庭门楼，让那些办理文书的官吏搬弄笔墨呢？希望你不要再盼望我回汉朝了。

唉！子卿啊子卿！还有什么好说的呢？我们相离万里，人已隔绝，路也不通。

我活着成为另一世界的人，死了成为异国的鬼，和你永远生离死别了。希望你告诉我往日的朋友们，努力为圣明的君王服务。你的儿子很好，不要挂念，你要珍爱自己。当北风吹动时，望你再给我写信来。李陵叩头。

【评析】

　　唐朝刘知幾提出本文是伪作，后来的一些学者也支持这个观点，故本文的真伪依旧是学术公案。但笔者认为，如果是伪作，造假者是谁？他为什么要造假？故我认为伪作之说证据不足，这里不多探讨这个问题。文章符合书信语言，也符合李陵和苏武两人关系。信中主要是倾诉自己当初的战绩和不死的初衷，并引范蠡和曹沫两人的故事来表白自己的想法。其中揭露了朝廷的刻薄寡恩，表现自己进退维谷的尴尬处境以及无法再回归故国的悲怆心情。其中自己率领五千步兵和匈奴全国精锐大战的那段文字，是当时战斗状况的生动描写，根据其他史料以及司马迁《报任安书》的文字，基本是可信的。所谓"五将失道"的说法，也符合汉代出征的军事编制和行进规则，故是可信的。而李陵部队当时苦战以及战果都很显著。但李陵如此勇猛善战，被俘后投降毕竟与自杀殉国、坚持不降不同。这是事情的一个方面。但即使李陵投降，汉朝将其母亲以及全家都杀戮也太过分，确实是刻薄寡恩。而汉朝对于苏武的封赏也实在太薄，这是后代士人共同的看法。李陵信中最主要的观点是干事人罚厚赏薄，皇亲国戚和会溜须拍马之整事之人则安享荣华富贵。这是中国历史上的症结，可谓点到要害处，故有思想意义。文中感情真挚，如泣如诉，一唱三叹，很有艺术感染力。

█ 路温舒

　　路温舒，字长君，西汉钜鹿（今属河北）人。举孝廉，官至廷尉奏朝掾、太守等职。反对严刑峻法。

路温舒尚德缓刑书

西汉文

　　昭帝崩①，昌邑王贺废②，宣帝初即位③，路温舒上书言宜尚德缓刑④。

其辞曰：

"臣闻齐有无知之祸⑤，而桓公以兴；晋有骊姬之难⑥，而文公用伯。近世赵王不终⑦，诸吕作乱⑧，而孝文为太宗⑨。由是观之，祸乱之作，将以开圣人也⑩。故桓、文扶微兴坏，尊文、武之业，泽加百姓，功润诸侯，虽不及三王，天下归仁焉。文帝永思至德，以承天心，崇仁义，省刑罚，通关梁⑪，一远近，敬贤如大宾，爱民如赤子，内恕情之所安⑫，而施之于海内，是以囹圄空虚⑬，天下太平。夫继变化之后，必有异旧之恩，此贤圣所以昭天命也。往者，昭帝即世而无嗣，大臣忧戚，焦心合谋，皆以昌邑尊亲，援而立之⑭。然天不授命，淫乱其心，遂以自亡。深察祸变之故，乃皇天之所以开至圣也。故大将军受命武帝⑮，股肱汉国⑯，披肝胆⑰，决大计，黜亡义⑱，立有德⑲，辅天而行，然后宗庙以安，天下咸宁。臣闻《春秋》正即位，大一统而慎始也⑳。陛下初登至尊，与天合符，宜改前世之失，正始受命之统㉑，涤烦文，除民疾，存亡继绝，以应天意。

"臣闻秦有十失，其一尚存，治狱之吏是也。秦之时，羞文学㉒，好武勇，贱仁义之士，贵治狱之吏，正言者谓之诽谤，遏过者谓之妖言㉓，故盛服先王㉔，不用于世，忠良切言皆郁于胸，誉谀之声日满于耳，虚美熏心，实祸蔽塞，此乃秦之所以亡天下也。方今天下，赖陛下恩厚，亡金革之危，饥寒之患，父子夫妻戮力安家㉕，然太平未洽者㉖，狱乱之也。夫狱者，天下之大命也，死者不可复生，绝者不可复属。《书》曰：'与其杀不辜，宁失不经㉗。'今治狱吏则不然，上下相殴，以刻为明，深者获公名，平者多后患。故治狱之吏，皆欲人死，非憎人也，自安之道在人之死。是以死人之血流离于市，被刑之徒比肩而立，大辟之计岁以万数㉘。此仁圣之所以伤也。太平之未洽，凡以此也。夫人情安则乐生，痛则思死，棰楚之下㉙，何求而不得？故囚人不胜痛，则饰词以视之，吏治者利其然，则指道以明之，上奏畏却㉚，则锻练而周内之㉛；盖奏当之成㉜，虽咎繇听之㉝，犹以为死有余辜。何则？成练者众㉞，文致之罪明也㉟。是以狱吏专为深刻，残贼而亡极，媮为一切，不顾国患，此世之大贼也。故俗语曰："画地为狱，议不入；刻木为吏，期不对㊱。"此皆疾吏之风，悲痛之辞也。故天下之患，莫深于狱；败法乱正㊲，离亲塞道，莫甚乎治狱之吏，此所谓一尚存者也。"

"臣闻乌鸢之卵不毁㊳，而后凤凰集；诽谤之罪不诛，而后良言进。故古人有言：'山薮臧疾，川泽纳污，瑾瑜匿恶，国君含诟^㉟。'唯陛下除诽谤以招切言，开天下之口，广箴谏之路^㊵，扫亡秦之失，尊文武之德，省法制，宽刑罚，以废治狱，则太平之风可兴于世，永履和乐，与天亡极，天下幸甚。"

上善其言。

【注释】

①昭帝：汉昭帝，名刘弗陵，武帝少子。②邑王废：公元前74年，汉昭帝死，无嗣，昌邑王刘贺（汉武帝孙）即位，淫戏无度。大将军霍光用太后名义废了他。昌邑：古县名。③霍光废黜昌邑王刘贺后，另立汉武帝的曾孙刘询为帝，是为汉宣帝。④路温舒：西汉著名的司法官。字长君，钜鹿（今属河北）人。信奉儒家学说。起初学习律令，当过县狱吏、郡决曹史、廷尉奏曹掾、守廷尉史、郡太守等职。⑤无知之祸：无知，春秋时齐公子，自立为齐君。后被人杀死，公子小白自莒回齐即位，便是五霸之一的齐桓公。⑥晋有骊姬之难：骊姬，春秋时晋献公宠姬。晋献公伐骊戎（古国名，在今陕西临潼县东北），得骊姬，立为夫人，十分宠幸，生奚齐、卓子。不久就谗害太子申生，晋国内乱。公子重耳流亡后回到晋国，立为晋文公，成为春秋时一代霸主。⑦赵王不终：赵王，汉高祖刘邦宠姬戚夫人儿子，名如意，封为赵王。刘邦死，惠帝立，太后吕雉毒死赵王如意，残害戚夫人。⑧诸吕作乱：惠帝死后，吕太后和她侄儿吕台、吕产、吕禄等专权，想把"刘姓天下"改变为"吕氏王朝"。⑨孝文为太宗：吕雉死，大臣周勃、陈平等消灭诸吕，迎立代王刘恒即位，是为孝文帝，庙号太宗。⑩以开圣人：为圣人开辟道路。⑪关：关卡，关口。梁：桥梁。⑫恕：宽容，宽厚。⑬囹圄：牢狱。⑭援：援用旧例。⑮受命武帝：指霍光接受武帝的托孤之重。⑯股肱（gōng）：股，大腿；肱，手臂。比喻像左膀右臂一样匡扶国家，即辅佐的意思。⑰披肝胆：指披肝沥胆，冒一定风险。⑱黜亡义：罢黜无义之人，指昌邑王刘贺。亡：通"无"。⑲立有德：指立宣帝。⑳正即位：把即位看得很正统、正规。《春秋》记载古代帝王诸侯即位，很讲究名分，名分正的，就写即位，名分不正的，就不写即位。㉑始受命：指初即位。统：法制。㉒文学：先秦时期曾将哲学、历史、文学等书面著作都称为文学，这里指文教方面的事。㉓遏过：防止过失。㉔盛服先王：竭力服膺先王的人。先王：指夏禹、商汤、周文王等行仁义道德的帝王。㉕戮力：并力，尽力。㉖洽：协调。㉗与其杀不辜，宁失不经：语出《尚书·大禹谟》。不经：不合常规。㉘大辟：死刑。㉙棰楚：古代刑具。棰：木棍。楚：荆条。㉚却：批驳退回。㉛锻练：比喻酷吏枉法，多方编造罪名。周：周密。内：同"纳"，归纳。㉜奏当：上奏的罪名和材料适当。㉝咎繇（yáo）：舜时建立法律设立监狱的臣子。

㉞成练：构成各种罪名。㉟文致：文饰而使人获罪。㊱画地为狱：相传上古时期，在地上画圈，令犯罪者立圈中，以示惩罚。画者、刻者都是假的，假的都不愿意忍受，真的就更不能忍受了。表示对监狱、酷吏的愤恨。㊲乱正：扰乱政事。㊳乌：乌鸦。鸢（yuān）：老鹰。㊴这四句话出于《左传·宣公十五年》。薮：生长着很多草的湖。瑾瑜：美玉。诟：耻辱。㊵箴（zhēn）：劝诫，劝告。

【译文】

汉昭帝逝世，昌邑王刘贺刚继位就被废黜，宣帝刚刚登上皇位。路温舒趁这个时机上书，主张崇尚德治缓解刑法。书中说：

"我听说齐国有公孙无知杀死襄公的祸事，桓公才能够兴起；晋国发生骊姬进谗那样的灾难，文公才能在诸侯中称霸；近世赵王未能寿终而死，诸吕发动叛乱，而孝文帝才被尊为太宗皇帝。由此看来，祸乱的发生，将会为圣人的出现开创机会。所以齐桓公、晋文公扶植、振兴衰败的国家，尊崇周文王、周武王建立功业，给百姓带来恩泽，功劳施及诸侯，虽然赶不上夏禹、商汤和周文王，可是天下人民都归附于他们的仁政。孝文帝常常想到如何具备最高德行，来承受天意，他崇尚仁义，减轻刑罚，打通关隘、架起桥梁，远近如一，敬重贤人如同对待贵宾一样，爱护百姓如同爱护小孩，他用自己的心推想别人的心，把内心觉得安适的事情推行到全国，因此监狱空无一人，天下太平。紧接社会变化以后即位的君主，一定会给人们带来不同往日的恩惠，这是贤明的圣人用来显示天意的行为。从前昭帝去世时没有儿子，大臣们忧愁得很，怀着焦急的心情共同商量，都认为昌邑王是尊贵的皇室亲属，援引古礼而立他为帝，但是上天不肯授命，而是把他的心弄乱，于是便自己丢失帝位。仔细思考这种祸患事变发生的缘故，这是上天用来为圣君开启道路的方式。所以大将军霍光接受武帝的遗命，成为汉朝君主最得力的辅臣，他披肝沥胆，决定大计，黜退不讲仁义的人，立有德行的人为帝，辅助上天行事，这样祖庙才得安定，天下才都太平无事。我听说《春秋》很重视君王登基的名分和程序，这是重视一统天下而慎重地开始新的局面。陛下刚登上帝位，与天意符合，应该纠正前代的过失，在承受天命继承帝业时正确慎重对待皇帝的大统。去掉烦苛的法令，解除百姓的疾苦，保存继承好将要失去的或已经断绝的好传统，来应合天意。

"我听说秦朝有十条重大失误，其中一条现在还有，就是负责审案的官吏问题。秦朝时候，看不起文学，崇尚武勇精神，轻视奉行仁义的人，重视负责判案的官吏，正直的言论被认为是诽谤，阻拦犯错误的话被说成是妖言，所以那些衣冠整齐的儒生不被重用，忠良恳切的言辞都郁积在胸中，称赞阿谀声天天响在他们耳边，虚伪的赞美迷住心窍，而实际存在的祸患被遮蔽、掩盖住了，这就是秦朝失去天下的原因。如今天下仰赖陛下恩厚，没有战争的危险和饥饿寒冷的忧患，父子、夫妻合力安家过日子，但天下太平还未完全实现，原因就是判案的人把事情搞乱了。审案判案，是天下最重要的事情，被处死的人不能复活，人被砍断了肢体不能再接起来。《尚书》上说："与其杀死无罪的人，宁愿犯不遵守成规旧法之错误。"现在负责判案的官吏却不是这样，上下相互揪斗，把苛刻当作严明，判案严厉苛刻获得清明和公道的名声，判案公平的后来多有祸患。所以负责判案的官吏，都想尽办法置人于死地，并不是他们恨别人，而是他们求得自身安全的办法就在于置人于死地。因此死人的血在街上漂流，受刑的人并肩而立，被处死刑的人计算起来每年数以万计。这是奉行仁义的圣人感到悲伤的原因。太平未能完全实现，都是因为这种情况引起的。人情是安适的时候就会愿意活着，痛苦的时候就想要死，在木棍荆杖鞭打之下，还有什么要求不能得到呢？所以罪犯忍受不了痛苦，就用些假话招供，审案的官吏就因势利导，点明罪犯应该招认的罪状，审案者还担心案子报上后会被驳回，于是便罗织罪状，周密编织罪名，到了报告上级判罪时，即使是皋陶那样的法官听了囚犯的罪状，也认为处死也抵偿不了他的罪过。为什么呢？这是由于审案的官吏违法陷人于罪、广列罪名，玩弄法律条文把罪状写得十分严密明确的缘故。因此审案的官吏专门苛刻严峻地对待犯人，残害人而没有底线，办事苟且，不顾国家遭到祸患，这是世上的大害。所以俗话说：'在地上画一座监狱，也不进去；面对着木刻的狱吏，也不与他对话。'这都反映出社会上痛恨狱吏的风气，是很悲痛的语言。所以天下的祸害，没有什么比得上法官如此判案更糟糕。败坏法纪，扰乱政事，使亲人分离，道义不明，没有谁比负责判案的官吏更厉害的。这就是我所说秦朝过错至今还存在的一条。

"我听说鸱鸮下的蛋不遭到毁坏，然后凤凰才会停留在树上；犯所谓诽谤罪的人不受惩罚，然后才会有人向朝廷说出有益的话。所以古人有话：'山林水泽隐藏着毒害人的东西，河流湖泊容纳污秽的东西，美玉隐藏着瑕斑，国君能容忍辱骂。'愿陛下除去诽谤的罪名，用来招致恳切的忠言，让天下人开口说话，扩大人们规劝、进谏的渠道，扫除造成秦朝灭亡的过错，尊崇周文王、周武王的德行，减省法制条文，宽缓刑罚，用这些来清除治狱的积弊，那么天下就可以出现太平的气象，长期和平安乐，和天地一样没有穷尽，那样，人民就太幸运了。"

　　宣帝很赞成他的意见。

【评析】

　　本文之入选，可以看出《古文观止》选者的慧眼和胆识。本文内容是中国历史上比较严重的社会问题，其突出点是司法刑狱问题。一是要求司法公平；二是要求司法开明温和，揭示严刑酷吏的危害。而要求做到司法公平没有冤假错案，就要废止在审判过程中用刑，不能逼供，更不可以诱供。社会公平的大问题，也是一切有识之士共同关注的问题。文章先从秦朝灭亡的十大过失说起，指出如今还有一条。这容易引起关注。接着便指出这一条是"治狱之吏"，成为文章的中心论点。文章指出："秦有十失，其一尚存，治狱之吏是也。"即过分重视、重用"治狱之吏"。这些人"败法乱正，离亲塞道"。他们竞相追逐，滥施刑罚。以"治狱"越苛刻越好，量刑、判刑越重越好。结果，就造成"被刑之徒，比肩而立；大辟之计，岁以万数"。文章尖锐地揭露这些人运用逼、供、信的残忍手段，罗织罪名。所谓"棰楚之下，何求而不可得"。靠刑讯来逼供，"囚人不胜痛，则饰辞以视之"，被迫造假。"吏治者利其然，则指道以明之"，其实就是诱供。"上奏畏却，则锻练而周内之。"同时，文章还指出出现这种状况的原因是制度问题而非狱吏本人的品质问题，这就更深刻而有普遍意义。当时"治狱之吏"都"以刻为明"，是当时朝廷倡导的结果。朝廷利用权势，大搞思想钳制、舆论一律，使执法"深者获公名，平者多后患，故治狱之吏皆欲人死，非憎人也，自安之道在人之死。""自安之道在人之死"太深刻太令人毛骨悚然了。

　　可贵的是路温舒还提出矫治之法，一是提出"除诽谤以招切言"，即让人讲话，他继承古代开明政治家提倡广开言路的优良传统。二是主张"与其杀不辜，宁失不经"，即可杀可不杀者不杀，可治罪可不治罪者不治罪。这在今天看来，依然是很进步的思想，仍有积极意义。文章说理透彻，引经据典精练而准确。

杨恽,字子幼,西汉名士。他是丞相杨敞次子、司马迁的外孙。为人轻财好义,廉洁无私;但桀骜不驯,狂放直言,故多结怨于朝廷官吏。失爵位居家后,友人孙会宗劝告他,应闭门思过。由此引出杨恽的牢骚怨愤,遂写信为自己狂放不羁的行为辩解;表面上说"圣主之恩不可胜量",骨子里却满是对皇帝的抱怨。宣帝发现后,以"大逆不道罪"将其腰斩。

杨恽报孙会宗书

西汉文

恽既失爵位家居,治产业,起室宅,以财自娱。岁余,其友人安定太守西河孙会宗①,知略士也,与恽书谏戒之,为言大臣废退当阖门惶惧,为可怜之意②,不当治产业,通宾客,有称誉。恽宰相子,少显朝廷,一朝晻昧,语言见废③,内怀不服。报会宗书曰:

恽材朽行秽④,文质无所底⑤,幸赖先人余业,得备宿卫⑥。遭遇时变⑦,以获爵位⑧。终非其任,卒与祸会⑨。足下哀其愚蒙⑩,赐书教督以所不及,殷勤甚厚。然窃恨足下不深推其终始⑪,而猥随俗之毁誉也⑫。言鄙陋之愚心⑬,若逆指而文过⑭;默而息乎,恐违孔氏各言尔志之义⑮。故敢略陈其愚,惟君子察焉。

恽家方隆盛时⑯,乘朱轮者十人⑰,位在列卿⑱,爵为通侯⑲,总领从官⑳,与闻政事。曾不能以此时有所建明,以宣德化,又不能与群僚同心并力,陪辅朝庭之遗忘,已负窃位素餐之责久矣㉑。怀禄贪势㉒,不能自退,遭遇变故,横被口语㉓,身幽北阙㉔,妻子满狱。当此之时,自以夷灭不足以塞责㉕,岂意得全首领㉖,复奉先人之丘墓乎?伏惟圣主之恩不可胜量。君子游道,乐以忘忧;小人全躯,说以忘罪。窃自私念,过已大矣,行已亏矣。长为农夫,以没世矣。是故身率妻子,勠力耕桑㉗,灌园治产,以给公上㉘,不意当复用此为讥议也㉙。

夫人情所不能止者,圣人弗禁。故君父至尊亲,送其终也㉚,有时而既^㉛。臣之得罪，已三年矣。田家作苦。岁时伏腊^㉜，烹羊炰羔^㉝，斗酒自劳^㉞。家本秦也，能为秦声。妇赵女也，雅善鼓瑟。奴婢歌者数人，酒后耳热，仰天拊缶而呼乌乌^㉟。其诗曰："田彼南山^㊱，芜秽不治^㊲。种一顷豆，落而为萁。人生行乐耳，须富贵何时！"是日也，拂衣而喜，奋袖低昂^㊳，顿足起舞；诚淫荒无度，不知其不可也。恽幸有余禄，方籴贱贩贵^㊴，逐什一之利。此贾竖之事^㊵，污辱之处，恽亲行之。下流之人，众毁所归，不寒而栗。虽雅知恽者，犹随风而靡^㊶，尚何称誉之有？董生不云乎^㊷："明明求仁义，常恐不能化民者，卿大夫之意也。明明求财利，尚恐困乏者，庶人之事也。"故道不同，不相为谋，今子尚安得以卿大夫之制而责仆哉！

夫西河魏土^㊸，文侯所兴，有段干木、田子方之遗风^㊹，凛然皆有节概，知去就之分。顷者足下离旧土^㊺，临安定^㊻，安定山谷之间，昆夷旧壤^㊼，子弟贪鄙，岂习俗之移人哉？于今乃睹子之志矣！方当盛汉之隆，愿勉旃^㊽，毋多谈。

【注释】

①孙会宗：西河（汉郡名，今山西汾州），曾任安定太守，杨恽朋友。②可怜之意：可怜的情形。③语言见废：杨恽被罢免，是因为宣帝宠臣戴长乐告他平时语言不敬。④材朽行秽：才能拙劣庸俗，行为污秽。自谦语。⑤文质：即"文质彬彬"的文质，意为品质和文化修养。⑥宿卫：宫廷侍卫。⑦时变：指霍光家族谋反案。⑧获爵位：杨恽在霍氏谋反案后因功封爵平通侯，位升中郎将。⑨祸会：遭遇灾祸。指杨恽被人诬告而废为庶人。⑩愚蒙：愚蠢蒙昧，糊涂。⑪深推其终始：深思事情的始末缘由。推：思考。⑫猥：随意苟且。⑬鄙陋：自己。自谦词。⑭逆指：忤逆你来信的意思。文过：文过饰非。⑮各言尔志：借用孔子在《论语·公冶长》篇中"各言尔志"的话表示也要说说自己的意见。⑯隆盛：兴隆鼎盛的时候。⑰朱轮：指两千石以上的高官。两千石官以上所乘之车，才可以用红色漆轮。⑱列卿：在九卿的行列中。⑲通侯：异性封侯者。⑳总领从官：全部统领侍从之官职。㉑窃位素餐：窃取官位而不能尽职守。㉒怀禄贪势：留恋官位，贪图权势。㉓横：无端，突然。口语：流言蜚语。㉔幽：囚禁。北阙：古代宫殿北面的门楼。汉朝时，大臣奏事或谒见在此待命。㉕夷灭：满门斩首，灭门。㉖得全首领：保全性命。㉗勠力：共同尽力。㉘以给公上：来供给官府上级。指缴纳赋税。㉙用此：因为这一点。㉚送其终：丧葬送终。指为父亲守丧。㉛既：结束。意谓即使为父亲守丧三年也结束而没有限制了。㉜岁时伏腊：即年节假日。古代重视伏日和腊日两个节日。㉝炰羔：把羊羔外包泥在火上煨烤。

㉞自劳：自己慰劳自己。㉟拊缶：拍打瓦器。缶：瓦制乐器。乌乌：象声词，即呜呜。㊱田：耕种。㊲芜秽不治：荒芜而没有人治理。指自己所耕种之南山原来是荒地。㊳奋袖低昂：挥舞衣袖而起舞。㊴籴贱贩贵：即贱买贵卖。㊵贾竖：商贾小人。古代轻视商人。㊶随风而靡：即随风倒。㊷董生：指董仲舒，汉代大儒。㊸西河：战国时郡名，魏文侯所建置，辖境在今陕西省东部黄河西边一带。㊹段干木：战国时魏国贤士，魏文侯请他为相，他不接受，魏文侯尊为师。田子方：魏国贤士，魏文侯尊为师。㊺顷者：不久之前。㊻安定：汉郡名，故治在今宁夏固原县。㊼昆夷：商周时西部少数民族，统称西戎。㊽勉旃（ zhān ）：努力吧！

【译文】

　　杨恽失掉爵位后在家闲居，置办产业，建造房屋，用钱财来自娱自乐。一年多后，他的好朋友安定太守孙会宗，一位有智慧有谋略的士人给杨恽写信劝谏告诫他，说大臣被废黜退职之后，应当关起门来惶恐惊惧，做出令人可怜的样子。不应当置办产业，交通宾客，有社会名声和称誉。杨恽是宰相儿子，年轻时在朝廷上名声就很显赫，一时倒霉受压抑，因为语言不慎而被废黜，心里很不服气，于是回答孙会宗的信说：

　　我杨恽才能低下，行为卑污，外部表现和内在品质都未能修养到家，幸而依赖先辈留下的功绩，才得以充任宫中侍从官。又遭遇非常事变，因而获得侯爵，但始终未能称职，最终遭到灾祸。你哀怜我的愚昧，承蒙您特意来信教导我所不够检点的地方，恳切的情意甚为深厚。但我私下却怪你没有深入推究事情的本末，而轻率地随从世俗的毁誉。说一下我浅陋的想法，好像与你来信的宗旨唱反调而掩饰自己的过错；沉默而不说吧，又恐怕违背了孔子提倡每人应当各自言说自己志向的原则。因此我才敢简略地谈谈我的愚见，希望你能思考一下。

　　我家正当兴盛的时候，乘坐朱轮车的高官就有十人，我也备位在九卿之列，爵封通侯，总管宫内的侍从官，参与国家大政。我竟不能在这样的时候有所建树，来宣扬皇帝的德政，又不能与同僚齐心协力，辅佐朝庭，补救缺失，已经受到窃踞高位白食俸禄的指责很久了。我贪恋禄位和权势，不能自动退职，终于遭到意外的变故，平白地被人告发，本人被囚禁在宫殿北面的楼观内，妻子儿女全关押在监狱里。在这个时候，自己觉得合族抄斩也不足以抵偿罪责，哪里想得到竟能保住脑袋，再去奉祀祖先的坟墓呢？我俯伏在地想着圣主的恩德真是无法计量。君子沉浸在道义中，快乐得忘记忧愁；小人保全性命，快活得忘掉自身的罪过。私下里自己反思，过错已经太大了，行为已经有亏阙了，即将长期当个农夫以度过此生罢了。因此亲自率领妻子儿女，竭尽全力耕田种粮，植桑养蚕，灌溉果园，经营产业，用来向官府交纳赋税，想不到因为这样做而又被人指责和非议。

人的感情所不能限制的情况，圣人也不加以禁止。所以即使是为君王和父亲，为他们送终服丧，也有结束之时。我得罪以来，已经三年。种田生涯劳作辛苦，一年中遇上伏日、腊日的祭祀，就烧煮羊肉烤炙羊羔，斟上一壶酒自我慰劳。我的老家本在秦地，因此我善于唱秦地民歌。妻子是赵地女子，平素擅长弹瑟。奴婢中也有几个会唱歌的。喝酒以后耳根发热，昂首面对苍天，信手敲击瓦缶，按着节拍呜呜歌唱。歌词是："在南山上种田辛勤，荆棘野草多得难以除清。种下一顷地的豆子，只收到一堆无用的豆茎。人生还是及时行乐吧，享受富贵谁知要到什么时辰！"这一天，我兴奋得拍打衣服而欢喜，两袖尽情地甩起来，两脚踏地而翩翩起舞，的确是纵情玩乐而不加节制，但我不懂这有什么不可以。我幸而还有积余的俸禄，正经营着贱买贵卖的生意，追求那十分之一的薄利。这是君子不屑只有商人才干的事情，备受轻视耻辱，我却亲自去做。地位卑贱的人，是众人诽谤的对象，我常因此不寒而栗。即使是素来了解我的人，尚且随风而倒讥刺我，哪里还会有人来称颂我呢？董仲舒不是说过吗："急急忙忙地求仁求义，常担心不能用仁义感化百姓，这是卿大夫的心意。急急忙忙地求财求利，还担心贫困匮乏，这是平民百姓的事情。"所以信仰不同的人，不互相商量。现在你还怎能用卿大夫的要求来责备我呢！

你的家乡西河郡原是魏国的所在地，魏文侯在那里兴起大业，还存在段干木、田子方留下的好风尚，他们两位都有高远的志向和气节，懂得去留和仕隐的抉择。近来你离开故乡，去到安定郡任太守。安定郡地处山谷中间，是昆戎族人的家乡，那里的人贪婪卑鄙，难道是当地的风俗习惯改变了你的品性吗？直到现在我才看清你的志向！如今正当大汉朝鼎盛时期，祝你努力进取，不要再多说了。

【评析】

杨恽是司马迁外孙。汉宣帝时，以父荫补常侍郎。以才能见称，名显朝廷，复擢为左曹。后因告发霍氏谋反有功，封平通侯，迁中郎将。此时是其人生鼎盛时期。他居官清正，有治绩，擢为诸吏光禄勋，亲近用事。为人轻财好义，廉洁无私，但自矜其能，不能容物，每有忤己者必欲害之，因此得罪不少朝廷显贵。正是这种品格，使太仆戴长乐怀疑杨恽在背后暗算他，就上书告发杨恽平日言论诽谤朝廷，无人臣之礼，于是杨恽被贬为庶人。后逢日食，有人上书归咎于杨恽骄奢不悔过所致，他被捕入狱。廷尉按验时，在家中搜出他写给孙会宗的这封信，宣帝看后大怒，判以大逆不道罪，腰斩处死。其妻儿被流放到酒泉郡。孙会宗也因此而罢官。

我反复阅读此信，品味其中的感情和内容，并不像后来的嵇康《与山巨源绝交书》那样嬉笑怒骂皆成文章，只是发发牢骚，也没有什么很明显的讽刺朝廷的意思。至于那首诗，不过是说耕耘辛苦而收获甚少罢了，看不出什么影射朝政，但表现出对于被处罚的不满则是很明显的。这是其被杀的关键。凡是被贬谪的官员，无论冤屈与否，都不能表现出不满的情绪。因为不满就是朝廷错了，而这种案件的最后裁定人是皇帝，所以更不能表现出一点不满。这便是孔子反复强调要"慎于言""讷于言"的原因。由于心情不平静，故信写得情怀勃郁，锋芒毕露，与司马迁《报任少卿书》桀骜不驯的风格如出一辙。清人余诚评道："行文之法，字字翻腾，段段收束，平直处皆曲折，疏散处皆紧炼，则酷肖其外祖。"

刘秀

刘秀，即东汉开国皇帝光武帝，公元25—57年在位。

光武帝临淄劳耿弇

刘秀

车驾至临淄①，自劳军，群臣大会。帝谓弇曰②："昔韩信破历下以开基③，今将军攻祝阿以发迹④，此皆齐之西界⑤，功足相方。而韩信袭击已降⑥，将军独拔勍敌⑦，其功乃难于信也。又田横烹郦生⑧，及田横降，高帝诏卫尉，不听为仇⑨。张步前亦杀伏隆，若步来归命，吾当诏大司徒释其怨⑩。又事尤相类也。将军前在南阳，建此大策⑪，常以为落落难合，有志者事竟成也。"

【注释】

①临淄：原春秋战国时齐国的都城。在今山东省临淄县。②弇（yǎn）：扶风茂陵（今陕西兴平）人，字伯昭。刘秀即位后，任建威大将军，封好畤侯。③韩信破历下：汉高帝三年，韩信袭击历下军，平定临淄。历下：今山东历城县。④祝阿：地名，故地在今山东长清县。光武

帝建城五年春，张步屯军祝阿，耿弇率兵讨伐，大破张步。⑤西界：历下、祝阿都是古时齐、鲁的分界，在齐国的西部。⑥韩信袭击已降：秦末，田儋自立为齐王，割据旧齐地。后田儋子田横，立兄田劳子广为齐王，自己为相。汉王齐邦派郦生去齐劝降，田横接受，解除历下军。韩信便趁其不备袭击。⑦劲（qíng）敌：即劲敌。实力强大的敌人。⑧田横烹郦生：当韩信袭历下时，田横以为郦生出卖自己，便将郦生烹杀。郦生：即郦食其。⑨卫尉：即郦商。陈留高阳乡（今河南杞县）人。郦食其弟，刘邦即帝位后封信成侯。⑩"张步"三句：光武帝派光禄大夫伏隆拜张步为东海太守。刘永也遣使立张步为齐王，张步接受刘永封号而杀伏隆。大司徒，伏隆的父亲伏湛。⑪"将军"二句：耿弇在南阳跟从刘秀，自请北收上谷兵，平定渔阳的彭宠，涿郡的张丰，东攻张步，平定齐地。刘秀同意他的策略。

【译文】

光武帝来到临淄，亲自慰劳军队，群臣都在这里集会。光武帝对耿弇说："过去韩信击破历下而开创汉朝的基业，而今将军你攻克祝阿而由此发迹。这两个地方都是齐国的西部地界，你的功劳足以和韩信相比。然而韩信袭击的是已经降服的对手，而将军你战胜的是强劲的敌人，取得功劳要比韩信困难。另外，当初田横烹杀了郦食其，到田横投降时，高帝下诏给卫尉郦商，不允许他与田横为仇。张步以前也杀了伏隆，如果张步来归降听命，我也要诏告大司徒伏湛，解除他和张步的冤仇，这两件事又更加相似。将军你以前在南阳时，就提出这项重大的计策，我曾经以为这事无人理解难以实现，如今看来，真是有志者事竟成啊！"

【评析】

光武帝乃中兴之主，是位有雄才大略和广阔胸襟之人。前线战事进行时，他亲自前去慰问将士，本身就可以鼓舞士气。他的讲话简明深刻，先用类似事例表扬耿弇的功业可以超过韩信，再用田横烹杀郦食其而归汉后高祖不计前仇的事例来提示杀死自己使者伏隆的张步如果前来归降，自己也会不计前仇。实际也有劝降的意思。即事即地即兴通过类比的方式来鼓舞士气和招降对方，这便是光武帝的高明机敏之处。最后一句"有志者事竟成"是对耿弇的最高表彰和赞美，对于其他将士也有鼓舞作用。

马援

马援，东汉名将，开国功臣。佐光武兴帝业，屡建军功，封伏波将军。其老当益壮、马革裹尸的豪迈气概，甚得后人称颂。

马援诫兄子严敦书
东汉文

援兄子严、敦①，并喜讥议，而通轻侠客。援前在交阯②，还书诫之曰③："吾欲汝曹闻人过失④，如闻父母之名：耳可得闻，口不可得言也。好议论人长短，妄是非正法，此吾所大恶也⑤：宁死，不愿闻子孙有此行也。汝曹知吾恶之甚矣，所以复言者，施衿结缡⑥，申父母之戒⑦，欲使汝曹不忘之耳！

"龙伯高敦厚周慎⑧，口无择言⑨，谦约节俭，廉公有威。吾爱之重之，愿汝曹效之。杜季良豪侠好义⑩，忧人之忧，乐人之乐，清浊无所失⑪。父丧致客，数郡毕至。吾爱之重之，不愿汝曹效也。效伯高不得，犹为谨敕之士，所谓'刻鹄不成尚类鹜'者也⑫。效季良不得，陷为天下轻薄子，所谓'画虎不成反类狗'者也⑬。讫今季良尚未可知，郡将下车辄切齿，州郡以为言⑭。吾常为寒心，是以不愿子孙效也。"

【注释】

①严：马严，字威卿。敦：马敦，都是马援兄长马余的儿子。②前在交阯：在交阯前线。交阯：郡名，辖境在今越南北部。③还书：写信回去。④汝曹：你们俩。⑤大恶：非常厌恶。⑥施衿结缡（lí）：古代父母送女儿出嫁时，要亲自系带子，披佩巾。⑦申父母之戒：父母要反复申述应该注意戒备的事情。⑧龙伯高：名述，京兆（今陕西省西安）人。刘秀看到马援此信，提拔他为零陵郡（故治今湖南省零陵市）太守。⑨口无择言：从他口中没有可以挑剔的话。⑩杜季良：名保，京兆人。光武帝时，官越骑司马，有人上书告他"为行浮薄，乱群惑众"，被免职。豪侠：豪爽有侠气。⑪清浊：指清流和浊流，犹言"黑白两道"。⑫"效伯高"三句：意谓如果学习龙伯高即使没有学习好，还是严谨慎重之人，即所谓的"画天鹅没有画好也能像

个野鸭"。⑬ "效季良" 三句：意谓如果学习杜季良不得要领，就会沦陷为轻薄之小人了，就是所谓的 "画虎没有画好反而像狗" 了。⑭ "讫今" 三句：意谓杜季良处境我直到现在也不清楚，但郡守将校离开公共场所就非常怨恨他。

【译文】

马援兄长马余的儿子马严、马敦，都喜欢讥笑议论，而且和浅薄的侠客交往。马援在交阯前线，往回写信告诫他们俩说：

"我希望你们听说别人的过失，就好像听到父母的名字一样，耳朵可以听，但口不能说。爱好议论他人长短，胡乱评论正常的法制，这是我最痛恨的。宁可死，也不愿意听说自己的子孙有这种行为。你们也知道我对此深恶痛绝，所以反复跟你们说，好像是父母送女儿出嫁时亲自给她披上披巾结上佩带一样，是想让你们不要忘记这些话啊！

"龙伯高为人朴实厚重周密谨慎，口中说出的话无可挑剔，谦虚自律而有节俭，廉洁公道而有威望，我爱他敬重他，希望你们学习效仿他。杜季良豪爽有侠气而好义气，把他人的忧虑作为自己的忧虑，把他人的快乐作为自己的快乐，不管是清流还是浊流，什么人都交结，他父亲死，几个州郡的人都来吊丧。我喜欢他，敬重他，但不希望你们效仿他。学习效仿龙伯高不得要领，还是谨慎规矩之人，即所谓的 '刻天鹅不成功，还能像只野鸭'。学习效仿杜季良不得要领，就会沦陷为天下的轻薄子弟，即所谓的 '画虎不成反类犬' 了。直到今天杜季良的结局还不知道，但州郡将领到任下车就咬牙切齿，州郡长官也以他说事。我经常为他感到寒心，因此不希望子孙学习效仿他。

【评析】

马援是东汉名将，开国功臣。老当益壮，封 "伏波将军"，具有 "马革裹尸" 的豪迈气概，甚得后人称颂。本文选自《后汉书·马援传》。信中，从道德修养方面对子侄进行劝诫，饱含长辈对晚辈的深情关怀和殷切期待。他从自己最厌恶的 "议论人长短，妄是非正法" 这种行为说起，再用龙伯高和杜季良两名身边不同的人物类型以及行为和结局做例证，教育子侄要养成敦厚谦恭、谨慎自处、廉公有威的品德，语重心长，感人肺腑。篇幅不长，言简意赅，内蕴却十分深刻丰富，两句俗语的引用极其贴切精彩，给人以极其强烈的印象。

诸葛亮

　　诸葛亮，字孔明，蜀汉丞相，三国时期杰出的政治家、军事家。帮助刘备兴建帝业，形成与曹魏、孙吴鼎足而立的局面。刘备死后，又受命辅佐后主刘禅，直至病死军中，可谓"鞠躬尽瘁，死而后已"。

前出师表

诸葛亮

　　臣亮言：先帝创业未半，而中道崩殂①，今天下三分，益州疲敝②，此诚危急存亡之秋也。然侍卫之臣不懈于内，忠志之士忘身于外者，盖追先帝之殊遇③，欲报之于陛下也。诚宜开张圣听④，以光先帝遗德，恢宏志士之气⑤。不宜妄自菲薄⑥，引喻失义⑦，以塞忠谏之路也。宫中府中⑧，俱为一体，陟罚臧否⑨，不宜异同。若有作奸犯科及为忠善者⑩，宜付有司论其刑赏，以昭陛下平明之治，不宜偏私，使内外异法也⑪。侍中侍郎郭攸之、费祎、董允等⑫，此皆良实，志虑忠纯，是以先帝简拔以遗陛下。愚以为宫中之事，事无大小，悉以咨之，然后施行，必能裨补阙漏⑬，有所广益。将军向宠⑭，性行淑均，晓畅军事，试用于昔日，先帝称之曰能，是以众议举宠为督。愚以为营中之事，悉以咨之，必能使行阵和穆，优劣得所也。

　　亲贤臣，远小人，此先汉所以兴隆也；亲小人，远贤臣，此后汉所以倾颓也。先帝在时，每与臣论此事，未尝不叹息痛恨于桓、灵也⑮。侍中、尚书、长史、参军，此悉贞亮死节之臣也⑯，愿陛下亲之信之，则汉室之隆，可计日而待也。

　　臣本布衣⑰，躬耕于南阳⑱，苟全性命于乱世，不求闻达于诸侯。先帝不以臣卑鄙⑲，猥自枉屈⑳，三顾臣于草庐之中㉑，咨臣以当世之事，由是感激，遂许先帝以驱驰㉒。后值倾覆㉓，受任于败军之际，奉命于危难之间，尔来二十有一年矣㉔。先帝知臣谨慎，故临崩寄臣以大事也㉕。受命以来，夙夜忧叹㉖，恐托付不效，以伤先帝之明，故五月渡泸㉗，深入不毛。今南方已定，兵甲已足，当奖率三军，北定中原，庶竭驽钝，攘除奸凶㉘，兴复汉室，还于旧都。此臣所以报先帝而忠陛下之职分也。至于斟酌损益^㉙，进尽忠言，则攸之、祎、允之任也。

愿陛下托臣以讨贼兴复之效，不效则治臣之罪，以告先帝之灵。若无兴德之言，则责攸之、祎、允等之咎，以彰其慢^㉚；陛下亦宜自谋，以咨诹善道^㉛，察纳雅言^㉜，深追先帝遗诏^㉝。臣不胜受恩感激。今当远离，临表涕零^㉞，不知所云。

【注释】

①先帝：指刘备，章武三年（223）去世。中道：半路。崩殂（cú）：帝王去世。②益州：蜀国所在地，包括现在的四川省及陕西、云南的部分地区。疲敝：困乏，人力物力不足。③追：追念，怀念。殊遇：恩遇，特殊优厚的待遇。④开张：打开。圣听：君主圣明的听闻。这句话的意思是劝刘禅广泛听取群臣意见。⑤恢宏：张扬，扩大。⑥妄自菲薄：随意自轻自贱，使自己鄙薄。⑦引喻失义：称引譬喻不符合正确的道义。⑧宫中：皇宫中。府中：丞相府中。建兴元年（223）年诸葛亮被封为武乡侯，开丞相府处理国家军政事务。⑨陟（zhì）：提拔，提升。臧否（zāng pǐ）：善恶，这里用作动词，指对人物的表彰或批评。⑩作奸：做坏事。犯科：触犯法律。科：法律条文。⑪内外：内指宫中，外指府中。⑫侍中、侍郎：都是在皇帝身边侍从的官职，侍郎即黄门侍郎。郭攸之：字演长，南阳（在今湖北）人，当时任侍中。费祎（yī）：字文伟，江夏（在今湖北）人。董允：字休昭，南郡（在今湖北）人，二人曾先后任黄门侍郎、侍中。⑬裨（bì）：弥补，补益。阙（quē）漏：缺失疏漏。阙：同"缺"，缺陷，缺失。⑭向宠：襄阳（今湖北）人，刘备时任牙门将，刘禅即位后被封为都亭侯，任中部督，统领近卫部队。⑮桓、灵：指东汉桓帝刘志、灵帝刘宏。他们都是昏君，宠信太监，残害忠臣，导致东汉灭亡。⑯贞良死节：坚贞忠诚，能以死报国。⑰布衣：平民，古代平民穿麻葛布做的衣服。⑱躬：亲自，亲身。南阳：指诸葛亮的隐居地隆中，在湖北襄阳城西二十里。⑲卑鄙：身份卑微，见识鄙陋。⑳猥（wěi）：谦词，诸葛亮认为刘备来拜访自己是屈辱了刘备。枉屈：枉驾屈就，屈尊。㉑顾：探望，拜访。㉒驱驰：奔走效劳。㉓值：遇上。倾覆：失败，溃败。指汉献帝建安十三年（208）刘备在当阳长坂坡被曹操打败。㉔尔来：从那时以来，到现在。二十有一年：即二十一年，刘备三顾草庐请诸葛亮是在当阳之败前一年，距写这道表文已二十一年。㉕寄：托付。大事：指辅佐刘禅兴复汉室的事业。㉖夙（sù）夜：从早到晚，日夜。夙：早晨。㉗五月渡泸：蜀汉后主建兴三年（225），诸葛亮率军南征，平定南中诸郡，到秋天南方完全平定，使北伐没有后顾之忧。泸：泸水，金沙江的一段，在四川、云南交界处。㉘攘（rǎng）除：排除，除掉。

奸凶：指以曹丕为首的曹魏政权。㉙斟酌：对事物的利害得失加以权衡度量。损益：去掉或增加。㉚彰：表明，揭露。咎（jiù）：过失。㉛咨诹（zōu）：咨询，询问。善道：好的意见和建议。㉜察纳：审察采纳。雅言：正言，正确的言论。㉝遗诏：刘备在给刘禅的遗诏中有"勿以恶小为之，勿以善小而不为，惟贤惟德，可以服人"等告诫。㉞涕零：流泪。

【译文】

臣诸葛亮敬禀：先帝创立统一天下的大业还不到一半，中途逝世。如今天下分为三国，我们益州偏僻，人力和物质资源都很困乏，这实在是危急存亡的关键时刻。然而侍卫大臣在朝廷中兢兢业业不敢懈怠，忠诚勇敢的将士在疆场上舍生忘死，都是追念先帝的厚恩，要在陛下身上来报答。陛下应该广泛听取意见，以发扬光大先帝遗留下来的美德，鼓舞弘扬文武志士们的志气。不应该过分看轻自己，说话引用比喻时失去道义，堵塞忠臣进谏的言路。皇宫中和相府中的官员，都是一个整体的，提拔处分或者奖惩，不应该两样。如果有营私舞弊触犯科条的，以及行为忠诚善良的，应该交给有关部门讨论评定其刑罚还是奖赏，以显示陛下公平清明的政治。不应该有偏私，使宫中和宫外有不同的法规。侍中侍郎郭攸之、费祎、董允等人，都是优良忠实，志向忠贞，思想纯正的人，因此先帝选拔上来以留给陛下。我认为，宫中之事，无论大小，全都应该咨询他们，然后再实行，一定能够防止缺失，弥补漏洞，可以有广泛的效果和益处。将军向宠，性格和善，处事公平，熟悉军事，昔日曾经试用过，先帝称赞说他很有才能，因此众人讨论推荐他为京城都督。我认为军营中的事情，全都咨询他，一定能够使军队和睦，各种人都各得其所。

亲近贤臣，疏远小人，这是前汉所以兴旺隆盛的原因；亲近小人，疏远贤臣，这就是后汉所以倾覆衰败的原因。先帝在的时候，每当和我谈论起这些事，没有不叹息痛恨桓帝和灵帝的。侍中、尚书、长史、参军都是忠贞坚定有操守可以死节的大臣，希望陛下亲近他们信任他们，那么汉室的兴隆是可以在一定时间内得以实现的。

我本来就是普通百姓，在南阳亲自耕种田地，在乱世中苟且偷生，不追求在诸侯中出名显达。是先帝不认为我出身卑微低贱，屈辱他降低自己的身份，三次到我的茅屋中访问，咨询当代的事情，我因此而感动激发，于是答应先帝为他奔走效劳。后来碰到军事失败，在败军之时接受任务，在危难的时刻接受使命，到如今已经二十一年了。先帝知道我谨慎，在临死前把国家大事托付给我。自从接受先帝遗命以来，我朝暮忧思叹息，恐怕托付我的大事不能奏效，以伤害先帝的英明。因此五月渡过泸水，深入连草木都不生长的地方。如今南方已经平定，军队武器已经准备充足，应当鼓励奖赏三军，向北方平定中原，竭尽我的全部才能，铲除奸诈的曹魏政权，复兴汉朝的江山，迁回到原来的故都去。这是我所用来报答先帝而忠实于陛下的职责和本分。至于斟酌处理政事，把握增减的分寸，提出实事求是的意见，则是郭攸之、费祎、董允等人的责任。

希望陛下把讨伐曹贼恢复汉朝天下的任务交给我，如果没有成效就治我的罪，以告慰先帝的神灵。如果没有提出发扬德行的好的意见，就追责郭攸之、费祎、董允等人的过失，以公开他们的懈怠和简慢。陛下也应该自己多思考，征求好的建议，考察采纳好的意见，深切地追思先帝遗诏的精神。我就受到陛下的恩德而非常感激了。如今即将远离，对着这篇奏表而流泪，不知道还应该再说什么。

【评析】

诸葛亮是最了不起的军事家和谋略家，也是政治家，但不以文学见长。但此表却成为文学史上必提的文章，众多文选必选的篇目。

本文是诸葛亮伐魏出师前写给后主刘禅的奏章。文中以诚挚恳切的言辞，表达其报答先帝知遇之恩的真挚感情和苦心孤诣、惨淡经营的全部心事；劝勉刘禅要继承先帝遗志，开张圣听，严明赏罚，亲贤远佞，励精图治，以巩固、发展汉室复兴大业，表现了他对蜀汉的忠贞不贰和北定中原的坚强意志。"亲贤人，远小人"是其反复强调和论说的观点，而这正是最高统治集团尤其是帝王能否成功的关键，不但对于刘禅有具体的指导意义，而且对于古今中外的政治都有借鉴意义。文章立论精辟，说理透彻，叙事条理分明，周密畅达，语言朴实恳切，感情色彩十分强烈。

还要提及的一点是，表文中坚决统一天下，反对分裂，恢复汉室江山的决心和意志，对后世的志士仁人有极大的鼓舞作用。陆游《书愤》一诗道："出师一表真名世，千秋谁堪伯仲间。"这表明陆游把诸葛亮的这种精神作为自己的楷模。

后出师表

诸葛亮

先帝虑汉贼不两立①，王业不偏安②，故托臣以讨贼也。以先帝之明，量臣之才，故知臣伐贼，才弱敌强也。然不伐贼，王业亦亡；惟坐而待亡，孰与伐之？是故托臣而弗疑也。臣受命之日，寝不安席，食不甘味。思惟北征③，宜先入南。故五月渡泸，深入不毛，并日而食④；臣非不自惜也，顾王业不可得偏安于蜀都，故冒危难，以奉先帝之遗意，而议者谓为非计⑤。今贼适疲于西⑥，又务于东⑦，兵法乘劳⑧，此进趋之时也。谨陈其事如左：

高帝明并日月，谋臣渊深，然涉险被创，危然后安。今陛下未及高帝，谋臣不如良、平⑨，而欲以长策取胜⑩，坐定天下，此臣之未解一也。刘繇、王朗各据州郡⑪，论安言计，动引圣人，群疑满腹，众难塞胸，今岁不战，明年不征，使孙策坐大⑫，遂并江东，此臣之未解二也。曹操智计，殊绝于人，其用兵也，仿佛孙、吴⑬，然困于南阳⑭，险于乌巢⑮，危于祁连⑯，逼于黎阳⑰，几败北山⑱，殆死潼关⑲，然后伪定一时耳⑳。况臣才弱，而欲以不危而定之，此臣之未解三也。曹操五攻昌霸不下㉑，四越巢湖不成㉒，任用李服而李服图之㉓，委任夏侯而夏侯败亡㉔，先帝每称操为能，犹有此失，况臣驽下，何能必胜？此臣之未解四也。自臣到汉中㉕，中间期年耳，然丧赵云、阳群、马玉、阎芝、丁立、白寿、刘郃、邓铜等及曲长、屯将七十余人㉖，突将、无前、賨叟、青羌、散骑、武骑一千余人㉗。此皆数十年之内所纠合四方之精锐，非一州之所有；若复数年，则损三分之二也，当何以图敌？此臣之未解五也。今民穷兵疲，而事不可息㉘；事不可息，则住与行劳费正等㉙。而不及早图之，欲以一州之地，与贼持久，此臣之未解六也。

夫难平者，事也㉚。昔先帝败军于楚㉛，当此时，曹操拊手㉜，谓天下以定㉝。然后先帝东连吴越，西取巴蜀㉞，举兵北征，夏侯授首，此操之失计，而汉事将成也。然后吴更违盟㉟，关羽毁败，秭归蹉跌㊱，曹丕称帝㊲。凡事如是，难可逆料。臣鞠躬尽力㊳，死而后已；至于成败利钝，非臣之明所能逆睹也㊴。

【注释】

①汉：指蜀汉。贼：指曹魏。古时往往把敌方称为贼。②偏安：指王朝局处一地，自以为安。③惟：助词。④并日：两天合作一天。意谓两天才能吃一顿饭。⑤议者：指对诸葛亮决意北伐发表不同意见的官吏。⑥贼适疲于西：建兴六年（228）诸葛亮初出祁山（在今甘肃省礼县东）时，曹魏西部的南安、天水、安定三郡叛变，牵动关中局势。⑦务于东：指同一年，在魏、吴

边境附近的夹石（今安徽省桐城县北），东吴大将陆逊击败魏大司马曹休事。⑧乘劳：乘敌人疲劳之时发起进攻。⑨良：张良，汉高祖的著名谋士，与萧何、韩信被称为"汉初三杰"。平：陈平，汉高祖的著名谋士，后位至丞相。⑩长策：长期相持的打算。⑪刘繇（yóu）：字正礼，东汉末年任扬州刺史，因受淮南大军阀袁术的逼迫，南渡长江，不久被孙策攻破，退保豫章（今江西省南昌市），后为豪强笮融攻杀。《三国志·吴书》有传。王朗：字景兴，东汉末年为会稽（治所在今浙江省绍兴市）太守，孙策势力进入江浙时，兵败投降，后为曹操所征召，仕于曹魏。⑫孙策：字伯符，孙权的长兄。父孙坚死后，借用袁术的兵力，兼并江南地区，为孙吴政权的建立打下基础，不久遇刺身死。⑬孙：指孙武，春秋时人，曾为吴国将领，善用兵，著有兵法十三篇。吴：指吴起，战国时秦大将，在统一战争中屡建战功。⑭困于南阳：建安二年（197）曹操在宛城（今河南省南阳市，汉时南阳郡的治所）为张绣所败，身中流矢。⑮险于乌巢：建安五年（200），曹操与袁绍在官渡相持，因乏粮难支，在荀攸等人的劝说下，坚持不退，后焚烧掉袁绍在乌巢所屯的粮草，才得险胜。⑯危于祁连：这里的"祁连"，据胡三省说，可能是指邺（在今河北省磁县东南）附近的祁山，当时（204）曹操围邺，袁绍少子袁尚败守祁山（在邺南面），操再败之，并还围邺城，险被袁将审配的伏兵所射中。⑰逼于黎阳：建安七年（202）五月，袁绍死，袁谭、袁尚固守黎阳（今河南浚县东），曹操连战不克。⑱几败北山：事不详。可能指建安二十四年（219），曹操率军出斜谷，至阳平北山（今陕西勉县西），与刘备争夺汉中，备据险相拒，曹军心涣，遂撤还长安。⑲殆死潼关：建安十六年（211），曹操与马超、韩遂战于潼关，在黄河边与马超军遭遇，曹操避入舟中，马超骑兵沿河追射之。殆：几乎。⑳伪定：此言曹氏统一北中国，僭称国号。诸葛亮以蜀汉为正统，因斥曹魏为"伪"。㉑昌霸：又称昌豨。建安四年（199），刘备袭取徐州，东海昌霸叛曹，郡县多归附刘备。㉒四越巢湖：曹魏以合肥为军事重镇，巢湖在其南面。而孙吴在巢湖以南长江边上的须濡口设防，双方屡次在此一带作战。㉓李服：建安四年，车骑将军董承根据汉献帝密诏，联络将军吴子兰、王服和刘备等谋诛曹操，事泄，董承、吴子兰、王服等被杀。据胡三省云："李服，盖王服也。"㉔夏侯：指夏侯渊。曹操遣夏侯渊镇守汉中。刘备取得益州之后，于建安二十四年出兵汉中，蜀将黄忠于阳平关定军山（今陕西省勉县东南）击杀夏侯渊。㉕汉中：郡名，以汉水上流（沔水）流经而得名，治所在南郑（今陕西省汉中县东）。㉖赵云、阳群等都是蜀中名将。曲长、屯将是部曲中的将领。㉗突将、无前：蜀军中的冲锋将士。賨（cóng）叟、青羌：蜀军中的少数民族部队。散骑、武骑：都是骑兵的名号。㉘不可息：指北伐事业不可以停止。㉙住与行：指在国内等着被敌人进攻和主动出击敌人。㉚平：同"评"，评断。指预测衡量。㉛败军于楚：指建安十三年（208），曹操大军南下，刘备在当阳长坂被击溃事。当阳属古楚地，故云。㉜抃手：拍手。㉝以定：已定。以：同"已"。㉞本句指建安十六年（211）刘备势力进入刘璋占据的益州，后来攻下成都，取得巴蜀地区。㉟关羽：字云长，蜀汉大将，刘备入川时，镇守荆州，建安二十四年，他出击曹魏，攻克襄阳，擒于禁，斩庞德，威震中原。孙权趁机用吕蒙计谋偷袭荆州，擒杀关羽父子。㊱本句指刘备因孙权背盟，袭取荆州，杀害关羽，就亲自领兵伐吴，在秭归（在今湖北省宜昌市北）被吴将陆逊所败。蹉跌：失坠，喻失败。㊲曹丕：字子桓，曹操子。在公元220年废汉献帝为山阳公，建立魏国，是为魏文帝。㊳鞠躬尽力：指为国事用尽全力。一作"鞠躬尽瘁"。㊴睹（dǔ）：亦即"逆见"，预料。

【译文】

先帝考虑到蜀汉和曹贼不能并存，帝王之业不能苟且偷安于偏僻的一地，所以委任臣下去讨伐曹魏。以先帝那样的明察，估量臣下的才能，本来就知道臣下要去征讨敌人，能力微弱而敌人强大。但是，如果不伐敌，王业也要败亡；考虑坐而待毙，还不如主动去伐敌。因此委任臣下也不犹疑。臣接受任命的时候，睡不安稳，食无滋味。想到要去北伐，应该先南征。所以五月渡过泸水，深入不毛之地，两天才能吃上一餐；臣下不是不爱惜自己，而是考虑到帝王之业不可能局促在蜀地，所以冒着危险，来执行先帝的遗愿，可是争议者说这不是上策。目前敌人恰好在西面疲于对付叛乱，东面又要竭力去应付孙吴的进攻，兵法要求趁敌方疲劳困顿时发动进攻，当前正是赶快进军的时机！现在谨将这些事陈述如下：

高祖皇帝的明智可以和日月相比，他的谋臣见识广博，谋略深远，但还是要经历艰险，身受创伤，遭遇危难后才得安定。现在，陛下比不上高祖皇帝，谋臣也不如张良、陈平，而想用长期相持的战略来取胜，安安稳稳地平定天下，这是臣所不能理解的第一点。刘繇、王朗，各自占据州郡；在议论安守策略时，动辄引用古代圣贤的话，大家疑虑满腹，胸中充斥着惧难；今年不出战，明年不征讨，让孙策安然强大起来，终于并吞了江东，这是臣下所不能理解的第二点。曹操的智能谋略，远远超过别人，他用兵仿佛孙武、吴起那样，然而在南阳受到窘困，在乌巢遇上危险，在祁山遭到厄难，在黎阳被敌困逼，几乎惨败在北山，差一点死在潼关，然后才得僭越稳定一时。何况臣下才能低下，而竟想不冒艰险来平定天下，这是臣下所不能理解的第三点。曹操五次攻打昌霸而攻不下；四次想跨越巢湖而未成功，任用李服，而李服密谋对付他；委用夏侯渊，而夏侯渊却败死。先帝常常称赞曹操有能耐，可还是有这些挫败，何况臣下才能低劣，怎能保证一定得胜呢？这是臣下所不能理解的第四点。自从臣进驻汉中，已一周年，其间就丧失了赵云、阳群、马玉、阎芝、丁立、白寿、刘郃、邓铜等将领及部曲将官、屯兵将官七十余人；突将、无前、賨叟、青羌、散骑、武骑等士卒一千余人。这些都是几十年内从各处积集起来的精锐力量，不是一州一郡所能拥有的；如果再过几年，就会损失原有兵力的三分之二，那时用什么去对付敌人？这是臣下所不能理解的第五点。现在百姓贫穷兵士疲乏，但战争不可能停息；战争不能停息，那么耽在那里等待敌人来进攻和出去攻击敌人，其劳力费用正是相等的。不趁此时去出击敌人，却想拿益州一地和敌人长久相持，这是臣下所不能理解的第六点。

最难判断的，是战事。当初先帝兵败于楚地，这时候曹操拍手称快，以为天下已经平定了。但是，后来先帝东面与孙吴连和，西面取得了巴蜀之地，出兵北伐，夏侯渊掉了脑袋；这是曹操估计错误。看来复兴汉室的大业快要成功了。但是，后来孙吴又违背盟约，关羽战败被杀，先帝又在秭归遭到挫败，而曹丕就此称帝。所有的事都是这样，很难加以预料。臣下只有竭尽全力，一直到死罢了。至于伐魏兴汉究竟成功与否，是顺利还是困难，那不是臣下的智力所能预见的。

【评析】

《后出师表》是《前出师表》姊妹篇，写于建兴六年（228）。《三国志》本传中不载，《文选》里也不见选录，裴松之在《三国志》注文中引自张俨《默记》。第一次北伐失败后，在建兴六年，曹魏政权西面受到南安、天水、安定三郡叛变的牵制，出兵平叛。而东面在魏、吴边境附近的夹石（今安徽省桐城县北），东吴大将陆逊击败魏大司马曹休。曹魏的军队又南下，故中原空虚。诸葛亮提出趁此机会出兵北伐。但有一些大臣对再次北出征伐颇有异议。后主刘禅也犹豫不决。在此情况下，诸葛亮立论于汉贼不两立和敌强我弱的严峻事实，向后主阐明北伐不仅是为实现先帝遗愿，也是为蜀汉之生死存亡，不能因"议者"的不同看法而有所动摇。本表对于军事态势的分析，事关蜀汉的安危，其忠贞壮烈之气，似又超过前表。表中"鞠躬尽力，死而后已"之句，是作者在当时形势下所表露的坚贞誓言和对于蜀汉政权的耿耿忠心，可与日月同辉，光照千古。

中国传统文化经典读本系列

尹博 毕宝魁 著

古文观止
译注评

下

中国出版集团
现代出版社

卷之七

李密，字令伯。曾仕蜀汉为尚书郎，蜀亡后，晋武帝征为太子洗马，他上表陈情，以奉养祖母为由，辞不赴召。祖母死后，出仕为河内温县令。后被免官，卒于家中。

陈情表

李密

臣密言①：臣以险衅②，夙遭闵凶③。生孩六月，慈父见背④。行年四岁，舅夺母志⑤。祖母刘，愍臣孤弱⑥，躬亲抚养。臣少多疾病，九岁不行⑦，零丁孤苦，至于成立。既无叔伯，终鲜兄弟。门衰祚薄⑧，晚有儿息⑨。外无期功强近之亲⑩，内无应门五尺之童⑪，茕茕孑立⑫，形影相吊⑬。而刘夙婴疾病⑭，常在床蓐⑮。臣侍汤药，未尝废离⑯。

逮奉圣朝⑰，沐浴清化⑱。前太守臣逵⑲，察臣孝廉⑳。后刺史臣荣㉑，举臣秀才㉒。臣以供养无主，辞不赴命。诏书特下㉓，拜臣郎中㉔，寻蒙国恩㉕，除臣洗马㉖。猥以微贱㉗，当侍东宫㉘，非臣陨首所能上报㉙。臣具以表闻㉚，辞不就职。诏书切峻㉛，责臣逋慢㉜，郡县逼迫，催臣上道。州司临门㉝，急于星火。臣欲奉诏奔驰㉞，则以刘病日笃，欲苟顺私情，则告诉不许。臣之进退，实为狼狈。

伏惟圣朝以孝治天下，凡在故老，犹蒙矜育，况臣孤苦，特为尤甚。且臣少事伪朝㉟，历职郎署㊱，本图宦达，不矜名节㊲。今臣亡国贱俘，至微至陋，过蒙拔擢㊳，宠命优渥，岂敢盘桓㊴，有所希冀？但以刘日薄西山㊵，气息奄奄㊶，人命危浅，朝不虑夕㊷。臣无祖母，无以至今日；祖母无臣，无以终余年。母孙二人，更相为命，是以区区不能废远㊸。

臣密今年四十有四，祖母刘今年九十有六，是臣尽节于陛下之日长㊹，报刘之日短也。乌鸟私情㊺，愿乞终养㊻。臣之辛苦，非独蜀之人士及二州牧伯㊼所见明知，皇天后土，实所共鉴。愿陛下矜愍愚诚㊽，听臣微志。庶

刘侥幸，卒保余年，臣生当陨首，死当结草⁴⁹。臣不胜犬马怖惧⁵⁰之情，谨
拜表以闻。

【注释】

①臣密言：臣李密禀告。古代奏疏常用开头语。②险衅：命运不好。③夙遭闵凶：早早遭
遇可忧不幸之事。指父亲死亡。④慈父见背：被慈父背弃。父亲死亡的委婉说法。⑤舅夺母志：
舅父逼迫母亲改嫁。志：志节。⑥愍：哀怜同情。⑦不行：不会走路。⑧门衰：家门人丁不旺。
祚：福。⑨儿息：儿子。⑩期功：古代根据血缘关系远近在服丧时穿不同形制的丧服。有"大
功""小功"。"大功"守丧一年。⑪应门：应答开门接待客人。⑫茕茕（qióng）子立：孤独无
依。⑬形影相吊：成语，身体和自己的影子相互问候。⑭夙婴疾病：早就染上疾病。婴：缠绕。
⑮床蓐：病床之上。蓐：草席。⑯废离：停止和离开。⑰逮奉圣朝：到了侍奉圣明朝代的时候。
逮：到。圣朝：指晋朝。⑱沐浴清化：蒙受清明的政治教化。⑲太守：州郡级长官。逵：名，其
他不详。⑳孝廉：汉代是察举制，查孝廉，孝敬父母、行为廉洁之人称孝廉，由地方官上报朝
廷。㉑荣：州郡长官名，其他不详。㉒秀才：汉代地方选拔人物的一种名目，指才能优秀者，
由地方政府选拔举荐。㉓特下：特别下的诏书。㉔拜：任命。郎中：官职名。㉕寻蒙：不久又承
蒙朝廷恩典。㉖除臣洗马：除：授予官职。洗马：官名，汉代太子侍从官，晋代改为掌管图籍。
㉗猥：微贱之人。自谦辞。㉘东宫：太子所居宫室。此处代指太子。㉙陨首：掉脑袋，指献
出生命。上报：报答朝廷恩德。㉚具以表闻：把我全部情况用这封上表上奏给皇帝。㉛切峻：
紧急催促而且很严厉。㉜逋（bū）慢：逃避傲慢。逋：逃避。㉝州司：州府中主管部门。㉞奔驰：
急忙上路。㉟伪朝：此处指蜀汉政权，当时已被晋灭亡。㊱郎署：郎官衙署。李密在蜀汉先任
尚书郎中，后任尚书郎。㊲不矜：不矜持。㊳过蒙拔擢：受到过分的提拔。㊴盘桓：流连拖延。
㊵日薄西山：日头迫近西山，比喻祖母生命即将结束。㊶气息奄奄：呼吸非常微弱。㊷危浅：
垂危，形容寿命不长，即将死亡。朝不虑夕：早晨都不能预料晚上如何。㊸废远：废止对于
祖母的服侍而远行。㊹尽节：为皇帝尽力守节。㊺乌鸟：乌鸦。意谓如同乌鸦反哺那样孝敬祖
母。㊻愿乞终养：愿意请求允许我养老送终。㊼二州牧伯：两位州郡长官。指前面提到的"逵"
和"荣"。㊽矜愍：同情怜悯。㊾结草：死后也要报答恩德。春秋时期，晋国将军魏武子遗嘱要
求爱妾殉葬，其子魏颗没有执行。后来在战场上魏颗与敌将交战，见一老人结草绊倒敌将杜回，
取得胜利。夜间梦到那老人告诉他是魏武子爱妾父亲，来结草帮助他，是为报答不使其女殉葬
的恩情。结草：把草连接起来。㊿犬马怖惧：如同犬马那样恐怖畏惧。形容自己的心情。

【译文】

　　臣李密陈言：我因命运不好，小时候遭遇到不幸，刚出生六个月，我慈爱的父亲就去世了。刚刚四岁，舅父逼母亲改嫁。我的祖母刘氏，怜悯我从小丧父，便亲自对我加以抚养。臣小时候经常生病，九岁时还不会行走。孤独无靠，一直到成人自立。既没有叔叔伯伯，又没什么兄弟，门庭衰微而福分浅薄，很晚才有儿子。在外面没有比较亲近的亲戚，在家里又没有照应门户的童仆。生活孤单没有依靠，每天只有身体和影子相互安慰。但祖母又早被疾病缠绕，常年卧床不起，我侍奉她吃饭喝药，从来就没有停止侍奉而离开她。

　　到晋朝建立，我蒙受着清明的政治教化。前任太守逵，考察后推举臣下为孝廉，后任刺史荣又推举臣下为优秀人才。臣下因为供奉赡养祖母的事无人承担，辞谢不接受任命。朝廷又特地下诏书，任命我为郎中，不久又蒙受国家恩命，任命我为太子洗马。像我这样身份低微地位卑下的人，担当侍奉太子的职务，这实在是我杀身捐躯都难以报答朝廷的。我将以上苦衷上表报告，加以推辞不去就职。但是诏书急切严峻，责备我有意拖延，态度傲慢。郡县长官催促我立刻上路，州官登门督促，比流星坠落还要急迫。我很想遵从皇上的旨意赴京就职，但祖母刘氏的病却一天比一天重；想要姑且顺从自己的私情，但报告申诉不被允许。我是进退两难，十分狼狈。

　　我俯伏思量晋朝是用孝道来治理天下的，凡是年老而德高的旧臣，尚且还受到怜悯养育，何况我的孤苦程度更为严重呢。况且我年轻时曾做过蜀汉的官，担任过郎官职务，本来就希望做官显达，并不顾惜名声节操。现在我是一个低贱的亡国俘虏，十分卑微浅陋，受到过分提拔，恩宠优厚，怎敢犹豫不决而有非分企求呢？只是因为祖母刘氏寿命即将终了，气息微弱，生命垂危，早上不能想到晚上怎样。臣下如果没有祖母，就不可能活到今天；祖母如果没有我的照料，也无法度过她的余生。我们祖孙二人，互相依靠而维持生命，因此我的内心不愿废止奉养，远离祖母。

　　臣下现在的年龄四十四岁，祖母现在的年龄九十六岁，臣下在陛下面前尽忠尽节的日子还长着呢，而在祖母刘氏面前尽孝尽心的日子已经不多了。我怀着乌鸦反哺的私情，乞求能够准许我完成对祖母养老送终的心愿。我的辛酸苦楚，并不仅仅被蜀地的百姓及益州、梁州的长官所目睹而心知肚明，就连天地神明也都看得清清楚楚。希望陛下能怜悯我愚昧诚心，请允许我完成一点小小的心愿，使祖母刘氏能够侥幸地保全她的余生。我活着应当杀身报效朝廷，死了也要结草衔环来报答陛下的恩情。臣下怀着犬马一样不胜恐惧的心情，恭敬地呈上这份表文来向陛下说明情况。

【评析】

李密，字令伯。曾仕蜀汉为尚书郎，蜀亡后，晋武帝征召为官，他以奉养祖母为由，辞不赴召。其后地方官奉朝廷之命上门紧急催促，他进退维谷，才上此表陈情。请求晋武帝允许他终养祖母而暂时不到朝廷为官。文章叙述了自己的身世，详尽说明不能就职的原因。

李密为何"辞不就职"？大致有三个原因：一、李密确实有供养祖母刘的问题，即"祖母无臣，无以终余年"。二、李密是蜀汉旧臣，自然有怀旧思想和感情。三、古代做官如履薄冰。"伴君如伴虎"，晋朝刚刚建立，李密对晋武帝又不甚了解，盲目做官，安知祸福。但后两条理由是不能说的，因此李密在供养祖母方面反复陈情。"臣无祖母，无以至今日；祖母无臣，无以终余年。母孙二人，更相为命。"这样的话确实可以打动人心。为免除晋武帝对自己矜持节操的怀疑，李密特别说自己"不矜名节"，"岂敢盘桓，有所希冀"。而且后面再强调祖母"日薄西山，气息奄奄，人命危浅，朝不虑夕"，因此"臣密今年四十有四，祖母刘今年九十有六，是臣尽节于陛下之日长，报刘之日短"，意思很清楚，祖母去世我还可以报效朝廷。理由充分，感情真挚，故得到批准。

本文被认为是中国文学史上抒情文的代表作，确实很有特点。首先，通篇浸透着一个"情"字，充溢着纯真至情，无一字虚言浮饰。辞语恳切，措辞婉曲，凄恻感人；其次，由于作者身为亡国之臣，唯恐引起皇帝误会，以为他矜持名节，因而特意委婉曲折地澄清这一点，从而收到了实际效果，孝心获得了武帝嘉勉；最后，写作技巧娴熟，语言凝练，脍炙人口。

王羲之

王羲之，字逸少，东晋杰出的书法家，在中国书法史上有重要地位，有"书圣"之称。曾做过右军参军，世称王右军。胸怀旷达，情致超逸，性爱山水，厌弃繁华生活。今有辑本《王右军集》。其文风格清新疏朗，情韵超逸绵邈，真挚自然，不尚辞藻而多情致。

兰亭集序

王羲之

永和九年①，岁在癸丑，暮春之初，会于会稽山阴之兰亭②，修禊事也③。群贤毕至，少长咸集。此地有崇山峻岭，茂林修竹，又有清流激湍，映带左右④，引以为流觞曲水⑤，列坐其次⑥。虽无丝竹管弦之盛⑦，一觞一咏，亦足以畅叙幽情。是日也，天朗气清，惠风和畅。仰观宇宙之大，俯察品类之盛⑧，所以游目骋怀，足以极视听之娱，信可乐也。

夫人之相与⑨，俯仰一世⑩，或取诸怀抱⑪，晤言一室之内⑫；或因寄所托，放浪形骸之外⑬。虽取舍万殊⑭，静躁不同⑮，当其欣于所遇，暂得于己，快然自足⑯，曾不知老之将至⑰。及其所之既倦，情随事迁，感慨系之矣。向之所欣，俯仰之间，已为陈迹，犹不能不以之兴怀。况修短随化⑱，终期于尽。古人云："死生亦大矣⑲。"岂不痛哉！

每览昔人兴感之由，若合一契⑳，未尝不临文嗟悼㉑，不能喻之于怀㉒。固知一死生为虚诞㉓，齐彭殇为妄作㉔。后之视今，亦犹今之视昔，悲夫！故列叙时人，录其所述，虽世殊事异，所以兴怀，其致一也㉕。后之览者，亦将有感于斯文。

【注释】

①永和九年：公元 353 年。永和：东晋穆帝年号。②会稽（kuài jī）：郡名，故治今浙江省绍兴市。山阴：县名，故治也是绍兴。兰亭：亭子名，在山阴西南。③修禊（xì）：修：办理、举行。禊：即祓禊，起源于先秦的一种民俗活动，最早是在每年三月上旬的巳日，到水边沐浴，用香薰草药，以祓除不祥。三国后固定在三月初三，内容变成水边宴饮、郊外游春等活动。④映带左右：景物之间相互映衬，彼此相连接。⑤流觞曲水：将盛酒的耳杯放在曲折的水流中，让其在水面自然漂流，到谁面前停住谁喝酒。⑥次：在水边按照一定次序落座。⑦丝竹管弦：泛指音乐。⑧品类：此处指万物。⑨相与：相互交往和活动。⑩俯仰一世：俯仰之间，一生已经过去，比喻时间短促。⑪怀抱：理想志向。⑫晤言：对面交谈。⑬放浪：放纵、放开。指无拘无束。形骸：指身体。⑭取舍万殊：追求的目标千差万别。⑮静躁不同：性格安静和急躁不同。⑯快然：畅快、痛快的样子。⑰曾：却。不知老之将至：化用《论语》中孔子的话。孔子说自己："发愤忘食，乐以忘忧，不知老之将至云尔。"⑱修短随化：性命长短随天地造化，即命运的安排。

⑲死生亦大矣：《庄子·德充符》中引孔子的话。⑳契：默契，非常相合。契：古代的契分两半，相合为凭证。㉑嗟悼：感叹伤怀。㉒喻：理解、明白。㉓一死生：庄子观点，认为生死是一样的，没有区别。㉔齐彭殇：寿命长短完全一样。彭：指彭祖，传说寿八百岁。殇：夭折之人，指寿命很短。㉕致：情致、兴趣。

【译文】

永和九年，时在癸丑之年，三月上旬，我们集会在会稽山阴的兰亭，为了做修禊之事。众多贤才全都到来，年轻的年长的都聚集在一起。兰亭有高山峻岭，茂盛的树林，高高的竹子。又有清澈湍急的溪流，环绕在亭子的四周，引溪水作为流觞的曲水，人们依次排列坐在曲水旁边，虽然没有热闹繁盛的音乐，但喝杯酒，再吟咏一首诗，也足以畅快地叙述抒发内在的感情。这一天，天气晴朗，空气清新，和风温暖，仰首观览到宇宙的浩大，俯看观察大地上万物的繁多，用来舒展眼力，开阔胸怀，也足以能够极尽视听的欢娱，实在是非常快乐。

人与人相互交往，很快便度过一生。有时在室内畅谈胸怀抱负；有时因为自己别有怀抱，为寄托情怀而放荡不羁。虽取舍各异，安静与躁动各不相同，但当对所接触的情景一时感到会意默契时，便会感到高兴和满足，曾经有不知衰老将要到来的感觉。等到对得到或喜爱的东西已厌倦，感情会随着事物的变化而变化，感慨就会随之而产生。过去所欣赏的东西，转瞬间已成为旧迹，尚且不能不因为它而引发心中的感触。况且寿命长短，听凭造化，最后归结于死亡。古人说："死生毕竟是件大事啊。"怎能不让人悲痛呢？

每当看到前人所发感慨的原因，其缘由像符契那样相和，总难免要在读前人文章时叹息哀伤，不能完全理解。本来知道把生死等同的说法是不真实的，把长寿和短命等同起来的说法也是妄造的。后人看待今人，也就像今人看待前人一样，可悲呀！所以一个一个记下当时与会的人，录下他们所作的诗篇。纵使时代变了，事情不同了，但触发人们情怀的原因，他们的思想情趣是一样的。后世的读者，也将会对这次集会的诗文有所感慨。

【评析】

王羲之是中国最著名的书法家，其散文也很精美，本文便是代表作。晋穆帝永和九年（353）三月三日，时任会稽内史的王羲之与友人谢安、孙绰等四十一人会聚兰亭，赋诗饮酒。王羲之将诸人名爵及所赋诗作编成一集，并作序一篇，即《兰亭集序》。东晋时期，统治者偏安江南而不思进取，士大夫则崇尚清谈而缺乏务实精神和大志，"一生死""齐彭殇"是很时髦之观点，本文抒发之感慨是针对这种虚无主义观点而发。"固知一死生为虚诞，齐彭殇为妄作。后之视今，亦犹今之视昔"为筋脉，在旷达的情怀中对这种虚无思想有委婉的批评和否定。清新朴实，不事雕饰；语言流畅，清丽动人。苍凉感叹之中，自有无穷意蕴和情趣。

陶渊明

陶渊明，一名潜，字元亮；世称靖节先生。东晋末期南朝宋初诗人、辞赋家、散文家。博学能文，任性不羁。曾做过祭酒、参军等小官，后为彭泽令。因不满社会动乱、官场污浊，弃官归隐。有《陶渊明集》。

归去来兮辞·并序

陶渊明

余家贫，耕植不足以自给①。幼稚盈室②，瓶无储粟③，生生所资，未见其术④。亲故多劝余为长吏，脱然有怀，求之靡途。会有四方之事⑤，诸侯以惠爱为德，家叔以余贫苦，遂见用于小邑⑥。于时风波未静，心惮远役⑦，彭泽去家百里，公田之利，足以为酒。故便求之。及少日⑧，眷然有归欤之情⑨。何则？质性自然，非矫厉所得⑩。饥冻虽切，违己交病⑪。尝从人事，皆口腹自役⑫。于是怅然慷慨，深愧平生之志。犹望一稔⑬，当敛裳宵逝⑭。寻程氏妹丧于武昌⑮，情在骏奔⑯，自免去职。仲秋至冬，在官八十余日。因事顺心，命篇曰：《归去来兮》。乙巳岁十一月也。

归去来兮，田园将芜胡不归⑰！既自以心为形役⑱，奚惆怅而独悲⑲？悟已往之不谏，知来者之可追⑳。实迷途其未远，觉今是而昨非。舟摇摇以轻飏，风飘飘而吹衣。问征夫以前路㉑，恨晨光之熹微㉒。乃瞻衡宇㉓，载欣载奔㉔。僮仆欢迎，稚子候门。三径就荒㉕，松菊犹存。携幼入室，有酒盈樽。引壶觞以自酌㉖，眄庭柯以怡颜㉗。倚南窗以寄傲㉘，审容膝之易安㉙。园日涉以成趣，门虽设而常关。策扶老以流憩^㉚，时矫首而遐观^㉛。云无心以出岫，鸟倦飞而知还。景翳翳以将入，抚孤松而盘桓^㉜。

归去来兮，请息交以绝游^㉝。世与我而相违，复驾言兮焉求^㉞！悦亲戚之情话，乐琴书以消忧。农人告余以春及，将有事于西畴^㉟。或命巾车^㊱，或棹孤舟。既窈窕以寻壑^㊲，亦崎岖而经丘。木欣欣以向荣，泉涓涓而始流。善万物之得时，感吾生之行休。

已矣乎^㊳！寓形宇内复几时^㊴，曷不委心任去留^㊵！胡为乎遑遑欲何之^㊶？富贵非吾愿，帝乡不可期^㊷。怀良辰以孤往，或植杖而耘耔^㊸。登东皋以舒啸，临清流而赋诗。聊乘化以归尽^㊹，乐夫天命复奚疑^㊺！

【注释】

①耕植：耕田植桑。泛指农业生产。②幼稚：幼小的孩子。③瓶：瓦瓮，本来是汲水器，此处指装米器皿。④生生：生产生活必需品。术：本领。⑤会：适逢。四方之事：指各地军阀势力之间的争斗。⑥小邑：指彭泽县令。⑦惮：害怕。⑧少日：不多日子。⑨眷然：思恋貌。归欤之情：孔子周游列国，晚年在陈国，曾经发出"归欤！归欤！"的感叹。⑩矫厉：矫情造作。⑪违己：违背自己本来的性情。⑫口腹自役：为谋生而出仕工作。⑬一稔：一次收获。指收获公田。稔：谷物成熟。⑭敛裳：收拾衣裳。⑮程氏妹：嫁到程家的妹妹。陶渊明有一妹妹，比他小三岁。⑯骏奔：骑快马奔驰，形容心情急切。⑰芜：荒芜。胡：为何。此句化用《诗经·式微》中"式微，式微，胡不归"之句。⑱心为形役：内心不想出仕，但为生活所役使。形：指身。⑲奚：为何。惆怅：悲愁。⑳"悟已"两句：化用楚狂接舆提示孔子之语："凤兮！凤兮！何德之衰。往者不可谏，来者犹可追。"谓过去出仕错误不可挽救，但来日归隐还来得及。㉑征夫：行人，此处指船夫。㉒熹微：光很微弱。天刚明貌。㉓衡宇：犹言衡门，简陋的宅院。㉔载欣载奔：又高兴又奔跑。㉕三径：庭院中隐士所走之小路。汉代蒋诩隐居后，舍中开三径，只与求仲、羊仲交往。㉖引：拿起，拿过来。㉗眄：闲视。㉘寄傲：寄托自己的傲视之情。㉙容膝：只能容下双膝。夸张居室之狭窄。㉚扶老：本竹名，即竹杖。㉛矫首：抬头。遐观：远望。㉜景：阳光。翳翳：暗淡。盘桓：徘徊而不愿离开。㉝息交：停止断绝世俗间的交往。㉞驾言：驾车出行。指交往。言：语助词。㉟春及：春天到了。西畴：西边的田地。㊱巾车：带篷之车。㊲窈窕：幽深貌。㊳已矣乎：算了吧！㊴寓形宇内：寄身于天地之间。㊵委心：随着自己的心愿。㊶遑遑：烦躁不安貌。㊷帝乡：天帝的去处，指神仙界。㊸耘耔：锄草培苗。㊹乘化：顺应生命自然的变化。归尽：即死亡。㊺乐夫天命：《易经·系辞》中有"乐天知命故不忧"。

【译文】

　　我家贫穷，种田不能够自给。孩子很多，米缸里没有存粮，维持生活所需的一切，没有办法解决。亲友大都劝我去做官，我心里也有此念，可是求官也没有途径。正赶上有奉使外出的关使，地方大吏以爱惜人才为美德，叔父也因我家境贫苦帮助我，于是我被委任到小县做官。那时社会动荡不安，心里惧怕到远地去。彭泽县离家一百里，公田收获的粮食，足够造酒饮用，所以就请求去那里。等到过些日子，便产生留恋故园而要归去的情怀。为什么会这样？本性任其自然，不是矫情努力可以克服的。饥寒虽切身，但违背本意则身心都感痛苦。过去为官做事，都是为了吃饭而役使自己。于是惆怅感慨，深深有愧于平生的志愿。但仍然希望任职一年，便收拾行装连夜离去。不久，嫁到程家的妹妹在武昌去世，去吊丧的心情像骏马奔驰一样急迫，自己请求免去官职。自立秋第二个月到冬天，在职共八十多天。因辞官而顺遂心愿，写篇文章题目叫"归去来兮"。正是乙巳年（晋安帝义熙元年）十一月。

　　回家去吧！田园快要荒芜了，为什么不回去？既然自己的心灵为形体所役使，为什么还如此失意而独自伤悲？我悟到过去的错误不可挽回，但坚信未来的岁月可以补追。实际上我进入迷途还不算远，已觉悟到回家为是而做官为非。船在水上轻轻漂荡，微风吹拂着我的衣裳。向行人打听前面的水路，只遗憾晨光朦胧天还不亮。终于看到自己简陋的家门，我高兴地向前飞奔。家童欢快地前来迎接，幼儿们都守候在院门。院里的小路长满荒草，松树和菊花还是那么精神。我拉着小儿的手进入屋里，妻子准备的美酒已斟满酒樽。我端起酒壶酒杯而自斟自饮，观赏着庭树使我非常开心。倚着南窗而寄托我的傲世之情，觉得这狭窄的小屋更容易使我安心。每天在园中散步也很有乐趣，小园虽然有门却经常关闭得紧。拄着拐杖而走走歇歇，偶尔抬头望着远方的白云。白云自然而然地从山穴里飘拂而出，倦飞的小鸟也知道飞回树林；日光暗淡即将落下山去，我流连不忍离去，手抚着孤松而不愿意回归家门。

　　回来吧！回来吧！我要跟世俗之人断绝交游。我和他们的志趣都不相合，再驾车出去又有何求？跟乡里故人谈心何等快乐，用弹琴读书来消除我的忧愁。农夫告诉我春天已经到来，将要到西边的田地去准备播种谷子和大豆。有时我驾着带篷的小车，有时我划着一条孤舟，既要探寻那幽深的沟壑，又要路过那高低不平的山丘。树木葱郁欣欣向荣，泉水清澈缓缓而流，我真羡慕万物自得其时，感叹自己的一生即将走向终点而万事皆休。

唉！一切都算了吧！形体寄寓在世间还能有多少时光，为什么不按照自己的心意而任凭去留？为什么心神不定还想要有什么追求？荣华富贵本来就不是我的追求，升入仙界也都是虚无缥缈而不可企求。爱惜那良辰美景而独自去欣赏，或者扶杖除草而助禾苗生长；登上东边的山坡我尽情长啸，傍着清清的溪流把诗歌吟唱；姑且顺应造化而了结一生，快乐地顺从天命的运作，哪里还有什么犹豫和彷徨！

【评析】

陶渊明是东晋末期南朝宋初诗人、辞赋家、散文家。博学能文，任性不羁。曾做过祭酒、参军等小官，后为彭泽令。因不满社会动乱、官场污浊，弃官归隐。他是中国历史上备受关注的文人。《归去来兮辞》作于陶潜辞官归隐之时。是一篇著名的抒情短赋，具有浓郁的抒情色彩，也是一首心灵独白的散文诗。心无一累，万象俱空。田园足乐，纯是实地感受。散体序文着眼于叙述，韵文辞赋则专注抒情，二者收到"双美"之效。通过对田园生活的赞美和对劳动生活的歌颂，表达对于现实政治，尤其是官场生活的强烈不满和否定，反映了蔑视功名利禄的高尚情操，也流露出委运乘化、乐天安命的思想情绪。语言流畅，音节和谐，朗朗上口，感情真实，极富抒情意味。欧阳修有言："晋无文章，唯陶渊明《归去来兮辞》一篇而已。"

桃花源记

陶渊明

晋太元中①，武陵人捕鱼为业②。缘溪行③，忘路之远近。忽逢桃花林，夹岸数百步，中无杂树，芳草鲜美，落英缤纷④。渔人甚异之，复前行，欲穷其林。林尽水源⑤，便得一山，山有小口，仿佛若有光。便舍船，从口入。初极狭，才通人⑥。复行数十步，豁然开朗⑦。土地平旷，屋舍俨然⑧，有良田、美池、桑竹之属。阡陌交通⑨，鸡犬相闻。其中往来种作，男女衣著，悉如外人。黄发垂髫⑩，并怡然自乐⑪。

见渔人，乃大惊，问所从来。具答之。便要还家⑫，设酒杀鸡作食。村中闻有此人，咸来问讯⑬。自云先世避秦时乱，率妻子邑人来此绝境，不复出焉，遂与外人间隔。问今是何世，乃不知有汉，无论魏晋。此人一一为具言所闻，皆叹惋。余人各复延至其家⑭，皆出酒食。停数日，辞去。此中人语云："不足为外人道也。"

既出，得其船，便扶向路⑮，处处志之⑯。及郡下诣太守⑰，说如此。太守即遣人随其往，寻向所志⑱，遂迷不复得路。

南阳刘子骥⑲，高尚士也，闻之，欣然规往⑳。未果，寻病终㉑。后遂无问津者㉒。

【注释】

①太元：晋孝武帝司马曜的年号（376－396）。②武陵：地名，在今湖南常德一带。③缘：沿着。④落英：落花。一说指初开的花。英：花。缤纷：花开得很茂盛。⑤林尽水源：桃花林的尽头就是溪水的源头。⑥才通人：只能通过一个人。才：仅，只。⑦豁（huò）然：开阔的样子。⑧俨（yǎn）然：整齐的样子。⑨阡陌（qiān mò）：田间小路，东西向的叫阡，南北向的叫陌。交通：交错贯通。⑩黄发：指老年人。老年人头发变黄，所以用黄发来指代老年人。垂髫（tiáo）：指小孩儿，髫是小孩儿垂下来的头发，用来指代小孩儿。⑪怡然：愉悦自在的样子。⑫要（yāo）：同"邀"，邀请。⑬咸：都。问讯：打听消息。⑭延：邀请。⑮扶：缘着，沿着。向路：来时走过的路。⑯志：标记。这里做动词用，意为做标记。⑰诣（yì）：往见，拜见。⑱寻向所志：寻找先前说标志的地方。⑲南阳：在今河南。刘子骥：即刘骥（lín）之，当时名士，喜欢游山玩水。⑳规往：计划前往。㉑寻：不久。㉒问津：问路，探寻。津：渡口。

【译文】

东晋太元年间，有个武陵人靠捕鱼为生。有一次，他划船沿着小溪前行，忘记走了多远。忽然遇到一片桃花林，溪水两岸有几百步，中间没有别的树木，花和草都极其鲜嫩美丽，地上落花繁多。渔人对此感到非常惊异。他又向前划去，想要走到那片林子的尽头。桃花林在溪水发源的地方没有了，便是一座山，山边有个小洞，隐隐约约好像有光。渔人就舍船上岸，从小洞而进。起初洞口很狭窄，仅能容一人通过。渔人又向前走几十步，一下子便非常开阔敞亮了。只见土地平坦宽阔，房屋整整齐齐，有肥沃的土地，美好的池塘，桑树竹林之类。田间小路交错相通，村落间可以听到鸡鸣狗叫的声音。田野上面有来来往往耕种劳作的人，男男女女的衣着装束完全像外世的人。老人和小孩都高高兴兴，自得其乐。

他们一见渔人，大为吃惊，问渔人是从哪里儿来的。渔人细致详尽地回答了他们。他们就把渔人请到自己家里，摆酒杀鸡做饭款待他。村里人听说来了这么一个客人，都来打听消息。他们自己说他们的祖先为躲避秦时的战乱，率领妻子儿女和同乡人来到这个与外界隔绝的地方，就不再出去了，于是就同外界隔绝。他们问现在是什么朝代，他们竟然不知道有汉朝，更不必说魏朝和晋朝了。渔人一一地为桃花源中人详细诉说他所知道的事情，他们听了都很惊叹惋惜。其余的人又各自邀请渔人到他们家里，都拿出酒菜饭食来款待他。渔人居住了几天，告辞离开。桃花源里的人告诫他说："这里的情况不值得对外界的人说啊！"

（渔人）出来后，找到了他的船，就沿着先前的路回去，一路上处处标上记号。到武陵郡，便去拜见太守，把这些情况做了禀报。太守立即派人随同他前往，寻找先前所做的记号，结果迷了路，再也找不到通向桃花源的路了。

南阳有个刘子骥，是位清高的隐士，听到这个消息，兴致勃勃地打算前往桃花源。没有实现，不久就病死了。以后就不再有探访的人了。

【评析】

本文是《桃花源诗》前的序。作者以纯客观的记述方法，通过虚构描绘出一种乱世中人们所憧憬的社会生活与理想世界。从此，在中国人的心中便出现一个世外桃源，它是一种空想的脱离现实斗争的美好世界，"世外桃源"成为人间生活理想境界的代名词。千百年来，完美主义者都在苦苦追寻、刻意营造自己想象中的"世外桃源"。这一社会理想是对当时黑暗社会的批判，在客观上也反映了人民摆脱压迫、摆脱剥削的要求。近年来，许多地方都在寻找和争夺桃花源这个名头，除文化建设和增强旅游竞争力外，也反映出人们对于桃花源生活状态的热爱。

文章构思精巧，情节逼真，拟态描情，宛然如见。叙述简明，线索清晰，虚实相映，特别是将虚构的境界和真实人物刘子骥糅合在一起，更增加了真实感。看过之后，给人以极其真实的感觉，简直相信这就是真实存在的世界。

五柳先生传

陶渊明

先生不知何许人也①，亦不详其姓字。宅边有五柳树，因以为号焉②。

闲静少言，不慕荣利。好读书，不求甚解③；每有会意④，便欣然忘食。性嗜酒，家贫不能常得。亲旧知其如此，或置酒而招之。造饮辄尽⑤，期在必醉；既醉而退，曾不吝情去留⑥。

环堵萧然⑦，不蔽风日，短褐穿结⑧，箪瓢屡空⑨，晏如也⑩。常著文章自娱⑪，颇示己志。忘怀得失⑫，以此自终。

赞曰：黔娄有言⑬："不戚戚于贫贱，不汲汲于富贵⑭。"其言兹若人之俦乎？衔觞赋诗，以乐其志，无怀氏之民欤？葛天氏之民欤⑮？

【注释】

①何许人：什么人。②为号：作为自己的号。③不求甚解：不追求深入的理解。侧重在不咬文嚼字。④会意：心领神会。⑤造饮辄尽：去饮酒就饮光。造：到、去。⑥不吝情：不在意。去留：偏义复词，去。⑦环堵：房屋四壁。萧然：萧条貌。空空荡荡。⑧短褐：粗布短衣。穿结：缝缝补补。⑨箪瓢：盛饭的竹制器具和舀水的水瓢。⑩晏如：安然自在。⑪自娱：自娱自乐。⑫忘怀得失：忘却世俗间得失之情。⑬黔娄：战国时期齐国隐士。⑭"不戚戚"两句：黔娄之妻说的话。戚戚：忧虑貌。汲汲：努力追求貌。⑮无怀氏、葛天氏：都是传说中上古帝王。

【译文】

这位先生不知道是什么人，也不详细知道他的姓名和字号。他的住宅边有五棵柳树，因此便作为他的号了。

他悠闲宁静，很少说话，不美慕荣耀利益。爱好读书，不咬文嚼字而追求什么微言大义，每次有与心灵默契的感受，便高兴得忘了吃饭。性情中最喜欢饮酒，家中贫穷又不能经常得到。亲戚朋友知道他这个秉性，有时准备酒席而请他去。到那里就喝，一喝就一定喝醉，喝醉后就退席，也不在乎离开还是留下。

家中徒有四壁，非常萧条，甚至不能遮蔽风雨，短的粗布衣裳，上面还有打的结，饭碗和水瓢也经常是空的，衣食不充，也不在乎而依然很快乐。经常写文章自娱自乐，很能表达自己的感情和思想。忘怀名利得失，就这样度过一生。

赞语说，战国时黔娄有话："不因为贫贱而忧愁，也不努力去追求什么富贵。"他的话大概就是这个人的一类吧？端着酒杯而赋诗，来快乐他的心志，是古国无怀氏的百姓呢，还是古国葛天氏的百姓呢？

【评析】

　　此文是陶渊明托名"五柳先生"所作的自传，简述其生平之行，情怀襟抱，重点写其读书、饮酒、写文章三大志趣，可以看作是自画像。最后，仿照史传笔法，加个赞语，卒章显志，画龙点睛。全文不足二百字，语言洗练，生动传神，于平淡之中表现深刻的思想内容。其中"好读书，不求甚解"实际是针对当时清谈、谈玄的不良风气而发，"甚"字很重要，不要误解为读书不深入思考。

孔稚珪

　　孔稚珪，字德璋，南朝齐骈文家。曾任太子詹事、散骑常侍。《南齐书》有传，称他"风韵清疏，好文咏"，"盛营山水"，"不乐世务"。有《孔詹事集》。

北山移文

孔稚珪

　　钟山之英①，草堂之灵②，驰烟驿路，勒移山庭③。夫以耿介拔俗之标④，萧洒出尘之想⑤，度白雪以方洁⑥，干青云而直上⑦，吾方知之矣。若其亭亭物表，皎皎霞外⑧，芥千金而不盼⑨，屣万乘其如脱⑩，闻凤吹于洛浦⑪，值薪歌于延濑⑫，固亦有焉。岂期终始参差⑬，苍黄反覆⑭，泪翟子之悲⑮，恸朱公之哭⑯。乍回迹以心染⑰，或先贞而后黩⑱，何其谬哉！呜呼，尚生不存⑲，仲氏既往⑳，山阿寂寥，千载谁赏！

　　世有周子，隽俗之士㉑，既文既博㉒，亦玄亦史㉓。然而学遁东鲁㉔，习隐南郭㉕，窃吹草堂㉖，滥巾北岳㉗。诱我松桂，欺我云壑。虽假容于江皋㉘，乃缨情于好爵。其始至也，将欲排巢父，拉许由㉙，傲百氏，蔑王侯。风情张日，霜气横秋㉚。或叹幽人长往，或怨王孙不游。谈空空于释部㉛，覈玄玄于道流㉜，务光何足比㉝，涓子不能俦㉞。

　　及其鸣驺入谷㉟，鹤书赴陇㊱，形驰魄散㊲，志变神动。尔乃眉轩席次，袂耸筵上㊳，焚芰制而裂荷衣㊴，抗尘容而走俗状。风云悽其带愤㊵，石泉咽而下怆，望林峦而有失，顾草木而如丧㊶。

　　至其钮金章，绾墨绶㊷，跨属城之雄，冠百里之首㊸。张英风于海甸㊹，驰妙誉于浙右。道帙长摈，法筵久埋㊺。敲扑喧嚣犯其虑，牒诉倥偬装其怀㊻。琴歌既断，酒赋无续，常绸缪于结课，每纷纶于折狱㊼，笼张赵于往图，架卓鲁于前录㊽，希踪三辅豪，驰声九州牧㊾。使其高霞孤映，明月独举，青松落荫，白云谁侣？涧户摧绝无与归，石径荒凉徒延伫㊿。至于还飙入幕，写雾出楹[51]，蕙帐空兮夜鹤怨，山人去兮晓猿惊。昔闻投簪逸海岸[52]，今见解兰缚尘缨[53]。

于是南岳献嘲，北陇腾笑，列壑争讥，攒峰竦诮[54]。慨游子之我欺，悲无人以赴吊[55]。故其林惭无尽，涧愧不歇，秋桂遣风，春萝罢月[56]。骋西山之逸议，驰东皋之素谒[57]。今又促装下邑，浪栧上京[58]，虽情投于魏阙，或假步于山扃[59]。岂可使芳杜厚颜，薛荔蒙耻，碧岭再辱，丹崖重滓[60]，尘游躅于蕙路，汙渌池以洗耳[61]。宜扃岫幌，掩云关，敛轻雾，藏鸣湍[62]。截来辕于谷口，杜妄辔于郊端[63]。于是丛条瞋胆，叠颖怒魄[64]。或飞柯以折轮，乍低枝而扫迹[65]。请迴俗士驾，为君谢逋客[66]。

【注释】

①英：英灵，指山神。②草堂之灵：草堂的精灵。周颙隐居钟山时，其居室曰草堂。③"驰烟"二句：神灵奔驰的踪影在驿路之上，在山庭刻写碑文。④耿介：耿直而有节操。拔俗：超出世俗之上。⑤萧洒：潇洒无拘无束貌。出尘：超出尘世的品格。⑥度白雪以方洁：品行高洁可以和白雪相比。度：比。方：并。⑦干：犯、凌驾。志向可以凌驾于青云之上。⑧亭亭：挺立貌。皎皎：明亮貌。⑨芥千金：把千金当作小草。⑩屣万乘：把天子之位看成草鞋一样。⑪凤吹：传说仙人王子乔好吹笙作凤鸣之声，游于伊、洛之间。⑫薪歌：据吕向说，苏门先生游于延濑，遇一采薪之人，高洁神秘。⑬终始参差：始终不同，此处指歧路。⑭苍黄反覆：青色黄色反复不确定。指白色的丝可以染成各种染色。⑮翟子：指墨翟。谓墨子见到染丝可青可黄，便悲泣。⑯朱公：指杨朱，杨朱见歧路而哭，因不知何去。⑰乍回迹以心染：暂时隐居在山林，但心染世俗红尘。⑱贞：贞洁。黩：污垢。⑲尚生：东汉高士尚长，字子平。儿女婚嫁事毕，便离家游五岳名山，不知所终。又作向长。⑳仲氏：指后汉仲长统，隐居不仕。既往：已经往生，指去世。㉑周子：指周颙。隽俗：才智出众。㉒既文既博：既有文采又博学。㉓亦玄亦史：又谈玄学又通历史。㉔学遁东鲁：学习颜阖而在东鲁隐居。《庄子·让王》篇载，鲁君闻颜阖是得道之人，便派人去请。㉕习隐南郭：学习南郭过隐居生活。《庄子·齐物论》："南郭子綦隐机而坐，仰头而嘘。荅焉似丧其耦。"㉖窃吹：偶尔如同南郭先生那样滥竽充数吹一吹竽。㉗滥巾：

戴着隐士的头巾而冒充隐士。㉘江皋：江边高地。㉙排巢父：排斥巢父。巢父和许由是同时代人，高隐之士。拉许由：超过许由。许由是尧时高士。㉚风情张日：风度情致之高可以遮天蔽日。霜气横秋：高洁之气概可以如同严霜凌厉于秋季。㉛释部：指佛教与佛经。㉜道流：指道教与玄学。㉝务光：《神仙传》中人物，传说是夏朝人，有异术。㉞涓子：《神仙传》中人物，齐人，隐于宕山，好饵术，能乘风飞行。㉟鸣驺：指皇帝征召贤士的车驾，车上有铃铛。㊱鹤书：字体名，即鹤头书，皇帝诏书专用书体。㊲形驰魄散：神情变化而魂魄都要散了。㊳尔乃：于是就。眉轩席次：在宴席上扬眉吐气。袂耸筵上：在酒宴上挥袖耸肩。形容其得意扬扬貌。㊴焚芰制而裂荷衣：焚烧撕裂芰荷做的衣裳。芰：菱角。比喻修养高洁。㊵"风云"句：风云看到周颙之丑态都感觉凄怆。㊶"石泉"三句：均是拟人，意谓石头泉水也呜咽落泪，山冈树林也垂头，花草树木都丧气。㊷钮金章：佩戴铜制的金印。绾（wǎn）墨绶：金印上系着黑色的丝绳。都是县令的官印佩饰。㊸"跨属城"二句：在临近几个县城中他的县城最大，他成为百里之内的长官。方圆百里便是一县之境。时周颙出任海盐县令。㊹英风：英明美妙的名声。海甸：海滨。㊺道帙：道教的书。摈：抛弃。法筵：佛家讲经的讲席。埋：埋起来。谓再也不用。㊻敲扑：敲打鞭笞。喧嚣：吵闹喧哗。牒诉：公文诉讼状。倥偬：风风火火很急迫。㊼绸缪：紧张准备。结课：政绩考核。纷纶：纷纭复杂。折狱：判断案件。㊽张赵：西汉张敞、赵广汉都当过京兆尹，很显贵。卓鲁：东汉卓茂、鲁恭都当过县令。四人都是名吏。㊾三辅：汉代将京师长安附近分为京兆、左冯翊、右扶风，辅卫京城，合称三辅。九州：古代天下分为九州。长官是州牧。㊿涧户：山涧的门户。摧绝：毁坏。延伫：伫立停留。51还飙：回环的风。写雾：涌动奔泻的雾气。写：同"泻"。52投簪：扔掉簪缨。意谓弃官不做。53解兰缚尘缨：解下兰佩而被尘世所束缚。54"于是"四句：完全用拟人手法，说周颙出仕，使南岳、北陇、列壑、众峰都嘲笑讽刺之。55"慨游子"两句：山神慨叹假隐士欺骗了自己，也没有人来慰问。"游子"，指周颙。56"故其"四句：拟人手法说山涧山林都替他羞愧，秋桂、春萝也停止了自己的芬芳。57"骋西山"两句：山神受了周颙的欺骗，曾经想要宣扬他的隐逸的高论，赞美他是清高的素志。58促装下邑：急促装束到下邑去赴任。浪栧上京：乘船去京师。59魏阙：宫门两边的门楼，指朝廷。山扃：山门。60"岂可"四句：意为不能使山中之芳草再度受到污染。杜若、薛荔，皆香草名。61尘：扬尘。躅：踪迹。渌池：清水池。62"宜扃"四句：意为山间之山峰、云彩、雾气、流水躲藏起来。63"截来辕"两句：意为将周颙阻挡在山口不允许他进来。64丛条瞋胆：丛生的枝条都气坏肝胆而瞪眼。叠颖怒魄：密集重叠的草尖也都愤怒。65"或飞柯"两句：有的树木可以横飞而摧折周颙的车轮，有的树枝可以低垂而扫除你的足迹。66逋客：逃跑的人。指周颙。

342

【译文】

　　钟山的英魂，草堂的神灵，如烟云似的奔驰于驿路上，把这篇移文镌刻在山崖中。有些隐士，自以为有耿介超俗的标格、潇洒出尘的理想；品德纯洁，像白雪一样；人格高尚，与青云比高。我刚刚知道有这样的人。至于亭亭玉立超然物表，志趣高洁在云霞之外，视千金如草芥，不屑一顾，视万乘如敝屣，挥手抛开，在洛水之滨听仙人吹笙作凤鸣，在延濑遇到高人隐士采薪行唱歌，固然也有这种高士。怎能想到他们终始不能如一，轻易之间便出现反复，如墨翟之悲素丝，如杨朱之泣歧路。刚到山中来隐居，忽然又被凡心所沾染，开始时非常贞节耿直，后来又极为肮脏。这该是多么荒谬啊！唉，尚子平已不在人世，仲长统已成为过往，山林非常寂寞，千秋万年还有谁来欣赏！

　　今世有位姓周之人，是不同流俗之俊才，他既能写文章，学问也渊博；既通玄学，亦长于史学。可是他偏学颜阖的遁世，效南郭的隐居，混在草堂里滥竽充数，住在北山中冒充隐士。哄诱我们山中的松桂，欺骗我们的云崖，虽然在长江边假装隐居，心里却牵挂着高官厚禄。当他初来时，似乎要排斥巢父、蔑视许由。傲视百家学说，蔑视达官王侯。风度之高胜于太阳，志气之凛盛如秋霜。一忽儿慨叹当今没有幽居的隐士，一忽儿又怪王孙不来远游。他能谈佛家的"四大皆空"，也能谈道家的"玄之又玄"，自以为上古的务光、涓子之辈，都不能和他同列。

　　等到皇帝派了使者鸣锣开道而前呼后拥，捧了征召的诏书，来到山中，这时他立刻手舞足蹈，魂飞魄散，志向改变而精神抖擞。在宴请使者的筵席上，扬眉挥袖，得意扬扬。他将隐居时所穿的芰荷图形的衣服撕破烧掉，立即露出一副庸俗不堪的谄媚之色。山中的风云悲凄含愤，岩石和泉水幽咽而怨怒，再看树林和山峦都若有所失，回顾百草和树木也都如同死了亲人那样悲伤。

　　后来他佩着铜印墨绶，成了一郡之中之雄长，声势之大冠于各县令之首，威风遍及海滨，美名传遍浙东。道家的书籍早已被他扔掉，讲佛法的座席也早已被他抛弃。鞭打罪犯的喧嚣声干扰了他的思虑，文书诉讼之类急迫的公务装满了胸怀。弹琴唱歌既已断绝，饮酒赋诗也无法继续，常常被综核赋税之类的事所牵缠，每每为判断案件而繁忙，只想使官声政绩超过史书记载的张敞和赵广汉，凌驾于以前史书赞美的卓茂和鲁恭之上，希望能追踪三辅令尹或驰名声于九州刺史。这个人使我们山中的朝霞孤零零地映照在天空，明月孤独地升起在山巅，青松落下绿荫，白云也没有人和它做伴侣。涧户崩落，也没有人归来，石径荒凉，也只是徒自久立等待。

以至于迴风吹入帷幕，云雾从屋柱之间泻出，蕙帐空虚，夜间的飞鹤感到幽怨，山人离去，清晨的山猿也感到吃惊。昔日曾听说有人脱去官服逃到海滨隐居，今天却见到有人解下隐士的佩兰而被尘世的绳缨所束缚。

于是南岳嘲讽，北陇耻笑，排列的深谷争相讥讽，群峰争相讥笑，慨叹我们被那位游子所欺骗，悲哀连慰问的人都没有。因此，山林感到非常羞耻，山涧感到非常惭愧，秋桂不飘香风，春萝也不笼月色。西山传出隐逸者的清议，东皋传出有德者的议论。听说此人目前正在山阴整理行装，乘着船前往京城。虽然他心中想的是朝廷，但或许会到山里来借住。如果是这样，岂可让芳草鲜花蒙厚颜之名，岂可让薜荔蒙受羞耻，岂可让碧岭再次受侮辱，岂可让丹崖重蒙污浊，岂可让他尘世间的游踪污浊山中的兰蕙之路，岂可使那许由曾经洗耳的清池变为混浊。因此应当锁上北山的窗户，掩上云彩之门，收敛起轻雾，藏匿好泉流。到山口去拦截他的车，到郊外去堵住他乱闯的马。于是山中的树丛和重叠的草芒勃然大怒，或者用飞落的枝柯打折他的车轮，或者低垂枝叶遮蔽他的路径。请你这位俗客回去吧，我们为山神谢绝你这位逃客的再次到来。

【评析】

孔稚珪，字德璋，南朝齐梁时骈文家。曾任太子詹事、散骑常侍。《南齐书》有传，称他"风韵清疏，好文咏""盛营山水""不乐世务"。有《孔詹事集》。

《北山移文》是一篇成熟的骈文。文中假借北山神灵的口吻，用移檄的形式，以当时名士周颙为靶子，对当时社会上把隐居当作终南捷径的知识分子，蛰居时道貌岸然，应诏时志变神动，出仕后趋名嗜利的虚伪面貌，予以深刻揭露、辛辣嘲讽。周颙，字彦伦，汝南人，有文才。五臣注《文选》吕向说："其先，周彦伦隐于北山，后应诏出为海盐县令，欲却过北山。孔生乃假山灵之意移之，使不许得至。"但与事实有出入。本文就是一篇游戏文章，旨在揭露和讽刺那些伪装隐居以求利禄的文人。文章工丽诙奇，尖锐泼辣，活泼生动，具有强烈的批判性，历来为人传诵。

▍魏徵

魏徵，字玄成，唐代杰出的文学家、政治家、史学家。早岁孤贫，但酷嗜读书，不理家业。曾任谏议大夫，有胆识，敢直谏，史称"诤臣"。为文崇尚质朴纯正，词旨剀切，气势雄峻。

谏太宗十思疏

魏徵

臣闻：求木之长者①，必固其根本；欲流之远者，必浚其泉源②；思国之安者，必积其德义。源不深而望流之远，根不固而求木之长；德不厚而思国之安，臣虽下愚③，知其不可，而况于明哲乎④？人君当神器之重⑤，居域中之大⑥，不念居安思危⑦，戒奢以俭⑧，斯亦伐根以求木茂⑨，塞源而欲流长也。

凡昔元首⑩，承天景命⑪，善始者实繁，克终者盖寡⑫。岂取之易，守之难乎？盖在殷忧⑬，必竭诚以待下⑭；既得志⑮，则纵情以傲物⑯。竭诚，则吴越为一体⑰；傲物，则骨肉为行路⑱。虽董之以严刑⑲，振之以威怒⑳，终苟免而不怀仁㉑，貌恭而不心服㉒。怨不在大㉓，可畏惟人㉔，载舟覆舟，所宜深慎㉕！

诚能见可欲㉖，则思知足以自戒；将有作㉗，则思知止以安人㉘；念高危㉙，则思谦冲而自牧㉚；惧满盈㉛，则思江海下百川㉜；乐盘游㉝，则思三驱以为度㉞；忧懈怠，则思慎始而敬终；虑壅蔽㉟，则思虚心以纳下；惧谗邪㊱，则思正身以黜恶㊲；恩所加，则思无因喜以谬赏㊳；罚所及，则思无以怒而滥刑㊴。总此十思，宏兹九德㊵。简能而任之㊶，择善而从之，则智者尽其谋，勇者竭其力，仁者播其惠㊷，信者效其忠。文武并用，垂拱而治㊸。何必劳神苦思，代百司之职役哉㊹！

【注释】

①长：生长。②浚：疏通水道。③下愚：最愚笨的人。④明哲：明智、贤能的人。⑤当：主持。神器：帝位。重：重权。⑥域中：天地之间。⑦居安思危：平安时想到危难。⑧戒奢以俭：用俭朴来代替奢侈。⑨斯：这。⑩凡：凡是。元首：帝王。⑪承天景命：承受上天重大的任命。⑫克：能够。盖：大约。⑬殷忧：深深的忧虑。⑭竭诚：竭尽忠诚。⑮既：一旦。⑯傲物：轻视他人。⑰吴越：吴国和越国，春秋时两个敌对的诸侯国。⑱骨肉：亲人。行路：路人。⑲董：监督。之：百姓。⑳振：震慑。威怒：声威。㉑苟：勉强。免：免于。怀仁：怀念恩德。㉒貌恭：表面上恭敬。

㉓怨：抱怨。㉔可畏：可怕。人：很多人。㉕宜：应该。深慎：极其慎重。㉖欲：自己嗜好的东西。㉗作：建造。㉘止：适可而止。安人：使百姓心安。㉙高危：身高位重。㉚谦冲：谦虚。自牧：自我加强修养。㉛满盈：自大。㉜下：居其下。㉝盘游：这里指狩猎。㉞三驱：打猎时，合三面，放开一面，让猎物逃走；意思是不要赶尽杀绝。度：限度。㉟壅蔽：堵塞、遮蔽。㊱馋邪：谗言，奸邪。㊲黜恶：斥退邪恶。㊳谬赏：奖赏失当。㊴滥刑：滥用刑罚。㊵宏：扩大。兹：这些。九德：《尚书·皋陶谟》："宽而栗，柔而立，愿而恭，乱而敬，扰而毅，直而温，简而廉，刚而塞，强而义。"㊶简：选拔。任：任用。㊷播：施予。㊸垂：垂衣。拱：敛手。㊹百司：百官。职役：职务。

【译文】

臣听说，想让树木顺利地生长，一定要巩固它的根基；希望水流得长远，一定要疏通它的源头；期望国家长治久安，一定要积德存义。源头不深却希望水流得长远，根基不牢却希望树木长高，德行不够却希望国家太平，臣虽然是最愚笨的人，也知道这不可能，何况聪明贤能的人呢！皇帝承担巩固政权的重任，处在天地间最崇高的权位，如果不在平安时就想到危难，用节俭来代替奢侈，这就像砍掉树根还要求树木茂盛，堵住水源还想让水流得长远。

凡是古代的帝王，承受上天重大的任命。开始时很好的的确很多，能够始终坚持的实在很少。难道是取得江山容易，坚守江山困难吗？原来在忧患的时候，势必竭尽诚意对待下属；一旦自己的志向达成了，就放纵私欲，不可一世。若能竭尽诚心接人待物，则即使像春秋时吴国、越国这样世代为敌的国家也能结为一体，而若是傲慢自满地对待他人，就算是骨肉那样的至亲也会变成路人。即便用残酷的刑法监督百姓，用盛威震慑百姓，也只能使百姓勉强不犯罪，却不会感念皇帝的恩德，表面上恭敬，内心却不服。不怕百姓抱怨大，怕的是很多百姓都在抱怨，他们就像水一样，既可以载船，也可以淹没船，这是应当极其慎重考虑的事！

真能看清自己嗜好的东西，就要知道知足自我警惕；将要建造什么，就要知道适可而止让百姓安心；想让自己身高位重了，就要谦虚、自我加强修养；害怕自己骄傲自大了，就想到要像江海那样情愿处在所有河流的下游；沉溺于打猎了，就不要赶尽杀绝，而要有所限度；担心自己懈怠了，就小心谨慎、善始善终；害怕耳目遮蔽，就要虚心地接纳下属的意见；担心奸邪之人在身边，就要端正自己、斥退奸臣；施恩于臣子时，就想到不要因高兴而胡乱奖赏；惩处臣子时，就想到不要因生气而滥用

346

刑罚。做到这十种思虑，并把这些扩大到"九德"的程度。挑选有才能的人并任用他，选择正确的意见照着办，那么聪明的人就会竭尽他们的智慧，勇敢的人就会用尽他们的力气，仁德的人就会广施他们的恩惠。文臣武臣一并任用，就可以垂衣拱手无为而治。为什么一定要亲自劳神费力，代替百官行使他们的职务，这样亲力亲为呢！

【评析】

《谏太宗十思疏》是魏徵于贞观十一年（637）写给唐太宗李世民的奏章，意在劝谏太宗居安思危，戒奢以俭，积其德义。在唐太宗统治时期，出现了安定富强的政治局面，史称"贞观之治"。"十思"是奏章的主要内容，即十条值得深思的情况。"疏"即"奏疏"，是古代臣下向君主议事进言的一种文体，属于议论文。

全篇以"思"字为构架，一开始便以排比方法劝谏李世民身为一国之主，身负重任，要在安乐时想到危难，尽量避免奢侈，提倡节俭。若想巩固政权、治理好天下，一定要居安思危、戒奢侈、俭以养德、克服欲望。紧接着指明历史上的君王一开始创业时大多数能兢兢业业，而善始善终的不多。明确地告诫李世民，不要危难忧患时诚心待人，而成功后就放纵，傲慢待人。道理述尽，作者便向唐太宗提出"十思"的建议。"十思"是作者前文提出的"思国之安者，必积其德义"的具体内容。前边提出问题并进行了分析，后边则提出如何解决的建议。使得文章前后呼应，全文形成一篇结构严谨的统一体。而"十思"又以"谦冲而自牧""虚心以纳下""慎始而敬终""简能而任之""择善而从之"为中心。虽角度不同，但都贯穿着"积其德义"的主线。告诫李世民只要做到这"十思"，就不必自己去劳神费思，代替百官去行使职权了。

骆宾王

骆宾王（生卒年不详），婺州义乌（今浙江义乌）人。少时落魄无行，好与博徒游。曾任武功、长安主簿，升侍御史，寻得罪入狱，贬临海（今浙江天台）丞。怏怏不得志，弃官而去。光宅元年（684）徐敬业在扬州起兵讨武后，署宾王为府属，作《讨武氏檄》。同年兵败亡命，不知所终。骆宾王也擅长七言歌行，他的《帝京篇》当时以为绝唱。《畴昔篇》、《从军中行路难》二首、《艳情代郭氏答卢照邻》《代女道士王灵妃赠道士李荣》等诗都表现出汪洋纵恣的才情。

为徐敬业讨武曌文

骆宾王

伪临朝武氏者①，性非和顺，地实寒微②，昔充太宗下陈③，曾以更衣入侍④。洎乎晚节，秽乱春宫⑤。潜隐先帝之私，阴图后房之嬖⑥。入门见嫉，蛾眉不肯让人；掩袖工谗⑦，狐媚偏能惑主。践元后于翚翟⑧，陷吾君于聚麀⑨。加以虺蜴为心⑩，豺狼成性。近狎邪僻，残害忠良⑪，杀姊屠兄，弑君鸩母⑫。人神之所共嫉，天地之所不容。犹复包藏祸心，窥窃神器⑬。君之爱子，幽之于别宫⑭；贼之宗盟，委之以重任⑮。呜呼，霍子孟之不作⑯，朱虚侯之已亡⑰。燕啄皇孙⑱，知汉祚之将尽；龙漦帝后⑲，识夏庭之遽衰。

敬业皇唐旧臣，公侯冢子⑳。奉先君之成业，荷本朝之厚恩。宋微子之兴悲㉑，良有以也；桓君山之流涕㉒，岂徒然哉！是用气愤风云，志安社稷。因天下之失望，顺宇内之推心。爰举义旗，以清妖孽。南连百越㉓，北尽三河㉔，铁骑成群，玉轴相接。海陵红粟㉕，仓储之积靡穷；江浦黄旗，匡复之功何远。班声动而北风起㉖，剑气冲而南斗平㉗。喑呜则山岳崩颓，叱咤则风云变色。以此制敌，何敌不摧！以此图攻，何城不克！

公等或居汉地㉘，或协周亲，或膺重寄于话言，或受顾命于宣室㉙。言犹在耳，忠岂忘心！一抔之土未干㉚，六尺之孤何托？倘能转祸为福，送往事居，共立勤王之勋，无废大君之命，凡诸爵赏，同指山河。若其眷恋穷城，徘徊歧路，坐昧先几之兆，必贻后至之诛㉛。请看今日之域中，竟是谁家之天下！

【注释】

①伪：非法政权。临朝：亲临朝廷听政。②地实寒微：门第出身实在寒酸微贱。地：门第。③下陈：地位卑下的姬妾。④更衣入侍：受过唐太宗宠幸的委婉说法。汉武帝路过平阳公主家，歌女卫子夫因侍候汉武帝更衣得到宠幸。⑤洎：及、到。晚节：这里指年纪稍大以后。春宫：东宫，指太子。当时高宗李治为太子。⑥嬖：宠爱。⑦掩袖工谗：用战国楚国郑袖之典故。魏王赠送楚怀王一美人，怀王宠妃郑袖故意和魏美人接近，告诉她再见楚王用袖子掩一点鼻子，因楚王不喜欢她的鼻子。魏美人见楚王则掩袖。怀王惑，郑袖说，美人厌恶你腋臭之味。怀王怒而割去魏美人鼻子。此句说武则天之心计和郑袖相似。⑧元后：皇后。翚翟：有美丽羽毛的

野鸡，是皇后礼服的装饰。⑨聚麀：原指两头公鹿共有一母鹿，这里指父子与同一女人发生性关系，属于乱伦。⑩虺蜴：毒蛇和蜥蜴。⑪邪僻：指许敬宗、李义府，两人曾帮助高宗立武则天为皇后，并帮助武则天驱逐褚遂良，逼杀长孙无忌、上官仪等大臣。三人都反对高宗立武则天为皇后。后褚遂良被贬、长孙无忌被迫自缢、上官仪下狱而死。⑫杀姊屠兄：武则天堂兄及同父异母兄曾薄待她的生母杨氏，她当皇帝时承母命陷害屠杀诸兄。武则天姐姐韩国夫人的女儿贺兰氏得宠，她也设计陷害。弑君鸩母：将高宗和武则天母亲杨氏的死算作武则天的罪过。⑬神器：指皇帝之位。⑭君之爱子，幽之于别宫：幽，软禁。武则天废弃中宗李显为庐陵王，立睿宗李旦为帝，但实际把他监视起来，如同软禁。⑮贼之宗盟，委之以重任：贼，指武则天。宗盟：指同姓宗族及亲信党羽。武则天称帝后，封武承嗣等人为王，委以重任。⑯霍子孟：西汉名臣霍光字子孟，他受汉武帝托孤之重，昭帝死后，所立之昌邑王无道不守礼法，霍光果断废掉他，安定了汉朝天下。⑰朱虚侯：即刘章，在周勃平定诸吕中立场坚定，有功劳。⑱燕啄皇孙：指汉成帝宠爱赵飞燕和她姐姐赵合德，二人无子，害死许多皇子，使成帝无嗣。当时流传童谣："燕飞来，啄皇孙，皇孙死，燕啄矢。"武则天做皇帝后，杀死太子李弘，废太子李贤为庶人，李贤后死在巴州。这里把武则天比作赵飞燕。⑲龙漦帝后：传说夏朝将衰时，有二龙落于朝廷，自称褒地二君。夏帝留下二龙的涎沫，收藏到木盒中。后出来变成黑鼋，一宫女遇到而怀孕生褒姒。褒姒迷周幽王祸乱天下。周幽王被杀。这里把武则天比作褒姒。⑳皇唐旧臣：徐敬业是唐代开国名臣徐茂公之后。冢子：长子。㉑宋微子：殷商大臣，对于纣王之昏庸残暴非常不满，谏而不听，悲伤而离开。㉒桓君山：桓谭字君山，东汉光武帝时上疏陈论时政，反对图谶而被贬谪，郁郁而终。㉓百越：泛指今南方沿海地区。㉔三河：河东、河内、河南，即今山西、河北、河南等地，泛指中原。㉕海陵：即今江苏省扬州市。红粟：指陈粮。㉖班声：班马之声。㉗南斗：二十八宿之一。㉘公等：泛指中央以及地方上的文武官员。㉙宣室：汉代宫殿殿民。这里指受顾命的地方。㉚一抔之土：指唐高宗刚死不久。㉛贻：给予。

【译文】

非法把持朝政的武氏，本性不和顺，出身卑下。最初是太宗皇帝的才人，曾因服侍更衣得到宠爱。年纪稍大些时，违反伦常与太子关系暧昧。隐瞒先帝对她的宠幸，谋求取得在宫中专宠的地位。选入宫里的妃嫔美女都遭到她的嫉妒，凭仗美貌不肯让别人分宠；诡计多端，善于说别人坏话，像狐狸精那样迷住了皇上。终于夺取了皇后的位置，把君王推到乱伦的丑恶境地。加上一副毒蛇般的心肠，凶残成性，亲近奸佞，残害忠良，杀戮兄姊，害死君王和母亲。这种人为天神凡人所痛恨，为天地所不容。她还包藏祸心，图谋篡夺皇位。皇上的爱子，被幽禁在冷宫里；而对她武氏一族，却委以重任。唉！再也不见霍光这样忠臣，刘章那样的宗室也已消亡。赵飞燕暗杀皇子，人们知道汉朝的皇统将要穷尽；孽龙的口水流淌在帝王的宫庭里，标志着西周快要衰亡。

徐敬业是大唐旧臣，公侯的长子，奉行的是先帝留下的训示，承受着本朝的深恩。宋微子为故国的覆灭而悲哀，确实是有他的原因的；桓谭为失去爵禄而流泪，难道是毫无道理的吗？因此，义愤激动风云，目的是安定大唐的江山。趁着百姓对武氏的失望，顺着国人的人心所向，于是高举正义之旗，来清除妖孽。南至偏远的百越，北到中原的三河，铁骑成群，战车相连。海陵的陈米在仓库里的储存无穷无尽；大江之滨旌旗飘扬，光复大唐的功业还会遥远吗？战马在北风中嘶鸣，剑气直冲向天上的星斗。怒吼使得山岳崩塌、风云变色。拿这种威力去制服敌人，有什么敌人不能打垮？拿这种力量去建立功业，有什么功业不能实现？

诸位或者是世代蒙受国家的封爵，或者是皇室的姻亲，或者是负有重任的将军，或者是接受先帝遗命的大臣。先帝的话音好像还在耳边，忠诚怎么会在心里忘却？先帝的坟土尚未干透，年轻的孤君依靠什么呢！如果能转变当前的祸难成为福祉，好好地送走死去的旧主和服侍当今的皇上，共同建立匡救王室的功勋，不至于废弃先皇的遗命，那么各种封爵赏赐，一定如同泰山黄河那般牢固长久。如果留恋目前的既得利益，在关键时刻犹疑不决，看不清事先的征兆，就一定会招致严厉的惩罚。请看明白今天的世界，到底是哪家的天下。

【评析】

写就一篇成功的檄文，最重要的就是能把讨伐对方的理由写得合情合理。这篇檄文做到了这一点。公元 684 年，骆宾王在扬州与徐敬业相遇，加入其反武曌阵营，想要讨伐篡夺李氏政权的武则天，恢复李氏王朝。我们且不论骆宾王是否具备政治头脑，单作为文人，他的笔力雄健，行文流畅，老辣狠毒，立论严正，先声夺人，将武则天置于被告席上，列数其罪。借此宣告天下，共同起兵，起到了很大的宣传鼓动作用。尤其是最后一句，"请看今日之域中，竟是谁家之天下"，具有极强的自信心和鼓动性，豪迈雄奇。据《新唐书》所载，武则天初观此文时，还嬉笑自若，当读到"一抔之土未干，六尺之孤何托"句时，惊问出自何人之手，并感叹："有如此才，而使之沦落不偶，宰相之过也！"可见这篇檄文煽动力之强。

王勃

王勃，字子安，唐代著名诗人、作家。年少便博学多才，不到二十岁即应举及第。沛王闻其才名，召为修撰。因戏作《檄英王斗鸡文》，被高宗怒逐出府。后来由于擅杀官奴，按律当诛，遇赦免死。渡海省亲，于南海溺水而亡。王勃与杨炯、卢照邻、骆宾王并称"初唐四杰"。其为文力矫六朝以来的浮艳文风，扩大了题材范围，显示出刚健清新的风格。有《王子安集》。

秋日登洪府滕王阁饯别序

王勃

南昌故郡①，洪都新府②。星分翼轸③，地接衡庐④。襟三江而带五湖⑤，控蛮荆而引瓯越⑥。物华天宝，龙光射牛斗之墟⑦；人杰地灵，徐孺下陈蕃之榻⑧。雄州雾列⑨，俊采星驰⑩，台隍枕夷夏之交⑪，宾主尽东南之美⑫。都督阎公之雅望⑬，棨戟遥临⑭；宇文新州之懿范⑮，襜帷暂驻⑯。十旬休暇⑰，胜友如云⑱；千里逢迎⑲，高朋满座。腾蛟起凤⑳，孟学士之词宗；紫电青霜㉑，王将军之武库㉒。家君作宰㉓，路出名区㉔；童子何知㉕，躬逢胜饯㉖。

时维九月，序属三秋㉗。潦水尽而寒潭清，烟光凝而暮山紫㉙。俨骖騑于上路㉚，访风景于崇阿㉛。临帝子之长洲，得仙人之旧馆㉜。层峦耸翠，上出重霄；飞阁流丹，下临无地㉝。鹤汀凫渚㉞，穷岛屿之萦回㉟；桂殿兰宫㊱，列冈峦之体势㊲。披绣闼㊳，俯雕甍㊴，山原旷其盈视，川泽盱其骇瞩㊵。闾阎扑地㊶，钟鸣鼎食之家㊷；舸舰迷津㊸，青雀黄龙之轴㊹。虹销雨霁㊺，彩彻云衢㊻。落霞与孤鹜齐飞，秋水共长天一色。渔舟唱晚，响穷彭蠡之滨㊼；雁阵惊寒，声断衡阳之浦㊽。

遥襟俯畅㊾，逸兴遄飞㊿。爽籁发而清风生51，纤歌凝而白云遏52。睢园绿竹53，气凌彭泽之樽54；邺水朱华55，光照临川之笔56。四美具57，二难并58。穷睇眄于中天，极娱游于暇日59。天高地迥，觉宇宙之无穷；兴尽悲来，识盈虚之有数60。望长安于日下，指吴会于云间。地势极而南溟深61，天柱高而北辰远62。关山难越，谁悲失路之人63？萍水相逢，尽是他乡之客。怀帝阍而不见^⑥，奉宣室以何年^⑥？

嗟乎！时运不齐，命运多舛^⑥。冯唐易老^⑥，李广难封^⑥。屈贾谊于长沙^⑥，非无圣主^⑦；窜梁鸿于海曲^⑦，岂乏明时^⑦。所赖君子安贫，达人知命^⑦。老当益壮，宁移白首之心？穷且益坚，不坠青云之志^⑦。酌贪泉而觉爽^⑦，处涸辙以犹欢^⑦。北海虽赊^⑦，扶摇可接^⑦；东隅已逝^⑦，桑榆非晚^⑧。孟尝高洁，空怀报国之心^⑧；阮籍猖狂，岂效穷途之哭^⑧！

勃，三尺微命^⑧，一介书生^⑧。无路请缨，等终军之弱冠^⑧；有怀投笔，慕宗悫之长风^⑧。舍簪笏于百龄^⑧，奉晨昏于万里^⑧。非谢家之宝树^⑧，接孟氏之芳邻^⑨。他日趋庭，叨陪鲤对^⑨；今晨捧袂，喜托龙门^⑨。杨意不逢，抚凌云而自惜^⑨；钟期既遇，奏流水以何惭^⑨？

呜呼！胜地不常，盛筵难再^⑨。兰亭已矣^⑨，梓泽丘墟^⑨。临别赠言，幸承恩于伟饯^⑨；登高作赋，是所望于群公。敢竭鄙诚^⑨，恭疏短引^⑩。一言均赋，四韵俱成^⑩。

滕王高阁临江渚，佩玉鸣鸾罢歌舞。

画栋朝飞南浦云，珠帘暮卷西山雨。

闲云潭影日悠悠，物换星移几度秋。

阁中帝子今何在？槛外长江空自流。

【注释】

①南昌：汉豫章郡县名，又是郡治所在地，所以称"故郡"。②洪都：唐代把豫章郡改为洪州，在洪州设都督府，所以叫"新府"。③分：分界。翼、轸：均为二十八宿之一。意思是星空的分界与翼、轸两颗星宿相邻。④衡：衡山，这里代指衡州。庐：庐山，这里代指江州。意思是州境与衡、江两州相接。⑤襟：以……为襟。带：以……为带。三江、五湖：泛指南昌附近的江湖。⑥控、引：靠近。蛮荆：楚地。瓯越：越地。⑦物华天宝：人间物产的精华，化为天上的宝气。斗、牛：二十八宿之一。事见《晋书·张华传》：晋武帝时，牛、斗之间常有紫气照射。张华命人寻找，在丰城牢狱的地下掘出龙泉、太阿二剑，后宝剑入水化为双龙。墟：星座所在之处。⑧徐孺：名稺，东汉豫章南昌人，当时的隐士。陈蕃：东汉豫章太守，当时的名士。下……之榻：留宿。事见《后汉书·徐稺传》：东汉名士陈蕃为豫章太守，不接宾客，只有徐稺来访时，才设一睡榻，徐稺去后又悬置起来。⑨雄州：大州。雾列：气势浩盛。⑩俊采：有才能的人。星驰：众多。⑪台隍：指城池。枕：占据。夷：荆楚一带。夏：中原地区。⑫宾主：

352

指客人和主人阎都督。尽：包括。东南之美：语出《世说新语·言语》："不徒东南之美，实为海内之秀。"这里指东南地区所有的才俊。⑬阎公：洪州都督府阎某，名不可考。雅望：公正的声望。⑭棨戟：外有赤黑色缯作套的木戟，这里指仪仗。遥临：远道来这里做官。⑮宇文新州：复姓宇文的新州刺史。懿范：美好的风范。⑯襜帷：车上的帷幕，这里指刺史的车马。⑰十旬：唐制，十日为一旬，遇旬则官员修沐，称为"旬休"。暇：空闲。滕王阁宴会，正值官员们例假休息的空闲日子。⑱胜友：才能卓越的宾客。⑲千里逢迎：迎接远道而来的友人。⑳腾蛟起凤：形容孟学士的文辞优美。㉑紫电、青霜：都是古代著名的宝剑。㉒武库：引申为军士韬略。㉓家君：家父。宰：县官。㉔出：经过。意思是父亲在南方当县令，因省亲而路过这个名胜之地。㉕童子：小孩儿，这里是王勃自指。㉖躬：亲身。胜饯：盛大的饯别宴会。意思是自己学识浅薄，却亲身参加了这盛大的宴会。㉗时、序：这时候。维、属：正值。九月、三秋：故人将秋季的七、八、九月分别称为"孟秋""仲秋""季秋"。三秋就是秋季中的九月。㉘潦水：雨后的秋水。㉙紫：山气在落日照射下呈现紫色。㉚俨：驱使。骖騑：驾车的马。上路：高路。㉛崇阿：高峻的丘陵。㉜临：来到。帝子、仙人：都指滕王李元婴。长洲：江边沙洲。旧馆：指滕王阁。㉝翠、丹：滕王阁漆画的色彩。无地：不见地。意思是滕王阁镏金溢彩，往上看高耸入云，往下看仿佛看不见地。㉞凫：野鸭。汀：水边平地。渚：江中小洲。㉟穷：尽……之致。㊱桂殿兰宫：华丽的宫殿。㊲列：随着。㊳披：打开。闼：门。㊴甍：屋脊。㊵纡：弯曲。骇瞩：惊视。这两句意思是山原平旷得使人不禁睁大眼睛，川泽盘曲得使人看了吃惊。㊶闾阎：指房屋。扑：遍。㊷钟鸣鼎食：唐代士族大家，鸣钟就食，用鼎盛食，这里泛指士族大家。㊸舸：大船。舰：战船。迷津：遍布津口。㊹青雀、黄龙：形状像青雀、黄龙的船。轴：船后持舵的地方。㊺虹销雨霁：云气消散，雨过天晴。㊻彩：彩虹。彻：通"贯"。衢：天空。㊼响：声音。穷：直达。彭蠡：即今天的鄱阳湖。㊽断：止。衡阳：今属湖南境内，境内有回雁峰。相传大雁飞到回雁峰就不再向南飞。浦：水滨。㊾遥襟：远大的胸襟。俯畅：登高俯视胸襟舒畅。㊿逸兴遄飞：好兴致很快地飞荡。遄：迅速地。(51)爽籁：残次不齐的排箫。(52)遏：阻碍。这句意思是流动的白云被歌声阻住。(53)睢园：汉梁孝王聚集文士饮酒赋诗的地方，在睢阳，今河南商丘。(54)彭泽：指晋陶渊明，曾任彭泽县令，世称"陶彭泽"。樽：酒杯。这两句的意思是就像聚会在绿竹丛生的睢园里，饮酒的好气简直超过了当年的陶渊明。(55)邺水：在邺下，今河北临漳，是曹魏政权兴起的地方。朱华：荷花。曹植《公宴诗》："朱华冒绿池。"(56)临川：在今江西抚州。这里代指谢灵运，他曾任临川内史。这两句的意思是就像当年的曹植，在邺都写出《公宴诗》，文彩简直可与谢灵运媲美。(57)四美：良辰、美景、赏心、乐事。(58)二难：贤主、嘉宾难以兼得。(59)睇、眄：看。中天：长天。这两句的意思是极目长天，在闲暇的日子里尽情嬉游。(60)盈虚：变化。(61)极：倾斜。南溟：南海。⑥北辰：北极星。这里比喻国君。⑥失路：不得志。⑥帝阍：天帝的守门人，这里指宫门。⑥宣室：这里代指国君。汉未央宫正殿，是皇帝召见大臣议事之处。⑥舛：不顺。⑥冯唐易老：冯唐是汉文帝时以孝著名的官员，景帝时被免官，武帝求贤士，有人推荐冯唐，但已经九十多岁了，不能再做官。这里用冯唐的遭遇自叹唯恐老之将至，仍不能为官。⑥李广难封：李广是汉武帝时的名将，多次与匈奴作战，军功显著，始终没有封为侯爵。这里用李广的遭遇自叹功业难成，地位卑下。⑥屈贾谊于长沙：贾谊在汉文帝时被贬为长沙王太傅。⑦圣主：汉文帝。⑦窜梁鸿于海曲：东汉梁鸿因得罪汉章帝避居齐鲁、吴中。海曲：靠近海的地方。⑦明时：指汉章帝时代。⑦达人：通达事理的人。⑦这四句意思是年纪老了越发壮心不已，怎么能在头白时改变本心？穷困时要坚强不屈，不要失去崇高的志向。⑦贪泉：在广州附近石门。传说喝贪泉的水，就会贪得无厌。⑦涸辙：比喻困境。⑦赊：遥远。⑦扶摇：旋风。⑦东隅：日出之处。这里引申为青春。⑧桑榆：日落之处。这里引申为晚年。⑧孟尝：东汉会稽上虞人，曾任合浦太守，以廉洁奉公著称，后因病隐居。这句的意思是自己像孟尝一样，空有报国之心，却终不被任用。⑧阮籍：晋代名士，经常独自驾车出行，走到没有道路的地方就大哭而返。这句的意思是自己可以像阮籍一样狂放不守礼法，却不能效仿他那样穷途哭返。⑧三尺：身长三尺，意思自己年轻。⑧一介：一个，自谦的用法。⑧终军：西汉人，二十多岁时出使南越，"请受长缨，必羁南越王而致之阙下"。请缨：自请从军杀敌为"请缨"。弱冠：古人二十岁行冠礼，表示成年。等：相仿。这句的意思是与终军年纪相仿，却报国无门。⑧投笔：东汉班超投笔从戎，通西域有功。宗悫：南朝宋南阳人，年少时曾向叔父自述志向，"愿乘长风破万里浪"。这句的意思是爱慕宗悫有远大的抱负，自己也有从军之志。⑧簪笏：冠簪、手版，都是官吏上朝的用物，这里代指官职。百龄：一生。这句的意思是宁愿舍去一生的功名富贵。⑧奉：侍奉。晨昏：父母。⑧谢家之宝树：谢安问子侄辈，为什么人们希望小孩成才？谢玄回答说："譬如芝兰玉树，欲使其生于庭阶耳。"这里用宝树比喻好子弟，这句意思是自己不是有出息之辈。⑨孟氏：孟子。传说孟母为了教育孟子三次搬家。芳邻：好邻居。这两句的意思是能与参加宴会的嘉宾交接。⑨他日：来日。趋庭：到父亲面前。叨：有愧于。鲤：孔鲤，孔子的儿子。孔鲤曾在庭前受教于父亲。这句的意思是过些时候将要到父亲那里接受教诲。⑨捧袂：举起双袖作揖，表示恭敬。龙门：东汉李膺是名士，当时的人有被他认为是朋友的，被称为登龙门。托：登。这句意思是这次能在宴会上拜见阎公，就像登龙门一样令人高兴。⑨杨意：汉武帝时狗监杨得意，曾推荐司马相如作赋。凌云：司马相如作成《大人赋》，《史记·司马相如列传》记载："相如既奏《大人之颂》，天子大悦，飘飘有凌云之气。"这句的意思是没有遇到能够推荐自己的人，只能抚凌云之服空叹息。⑨钟期：钟子期，伯牙鼓琴时的知音。流水：《列子·汤问》记载："伯牙

354

鼓琴……志在流水，钟子期曰：'善哉！洋洋兮若江河。'"这句的意思是既遇知音，在宴会上赋诗作文，又有什么可惭愧的呢？㉞胜地：指滕王阁。这两句意思是这样好的地方不能常来，这么好的宴会很难再有。㉟兰亭：在今浙江绍兴附近。晋穆帝永和九年三月三日上巳节，王羲之与群贤宴集于此，行修禊之礼。已矣：过去。这句的意思是兰亭宴集的盛况已成陈迹。㊱梓泽：晋石崇金谷园，在今河南洛阳西北。丘墟：空虚荒芜之地。这句的意思是繁华的金谷园也变为一片丘墟。㊲承恩：得到阎公的看重。伟饯：盛宴。㊳敢竭鄙诚：冒昧地倾吐自己的怀抱。⑩恭疏短引：恭敬地写了这篇小序。㊶一言均赋：一说请大家都作诗，诗就写成了。四韵：指双数句押韵的八句诗篇，这里指后面的《滕王阁诗》。

【译文】

　　南昌是汉代豫章的旧郡，现在是洪都新府。它处在翼、轸二星的分管区域，与庐山和衡山接壤。以三江为衣襟，以五湖为腰带，控制楚地，连接瓯越。这里地上物产的精华，乃是天的宝物，宝剑的光气直射牛、斗二星之间；人有俊杰是因为地有灵秀之气，徐孺竟然在太守陈蕃家下榻。雄伟的州城像雾一样涌起，杰出的人才像星星一样多。城池倚据在荆楚和华夏交接的地方，宴会上客人和主人都是东南一带的俊杰。声望崇高的都督阎公，带着仪仗队打着仪仗队从远道而来；德行美好的宇文新州刺史，豪华的车驾也在此暂时驻扎。正好赶上十日一休的假日，才华出众的朋友多得如云；迎接千里而来的客人，尊贵的朋友坐满宴席。文章的辞彩如蛟龙腾空、凤凰飞起，那是文词宗主孟学士；紫电和清霜这样的宝剑，出自王将军的武库。家父做交趾县令，我探望父亲路过这有名的地方；年幼无知，我却有幸参加这场盛大的宴会。

　　时间是九月，季节为深秋。蓄积的雨水已经消尽，潭水寒冷而清澈，烟光雾气凝结，傍晚的山峦呈现出紫色。驾着豪华的马车行驶在高高的道路上，到崇山峻岭中观望风景。来到滕王营建的长洲上，看见他当年修建的楼阁。重叠的峰峦耸起一片苍翠，上达九霄；凌空架起的阁道上，朱红的油彩鲜艳欲滴，从高处往下看，地好像没有了似的。仙鹤野鸭栖止的水边平地和水中小洲，极尽岛屿曲折回环的景致；桂树与木兰建成的宫殿，随着冈峦高低起伏的态势。打开精美的阁门，俯瞰雕饰的屋脊，放眼远望，辽阔的山原充满视野，迂回的河流湖泊使人看了惊叹。房屋排满地面，有不少官宦人家；船只布满渡口，都装饰着青雀黄龙的头形。云消雨散，阳光普照，天空明朗。落霞与孤独的野鸭一齐飞翔，秋天的江水和辽阔的天空浑然一色。渔船唱着歌傍晚回来，歌声响遍鄱阳湖畔；排成行列的大雁被寒气惊扰，叫声消失在衡山南面的水边。

远望俯观，胸怀舒畅，飘逸的兴致油然而生。排箫发出清脆的声音如同引来阵阵清风；纤细的歌声仿佛阻止了白云的飘动。今日宴会如同当年睢园竹林的聚会，诗人文士狂饮的气概超过陶渊明；又有曹植咏邺水荷花那样的才气，文采可以和南朝诗人谢灵运相媲美。良辰、美景、赏心、乐事，四美都具备，贤主、嘉宾，二者难得却都得到。放眼远望半空之中，在闲暇的日子里尽情欢乐。天高地远，感到宇宙的无边无际；兴致已尽，悲随之而来，认识到事物的兴衰成败都有定数。远望长安在夕阳之下，遥看吴越在云海之间。地势偏远，南海深不可测；天柱高耸，北极星远远悬挂。雄关高山难以越过，有谁同情不得志的人？在座的各位如浮萍在水上相聚，都是客居异乡的人。思念皇宫却看不见，等待在宣室被召见又不知将是何年？

唉！命运不顺畅，路途多艰险。冯唐容易老，李广封侯难。把贾谊贬到长沙，并非没有圣明的君主；使梁鸿到海边隐居，难道不是政治昌明的时代？所能依赖的是君子安守贫贱，达人知道天命。年老应当更有壮志，哪能在白发苍苍时改变心志？处境艰难反而要更加坚强，不放弃远大崇高的志向。即使喝贪泉水仍然觉得心清气爽；即使处在干涸的车辙中，依旧能乐观开朗。北海虽然遥远，乘着旋风仍可以到达；少年的时光虽已消逝，珍惜未来还不算晚。孟尝品行高洁，却空有一腔报国的热情；怎能效法阮籍狂放不羁，在无路可走时便恸哭而返？

我，地位低下，一个书生。没有请缨报国的机会，虽然和终军的年龄相同；像班超那样有投笔从戎的胸怀，也仰慕宗悫"乘风破浪"的志愿。宁愿舍弃一生的功名富贵，到万里之外去早晚侍奉父亲。不敢说是谢玄那样的人才，却结识了诸位名家。过些天到父亲那里聆听教诲，一定要像孔鲤那样趋庭有礼，对答如流；今天举袖作揖谒见阎公，好像登上龙门一样。司马相如倘若没有遇到杨得意那样引荐的人，虽有凌云的文才也只能独自叹惋。既然遇到钟子期那样的知音，演奏高山流水的乐曲又有什么羞惭呢？

唉！名胜的地方不能长存，盛大的宴会难以再遇。当年兰亭宴饮集会的盛况已成为陈迹了，繁华的金谷园也成为荒丘废墟。临别赠言，作为有幸参加这次盛宴的纪念；登高作赋，那就指望在座的诸公了。冒昧给大家献丑，恭敬地写下这篇小序，我的一首四韵小诗也已写成。

高高的滕王阁雄伟壮丽，俯视着江中的沙滩。热闹繁华的歌舞刚刚结束，佩玉声和马车铃铛声响成一片。早晨雕梁画栋里飞来南浦的彩云，傍晚朱色帘幕卷起西

山的云烟。悠闲的云在潭水里悠悠忽忽，几度春来秋去，时光在流转。当年建造高
阁的龙子龙孙今日又在哪里？只有栏杆下面的长江在滚滚向前。

【评析】

　　洪府，即江西南昌。王勃赴交趾省父，路过洪府，参加了由都督阎公在重修滕王
阁后举行的宴会。阎公本已安排其婿宿构，为表客气请宾客作序。王勃不推辞而对客
挥毫，即兴创作此序。叙事简明，称颂了滕王阁的壮观，描绘了这次宴饮游娱的盛况。
写景生动逼真，"落霞与孤鹜齐飞，秋水共长天一色。渔舟唱晚，响穷彭蠡之滨；雁
阵惊寒，声断衡阳之浦"描绘眼前之景，如在目前，是神来之笔。抒情深沉真挚，留
下许多名言警句，表现出非凡之才气。"老当益壮，宁移白首之心？穷且益坚，不坠
青云之志"表现出坚定的人生信念和高远的理想。全文熔叙事、描写、抒情、议论为
一炉，辞采华丽，对仗工稳，用典娴熟准确，是中国文学史上最精彩的骈文之一。

李白

　　李白，字太白，号青莲居士。唐代伟大诗人。绵州昌隆县（今四川省江油市）
人。诗风豪放，想象奇伟，情感炽热，语言真率自然，具有浓厚的浪漫主义色彩。
文风亦豪迈俊爽。今存诗约千首，文约七十篇。

与韩荆州书

李白

　　白闻天下谈士相聚而言曰①："生不用万户侯②，但愿一识韩荆州。"何令
人之景慕，一至于此耶！岂不以有周公之风③，躬吐握之事④，使海内豪俊奔
走而归之，一登龙门⑤，则声誉十倍，所以龙盘凤逸之士⑥，皆欲收名定价于
君侯⑦。愿君侯不以富贵而骄之，寒贱而忽之，则三千宾中有毛遂⑧，使白得
颖脱而出，即其人焉。

　　白陇西布衣⑨，流落楚汉⑩。十五好剑术，遍干诸侯⑪；三十成文章，历
抵卿相⑫。虽长不满七尺，而心雄万夫，王公大人，许与气义⑬。此畴曩心迹⑭，
安敢不尽于君侯哉！

君侯制作侔神明⑮，德行动天地，笔参造化⑯，学究天人。幸愿开张心颜⑰，不以长揖见拒⑱。必若接之以高宴，纵之以清谈，请日试万言，倚马可待。今天下以君侯为文章之司命⑲，人物之权衡，一经品题，便作佳士。而君侯何惜阶前盈尺之地，不使白扬眉吐气，激昂青云耶？

昔王子师为豫州⑳，未下车，即辟荀慈明㉑，既下车，又辟孔文举㉒；山涛作冀州㉓，甄拔三十余人，或为侍中、尚书，先代所美㉔。而君侯亦荐一严协律㉕，入为秘书郎，中间崔宗之㉖、房习祖、黎昕、许莹之徒㉗，或以才名见知，或以清白见赏。白每观其衔恩抚躬㉘，忠义奋发，白以此感激，知君侯推赤心于诸贤腹中，所以不归他人，而愿委身国士。倘急难有用，敢效微躯㉙。

且人非尧舜，谁能尽善？白谟猷筹画㉚，安能自矜？至于制作，积成卷轴，则欲尘秽视听㉛。恐雕虫小技㉜，不合大人。若赐观刍荛㉝，请给纸墨，兼之书人，然后退扫闲轩，缮写呈上。庶青萍、结绿㉞，长价于薛卞之门㉟。幸推下流㊱，大开奖饰，惟君侯图之。

【注释】

①谈士：游谈之士。②万户侯：食邑万户的侯爵。③周公：即姬旦，西周初年政治家，文王之子，武王之弟。④躬吐握：亲身实践吐哺握发之事。周公礼贤下士，《韩诗外传》卷三记载：周公曾经"一沐三握发，一饭三吐哺，犹恐失天下之士"。⑤登龙门：比喻士人得到名人的接引而立刻会提高声誉。⑥龙盘凤逸：比喻贤士在野，待时而动。龙盘：龙盘曲而不得伸展。⑦收名定价：获取名望和评价。君侯：此处指韩荆州。⑧毛遂：战国时赵国平原君食客，秦兵围赵，平原君要率领二十名食客到楚国求救，毛遂主动请行，平原君认为他没有突出表现，毛遂说："臣乃今日请处囊中耳。使遂早得处囊中，乃颖脱而出，非特其末见而已。"于是随行，在关键时刻立功。⑨陇西：郡名，治所在今甘肃省陇西县南。布衣：指平民。⑩流落楚汉：当时李白家于安陆（今属湖北），往来于襄阳、江夏等地，古代属于楚国地区，汉水流域。⑪遍干：广泛干谒。诸侯：指地方长官。⑫历抵：一一拜访。卿相：指朝廷官员。⑬许与：赞许。气义：气概和道义。⑭畴曩：往昔。心迹：心志与事迹。⑮制作：写作诗文。侔：等同。⑯笔参造化：指文笔精妙，符合自然与人性。造化：自然运行。⑰开张心颜：即开心张颜，意谓和颜悦色真诚相待。⑱长揖：古代宾主以平等身份相见时所行的礼。⑲司命：星名，神话中主宰人命运之神，此处指品定文章的最高权威。⑳王子师：即王允，东汉太原祁（今山西省）人，汉灵帝时任豫州刺史。㉑荀慈明：东汉人，名爽，字慈明，大儒，官至司空。㉒孔文举：名融，孔子后裔，

汉末名士。后被曹操所杀。㉓山涛：字巨源，西晋名士。曾任冀州刺史，提拔三十多人，均是贤士。㉔美：赞美。㉕严协律：可能指严武。严武字季鹰，杜甫好友。《新唐书·韩朝宗传》："朝宗喜识拔后进，尝荐严武、崔宗之于朝，当时士咸归重之。"㉖崔宗之：名成辅，袭封齐国公，曾任侍御史，与王维、李白、杜甫都有交往。㉗房习祖、黎昕、许莹：三人生平均未详。㉘衔恩：感恩。抚躬：追思自己身世。㉙敢效微躯：愿意努力效命。微躯：自谦辞。㉚谟猷（yóu）筹画：出谋划策。㉛尘秽视听：恐怕玷污您的耳目，请他人看自己诗文的谦虚说法。㉜雕虫小技：微不足道的技能。㉝刍荛：割草打柴之人，李白自谦语。㉞青萍：宝剑名。结绿：宝玉名。㉟薛：薛烛，春秋时越国人，善于鉴定剑。卞：卞和，春秋时楚国人，善识玉。㊱下流：地位低下之人。司马迁《报任安书》："负下未易居，下流多谤议。"

【译文】

　　我听说天下谈士聚在一起议论道："人生不用封万户侯，只愿结识一下韩荆州。"使人敬仰爱慕，怎么竟到如此程度！岂不是因为您有周公那样的作风，躬行吐哺握发之事，故而使海内的豪杰俊士都愿意奔走而归于您的门下。士人一经您的接待延誉，便声名大增，所以那些怀才不遇屈而未伸的贤士，都想在您这儿获得美名，奠定声望。希望您不因自己富贵而对他们傲慢，不因他们微贱而轻视他们，那么您众多的宾客中便会出现毛遂那样的奇才。假使我李白能有机会显露才干，就是那样的人。

　　我是陇西平民，流落于楚汉。十五岁时爱好剑术，谒见了许多地方长官；三十岁时文章已成名，拜见了很多卿相显贵。虽然身长不满七尺，但志气雄壮而胜过万人。王公大人都赞许我有气概，讲道义。这是我往日的心事行迹，怎敢不尽情向您表露呢？

　　您的著作堪与神明相比，您的德行感动天地；文章与自然造化同功，学问穷极天道人事。希望您度量宽宏，和颜悦色，不因我长揖不拜而拒绝我。如若肯用盛宴来接待我，任凭我清谈高论，那请您再以日写万言试我，我将手不停挥，顷刻可就。如今天下人认为您是决定文章命运、衡量人物高下的权威，一经您的品评，便被认作美士，您何必舍不得阶前的区区一尺之地接待我，不使我扬眉吐气、激厉昂扬、气概凌云呢？

　　从前王子师担任豫州刺史，未到任即征召荀慈明，到任后又征召孔文举；山涛做冀州刺史，选拔三十余人，有的成为侍中、尚书，受到前代人所称美。而您也荐举过一位严协律，进入中央为秘书郎；还有崔宗之、房习祖、黎昕、许莹等人，有的因才干名声被您知晓，有的因操行清白受您赏识。我每每看到他们怀恩感慨，忠义奋发，因此我感动激励，知道您对诸位贤士推心置腹，赤诚相见，故而我不归向他人，而愿意托身于您。如逢紧急艰难有用我之处，我当献身效命。

况且一般人不是尧、舜，谁能完美无缺？我在谋略策划方面，岂能自我夸耀？至于写作诗文，我的作品已积累成为卷轴，却想要请您过目。只怕这些雕虫小技，不能受到大人的赏识。若蒙您垂青，愿意看看拙作，那便请给以纸墨，还有抄写的人手，然后我回去打扫静室，缮写呈上。希望青萍宝剑、结绿美玉，能在薛烛、卞和门下增添价值。愿您顾念身居下位的人，大开奖誉之门。请您加以考虑。

【评析】

李白是位富有远大抱负的文人，一直怀有"愿为辅弼，使寰区大定，海县清一"的政治理想。在早期他到处干谒，积极求仕。这便是在开元二十二年（734）时写给荆州长史韩朝宗的求荐信，表达其积极用世的思想和士为知己者用的决心。自述之处，词调雄豪超逸，意气风发之神态似乎可见，不失其本色。本是干谒之作，却丝毫不现寒酸求乞相，而充满了自信。旁征博引，转折自如，骈散并用，婉转生姿，读来颇有气盛言宜之感。

春夜宴诸从弟桃李园序

李白

夫天地者，万物之逆旅①；光阴者，百代之过客②。而浮生若梦，为欢几何？古人秉烛夜游③，良有以也④。

况阳春召我以烟景⑤，大块假我以文章⑥。会桃李之芳园⑦，序天伦之乐事⑧。群季俊秀⑨，皆为惠连⑩；吾人咏歌，独惭康乐⑪。幽赏未已，高谈转清⑫。开琼筵以坐花⑬，飞羽觞而醉月⑭。

不有佳作，何伸雅怀，如诗不成，罚依金谷酒数⑮。

【注释】

①逆旅：旅店，客栈。②过客：过往的客人。③秉烛夜游：手持火把或蜡烛在夜晚游览玩耍。秉：拿。《古诗十九首》其十五："昼短苦夜长，何不秉烛游。"曹丕《与吴质书》："古人思秉烛

夜游，良有以也。"意为应该及时享乐。④良：的确。以：原因。⑤烟景：春天烟雾朦胧的景色。⑥大块：大自然。假：借，助。文章：锦绣河山。⑦芳园：花园。⑧序：畅谈。天伦：天生的血缘关系。《穀梁传·隐公元年》："兄弟，天伦也。"范宁注："兄先弟后，天之伦次。"一般指父子、兄弟关系。⑨群季：诸弟。古代称呼兄弟往往用伯、仲、叔、季。季为最小，代指弟弟。⑩惠连：谢惠连，少年聪颖，是谢灵运族弟，深为谢灵运喜欢。⑪康乐：南朝刘宋时山水诗人谢灵运袭封康乐公，世称谢康乐。⑫清：清雅。⑬琼筵：华贵的筵席。坐花：坐在花团簇拥的地方。⑭羽觞：古代的一种双耳酒杯，做鸟雀状，有头尾羽翼。⑮金谷酒数：金谷，指金谷园，在今河南洛阳西北，晋大富豪石崇建筑，他常在这里宴饮宾客，招待名士。其《金谷诗序》："遂各赋诗，以叙中怀，或不能者，罚酒三杯。"后泛指酒宴上罚酒三杯的常例。

【译文】

天地就像是万物的旅馆，光阴如同百代的过客。短促的人生像做梦一样，欢乐的日子能有多少？古人手持着蜡烛在夜里及时行乐，的确是有道理的。

何况春天用美好的景色召唤我们，大自然把锦绣的河山供我们欣赏。我们相聚在这桃李锦簇的花园，畅谈兄弟间的欢乐事情。诸弟才华杰出，如同谢惠连；我作的诗，自愧不如谢康乐。欣赏美景的闲情逸致还没有停止，已经开始高谈阔论清雅之事。摆好华贵的筵席，坐在花团簇拥的地方，觥筹交错，醉倒在月色之下。

没有好诗，怎么能抒怀？如果作诗不成，就按照金谷园前例罚酒三杯。

【评析】

这是李白与他诸弟饮酒赋诗的一场夜宴。文章开端即俯仰古今，纵览宇宙，感叹时光短暂。"浮生若梦，为欢几何"更是千百年来人们的普遍感叹，故及时行乐是汉魏六朝以来士人中流行的价值观。到李白，更为凝练，直抒胸臆，无比痛快！心情开朗爽健，文笔清新自然，与其诗风同工异曲。

▌李华

李华，字遐叔。开元年间进士。少旷达，有文名。曾任监察御史，因弹劾奸人而遭排挤。后辞官隐居，率子弟务农事，晚年崇信佛法。文辞工丽，有《李遐叔文集》。

吊古战场文

李华

　　浩浩乎平沙无垠，夐不见人①。河水萦带，群山纠纷。黯兮惨悴，风悲日曛②。蓬断草枯，凛若霜晨。鸟飞不下，兽铤亡群③。亭长告予曰："此古战场也，尝覆三军。往往鬼哭，天阴则闻。"伤心哉！秦欤汉欤？将近代欤？

　　吾闻夫齐魏徭戍，荆韩召募。万里奔走，连年暴露④。沙草晨牧，河冰夜渡。地阔天长，不知归路。寄身锋刃，腷臆谁愬⑤？秦汉而还，多事四夷，中州耗斁⑥，无世无之。古称戎夏，不抗王师。文教失宣，武臣用奇。奇兵有异于仁义，王道迂阔而莫为。呜呼噫嘻！

　　吾想夫北风振漠，胡兵伺便。主将骄敌，期门受战⑦。野竖旄旗，川回组练⑧。法重心骇，威尊命贱⑨。利镞穿骨，惊沙入面，主客相搏，山川震眩。声析江河，势崩雷电。至若穷阴凝闭，凛冽海隅，积雪没胫，坚冰在须。鸷鸟休巢，征马踟蹰。缯纩无温⑩，堕指裂肤。当此苦寒，天假强胡，凭陵杀气，以相剪屠。径截辎重，横攻士卒。都尉新降，将军覆没。尸填巨港之岸，血满长城之窟。无贵无贱，同为枯骨。可胜言哉！鼓衰兮力竭，矢尽兮弦绝，白刃交兮宝刀折，两军蹙兮生死决⑪。降矣哉，终身夷狄；战矣哉，暴骨沙砾。鸟无声兮山寂寂，夜正长兮风渐渐。魂魄结兮天沉沉，鬼神聚兮云幂幂。日光寒兮草短，月色苦兮霜白。伤心惨目，有如是耶！

　　吾闻之：牧用赵卒，大破林胡⑫，开地千里，遁逃匈奴。汉倾天下，财殚力痡⑬。任人而已，岂在多乎！周逐猃狁⑭，北至太原。既城朔方⑮，全师而还。饮至策勋，和乐且闲。穆穆棣棣，君臣之间。秦起长城，竟海为关⑯。荼毒生灵，万里朱殷。汉击匈奴，虽得阴山，枕骸遍野，功不补患。

　　苍苍蒸民，谁无父母？提携捧负⑰，畏其不寿。谁无兄弟？如足如手。谁无夫妇？如宾如友。生也何恩，杀之何咎？其存其没，家莫闻知。人或有言，将信将疑。悁悁心目，寤寐见之。布奠倾觞⑱，哭望天涯。天地为愁，草木凄悲。吊祭不至，精魂无依。必有凶年，人其流离。呜呼噫嘻！时耶命耶？从古如斯！为之奈何？守在四夷⑲。

【注释】

①夐（qióng）：空旷。②日曛：落日的余光，天色暗淡不明。③兽铤亡群：野兽惊慌奔跑，如同离开兽群。④暴露：指露宿野外。⑤腷臆（bì yì）：郁闷的心情。⑥中州：中原地区。耗斁（dù）：耗损败坏。⑦期门：军门、营门。⑧组练：本指战士所穿的两种铠甲，此处代指军队。⑨法重心骇：军法严苛而士兵胆战心惊。威尊命贱：军威尊贵而士兵的性命微贱。⑩缯纩（zēng kuàng）：指丝绵做成的军服，包括衣服和被服。缯：丝织品总称。纩：绵絮。⑪蹙：紧迫，指短兵相接。⑫牧：指赵国大将李牧。林胡：匈奴的一支。⑬财殚：财经枯竭。痡（bǔ）：疲惫不堪。⑭猃狁（xiǎn yǔn）：我国北方一少数民族。⑮朔方：西北方向，一般指今山西、内蒙古一带。⑯竟海为关：一直到海滨都设立关隘。⑰提携捧负：指父母养育儿女之辛苦。提携：领着。捧：抱着。负：背着。⑱布奠倾觞：布置祭奠的仪式而把酒倾倒在地上。⑲守在四夷：以四方的少数民族为边防守卫。意为要推行王道，与周边少数民族友好相处。

【译文】

广阔的沙漠无边无际，极目远望看不到人影。河水弯曲得像带子一般，远处重叠的山岭矗立着。一片昏暗愁惨，寒风悲啸，日色无光，蓬草折断，野草枯萎，寒气凛冽犹如降霜的冬晨。鸟儿飞过也不肯落下，离群的野兽狂奔乱跑。亭长告诉我说："这儿就是古代的战场，曾经全军覆没。每逢阴天就会听到有鬼哭的声音。"伤心啊！这是秦朝、汉朝，还是近代的战场呢？

我听说战国时期，齐国和魏国征集去防守边境，楚国和韩国募集兵员备战。士兵们奔走万里边疆，年复一年日晒雨淋。早晨寻找沙漠中的水草放牧，夜晚穿涉结冰的河流。地远天长，不知道哪里是归家的路。性命寄付于刀枪之间，苦闷的心情向谁倾诉？秦汉以来，四方边境上战事不断，中原地区遭受破坏，也是时常之事。古人说无论外族还是中原地区，都不敢抗拒帝王的仁义之师。后来不再宣扬礼乐教化，武将们就出奇制胜。突袭不符合仁义道德，王道被认为迂腐不切实际，就不去实行了。唉！

我想那北风摇撼着沙漠时，胡兵乘机来袭。主将骄傲轻敌，部将仓皇接战。原野上竖起各种战旗，河岸奔驰着全副武装的战士。严峻的军法使人心惊胆战，为官者威权重大，士兵的性命微贱。锋利的箭镞穿透骨头，飞扬的黄沙扑到脸上。敌我双方激烈搏斗，山川震动，头昏眼花。声势之大如同江河分裂，雷电奔掣。何况正值极冬，空气凝结，天地闭塞，寒气凛冽的翰海边上，积雪陷没小腿，坚冰冻住胡须。凶猛的鸷鸟躲在巢里休息，战马也冻得徘徊不前。绵衣毫无暖气，手指冻断，肌肤冻裂。在这苦寒之际，老天却帮助强横的胡兵，他们接着这肃杀的天气，来抢劫屠杀士兵，半途中截取军用物资，拦腰攻杀士兵队伍。都尉刚刚投降，将军已经牺牲。尸体堆积在大河两岸，鲜血涨满了长城下的窟穴。无论高贵或是卑贱，同样成为枯骨。说不完的凄惨！鼓声微弱，战士已经精疲力竭；箭已射光了，弓弦也断绝。短兵相接，宝刀折断；两军迫近，生死相决。投降吧，会终身沦于异族；战斗吧，尸骨将暴露于沙漠！鸟儿无声啊群山沉寂，漫漫长夜啊悲风淅淅，阴魂凝结天色昏暗，鬼神聚集乌云阴森。日光惨淡衰草冻结，月色凄苦眼霜凄白。人间还有像这样令人伤心惨目的事吗？

我听说过，李牧统率赵国的士兵，大破林胡，为赵国开辟大片疆土，匈奴望风远逃。而汉朝倾全国之力攻打匈奴，却弄得民穷财尽，国力削弱。关键是任人得当，哪在于兵多呢！周朝驱逐猃狁，一直追到太原，在北方筑城防御，全军凯旋，在宗庙举行祭祀和饮宴，记录功劳，君臣之间和乐安闲，恭敬有礼。秦朝修筑长城，直到海边都建起关塞，残害了无数的人民，鲜血把万里大地染成了赤黑。汉朝攻打匈奴，虽然占领了阴山，但骸骨遍野，得不偿失。

天下百姓，谁无父母？从小拉扯到大，抱着背着，唯恐他们夭折。谁没有兄弟，亲密如同手足？谁没有妻子，相敬如宾？他们活着的时候，国家给予过他们什么恩惠？他们又犯了什么罪过而遭杀害？他们的生死存亡，家中无从知道；即使听到有人传来消息，也是将信将疑。整日忧愁郁闷，只能在梦中见到他们。不得已只好设祭洒酒，望着遥远的天边痛哭。天地为之忧愁，草木也含悲伤。这样不明不白的吊祭，不能为死者在天之灵所感知，他们的精魂也无所归依。何况战争之后，一定会出现荒年，百姓又要到处流亡了。唉！这是时势造成，还是命运招致呢？自古以来就是如此！怎样才能避免战争呢？只有施行仁义，才能使四方民族为朝廷守卫疆土。

【评析】

作者所吊对象为"古战场"，包括发生在古战场上的从古至今一切阵亡的战士。而这些战事主要发生在中原汉族与边地少数民族之间。可以说，文章的总基调是反战，且超越了同时代反战文章侧重种族的限定。无论战争的性质是什么，其结果都无二，那就是生灵涂炭、民不聊生。因战争牺牲的将士，有时都不清楚为了什么要开展这些战争，连年杀戮征战麻痹了心灵，接踵的牺牲破碎了多少圆满的家庭，但是一切都不可避免，古来征战地，从来都不见有人还。

最后，李华提出他的一个避免战争的观点，即"任人而已，岂在多乎"及"守在四夷"，想要获取胜利、早日结束战争，重点在于任人得当，并不在于兵力的多少，而且要施行仁义，以王道感化四方民族为朝廷守卫疆土。当然，后一种观点有理想主义色彩，仁义之道并不适用于战争时代，也很难在战争时代推行起来。作为一篇悲天悯人的反战文章，李华获得了很大成功。

刘禹锡

刘禹锡，字梦得，唐代文学家、哲学家，著名诗人。二十一岁登进士第，历任监察御史、太子宾客、礼部尚书。因参与王叔文集团政治革新活动和以诗讽刺权贵，屡遭贬谪。性格刚毅，饶有豪猛之气。诗歌格调清新，有深刻的社会内容，咏史之作意蕴尤为深厚。有《刘宾客集》。

陋室铭

刘禹锡

山不在高，有仙则名。水不在深，有龙则灵。斯是陋室，惟吾德馨①。苔痕上阶绿，草色入帘青。谈笑有鸿儒②，往来无白丁③。可以调素琴，阅金经④。无丝竹之乱耳⑤，无案牍之劳形⑥。南阳诸葛庐，西蜀子云亭。孔子云："何陋之有⑦？"

【注释】

①馨：香气和香味，此处形容道德美好。②鸿儒：学识渊博的大学者。③白丁：无官职之百姓。此处指没有文化之人。④金经：指用金粉书写的佛经。⑤丝竹：丝指弦乐器，竹指管乐器，此处泛指一切音乐。⑥案牍：指各种公文。⑦何陋之有：语出《论语·子罕》：子欲居九夷。或曰："陋，如之何？"子曰："君子居之，何陋之有？"

【译文】

山不在于高矮，有仙人就有名。水不在于深浅，有龙就灵。这虽然是个简陋的居室，但我的道德美好。青苔的绿色一直延伸到台阶上，草的青色一直照映到我的门帘里。谈论说笑的有知识渊博的大学者，来往交际的没有浅薄之辈。可以调琴鼓瑟，可以阅读经典。没有烦躁的音乐之声扰乱我的耳朵，也没有奏疏文件来劳烦我的形体。南阳诸葛亮的草庐，西蜀扬子云的亭子，孔子曾经说："只要有君子居住，哪会有什么简陋呢？"

【评析】

刘禹锡性格豪爽，故有诗豪之称。本文也体现出其豪爽旷达的性格。通过对自己简陋居室的描写，表达洁身自好、孤芳自赏的高傲心性和怡然自得的闲适心态。体裁属于箴铭，但其中有对比，有隐喻，有用典，结构浑成，文字清丽，整齐押韵，朗朗上口，确实是百读不厌之妙文。

杜牧

杜牧，字牧之，晚唐著名文学家、诗人。进士及第，从二十五岁起，相继任职于中央和地方政府。足迹遍于江淮，晚年应召回京，官中书舍人。在政治上，很有见地。杜牧诗文兼擅。他的诗，情致豪迈，意境清新，风格豪健俊爽，有"小杜"之称；散文以议论见长，气势纵横，敢于论列军国大事，痛揭时弊，具有较强的现实性。

阿房宫赋

杜牧

六王毕，四海一①，蜀山兀②，阿房出。覆压三百余里，隔离天日。骊山北构而西折，直走咸阳③。二川溶溶④，流入宫墙。五步一楼，十步一阁；廊腰缦回⑤，檐牙高啄；各抱地势，钩心斗角⑥。盘盘焉，囷囷焉，蜂房水涡⑦，矗不知其几千万落。长桥卧波，未云何龙？复道行空，不霁何虹⑧？高低冥迷，不知西东。歌台暖响，春光融融；舞殿冷袖，风雨凄凄。一日之内，一宫之间，而气候不齐。

妃嫔媵嫱⑨，王子皇孙，辞楼下殿，辇来于秦。朝歌夜弦，为秦宫人。

明星荧荧，开妆镜也；绿云扰扰⑩，梳晓鬟也⑪；渭流涨腻⑫，弃脂水也；烟斜雾横，焚椒兰也⑬。雷霆乍惊，宫车过也；辘辘远听，杳不知其所之也。一肌一容，尽态极妍，缦立远视⑭，而望幸焉；有不得见者，三十六年。燕赵之收藏，韩魏之经营，齐楚之精英，几世几年，取掠其人，倚叠如山；一旦不能有，输来其间，鼎铛玉石，金块珠砾，弃掷逦迤⑮，秦人视之，亦不甚惜。

嗟乎！一人之心，千万人之心也。秦爱纷奢，人亦念其家。奈何取之尽锱铢⑯，用之如泥沙？使负栋之柱，多于南亩之农夫；架梁之椽，多于机上之工女；钉头磷磷，多于在庾之粟粒；瓦缝参差，多于周身之帛缕；直栏横槛，多于九土之城郭⑰；管弦呕哑⑱，多于市人之言语。使天下之人，不敢言而敢怒。独夫之心，日益骄固。戍卒叫⑲，函谷举，楚人一炬⑳，可怜焦土！

呜呼！灭六国者六国也，非秦也。族秦者秦也㉑，非天下也。嗟夫！使六国各爱其人，则足以拒秦；使秦复爱六国之人，则递三世可至万世而为君，谁得而族灭也？秦人不暇自哀，而后人哀之；后人哀之而不鉴之㉒，亦使后人而复哀后人也。

【注释】

①六王：指山东六国，即齐、楚、燕、韩、赵、魏。毕：结束统治。四海：天下。②蜀山兀：蜀地的山都秃了。③咸阳：秦国首都，故地在今陕西省咸阳市东。④二川：指樊川和渭河。⑤廊腰：游廊环绕在房屋之间，如同腰带一般。缦回：曲折萦绕。⑥钩心斗角：诸多楼阁的飞檐向中心建筑环抱，如同钩子一般连接成整体。⑦蜂房水涡：形容建筑物之多，如同蜜蜂的蜂房和水的漩涡那样稠密重叠，盘曲回环。⑧霁：雨雪后天晴。虹：比喻复道如同彩虹。⑨妃嫔媵嫱：泛指六国宫妃。⑩绿云：比喻宫女黑而多的头发。⑪晓鬟：拂晓梳理环形发髻。⑫涨腻：浮起一层胭脂油腻。⑬椒兰：两种香草。⑭缦立：久久站立。缦：宽缓，引申为动作缓慢。⑮逦迤：绵延不断貌。⑯锱铢（zī zhū）：比喻极微小的数量。锱：古代一两的四分之一。铢：古代一两的二十四分之一。⑰九土：指九州，全国。⑱管弦：管乐和弦乐，泛指音乐。⑲戍卒叫：指陈涉、吴广号召起义。⑳楚人一炬：据《史记·项羽本纪》：公元前206年12月，"项羽引兵西屠咸阳，杀秦降王子婴，烧秦宫室，火三月不灭"。㉑族秦者：灭秦宗族的人。㉒鉴之：以之为借鉴。

【译文】

六国灭亡，秦始皇统一了天下。蜀山的树木被伐光了，阿房宫才盖起来。阿房宫占地三百多里，楼阁高耸，遮天蔽日。从骊山向北建构，再往西转，一直延伸到咸阳。渭水和樊水浩浩荡荡，水波荡漾地流入阿房宫的围墙。每隔五步便有一栋楼，每隔十步便有一座阁。走廊宽而曲折，突起的屋檐像鸟嘴向上啄起。楼阁各依地势的高下而建，像是互相环抱，各种建筑物都向中心区攒集，屋角互相对峙。盘旋回环，曲折萦绕，像蜂房，像水涡，矗立着不知有几千万座。长桥横卧在水上，天上没有云，怎么会出现了龙？在楼阁之间架木筑成的通道横空而过，彩色斑斓，不是雨过天晴，哪里来的彩虹？楼阁随着地势高高低低，使人迷糊，辨不清是东还是西。人们在台上唱歌，歌乐声响起来，好像充满着暖意，如同春光那样融和。人们在殿中舞蹈，舞袖飘拂，好像带来寒气，如同风雨交加那样凄冷。一天之内，一宫之中，而天气竟会如此不同。

六国王侯的宫妃、女儿、孙女，辞别本国的楼阁宫殿，乘着辇车来到秦国。早晚弹唱，成为秦王朝的宫女。如同明星闪亮，是宫女们打开梳妆的镜子；绿云缭绕，原来是她们早晨梳理发髻；渭水河面上浮起一层垢腻，原来是她们泼掉的脂粉水；空中烟雾弥漫，是她们在焚烧椒兰香料。如雷霆般的声音响起，使人骤然吃惊，那是皇上的宫车驰过；听那车声渐远，也不知驶到哪儿去了。任何一部分肌肤，任何一种姿容，都娇媚极了，耐心地久立远视，盼望皇帝能亲自驾临。可是有许多宫女见不到皇帝，整整等了三十六年。燕、赵、韩、魏、齐、楚收藏的财宝，聚敛的金玉，搜求的珍奇，这都是多少世代、多少年月以来，从人民那里掠夺来的，堆积得像山一样。旦夕之间国家灭亡，珠宝都被运进阿房宫。把宝鼎当作铁锅，把美玉当作石头，把黄金当作土块，把珍珠当作沙石，随意丢弃，秦人看见了也不觉得可惜。

唉！一个人的想法和千万人的想法是一样的。秦始皇喜爱奢侈，老百姓也顾念自己的家业。为什么搜刮老百姓的财物一分一厘都不放过，挥霍时却像泥沙一样毫不珍惜呢？让那负载大梁的柱子，比田里的农夫还多；架起侧梁的椽子，比织布机上的女工还多；显眼的钉子，比谷仓里的稻米还多；横直密布的屋瓦，比老百姓身上的衣服上的线还要多；纵横的栏杆，比天下的城郭还多；乐器的演奏声，比闹市的人说话声还多，这些使天下的老百姓敢怒但是不敢言说。秦始皇却越来越骄横顽固。陈胜、吴广揭竿而起，四方响应，函谷关被攻破，项羽放了一把火，可惜阿房宫变成

368

一片焦土。

嗳！使六国灭亡的是六国自己，而不是秦国；使秦国灭亡的是秦国自己，而不是天下百姓。嗳！如果六国统治者都能爱护本国老百姓，那么就有足够的力量抗拒秦国。如果秦国统治者同样能爱护六国的人民，那么秦就能从三世传下去，甚至可以传到万世都为君王，谁能够灭掉秦国呢？秦人来不及为自己的灭亡哀叹，只好让后世的人为他们哀叹；后世的人如果只是哀叹而不引以为鉴，那么又要再让后世的人为后世哀叹了。

【评析】

杜牧在《上知己文章启》中说："宝历大起宫室，广声色，故作《阿房宫赋》。"唐敬宗李湛贪好声色，大兴土木，游宴无度，朝政混乱。杜牧针对现实而创作此赋，借古讽今之寓意甚明。表面上写秦，实则是借秦之故事讽唐之今事，规劝当政者，要以古为鉴，不能哀而不鉴，最终只能落得"后人复哀后人也"的结局。本文是典型的文赋。对于此前的骈体赋是一种改造，开启后世文赋之先河。作者讲究铺张叙事，重视辞藻押韵，以形象生动的比喻、丰富瑰丽的想象、大胆奇特而夸张的描写、见解独到深刻的议论、严谨的结构和精美的语言、深刻而引人深思的思想内涵，达到内容和形式的最完美的统一，博得"古来之赋，此为第一"的盛誉，长期流传，成为脍炙人口的名篇。而且，也正是本赋的创作，才为杜牧敲开了进士及第的大门。

▌韩愈

韩愈，字退之，唐代著名文学家。幼年孤苦，勤奋自学。中进士后，任监察御史，曾上书谏迎佛骨，被贬为潮州刺史，后因功擢升吏部侍郎。卒谥"文"，世称韩文公。韩愈是唐代古文运动的倡导者，明人推为"唐宋八大家"之首，在文学史上有深远的影响。散文创作说理透辟，词必己出，气势磅礴，纵横开合，奇偶交错，巧譬善喻，形成了"闳其中而肆其外"的独特风格。前人赞其"真气足以动千载下之人"。

原道

韩愈

博爱之谓仁，行而宜之之谓义①，由是而之焉之谓道②，足乎己而无待于外之谓德。仁与义为定名，道与德为虚位。故道有君子小人，而德有凶有吉。老子之小仁义，非毁之也，其见者小也。坐井而观天，曰天小者，非天小也。彼以煦煦为仁③，孑孑为义④，其小之也则宜。其所谓道，道其所道，非吾所谓道也。其所谓德，德其所德，非吾所谓德也。凡吾所谓道德云者，合仁与义言之也，天下之公言也。老子之所谓道德云者，去仁与义言之也，一人之私言也。

周道衰，孔子没，火于秦⑤，黄老于汉⑥，佛于晋、魏、梁、隋之间⑦。其言道德仁义者，不入于杨⑧，则入于墨⑨；不入于老，则入于佛。入于彼，必出于此。入者主之，出者奴之；入者附之，出者污之。噫！后之人其欲闻仁义道德之说，孰从而听之？老者曰："孔子，吾师之弟子也。"佛者曰："孔子，吾师之弟子也。"为孔子者，习闻其说，乐其诞而自小也⑩，亦曰"吾师亦尝师之"云尔⑪。不惟举之于口，而又笔之于其书。噫！后之人虽欲闻仁义道德之说，其孰从而求之？

甚矣，人之好怪也，不求其端，不讯其末，惟怪之欲闻。古之为民者四⑫，今之为民者六⑬。古之教者处其一，今之教者处其三。农之家一，而食粟之家六。工之家一，而用器之家六。贾之家一，而资焉之家六⑭。奈之何民不穷且盗也？

古之时，人之害多矣。有圣人者立，然后教之以相生相养之道。为之君，为之师。驱其虫蛇禽兽而处之中土。寒然后为之衣，饥然后为之食。木处而颠，土处而病也，然后为之宫室⑮。为之工以赡其器用，为之贾以通其有无，为之医药以济其夭死，为之葬埋祭祀以长其恩爱，为之礼以次其先后，为之乐以宣其湮郁⑯，为之政以率其怠倦，为之刑以锄其强梗⑰。相欺也，为之符玺、斗斛、权衡以信之⑱。相夺也，为之城郭甲兵以守之。害至而为之备，患生而为之防。今其言曰："圣人不死，大盗不止。剖斗折衡，而民不争⑲。"呜呼！其亦不思而已矣。如古之无圣人，人之类灭久矣。何也？无羽毛鳞介以居寒热也，无爪牙以争食也。

是故君者，出令者也；臣者，行君之令而致之民者也；民者，出粟米麻丝，作器皿，通货财，以事其上者也。君不出令，则失其所以为君；臣不行君之令而致之民，则失其所以为臣；民不出粟米麻丝，作器皿，通货财，以事其上，则诛^⑳。今其法曰，必弃而君臣^㉑，去而父子，禁而相生相养之道，以求其所谓清净寂灭者^㉒。呜呼！其亦幸而出于三代之后^㉓，不见黜于禹、汤、文、武、周公、孔子也。其亦不幸而不出于三代之前，不见正于禹、汤、文、武、周公、孔子也。

帝之与王，其号虽殊，其所以为圣一也。夏葛而冬裘，渴饮而饥食，其事虽殊，其所以为智一也。今其言曰："曷不为太古之无事？"是亦责冬之裘者曰："曷不为葛之之易也？"责饥之食者曰："曷不为饮之之易也？"传曰^㉔："古之欲明明德于天下者，先治其国；欲治其国者，先齐其家；欲齐其家者，先修其身；欲修其身者，先正其心；欲正其心者，先诚其意。"然则古之所谓正心而诚意者，将以有为也。今也欲治其心而外天下国家，灭其天常^㉕，子焉而不父其父，臣焉而不君其君，民焉而不事其事。孔子之作《春秋》也，诸侯用夷礼则夷之^㉖，进于中国则中国之^㉗。经曰："夷狄之有君，不如诸夏之亡^㉘。"《诗》曰："戎狄是膺，荆舒是惩^㉙。"今也举夷狄之法，而加之先王之教之上，几何其不胥而为夷也^㉚？

夫所谓先王之教者，何也？博爱之谓仁，行而宜之之谓义。由是而之焉之谓道。足乎己无待于外之谓德。其文《诗》《书》《易》《春秋》；其法礼、乐、刑、政；其民士、农、工、贾；其位君臣、父子、师友、宾主、昆弟、夫妇；其服麻、丝；其居宫、室；其食粟米、果蔬、鱼肉。其为道易明，而其为教易行也。是故以之为己，则顺而祥；以之为人，则爱而公；以之为心，则和而平；以之为天下国家，无所处而不当。是故生则得其情，死则尽其常。郊焉而天神假^㉛，庙焉而人鬼飨^㉜。曰："斯道也，何道也？"曰："斯吾所谓道也，非向所谓老与佛之道也。"尧以是传之舜，舜以是传之禹，禹以是传之汤，汤以是传之文、武、周公，文、武、周公传之孔子，孔子传之孟轲，轲之死，不得其传焉。荀与扬也^㉝，择焉而不精，语焉而不详。由周公而上，上而为君，故其事行。由周公而下，下而为臣，故其说长。然则如之何而可也？曰："不塞不流，不止不行。人其人，火其书，庐其居^㉞。明先王之道以道之，鳏寡孤独废疾者有养也^㉟。其亦庶乎其可也^㊱！"

①宜：合宜。《礼记·中庸》："义者，宜也。"②之：往。③煦煦（xǔ）：和蔼的样子。这里指小恩小惠。④孑孑（jié）：琐屑细小的样子。⑤火于秦：指秦始皇焚书坑儒，儒学遭受重创。⑥黄老：汉初道家学派，把传说中的黄帝与老子共同尊为道家始祖。⑦佛于晋、魏、梁、隋之间：指佛教在这几个朝代开始兴盛起来。⑧杨：杨朱，战国时哲学家，主张"轻物重生""为我"。⑨墨：墨翟，战国初年的思想家，主张"兼爱""薄葬"。⑩诞：荒诞。自小：自己轻视自己。⑪云尔：语助词，相当于"等等"。关于孔子曾向老子请教，《史记·老庄申韩列传》及《孔子家语·观周》都有记载。⑫四：指士、农、工、商四类。⑬六：指士、农、工、商，加上和尚、道士。⑭资：依靠。焉：代词，指做生意。⑮宫室：泛指房屋。⑯宣：宣泄。湮（yān）郁：郁闷。⑰强梗：强暴之徒。⑱符：古代一种凭证，以竹、木、玉、铜等制成，刻有文字，双方各执一半，合以验真伪。玺（xī）：玉制的印章。斗斛：量器。权衡：秤锤及秤杆。⑲以上几句语出《庄子·胠箧》。《老子》也说："绝圣弃智，民利百倍；绝仁弃义，民复孝慈；绝巧弃利，盗贼无有。"⑳诛：责罚。㉑而：尔，你。下同。㉒清净寂灭：佛家以离开一切恶行烦扰为清净。《俱舍论》卷十六："诸身语意三种妙行，名身语意三种清净，暂永远离一切恶行烦恼垢，故名为清净。"寂灭：梵语"涅槃"的意译。指本体寂静，离一切诸相。㉓三代：指夏、商、周三朝。㉔传（zhuàn）：解释儒家经典的书称"传"。这里的引文出自《礼记·大学》。㉕天常：天性。㉖夷：中国古代汉族对其他民族的通称。㉗进：同"化"。㉘经：指儒家经典。二句出自《论语·八佾》。㉙引文见《诗经·鲁颂·閟宫》。戎狄：古代西北方的少数民族。膺：攻伐。荆舒：古代指东南方的少数民族。㉚几何：差不多。胥：沦落。㉛郊：郊祀，祭天。假：通"格"，到。㉜庙：祭祖。㉝荀：荀子，名况，又称荀卿、孙卿。战国末年思想家、教育家。扬：扬雄，字子云，西汉末年文学家、思想家。㉞庐：这里做动词。其居：指佛寺、道观。㉟鳏（guān）：老而无妻。独：老而无子。㊱庶乎：差不多、大概。

博爱叫作"仁"，做事行事合情合理就是"义"，沿着"仁义"之路前进就是"道"，使自己具备完美的修养而不依靠外界就是"德"。仁和义是意义确定的名词，道和德是意义不确定的名词，所以道有君子之道和小人之道，而德有吉德和凶德。老子轻视仁义，并不是诋毁仁义，而是由于他的观念狭小。好比坐在里井看天的人，说天很小，其实天并不小。老子把小恩小惠认为仁，把谨小慎微认为义，他轻视仁义就是很自然的了。老子所说的道，是他观念里的道，不是我所说的道。

他所说的德，是他观念里的德，不是我所说的德。凡是我所说的道德，都是结合仁和义说的，是天下的公论。老子所说的道德，是抛开了仁和义说的，只是他一个人的说法。

自从周道衰落、孔子去世以后，秦始皇焚书坑儒，黄老学说盛行于汉代，佛教盛行于晋、魏、梁、隋之间。那时谈论道德仁义的人，不归入杨朱学派，就归入墨翟学派；不归入道学，就归入佛学。归入了那一家，必然轻视另外一家。尊崇所归入的学派，就贬低所反对的学派；依附归入的学派，就污蔑反对的学派。唉！后世的人想知道仁义道德的学说，到底听从谁的呢？道家说："孔子是我们老师的学生。"佛家也说："孔子是我们老师的学生。"研究孔学的人，听惯了他们的话，乐于接受他们的荒诞言论而轻视自己，也说"我们的老师曾向他们学习"这一类话。不仅在口头上说，而且又把它写在书上。唉！后世的人即使想知道关于仁义道德的学说，又该向谁去请教呢？

人们喜欢听怪诞的言论真是太过分了！他们不探求事情的起源，不考察事情的结果，只喜欢听怪诞的言论。古代的人民只有四类，今天的人民有了六类。古代负有教育人民任务的，只占四类中的一类，今天却有三类。务农的一家，要供应六家的粮食；务工的一家，要供应六家的器用；经商的一家，依靠他服务的有六家。又怎么能使人民不因穷困而去偷盗呢？

古时候，人民的灾害很多。有圣人出来，才教给人民以相生相养的生活方法，做他们的君王或老师。驱走那些蛇虫禽兽，把人们安顿在中原。天冷就教他做衣裳，饿了就教他种庄稼。栖息在树木上容易掉下来，住在洞穴里容易生病，于是就教导他们建造房屋。又教导他们做工匠，供应人民的生活用具；教导他们经营商业，调剂货物有无；发明医药，以拯救那些短命而死的人；制定葬埋祭祀的制度，以增进人与人之间的恩爱感情；制定礼节，以分别尊卑秩序；制作音乐，以宣泄人们心中的郁闷；制定政令，以督促那些怠惰懒散的人；制定刑罚，以铲除那些强暴之徒。因为有人弄虚作假进行欺骗，于是又制作符节、印玺、斗斛、秤尺，作为凭信。因为有争夺抢劫的事，于是设置了城池、盔甲、兵器来守卫家国。灾害来了就设法防备；祸患将要发生，就及早预防。如今道家却说："如果圣人不死，大盗就不会停止。只要砸烂斗斛、折断秤尺，人民就不会争夺了。"唉！这都是没有经过思考的话罢了。如果古代没有圣人，人类早就灭亡了。为什么呢？因为人们没有羽毛鳞甲以适应严寒酷暑，也没有强硬的爪牙来夺取食物。

因此，君王，是发布命令的；臣子，是执行君王的命令并且实施到百姓身上的；百姓，是生产粮食丝麻、制作器物、交流商品，来供奉在上统治的人的。君王不发布命令，就丧失了作为君王的权力；臣子不执行君王的命令并且实施到百姓身上，就失去了作为臣子的职责；百姓不生产粮食丝麻、制作器物、交流商品来供应在上统治的人，就应该受到惩罚。如今佛家却说，一定要抛弃你们的君臣关系，消除你们的父子关系，禁止你们相生相养的办法，以便追求那些所谓清净寂灭的境界。哎呀！他们也幸而出生在三代之后，没有被夏禹、商汤、周文王、周武王、周公、孔子所贬斥。他们又不幸而没有出生在三代以前，没有受到夏禹、商汤、周文王、周武王、周公、孔子的教导。

五帝与三王，他们的名号虽然不同，但他们之所以成为圣人的原因是相同的。夏天穿葛衣，冬天穿皮衣，渴了要喝水，饿了要吃饭，这些事情虽然各不相同，但它们同样是人类的智慧。如今道家却说："为什么不实行远古的无为而治呢？"这就好像怪人们在冬天穿皮衣："为什么你不穿简便的葛衣呢？"或者怪人们饿了要吃饭："为什么不光喝水，岂不简单得多！"《礼记》说："在古代，想要发扬他的光辉道德于天下的人，一定要先治理好他的国家；要治理好他的国家，一定要先整顿好他的家庭；要整顿好他的家庭，必须先进行自身的修养；要进行自我修养，必须先端正自己的思想；要端正自己的思想，必须先使自己具有诚意。"可见古人所谓正心和诚意，都是为了要有所作为。如今那些修心养性的人，却想抛开天下国家，灭绝天性，做儿子的不把他的父亲当作父亲，做臣子的不把他的君上当作君上，做百姓的不做他们该做的事。孔子作《春秋》，对于采用夷狄礼俗的诸侯，就把他们列入夷狄；对于采用中原礼俗的诸侯，就承认他们是中国人。《论语》说："夷狄虽然有君主，还不如中国的没有君主。"《诗经》说："夷狄应当攻击，荆舒应当惩罚。"如今，却尊崇夷礼之法，把它抬高到先王的政教之上，那么我们不是全都要沦为夷狄啦？

我所谓先王的政教，是什么呢？就是博爱即称为仁，合乎情理的行为即称为义。从仁义再向前进就是道。自身具有而不依赖外界的叫作德。讲仁义道德的书有《诗经》《尚书》《易经》《春秋》。体现仁义道德的法式就是礼仪、音乐、刑法、政令。它们教育的人民是士、农、工、商，它们的伦理次序是君臣、父子、师友、宾主、兄弟、夫妇，它们的衣服是麻布丝绸，它们的居处是房屋，它们的食物是粮食、瓜果、蔬菜、鱼肉。它们作为理论是很容易明白的，它们作为教育是很容易推行的。所以，用它们来教育自己，就能和顺吉祥；用它们来对待别人，就能做到博爱公正；用它们来修养内心，就能平和而宁静；用它们来治理天下国家，就没有不适当的地方。因此，人活着就能感受到人与人之间的情谊，死了就是结束了自然的常态。祭天则天神降临，祭祖则祖先的灵魂来享用。有人问："你这个道，是什么道哇？"我说："这是我所说的道，不是刚才所说的道家和佛家的道。"这个道是从尧传给舜，舜传给禹，禹传给汤，汤传给文王、武王、周公，文王、武王、周公传给孔子，孔子传给孟轲，孟轲死后，没有继承的人。只有荀卿和扬雄，从中选取过一些但选得不精，论述过一些但并不全面。从周公以上，传承道的都是在上位的君王，所以儒道能够实行；从周公以下，继承的都是在下做臣子的，所以他们的学说能够流传。那么，怎么办才能使儒道获得实行呢？我以为，不堵塞佛老之道，儒道就不得流传；不禁止佛老之道，儒道就不能推行。必须把和尚、道士还俗为民，烧掉佛经道书，把佛寺、道观变成平民的住宅。发扬先王之道作为治理天下的标准，使鳏寡孤独、残疾以及长年患病的人得到照料，这样做大约也就可以了！

【评析】

本文是韩愈思想最集中之体现，是其排斥佛老，大力提倡弘扬儒家道统的代表作。其主旨是要拨乱反正，恢复儒家思想的统治地位。中唐是中国历史上文化的转型时期，佛教道教很兴盛，人们思想比较混乱。而佛教、道教各自有自己的传统，所谓多少代云云，儒家则显得黯淡无光。韩愈此文，一是反驳批判佛道二教，二是建立儒家道统。将儒家之本源上溯到尧舜，这是非常高远深刻的见解和理论，从此儒家学者可以挺直腰杆扬眉吐气了。"斯吾所谓道也，非向所谓老与佛之道也。尧以是传之舜，舜以是传之禹，禹以是传之汤，汤以是传之文、武、周公，文、武、周公传之孔子，孔子传之孟轲，轲之死，不得其传焉。荀与扬也，择焉而不精，语焉而不详。"为全文之结论，论断明了，也有自己直接继承孟子的意思，或者感觉有点狂，这是敢于担当者之共同特色。苏轼便说："自孟子后，能将许大见识，寻求古人，其断然曰：'孟子醇乎醇，荀与扬也，择焉而不精，语焉而不详。'若非有见识，岂千余年后便断得如此分明？"此文与《谏迎佛骨表》相表里，体现韩愈之胆识与见识。苏轼"道济天下之溺"指的便是这一点。

原毁

韩愈

古之君子，其责己也重以周①，其待人也轻以约②。重以周，故不怠③；轻以约，故人乐为善。闻古之人有舜者，其为人也，仁义人也④；求其所以为舜者，责于己曰："彼，人也，予，人也；彼能是，而我乃不能是！"早夜以思，去其不如舜者，就其如舜者。闻古之人有周公者⑤，其为人也，多才与艺人也⑥；求其所以为周公者，责于己曰："彼，人也，予，人也；彼能是，而我乃不能是！"早夜以思，去其不如周公者，就其如周公者。舜，大圣人也，后世无及焉⑦；周公，大圣人也，后世无及焉。是人也，乃曰："不如舜，不如周公，吾之病也。"是不亦责于身者重以周乎！其于人也，曰："彼人也，能有是，是足为良人矣⑧；能善是，是足为艺人矣。"取其一不责其二，即其新，不究其旧，恐恐然惟惧其人之不得为善之利。一善易修也，一艺易能也，其于人也，乃曰："能有是，是亦足矣。"曰："能善是，是亦足矣。"不亦待于人者轻以约乎！

今之君子则不然，其责人也详，其待己也廉⑨。详，故人难于为善；廉，故自取也少。己未有善，曰："我善是，是亦足矣。"己未有能，曰："我能是，是亦足矣。"外以欺于人，内以欺于心，未少有得而止矣，不亦待其身者已廉乎！其于人也，曰："彼虽能是，其人不足称也；彼虽善是，其用不足称也。"举其一不计其十，究其旧不图其新，恐恐然惟惧其人之有闻也⑩。是不亦责于人者已详乎！夫是之谓不以众人待其身，而以圣人望于人，吾未见其尊己也。

虽然，为是者有本有原，怠与忌之谓也。怠者不能修，而忌者畏人修。吾常试之矣，尝试语于众曰："某良士，某良士。"其应者，必其人之与也；不然，则其所疏远不与同其利者也；不然，则其畏也。不若是，强者必怒于言，懦者必怒于色矣。又尝语于众曰："某非良士，某非良士。"其不应者，必其人之与也；不然，则其所疏远不与同其利者也；不然，则其畏也。不若是，强者必说于言⑪，懦者必说于色矣。是故事修而谤兴，德高而毁来。呜呼！士之处此世，而望名誉之光，道德之行，难已！

将有作于上者，得吾说而存之，其国家可几而理欤⑫！

【注释】

①重：严格。周：周密、全面。②轻：宽容。约：简少。③不怠：指不懈怠地进行道德修养。④舜：传说中远古时代的君王。仁义人：符合儒家仁义道德规范的人。⑤周公：周文王子，周武王弟。武王死后，成王年幼继位，由周公摄政。⑥多才与艺人：多才多艺的人。⑦无及：没有人能赶得上。⑧良人：善良优秀的人。⑨廉：少。⑩恐恐然：唯恐的样子。有闻：有名。⑪说：通"悦"。⑫几：庶几、差不多。

【译文】

　　古时候的君子，要求自己严格而全面，对待别人宽容又简约。严格而全面，所以不怠惰；宽容又简约，所以人家都乐意做好事。听说古代的圣人舜，他是个仁义的人。探究舜所以成为圣人的道理，就责备自己说："他是个人，我也是个人，他能这样，我却不能这样！"早晚都在思考，改掉那不如舜的行为，去做那符合舜的。听说古代的圣人周公，他是个多才多艺的人。探究他所以成为圣人的道理，就责备自己说："他是个人，我也是个人，他能这样，我却不能这样！"早晚都在思考，改掉那不如周公的，去做那符合周公的。舜，是大圣人，后代没有能及得上他的，周公，是大圣人，后代没有能及得上他的；这些人却说："及不上舜，及不上周公，是我的缺点。"这不就是要求自身严格而且全面吗？他对待别人，说道："那个人啊，能有这点，这就够得上是良善的人了；能擅长这个，就算得上是有才能的人了。"肯定他一个方面，而不苛求他别的方面，论他今天的表现，而不计较他的过去，小心谨慎地只恐怕别人得不到做好事应得的表扬。一件好事是容易做到的，一种技能是容易学得的，他对待别人，却说："能有这样，这就够了。"又说："能擅长这个，这就够了。"岂不是要求别人宽容又简约吗？

　　现在的君子可不是这样，责备别人周详，要求自己简少。周详，所以人家难以做好事；简少，所以自己进步就少。自己没有什么优点，说："我有这优点，这就够了。"自己没有什么才能，说："我有这本领，这就够了。"对外欺骗别人，对己欺骗良心，还没有多少收获就止步不前，岂不是要求自身太少了吗？他们要求别人，说："他虽然能做这个，但他的人品不值得赞美，他虽然擅长这个，但他的才能不值得称道。"举出他一方面的欠缺却不考虑他多方面的长处，只追究他的既往，不考虑他的今天，心中惶惶不安只怕别人有好的名声。岂不是责求别人太周全了吗？这就叫不用常人的标准要求自身，却用圣人的标准希望别人，我看不出他是尊重自己的啊！

尽管如此，这样做是有他的根源的，就是所谓怠惰和忌妒啊。怠惰的人不能自我修养，而忌妒的人害怕别人修身。我不止一次地试验过，曾经对大家说："某人是贤良的人，某人是贤良的人。"那随声附和的，一定是他的同伙；否则，就是和他疏远没有相同利害的人；否则，就是怕他的人。不然的话，强横的定会厉声反对，软弱的定会满脸不高兴。我又曾经试着对大家说："某人不是贤良的人，某人不是贤良的人。"那不随声附和的人，一定是他的同伙；否则，就是和他疏远没有相同利害的人；否则，就是怕他的人。不这样的话，强横的定会连声赞同，软弱的定会喜形于色。因此，事业成功诽谤便随之产生；德望高了恶言就接踵而来。唉！读书人生活在当今社会上，而希求名誉光大，德行推广，真是难极了！

在位的人想有所作为，听取我的说法而记在心中，那国家差不多就可以治理好了！

【评析】

韩文多针砭时弊之作，本文即论述和探究毁谤产生之原因。作者认为毁谤之风的根源在于"怠"和"忌"，一针见血，极其深刻。时至今日，依然如此，很多人懒惰不思进取，又不愿意别人强于自己，于是便产生毁谤之风。不怠不忌，毁谤便无从产生。通篇采用对比手法，"古之君子"与"今之君子"对比，"责己"和"待人"对比。句式整齐中有变化，语言生动而形象。"为是者有本有原，怠与忌之谓也。怠者不能修，而忌者畏人修""事修而谤兴，德高而毁来"两句为文眼，是全篇之警策。全篇行文严肃而深情，刻画当时士风，可谓入木三分。

获麟解

韩愈

麟之为灵①，昭昭也②。咏于《诗》③，书于《春秋》④，杂出于传记百家之书⑤，虽妇人小子，皆知其为祥也⑥。然麟之为物，不畜于家⑦，不恒有于天下⑧。其为形也不类，非若马牛犬豕豺狼麋鹿然⑨。然则虽有麟，不可知其为麟也。

角者吾知其为牛，鬣者吾知其为马⑩，犬豕豺狼麋鹿，吾知其为犬豕豺狼麋鹿。惟麟也不可知。不可知，则其谓之不祥也亦宜。虽然，麟之出，必有圣人在乎位。麟为圣人出也。圣人者，必知麟，麟之果不为不祥也。又曰：麟之所以为麟者，以德不以形。若麟之出不待圣人，则谓之不祥也亦宜。

【注释】

①麟：麒麟（qí lín），古代传说中的一种动物，状如鹿，牛尾，狼额，马蹄，五彩腹。其性柔和，古人把它当作仁兽，作为吉祥的象征。灵：灵异，神奇之物。《礼记》曰："麟、凤、龟、龙，谓之四灵。"②昭昭：明白。③《诗》：即《诗经》，我国最早的诗歌总集，其中就有《周南·麟之趾》篇。④《春秋》：《春秋》上有关于获麟的记载。⑤传记百家之书：指《荀子》《大戴礼记》《史记》《汉书》等古籍中，都提及麟。⑥祥：祥瑞。⑦畜（xù）：饲养。⑧恒有：常出现。⑨麋（mí）：也叫"驼鹿"或"犴"（hān）。⑩鬣（liè）：马颈上的长毛。

【译文】

麟是象征灵异、祥瑞的动物，这是明明白白的。在《诗经》中被歌咏过，在《春秋》中也有记载，传记百家之书也夹杂着记述。即使是妇女儿童，也都知道它是吉祥之物。但是麟作为动物，不被家庭所豢养，自然界也不常有。它的外形什么也不像，不像马、牛、犬、猪、豺狼、麋鹿那样。既然这样，即使有麟，人们也不认识它是麟啊。

有角的我知道它是牛，有鬣毛的我知道它是马，犬猪豺狼麋鹿，我知道它们是犬猪豺狼麋鹿，只有麟没法认得。不认得，那么人们说它不祥也就很应该。虽然这样，有麟出现，就必然有圣人在世谋政，麟是因为圣人才现形于世。圣人一定能认识麟。麟终究不能算是不祥之物啊。但又听说，麟之所以被称作麟，是按照德而不是按照外形。假若麟自行出现，而没有圣人在世能够认得，那么说它不吉祥也是合适的。

【评析】

本文之妙难以言喻。先说麟为灵异之祥瑞，再说麟之外形不与其他动物同，故常人不认识。虽然见到麟也不知。再说麟之出，必有圣人在位。"麟为圣人出也。圣人者，必知麟，麟之果不为不祥也。"最后则说："若麟之出不待圣人，则谓之不祥也亦宜。"含蓄无限而内容隐约可见，即自己是麒麟，在没有圣人的时代出现便是"不祥"。其激愤自负之情尽在其中。刘大櫆说："尺水兴波，与江河比大，惟韩公能之。"曾国藩说："麟，自况也。圣人知麟，犹云唯汤知尹也。出不以时，犹云处昏君乱相之间也。"都是深中肯綮之见。

杂说一

韩愈

龙嘘气成云①，云固弗灵于龙也②。然龙乘是气，茫洋穷乎玄间，薄日月，伏光景③，感震电，神变化④，水下土⑤，汩陵谷⑥，云亦灵怪矣哉！

云，龙之所能使为灵也；若龙之灵，则非云之所能使为灵也。然龙弗得云，无以神其灵矣。失其所凭依，信不可欤！

异哉！其所凭依，乃其所自为也。《易》曰："云从龙⑦。"既曰龙，云从之矣。

【注释】

①嘘：喷吐。龙吹气成云是古代的一种传说。②固：本来、当然。③景：通"影"。④神变化：语出《管子·水地篇》："龙生于水，被五色而游，故神……变化无日，上下无时，谓之神。"⑤水：名词用作动词，下雨。⑥汩：淹没。⑦云从龙：语出《周易·乾·文言》："云从龙，风从虎，圣人作而万物睹。"从：随，跟随。

【译文】

龙吐出来的气形成云，云本来不比龙灵异。但是龙乘着这股云气，可以在茫茫的太空中四处遨游，接近日月，遮蔽它的光芒，震撼起雷电，变化神奇莫测，雨水降落在大地，使得山谷沉沦。这云也是很神奇灵异的呢！

云，是龙的能力使它有灵异的。至于龙的灵异，却不是云的能力使它这样子的。但是龙没有云，就不能显示出它的灵异。如果失去它所凭借的云，实在也是不行的啊。

多么奇妙啊，龙所凭借依靠的，正是它自己造成的云。《周易》说："云跟随着龙。"既然叫作龙，就应该有云跟随着它！

【评析】

韩文多起伏转折，有曲径通幽之妙。本文一句一转，全写云龙关系。龙嘘气而为云，龙得云则神奇变化无穷，龙失云则毫无神异，但真龙则一定有云跟随。总的关系是龙自己呼吸嘘气成云，然后神奇灵异。其主旨大概是鼓励有志之士自己创作条件而施展才能。李光地评论比较精辟："此篇取类至深，寄托至广。精而言之，如道义之生气，德行之发为事业文章；大而言之，如君臣之遇合，朋友之应求，圣人之风之兴起百世，皆是也。"

马说
韩愈

世有伯乐^①，然后有千里马。千里马常有，而伯乐不常有。故虽有名马，只辱于奴隶人之手^②，骈死于槽枥之间^③，不以千里称也。

马之千里者，一食或尽粟一石^④，食马者不知其能千里而食也。是马也，虽有千里之能，食不饱，力不足，才美不外见^⑤，且欲与常马等不可得，安求其能千里也！

策之不以其道^⑥，食之不能尽其材^⑦，鸣之而不能通其意^⑧，执策而临之曰^⑨："天下无马！"呜呼！其真无马邪？其真不知马也！

【注释】

①伯乐：姓孙名阳，字伯乐，春秋时秦穆公之臣，著名相马专家。②奴隶人：指不懂马的马夫。③骈死：连续死。槽枥：普通马厩。槽：喂马的器具。枥：喂马的槽。④"一食"句：一顿便可以吃一石粮食。石（dàn）：古代120斤为一石。⑤见（xiàn）：展现。⑥策之：驾驭它。策：竹的马鞭。⑦食之：喂养它。本句意为喂马的人不能让马吃饱。⑧"鸣之"句：意为马嘶鸣而不能懂它的意思。⑨执策而临之：手拿马鞭而站在千里马的旁边。

【译文】

世界上先有伯乐，然后才会有千里马。千里马经常有，而伯乐却不经常有。因此虽然有名马，却只是屈辱在奴隶人的手中，接二连三地死在马圈里马槽子之间，没有以千里马著称。

具有千里之速度的宝马，一顿就能够吃尽一石粮食，喂马的人，不知道千里马的食量而喂养它。这匹千里马，虽然有日奔千里的能力，却吃不饱，力量不足，它美好的才能不能够在外表表现出来，即使想要和普通马匹一样都不可能，又怎能要求其日行千里啊！

驾驭它不能依照它的本性，喂养它不能满足它的食量，嘶鸣而不能明白它的意思，拿着马鞭子说："天下没有千里马！"唉！是真的没有千里马吗？是真的不认识千里马啊！

【评析】

本文是韩愈所作《杂说》之四。文章要说明的是：英雄豪杰之士，须有知己者能够认识其价值，并积极创造条件提拔重用之，方能大展其才。但他并不直说，而是以千里马的惨痛遭遇来类比封建社会中人才被埋没的普遍现象，抒发其对统治者不能识别人才以至摧残、压制人才的强烈愤慨。托物寓意，巧妙自然，蕴含深刻。

卷之八

师说

韩愈

古之学者必有师。师者，所以传道受业解惑也①。人非生而知之者②，孰能无惑③？惑而不从师，其为惑也，终不解矣。生乎吾前，其闻道也④，固先乎吾，吾从而师之；生乎吾后，其闻道也，亦先乎吾，吾从而师之。吾师道也⑤，夫庸知其年之先后生于吾乎⑥？是故无贵无贱⑦，无长无少⑧，道之所存，师之所存也⑨。

嗟乎！师道之不传也久矣！欲人之无惑也难矣！古之圣人，其出人也远矣⑩，犹且从师而问焉；今之众人，其下圣人也亦远矣，而耻学于师。是故圣益圣，愚益愚；圣人之所以为圣，愚人之所以为愚，其皆出于此乎？爱其子，择师而教之，于其身也，则耻师焉⑪，惑矣！彼童子之师，授之书而习其句读者⑫，非吾所谓传其道解其惑者也。句读之不知，惑之不解，或师焉，或不焉，小学而大遗⑬，吾未见其明也。巫医乐师百工之人⑭，不耻相师；士大夫之族，曰师曰弟子云者，则群聚而笑之⑮。问之，则曰彼与彼年相若也⑯，道相似也⑰。位卑则足羞⑱，官盛则近谀⑲。呜呼！师道之不复可知矣。巫医乐师百工之人，君子不齿⑳。今其智乃反不能及，其可怪也欤！

圣人无常师㉑。孔子师郯子㉒、苌弘㉓、师襄㉔、老聃㉕。郯子之徒，其贤不及孔子。孔子曰："三人行，则必有我师㉖。"是故弟子不必不如师，师不必贤于弟子。闻道有先后，术业有专攻㉗，如是而已。

李氏子蟠㉘，年十七，好古文，六艺经传㉙，皆通习之。不拘于时，学于余。余嘉其能行古道，作《师说》以贻之㉚。

【注释】

①传道：传播道义。受业：讲授学业。解惑：解释疑惑问题。②生而知之：天生就有知识。③孰能无惑：谁能没有疑惑。孰：谁。④闻道：明白道理。道：指儒家之道。⑤吾师道也：我学习的是道理。⑥"夫庸知"句：又哪里在乎他的生年在我前后呢。⑦无贵无贱：不论地位高低

身份贵贱。⑧无长无少：不论年龄大小。⑨"道之所存"两句：谁掌握了道的学问，谁就可以做我的老师。⑩出人：超出于众人。⑪耻师：耻于拜人为师。⑫习其句读：学习断句。指启蒙教育阶段。句读，也作句逗，大致相当于现代的句号和逗号。⑬小学而大遗：小的方面学习而大的方面却丢失不顾。⑭巫医乐师百工：占卜医术音乐以及各种工匠。⑮群聚而笑：相互聚拢而嘲笑。⑯年相若：年龄差不多。⑰道相似：学问和道的水平也差不多。⑱位卑则足羞：如果老师地位低下则足以令人羞愧。⑲官盛则近谀：如果老师官职高则有阿谀的嫌疑。⑳君子不齿：士人不愿意与之同列。不齿：瞧不起。㉑圣人无常师：圣明的人没有固定的老师。㉒郯（tán）子：春秋时期郯国国君，孔子曾经向他请教官制和名称来源。㉓苌弘：周敬王时大夫，孔子曾经向他请教音乐。㉔师襄：春秋时齐国乐师，孔子曾向他学习演奏《韶》乐。㉕老聃：即老子。孔子曾向他问礼。㉖"三人行"两句：见《论语·述而》篇。㉗术业有专攻：在学术功业方面各自有自己专门的长处和方向。㉘李氏子蟠：李家孩子名蟠。李蟠是韩愈弟子。㉙六艺：即儒家六经，《诗》《书》《礼》《乐》《易》《春秋》。经传：经指原文，传指注释等文字。㉚贻：赠送。

【译文】

古代求学的人一定有老师。老师，就是用来传授道德、教授学业、解答疑难问题的。人不是生下来就懂得道理的，谁能没有疑惑？有疑惑而不跟从老师学习，那些疑惑最终也不能解开。出生在我之前的，他懂得道理本来就早于我，我跟从他把他当作老师；生在我后面的，如果他懂得的道理也早于我，我也跟从他而把他当作老师。我是学习道理，哪管他的生年比我早还是比我晚呢？因此，无论地位高低贵贱，无论年纪大小，道德所存在的地方，就是老师存在的地方。

唉，教师之道不流传已经很久了。想要人没有疑惑很难啊！古代的圣人，他们超出一般人很远，尚且跟从老师而请教；现在的一般人，他们低于圣人很远，却以向老师学习为耻。因此圣人就更加圣明，愚人就更加愚昧。圣人之所以能成为圣人，愚人之所以能成为愚人，大概都出于这一点吧？人们爱他们的孩子，就选择老师来教他，对于自己，却以跟从老师为可耻，真是糊涂啊！那些孩子的老师，是教他们读书，帮助他们学习断句的，并不是我所说的能传授道德、解答疑难问题的。或不通晓句读，或不能解决疑惑，有的向老师学习，有的却不向老师学习；小的方面倒要学习，大的方面反而放弃不学，我没看出这种人是明智的。巫医乐师和各种工匠这些人，不以拜师学习为耻。士大夫这类人，称"老师"称"弟子"的时候，就成群聚在一起讥笑人家。问他们，就说："他和他年龄差不多，道德学问也差不多，地位低的人为师就觉得羞耻，以官职高的人为师就近乎诌媚。"唉！师道的不可恢复可以知道了。巫医乐师和各种工匠这些人，君子们不屑一提，现在他们的见识竟反而赶不上这些人，真是令人奇怪！

圣人没有固定的老师。孔子曾以郯子、苌弘、师襄、老聃为师。郯子这些人，他们的贤能都比不上孔子。孔子说："三个人在一起走，其中一定有可以当我的老师的人。"因此学生不一定不如老师，老师不一定比学生贤能，学习道德有早有晚，学问技艺各有专长，如此罢了。

李家的孩子蟠，年龄十七，喜欢古文，六经的经文和传文都普遍地学习了，不受时俗的拘束，向我学习。我赞许他能够遵行古人（从师）的途径，写这篇《师说》来赠送他。

【评析】

《师说》是一篇具有深刻思想内涵的短论。应该指出，这里的"师"不是一般意义的学校里的老师，而是道德之师。"传道"是传授古代道德，不是一般道理。所以才强调说："道之所存，师之所存"，这是理解本文主旨的关键。"传道、授业、解惑"都围绕这一主旨。而对于社会上"小学而大遗""位卑则足羞，官盛则近谀"的糊涂认识都给予分析和批评，很中肯。"弟子不必不如师，师不必贤于弟子。闻道有先后，术业有专攻"的观点既有现实理性，又非常合情合理，令人容易接受。全文以抽象思维为主，论点鲜明，结构严谨，逻辑推理致密，层次清晰，事实充分。笔锋犀利，有很强的说服力。

进学解

韩愈

国子先生晨入太学①，招诸生立馆下②，诲之曰："业精于勤，荒于嬉③；行成于思，毁于随④。方今圣贤相逢⑤，治具毕张⑥。拔去凶邪，登崇峻良⑦。占小善者率以录⑧，名一艺者无不庸⑨。爬罗剔抉⑩，刮垢磨光⑪。盖有幸而获选，孰云多而扬？诸生业患不能精，无患有司之不明⑫；行患不能成，无

387

患有司之不公。”

言未既，有笑于列者曰：“先生欺余哉！弟子事先生，于兹有年矣。先生口不绝吟于六艺之文⑬，手不停披于百家之编⑭。纪事者必提其要⑮，纂言者必钩其玄⑯。贪多务得⑰，细大不捐⑱。焚膏油以继晷⑲，恒兀兀以穷年。先生之业，可谓勤矣。抵排异端⑳，攘斥佛老㉑。补苴罅漏㉒，张皇幽眇㉓。寻坠绪之茫茫㉔，独旁搜而远绍㉕。障百川而东之，回狂澜于既倒㉖。先生之于儒，可谓有劳矣。沉浸醲郁㉗，含英咀华㉘，作为文章，其书满家㉙。上规姚姒㉚，浑浑无涯㉛；周诰、殷《盘》㉜，佶屈聱牙㉝；《春秋》谨严㉞，《左氏》浮夸㉟；《易》奇而法㊱，《诗》正而葩㊲；下逮《庄》《骚》㊳，太史所录㊴；子云、相如㊵，同工异曲㊶。先生之于文，可谓闳其中而肆其外矣㊷。少始知学，勇于敢为；长通于方，左右具宜。先生之于为人，可谓成矣。然而公不见信于人，私不见助于友。跋前踬后㊸，动辄得咎㊹。暂为御史，遂窜南夷㊺。三年博士，冗不见治㊻。命与仇谋㊼，取败几时。冬暖而儿号寒，年丰而妻啼饥。头童齿豁㊽，竟死何裨㊾。不知虑此，而反教人为？”

先生曰：“吁，子来前！夫大木为杗㊿，细木为桷(51)，欂栌侏儒(52)，椳闑扂楔(53)，各得其宜，施以成室者(54)，匠氏之工也。玉札丹砂(55)，赤箭青芝(56)，牛溲马勃(57)，败鼓之皮(58)，俱收并蓄，待用无遗者，医师之良也。登明选公(59)，杂进巧拙(60)，纡馀为妍，卓荦为杰(61)，校短量长，惟器是适者(62)，宰相之方也。昔者孟轲好辩，孔道以明(63)，辙环天下，卒老于行(64)。荀卿守正，大论是弘(65)，逃谗于楚，废死兰陵(66)。是二儒者，吐辞为经，举足为法(67)，绝类离伦(68)，优入圣域(69)，其遇于世何如也？今先生学虽勤而不由其统(70)，言虽多而不要其中(71)，文虽奇而不济于用(72)，行虽修而不显于众(73)。犹且月费俸钱，岁靡廪粟(74)；子不知耕，妇不知织；乘马从徒(75)，安坐而食。踵常途之役役(76)，窥陈编以盗窃(77)。然而圣主不加诛，宰臣不见斥(78)，非其幸欤？动而得谤，名亦随之(79)。投闲置散，乃分之宜(80)。若夫商财贿之有亡(81)，计班资之崇庳(82)，忘己量之所称，指前人之瑕疵(83)，是所谓诘匠氏之不以杙为楹(84)，而訾医师以昌阳引年(85)，欲进其豨苓也(86)。”

【注释】

①国子先生：即国子博士。当时韩愈任国子博士。国子指当时监中的国子学。太学：这里

代指国子监。②馆：学舍。③业：指学业。嬉：玩乐。④行：德行。思：指独立思考。随：指盲目随和世俗。⑤圣贤：圣君贤相。⑥治具：指法令。毕张：全部得以实施。⑦登崇：提拔。畯良：贤才。⑧占：有。率：大都。录：录用。⑨名一艺：有一技之长而闻名。庸：通"用"，启用。⑩爬罗剔抉：指选拔人才。爬罗：爬梳和搜罗。剔抉：剔除和选择决定。⑪刮垢磨光：指训练人才。刮垢，刮去污垢。磨光：磨出亮光。⑫有司：有关部门。古代分职设置官员。六部下面每部设置四司，分别掌管具体事务。⑬六艺：指六经，即《诗》《书》《礼》《乐》《易》《春秋》。⑭披：翻阅批注书籍。百家之编：诸子百家的著作。⑮纪事者：指记叙文体，主要是历史著作。⑯纂言者：指议论文体，主要指哲理学术著作。钩：探讨求取。玄：深奥的道理。⑰务得：务必掌握。⑱细：微小的。捐：舍弃。⑲膏油：指蜡烛或油灯。晷：古代白天根据日影测时间之器具，这里代指白昼。这句说夜以继日。⑳抵排：抵触排斥。异端：指不符合儒家思想到学说，这里主要指佛老。㉑攘斥：排斥。㉒补苴罅漏：弥补填充儒学的阙失和漏洞。苴：鞋里垫的草。这里引申增加补充。罅：裂缝，这里用如动词，堵塞填补裂缝。㉓张皇幽眇：谓发扬光大儒学中精深微妙的思想。张皇：张大。幽：深微。眇：微小。㉔坠绪：指将要断绝的儒学传统。㉕旁搜：从各方面进行搜求圣人的思想。远绍：到遥远的古代去继承孔孟学说和道统。㉖"障百川"两句：意谓防止异端邪说流行而堵塞遮蔽而使之都归向儒学道统。障：堵塞遮蔽。东之：使之向东流。回：扭转。狂澜：比喻异端邪说。既倒：已倒，已经溃散倒伏。㉗沉浸：深入其中，细心体会。酖郁：芳香浓厚深沉。酖：酒味香醇厚重。这里比喻文学作品的意味。㉘含英咀华：仔细体味品尝文章的精华。咀：咀嚼、品尝。㉙"作为"两句：作为写作的文章来说，是从百家精华中提炼出来，谓兼收并蓄各种风格。其书：指韩愈写作之文。㉚规：取法。姚姒：指《尚书》中的《虞书》和《夏书》。虞舜姓姚，夏禹姓姒。㉛浑浑：浩瀚无边貌。这里指学问博大精深，语本扬雄《法言·问神》："虞夏之书，浑浑尔。"㉜周诰、殷盘：指《尚书》中的《商书》和《周书》。《周书》中有《大诰》《康诰》《召诰》等篇。《商书》中有《盘庚》篇。㉝佶屈聱牙：指文辞艰涩难读。佶屈：曲折。聱牙：阅读起来不顺口。㉞《春秋》谨严：孔子所修《春秋》，以用字严谨讲究、褒贬严格著称。㉟左氏浮夸：指《左传》文辞丰富夸张，有文采。㊱《易》奇而法：指《周易》善于表现奇妙的现象，本身也很奇妙但却有一定的法则和规律。㊲《诗》正而葩：指《诗经》纯正而文辞非常华美。㊳下逮《庄》《骚》：意谓在往后代的就是《庄子》和《楚辞》。㊴太史所录：太史：指太史公司马迁。所录：指司马迁所著的《史记》。㊵子云、相如：指扬雄和司马相如。扬雄：字子云。㊶同工异曲：乐曲不同而同样精妙工巧。比喻文章风格不同而各得其妙。㊷闳其中而肆其外：内容博大精深而又能够尽情表达自己的思想意志。闳：博大。㊸跋前踬后：进退两难。跋：踩。踬：绊倒。踬：一作"疐"。《诗经·豳风·狼跋》："狼跋其胡，载疐其尾。”疐：跌倒。㊹动辄得咎：一动就有罪过。辄：就，总是。咎：过错，罪过。㊺“暂为”两句：刚刚当上御史，就被流放到南方的夷蛮之地。韩愈在贞元十九年秋季刚刚当上御史，就因故被贬谪到岭南阳山（今属广州）任县令。㊻“三年”两句：做三年博士这样闲散的官员，也无法表现政治才能。韩愈曾先后做四门博士和国子博士。㊼命与仇谋：命运好像和人有仇，故意作对。㊽头童齿豁：头秃牙齿残缺。刚生小孩儿没有头发。㊾竟死何裨：竟：终。裨：补益。意为一直勤奋到死有什么用。㊿宊：房屋大梁。(51)桷：方形的椽子。(52)欂栌：欂：壁柱。栌：斗拱，即柱顶上承托栋梁的方木。侏儒：原是天生矮人之称，这里指短柱。(53)椳：门枢。闑：门中央所竖的短木。扂：门闩。楔：门两旁所立用来保护门的短木。(54)施以成室：使用这些材料而建造成房屋。施：使用。(55)玉札：中药材，地榆。丹砂：中药材，即丹砂。(56)赤箭：中药材，天麻的别称。青芝：中药材，即灵芝，据说产于泰山。古人认为以上四种中药材久服可以延年益寿。(57)牛溲：牛尿，治疗水肿、腹胀等。马勃：又叫马屁菌。治疗恶疮。(58)败鼓之皮：破烂的鼓皮：治疗蛊毒。(59)登明选公：选拔人才要公平合理。(60)杂进巧拙：穿插着起用不同性格的人，使其各自得到重用。巧拙：指工巧和笨拙。(61)纡余：屈曲，指善于周旋，委婉周全。妍：美好。卓荦：特立出众。(62)惟器是适：即“惟适器”，根据各人的材质进行合理使用。器：才能。适：适合、适用。(63)孟轲好辩：孟子爱好辩论，当时百家争鸣，孟子到处宣扬孔子学说，经常和各种学说辩难。《孟子·滕文公下》：“予岂好辩哉！予不得已也。”孔道以明：孔子的学说得到阐明，发扬光大。(64)辙环天下：孟子也和孔子一样，周游列国，宣讲儒家学说。辙：车辙，车行过后车轮留下的痕迹。卒老于行：最终死在旅途之中。卒：终。(65)荀卿守正：荀子曾经游学齐国稷下，三为祭酒，坚守儒学的正统地位。大论是弘：儒家思想得到发扬光大。大论：正大的言论，即指儒家思想。弘：发扬光大。(66)“逃馋”两句：为了逃避谗言而到楚国，受到春申君重用为兰陵县令。后来春申君被杀，荀子被废弃。著书终老。(67)吐辞为经：说出的言辞就是经典。举足：抬腿走路，这里概括指行动。法：准则、典范。(68)绝类离伦：超出一般儒家学者。绝、离：超越。类、伦：同类同辈。(69)优入圣域：已经进入圣人的境界。优：优裕、突出。(70)不由其统：不能遵从儒家的道统。(71)不要其中：不能够说到要害处。要：要害、关键处。(72)“文虽”句：文章虽然奇妙不能有实际功用。(73)“行虽”句：品行虽然端正但并不能突出显露出来。(74)月费俸钱：每月耗费朝廷的俸禄。岁靡廪粟：年年耗费国家的粮食。(75)乘马从徒：出门骑马后面跟着随从。(76)踵：追随。役役：拘谨貌。(77)陈编：古籍。盗窃：抄袭。(78)“然而”句：圣明的天子不治罪。诛：有杀头和处罚、治罪二义。(79)“动而”两句：一有举动就会得到诽谤，但自己的名气也跟着大起来。(80)投闲置散：被放到闲散的位置上。分：本分。(81)商：计较。财贿：财物，这里指俸禄。亡：通“无”。(82)计：计较。班资：位次、资历。崇庳：高低贵贱。(83)前人：

前面的人，指比自己地位高的人。瑕疵：毛病。⑭诘：责问。杙：小木桩。楹：房屋前面支撑房檐的大柱子，需要粗壮的好木料。⑮訾：诋毁。昌阳：菖蒲。据说久服可以轻身延年。⑯豨苓：又名猪苓、豕苓，中草药名，没有延年的作用。

【译文】

国子先生早上走进太学，召集学生们站立在学舍下面，教导他们说："学业的精进由于勤奋，而荒废由于游荡玩乐；德行的成就由于思考，而败坏由于因循随便。当前圣君与贤臣相遇合，法制健全。拔除凶恶奸邪，晋升英俊善良。具有微小优点的都已录取，称有一技之长的无不任用。搜罗人才，加以甄别、教育、培养，对他们刮去污垢，磨炼得闪闪发光。大概幸运就能选上，谁说多才多艺而不被高举呢？诸位学生只怕学业不能精进，不要怕主管部门不清明；只怕德行不能成就，不要怕主管部门官吏不公正。"

话没有说完，有人在行列里笑道："先生在欺骗我们吧？我们这些学生侍奉您先生，到现在已经好几年了。先生嘴里不断地诵读六经的文章，两手不停地翻着诸子百家的书籍。对纪事之文一定提取它的要点，对言论之编一定探索它深奥的旨意。不知满足地多方面学习，力求有所收获，大的小的都不舍弃。点上灯烛夜以继日，经常这样刻苦用功，一年到头也不休息。先生从事学业可以说够勤奋了。抵制、批驳异端邪说，排斥佛教与道家，弥补儒学的缺漏，发扬光大精深微妙的义理。寻找渺茫失落的古代圣人之道的传统，独自广泛搜求，遥远承接。防堵纵横奔流的各条川河，引导它们东注大海；挽回那狂涛怒澜，尽管它们已经倾倒泛滥。先生您对于儒家，可以说是有功劳了。心神沉浸在意味浓郁醇厚的书籍里，仔细地品尝咀嚼其中的精英华采，写作起文章来，书卷堆满了家屋。向上规模取法虞、夏时代的典章，深远博大得无边无际；周代的诰书和殷代的《盘庚》，多么艰涩拗口难读；《春秋》的语言精炼准确，《左传》的文辞铺张夸饰；《易经》变化奇妙而有法则，《诗经》思想端正而辞采华美；往下一直到《庄子》《离骚》，太史公的记录；扬雄、司马相如的创作，同样巧妙而曲调各异。先生的文章可以说是内容宏大而外表气势奔放，波澜壮阔。先生少年时代就开始懂得学习，敢作敢为，长大之后通达道理，处理各种事情，左右无不合宜。先生的做人，可以说是有成就的了。可是在公的方面不能被人们信任，在私的方面得不到朋友的帮助。前进退后，都发生困难，动一动便惹祸获罪。刚当上御史就被贬到南方边远地区。做了三年博士，职务闲散表现不出治理的成绩。

您的命运好像与仇敌打交道，不时遭受失败。冬天气候还算暖和的日子里，您的儿女们已为缺衣少穿而哭着喊冷；年成丰收而您的夫人却仍为食粮不足而啼说饥饿。您自己的头顶也秃了，牙齿也缺了，这样一直到死，有什么好处呢？不知道想想这些，倒反而来教训别人！"

国子先生说："唉，你到前面来！要知道那些大的木材做屋梁，小的木材做柱子、椽子，斗拱，短椽，门白、门橛、门闩、门柱，都量材使用，各适其宜而建成房屋，这是工匠的技巧啊。贵重的地榆、朱砂，天麻，龙芝，牛尿，马屁菌，坏鼓的皮，全都收集，储藏齐备，等到用的时候就没有遗缺的，这是医师的高明啊。提拔人才，公正贤明，选用人才，态度公正。灵巧的人和质朴的人都得引进，有的人谦和而成为美好，有的人豪放而成为杰出，比较各人的短处，衡量各人长处，按照他们的才能品格分配适当的职务，这是宰相的方法啊！从前孟轲爱好辩论，孔子之道得以阐明，他游历的车迹周遍天下，最后在奔走中老去。荀况恪守正道，发扬光大宏伟的理论，因为逃避谗言到了楚国，还是丢官而死在兰陵。这两位大儒，说出话来成为经典，一举一动成为法则，远远超越常人，优异到进入圣人的境界，可是他们在世上的遭遇是怎样呢？现在你们的先生学习虽然勤劳却不能顺于道统，言论虽然不少却不切合要旨，文章虽然写得出奇却无益于实用，行为虽然有修养却并没有突出于一般人的表现，尚且每月浪费国家的俸钱，每年消耗仓库里的粮食；儿子不懂得耕地，妻子不懂得织布；出门乘着车马，后面跟着仆人，安安稳稳地坐着吃饭。局局促促地按常规行事，眼光狭窄地在旧书里盗窃陈言，东抄西袭。然而圣明的君主不加处罚，也没有被宰相大臣所斥逐，这不是很幸运吗？有所举动就遭到毁谤，名声也跟着大起来。被放置在闲散的位置上，实在是恰如其分的。至于商量财物的有无，计较品级的高低，忘记了自己有多大才能、多少分量和什么相称，指摘官长上司的缺点，这就等于所说的责问工匠为什么不用小木桩做柱子，批评医师的用菖蒲延年益寿，却引进他的猪苓啊！"

【评析】

本文是韩愈任国子博士时所作，假托向学生训话，勉励他们在学业、德行方面要不断进取而"业患不能精，无患有司之不明；行患不能成，无患有司之不公"。学生提出质问，他再进行解释，故名"进学解"，借以抒发自己怀才不遇、仕途蹭蹬的牢骚。文中通过学生之口，形象突出自己在学习、捍卫儒道、文章写作、做人方面的努力与成就，有力地衬托了遭遇的不平。针锋相对的解释，表面心平气和，字里行间却充满了郁勃的感情，也反映了对社会的批评。这是旧时知识分子怀才不遇、备受压抑的心态长期积淀的产物。文章设主客问答，抑客伸主，从结构上看具有赋体特征。故在文体上可以说本文前承东方朔《答客难》、扬雄《解嘲》，后开杜牧《阿房宫赋》和苏轼前后《赤壁赋》。文章语言精美，骈散相间，留下许多名言警句和成语，如"贪多务得""细大不捐""沉浸酖郁""含英咀华""佶屈聱牙""同工异曲""跋前踬后""动辄得咎""头童齿豁""吐辞为经""举足为法""绝类离伦""优入圣域"等，至今都依旧被人们运用着，这是文学成就的最重要体现。

圬者王承福传

韩愈

圬之为技，贱且劳者也[①]。有业之[②]，其色若自得者。听其言，约而尽[③]。问之，王其姓。承福其名。世为京兆长安农夫[④]。天宝之乱，发人为兵[⑤]。持弓矢十三年，有官勋[⑥]，弃之来归。丧其土田，手镘衣食[⑦]，馀三十年。舍于市之主人[⑧]，而归其屋食之当焉[⑨]。视时屋食之贵贱[⑩]，而上下其圬之佣以偿之[⑪]；有馀，则以与道路之废疾饿者焉。又曰："粟，稼而生者也；若布与帛，必蚕绩而后成者也；其他所以养生之具，皆待人力而后完也；吾皆赖之。然人不可遍为，宜乎各致其能以相生也。故君者，理我所以生者也[⑫]；而百官者，承君之化者也。任有大小，惟其所能，若器皿焉。食焉而怠其事，必有天殃，故吾不敢一日舍镘以嬉。夫镘易能[⑬]，可力焉，又诚有功；取其直虽劳无愧[⑭]，吾心安焉。夫力易强而有功也[⑮]；心难强而有智也。用力者使于人，用心者使人，亦其宜也。吾特择其易为无愧者取焉。"

"嘻！吾操镘以入富贵之家有年矣。有一至者焉，又往过之，则为墟矣；有再至、三至者焉，而往过之，则为墟矣。问之其邻，或曰：'噫！刑戮也。'或曰：'身既死，而其子孙不能有也。'或曰：'死而归之官也。'吾以是观之，非所谓食焉怠其事，而得天殃者邪？非强心以智而不足，不择其才之称否而冒之者邪？非多行可愧，知其不可而强为之者邪？将富贵难守，薄功而厚飨之者邪？抑丰悴有时，一去一来而不可常者邪？吾之心悯焉，是故择其力之可能者行焉。乐富贵而悲贫贱，我岂异于人哉？"

又曰："功大者，其所以自奉也博。妻与子，皆养于我者也；吾能薄而功小，不有之可也。又吾所谓劳力者，若立吾家而力不足，则心又劳也。一身而二任焉，虽圣者不可为也。"

愈始闻而惑之，又从而思之，盖贤者也。盖所谓独善其身者也。然吾有讥焉；谓其自为也过多，其为人也过少。其学杨朱之道者邪⑯？杨之道，不肯拔我一毛而利天下。而夫人以有家为劳心，不肯一动其心以畜其妻子，其肯劳其心以为人乎哉？虽然，其贤于世者之患不得之，而患失之者，以济其生之欲，贪邪而亡道，以丧其身者，其亦远矣！又其言，有可以警余者，故余为之传而自鉴焉。

【注释】

①圬：（wū）粉刷墙壁。技：手艺，技能。②业之：以此为职业。③约：简约，简明扼要。尽：详尽，这里可引申为透辟。④京兆长安：京兆，原意是地方大而人口多的地方，指京城及其郊区。⑤天宝之乱：天宝，唐玄宗年号。天宝十四载，边将安禄山、史思明起兵叛唐，史称"安史之乱"。玄宗曾命荣王（李琬）为元帅，在京师招募士兵十一万讨伐安禄山。⑥官勋：官家授给的勋级。唐制，有功劳者授以没有实职的官号，叫勋官。勋官有十二级。⑦镘（màn）：镘子，粉刷墙壁的工具。⑧市：街市。⑨屋食：房租和伙食费。当：相当的价值。⑩视时：根据当时。上下：增加或减少。⑪佣：受雇为人劳动。这里作"工价"讲。⑫理：治。因唐高宗名治，唐人避讳，用"理"代"治"。⑬易能：容易掌握的技能。⑭直：同"值"，价值，这里指报酬。⑮力：指干体力活。心：指脑力劳动。强（qiǎng）：勉力、努力。⑯杨朱：战国时期的显学，与墨家相对立，强调为我。

【译文】

粉刷墙壁作为一种手艺，是卑贱而且辛苦的。有个人以这作为职业，样子却好像自在满意。听他讲的话，言辞简明，意思却很透彻。问他，他说姓王，承福是他的名。祖祖辈辈是长安的农民。天宝年间发生安史之乱，抽调百姓当兵，他也被征入伍，手持弓箭战斗了十三年，有官家授给他的勋级，但他却放弃官勋回到家乡来。由于丧失了田地，就靠拿着镘子维持生活过了三十多年。他寄居在街上的屋主家里，并付给相当的房租、伙食费。根据当时房租、伙食费的高低，来增减他粉刷墙壁的工价，归还给主人。钱有剩余，就拿去给流落在道路上的残废、贫病、饥饿的人。

他又说："粮食，是人们种植才长出来的。至于布匹丝绸，一定要靠养蚕、纺织才能制成。其他用来维持生活的物品，都是人们劳动之后才完备的，我都离不开它们。但是人们不可能样样都亲手去制造，最合适的做法是各人尽他的能力，相互协作来求得生存。所以，国君的责任是治理我们而使我们能够生存，而各种官吏的责任则是秉承国君的旨意来教化百姓。责任有大有小，只有各尽能力去做，好像器皿一样。大小不一，但各有用途。如果光吃饭不做事，一定会有天降的灾祸。所以我一天也不敢丢下镘子去游戏嬉戏。粉刷墙壁是比较容易掌握的技能，可以努力做好，又确实有成效。取得应有的报酬而问心无愧，因此我心里十分坦然。力气容易用劲使出来，并且取得成效，脑子却难以勉强使它获得聪明。这样，干体力活的人被人役使，用脑力的人役使人，也是应该的。我只是选择那种容易做而又问心无愧的活来取得报酬。"

"唉！我拿着镘子到富贵人家干活有许多年了。有的人家我只去过一次，再从那里经过，就已成为废墟了。有的我曾去过两次、三次，后来经过那里，也成为废墟了。向他们邻居打听，有的说：'唉！他们家主人被判刑杀掉了。'有的说：'原主人已经死了，他们的子孙不能守住遗产。'也有的说：'人死了，财产都充公了。'我从这些情况来看，不正是光吃饭不做事遭到了天降的灾祸吗？不正是勉强自己去干才智达不到的事，不选择与他的才能相称的事要去充数据高位的结果吗？不正是多做了亏心事，明知不行，却勉强去做的结果吗？也可能是富贵难以保住，少贡献却多享受造成的结果吧！也许是富贵贫贱都有一定的时运，一来一去，不能经常保有吧？我怜悯这些人，所以选择力所能及的事情去干。喜爱富贵，悲伤贫贱，我难道会与一般人不同吗？"

他还说："贡献大的人，他用来供养自己的东西多，妻室儿女都能由自己养活。我能力小，贡献少，没有妻室儿女是可以的。再则我是个干体力活的人，如果成家而能力不足以养活妻室儿女，那么也够操心的了。一个人既要劳力，又要劳心，即使是圣人也不能做到啊！"

开始时我还有些疑惑不解，又根据他的言行思考这个人，大体来说是贤人。大概就是所谓的独善其身的人。可是我有批评的意见，认为他为自己考虑得过多，为他人考虑得太少。或者是效仿杨朱之道的人？杨朱的理论，不肯拔我的一根汗毛来为天下。人如果认为有家室就操心，不肯费心来养育妻子和儿女，他怎么会为别人而操心呢？尽管如此，他也要比社会上那些很怕得不到功名利禄，得到又很怕失去，用来满足自己的生活欲望，贪婪邪恶而不顾道德，以至于丢掉生命的人强得太多了。又因为他的话也可以使我自己警惕，所以为他写下这篇传记也作为自己的借鉴。

【评析】

本文通过对圬者王承福的记载，表现韩愈对于人生态度的思考。首先他高度肯定人"各致其能以相生"的主张，实际是社会分工不同，而人要忠于职守，各尽职分的要求。如果"食焉而怠其事，必有天殃"，只享受社会待遇而不做事，不能完成自己应尽的工作，则一定要受到惩罚。这实际和孔子提倡的"君君臣臣父父子子"这一观点的内核是一样的。"吾不敢一日舍镘以嬉"则是极其严谨的人生态度，是保证全社会正常运转的基本前提。后面关于贵宅成废墟的叙述和议论，实际是批判付出太少而索取太多之巧取豪夺者的可悲下场。这种观点对于古今中外都是有认识价值的。韩愈对于其不肯娶妻生子的批评也很中肯，有规劝世道人心之意义，不可视为迂腐或刻薄。

讳辩

韩愈

愈与李贺书①，劝贺举进士②。贺举进士有名③，与贺争名者毁之，曰："贺父名晋肃，贺不举进士为是，劝之举者为非。"听者不察也，和而倡之，同然一辞。皇甫湜曰④："若不明白，子与贺且得罪。"愈曰："然。"

律曰⑤："二名不偏讳⑥。"释之者曰："谓若言'徵'不称'在'，言'在'不称'徵'是也⑦。"律曰："不讳嫌名。"释之者曰："谓若'禹'与'雨'、'丘'与'䓞'之类是也⑧。"今贺父名晋肃，贺举进士，为犯二名律乎？为犯嫌名律乎？父名晋肃，子不得举进士，若父名仁，子不得为人乎？夫讳始于何时？作法制以教天下者，非周公孔子欤？周公作诗不讳⑨，孔子不偏讳二名，《春秋》不讥不讳嫌名⑩，康王钊之孙，实为昭王⑪。曾参之父名皙，曾子不讳昔⑫。周之时有骐期⑬，汉之时有杜度⑭，此其子宜如何讳？将讳其嫌遂讳其姓乎？将不讳其嫌者乎？汉讳武帝名彻为通⑮，不闻又讳车辙之辙为某字也；讳吕后名雉为野鸡⑯，不闻又讳治天下之治为某字也。今上章及诏，不闻讳浒、势、秉、机也^⑰。惟宦官宫妾，乃不敢言谕及机^⑱，以为触犯。士君子言语行事^⑲，宜何所法守也？今考之于经，质之于律，稽之以国家之典^⑳，贺举进士为可邪？为不可邪？

凡事父母，得如曾参，可以无讥矣；作人得如周公孔子，亦可以止矣^㉑。今世之士，不务行曾参周公孔子之行^㉒，而讳亲之名，则务胜于曾参周公孔子，亦见其惑也。夫周公孔子曾参卒不可胜，胜周公孔子曾参，乃比于宦者宫妾，则是宦者宫妾之孝于其亲，贤于周公孔子曾参者邪！

【注释】

①李贺（790—816）：字长吉，唐代著名诗人。②进士：唐代科举考试中最受重视的科目。③有名：指举人名单中有其姓名。④皇甫湜：字持正，元和年间（806—820）进士。曾从韩愈学。⑤律：此处当指唐代某项法律条文。⑥二名不偏讳：最早见于《礼记》的《典礼上》及《檀弓下》，意为二字之名在用到其中某一字时不避讳。⑦见《礼记·檀弓》。⑧不讳嫌名：此句亦袭用《礼记·曲礼上》郑玄注。禹、雨、丘、芑，都是同音字。禹即夏禹，丘为孔子名。指与名字中所用字音相近的字。音近则有称名之嫌，所以叫嫌名。⑨周公：西周初年政治家，名姬旦，周武王的弟弟，助武王灭殷商，又辅佐周成王和康王。《诗经·周颂》中的《噫嘻》与《雝》等篇，相传为周公所作，其中有"克昌厥后""骏发尔私"等句，而周公之父文王名昌，周公之兄武王名发，所以说"周公作诗不讳"。⑩《春秋》：春秋时鲁国编年史书，相传经孔子删订，为儒家经典之一。讥：讥刺，非难。⑪康王：周康王名钊，其孙继位，谥昭。《春秋》对此未提出异议。⑫曾参（shēn）：孔子弟子，以孝行著称。不讳昔：《论语·泰伯》记曾子说："昔者吾友尝从事于斯矣。"⑬骐期：春秋时楚国人。⑭杜度：东汉时人，字伯度，工草书。⑮汉讳武帝：汉武帝名刘彻，当时为避讳，将彻侯改为通侯，蒯（kuǎi）彻改为蒯通。⑯吕后：名雉（zhì），当时为避讳，改雉为"野鸡"。⑰浒（hǔ）、势、秉、机：四字与唐高祖李渊之父（名虎）、太宗李世民、世祖李昞、玄宗李隆基名同音。⑱谕：与代宗李豫的名字同音。⑲士君子：指官僚及其他有社会地位的乡绅、读书人等。⑳稽：检核。国家之典：指上文所举汉代讳武帝、吕后名，唐朝章奏、诏令不避"浒势秉机"等例。㉑止：意为到达顶点。㉒务行：致力于实行。

【译文】

我给李贺写信，勉励他去考进士。李贺应进士试名单已经报上且引人注目，同李贺争名的人出来诋毁他，说李贺的父亲名叫晋肃，李贺还是以不参加进士考试为好，勉励他去考的人是不对的。听到这种议论的人不加分辨，纷纷附和，众口一声。皇甫湜对我说："如果不辩明这件事，您和李贺都会因此获罪。"我回答说："是的。"

《律》文说："凡双名不专讳一个字。"解释者说："孔子的母亲名'微在'，孔子在说'微'的时候不说'在'，说'在'的时候不说'微'。"《律》文又说："不讳声音相近的字。"解释者说："譬如'禹'之与'雨'，'丘'之与'莐'之类就是。"现在李贺的父亲名叫晋肃，李贺去考进士，是违背了二名律呢，还是违背了嫌名律呢？父名晋肃，儿子不可以考进士，那么倘若父亲名仁，儿子就不能做人了吗？试问避讳是从什么时候开始的呢？制定礼法制度来教化天下的，不是周公、孔子吗？而周公作诗不避讳，孔子不避母亲双名中的单独一字，《春秋》中对人名相近不避讳的事例，也没有加以讥刺。周康王钊的孙子，谥号是昭王。曾参的父亲名晳，曾子不避"昔"字。周朝时有一个人叫骐期，汉朝时有一个人叫杜度，像这样的名字让他们的儿子如何避讳呢？难道为了要避父名的近音字，就连他们的姓也避了吗？还是就不避近音字了呢？汉代讳武帝名彻，遇到"彻"字就改为"通"字，但没有听说又讳车辙的辙字为别的什么字；讳吕后名雉，遇到"雉"字就改称"野鸡"，但没有听说又讳治天下的治字为别的什么字。现在臣僚上送奏章、皇帝下达诏旨，也没听说要避浒、势、秉、机这些字，只有宦官和宫女，才不敢说谕和机这些字，以为这样是犯忌的。士大夫的言论行动，究竟应该依照什么法度呢？总之，无论是考据经典、质正律文还是查核国家典章，李贺参加进士考试，到底是可以还是不可以呢？

大凡服侍父母能像曾参那样，就可以免遭非议了；做人能像周公孔子，也可以达到顶点了。而现在的读书人，不努力学周公、孔子的行事，却要在讳亲人的名字上，去超越周公、孔子，真是太糊涂了。周公、孔子、曾参，毕竟是无法超过的，超越周公、孔子、曾参，而去向宦官、宫女看齐，那么岂非宦官、宫女对亲人的孝顺，比周公、孔子、曾参还要好得多了吗？

【评析】

封建时代避讳要求很严格，违犯者会招致非议，甚或得罪。韩愈鼓励李贺考进士，但因他父名晋肃而遭到非议。韩愈也被人指责，《讳辩》就是专门针对此事而写的驳论。韩愈巧妙地引用经典和法律依据，找出矛盾，从而反对将避讳搞得过滥。明确指出，李贺考进士不犯二名讳和嫌名讳，"父名晋肃，子不得举进士，若父名仁，子不得为人乎"反驳有力。文章层层设问，一波三折，"前分律经典三段，后尾抱前，婉邑显快。反反复复，如大海回风，一波未平，一波复起"（吴楚材、吴调侯评语）。语言辛辣，说理痛快，理足气盛。

争臣论

韩愈

或问谏议大夫阳城于愈①："可以为有道之士乎哉？学广而闻多，不求闻于人也。行古人之道，居于晋之鄙②。晋之鄙人薰其德而善良者几千人③。大臣闻而荐之④，天子以为谏议大夫。人皆以为华，阳子不色喜。居于位五年矣，视其德如在野。彼岂以富贵移易其心哉！"

愈应之曰："是《易》所谓恒其德贞而夫子凶者也⑤。恶得为有道之士乎哉？在《易·蛊》之上九云⑥：'不事王侯，高尚其事。'《蹇》之六二则曰：'王臣蹇蹇，匪躬之故⑦。'夫亦以所居之时不一，而所蹈之德不同也⑧。若《蛊》之上九，居无用之地，而致匪躬之节；以《蹇》之六二，在王臣之位，而高不事之心，则冒进之患生，旷官之刺兴。志不可则，而尤不终无也。今阳子在位不为不久矣，闻天下之得失不为不熟矣，天子待之不为不加矣，而未尝一言及于政。视政之得失，若越人视秦人之肥瘠⑨，忽焉不加喜戚于其心。问其官，则曰谏议也；问其禄，则曰：'下大夫之秩也⑩'；问其政，则曰：'我不知也'。有道之士，固如是乎哉？且吾闻之：有官守者，不得其职则去；有言责者，不得其言则去。今阳子以为得其言乎哉？得其言而不言，与不得其言而不去，无一可者也。阳子将为禄仕乎？古之人有云⑪：'仕不为贫，而有时乎为贫'，谓禄仕者也。宜乎辞尊而居卑，辞富而居贫，若抱关击柝者可也⑫。盖孔子尝为委吏矣⑬，尝为乘田矣⑭，亦不敢旷其职，必曰：'会计当而已矣'，必曰：'牛羊遂而已矣。'若阳子之秩禄，不为卑且贫，章章明矣，而如此，其可乎哉？"

或曰："否，非若此也。夫阳子恶讪上者⑮，恶为人臣招其君之过而以为名者，故虽谏且议，使人不得而知焉。《书》曰：'尔有嘉谟嘉猷⑯，则入告尔后于内⑰，尔乃顺之于外，曰：'斯谟斯猷，惟我后之德。'夫阳子之用心，亦若此者。"

愈应之曰："若阳子之用心如此，滋所谓惑者矣。入则谏其君，出不使人知者，大臣宰相者之事，非阳子之所宜行也。夫阳子，本以布衣隐于蓬蒿之下，主上嘉其行谊，擢在此位。官以谏为名，诚宜有以奉其职，使四方后代，知朝廷有直言骨鲠之臣[18]，天子有不僭赏，从谏如流之美。庶岩穴之士，闻而慕之，束带结发，愿进于阙下而伸其辞说，致吾君于尧舜，熙鸿号于无穷也[19]。若《书》所谓，则大臣宰相之事，非阳子之所宜行也。且阳子之心，将使君人者恶闻其过乎？是启之也。"

或曰："阳子之不求闻而人闻之，不求用而君用之，不得已而起。守其道而不变，何子过之深也？"愈曰："自古圣人贤士皆非有求于闻用也。闵其时之不平，人之不乂[20]，得其道，不敢独善其身，而必以兼济天下也；孜孜矻矻[21]，死而后已。故禹过家门不入，孔席不暇暖[22]，而墨突不得黔[23]。彼二圣一贤者，岂不知自安佚之为乐哉？诚畏天命而悲人穷也。夫天授人以贤圣才能，岂使自有余而已？诚欲以补其不足者也。耳目之于身也，耳司闻而目司见，听其是非，视其险易，然后身得安焉。圣贤者，时人之耳目也；时人者，圣贤之身也。且阳子之不贤，则将役于贤以奉其上矣。若果贤，则固畏天命而闵人穷也，恶得以自暇逸乎哉？"

或曰："吾闻君子不欲加诸人，而恶讦以为直者[24]。若吾子之论，直则直矣，无乃伤于德而费于辞乎？好尽言以招人过，国武子之所以见杀于齐也[25]，吾子其亦闻乎？"愈曰："君子居其位，则思死其官；未得位，则思修其辞以明其道。我将以明道也，非以为直而加人也。且国武子不能得善人，而好尽言于乱国，是以见杀。《传》曰：'惟善人能受尽言。'谓其闻而能改之也。子告我曰：'阳子可以为有道之士也。'今虽不能及已，阳子将不得为善人乎哉？"

【注释】

①谏议大夫：官名，执掌议论政事，对皇帝进行规劝。阳城：原隐居中条山（今山西南部），贞元四年（788），唐德宗召为谏议大夫。②晋：周时古国名，辖境在今山西大部，河北西南部，河南北部及陕西一角。鄙：边境。③熏：熏陶，影响。④大臣：指李泌。《顺宗实录》载，德宗贞元三年（787）六月，李泌为相，次年举阳城为谏议大夫。⑤本句引文见《易》的《恒》卦："恒其德贞。妇人吉，夫子凶。"意思是说，永远保持一种行为的准则，对妇人来说是好事，对男子来说并不是好事。⑥上九：《周易》每卦有六条爻辞，"上九"和下文的"六二"都是爻的名称。

"不事王侯，高尚其事"是《蛊卦》的上九爻辞，即隐居不仕之意。⑦王臣蹇蹇（jiǎn），匪躬之故：做臣子的不避艰难，辅助国君，是由于他能不顾自身的缘故。蹇蹇：尽忠的样子。匪：通"非"。躬：自身。⑧蹈：践，此处为履行、实行之意。旷：空缺。⑨越、秦：周时两个诸侯国，相隔很远，越在东方，今浙江一带。秦在西北，今陕西一带。⑩下大夫：周时的职级名，列国的国卿。唐制，谏议大夫称为正五品，年俸二百石，秩品相当于古代的下大夫。⑪古之人：这里指孟子，下面引文均出自《孟子·万章下》，但句子有变动。⑫抱关：守关小吏。击柝：夜间敲击铜锣或梆子巡逻的小卒。⑬委吏：古代负责仓库保管、会计事务的小官。⑭乘田：古代负责管理牧场、饲养牲畜的小吏。⑮讪上：这里指诽谤批评皇帝。⑯猷：计划，谋划。⑰后：这里指皇帝。⑱骨鲠：比喻刚直。逆耳的忠言如同鱼骨在喉咙间。⑲熙：光大昌明。鸿号：大名。⑳乂（yì）：治理，安定。㉑孜孜矻矻（zī zī kū kū）勤奋而不辞劳苦貌。㉒孔席不暇暖：出自班固《答宾戏》，意思说孔子奔波劳碌，席子来不及坐暖就又走了。㉓墨突不得黔：出自班固《答宾戏》，意思说墨子为宣传自己的主张而不能在一个地方住几天，烟囱还没有熏黑就又走了。㉔讦：攻击人短处或揭发人隐私。㉕国武子：春秋时齐国大臣，名国佐。好直言，因责备齐灵公母亲与臣下通奸而遭谗被杀。

【译文】

有人向我询问谏议大夫阳城："阳城可以算作有道德的士人吗？他学识渊博，广见多闻，又不追求人们知道他的名声。他履行古人的道德准则，住在晋地的边境。晋地边境的人受他道德熏染陶冶而修行善良的人多达几千之众。大臣听说后就推荐他，皇帝任用他为谏议大夫。人们都认为这是很荣耀的，而阳先生却没有欣喜的表情。他担任这个职务已经五年，看他的品德好像与隐居在野时一样，他哪里会因富贵而改变自己的心志呢？"

我回答说："这就是《周易》里所说的，长期保持着一种德操而不能因事制宜，这对士大夫来说是有危害的。哪里算得上有道德的人呢？《易经·蛊卦》的上九中说：'不追求侍奉王侯，便是高尚的节操。'《周易·蹇卦》的六二爻辞中又这么说：'做臣子的不避艰难直言进谏而尽忠于君主，是由于不顾自身的缘故。'那不就是因为所处的时间场合不一样，所实践的准则也不同吗？就像《蛊卦》的上九爻说的那样，没有处于被任用的地位，而没有表现其奋不顾身的节操；再如《蹇卦》的六二爻说的，处在君王之臣的职位，却把不侍奉王侯的节操当作高尚，那么冒求仕进的祸患便会产生，玩忽职守的指责也会兴起。此种志向不当效法，而且最后将不可避免地获得罪过啊。现在阳先生担任职位的时间不算是不久了；了解国家政治措施的正确与失误，不能算不熟悉了；皇帝对待他，不能说不重视。然而他未曾说过一句关系到国家政治的话。看待朝政的得失，就好像越国人看秦国人的胖瘦一样毫不在意，漠不关心而没有喜悦和忧愁。问他担任什么官职，就说是谏议大夫；问他有多少俸禄，就说是下大夫的品级啊；问他朝政情况，就回答说我不知道。有道德的人，原来应该是这样的吗？况且我听说：有官位职守的人，不能称职就该离去；有进言任务的人，不能提出有益的意见就辞去。现在阳先生认为自己提出有价值的批评意见没有呢？能够提出批评而不提，和不能提出自己的批评建议而不离去，这两种态度没有一种是对的。阳先生是为了俸禄而做官吗？古人说过：'做官不是因为家贫，但有时是因为贫困。'指的是那些为俸禄而做官的人。应该辞去高位而担任低下的职务，放弃富贵而安于贫贱生活，当个守门、巡夜之类的差使就可以了。孔子曾经做过管理粮仓的小吏，又曾做过管理畜牧的贱职，也不敢旷废他的职守，总是说'一定做到会计准确无误才算完成任务'，总是说'让牛羊顺利成长才行'。像阳先生的品级俸禄，不算低下和微薄，那是明明白白的了，可是他的行事却如此，难道可以吗？"

有人说："不，不是这样的。阳先生是憎恶诽谤皇上的人，厌恶那些作为臣下却通过公开揭发他的君主的过失而出名的人。所以，他虽然向皇帝提了意见和建议，却不让别人知道。《尚书》中说：'你有好的计策和谋略，就进去告诉你的君主，你到外面就和大家说：这个计策智谋是我们君主自己的。'阳先生的用意也是像这样的。"

韩愈回答说："假如阳先生的用心是这样的，那他可谓更糊涂了。进去为君主献策，出来又不使别人知道，这是大臣宰相的做法，不是阳先生所应该做的啊。那阳先生，本来以平民身份，隐居在草野之间，皇上赏识他的品行道义，提拔他担任这个职位，官为谏议大夫，他实在应该做出成绩来，奉行自己的职守，使全国各地和子孙后代知道朝廷有直言不讳、刚正不屈的臣子，君主有不滥赏和从谏如流的美名。这就可能使山野间的隐士听到而对此产生美慕之心，束好腰带，绾起发髻，愿意进身到宫门之下陈述他们的言论，使我们的君主成为尧舜那样的圣君，使他们伟大的名声流传千古。像《尚书》所说的，那是大臣宰相的事，不是阳先生所应该做的啊。况且阳先生的想法，将会使君主厌恶听到自己的过失吧？这就是在这方面启发君主啊。"

有人说："阳先生不求出名而别人都知道他，不求任用而君主任用了他。他不得已才出来做官，保持着一贯的操行准则而不改变，为什么您对他责备得如此苛刻呢？"韩愈说："自古以来的圣人贤士，都不是由于追求名望而被任用的，他们怜悯自己所处的时代动荡，民生不安定，有了道德和学问之后，不敢独善其身而一定要经世致用。勤恳努力，终身不懈，到死才罢休。所以大禹在治理洪水时三过家门而不入。孔子周游列国时，连座席也来不及坐暖就又出门了，而墨翟从不安居一地，所住之处灶上烟囱不及熏黑，就又离开了。那两位圣人和一位贤人，难道不懂得自己过安逸生活的快乐吗？实在是敬畏上天的旨意而怜悯人民的穷困啊。上天将圣贤的德才和能力授予这些人，哪里只是让他们自己有余就算了呢？实在是想通过他们来补充别人的不足。耳目对人来说，耳管听，眼管看，听清是非，看明安危，然后身体才能安全。圣人贤人，是世人的耳目；世人，是圣贤的身体。再说阳先生要不是贤人，那就应该被贤人所遣使来侍奉他的君主；如果确实是贤人，本当敬畏上天的意旨，而怜悯百姓的穷困。怎么能够只顾自己的闲适安逸呢？"

有人说："我听说君子不想把自己的意见强加于人，并且憎恶那种把攻击别人当作正直的人。像您的议论，直率是够直率的了，未免有点损害道德并且浪费口舌了吧？喜欢直言不讳地揭发别人的过失，这就是国武子在齐国被杀害的原因啊，您大概也听说过吧？"韩愈说："君子有官位，就应有以身殉职的思想准备。未得到官位，就考虑修饰文辞来阐明他掌握的道理。我是要阐明道理，并不是自以为正直而强迫人家接受自己不要的东西。况且国武子是因为未遇到善良的人，又喜欢在乱国直言不讳，所以被杀。《国语》上说："只有善人才能够无保留地接受批评。"这就是说他听到别人规劝后能改正自己的过失。您告诉我说："阳先生可以算是有道德的人。"阳先生虽现在未能达到，难道他将来不能成为有道德的人吗？"

【评析】

阳城是德宗朝名人，被任命为谏议大夫后颇富时望，然而到任五年基本上保持沉默。于是韩愈写作此文，以阳城为例而讨论"争臣"的职责。文章采用问答的形式。首先由对方发问，提出阳城是"有道之士"，韩愈便对"有道之士"和"争臣"做一番论证。然后对方提出阳城不是不谏议，而是不愿让君主负恶名，故虽有谏诤而外人不知。韩愈再对这一说法进行反驳，韩愈用"大臣宰相者之事，非阳子之所宜行也"一句便将其驳倒。并指出这样做会出现"将使君人者恶闻其过"的后果。有理有据，三问三答，整个论辩设计，确实颇为精彩。如果从主客问答的形式看，有赋的痕迹，而对于阳城的希望和肯定多于批评和指责，尤其是最后一句"今虽不能及已，阳子将不得为善人乎哉"更是充满期待的话语。后来，当德宗要罢免陆贽重用裴延龄时，阳城则冒死抗争，这是中唐时期大是大非的关键事件，阳城表现出刚直不阿的骨鲠精神。有人说是韩愈本文激励所致，恐怕未必。只能说韩愈此文对于阳城的看法有一定道理而已。

后十九日复上宰相书

韩愈

二月十六日①，前乡贡进士韩愈②，谨再拜言相公阁下：

向上书及所著文后③，待命凡十有九日，不得命。恐惧不敢逃遁④，不知所为，乃复敢自纳于不测之诛⑤，以求毕其说，而请命于左右⑥。

愈闻之：蹈水火者之求免于人也⑦，不惟其父兄子弟之慈爱⑧，然后呼而望之也。将有介于其侧者，虽其所憎怨，苟不至乎欲其死者，则将大其声疾呼而望其仁之也⑨。彼介于其侧者，闻其声而见其事，不惟其父兄子弟之慈爱，然后往而全之也⑩。虽有所憎怨，苟不至乎欲其死者，则将狂奔尽气⑪，濡手足⑫，焦毛发⑬，救之而不辞也。若是者何哉？其势诚急而其情诚可悲也⑭。

愈之强学力行有年矣⑮。愚不惟道之险夷⑯，行且不息，以蹈于穷饿之水火，其既危且亟矣，大其声而疾呼矣，阁下其亦闻而见之矣，其将往而全之欤？抑将安而不救欤？有来言于阁下者曰："有观溺于水而爇于火者⑰，有可救之道，而终莫之救也。"阁下且以为仁人乎哉？不然，若愈者，亦君子之所宜动心者也。

或谓愈："子言则然矣，宰相则知子矣，如时不可何？"愈窃谓之不知言者。诚其材能不足当吾贤相之举耳；若所谓时者，固在上位者之为耳，非天之所为也。前五六年时，宰相荐闻⑱，尚有自布衣蒙抽擢者⑲，与今岂异时哉？且今节度、观察使及防御营田诸小使等⑳，尚得自举判官㉑，无间于已仕未仕者；况在宰相，吾君所尊敬者，而曰不可乎？古之进人者，或取于盗㉒，或举于管库㉓。今布衣虽贱，犹足以方乎此。情隘辞蹙㉔，不知所裁，亦惟少垂怜焉。愈再拜。

【注释】

①指唐德宗贞元十一年（795）二月十六日。②乡贡：唐代由州县考试合格后推选出来贡

到尚书省参加进士考试的叫作"乡贡进士"。③向：以前，此指上次、前次。④逃遁：逃走，此指离开不再上书。⑤复：再，又一次。自纳：自己招惹。不测之诛：不可测度的责罚。诛：责备、责罚。⑥左右：写信时对对方的尊称。⑦蹈：践踏，此指遭遇。蹈水火：遭遇到水灾、火灾。免：免除灾害。⑧惟：只，仅仅。⑨疾呼：急速地喊叫。仁：做动词，施以仁爱。⑩往而全之：上前搭救保全他。⑪狂奔尽气：快步奔跑使尽力气。⑫濡（rú）：沾湿。⑬焦：烧焦，被火烧。⑭势：形势、趋势。诚：实在，的确。⑮强学力行：奋发学习，努力实践。有年：多年。⑯惟：想，考虑。险夷：危险和安全。⑰蒸（ruò）：点燃，焚烧。⑱荐闻：向上推荐。闻：奏闻。⑲尚：且。布衣：平民。抽擢（zhuó）：选拔提升，提拔。⑳节度：节度使，掌管边疆地区军务、财政的大臣。观察使：掌管州县官吏政绩、兼管民事的长官。防御：防御使，掌管军事的长官，多由当地刺史兼任。营田：营田使，掌管军队屯垦的官员。前三种职务都有自己用人的权力。㉑判官：节度使、观察使、防御使的属官。㉒《礼记·杂记》记载，管仲曾从盗贼中提拔两人为官。㉓管库：管理仓库的人。《礼记·檀弓》记载，春秋末年晋国的赵文子在管仓库的人中提拔了七十多名人才。㉔隘（ài）：窘迫。蹙（cù）：紧迫、急促。

【译文】

二月十六日，前乡贡进士韩愈，恭敬地再次禀告相公阁下：

前些日我曾呈上一封书信和所作的文章，等候您的指示已经十九天了，没有得到回音。我惶恐不安又不敢离去，不知道怎么办才好。于是我宁愿再次领受意想不到的责备，来要求陈述完我的意见，并向您请教。

我听说，陷入水火之中的人，求人帮忙免除灾难，并不因为那人和自己有父兄子弟一样的慈爱感情，才去呼喊他指望他，而是希望在他旁边的人，即使与自己有怨恨，只要还不至于希望自己死去的，就要大声赶快呼喊，希望他施行仁义。那在他旁边的人，听见他的呼声和看见这种情形，也不会因为和他有父兄子弟一样的慈爱感情才去保全他的生命。即使与他有怨恨，只要还不至于希望他死去的人，就要拼命跑去用尽力气，宁可弄湿手脚，烧焦毛发，救起他而不会躲避。这样做是为什么呢？是因为那情形确实危急而且求救的心情确实叫人可怜。

我努力学习并且身体力行有好些年了。我没有考虑道路的艰险和平坦，一直前行没有停止过，以至于陷于穷困饥饿的水深火热中，那种情形既危险又急迫，我已经大声赶快呼喊了，阁下大概也听见和看见了，您是前来救我呢，还是安稳地坐着不来救呢？有人向您说："有人看见被水淹和被火烧的人，虽然有可以救人的办法却始终没有去救。"阁下您认为他是个仁义君子吗？如果不这样认为，那么像我这样的人，也就是君子应该动心同情的了。

有人对我说："你的话是对的，宰相是了解你的，只是时机不许可，怎么办呢？"我私下认为他这是不知道道理，实在是因为他的才能不值得我们贤明宰相的推荐罢了。至于所说的时机，本来就是处在上层地位的人所造成的，并不是上天安排的。前五六年时，宰相向上推荐，尚且有从平民中提拔的，这和今天难道时机不同吗？况且节度使、观察使和防御使、营田使等地位较低的官员，还能够自己荐举判官，而没有区分他已经做过官还是没有做过官的。何况是宰相，我们君主所尊敬的人，却能说"不可"吗？古时候推荐人才，有的从盗贼中选取，有的从管理仓库的人中推荐。今天我这个平民虽然地位低贱，但还是足够和这些人相比的。我的情况窘迫，言辞急切，不知道怎样斟酌才合适，只希望您稍微能施以爱惜人才的心。韩愈再拜。

【评析】

韩愈进士及第后四年未得官职，其间曾向一些权贵求助无果。于是在贞元十一年（795）正月开始，连续给宰相写三封信，请求举荐。这就是后人长说的"三上宰相书"，这是第二封。韩愈当时生活确实非常窘迫，不是故作可怜状。信中比喻自己处境艰难如同陷于水深火热之中，只要有仁者情怀便一定会伸手救援，比喻生动，试图以此来打动宰相。文章紧扣"势""时"着笔，运用比喻、设问、反驳等手法，将个人想法写得振振有词，跌宕起伏。堂堂正正，委婉中有骨鲠刚正之气。

后廿九日复上宰相书

韩愈

三月十六日，前乡贡进士韩愈，谨再拜言相公阁下。愈闻周公之为辅相，其急于见贤也，方一食三吐其哺①，方一沐三握其发。当是时，天下之贤才皆已举用，奸邪谗佞欺负之徒②，皆已除去，四海皆已无虞③，九夷八蛮之在荒服之外者④，皆已宾贡⑤，天灾时变、昆虫草木之妖⑥，皆已销息⑦，天下之所谓礼、乐、刑、政教化之具，皆已修理，风俗皆已敦厚，动植之物、风雨霜露之所沾被者⑧，皆已得宜，休征嘉瑞⑨，麟凤龟龙之属皆已备至。而周公以圣人之才，凭叔父之亲⑩，其所辅理承化之功⑪，又尽章章如是⑫。其所求进见之士，岂复有贤于周公者哉？不惟不贤于周公而已，岂复有贤于时百执事者哉⑬？岂复有所计议，能补于周公之化者哉？然而周公求之如此其急，惟恐耳目有所不闻见，思虑有所未及，以负成王托周公之意，不得于天下之心。如周公之心，设使其时辅理承化之功未尽章章如是⑭，而非圣人之才，而无叔父之亲，则将不暇食与沐矣，岂特吐哺握发为勤而止哉？维其如是⑮，故于今颂成王之德，而称周公之功不衰。

今阁下为辅相亦近耳⑯。天下之贤才岂尽举用？奸邪谗佞欺负之徒岂尽除去？四海岂尽无虞？九夷、八蛮之在荒服之外者岂尽宾贡？天灾时变、昆虫草木之妖岂尽销息？天下之所谓礼、乐、刑、政教化之具岂尽修理？风俗岂尽敦厚？动植之物、风雨霜露之所沾被者岂尽得宜？休征嘉瑞、麟凤龟龙之属岂尽备至？其所求进见之士，虽不足以希望盛德，至比于百执事，岂尽出其下哉？其所称说，岂尽无所补哉？今虽不能如周公吐哺握发，亦宜引而进之，察其所以而去就之⑰，不宜默默而已也。

愈之待命，四十余日矣。书再上，而志不得通。足三及门，而阍人辞焉⑱。惟其昏愚，不知逃遁⑲，故复有周公之说焉。阁下其亦察之。古之士三月不仕则相吊⑳，故出疆必载质㉑。然所以重于自进者，以其于周不可，则去之鲁，于鲁不可，则去之齐，于齐不可，则去之宋，之郑，之秦，之楚也。今天下一君，四海一国，舍乎此则夷狄矣，去父母之邦矣㉒。故士之行道者，不得于朝，则山林而已矣。山林者，士之所独善自养，而不忧天下者之所能安也。如有忧天下之心，则不能矣。故愈每自进而不知愧焉，书亟上，足数及门，而不知止焉。宁独如此而已惴惴焉，惟不得出大贤之门下是惧。亦惟少垂察焉。渎冒威尊，惶恐无已。愈再拜。

【注释】

①哺：指口中所含的食物。②欺负：欺诈违背。③虞：担忧。④九夷八蛮：九、八为虚数。指蛮荒的各个部落。⑤宾：服从，归顺。贡：进贡。⑥时变：指自然灾害。妖：反常的气候和灾害。⑦销息：消除停止。⑧沾被：浸润覆盖。指都能承受。⑨休征嘉瑞：征、嘉瑞都是指吉兆。⑩叔父之亲：指周公与成王的至亲关系。⑪辅理承化：辅佐、治理、承继、教化。⑫章章

非常显著的样子。⑬百执事：即百官。⑭设使：设、使都是"假设"的意思。⑮维其：正因为，现在通常写作"惟其"。⑯近：指地位接近周公。⑰去就：或去或就。去：使……离开，指不任用。就：就近，指任用。⑱阍人：守门人。⑲逃遁：指脱离世俗而归隐山林。⑳吊：慰问。㉑出疆：出诸侯国疆界。质：通"贽"，礼物。㉒父母之邦：指本国，即父母所在之国。

【译文】

三月十六日，前乡贡进士韩愈恭谨地再拜进言给相公阁下：韩愈听说周公做宰辅时，是多么急于接见贤才啊，吃一顿饭，却三次吐出口中的食物出来迎宾；洗一次头发，即三次握着头发出来见客。这时候，天下的贤才都已提拔重用，邪恶凶顽、图谋不轨、谄媚逢迎、虚伪欺诈的坏人，都已清除。整个天下都已无须担心；处在极边远地方的许多蛮夷部族，都已归顺进贡；天时的灾害变化、昆虫草木的反常现象，都已经销声匿迹。国家的礼乐、刑政这些教化的制度都已建立；社会的风俗都已淳厚朴实；动物、植物，凡属风雨霜露所浸润滋养的一切，都已各得其所；麟、凤、龟、龙之类的美好吉祥的迹象，都已经一一出现。而周公凭着圣人的才能，借助成王叔父这样至亲的关系，他所辅佐治理奉承教化的功绩，又都这样显著。那些请求进见的人，难道再有比周公更贤能的吗？不只不会比周公贤能而已，难道再有比当时的百官更贤能的吗？哪里还能有什么计策、议论能够对周公的教化有所补益呢？可是周公访求他们是这样的急切，只担心自己的耳朵有什么听不见，眼睛有什么看不到之处，自己的思索考虑有什么不周全之处，以致辜负成王托政给周公的深意，得不到天下人心。像周公这样的用心，假使那时辅佐治理奉承教化的功绩没有那样显著，又没有圣人的大才，又没有叔父的至亲关系，那么周公将没有时间去吃饭和洗头了，难道只是止于辛勤地"吐哺握发"吗？正因为他的用心能够这样，所以到现在，人们还念念不忘地歌颂成王的大德，而称赞周公的功绩。

现在阁下作为宰相，身份与周公也相近了。天下的贤才，难道都已经提拔重用了？邪恶凶顽、图谋不轨、谄媚逢迎、虚伪欺诈的坏人，难道都已经清除？整个天下都已经无须担心？处在极边远地方的蛮夷部族，难道都已经归顺进贡？水旱节候的灾害，昆虫草木的反常现象，难道都已经销声匿迹？国家的礼乐、刑政这些教化的制度难道都已建立？动物、植物，凡属风雨霜露所浸润滋养的一切，难道都已经各得其所了？麟、凤、龟、龙之类的美好吉祥的迹象，难道都已经一一出现？那些请求进见的人，虽则不能够期待他有您那样的大德，至于同您手下那些官吏相比，难道全都不如吗？他们所提所说的意见，难道全都对政事毫无补益吗？现在您即使不能像周公那样吐哺握发，也总应该引进、接见他们，考察他们究竟如何而决定用谁不用谁，不应该如此默不作声啊！

韩愈等候回音已四十多天了。上了两次书而心愿不能够表达，三次登门，却被守门人拦住。只因为我糊涂愚顽，不知道逃隐山林，所以又有上述关于周公的一番议论。希望阁下明察！古代的读书人，只要有三个月不做官任职，相互之间就要慰问，所以他们只要走出本国疆界，车子上就一定载着准备随时进用的礼品。然而他们为什么又不肯轻易自己主动要求做官的原因，是因为他们在周不被任用，就可以离开到鲁国去；在鲁不被任用，就离开到齐国去；在齐国不被任用，就离开到宋国去，到郑国去，到秦国去，到楚国去。现在天下只有一个君主，四海之内统一为一个国家，舍弃这里，那就是夷狄了，就离开自己的父母之邦了。所以读书人中间那些想实行自己主张的人，不被朝廷用，就只有入山林当隐士了。隐居山林，只是读书人中那些独善其身、自己顾自己而不忧虑天下的才能安居，如果他有忧天下的心思，就不能了。因此韩愈每次自求进见而不知羞愧，频频上书、多次上门而不知道止步。岂只如此而已，心里经常惶恐不安，唯恐不能够出在您这样的大贤人门下，也望您稍加体察。冒犯了您的威严，内心惶恐不已。韩愈再拜。

【评析】

这是韩愈三上宰相书的第三封。这封信与第二封信自诉困穷、苦求哀怜有很大不同。信中把对待他上书之态度，提到是否重视人才的高度。第一段，连用一系列长短错落的句式排比成文，极力夸张周公的治绩，从而有力烘托周公"吐哺握发"的难能可贵，肯定求贤若渴的正面典范，为后文张本。第二段用基本相同的词语，构成了一连串的反问句式，使今宰相与古周公，两种用心，处处形成尖锐的对照，委婉但有力地批评了今宰相的错误态度。最后一则从古今不同的角度出发，说自己不想退隐的原因是忧国忧民，说明自己反复上书是为一片报国忧天下之心所驱使。全文有感而发，有的放矢，据理直言，言而无忌，情辞激烈。堂堂正正，不卑不亢，从周公"一饭三吐哺，一沐三握发"起笔，排比中有变化，整齐中见错落，颇能反映韩文"如长江大河，浑浩流转"的一贯风格。

与于襄阳书

韩愈

七月三日，将仕郎、守国子四门博士韩愈①，谨奉书尚书阁下。士之能享大名、显当世者，莫不有先达之士、负天下之望者为之前焉②。士之能垂休光照后世者③，亦莫不有后进之士负天下之望者，为之后焉④。莫为之前，虽美而不彰；莫为之后，虽盛而不传⑤。是二人者，未始不相须也⑥，然而千百载乃一相遇焉。岂上之人无可援，下之人无可推欤⑦？何其相须之殷而相遇之疏也⑧？其故在下之人负其能不肯谄其上⑨，上之人负其位不肯顾其下。故高材多戚戚之穷，盛位无赫赫之光⑩。是二人者之所为皆过也。未尝干之⑪，不可谓上无其人；未尝求之，不可谓下无其人。愈之诵此言久矣，未尝敢以闻于人。

侧闻阁下抱不世之才⑫，特立而独行，道方而事实⑬，卷舒不随乎时⑭，文武唯其所用⑮，岂愈所谓其人哉？抑未闻后进之士，有遇知于左右，获礼于门下者⑯，岂求之而未得邪？将志存乎立功，而事专乎报主，虽遇其人，未暇礼邪？何其宜闻而久不闻也？愈虽不才，其自处不敢后于恒人⑰，阁下将求之而未得欤？古人有言："请自隗始⑱。"愈今者惟朝夕刍米仆赁之资是急⑲，不过费阁下一朝之享而足也。如曰："吾志存乎立功，而事专乎报主。虽遇其人，未暇礼焉。"则非愈之所敢知也。世之龊龊者，既不足以语之；磊落奇伟之人，又不能听焉。则信乎命之穷也！

谨献旧所为文一十八首，如赐览观，亦足知其志之所存。

愈恐惧再拜。

【注释】

①贞元十八年（802）春，韩愈为四门博士。国子，即国子监，唐代最高学府，下分七馆：国子、太学、广文、四门、律、书、算。四门博士：四门馆教授。将仕郎：官阶，唐属从九品。守：任的意思。②负：担负，拥有。③休光：盛美的光辉，光华。④后进之士：后通显的人。为之后焉：做他们的歌颂者。⑤虽盛而不传：即使成就卓越却不会流传。⑥是二人：这两种人。相须：相待。这里是互相依赖的意思。⑦援：攀援。推：推举。⑧殷：多、盛。这里引申作密切解。相遇：互相遇合。⑨负：仗恃。谄：讨好。⑩戚戚：忧虑的样子。赫赫：威显的样子。⑪干之：求他。

干：干谒。⑫侧闻：从旁边听说，表示谦恭。⑬道方而事实：道德方正而工作讲求实际。⑭卷舒：卷缩舒展，这里是进退的意思。⑮文武：具有文、武的才能的人。唯其所用：只供您来使用。其，你，第二人称。⑯遇知：受到赏识。获礼：得到尊敬。⑰恒：平常，普通。⑱隗（wěi）：郭隗，战国时燕国人。燕昭王招贤纳士，欲报齐国之仇，往见郭隗，郭隗说："今王欲致士，先从隗始，隗且见事，况贤于隗者乎？"⑲刍（chú）：喂牲口的草。

【译文】

七月三日，将仕郎、守国子四门博士韩愈，恭敬地把信呈给尚书阁下：读书人能够享有大名声，显扬于当代，没有哪一个不是由在天下有名望、地位显达的前辈替他引荐的。读书人能够把他的美好德行流传下来而照耀后代的，也没有哪一个不是靠在天下有名望的后辈给他做继承人的。没有人给他引荐，即使有美好的才华也不会显扬；没有人做继承人，即使有很好的功业、德行也不会流传。这两种人，未曾不是相互需要的。然而千百年才相逢一次。难道是居上位的人中没有可以攀援的人，居下位的人中没有值得举荐的人吗？为什么他们互相需要那样般切而相逢的机会却那样少呢？其原因在于居于下位的人倚仗自己的才华不肯巴结地位高的人请求引荐，居于上位的人倚仗自己的地位不肯照顾地位低的人。所以才学很高的人很多都为不得志而忧愁，地位高的人也没有显耀的声誉。这两种人的行为都是错误的。没有去求取，就不能说上面没有引荐人；没有向下寻找，就不能说下面没有可以举荐的人。我思考这句话已经很久了，没有敢把这句话说给别人听。

我从旁听说阁下具有非凡的才能，不随波逐流而有独到的见识，行为方正做事实际，进退有度不随流俗，文武官员能量才任用。难道您就是我所说的那种人吗？然而没有听说过后辈有得到您的赏识和礼遇的，难道是您寻求而没能得到吗？还是您志在建功立业，而办事一心想报答君主，虽然遇到可以推荐的人才，也没有空闲来以礼相待呢？为什么应该听到您推荐人才的事却久久没有听到呢？我虽然没有才能，但要求自己却不敢落后于一般人。阁下将要寻求的人才还没能找到吗？古人说过："请从我郭隗开始。"我现在只为早晚的柴米和雇仆人的费用着急，这些不过费阁下一顿早饭的费用就足够了。如果您说："我志在建功立业，办事一心想报答君主，虽然遇到了可以推荐的人才，还没有空闲来以礼相待。"那就不是我敢去知道的了。世间那些拘谨小心的人，既不足以向他们告诉这些话，而胸怀坦白、才识卓越的人，又不能听取我的话。那么就真的是我的命运很坏了！

恭敬地呈上我以前作的文章十八篇，如蒙您过目，也足以了解我的志向所在。

韩愈诚惶诚恐，再拜。

【评析】

韩愈善于说理，开篇便用"先达之士"应与"后进之士"相互需要的道理为后文铺垫，接着提出自己便是这样需要提拔的"后进之士"，"愈今者惟朝夕刍米仆赁之资是急，不过费阁下一朝之享而足也"，话说得明白透彻，而且很能打动人心。吴楚材、吴调侯评说："通篇措辞立意，不卑不亢，文情绝妙。"

与陈给事书

韩愈

愈再拜。愈之获见于阁下有年矣①，始者亦尝辱一言之誉②。贫贱也，衣食于奔走，不得朝夕继见。其后阁下位益尊，伺候于门墙者日益进。夫位益尊，则贱者日隔。伺候于门墙者日益进，则爱博而情不专。愈也道不加修，而文日益有名。夫道不加修，则贤者不与，文日益有名，则同进者忌。始之以日隔之疏，加之以不专之望③，以不与者之心，而听忌者之说，由是阁下之庭无愈之迹矣。

去年春，亦尝一进谒于左右矣④。温乎其容，若加其新也。属乎其言，若闵其穷也。退而喜也，以告于人。其后如东京取妻子，又不得朝夕继见。及其还也，亦尝一进谒于左右矣。邈乎其容，若不察其愚也，悄乎其言，若不接其情也。退而惧也，不敢复进。

今则释然悟，翻然悔曰⑤：其邈也，乃所以怒其来之不继也。其悄也，乃所以示其意也。不敏之诛，无所逃避。不敢遂进，辄自疏其所以，并献近所为《复志赋》以下十首为一卷，卷有标轴⑥。《送孟郊序》一首，生纸写⑦，不加装饰，皆有揩字、注字处⑧，急于自解而谢，不能俟更写。阁下取其意，而略其礼可也。愈恐惧再拜。

①阁下：古代本为对尊显者的敬称，后泛用作对人的敬称。②辱：自谦之词。③不专之望：指对方对自己的期望不能专一。④左右：对对方的敬称。不直称对方，而称其左右的执事者，以表尊敬。⑤释然：领悟貌。翻然：迅速变动貌。⑥标轴：上面作有标记的卷轴。古代把用纸或帛写的书做成卷子，中心安轴，一卷即为一轴。⑦生纸：未经煮捶或涂蜡的纸。唐代书写纸有生纸、熟纸两种。⑧揩字：涂改字。揩：抹，擦拭。注字：添注字。

【译文】

韩愈再次敬礼。我得以拜见阁下已有好多年了，开始也曾经蒙得您的赞誉。因为贫贱，为了衣食而奔走四方，不能够经常不断地拜望您。这以后阁下的地位越来越高，依附奉承您的人越来越多，地位日益尊贵，贫贱的人便日益隔膜；依附奉承您的人日益增多，您所爱重的人多而感情也就不专注了。我呢，在道义的修养上没有什么进步，而文章越来越有名。道义没有进步，贤德的人不愿和我交往；文章日益有名，同类的人就要嫉妒。于是开头因为日益隔膜疏远，后来又加上您的期望不能专注，以您不愿与我交往的心思，而听信那嫉妒人的谗言，由此阁下的门庭之中，就再也不见我的踪迹了。

去年春天，我也曾去拜访过您一次。您面色温和，好像接待初次见面的朋友，言语殷切热情，像是同情我落魄失意的处境。从您那儿出来，心里很高兴，并把这种情形告诉他人。那以后，我便到洛阳去搬取家眷了，又不能天天不断拜访您。等到从洛阳回来，也曾经又去拜见阁下一次。您的态度冷淡，好像不体察我的心思，默默无言，好像不理解我的衷情。我回去之后心中不安。不敢再去拜望您了。

如今我一下子明白了，忽然间悔悟道：您态度冷淡，是生气我不能连续去拜访，话很少，是表达这种意思。我不聪明，反应迟钝的毛病，不敢逃避。我不敢马上就去拜见您，则写此信解释一下所以如此的原因，并呈献最近写作的《复志赋》以下十篇为一卷，卷上有标志的图轴。《送孟郊序》一篇，是用生纸写的，也没有装裱，都有涂改加注的地方。因为急于自己解释并道歉，不能等着重新抄写。请您可以取我的心意而略去我失礼的地方。韩愈诚惶诚恐再次敬礼。

【评析】

通篇围绕"见"字写来，上半篇从见说到不见，又说到不见的原因，下半篇从不见说到见，并说两次见面冷暖不同的情景。好像通幽曲径，峰回路转；如柳暗花明，若断若续。如吴楚材、吴调侯所说："一路顿挫跌宕，波澜层叠，姿态横生，笔笔入妙。"而信中处处自贬自责，总在解释和检讨之中，体现其诚惶诚恐的心态；同时在字里行间又微微透露出其不甘低眉伏首的慷慨情态。这是韩愈此类文章的一贯风格。全文整饬谨严，委婉动情。

应科目时与人书

韩愈

月日，愈再拜：天地之滨，大江之濆①，日有怪物焉，盖非常鳞凡介之品汇匹俦也②。其得水，变化风雨，上下于天不难也。其不及水，盖寻常尺寸之间耳，无高山大陵旷途绝险为之关隔也，然其穷涸，不能自致乎水，为獱獭之笑者③，盖十八九矣。如有力者，哀其穷而运转之，盖一举手一投足之劳也。然是物也，负其异于众也，且曰："烂死于沙泥，吾宁乐之；若俯首帖耳，摇尾而乞怜者，非我之志也。"是以有力者遇之，熟视之若无睹也。其死其生，固不可知也。

今又有有力者当其前矣，聊试仰首一鸣号焉，庸讵知有力者④，不哀其穷而忘一举手、一投足之劳，而转之清波乎？其哀之，命也；其不哀之，命也；知其在命，而且鸣号之者，亦命也。

愈今者，实有类于是，是以忘其疏愚之罪，而有是说焉。阁下其亦怜察之。

【注释】

①濆（fén）：水边。②常鳞凡介：一般的鱼类、贝类。比喻平凡的人。品汇匹俦：指同一类东西。③獱（biān）獭：水獭，半水栖动物。④庸讵：岂，怎么，何以。

【译文】

某月某日，韩愈再拜：天池的边上，大江的水边，传说有怪物存在，大概不是平常鱼类水兽等动物可以比得上的。它得了水，就能呼风唤雨，上天下地都很容易。

如果得不到水，也就是寻常所见的那种形状，不用广阔险峻的高山土丘就能把它困住。然而它在没有水的时候，不能自己到水中去。它们十次有八九次被猵獭之流所嘲笑。如果碰到有力量的人，可怜它们的窘境而把它们运输转移到水中，也只不过是一举手一投足之劳。但是这种怪物，报负和一般东西不同，它会说："就算烂死在沙泥里，我也高兴。如果俯首帖耳，摇尾乞怜，那不是我的性格和志向。"因此有能力帮它的人遇到他们，熟视无睹，就像没看见一般。他的死活，我们也无从知道了。

如今有一个有能力的人走到它的面前，姑且试着抬头鸣叫一声，怎么就知道有能力的人不可怜它的窘境，而忘记了举手投足之劳，把它转移到清水里呢？别人可怜它，是它的命。别人不可怜它，也是它的命。知道生死有命还鸣号求助的，也是它的命。

我如今确实有点类似于它，所以不顾自己的浅陋，而写下这些话，希望阁下您垂怜并理解我！

【评析】

本文是韩愈在贞元九年（793）参加博学宏词科考试前写给权贵名流的信，属于干谒请托之辞，很难执笔，但韩愈完全用比兴手法，又有战国策士之风，还杂有滑稽列传之味道，将自己比拟成暂时受困之神物，只要有人稍微援手便可直上云霄。大气磅礴。"烂死于沙泥，吾宁乐之；若俯首帖耳，摇尾而乞怜者，非我之志也。"是其自我表白，充满正气，故不卑不亢，是韩文公此类书信之共同气质，有士人骨气在。曾国藩说："其意态恢诡瑰玮，盖本诸滑稽传。干泽之文如是，乃为轩昂。"

送孟东野序

韩愈

大凡物不得其平则鸣①：草木之无声，风挠之鸣。水之无声，风荡之鸣。其跃也，或激之②；其趋也，或梗之；其沸也，或炙之。金石之无声，或击之鸣。人之于言也亦然，有不得已者而后言。其歌也有思，其哭也有怀，凡出乎口而为声者，其皆有弗平者乎！

乐也者，郁于中而泄于外者也，择其善鸣者而假之鸣③。金、石、丝、竹、匏、土、革、木八者^④，物之善鸣者也。维天之于时也亦然，择其善鸣者而假之鸣。是故以鸟鸣春，以雷鸣夏，以虫鸣秋，以风鸣冬。四时之相推敚，其必有不得其平者乎？

其于人也亦然。人声之精者为言，文辞之于言，又其精也，尤择其善鸣者而假之鸣。其在唐、虞^⑤，咎陶^⑥、禹^⑦，其善鸣者也，而假以鸣，夔弗能以文辞鸣^⑧，又自假于《韶》以鸣^⑨。夏之时，五子以其歌鸣^⑩。伊尹鸣殷^⑪，周公鸣周^⑫。凡载于《诗》《书》六艺^⑬，皆鸣之善者也。周之衰，孔子之徒鸣之，其声大而远。传曰："天将以夫子为木铎^⑭。"其弗信矣乎！其末也，庄周以其荒唐之辞鸣^⑮。楚，大国也，其亡也，以屈原鸣^⑯。臧孙辰^⑰、孟轲^⑱、荀卿^⑲，以道鸣者也。杨朱^⑳、墨翟^㉑、管夷吾^㉒、晏婴^㉓、老聃^㉔、申不害^㉕、韩非^㉖、慎到^㉗、田骈^㉘、邹衍^㉙、尸佼^㉚、孙武^㉛、张仪^㉜、苏秦之属^㉝，皆以其术鸣。秦之兴，李斯鸣之^㉞。汉之时，司马迁^㉟、相如^㊱、扬雄^㊲，最其善鸣者也。其下魏晋氏，鸣者不及于古，然亦未尝绝也。就其善者，其声清以浮，其节数以急^㊳，其辞淫以哀，其志弛以肆；其为言也，乱杂而无章。将天丑其德莫之顾邪？何为乎不鸣其善鸣者也！

唐之有天下，陈子昂^㊴、苏源明^㊵、元结^㊶、李白^㊷、杜甫^㊸、李观^㊹，皆以其所能鸣。其存而在下者，孟郊东野始以其诗鸣。其高出魏晋，不懈而及于古，其他浸淫乎汉氏矣。从吾游者，李翱^㊺、张籍其尤也^㊻。三子者之鸣信善矣。抑不知天将和其声，而使鸣国家之盛邪，抑将穷饿其身，思愁其心肠，而使自鸣其不幸邪？三子者之命，则悬乎天矣。其在上也奚以喜，其在下也奚以悲！东野之役于江南也^㊼，有若不释然者，故吾道其命于天者以解之。

【注释】

①平：指平静，公平。②激：阻遏水势。《孟子·告子上》："今夫水，搏而跃之，可使过颡；激而行之，可使在山。"后世也用以称石堰之类的挡水建筑物为激。③假：借助。④金、石、丝、竹、匏（páo）、土、革、木：我国古代用这八种质料制成的各类乐器的总称，也称"八音"。⑤唐、虞：尧帝国号为唐，舜帝国号为虞。即常称唐尧虞舜。⑥咎陶（gāo yáo）：也作咎繇、皋陶。传说为舜之臣，主管刑狱之事。《尚书》有《皋陶谟》。⑦禹：夏朝开国君主。传说治洪水有功，舜让位于他。《尚书》有《大禹谟》《禹贡》。⑧夔（kuí）：传说是舜时的乐官。⑨《韶》：舜时乐曲名。⑩五子：夏王太康的五个弟弟。太康耽于游乐而失国，五子作歌告诫。《尚书》载有《五

子之歌），系伪托。⑪伊尹：名挚：殷汤时的宰相，曾佐汤伐桀。《尚书》载有他所作《咸有一德》《伊训》《太甲》等文。⑫周公：名旦，武王之弟。辅佐武王伐纣灭商，建立周王朝。后又辅佐幼主成王，曾代行政事，制礼作乐。《尚书》载有他《金滕》《大诰》等多篇文章。⑬六艺：汉以后对《诗经》《尚书》《易》《礼》《乐》《春秋》六种儒家经典的统称。⑭天将以夫子为木铎：语出《论语·八佾》。木铎，木舌的铃。古代发布政策教令时，先摇木铎以引起人们注意。后遂以木铎比喻宣扬教化的人。⑮庄周：即庄子，战国时宋国蒙人，道家学说的代表人物。荒唐：漫无边际，荒诞不经。⑯屈原：名平，字原；又名正则，字灵均。战国时楚国贵族。楚怀王时任左徒、三闾大夫，后遭谗被贬。楚顷襄王时，国事日非，屈原投汨罗江自尽。著有《离骚》等诗篇。⑰臧孙辰：即春秋时鲁国大夫臧文仲。《左传》《国语·鲁语》载有他的言论。⑱孟轲：即孟子。战国时邹（今山东邹县）人，是继孔子后最著名的儒学大师。著有《孟子》。⑲荀卿：即荀子。战国时赵人，儒家学者，著有《荀子》。⑳杨朱：字子居，战国时魏人。其说重在为我爱己，拔一毛以利天下不为。㉑墨翟：即墨子。春秋、战国之际宋国人。墨家学说的创始者，主张兼爱、非攻、尚贤等。㉒管夷吾：字仲，春秋时齐国人，辅佐齐桓公称霸。后人辑有《管子》一书。㉓晏婴：即晏子。字平仲，春秋时齐景公贤相，以节俭力行，显名诸侯。其言行见于《晏子春秋》。㉔老聃：即老子。春秋、战国时楚国人。道家学说的始祖，相传五千言《老子》即其所作。㉕申不害：战国时郑国人。韩昭侯时为相十五年，国治兵强。其说本于黄老而主刑名。㉖韩非：战国时韩国公子，后出使入秦为李斯所杀。著名法家代表，其说见《韩非子》。㉗慎到：战国时赵国人，著有《慎子》。㉘田骈：战国时齐国人。著《田子》二十五篇，今已佚。㉙邹衍：战国时齐国人，阴阳家的代表人物，时称“谈天衍”。㉚尸佼：战国时晋国人，著有《尸子》，《汉书·艺文志》将其列入杂家。㉛孙武：即孙子。春秋时齐国人。著名军事家，著有《孙子兵法》。㉜张仪：战国时魏国人，纵横家的代表人物。㉝苏秦：战国时东周洛阳人，著名纵横家。㉞李斯：战国时楚国人。秦始皇时任廷尉、丞相。有《谏逐客书》。㉟司马迁：字子长。西汉夏阳人。著名史学家，著有《史记》。㊱相如：司马相如，字长卿，西汉成都人。著名辞赋家，著有《子虚赋》《上林赋》等。㊲扬雄：字子云，西汉成都人。辞赋家，著有《甘泉赋》《羽猎赋》《长杨赋》等，又有《太玄》《法言》等专著。㊳节数（shuò）：节奏短促。㊴陈子昂：字伯玉，梓州射洪人。初唐著名诗人，提出诗文革新主张。㊵苏源明：字弱夫，武功人，天宝进士。㊶元结：字次山，河南洛阳人。有《元次山文集》。㊷李白：字太白，有《李太白集》。㊸杜甫：字子美，有《杜工部集》。㊹李观：字元宾，赵州赞皇人。贞元八年（792）与韩愈同登进士第。擅长散文，有《李元宾文集》。㊺李翱：字习之，陇西成纪人。他是韩愈的学生和侄女婿。有《李文公集》。㊻张籍：字文昌，吴郡人。善作乐府诗，有《张司业集》。㊼役于江南：指赴溧阳就任县尉。唐代溧阳县属江南道。

【译文】

一般说来各种事物处在不平静的时候就会发出声音：草木本来没有声音，风摇动它就发出声响。水本来没有声音，风震荡它就发出声响。水浪腾涌，或是有东西在阻遏水势；水流湍急，或是有东西阻塞了水道；水花沸腾，或是有火在烧煮它。金属石器本来没有声音，有人敲击它就发出音响。人的语言也同样如此，往往到了不得不说的时候才发言。人们唱歌是为了寄托情思，人们哭泣是因为有所怀恋，凡是从口中发出而成为声音的，大概都有其不能平静的原因吧！

音乐，是人们心中郁闷而抒发出来的心声，人们选择最适合发音的东西来奏乐。金、石、丝、竹、匏、土、革、木这八种乐器，是各类物质中发音最好的。上天对于一年四季也是这样，选择最善于发声的事物借它来发声。因此春天让百鸟啁啾，夏天让雷霆轰鸣，秋天让虫声唧唧，冬天让寒风呼啸。一年四季互相推移变化，也一定有其不能平静的原因吧。

对于人来说也是这样。人类声音的精华是语言，文辞对于语言来说，又是它的精华，所以尤其要选择善于表达的人，依靠他们来表达意见。在唐尧、虞舜时，咎陶、禹是最善于表达的，因而借助他俩来表达。夔不能用文辞来表达，他就借演奏《韶》乐来表达。夏朝时，太康的五个弟弟用他们歌声来表达。殷朝善于表达的是伊尹，周朝善于表达的是周公。凡是记载在《诗经》《尚书》等儒家六种经典上的诗文，都是表达得很高明的。周朝衰落时，孔子和他的弟子表达看法，他们的声音洪大而传播遥远。《论语》上说："上天将使孔子成为宣扬教化的人。"这难道不是真的吗？周朝末年，庄周用他那荒诞不经的文辞来表达。楚国是大国，它灭亡时候的情景靠着屈原的创作来表达。臧孙辰、孟轲、荀卿等人用他们的学说来表达。杨朱、墨翟、管夷吾、晏婴、老聃、申不害、韩非、慎到、田骈、邹衍、尸佼、孙武、张仪、苏秦这些人，都通过各自的主张来表达。秦朝的兴起，李斯是表达者。在汉朝，司马迁、司马相如、扬雄，是其中最善于表达的人。此后的魏朝、晋朝，能表达的人及不上古代，可是也并未绝迹。就其比较好的人来说，他们作品的声音清轻而虚浮，节奏短促而急迫，辞藻艳丽而伤感，志趣颓废而放旷；他们的文辞，杂乱而没有章法。这大概是上天厌弃这个时代的丑德败行而不愿照顾他们吧？为什么不让那些善于表达的人出来表达呢？

唐朝建立以后，陈子昂、苏源明、元结、李白、杜甫、李观，都凭他们的出众才华来表达心声。其后还活着的人当中，孟郊开始用他的诗歌来表达感情。这些作品超过了魏晋，有些经过不懈的努力已达到了上古诗作的水平。其他作品也都接近了汉朝的水准。同我交往的人中间，李翱、张籍大概是最引人注目的。他们三位的文辞表达确实是很好的。但不知道上天将应和他们的声音，使他们作品表达国家的强盛呢，还是将让他们贫穷饥饿、愁肠百结，使他们作品表达自身的不幸遭遇呢？他们三位的命运，就掌握在上天的手里了。身居高位有什么可喜的，身沉下僚有什么可悲的！东野将到江南地区去就任县尉，心里好像有想不开的地方，所以我讲这番命由天定的话来解开他心中的纠结。

【评析】

韩愈好友孟郊屡试不第，四十六岁才中进士，五十岁时被授为溧阳县尉。怀才不遇，心情抑郁。上任之际，韩愈写此文加以赞扬和宽慰。文章运用比兴手法，从物不平则鸣，写到人不平则鸣。全序仅篇末少量笔墨直接点到孟郊，其他内容都凭空结撰，出人意外，但又紧紧围绕孟郊其人其事而设，言在彼而意在此，因而并不显得空疏游离，体现了布局谋篇上的独到造诣。本文是韩愈表现其文艺思想的重要篇章，"不平则鸣"已被后世经常运用。历数各个朝代善鸣者时，句式极尽错综变化之能事，清人刘大櫆评为"雄奇创辟，横绝古今"。

送李愿归盘谷序

韩愈

太行之阳有盘谷①：盘谷之间。泉甘而土肥，草木藂茂，居民鲜少。或曰："谓其环两山之间，故曰盘。"或曰："是谷也，宅幽而势阻②，隐者之所盘旋。"友人李愿居之。

愿之言曰："人之称大丈夫者，我知之矣：利泽施于人，名声昭于时，坐于庙朝③，进退百官，而佐天子出令。其在外，则树旗旄④，罗弓矢，武夫前呵，从者塞途，供给之人，各执其物，夹道而疾驰。喜有赏，怒有刑。才畯满前⑤，道古今而誉盛德，入耳而不烦。曲眉丰颊，清声而便体⑥，秀外而惠中，飘轻裾，翳长袖，粉白黛绿者，列屋而闲居，妒宠而负恃⑦，争妍而取怜。大丈夫之遇知于天子，用力于当世者之所为也。吾非恶此而逃之，是有命焉，不可幸而致也。

"穷居而野处，升高而望远，坐茂树以终日，濯清泉以自洁。采于山，美可茹；钓于水，鲜可食。起居无时，惟适之安。与其有誉于前，孰若无毁于其后；与其有乐于身，孰若无忧于其心。车服不维⑧，刀锯不加⑨；理乱不知，黜陟不闻。大丈夫不遇于时者之所为也，我则行之。

"伺候于公卿之门，奔走于形势之途⑩；足将进而趑趄⑪，口将言而嗫嚅⑫，处秽污而不羞，触刑辟而诛戮⑬，侥幸于万一，老死而后止者，其于为人贤不肖何如也！"

昌黎韩愈，闻其言而壮之，与之酒而为之歌曰：

盘之中，维子之宫。盘之土，可以稼。盘之泉，可濯可沿⑭；盘之阻，谁争子所！窈而深，廓其有容⑮；缭而曲，如往而复。嗟盘之乐兮，乐且无央⑯；虎豹远迹兮，蛟龙遁藏；鬼神守护兮，呵禁不祥；饮且食兮寿而康，无不足兮奚所望！膏吾车兮秣吾马⑰，从子于盘兮，终吾生以徜徉⑱。

【注释】

①盘谷：在太行山南麓，今河南省济源市城区北十二公里处。②宅幽：地势幽静。势阻：山势险阻。③坐于庙朝：坐在宗庙和朝堂之上，指执政大臣。庙：帝王宗庙。朝：朝廷。④树旗旄：树立大旗，是地方大吏权力的标志。⑤才畯：人才和俊杰。畯：通"俊"。⑥便（pián）体：体态优美轻盈。⑦妒宠：嫉妒争宠。负恃：自负仗恃自己的美貌。⑧车服不维：没有车马和服饰的限制。古代官员的车马配备和服饰有严格规定。⑨刀锯：指刑罚。⑩形势之途：追求名利的道路。⑪趑趄（zī jū）：踌躇犹豫，欲进不进，不进还想进。⑫嗫嚅（niè rú）：要说不说，吞吞吐吐貌。⑬刑辟：刑法。诛戮：被杀戮。⑭濯：洗涤。沿：沿着泉水散步。⑮窈而深：悠远而深邃。廓：宽阔。⑯无央：没有尽头。⑰膏吾车：给我的车上膏油。车轴上要上膏油，起润滑作用。秣吾马：喂好我的马。⑱徜徉：自由自在貌。

【译文】

太行山的南面有个盘谷。盘谷中间，泉水甘甜，土地肥沃，草木繁茂，人烟稀少。有人说："因为这山谷环绕在两山之间，所以称作'盘'。"也有人说："这个山谷，位置幽僻而地势阻塞，是隐者盘桓逗留的地方。"我的朋友李愿就住在这里。

李愿说："人们称为大丈夫的人，我是了解的。他们把利益恩惠施给别人，名声显扬于当世，在朝廷上参与政事，任免百官，辅佐皇帝发号施令。他们到了朝廷外面，便树起旗帜，陈设弓箭，武夫在前面呼喝，侍从塞满道路，负责供给的仆役各自拿着物品，在路的两边飞快奔跑。他们高兴时就赏赐，发怒时就处罚。他们跟前聚集着很多才能出众的人，论古说今，赞扬他们的美德，这些话叫人听在耳中而不感到厌烦。那些眉毛弯弯，面颊丰腴，声音清脆，体态美好，外貌秀丽，资质聪慧，起舞时轻薄的衣襟飘然而动，长长的衣袖遮掩面容，白粉搭脸、青黛画眉的女子，在一排排后房中清闲地住着，自恃貌美，忌妒别的姬妾得到宠爱；争着比美，一心要获取主人的怜爱。这就是受到皇帝知遇，掌握了很大权力的大丈夫的所作所为啊！我并非厌恶这些而躲开的，只是命中注定而不能侥幸得到啊！

"穷困家居，住在山野，登上高处眺望远方，坐在繁茂的树下整日悠然，在清澈的泉水里洗涤，保持自身的洁净。从山上采来的果子，甜美可食；从水中钓来的鱼虾，鲜嫩可口。日常作息没有定时，只要感到舒适就好。与其当世受到赞誉，不如后世不受诋毁；与其肉体享受安乐，不如心中没有忧虑。既不受官职的约束，也不受刑罚的惩处；既不问天下的治乱，也不管官吏的升降。这些都是遭遇不好、不行时不得志之人的所作所为，我就这样去做。

"侍候在达官贵人的门下，在通往地位权势的路上奔走，想要举脚进门却抬脚又停下，想要开口说话却要说又不说。处于污浊低下的地位而不知羞耻，触犯了刑法而受到诛杀。希冀侥幸于万一的机会，直到老死才肯罢休。这样的人到底是好呢，还是不好呢？"

昌黎韩愈听了李愿的话，称赞他讲得有气魄。给他斟上酒，并为他作一首歌：

盘谷之中，是你的房屋。盘谷的土地，可以播种五谷。盘谷的泉水，可以用来洗涤，可以沿着它去散步。盘谷地势险要偏僻，谁会来争夺你的住所？谷中幽远深邃，天地广阔足以容身；山谷回环曲折，像是走过去而又回到原处。啊！盘谷中的快乐啊，快乐无穷。虎豹远离这儿啊，蛟龙逃避躲藏。鬼神守卫保护啊，呵斥禁绝不祥。有吃有喝啊长寿而健康，没有不满足的事啊，还有什么奢望？用油抹上我的车轴啊，用粮草喂我的马，随着你到盘谷啊，终生在那里优游徜徉。

【评析】

　　李愿是韩愈好友，生平不详。唐德宗贞元十七年（801）冬，韩愈在长安等候调官，因仕途不顺，心情抑郁，故借李愿归隐盘谷事，吐露心中郁抑不平之情。首段叙述盘谷环境之美及得名由来。然后借李愿之口，运用两宾夹一主手法，描绘出志得意满者、穷居野处者、投机钻营者三种人。通过对比，辛辣讽刺了当政者作威作福的丑态，而对卑躬屈膝、攀附权贵之徒予以嘲讽，认为隐居者可贵可羡，一吐胸中的不平之气。末段"歌曰"以下就是赠诗。歌辞极言隐居之乐，立意深刻而善藏不露，句式偶俪而富于变化，流畅生动，和谐可诵，有一唱三叹的情致。欧阳修激赏此文，说："平生愿效此作一篇，每执笔辄罢，因自笑曰：不若且放，教退之独步。"

送董邵南序

韩愈

　　燕赵古称多感慨悲歌之士①。董生举进士②，连不得志于有司③，怀抱利器④，郁郁适兹土⑤。吾知其必有合也⑥。董生勉乎哉！

　　夫以子之不遇时，苟慕义强仁者皆爱惜焉⑦，矧燕赵之士出乎其性者哉⑧！然吾尝闻风俗与化移易，吾恶知其今不异于古所云邪⑨？聊以吾子之行卜之也⑩。董生勉乎哉！

　　吾因之有所感矣。为我吊望诸君之墓⑪，而观于其市⑫，复有昔时屠狗者乎⑬？为我谢曰⑭："明天子在上，可以出而仕矣。"

【注释】

　　①燕赵：战国时诸侯国名，均在北方。感慨悲歌：即所谓豪侠之士。②董生：即董邵南，唐寿州安丰（今安徽省寿县）人。③有司：指主管部门，即礼部。④利器：本义是锐利的兵器，此处引申为卓越的才能。⑤郁郁：心情郁闷忧伤。适兹土：到这地方去。⑥有合：有遇合。⑦慕义强仁：追求羡慕仁义并努力推行。⑧矧（shěn）：何况。⑨"吾恶知"句：意为又怎么知道那里现在的风气和古代没有差别呢。⑩卜：本义是占卜，此处引申为观察。⑪望诸君：即战国时名将乐毅，曾辅佐燕昭王大败齐国。⑫市：泛指市井之处。⑬屠狗者：荆轲之好友高渐离便是屠狗者。此处泛指豪侠之士而隐居于市井之中者。⑭谢：致意。

【译文】

　　自古就说燕、赵一带有很多慷慨激昂的豪侠义士。董生考进士，接连几次未被主考官录取，怀抱杰出的才能，心情抑郁地要到那个地方去。我知道董生此行一定会有所遇合，董生，努力吧！

　　像你这样不遇于时，如果是仰慕而勉力实行仁义的人，都会同情怜惜你的。何况燕、赵一带的豪侠之士奉行仁义是出于他们的本性呢！然而，我曾听说风俗是随着教化而改变的，我又怎么知道现在和古时候所说的没有什么两样呢？姑且以你此行去证实吧。董生，努力吧！

　　我因为你的此行而产生了一些感想。请你为我到望诸君乐毅的墓上去凭吊一番，并且到那里的街市上看看，还有过去屠狗者一类的豪侠义士吗？替我向他们殷勤致意："圣明天子在上执政，可以出来任职效忠了！"

【评析】

　　韩愈立身忠于朝廷，反对藩镇割据。董邵南要游河北，实际是寻找入幕机会。韩愈内心不同意，但董生又连续落第而无出路，韩愈深知其窘迫，故不能明确表示态度，于是写作此文。送之正是为了留之，始言"必有合"，继言"恐未必合"，终言请寻找那里的志士来效忠朝廷。不必前往之意也在其中。百十余字，竟有无限开合，无尽波澜。微情妙旨，含蓄曲折之至。

送杨少尹序

韩愈

　　昔疏广、受二子①，以年老，一朝辞位而去。于是公卿设供张②，祖道都门外，车数百辆。道路观者，多叹息泣下，共言其贤。汉史既传其事③，而后世工画者，又图其迹，至今照人耳目，赫赫若前日事。

　　国子司业杨君巨源④，方以能诗训后进，一旦以年满七十，亦白丞相去归其乡。世常说古今人不相及，今杨与二疏，其意岂异也？予忝在公卿后，遇病不能出，不知杨侯去时，城门外送者几人，车几辆，马几匹，道旁观者，亦有叹息知其为贤与否。而太史氏又能张大其事为传，继二疏踪迹否，不落莫否。见今世无工画者，而画与不画，固不论也。然吾闻杨侯之去，丞相有爱而惜之者，白以为其都少尹⑤，不绝其禄。又为歌诗以劝之，京师之长于诗者，亦属而和之。又不知当时二疏之去，有是事否。古今人同不同，未可知也。

中世士大夫，以官为家，罢则无所于归。杨侯始冠⑥，举于其乡，歌《鹿鸣》而来也⑦。今之归，指其树曰："某树，吾先人之所种也；某水、某丘，吾童子时所钓游也。"乡人莫不加敬，诫子孙以杨侯不去其乡为法。古之所谓乡先生，没而可祭于社者，其在斯人欤？其在斯人欤？

【注释】

①疏广、受：即疏广、疏受，西汉人。年老时同时辞官，百官欢送，封建时代传为美谈。②供张：即供帐，陈设帐席举行酒宴。③汉史：指《汉书》中为之立传。④国子司业：国子监的司业。司业：学官。杨巨源：作者同僚。⑤少尹：官名。⑥始冠：年轻时。古人年满二十举行冠礼，以示成年。⑦《鹿鸣》：诗经《小雅》的诗篇名。唐代州、县考试毕，地方长官要出面主持乡酒礼，歌《鹿鸣》之诗。

【译文】

古时候疏广、疏受叔侄二人，因为年老，同一天辞掉职位离开京师。当时，朝廷中的公卿摆设宴席，在京都门外为他们饯行，车驾有数百辆之多；道路上旁观的，有很多人为之感叹并流下了眼泪，无不称赞他们贤明。汉代的史书既记载了他们的事迹，而后世擅长绘画的人，又画下了他们的形象，到今天依然光彩照人，清清楚楚的，仿佛是发生不久的事情。

国子监司业杨巨源，正以他善于写诗来教育学生，一旦到了七十岁，也禀白丞相离职回归故乡。世上常说古时的人和现今的人是不能并论的，而今杨巨源与疏氏二人，他们的思想难道有什么差异吗？我忝居公卿之末，恰逢生病不能出去送行。不知道杨少尹走时，都城门外送行的有多少人，车有多少辆，马有多少匹？道边的旁观者，是否也有为他的行为感叹，而知道他是贤者的没有？而史官是否也能铺张渲染他的事迹，写成传记以作为疏氏二人的事迹的继续呢？应该不会冷落寂寞吧？我看现在世上没有擅长绘画的，而画还是不画，也就不必考虑了！然而我听说杨侯的辞归，丞相中有敬重而怜惜他的，奏明皇上任命他为其故乡河中府的少尹，以便不断绝他的俸禄；又亲自写诗来慰勉他。京城中擅长写诗的人，也作诗来应和。又不知道古时候疏氏二人的归乡，有这样的事吗？古人与今人相同还是不同，不得而知啊！

中古以后的士大夫，往往依靠官俸来养家，罢官之后就无归宿之处。杨侯刚成年，便在他的家乡被荐举，参加了《鹿鸣》宴而来到朝廷的。现在回到故乡，指着乡间的树说："那些树是我的先人种的。""那条溪流，那座山丘，是我小时候钓鱼、游戏的地方。"故乡的人没有不对他表示敬意的，人们告诫子孙要以杨侯不舍弃故土的美德作为榜样。古人所谓"乡先生"，逝去之后能够在乡里社庙中享受祭祀的，大概就是这样的人吧？大概就是这样的人吧？

【评析】

本文是韩愈为告官还乡的同僚杨巨源所写的赠序，赞美其主动辞官归隐的高风亮节。前面用疏广、疏受叔侄为宾，衬托杨巨源，并将三人离开时的情景对比来写，给人以极深的印象。韩愈文多以宾衬主之法，或正衬，或反托，笔法捭阖有张力。唐顺之评本文说："前后照应，而错综变化不可言。"

送石处士序

韩愈

河阳军节度，御史大夫乌公为节度之三月①，求士于从事之贤者。有荐石先生者②，公曰："先生何如？"曰："先生居嵩、邙、瀍、穀之间③，冬一裘，夏一葛，食朝夕饭一盂，蔬一盘。人与之钱则辞，请与出游，未尝以事免。劝之仕不应。坐一室，左右图书，与之语道理，辨古今事当否，论人高下，事后当成败，若河决下流而东注，若驷马驾轻车就熟路，而王良、造父为之先后也④。若烛照，数计而龟卜也⑤。"大夫曰："先生有以自老，无求于人，其肯为某来邪？"从事曰："大夫文武忠孝，求士为国，不私于家。方今寇聚于恒，师环其疆，农不耕收，财粟殚亡。吾所处地，归输之途，治法征谋，宜有所出。先生仁且勇，若以义请而强委重焉，其何说之辞？"于是撰书词，具马币，卜日以受使者，求先生之庐而请焉。

先生不告于妻子，不谋于朋友，冠带出见客⑥，拜受书礼于门内。宵则沐浴，戒行李⑦，载书册，问道所由，告行于常所往。晨则毕至，张上东门外^⑧。酒三行，且起，有执爵而言者曰："大夫真能以义取人，先生真能以道自任，决去就。为先生别。"又酹而祝曰："凡去就出处何常，惟义之归。遂以为先生寿。"又酹而祝曰："使大夫恒无变其初，无务富其家而饥其师，无甘受佞人而外敬正士，无昧于谄言，惟先生是听，以能有成功，保天子之宠命。"又祝曰："使先生无图利于大夫而私便其身图。"先生起拜祝辞曰："敢不夙夜以求从祝规^⑨。"于是东都之人士，咸知大夫与先生果能相与以有成也。遂各为歌诗六韵，遣愈为之序云。

【注释】

①节度：即节度使，唐代地方军政长官。乌公：乌重胤。②石先生：即石处士，石洪，洛阳人。③嵩：嵩山。邙：洛阳北邙山。瀍：瀍水。穀：穀水。④王良、造父：人名，古代驾车的能手。⑤烛照：用蜡烛照明一般看得清楚。比喻明察。数计：用蓍草算卦。龟卜：用龟甲占卜。⑥冠带：指衣冠整齐，穿正装，表示郑重。⑦戒行李：准备好行李。⑧张：供帐，指设席践行。上东门：洛阳城北门。⑨夙：同"早"。

【译文】

河阳军节度使、御史大夫乌大人，做节度史三个月，向手下贤能的人们征求贤士。有人举荐石先生，乌大人说："石先生怎么样？"回答说："石先生居住在嵩、邙山和瀍、穀河之间，冬天一件皮衣，夏天一件麻布衣服。早早晚晚就是一碗饭，一盆蔬菜。别人给他钱，就谢绝；请他一起出游，则没有找借口拒绝的。劝他当官，便不理睬；坐在一间房间里，左右全是图书。跟他谈道论理，辩论古今的事物的得失，评论人物的高下，事后成败与否，就如同河流决堤向下游奔流注入东海，就如同四匹马驾驶着轻快的车奔驰在熟路上，而历史上著名驾驭高手王良、造父也与他不相上下啊。听了他的话就如同明烛高照一样的亮堂、就如同数目计算了一样清楚并且可以预卜未来。"乌大夫说："石先生有志于隐居自在到老，不求于人，他肯为我来当官吗？"手下的人说："大夫您文武全才忠孝具备，为国家求才，不是为自家私利。当今反寇聚集在恒地，敌军环视着边境，农田无法耕种没有收成，钱财粮草殆尽，我们所处的地方，是回归中原运输的要道，治理方略和征讨谋划，应该有适当的人来出谋划策。先生仁义并且勇敢，如果凭仁义邀请他并坚决委以重任，他能有什么托词拒绝？"于是撰写邀请函，准备好车马和礼物，占卜选择好吉日交给使者，找

426

到石先生的住处拜请他。

石先生没有告诉妻儿，也没有与朋友商量，戴好帽子系好衣带而正装接见客人，在家里拜受聘书和礼物。晚上就沐浴更衣，准备好行装，书籍装上马车，问清楚道路，向经常来往的朋友告别。清晨朋友们就全都到了，在东门外布置好饯行仪式。酒过三巡，将要起身的时候，有人拿着酒杯说：“乌大夫的确能够凭义理选取人才，先生您的确担当道义而决定去留。这里为先生您饯行。”又有人敬酒祝愿说：“凡是辞官上任离别相处哪有什么常规，唯有道义之依归。就这一点为先生敬酒。”又有人敬酒祝愿道：“愿先生让乌大夫不要改变初衷，不要为了自家富裕而使军队饥饿，不要甘愿忍受佞人而表面上尊敬正直人士，不要被谗言蒙蔽，只听先生的，以便能够取得成功，确保天子的宠信和任命。”又有人祝愿道：“希望先生不要在乌大夫那图谋利益，而为自身私利而图谋。”石先生起身拜谢道：“怎敢不日夜敬忠职守，来遵从你们的祝愿和规劝！”于是东都的人士，都知道乌大夫和石先生果然能够互相合作而有所成就，便各自作十二句的诗歌，让我为这种情况作序。

【评析】

本文主旨一为阐明石处士此次出仕不违初衷，行其所当行；二为借此时机，对他作一些规诫，并对节度使乌公也含蓄地有所规诫。文章仅为两段：上段写乌公与从事讨论求贤之事，由问答之间写出石处士人品。笔法活络，控御自如。既赞处士之贤，同时也赞乌公之能知贤、求贤。双方共同点在“义”字上，并以此“义”解众人对处士出仕之疑。下段写处士应聘与众人饯行。写其应聘之果断，赴之神速，可看出行事自有决断，与前面写其议论古今人物之当、料事成败之神颇能呼应，让读者感到此人果非常人。下段则通过送行者口中各个道出规劝处士与乌公之话，语重心长，委婉得体。笔法变化，多借他人之口表达自己之意，貌似自然地随物宛转，对材料似乎毫无取舍，而实际上是精心选择而不露痕迹，极文心结构之能事。

送温处士赴河阳军序

韩愈

伯乐一过冀北之野①，而马群遂空。夫冀北马多天下。伯乐虽善知马，安能空其群邪？解之者曰："吾所谓空，非无马也，无良马也。伯乐知马，遇其良，辄取之，群无留良焉。苟无良，虽谓无马，不为虚语矣。"

东都②，固士大夫之冀北也。恃才能深藏而不市者，洛之北涯曰石生③，其南涯曰温生④。大夫乌公⑤，以铁钺镇河阳之三月⑥，以石生为才，以礼为罗⑦，罗而致之幕下⑧。未数月也，以温生为才，于是以石生为媒，以礼为罗，又罗而致之幕下。东都虽信多才士，朝取一人焉，拔其尤⑨；暮取一人焉，拔其尤。自居守河南尹⑩，以及百司之执事，与吾辈二县之大夫⑪，政有所不通，事有所可疑，奚所咨而处焉？士大夫之去位而巷处者，谁与嬉游？小子后生，于何考德而问业焉？缙绅之东西行过是都者⑫，无所礼于其庐⑬。若是而称曰："大夫乌公一镇河阳，而东都处士之庐无人焉。"岂不可也？

夫南面而听天下⑭，其所托重而恃力者，惟相与将耳。相为天子得人于朝廷，将为天子得文武士于幕下，求内外无治，不可得也。愈縻于兹⑮，不能自引去⑯，资二生以待老。今皆为有力者夺之，其何能无介然于怀邪？生既至，拜公于军门，其为吾以前所称，为天下贺；以后所称⑰，为吾致私怨于尽取也。留守相公⑱，首为四韵诗歌其事⑲，愈因推其意而序之。

【注释】

①伯乐：传说是春秋中期秦穆公时人，以善相马著称。冀：冀州的北部，今河北、山西一带地方，相传冀州出产良马。②东都：指洛阳。唐代首都长安，以洛阳为东都。③石生：名洪，字洁川，洛阳人。④温生：即温造，字简舆，曾隐居王屋山及洛阳，后官至礼部尚书。⑤乌公：乌重胤，元和五年（810）任河阳军节度使、御史大夫。⑥铁钺：同"斧钺"，本是古代两种兵器，后成为刑罚、杀戮之权标志。此处指节度使身份。⑦罗：罗网，此处用来比喻招聘贤士的手段。⑧幕下：即幕府中。⑨尤：特异的、突出的。⑩河南尹：河南府的长官。⑪二县：指东都城管辖的洛阳县、河南县，当时韩愈任河南县令，所以称"吾辈二县之大夫"。⑫缙绅：也作"搢绅"。古代官员插笏于绅带间，此处指官员。⑬礼：此处指谒见，拜访。⑭南面：此处指皇帝。古代以坐北朝南为尊位，故皇帝见群臣时面向南而坐。⑮縻：系住，这里指束缚，羁留。⑯引去：引退，辞去。⑰后所称：指石生，温生被选走，使河南人才空虚。⑱留守相公：当指东都留守郑余庆。相公：指宰相。⑲四韵：旧体一般是隔句押韵，四韵为八句。

【译文】

伯乐一走过冀北的郊野，马群就空了。那冀北的马在天下是最多的，伯乐虽然善于相马，又怎么能够使马群为之一空呢？解释的人说："我所说的空，不是没有马，是没有好马。伯乐识马，遇到好马就挑去，马群中没有好马了。假如没有好马，即使说没有马，也不是虚夸的话。"

东都洛阳，本来是士大夫的冀北，怀有才能、深深隐居而不愿为官换取俸禄的人，洛水北岸的叫石生，洛水南岸的叫温生。大夫乌公，凭着天子赐给的斧钺镇守河阳的第三个月，认为石生是人才，以礼为罗网，将他罗致到幕府之下。没有几个月的工夫，又认为温生是人才，于是让石生做介绍人，以礼为罗网，又将温生罗致到幕府之下。纵然东都确实有很多人才，早晨挑走一人，选拔其中最优秀的，晚上挑走一人，选拔其中最优秀的，那么从东都留守，河南府尹，到各部门的主管官员，以及我们两县的县令，政事有不顺利之处，事情有疑惑不解之处，又到哪里去咨询而妥善处理呢？士大夫辞去官位而闲居里巷的人，同谁去交游呢？年轻的后辈，到哪里去考察道德，询问学业呢？东西往来，经过东都的官员，也不能在他们的居处以礼仪拜访他们了。人们以这样的情况而称赞说："大夫乌公一镇守河阳，东部处士的茅庐中竟没有人了！"难道不可以吗？

天子治理天下，他所托重和依靠的人，只是宰相和将军罢了。宰相在朝廷为天子求贤人，将军在幕府为天子求得谋士和武将，这样，设想内外得不到治理，是不可能的了。我羁留此地，不能自己辞职而去，想靠石生、温生的帮助直到告老归去。现在他们都被有权力的人夺去了，我怎么能不耿耿于怀呢？温生到了那里之后，在军门拜见乌公时，请以我前面说的关于宰相将军选拔人才的话，替天下道贺；请把我后面说的关于把我对他选尽东都贤人的私怨告诉他。东都留守相公作四韵诗来歌咏这件事，我因此推广他的意思而写作这篇文章。

【评析】

本文旨在赞美温处士是人才，赞美乌大夫善于选拔人才。但开篇先将伯乐一过冀北马群皆空，然后指出洛阳便是冀北也多良马，精妙贴切的比喻令人拍案。再接着说"洛之北涯曰石生，其南涯曰温生"才出现主人公。全文没有一句正面赞美温处士的话，却给人极强的印象。用洛阳尹以及属官都惋惜以及自己的私怨反托出温处士的重要，完全都是侧面烘托之笔。最后用私怨回应开篇的"伯乐一过冀北之野，而马群遂空"，首尾照应，构思极其巧妙。

祭十二郎文

韩愈

年月日，季父愈闻汝丧之七日①，乃能衔哀致诚②，使建中远具时羞之奠③，告汝十二郎之灵：

呜呼！吾少孤④，及长，不省所怙⑤，惟兄嫂是依⑥。中年，兄殁南方⑦，吾与汝俱幼，从嫂归葬河阳⑧。既又与汝就食江南⑨。零丁孤苦，未尝一日相离也。吾上有三兄⑩，皆不幸早世。承先人后者，在孙惟汝，在子惟吾⑪。两世一身⑫，形单影只。嫂尝抚汝指吾而言曰："韩氏两世，惟此而已！"汝时尤小，当不复记忆。吾时虽能记忆，亦未知其言之悲也。

吾年十九，始来京城⑬。其后四年，而归视汝⑭。又四年，吾往河阳省坟墓，遇汝从嫂丧来葬⑮。又二年，吾佐董丞相于汴州⑯，汝来省吾。止一岁，请归取其孥⑰。明年，丞相薨⑱。吾去汴州，汝不果来⑲。是年，吾佐戎徐州⑳，使取汝者始行，吾又罢去，汝又不果来㉑。吾念汝从于东，东亦客也，不可以久㉒；图久远者，莫如西归，将成家而致汝㉓。呜呼！孰谓汝遽去吾而殁乎㉔！吾与汝俱少年，以为虽暂相别，终当久相与处。故舍汝而旅食京师㉕，以求斗斛之禄㉖。诚知其如此，虽万乘之公相㉗，吾不以一日辍汝而就也㉘。

去年孟东野往。吾书与汝曰："吾年未四十，而视茫茫，而发苍苍，而齿牙动摇。念诸父与诸兄㉙，皆康强而早世。如吾之衰者，其能久存乎？吾不可去，汝不肯来，恐旦暮死，而汝抱无涯之戚也㉚！"孰谓少者殁而长者存，强者天而病者全乎！

呜呼！其信然邪？其梦邪？其传之非其真邪？信也，吾兄之盛德而天其嗣乎㉛？汝之纯明而不克蒙其泽乎㉜？少者、强者而天殁，长者、衰者而存全乎？未可以为信也。梦也，传之非其真也，东野之书㉝，耿兰之报㉞，何为而在吾侧也？呜呼！其信然矣！吾兄之盛德而天其嗣矣！汝之纯明宜业其家者，不克蒙其泽矣！所谓天者诚难测，而神者诚难明矣！所谓理者不可推，而寿者不可知矣！

虽然，吾自今年来，苍苍者或化而为白矣㉟，动摇者或脱而落矣㊱。毛血日益衰，志气日益微，几何不从汝而死也㊲。死而有知，其几何离㊳；其无知，悲不几时，而不悲者无穷期矣。

汝之子始十岁㊴，吾之子始五岁㊵。少而强者不可保，如此孩提者，又可冀其成立邪？呜呼哀哉！呜呼哀哉！

汝去年书云："比得软脚病㊶，往往而剧。"吾曰："是疾也，江南之人，常常有之。"未始以为忧也。呜呼！其竟以此而殒其生乎？抑别有疾而至斯乎？汝之书，六月十七日也。东野云，汝殁以六月二日；耿兰之报无月日。盖东野之使者，不知问家人以月日；如耿兰之报，不知当言月日。东野与吾书，乃问使者，使者妄称以应之乎。其然乎？其不然乎？

今吾使建中祭汝，吊汝之孤与汝之乳母㊷。彼有食，可守以待终丧，则待终丧而取以来㊸；如不能守以终丧，则遂取以来。其余奴婢，并令守汝丧。吾力能改葬，终葬汝于先人之兆，然后惟其所愿。

呜呼！汝病吾不知时，汝殁吾不知日，生不能相养以共居，殁不得抚汝以尽哀，敛不凭其棺㊹，窆不临其穴㊺。吾行负神明，而使汝夭；不孝不慈，而不能与汝相养以生，相守以死。一在天之涯，一在地之角，生而影不与吾形相依，死而魂不与吾梦相接。吾实为之，其又何尤！彼苍者天，曷其有极㊻！

自今已往，吾其无意于人世矣！当求数顷之田于伊、颍之上㊼，以待余年，教吾子与汝子，幸其成长；长吾女与汝女待其嫁，如此而已。

呜呼，言有穷而情不可终，汝其知也邪？其不知也邪？呜呼哀哉！尚飨㊽！

【注释】

①季父：叔父。②衔哀致诚：怀着悲哀的心情表达诚意。③建中：人名，韩愈家仆人。时羞：时鲜食品。羞：同"馐"。④少孤：韩愈三岁父亲去世。⑤不省所怙：不记得父亲。⑥惟兄嫂是依：只有依靠兄嫂。韩愈由长兄韩会和长嫂郑氏养育成人。⑦兄殁南方：韩愈长兄韩会死在韶州任所，当时是中年。⑧河阳：唐代属怀州，今河南省孟州市，韩愈陵墓韩园所在地。⑨就食江南：德宗建中二年（781），因避战乱韩愈随大嫂全家到江南宣州居住。⑩三兄：韩愈共有三兄长，长兄韩会，次兄韩介，还有一早夭未及命名之兄。韩会无子，韩老成是韩介之子。此时韩愈三兄皆亡。⑪"承先人"三句：意谓继承家族后嗣的，孙辈只有你，儿辈只有我。⑫两世一身：

两代人各自只有一个人。⑬"十九"两句：韩愈十九岁离开宣州到长安参加科举考试。⑭"其后"两句：韩愈在贞元八年（792）进士及第，前曾回宣州一次。⑮嫂丧：韩愈嫂郑氏死于贞元九年（793），韩愈回河阳途中恰遇韩老成奉郑氏灵柩回河阳安葬。⑯董丞相：贞元十二年（796），韩愈入宣武军节度使董晋幕府为节度推官。⑰孥（nú）：妻子儿女统称。⑱丞相薨：董晋去世。唐代称二品以上官员之死为薨。⑲"吾去"两句：我离开汴州，你也没有来。⑳佐戎徐州：贞元十五年（799）秋，韩愈入徐州张建封幕府为节度推官。佐戎：助理军事工作。㉑"使取"三句：意为派去接你前来的人还没有回来，我又离开徐州，你前来的事情又没有成。㉒"吾念"三句：意为我考虑你随从我在东方，也是客居。不是长久之计。㉓"图久远"三句：意为考虑长久不如直接回到河阳老家再接你来。㉔遽去吾：如此快就离开我。㉕旅食：客居京师谋生。㉖斗斛之禄：微薄的俸禄。㉗万乘之公相：指高官大吏。㉘辍汝：离开你。辍：本义是停止，即停止和你团聚的意思。㉙诸父与诸兄：几位长辈和几位哥哥。㉚无涯之戚：无边无际的悲伤。㉛"信也"两句：意谓如果是真的，我长兄如此盛德怎么会夭折他的后代呢？㉜蒙其泽：承受前人的恩泽。㉝东野之书：孟郊字东野，曾写信报告韩老成死的信息。㉞耿兰之报：耿兰前来报的丧信。耿兰，韩愈家人。㉟"苍苍者"句：花白的头发已经全白了。㊱"动摇者"句：动摇的牙齿已经开始脱落了。㊲"几何"句：意为用不了多长时间我可能也要死了。㊳"死而"两句：意为如果死后有知觉的话，我们分别也不会太久。㊴十岁：指韩老成长子韩湘。㊵五岁：韩愈长子韩昶当时五岁。㊶软脚病：脚发软而走路困难。一说是脚气。㊷吊：慰问安抚。㊸"彼有食"三句：意为如果有生活费可以到你终丧之时，则等到那时候。㊹敛：即入殓，将尸体装入棺材。㊺窆（biǎn）：下棺材进坟穴。㊻彼苍者天，曷其有极：化用《诗经·唐风·鸨羽》中诗句："悠悠苍天，曷其有极。"㊼伊、颍之上：在伊水和颍水之滨。两水均在河南省境内。㊽尚飨：来享受吧。祭文中常用结束语。

【译文】

　　某年某月某日，叔父韩愈在听说你去世后的第七天，才得以含着哀痛向你表达诚意，并派建中在远方备办了应时的鲜美食品作为祭品，告慰你十二郎的魂灵：

　　唉，我自幼丧父，等到大了，也不知道父亲是什么模样，只好靠哥哥嫂嫂抚养。哥哥中年时死在南方，我和你还都很小，跟随嫂嫂把灵柩送回河阳安葬。随后又和你到江南谋生，孤苦伶仃，一天也没有分开过。我上面有三个哥哥，都不幸早死。继承先父的后代，在孙子辈里只有你，在儿子辈里只有我。子孙两代各剩一人，孤孤单单。嫂子曾经抚摩着你指着我说："韩氏两代，就只有你们两个了！"那时你比我更小，应当没有记忆了；我当时虽然能够记事，但也还不能体会她话中的悲哀凄凉！

我十九岁时，初次来京城参加考试。四年以后，才回去看你。又过了四年，我去河阳凭吊祖先的坟墓，碰上你护送嫂嫂的灵柩来安葬。又过了两年，我在汴州辅佐董丞相，你来看望我，留下住了一年，你请求回去接妻子儿女。第二年，董丞相去世，我离开汴州，你没能来成。这一年，我在徐州任职，派去接你的人刚动身，我就被免职，你又没来。我想，你跟我在东边的汴州、徐州，也是客居，不可能久住；从长远考虑，还不如我回到西边去，等在那里安下家再接你来。唉！谁能料到你竟突然离我而死呢？当初，我和你都年轻，总以为虽然暂时分别，终究会长久在一起的。因此我离开你而旅居长安，以寻求微薄的俸禄。假如真的知道会这样，即使让我做高官厚禄的公卿宰相，我也不愿因此离开你一天而去赴任啊！

去年，孟东野到你那里去时，我写给你的信中说："我年纪还不到四十岁，但视力模糊，头发花白，牙齿松动。想起各位父兄，都在健康强壮的盛年早早去世，像我这样衰弱的人，难道还能长活在世上吗？我不能离开职守，你又不肯来，恐怕我早晚一死，你就会有无穷无尽的忧伤。"谁能料到年轻的却先死了，而年老的反而还活着，强壮的早早死去，而衰弱的反而还活在人间呢？

唉！是真的这样呢？还是在做梦呢？这传来的消息是不是真的呢？如果是真的，那么我哥哥有那么美好的品德反而早早地绝后吗？你那么纯正聪明反而不能承受他的恩泽呢？难道年轻强壮的反而要早早死去，年老衰弱的却应活在世上吗？实在不敢把它当作真的啊！如果是梦，传来的噩耗不是真的，可是东野的来信，耿兰的报丧，却又为什么在我身边呢？啊！大概是真的了！我哥哥有美好的品德竟然早早地失去后代，你纯正聪明，本来是应该继承家业的，现在却不能承受你父亲的恩泽了。这正是所谓苍天确实难以揣测，而神意实在难以知道了！也就是所谓的天理不可推求，而寿命的长短无法预知啊！

即使这样，我从今年以来，花白的头发，全要变白了，松动的牙齿，也像要脱落了，身体越来越衰弱，精神也越来越差，过不了多久就要随你死去了。如果死后有知，那么我们又能分离多久呢？如果死后无知，那么我也不能悲痛多少时间了，而死后不悲痛的时间却是无穷无尽的。

你的儿子才十岁，我的儿子才五岁，年轻强壮的尚不能保全，像这么大的孩子，又怎么能希望他们成人立业呢？啊，悲痛啊，真是悲痛！

你去年来信说："近来得了软脚病，时常发作疼得厉害。"我说："这种病，江南人常常得。"没有当作值得忧虑的事。唉，谁知道竟然会因此而丧了命呢？还是由于别的病而导致这样的不幸呢？你的信是六月十七日写的。东野说你是六月二日死的，耿兰报丧时没有说日期。大概是东野的使者不知道向你的家人问明日期，而耿兰报丧竟不知道应该告诉日期？还是东野给我写信时，才去问使者，使者胡乱说个日期应付呢？是这样呢？还是不是这样呢？

现在我派建中去祭奠你，安慰你的孩子和你的乳母。他们有粮食能够守丧到丧期终了，就等到丧期结束后再把他们接来；如果不能守到丧期终了，我就马上接来。剩下的奴婢，叫他们一起守丧。如果我有能力迁葬，最后一定把你安葬在祖坟旁，这样以后，才算了却我的心愿。

唉，你患病我不知道时间，你去世我不知道日子，活着的时候不能住在一起互相照顾，死的时候没有抚尸痛哭，入殓时没在棺前守灵，下棺入葬时又没有亲临你的墓穴。我的行为辜负了神明，才使你这么早死去，我对上不孝，对下不慈，既不能与你相互照顾着生活，又不能和你一块死去。一个在天涯，一个在地角。你活着的时候不能和我形影相依，死后魂灵也不在我的梦中显现，这都是我造成的灾难，又能抱怨谁呢？天哪，我的悲痛哪有尽头？

从今以后，我已没有心思奔忙在世上了。还是回到老家在伊水、颍水边去置办几顷地，度过我的余年。教养我的儿子和你的儿子，希望他们成才；抚养我的女儿和你的女儿，等到她们出嫁，如此而已。

唉！话有说完的时候，而哀痛之情却不能终止，你是知道呢，还是不知道呢？悲哀啊！希望你享用祭品吧！

【评析】

文中十二郎为作者侄子韩老成。叔侄二人自幼相守，由长嫂郑氏抚养成人，共历患难，感情特别深厚。且二人为韩门两代人中唯一的男人，担负家族重担。"承先人后者，在孙惟汝，在子惟吾。两世一身，形单影只。"故十二郎之死，使他伤情无限，因而祭文写得字字含情，声声泣恸，感情极为真挚，成为此类文章中的千古绝唱。"情之至者，自然流为至文。读此等文，须想其一面哭，一面写，字字是血，字字是泪。未尝有意为文，而文无不工。祭文中千古绝调。"（吴楚材、吴调侯语）古文中三篇祭文流传最广，一是此篇，二是欧阳修之《泷冈阡表》，三是袁枚之《祭妹文》，均以情见长。

祭鳄鱼文

韩愈

维年月日，潮州刺史韩愈①，使军事衙推秦济②，以羊一、猪一，投恶溪之潭水③，以与鳄鱼食，而告之曰：

昔先王既有天下，列山泽，罔绳擉刃④，以除虫蛇恶物为民害者，驱而出之四海之外。及后王德薄，不能远有，则江汉之间，尚皆弃之，以与蛮、夷、楚、越⑤；况潮岭海之间⑥，去京师万里哉！鳄鱼之涵淹卵育于此，亦固其所。今天子嗣唐位⑦，神圣慈武，四海之外，六合之内，皆抚而有之；况禹迹所揜⑧，扬州之近地⑨，刺史、县令之所治，出贡赋以供天地宗庙百神之祀之壤者哉？鳄鱼其不可与刺史杂处此土也。刺史受天子命，守此土，治此民，而鳄鱼睅然不安溪潭⑩，据处食民畜、熊、豕、鹿、獐，以肥其身，以种其子孙；与刺史亢拒⑪，争为长雄；刺史虽驽弱，亦安肯为鳄鱼低首下心，伈伈睍睍⑫，为民吏羞，以偷活于此邪！且承天子命以来为吏，固其势不得不与鳄鱼辨。

鳄鱼有知，其听刺史言：潮之州，大海在其南，鲸、鹏之大，虾、蟹之细⑬，无不容归。以生以食，鳄鱼朝发而夕至也。今与鳄鱼约：尽三日，其率丑类南徙于海，以避天子之命吏；三日不能，至五日；五日不能，至七日；七日不能，是终不肯徙也。是不有刺史听从其言也；不然，则是鳄鱼冥顽不灵⑭，刺史虽有言，不闻不知也。夫傲天子之命吏，不听其言，不徙以避之，与冥顽不灵而为民物害者，皆可杀。刺史则选材技吏民，操强弓毒矢，以与鳄鱼从事，必尽杀乃止。其无悔！

【注释】

①潮州：州名，治所即今广东潮州市。刺史：州的行政长官。②军事衙推：州刺史的属官。③恶溪：在潮安境内，又名鳄溪、意溪，韩江经此，合流而南。④罔：同"网"。擉（chuò）：刺。⑤蛮：古时对南方少数民族的贬称。夷：古时对东方少数民族的贬称。楚、越：泛指东南方偏远地区。⑥岭海：岭，即五岭，地处今湘、赣、桂、粤边境；海：南海。⑦今天子：指唐宪宗李纯。⑧禹：大禹，古代部落联盟的领袖，曾奉舜之命治水，足迹遍九州。故称九州大地为"禹迹""禹域"。揜：同"掩"。⑨扬州：传说大禹治水后，把天下划为九州，扬州即其一，据《尚书·禹贡》："淮，海惟扬州。"《传》："北据淮，南距海。"《尔雅·释地》："江南曰扬州。"潮州

古属扬州地域。⑩睅（hàn）然：瞪起眼睛，很凶狠的样子。⑪亢拒：通"抗拒"。⑫伈（xǐn）：恐惧貌。睍（xiàn）睍：眯起眼睛看，喻胆怯。⑬鹏：传说中的巨鸟，由鲲变化而成，也能在水中生活。见《庄子·逍遥游》。⑭冥顽：愚昧无知。

【译文】

某年某月某日，潮州刺史韩愈派遣部下军事衙推秦济，把一只羊、一头猪，投入恶溪的潭水中，送给鳄鱼吃，同时又警告它：

古时候的帝王拥有天下后，放火焚烧山岭和泽地的草木，用绳索去网捉、用利刃去刺杀，以除灭虫、蛇等那些给人民带来危害的动物，并把它们驱逐到四海之外去。到了后世，帝王的德行威望不够，不能统治远方，于是，长江、汉水之间的大片土地只得放弃给东南各族；更何况潮州地处五岭和南海之间，离京城有万里之遥呢？鳄鱼潜伏、生息在此地，也就很自然了。当今天子继承了大唐帝位，神明圣伟，仁慈英武。四海之外，天地四方之内，都在他的安抚统辖之下。更何况潮州是大禹足迹所到过的地方，是古代扬州的地域，是刺史、县令治理的地区，又是交纳贡品、赋税以供应皇上祭天地、祭祖宗、祭神灵的地方呢？鳄鱼是一定不可以同刺史一起生活在这块土地上的！刺史接受天子的任命，镇守这块土地，治理这里的民众，而鳄鱼竟敢不安分守己地待在溪潭之中，占据一方吞食民众、牲畜、熊、猪、鹿、獐，来养肥自己的身体，繁衍自己的后代，与刺史抗衡，争当统领一方的英雄。刺史虽然驽钝软弱，又怎么能向鳄鱼低头屈服，胆怯害怕，给治理百姓的官吏丢脸，在此地苟且偷安呢？而且刺史是奉天子的命令来这里当官的，势必不得不与鳄鱼讲明道理。

鳄鱼如果能够听明白道理，请听刺史的话：潮州这地方，大海在它的南面。大到鲸鱼、鹏鸟，小到虾子、螃蟹，没有不在大海里归宿藏身的。鳄鱼早上从潮州出发，晚上就能到达大海。现在，刺史与鳄鱼约定：至多三天，务必率领那批丑陋的同伙南迁到大海去，以躲避天子任命的地方官；三天办不到，就放宽到五天；五天办不到，就放宽到七天；七天还办不到，这就表明最终不肯迁徙了。这就是不把刺史放在眼里，不肯听他的话。不然的话，就是鳄鱼愚蠢顽固，虽然刺史已经有言在先，但还是听不进，不理解。凡对天子任命的官吏傲慢无礼，不听他的话，不肯迁徙躲避，以及愚蠢顽固而又残害民众的牲畜，都应该处死。刺史就要挑选有才干有技能的官吏和民众，操起强硬的弓弩，安上有毒的箭镞，来同鳄鱼较量，一定要把鳄鱼全部杀尽才肯罢手。可不要后悔啊！

436

韩愈被贬潮州，在任只八个月，离开后却被潮州人民深深留恋怀念，至今仍如此。我两度到潮州参加韩愈学术研讨会，感受极深。本文可以体现其关心百姓疾苦，勇于承担的精神。文章简明，是对鳄鱼的檄文，居然先礼而后兵，表明为民除害之决心。吴楚材、吴调侯说："如问罪之师，正正堂堂之阵，能令反侧子心寒胆裂。"

柳子厚墓志铭

韩愈

子厚，讳宗元。七世祖庆，为拓跋魏侍中，封济阴公①。曾伯祖奭②，为唐宰相，与褚遂良、韩瑗俱得罪武后③，死高宗朝。皇考讳镇④，以事母弃太常博士⑤，求为县令江南。其后以不能媚权贵⑥，失御史。权贵人死⑦，乃复拜侍御史⑧。号为刚直⑨，所与游皆当世名人⑩。

子厚少精敏，无不通达。逮其父时，虽少年，已自成人⑪，能取进士第⑫，崭然见头角⑬。众谓柳氏有子矣。其后以博学宏词⑭，授集贤殿正字⑮。俊杰廉悍⑯，议论证据今古，出入经史百子，踔厉风发⑰，率常屈其座人。名声大振，一时皆慕与之交。诸公要人，争欲令出我门下，交口荐誉之。

贞元十九年，由蓝田尉拜监察御史⑱。顺宗即位，拜礼部员外郎⑲。遇用事者得罪⑳，例出为刺史㉑。未至，又例贬永州司马㉒。居闲益自刻苦㉓，务记览，为词章，泛滥停蓄㉔，为深博无涯涘㉕。而自肆于山水间。

元和中，尝例召至京师；又偕出为刺史㉖，而子厚得柳州㉗。既至，叹曰："是岂不足为政邪？"因其土俗㉘，为设教禁㉙，州人顺赖㉚。其俗以男女质钱㉛，约不时赎，子本相侔㉜，则没为奴婢。子厚与设方计㉝，悉令赎归。其尤贫力不能者，令书其佣㉞，足相当，则使归其质㉟。观察使下其法于他州㊱，比一岁㊲，免而归者且千人。衡湘以南为进士者㊳，皆以子厚为师，其经承子厚口讲指画为文词者，悉有法度可观。其召至京师而复为刺史也，中山刘梦得禹锡亦在遣中㊴，当诣播州㊵。子厚泣曰："播州非人所居，而梦得亲在堂，吾不忍梦得之穷，无辞以白其大人㊶；且万无母子俱往理。"请于朝，将拜疏，愿以柳易播㊷，虽重得罪，死不恨。遇有以梦得事白上者㊸，梦得于是改刺连州⁴⁴。呜呼！士穷乃见节义。今夫平居里巷相慕悦，酒食游戏相征逐⁴⁵，诩诩强笑语以相取下⁴⁶，握手出肺肝相示⁴⁷，指天日涕泣，誓生死不相背负，真若可信；一旦临小利害，仅如毛发比⁴⁸，反眼若不相识。落陷阱⁴⁹，不一引手救，反挤之，又下石焉者，皆是也。此宜禽兽夷狄所不忍为，而其人自视以为得计。闻子厚之风，亦可以少愧矣。

子厚前时少年，勇于为人，不自贵重顾籍，谓功业可立就，故坐废退⁵⁰。既退，又无相知有气力得位者推挽⁵¹，故卒死于穷裔⁵²，材不为世用，道不行于时也。使子厚在台省时，自持其身，已能如司马刺史时，亦自不斥；斥时，有人力能举之，且必复用不穷。然子厚斥不久，穷不极，虽有出于人，其文学辞章，必不能自力，以致必传于后如今无疑也。虽使子厚得所愿，为将相于一时，以彼易此，孰得孰失，必有能辨之者。

子厚以元和十四年十一月八日卒，年四十七。以十五年七月十日，归葬万年先人墓侧⁵³。子厚有子男二人：长曰周六，始四岁；季曰周七⁵⁴，子厚卒乃生。女子二人，皆幼。其得归葬也，费皆出观察使河东裴君行立⁵⁵。行立有节概，重然诺⁵⁶，与子厚结交，子厚亦为之尽，竟赖其力。葬子厚于万年之墓者，舅弟卢遵⁵⁷。遵，涿人，性谨慎，学问不厌。自子厚之斥，遵从而家焉⁵⁸，逮其死不去。既往葬子厚，又将经纪其家，庶几有始终者。铭曰：是惟子厚之室，既固既安，以利其嗣人⁵⁹。

【注释】

① "七世"三句：史书记宗元七世祖柳庆在北魏时任侍中，入北周封为平齐公。子柳旦，任北周中书侍郎，封济阴公。韩愈所记有误。②曾伯祖奭（shì）：柳奭，字子燕，柳旦之孙，柳宗元高祖子夏之兄。当为高伯祖，此作曾伯祖误。被武则天所杀。③褚遂良：字登善，曾做过吏部尚书、同中书门下三品、尚书右仆射等官。唐太宗临终时命他与长孙无忌一同辅佐高宗。后因劝阻高宗改立武后，遭贬忧病而死。韩瑗：字伯玉，官至侍中，为救褚遂良，也被贬黜。④皇考：对亡父的尊称。⑤太常博士：太常寺掌宗庙礼仪的属官。⑥权贵，此指窦参。柳镇曾迁殿中侍御史，因不肯与御史中丞卢佋、宰相窦参一同诬陷侍御史穆赞，后又为穆赞平反冤狱，得罪窦参，被窦参以他事陷害贬官。⑦权贵人死：其后窦参因罪被贬，第二年被德宗赐死。⑧侍御史：御史台的属官，职掌纠察百僚，审讯案件。⑨号为刚直：郭子仪曾表柳镇为晋州录事参军，晋州太守骄悍好杀戮，吏莫敢与争，而柳镇独能抗之以理，故云。⑩所与游皆当

世名人：柳宗元有《先君石表阴先友记》，记载他父亲相与交游者计六十七人，书于墓碑之阴。并曰："先君之所与友，凡天下善士举集焉。"⑪已自成人：宗元十三岁即作《为崔中丞贺平李怀光表》，刘禹锡作集序云："子厚始以童子，有奇名于贞元初。"⑫取进士第：贞元九年（793）宗元进士及第，年二十一。⑬崭然：高峻突出貌。⑭博学宏词：柳宗元贞元十二年（796）中博学宏词科，年二十四。唐制，进士及第者可应博学宏词考选，取中后即授予官职。⑮集贤殿：集贤殿书院，掌刊辑经籍，搜求佚书。正字：集贤殿置学士、正字等官，正字掌管编校典籍、刊正文字的工作。宗元二十六岁授集贤殿正字。⑯廉悍：方正、廉洁和坚毅有骨气。⑰踔厉风发：议论纵横，言辞奋发，见识高远。踔：远。厉：高。⑱蓝田：今属陕西。尉：县府管理治安、缉捕盗贼的官吏。监察御史：御史台的属官，掌分察百僚、巡按郡县、纠视刑狱、整肃朝仪诸事。⑲礼部员外郎：官名，掌管辨别和拟定礼制之事及学校贡举之法。柳宗元得做此官是王叔文、韦执谊等所荐引。⑳用事者：掌权者，指王叔文。即永贞革新的实际领导。㉑例出：按规定遣出。永贞元年（805），宗元被贬为邵州（今湖南邵阳）刺史。㉒例贬：依照"条例"贬官。永州：今湖南永州市零陵区。司马：本是州刺史属下掌管军事的副职，被贬官员不得参与政事。㉓居闲：指公事清闲。㉔泛滥：文笔汪洋恣肆。停蓄：文笔雄厚凝练。㉕无涯涘：无边际。涯、涘，均是水边。㉖偕出：元和十年（815），宗元等"八司马"同时被召回长安，但又同被迁往更远的地方。㉗柳州：唐置，属岭南道，即今广西柳州市。㉘因：顺着，按照。土俗：当地的风俗。㉙教禁：教谕和禁令。㉚顺赖：服从领导和信赖。㉛质：典当，抵押。㉜子：子金，即利息。本：本金。相侔：相等。㉝与设方计：替债务人想方设法。㉞书：写，记下。佣：当雇工。此指雇工劳动所值，即工资。㉟足相当：意谓佣工所值足以抵消借款本息。质：人质。㊱观察使：又称观察处置使，是中央派往地方掌管监察的官。下其法：推行赎回人质的办法。㊲比（bì）：及，等到。㊳衡湘：衡山、湘水，泛指岭南地区。为：应试。㊴中山：今河北定县。刘梦得：名禹锡。王叔文失败后，刘被贬为朗州司马，这次召还入京后又贬播州刺史。㊵诣：前往。播州：今贵州绥阳县。㊶大人：父母。此指刘母。此句谓这种不幸的处境难以向老母讲。㊷以柳易播：意指宗元自愿到播州去，让刘禹锡去柳州。㊸"遇有"句：指当时御史中丞裴度、崔群上疏为刘禹锡陈情一事。㊹刺：用作动词。连州：唐属岭南道，州治在今广东连州市。㊺征：约之来。逐：随之去。征逐：往来频繁。㊻诩诩（xǔ）：夸大的样子。强：勉强，做作。取下：指采取谦下的态度。㊼出肺肝相示：譬喻做出非常诚恳和坦白的样子。㊽如毛发比：譬喻事情之细微。比：类似。㊾陷阱：指落难，发生祸难。㊿坐：因他人获罪而受牵连。废退：指远谪边地，不用于朝廷。[51]有气力：有权势和力量的人。推挽：推举提携。[52]穷裔：穷困的边远地方。[53]万年：在今陕西临潼县东北。先人墓：在万年县之栖凤原。见柳宗元《先侍御史府君神道表》。[54]周七：

439

柳告，字用益，宗元遗腹子。⑤河东：今山西永济县。裴行立：绛州稷山（今山西稷山县）人，时任桂管观察使，是宗元的上司。⑥重然诺：看重许下的诺言。⑤卢遵：宗元舅父之子。⑧从而家：跟从宗元以为己家。⑤嗣人：子孙后代。

【译文】

柳子厚，名叫宗元。七世祖柳庆，做过北魏的侍中，被封为济阴公。曾伯祖柳奭，做过唐朝的宰相，同褚遂良、韩瑗一起得罪了武则天皇后，在高宗时被处死。父亲叫柳镇，为了侍奉母亲，放弃了太常博士的官位，请求到江南做县令。后来因为他不肯向权贵献媚，丢掉了御史官。直到那位权贵死了，才又被任命为侍御史。人们都说他刚毅正直，与他交往的都是当时名人。

子厚少年时就很精明能干，没有不明白通晓的事。当父亲还在世的时候，他虽然很年轻，但已经成才，能够考取进士科第，显露出出众的才华，大家都说柳家有个好儿子。后来又通过博学宏词科的考试，被授为集贤殿正字。他才智突出，清廉刚毅，发表议论时能引证今古事例为依据，精通经史典籍和诸子百家，言谈纵横上下，意气风发，常常使满座的人为之叹服。因此名声轰动，一时之间人们都敬慕而希望与他交往。那些公卿贵人争着要收他做自己的门生，众口一词地推荐称赞他。

贞元十九年（803），子厚由蓝田县尉调任监察御史。顺宗即位，又升为礼部员外郎。遭遇当权人获罪，他也被援例贬出京城当刺史，还未到任，又被依例贬为永州司马。身处清闲之地，自己更加刻苦为学，专心诵读，写作文，文笔汪洋恣肆，雄厚凝练，像无边的海水那样精深博大。而他自己则纵情于山水之间。

元和年间，他曾经与同案人一起奉召回到京师，又一起被遣出做刺史，子厚分在柳州。到任之后，他慨叹道："这里难道就不足以做出政绩吗？"于是按照当地的风俗，为柳州制定了教谕和禁令，全州百姓都顺从并信赖他。当地习惯于用儿女做抵押向人借钱，约定如果不能按时赎回，等到利息与本金相等时，债主就把人质没收做奴婢。子厚为此替借债人想方设法，都让他们把子女赎了回来；那些特别穷困没有能力赎回的，就让债主记下子女做佣工的工钱，到应得的工钱足够抵消债务时，就让债主归还被抵押的人质。观察使把这个办法推广到别的州县，到一年后，免除奴婢身份回家的将近一千人。衡山、湘水以南准备考进士的人，就把子厚当作老师，那些经过子厚亲自讲授和指点的人所写的文章，全都可以看得出是合乎规范的。他被召回京师又再次被遣出做刺史时，中山人刘梦得禹锡也在被遣之列，应当去播州。

子厚流着泪说:"播州不是一般人能住的地方,况且梦得有老母在堂,我不忍心看到梦得处境困窘,他没有办法把这事告诉他的老母;况且绝没有母子一同前往的道理。"向朝廷请求,并准备呈递奏章,情愿拿柳州换播州,表示即使因此再度获罪,死也无憾。正遇上有人把梦得的情况告知了皇上,梦得因此改任连州刺史。唉!士人到穷困时,才看得出他的节操和义气!现在一些人,平日街坊居处互相仰慕讨好,一起吃喝玩乐来往频繁,夸夸其谈,强作笑脸,互相表示愿居对方之下,手握手做出掏肝挖肺之状给对方看,指着天日流泪,发誓不论生死谁都不背弃朋友,简直像真的一样可信。一旦遇到小小的利害冲突,仅仅像头发丝般细小,便翻脸不认人,朋友落入陷阱,也不伸一下手去救,反而借机推挤他,再往下扔石头,到处都是这样的人啊!这应该是连那些禽兽和野蛮人都不忍心干的,而那些人却自以为得计。他们听到子厚的高尚风节,也应该觉得有点惭愧了!

子厚从前年轻时,勇于帮助别人,自己不看重和爱惜自己,认为功名事业可以一蹴而就,所以受到牵连而被贬斥。贬谪后,又没有熟识而有力量有地位的人推荐与接引,所以最后死在荒僻的边远之地,才干不能为世间所用,抱负不能在当时施展。如果子厚当时在御史台、尚书省做官时,能谨慎约束自己,像在司马时、刺史时那样,也自然不会被贬官;贬官后,如果有人能够推举他,将一定会再次被任用,不至穷困潦倒。然而若是子厚被贬斥的时间不久,穷困的处境未达到极点,虽然能够在官场中出人头地,但他的文学辞章一定不能这样地下功夫,以至于像今天这样一定流传后世,这是毫无疑问的。即使让子厚实现他的愿望,一度官至将相,拿那个换这个,何者为得,何者为失?一定能有辨别它的人。

子厚在元和十四年(819)十一月初八去世,终年四十七岁;在十五年(820)七月初十安葬在万年县他祖先墓地的旁边。子厚有两个儿子:大的叫周六,才四岁;小的叫周七,是子厚去世后才出生的。两个女儿,都还小。他的灵柩能够回乡安葬,费用都是观察使河东人裴行立先生付出的。行立先生为人有气节,重信用,与子厚是朋友,子厚对他也很尽心尽力,最后竟仰赖他的力量办理了后事。把子厚安葬到万年县墓地的,是他的表弟卢遵。卢遵是涿州人,性情谨慎,做学问永不满足;自从子厚被贬斥之后,卢遵就跟随他和他家住在一起,直到他去世也没有离开;既送子厚归葬,又准备安排料理子厚的家属,可以称得上是有始有终的人了。铭文说:这是子厚的幽室,既牢固又安适,对子厚的子孙会有好处。

【评析】

　　韩柳关系深厚，此文写在韩愈被贬在外时期，故感慨颇深。韩柳同是唐代古文运动中的领袖。柳宗元卒于元和十四年（819），韩愈写过不少哀悼文章和纪念文字，这是其中较有代表性的一篇。文章综括柳宗元的家世、生平、交友、文章，此为墓志铭所必须。文中突出柳宗元的文学才能以及重义气的品格。以柳州易播州一段文字酣畅淋漓。治理柳州尤其是使近千个即将沦为奴隶之少年恢复自由并影响恩惠千余人的大德表现得都很到位。认为其文学"必传于后"，是对于柳宗元最高的肯定，可谓知音。篇末赞美的裴中立和卢遵褒美的高义也值得注意，具有劝世的意义。

卷之九

柳宗元

柳宗元，字子厚，唐代杰出文学家、思想家。与韩愈共同倡导唐代古文运动，同被列入"唐宋八大家"。少有才名，早蓄大志，二十一岁中进士。因参与王叔文集团政治革新，由礼部员外郎被贬为永州司马，其间写了著名的山水游记《永州八记》。后来迁任柳州刺史，四年后卒于任所。在长期的任职地方过程中，他始终关心民生疾苦，颇有惠民、爱民的政声。柳宗元的文学成就是多方面的，就散文说，诸体兼备，尤其长于政论、山水游记与寓言。立意新奇，章法严谨；论说性强，笔锋犀利；写景状物，多所寄托；风格劲健，语言精美。有《柳河东集》。

驳复仇议

柳宗元

臣伏见天后时①，有同州下邽人徐元庆者②，父爽为县吏赵师韫所杀③，卒能手刃父仇，束身归罪。当时谏臣陈子昂建议诛之而旌其闾④；且请"编之于令，永为国典⑤"。臣窃独过之⑥。

臣闻礼之大本⑦，以防乱也。若曰无为贼虐⑧，凡为子者杀无赦。刑之大本，亦以防乱也。若曰无为贼虐，凡为理者杀无赦。其本则合，其用则异，旌与诛莫得而并焉。诛其可旌，兹谓滥；黩刑甚矣⑨。旌其可诛，兹谓僭⑩；坏礼甚矣。果以是示于天下，传于后代，趋义者不知所向，违害者不知所立，以是为典可乎？盖圣人之制⑪，穷理以定赏罚，本情以正褒贬，统于一而已矣。

向使刺谳其诚伪⑫，考正其曲直，原始而求其端⑬，则刑礼之用，判然离矣。何者？若元庆之父，不陷于公罪⑭，师韫之诛，独以其私怨，奋其吏气，虐于非辜⑮，州牧不知罪⑮，刑官不知问，上下蒙冒⑯，吁号不闻；而元庆能以戴天为大耻⑰，枕戈为得礼⑱，处心积虑，以冲仇人之胸，介然自克⑲，即死无憾，是守礼而行义也。执事者宜有惭色，将谢之不暇⑳，而又何诛焉？

其或元庆之父，不免于罪，师韫之诛，不愆于法㉑，是非死于吏也，是死于法也。法其可仇乎？仇天子之法，而戕奉法之吏㉒，是悖骜而凌上也㉓。

执而诛之,所以正邦典^㉔,而又何旌焉?

　　且其议曰:"人必有子,子必有亲,亲亲相仇,其乱谁救?"是惑于礼也甚矣。礼之所谓仇者,盖其冤抑沉痛而号无告也;非谓抵罪触法,陷于大戮。而曰"彼杀之,我乃杀之"。不议曲直,暴寡胁弱而已。其非经背圣,不亦甚哉!

　　《周礼》^㉕:"调人掌司万人之仇^㉖。凡杀人而义者,令勿仇;仇之则死。有反杀者,邦国交仇之。"又安得亲亲相仇也?《春秋公羊传》曰^㉗:"父不受诛,子复仇可也。父受诛,子复仇,此推刃之道^㉘,复仇不除害。"今若取此以断两下相杀,则合于礼矣。且夫不忘仇,孝也;不爱死,义也。元庆能不越于礼,服孝死义,是必达理而闻道者也。夫达理闻道之人,岂其以王法为敌仇者哉?议者反以为戮,黩刑坏礼,其不可以为典,明矣。

　　请下臣议附于令。有断斯狱者^㉙,不宜以前议从事。谨议。

【注释】

　　①伏见:看到。旧时对上有所陈述时的表敬之辞。②同州:唐代州名,辖境相当于今陕西省大荔、合阳、韩城、澄城、白水等县一带。下邽(guī):县名,今陕西省渭南市监渭区。③县吏赵师韫:当时的下邽县尉。④陈子昂:字伯玉,梓州射洪(今四川省射洪)人。武后时曾任右拾遗,为谏诤之官。旌(jīng):表彰。闾:里巷的大门。⑤国典:国法。⑥过:错误,失当。⑦礼:封建时代道德和行为规范的泛称。⑧贼虐:行凶杀人。⑨黩(dú)刑:滥用刑法。黩:轻率。⑩僭(jiàn):超出本分。⑪制:制定,规定。⑫刺谳(yàn):审理判罪。⑬原:推究。端:原因。⑭公罪:违反国法之罪。⑮州牧:州的行政长官。⑯蒙冒:蒙蔽,包庇。⑰戴天:头上顶着天,意即和仇敌共同生活在一个天地里。《礼记·曲礼上》:"父之仇,弗与共戴天。"⑱枕戈:睡觉时枕着兵器。⑲介然:坚定的样子。自克:自我控制。⑳谢之:向他道歉认错。㉑愆(qiàn):过错。㉒戕(qiāng):杀害。㉓悖骜(bèi ào):桀骜不驯。悖:违背。骜:傲慢。㉔邦典:国法。㉕《周礼》:儒家经典之一。内容是汇编周王室的官制和战国时代各国的制度等历史资料。㉖调人:周代官名。㉗《春秋公羊传》:即《公羊传》,《春秋》三传之一。子夏弟子公羊高作。㉘推刃:往来相杀。㉙斯狱:这种案件。

【译文】

　　我看到文献说,则天皇后时,同州下邽县有个叫徐元庆的人,父亲徐爽被县吏赵师韫杀了，他最后能亲手杀掉杀父仇人，自己捆绑身体到官府自首。当时的谏官陈子昂建议处以死罪，同时在他家乡表彰他的行为，并请朝廷将这种处理方式"编入法令，永远作为国家的法律制度"。我私下里认为，这样做是不对的。

我听说，礼的根本作用是为了防止人们作乱。倘若说不能让杀人者逍遥法外，那么凡是做儿子的为报父母之仇而杀了不应当算作仇人的人，就必须处死，不能予以赦免。刑法的根本作用也是为了防止人们作乱。倘若说不能让杀人者逍遥法外，那么凡是当官的错杀了人，也必须处死，不能予以赦免。它们的根本作用是一致的，采取的方式则不同。表彰和处死是不能同施一人的。处死可以表彰的人，这就叫乱杀，就是滥用刑法而且太过分了。表彰应当处死的人，这就是过失，破坏礼制太严重了。如果以这种处理方式作为刑法的准则，并传给后代，那么，追求正义的人就不知道前进的方向，想避开祸害的人也不知道怎样立身行事，以此作为法则可以吗？大凡圣人制定礼法，是透彻地研究事物的道理来规定赏罚，根据事情原委来确定奖惩，不过是把礼、刑二者结合在一起罢了。

当时如能审察案情的真伪，查清是非，推究案子的起因，那么刑法和礼制的运用，就能明显地区分开来了。为什么呢？如果徐元庆的父亲没有犯法律规定的罪行，赵师韫杀他，只是出于个人私怨，施展他当官的威风，残暴地处罚无罪的人，州官又不去治赵师韫的罪，执法的官员也不去过问这件事，上下互相蒙骗包庇，对喊冤叫屈的呼声充耳不闻；而徐元庆却能够把容忍不共戴天之仇视为奇耻大辱，把时刻不忘报杀父之仇看作合乎礼制，想方设法，用武器刺进仇人的胸膛，坚定地以礼约束自己，即使死了也不感到遗憾，这正是遵守和奉行礼义的行为啊。执法的官员本应感到惭愧，去向他谢罪都来不及，还有什么理由要把他处死呢？

如果徐元庆的父亲确实犯了死罪，赵师韫杀他，那就并不违法，他的死也就不是被官吏错杀，而是因为犯法被杀。法律难道是可以仇视的吗？仇视皇帝的法律，又杀害执法的官吏，这是悖逆犯上的行为。应该把这种人抓起来处死，以此来严正国法，为什么反而要表彰他呢？

而且陈子昂的奏议还说："人必有儿子，儿子必有父母，因为爱自己的亲人而互相仇杀，这种混乱局面靠谁来救呢？"这是对礼的认识太模糊了。礼制所说的仇，是指蒙受冤屈，悲伤呼号而又无法申告；并不是指触犯了法律、以身抵罪而被处死这种情况。而所谓"他杀了我的父母，我就要杀掉他"，不过是不问是非曲直、欺凌孤寡，威胁弱者罢了。这种违背圣贤经传教导的做法，不是太过分了吗？

《周礼》上说:"调人,是负责调解众人怨仇的。凡是杀人而又合乎礼义的,就不准被杀者的亲属报仇,如要报仇,则处死刑。有反过来再杀死对方的,全国的人就都要把他当作仇人。"这样,又怎么会发生因为爱自己的亲人而互相仇杀的情况呢?《春秋公羊传》说:"父亲无辜被杀,儿子报仇是可以的。父亲犯法被杀,儿子报仇,这就是互相仇杀的做法,这样的报复行为是不能根除彼此仇杀不止的祸害的。"现在如果用这个标准来判断赵师韫杀死徐元庆的父亲和徐元庆杀死赵师韫,就合乎礼制了。而且,不忘父仇,这是孝的表现;不怕死,这是义的表现。徐元庆能不越出礼的范围,恪尽孝道,为义而死,这一定是个明晓事理、懂得圣贤之道的人啊。明晓事理、懂得圣贤之道的人,怎么会把王法当作仇敌呢?但上奏议的人反而认为应当处以死刑,这种滥用刑法、败坏礼制的建议,不能作为法律制度,这是很清楚明白的。

请把我的意见附在法令之后颁发下去。今后凡是审理这类案件的人,不应再根据以前的意见处理。谨发表上面的意见。

【评析】

柳宗元思维敏捷,逻辑严谨,故其议论文简洁有力,本文属于议论文中的驳论。他针对陈子昂在《复仇议》中对徐元庆案件"诛之而旌其闾"的主张提出了反驳。文章开门见山、旗帜鲜明地指出陈子昂主张是错的。接着,文章从"礼"和"刑"的辩证关系,得出了"盖圣人之制,穷理以定赏罚,本情以正褒贬"的结论。由此过渡到对陈子昂提出的错误论点的批驳上。"诛"和"旌"是矛盾的,怎么能同时施加在同一个人身上?更为有力的是,作者援引了儒家的经典著来为自己的观点作佐证,这就使得本文的论点无懈可击。

这篇文章,虽然从维护封建的"礼"与"法"的尊严出发,调和为亲报仇与守法之间的矛盾。然而,在行文中,我们仔细体会,却可以感受到作者侧重于说明官吏违法杀人应当受到惩处这个观点,对人民群众反抗暴虐官吏的行为给予支持,同时也在一定程度上暴露和批判了吏治黑暗和官官相护的社会现实。柳宗元虽然没有明说,但他认为"元庆能不越于礼,服孝死义,是必达理而闻道者也","执事者宜有惭色,将谢之不暇,而又何诛焉"。这两句话已经把作者的观点表现得十分清楚。本文论点明确,论据翔实,论证手段缜密严谨,语言犀利明快,选词恰如其分,是议论文典范,值得借鉴。

桐叶封弟辨

柳宗元

古之传者有言①：成王以桐叶与小弱弟戏②，曰："以封汝。"周公入贺③。王曰："戏也。"周公曰："天子不可戏。"乃封小弱弟于唐④。

吾意不然。王之弟当封邪，周公宜以时言于王，不待其戏而贺以成之也。不当封邪，周公乃成其不中之戏⑤，以地以人与小弱者为之主，其得为圣乎？且周公以王之言不可苟焉而已⑥，必从而成之邪？设有不幸，王以桐叶戏妇寺⑦，亦将举而从之乎？凡王者之德，在行之何若。设未得其当，虽十易之不为病；要于其当，不可使易也，而况以其戏乎！若戏而必行之，是周公教王遂过也⑧。

吾意周公辅成王，宜以道，从容优乐，要归之大中而已⑨，必不逢其失而为之辞⑩。又不当束缚之，驰骤之⑪，使若牛马然，急则败矣。且家人父子尚不能以此自克⑫，况号为君臣者邪！是直小丈夫缺缺者之事⑬，非周公所宜用，故不可信。

或曰：封唐叔⑭，史佚成之⑮。

【注释】

①传者：书传。此指《吕氏春秋·重言》和刘向《说苑·君道》所载周公促成桐叶封弟事。②成王：姓姬名诵，西周初期君主，周武王之子，十三岁继承王位，因年幼，由叔父周公摄政。小弱弟：指周成王之弟叔虞。③周公：姓姬名旦，周武王之弟，周朝开国大臣。④唐：古国名，在今山西省翼城县一带。⑤不中之戏：不适当的游戏。⑥苟：轻率，随便。⑦妇寺：宫中的妃嫔和太监。⑧遂：成。⑨大中：指适当的道理和方法，不偏于极端。⑩辞：解释，掩饰。⑪驰骤：指被迫奔跑，指放纵其行为。⑫自克：自我约束。克：克制，约束。⑬直：只是，只不过。缺缺：耍小聪明的样子。⑭唐叔：即叔虞。⑮史佚：周武王时的史官尹佚。史佚促成桐叶封弟的说法，见《史记·晋世家》。

【译文】

古书上记载说，周成王拿着一片桐树叶子和年幼的弟弟开玩笑，说："把这个当玉圭封给你。"周公入宫庆贺。成王解释说："我这是开玩笑哇。"周公说："天子不可以随便开玩笑。"于是成王就把唐地封给了年幼的弟弟。

我认为事情不可能这样。成王的弟弟如果应当受封，周公就应及时地告诉成王，而不必等他开了玩笑再去庆贺，趁机促成这件事。成王的弟弟如果不应当受封，周公这种做法就使一个不恰当的玩笑变成了事实，使成王把土地和百姓封给年幼的弟弟，让一个小孩儿成为一国之主，周公这样做能算是圣人吗？况且周公只是认为君王说话不可随便罢了，哪里一定要听从成王的玩笑，并促成它呢？如果有这样不幸的事，成王拿桐叶与妃嫔和太监开玩笑，周公难道也要按这种玩笑去办吗？大凡君王的恩德，要看实行得怎样。如果不恰当，即使改变十次也不算什么缺点；如果大体恰当，不可以随意更改，更何况是开玩笑呢！如果开玩笑的话也一定要照办，这样做就是周公在教唆成王铸成过错。

我认为周公辅佐成王，应当用正道去引导他，要使他的举止行动从容快乐，大体上要把握恰如其分的程度而已，一定不会去迎合他的过错而替他辩饰。又不应当对他管束太严，使他终日奔忙，像牛马那样，急于使他成长反会坏事。况且家人父子之间，尚不能用这种方式来自我约束，何况名分上还是君臣呢！这不过是那些见识浅薄而又自作聪明的人所干的事，不是周公所应该采用的做法，因此不可相信。

有人说，封唐叔这件事，是太史尹佚促成的。

【评析】

柳宗元逻辑思维严密，故辨别是非能力极强，本文重点不在于辨伪，而是围绕重臣尤其是托孤之臣应如何辅佐君主这一中心发挥议论。君主随便开句玩笑，臣子却把它当作金科玉律，并促其成为事实，作者尖锐地批评了这种荒唐现象，指出"凡王者之德，在行之何若"，对君王之言，要看其实行起来将如何，要实事求是，"设未得其当，虽十易之不为病；要于其当，不可使易也，而况以其戏乎"，立论坚实，有理有据。在君王至高无上的封建时代，这是相当大胆的议论。文章论辩反复曲折，波澜起伏，闪耀着智慧的光芒。

箕子碑

柳宗元

凡大人之道有三：一曰正蒙难^①，二曰法授圣^②，三曰化及民。殷有仁人曰箕子③，实具兹道以立于世，故孔子述六经之旨④，尤殷勤焉。

当纣之时⑤，大道悖乱⑥，天威之动不能戒⑦，圣人之言无所用。进死以并命，诚仁矣，无益吾祀⑧，故不为。委身以存祀，诚仁矣，与亡吾国，故不忍。具是二道，有行之者矣。是用保其明哲，与之俯仰；晦是谟范，辱于囚奴；昏而无邪，陨而不息；故在《易》曰"箕子之明夷⑨"，正蒙难也。及天命既改，生人以正，乃出大法，用为圣师。周人得以序彝伦而立大典⑩；故在《书》曰"以箕子归作《洪范》⑪"，法授圣也。及封朝鲜⑫，推道训俗，惟德无陋，惟人无远，用广殷祀，俾夷为华⑬，化及民也。率是大道，丛于厥躬⑭，天地变化，我得其正，其大人欤？

呜乎！当其周时未至，殷祀未殄⑮，比干已死，微子已去，向使纣恶未稔而自毙，武庚念乱以图存⑯，国无其人，谁与兴理？是固人事之或然者也。然则先生隐忍而为此，其有志于斯乎？

唐某年，作庙汲郡⑰，岁时致祀，嘉先生独列于《易》象⑱，作是颂云。

【注释】

①蒙难：蒙，犯，遭受。难：危难。②法授圣：把法度传授给圣人。③箕子：商朝末年大贤，是纣王叔伯，一说是庶兄。因劝谏纣王被囚禁。周武王伐纣后，他将《洪范》传授给武王，对于三代文化的传承有巨大贡献。武王请他参与，他要求回归故土朝鲜。朝鲜即今天辽西朝阳一带。一说朝鲜即今日之朝鲜半岛。④六经：指《书》《易》《礼》《乐》《诗》《春秋》六部儒家经籍。⑤纣：商代最后的君主，也称帝辛，旧史称他荒淫无道，残暴专横，激起人民的怨恨后被周武王所灭。⑥悖（bèi）乱：荒谬混乱。⑦天威：指各种异常天象，如流星、日食、地震等。⑧祀：祭祀。古代将对于祖先的祭祀看作国家政权的象征。⑨明夷：《周易》卦名。明指太阳；夷，灭，指太阳落山。本将引文即出自《周易·明夷》。这里的意思是说箕子能韬晦，在艰难之中，保持正直的品德。⑩彝伦：即指伦理道德。⑪《洪范》：《书经》中的一篇。洪，大；范：法。旧说认为是箕子向周武王陈述的"天地之大法"。实际是把商朝的治国大法传给周武王。⑫据《汉书·地理志》记载：箕子到朝鲜之后，教当地人民种田、养蚕，讲习礼义，并为他们制定了八条禁令。箕子和孔子是11世纪到17世纪李氏朝鲜意识形态的主流。⑬俾：使。夷：对东方少数民族的统称。⑭厥：同"其"，意为他或他的。躬：身体，自身。⑮殄（tiǎn）：尽，绝。⑯武庚：纣王之子。武王灭商后，仍封他为殷君。周成王时，他发动叛乱，为周公旦所灭。⑰汲郡：即唐代卫州，在今河南新乡、卫辉一带。⑱列于《易》：指《易经》"明夷"卦的卦辞

和爻辞三次提到箕子。

【译文】

一般说来，伟大人物立身处世的原则有三个方面：一是受危难仍能保持正直的品德，二是将治理天下的法典传授给圣明的君主，三是使人民受到教化。殷朝有位贤人叫箕子，确实具备这三方面的德行而在世上立身行事，因此孔子在概述"六经"要旨时，对他特别重视。

在殷纣王时，行事荒谬，背弃大道，政治混乱，上天发威天象异常也不能加以制止，圣人的教诲丝毫不起作用。牺牲生命以便维护天命国运，确实是一种"仁"德，但对于国家政权的延续没有帮助，因此箕子不这样做；委身降顺以便保存自己宗庙的奉祀，确实也是一种"仁"德，只是等于参与了灭亡自己国家的行动，故箕子不忍心去做。上述这两种情况，有这样做的人。因此他便保持自己清醒的头脑，随顺适应这混乱的世道；隐藏自己的见解和主张，在囚犯奴隶中受屈辱；貌似糊涂却不做邪恶之事，形同柔弱却自强不息。故而在《易》中说："箕子能做到韬晦。"这就是蒙受危难而能保持正直的品德啊。等到天命已经更改了，人民得到正常的生活，于是便献出治国的大法，因此成为圣君的老师，使周朝的人们能根据这些法则来调整伦理道德而创立典章制度。故而在《尚书》中说："因箕子归来而写成了《洪范》。"这便是将治理天下的法则传授给圣明的君主。等到被封在朝鲜，推行道义来训化民俗，使德行不再鄙陋，人民不再疏远，以便发展推延殷朝宗绪，使外夷变为华夏，这便是使人民受到教化啊！所有这些崇高的品德，都集中在他的身上，天地变化发展，自己能获得其中的正"道"，难道不是伟大的人吗？

唉！当那周朝的时运尚未到来，殷朝宗庙的香火还没灭绝，比干已经死掉，微子也已离去，假如纣正作恶还不算多而自己死去，武庚能为暴乱而忧虑并力图保存社稷，国中要是没有箕子这样的人，谁和武庚一起使国家复兴并加以治理呢？这也是人事发展的一种可能性啊。这样来看箕子能忍辱含屈到这种地步，或许也有这方面的考虑吧？

唐朝的某一年，在汲郡修建了箕子的庙宇，逢年遇节便祭祀他。我敬慕先生被特别地列为《周易》中的卦"象"，便写了这篇颂。

【评析】

本文是柳宗元为汲郡建造箕子庙所写的碑文。开篇提出"凡大人之道有三：一曰正蒙难，二曰法授圣，三曰化及民"，为全文之纲目，下面便从这三个方面阐释分析箕子的坚韧品格、坚守正道的高贵品格和传承道德文化的伟大贡献。接着用比干之死、微子之装疯离开的行为来衬托箕子虽然被囚禁，在极度黑暗的环境中能够为天下苍生而坚韧活下来的意义和价值。箕子最大的贡献便是把《洪范》传授给武王，这对于华夏民族政治文化、道德文化的不断延续有极其重要的意义。而被封到朝鲜后，则用殷商文化教化当地百姓，使其成为华夏民族的一部分。这样，全文分别写出箕子正蒙难、法授圣、化及民三个方面的突出表现。此外便是"故孔子述六经之旨，尤殷勤焉"一句也值得注意。作者紧紧抓住箕子是被《周易》的卦辞和爻辞都提及的人物。因为箕子三个方面的杰出成就，故被《易经》提及，《易经》的卦辞、爻辞是周文王的，而象辞和彖辞是孔子的，能够被这样的圣人赞美，何其难也，故作者特别强调了这一点。对于突出箕子的历史地位都是很重要的。

捕蛇者说

柳宗元

永州之野产异蛇①，黑质而白章②；触草木，尽死③；以啮人④，无御之者⑤。然得而腊之以为饵⑥，可以已大风、挛踠、瘘疬⑦，去死肌，杀三虫⑧。其始，太医以王命聚之⑨，岁赋其二⑩，募有能捕之者⑪，当其租入⑫。永之人争奔走焉。

有蒋氏者，专其利三世矣⑬。问之，则曰："吾祖死于是，吾父死于是。今吾嗣为之十二年⑭，几死者数矣⑮。"言之，貌若甚戚者⑯。

余悲之，且曰："若毒之乎⑰？余将告于莅事者⑱，更若役，复若赋⑲，则何如？"

蒋氏大戚⑳，汪然出涕曰㉑："君将哀而生之乎？则吾斯役之不幸㉒，未若复吾赋不幸之甚也㉓。向吾不为斯役，则久已病矣㉔。自吾氏三世居是乡，积于今六十岁矣，而乡邻之生日蹙㉕。殚其地之出㉖，竭其庐之入㉗，号呼而转徙㉘，饥渴而顿踣㉙，触风雨，犯寒暑，呼嘘毒疬㉚，往往而死者相藉也㉛。曩与吾祖居者㉜，今其室十无一焉，与吾父居者，今其室十无二三焉，与吾居十二年者，今其室十无四五焉，非死则徙尔，而吾以捕蛇独存。悍吏之来吾乡^㉝，叫嚣乎东西^㉞，隳突乎南北^㉟，哗然而骇者，虽鸡狗不得宁焉。吾恂恂而起^㊱，视其缶^㊲，而吾蛇尚存，则弛然而卧^㊳。谨食之^㊴，时而献焉^㊵。退而甘食其土之有^㊶，以尽吾齿^㊷。盖一岁之犯死者二焉^㊸，其余，则熙熙而乐，岂若吾乡邻之旦旦有是哉！今虽死乎此，比吾乡邻之死，则已后矣，又安敢毒耶^㊹！"

余闻而愈悲。孔子曰："苛政猛于虎也^㊺。"吾尝疑乎是^㊻。今以蒋氏观之，犹信。呜呼！孰知赋敛之毒，有甚是蛇者乎？故为之说，以俟夫观人风者得焉^㊼。

【注释】

①永州：唐代属江南西道，治零陵，今湖南省永州市零陵区。②黑质而白章：黑的底色上面有白色花纹。质：质地。章：花纹。③尽死：草木会全部死亡。④啮人：咬人。⑤御之：抵挡，此处是治疗。⑥腊之：做成肉干。饵：药饵。⑦已：停止，此处是治愈。大风：麻风病。挛踠：手脚蜷曲不能伸直。瘘疠：大脖子臃肿。⑧去死肌：消除腐烂的肌肉。杀三虫：指人体内的寄生虫。⑨太医：皇宫中专用的医生。王命：圣旨。⑩岁赋其二：每年征收两次。⑪募：招募。⑫当其租入：充当他应该承担的税赋。⑬专其利：专门享有这种利益，指捕蛇抵税赋。⑭嗣为之：继承这种职业。⑮几死者数：差点被蛇咬死的情况已经好几次了。几：几乎。⑯甚戚：非常悲伤。⑰若毒之乎：你很痛恨这种工作吗？毒：以之为毒。⑱莅（lì）事：管事，指地方官。⑲更若役：变更你徭役的方式。复若赋：恢复你原来的赋税徭役。⑳大戚：非常悲伤。㉑汪然：眼泪汪汪的样子。㉒斯役：这种差役，指捕蛇上供。㉓"未若"句：没有比恢复我正常赋税更不幸。㉔向：假如以前。病：困苦窘迫。㉕日蹙：一天比一天紧迫困苦。㉖殚（dān）：竭尽、全部。㉗竭其庐：竭尽他们全家的收入。㉘号呼：哭喊号叫着。转徙：到处辗转流浪。㉙顿踣：困顿跌倒。㉚呼嘘毒疠：呼吸着有毒的空气。疠：疫气。㉛相藉：相互枕着靠着。形容死者之多。㉜曩：从前。㉝悍吏：凶悍残暴的官吏。㉞叫嚣：大喊大叫。㉟隳突：横冲直撞。㊱恂恂：小心翼翼的样子。㊲缶：瓦罐。㊳弛然而卧：心情轻松地躺下。㊴谨食之：谨慎小心喂养蛇。㊵时：到一定的时候。㊶甘食：尽情享受的意思。㊷尽吾齿：过完我的一生。㊸犯死：冒着死亡危险。㊹安敢毒：怎么敢怨恨。㊺苛政猛于虎：孔子原话，出自《礼记·檀弓下》。本义是横征暴敛比老虎更祸害人。㊻吾尝疑乎是：我曾经怀疑过这句话。㊼俟：等待；观人风者：观察民情体察民心的人。

【译文】

永州的野外出产一种奇异的蛇，它有黑色的底子和白色的花纹；这种蛇碰到草木，草木全都干枯而死；如果咬人，没有能够抵挡蛇毒的办法。然而捉到后把它晾干用来做成药饵，可以用来治愈大风、挛踠、瘘、疠，去除死肉，杀死人体内的寄生虫。起初，太医用皇帝的命令征集这种蛇，每年征收两次，招募能够捕捉这种蛇的人，抵他的赋税。永州的人都争着去做这件事。

有个姓蒋的人家，享有这种捕蛇而不纳税的好处三代了。我问他，他却说："我祖父死在捕蛇这件差事上，我父亲也死在这件事情上。现在我继承祖业干这差事也已十二年了，险些丧命也有好几次了。"说这番话时，他的神情好像非常悲伤。

我很同情他，就说："你怨恨这差事吗？我将要告诉管理政事的人，让他更换你的差事，恢复你的赋税，那么怎么样？"

蒋氏更加悲伤，满眼含泪地说："您是哀怜我，使我活下去吗？我这差事的不幸，还不如恢复我赋税遭受的不幸那么厉害呀。如果我不干这差事，那我早已困苦不堪了。自从我家三代住到这个地方，累计到现在，已经六十年了，可乡邻们的生活一天天地窘迫，把他们土地上生产出来的都拿去，把他们家里的收入也尽数拿去仍不够，只得号啕痛哭辗转逃亡，又饥又渴倒在地上，一路上顶着狂风暴雨，冒着严寒酷暑，呼吸着带毒的疫气，往往是一个接一个死去，处处死人互相压着。从前和我祖父同住在这里的，现在十户当中剩不下一户了；和我父亲住在一起的人家，现在十户当中只有不到两三户了；和我一起住了十二年的人家，现在十户当中只有不到四五户了。不是死了就是迁走了。可是我却由于捕蛇这个差事独自活下来。凶暴的官吏来到我乡，到处吵嚷叫嚣，到处骚扰，那种喧闹的样子惊扰了乡间的平静，即使是鸡狗也不得安宁！我就小心翼翼地起来，看看我的瓦罐，我的蛇还在，就放心地躺下了。我小心地喂养蛇，到规定的日子把它献上去。回家后有滋有味地吃着田地里出产的东西，来度过我的余年。大体来说，一年当中冒死的情况只是两次，其余时间我都可以快快乐乐地过日子。哪像我的乡邻们天天都在危险之中呢！现在我即使死在这差事上，比起我的乡邻就已经死在后面了，又怎么敢怨恨呢？"

听了蒋氏的诉说，我越听越悲伤。孔子说："严苛的政治比老虎还要凶猛啊！"我曾经怀疑过这句话，现在从蒋氏的遭遇来看，还真是可信的。唉！谁知道搜刮老百姓的毒害有比这种毒蛇更厉害呢！所以写了这篇文章，以期待那些考察民情的人得到它。

柳宗元因参加永贞革新失败而被贬谪到永州，本文即写于此。柳宗元当时没有任何权力，故对民间疾苦只能呼吁而已。本文通过蒋氏对其祖孙三代为免交赋税，而甘愿冒死捕捉毒蛇的自述，反映了中唐时期农民在横征暴敛、重重赋税下所过的悲惨生活，揭露了荼毒百姓苛政的深重。全文所写主旨实际和孔子"苛政猛于虎"之文有相似处。结构紧凑，主要运用对比手法，蒋氏以他"以捕蛇独存"和乡亲们"非死则徙"相对比；以他"弛然而卧"和乡亲们的惊恐相对比；以他"一岁之犯死者二"和乡邻"旦旦有是"相对比，说明捕蛇之不幸，确实"未若复吾赋不幸之甚也"。这段话极其精彩，有力突出了苛捐杂税的繁重。全文层层蓄势，揭示主旨，一泻而下，具有惊心动魄的感人力量。

种树郭橐驼传

柳宗元

郭橐驼①，不知始何名。病偻②，隆然伏行③，有类橐驼者，故乡人号之"驼"。驼闻之，曰："甚善！名我固当④。"因舍其名，亦自谓"橐驼"云。

其乡曰丰乐乡，在长安西。驼业种树⑤，凡长安豪家富人为观游及卖果者⑥，皆争迎取养⑦。视驼所种树，或移徙⑧，无不活，且硕茂⑨，蚤实以蕃⑩。他植者虽窥伺效慕⑪，莫能如也。

有问之，对曰："橐驼非能使木寿且孳也⑫，能顺木之天⑬，以致其性焉尔⑭。凡植木之性⑮，其本欲舒⑯，其培欲平⑰，其土欲故⑱，其筑欲密⑲。既然已⑳，勿动勿虑，去不复顾。其莳也若子㉑，其置也若弃㉒，则其天者全而其性得矣。故吾不害其长而已，非有能硕茂之也；不抑耗其实而已，非有能蚤而蕃之也。他植者则不然，根拳而土易㉓，其培之也，若不过焉，则不及㉔。苟有能反是者㉕，则又爱之太殷㉖，忧之太勤㉗，旦视而暮抚，已去而复顾。甚者爪其肤以验其生枯㉘，摇其本以观其疏密㉙，而木之性日以离矣㉚。虽曰爱之，其实害之；虽曰忧之，其实仇之㉛，故不我若也㉜。吾又何能为哉！"

问者曰："以子之道，移之官理㉝，可乎？"驼曰："我知种树而已，官理，非吾业也。然吾居乡，见长人者好烦其令㉞，若甚怜焉㉟，而卒以祸㊱。旦暮吏来而呼曰：'官命促尔耕[37]，勖尔植[38]，督尔获[39]，蚤缫而绪[40]，蚤织而缕[41]，字而幼孩[42]，遂而鸡豚[43]。'鸣鼓而聚之[44]，击木而召之[45]。吾小人辍飧饔以劳吏者[46]，且不得暇，又何以蕃吾生而安吾性邪[47]？故病且怠[48]。若是，则与吾业者其亦有类乎[49]？"

问者嘻曰[50]："不亦善夫[51]！吾问养树，得养人术[52]。"传其事以为官戒也[53]。

【注释】

①橐（tuó）驼：骆驼，此处指驼背。②病瘘：得了脊柱弯曲之病。③隆然伏行：后背隆起，俯伏着身子走路。④名我固当：这样来称呼我非常合适。⑤业种树：以种树为职业。⑥观游：参观游览，即园林。卖果：栽种以及贩卖水果。⑦争迎取养：争抢着迎接他、雇用他。⑧移徙：移栽。⑨硕茂：长得高大茂盛。⑩蚤实以蕃：结果实又早又多。⑪窥伺效慕：暗中观察仿效。⑫寿且孳：寿命长久而且生长得快。⑬顺木之天：顺应树木自然天性的生长规律。⑭以致其性：来顺应实现其自身的习性。⑮植木之性：移植树木的本性。⑯本欲舒：树根要舒展开。本：树根。⑰培欲平：培土要均匀，不多不少。⑱土欲故：土要旧土。⑲筑欲密：捣土要细密，不能漏风。⑳既然已：已经这样做完之后。㉑其莳也若子：移栽的时候要像对待婴儿那样精心呵护。㉒其置也若弃：移栽完后就像放弃一样。㉓根拳：树根蜷曲窝着。土易：土又换新的。㉔"其培"三句：意为培的土不是过多或者就过少。㉕"苟有"句：即使有能不这样做的。㉖爱之太殷：爱得太深了。指溺爱。㉗忧之太勤：忧患关心得太勤苦。㉘爪其肤：用手指甲抠破树皮看看是否活了。㉙摇其本：摇摇树干看看树根土培得如何。㉚日以离：一天天丧失了。㉛仇之：以之为仇。㉜不我若：不如我，赶不上我。㉝道：指栽树经验。官理：当官治理百姓。㉞长人者：地方官。好烦其令：爱好频繁发布政令。㉟若甚怜焉：好像很爱护怜惜百姓。㊱卒以祸：最终带来祸害。卒：最终。㊲促尔耕：督促你们耕种。㊳勖尔植：鼓励你们种植。㊴督尔获：督促你们收获。㊵蚤缫（sāo）而绪：早点抽好你们的蚕丝。缫：煮茧抽丝。㊶蚤织而缕：早点织好你们的布。缕：本义是线，此处是用线织布。㊷字而幼孩：养育好你们的小孩儿。字：养育。㊸遂而鸡豚：喂养大你们的鸡和猪。遂：成熟，此处指养大。㊹鸣鼓而聚：敲鼓把百姓聚集起来。㊺击木而召：敲击梆子把百姓召集起来。㊻辍飧饔：停止吃饭，即顾不上吃饭。以劳吏：来招待官吏。㊼蕃吾生：使我们得到繁衍。蕃：同"繁"。安吾性：使我们安居乐业。㊽病且怠：很困苦而且疲倦。㊾有类：有类似的地方。㊿嘻：感叹词。51不亦善夫：不也很好吗？52养人术：治民养育百姓的办法。53官戒：官吏的借鉴。

【译文】

　　郭橐驼，不知道他起初叫什么名字。他患了脊背弯曲的病，脊背凸起而弯腰行走，就像骆驼一样，所以乡里人称呼他叫"橐驼"。橐驼听说后，说："这个名字很好啊，这样称呼我确实恰当。"于是舍弃原来的名字，也自称起"橐驼"来。

　　他的家乡叫丰乐乡，在长安城西边。郭橐驼以种树为职业，凡是长安城里的富豪人家，从事园林游览和做水果买卖的人，都争着迎接他，雇用他。观察橐驼种的树，即使是移植来的，也没有不活的；而且长得高大茂盛，结果实早而且多。其他种树的人即使暗中观察，羡慕效仿，也没有谁能比得上。

　　有人问他种树种得好的原因，他回答说："橐驼我不是能够使树木活得长久而且长得很快，只不过能够顺应树木的天性，来实现其自身的习性罢了。但凡种树的方法，树根要舒展，培土要平匀，土要用原来的旧土，捣土要密实。已经这样做了，就不要再动，不要再忧虑它，离开它而不再回顾。栽种时要像对待孩子一样细心，栽好后置于一旁要像抛弃它们一样，那么树木的天性就得以保全，它的习性就得以实现。所以我只不过不妨害它的生长罢了，并不能使它长得高大茂盛；只不过不抑制、减少它的结果罢了，也并不能使它果实结得早而又多。其他种树人却不是这样，树根卷曲又换了生土；培土的时候，不是过多就是过少。如果有能够和这种做法相反的人，就又爱得太过分，关心得过了头。早晨去看看，晚上又去摸摸，已经离开，又回头看看。更严重的，甚至掐破树皮来观察它是死是活，摇晃树干来看它是否栽结实了。这样树木的天性就一天天远去了。虽然说是喜爱它，实际上是害了它，虽说是担心它，这实际上是仇恨它。所以他们都不如我。我又能做什么呢？"

　　问的人说："把你种树的方法，转用到做官治民上，可行吗？"橐驼说："我只知道种树罢了，做官治民不是我的职业。但我住在乡里，看见那些官吏喜欢不断地发号施令，好像是很怜爱百姓，但百姓最终却受到祸害。早早晚晚那些小吏跑来呼喊：'长官命令：催促你们耕地，勉励你们种植，督促你们收获，早些煮茧抽丝，早些织你们的布，养育你们的小孩儿，喂大你们的鸡和猪。'一会儿打鼓招聚大家，一会儿敲梆子召集大家，我们这些小百姓停止吃饭去慰劳那些小吏尚且不得空暇，又怎能使我们繁衍生息、民心安定呢？所以我们既困苦又疲乏，像这样，与我种树的行当大概也有相似的地方吧？"

　　问的人说："不也是很好吗？我问种树的方法，得到了治民的方法。"我记录这件事把它作为官吏们的鉴戒。

【评析】

本文名为人物传记，实际是寓言性说理文——通过记述郭橐驼种树之法，揭示为官治民的道理；从这个意义上，又可说是政论，论述无论种树还是治民，都应摸清事物发展规律，做到"顺天致性"，而不能"好烦其令"，骚扰人民。

作者不仅在思想主旨方面继承、应用了庄子的观点，而且，在写作技巧上，也学习、借鉴了庄子的艺术表现手法：借传立说，大胆创新，别开生面；塑造畸形残疾的主人公形象，丑外慧中，独有风致；以记言为主，记言中穿插描写、叙事，错落有致；寓理于事，语言生动，亦庄亦谐，引人入胜。类比之法，贯穿全篇，叙事说理，极其高明。以种树类比治民，用"顺木之天，以至其性"类比与民生息，用"其莳也若子"类比爱护关心百姓，用"其置也若弃"类比不扰民，都极其生动形象，增强了说服力。

梓人传

柳宗元

裴封叔之第①，在光德里。有梓人款其门，愿佣隙宇而处焉②。所职寻引规矩绳墨③，家不居砻斫之器④。问其能，曰："吾善度材⑤，视栋宇之制⑥，高深圆方短长之宜，吾指使而群工役焉⑦。舍我，众莫能就一宇。故食于官府，吾受禄三倍⑧；作于私家，吾收其直太半焉⑨。"他日，入其室，其床阙足而不能理，曰："将求他工。"余甚笑之，谓其无能而贪禄嗜货者。

其后京兆尹将饰官署，余往过焉。委群材⑩，会群工，或执斧斤，或执刀锯，皆环立。向之梓人左持引，右执杖，而中处焉⑪。量栋宇之任⑫，视木之能举⑬，挥其杖，曰："斧！"彼执斧者奔而右；顾而指曰："锯！"彼执锯者趋而左。俄而，斤者斫，刀者削，皆视其色，俟其言，莫敢自断者。其不胜任者，怒而退之，亦莫敢愠焉⑭。画宫于堵，盈尺而曲尽其制⑮，计其毫厘而构大厦，无进退焉⑯。既成，书于上栋曰："某年、某月、某日、某建"。则其姓字也。凡执用之工不在列。余圜视大骇⑰，然后知其术之工大矣。

继而叹曰：彼将舍其手艺，专其心智，而能知体要者欤！吾闻劳心者役人，劳力者役于人⑱。彼其劳心者欤！能者用而智者谋，彼其智者欤！是足为佐天子，相天下法矣。物莫近乎此也⑲。彼为天下者，本于人。其执役者为徒隶，为乡师里胥；其上为下士；又其上为中士，为上士；又其上为大夫，为卿，为公。离而为六职⑳，判而为百役㉑。外薄四海，有方伯连率㉒。郡有守㉓，邑有宰㉔，皆有佐政㉕；其下有胥吏，又其下皆有啬夫、版尹㉖，以就役焉。犹众工之各有执伎以食力也。彼佐天子相天下者，举而加焉，指而使焉，条其纲纪而盈缩焉㉗，齐其法制而整顿焉；犹梓人之有规矩绳墨以定制也。择天下之士，使称其职；居天下之人，使安其业。视都知野，视野知国，视国知天下，其远迩细大，可手据其图而究焉㉘，犹梓人画宫于堵而绩于成也。能者进而由之，使无所德㉙；不能者退而休之，亦莫敢愠。不炫能，不矜名，不亲小劳，不侵众官，日与天下之英才，讨论其大经㉚，犹梓人之善运众工而不伐艺也㉛。夫然后相道得而万国理矣。相道既得，万国既理，天下举首而望曰："吾相之功也！"后之人循迹而慕曰："彼相之才也！"士或谈殷周之理者，曰伊、傅、周、召㉜。其百执事之勤劳㉝，而不得纪焉；犹梓人自名其功，而执用者不列也。大哉相乎！通是道者，所谓相而已矣。其不知体要者反此；以恪勤为公㉞，以簿书为尊㉟，炫能矜名，亲小劳，侵众官，窃取六职、百役之事，听听于府庭㊱，而遗其大者远者焉，所谓不通是道者也。犹梓人而不知绳墨之曲直，规矩之方圆，寻引之短长，姑夺众工之斧斤刀锯以佐其艺，又不能备其工，以至败绩，用而无所成也㊲，不亦谬欤！

或曰："彼主为室者，傥或发其私智，牵制梓人之虑，夺其世守，而道谋是用㊳。虽不能成功，岂其罪耶？亦在任之而已！"余曰："不然！夫绳墨诚陈，规矩诚设，高者不可抑而下也，狭者不可张而广也。由我则固，不由我则圮㊴。彼将乐去固而就圮也，则卷其术，默其智，悠尔而去。不屈吾道，是诚良梓人耳！其或嗜其货利㊵，忍而不能舍也，丧其制量㊶，屈而不能守也，栋桡屋坏㊷，则曰：'非我罪也！'可乎哉？可乎哉？"余谓梓人之道类于相，故书而藏之。梓人，盖古之审曲面势者㊸，今谓之"都料匠"云。余所遇者杨氏，潜其名。

【注释】

①裴封叔：人名，柳宗元妹夫。②梓人：木工，建筑工匠。款：叩。佣：租。隙宇：空房。③职：掌管。寻、引：度量工具。规：圆规。矩：曲尺。绳墨：墨斗。④砻：磨。斫：砍。即木

工工具。⑤度：衡量。⑥栋宇：房屋。制：形制和规模。⑦群工：众多工匠。役：劳动。⑧禄：俸禄，工资。⑨直：通"值"，工钱。⑩委：堆积。⑪中处：处在中间。⑫任：需要。⑬举：木材能够担当的材料。⑭愠：怨恨、生气。⑮堵：墙壁。曲：委曲细致。⑯进退：这里指差错。⑰圜（huán）视：瞪大眼睛看。⑱"吾闻"两句：这两句话出自《孟子·滕文公上》。原文是：劳心者治人，劳力者治于人。⑲物：事物。近乎此：近于此。⑳六职：指中央政府的吏、户、礼、兵、刑、工六部。㉑判：分开。百役：各种具体差事。方伯：古代诸侯的领袖。率：同"帅"，盟主、统帅；二者均指地方长官。㉓郡：州郡，县以上行政机构，长官称太守。㉔邑：县镇。宰：指县令。㉕佐政：协助太守县令工作的副职。㉖啬夫：相当于乡官，主管诉讼和赋税。版尹：管户口的小官。㉗盈缩：扩大或缩小，这里是变通的意思。㉘究：推究，考察。㉙德：感恩戴德。㉚大经：大政方针。㉛运：运用，指挥。伐：炫耀。㉜伊、傅、周、召：伊尹、傅说、周公、召公。㉝百执事：办理各种具体事务的官员。㉞恪勤：谨慎勤劳。㉟簿书：官府公文。㊱听听：争辩的样子。㊲用而：因而。㊳道谋：过路人的意见。㊴圮：倒塌。㊵嗜其货利：爱好贪图其财货。㊶制量：制度和规矩。㊷桡：弯曲。㊸审曲面势：审查各种原材料的用途。

【译文】

　　裴封叔的家宅在光德里。有位木匠敲他的门，希望租间空屋子居住，他的职务是执掌些度量长短、规划方圆和校正曲直的工具；家里也不准备磨砺和砍削的器具。问他有什么能耐，他说："我善于观测各种木材，观看房屋的式样和结构，高深，圆方，短长的尺度；我指挥驱使而由众工匠去干。离了我，大家就不能建成一栋房子。所以被官府供养，我得到的奉禄比别人多三倍；在私人家里干活，我取全部报酬的一大半。"有一天，我进了他的住屋。他的床缺了腿却不能修理，说："将要请别的工匠来修理。"我很耻笑他，说他是没有才能却贪图俸禄喜爱钱财的人。

　　后来，京兆尹将要修饰官衙的房屋，我前往路过那里。那里蓄积了大量木材，招集了许多工匠。有的拿着斧斤，有的拿着刀锯，都围成一圈站着。先前说的那位木匠，左手拿着长尺，右手拿着木杖，站在中间。他衡量房屋的承担情况，察看木料的性能酌情选用。挥动他的木杖说："用斧子砍！"那拿斧子的就跑到右边去砍；回头指着木料说："用锯子锯！"那拿锯的就跑到左边去锯。不一会儿，拿斧子的砍，拿刀的削，全都看着他的脸色，等待他的发话，没有一个敢自作主张的。那些不能胜任的人，被他愤怒地斥退了，也不敢有一点怨恨。他在墙上绘了官署房子的图样，刚满一尺大小的图样却细致详尽地画出了它的建筑构造。按照图上微小的尺寸计算，

461

建造起的高楼大厦，没有一点误差的地方。已建成后，在上栋上写道：某年某月某日某某修建，原来是他的姓名，凡是被他役使的工匠都不在上面列名。我围绕着一看，感到非常惊讶，然后才知道他技术的精湛和伟大啊！

接着我就感叹地说，他大概是放弃手艺，专门使用思想智慧，能知道全局要领的人吧？我听说"劳心的人役使别人，劳力的人被别人役使"；他大概是劳心的人吧？有一般技艺的人出力劳动，有才智的人出谋划策，他大概是有才智的人吧？这足可以被辅佐天子、做宰相的人所效法学习！事情没有比这再相近似的了。宰相治理天下，出自他自己的心。给他干活的是劳工仆隶，是乡长里长，再往上是下士，又往上是中士，是上士，再往上是大夫，是卿，是公。具体分工就是六部，再分工就是各种具体工作。对外一直统辖四海之地，有地方大吏和军队统帅。州郡有太守，县邑有令长，都有辅佐的官吏，下面又有小吏，下面又有主管赋税和户口的工作人员，而各就各位。这就好像众工人各自有自己的手艺而靠力气吃饭。那位辅佐天子而治理天下的宰相，提出举措而加给他们，指挥而役使他们，制定出各种规章制度而有一定灵活性，整齐其法令制度而进行整顿，这就好像梓人有正方圆和定曲直的工具而绘制出图样似的。选择天下的官吏，使他们适合自己的职务；安置天下的老百姓，使他们安居乐业。看了国都就了解了郊外，看了郊外就了解了诸侯国，看了诸侯国就了解整个天下。那些远近大小的国事，可以根据手中的图本来研究和了解。这就好像梓人在墙上绘画官署房子的图样而完成工程一样。把有才能的人提拔上来，并充分发挥他的本领，使他不必对任何人感恩戴德；把没有才能的人辞退，让他休息，他也不敢恼恨。不炫耀才能，不矜持名节，不亲自去做那些微小琐碎的事情，不干涉众官的工作，每天和天下杰出的人才一起讨论治理国家的根本道理。这就像梓人善于运用众工匠而不自夸手艺一样。这样以后，才算懂得了做宰相的道理，各诸侯国才得到了治理。做宰相的方法真正掌握好，全国各地真正治理好了，天下的人就会抬头仰望说："这是我们宰相的功劳啊！"后人也会根据史书记载的事迹而羡慕说："这是那宰相的才能啊！"士人有谈到商周之大治的盛事时，都说是伊尹、傅说、周公、召公。那些具体辛苦办事的人，而不能被历史记载。这就好像那位工程师自己记载他的功劳，而那些具体干活的人不能列名一样。做宰相的道德和才能真是至大至高啊。明白和能够驾驭这个道理的人，才是真正的宰相。那些不知道全局要领的人却与此相反。他们以谨小慎微、忙忙碌碌为大事，以抄写官署中的文书、簿册为重责，夸耀自己的才能，自尊自大，亲自去做那些微小琐碎的事情，干涉众

462

官的工作，侵夺部下官吏应做的事拿来自己做，并扬扬得意地在相府夸耀自己，却丢掉了那些重大的、长远的事情，这是所说的不懂得做宰相的道理的人。这就像梓人不懂得绳墨可正曲直，规矩可画方圆，寻引可量短长，暂且夺取工匠们的斧子刀锯来帮助他们发挥技艺，却又不能完成他们的工作，以至于事情失败，因而没有成就一样。这不也是错误的吗？

有人说："如果建造房子的主人，依凭他自己的知识，而干涉木匠师傅的规划，不采用师傅世代相传的悠久经验，而采用道听途说的意见。即使不能成功，难道也是木匠师傅的过错吗？也需要主人信任罢了。"我说："不是这样！因为绳子、墨线确实测量过，圆规和方尺也都使用过，高的地方不可以变低，狭小的不可以随意扩大。如果按照我的设计画，房子就很坚固，不按照我的设计图，房子就会倾倒。如果主人甘于房舍不坚而认可坍塌，木匠师傅只好带着自己的技术和智慧，欣然离去。坚持自己的主张，不妥协，这才是真正的好木匠师哇！反之，如果贪图钱财，容忍主人的干涉，不愿意离去，不坚持房子的建筑原则，有一天，栋梁歪了，房子倾倒了，木匠师傅就推卸说：'这不是我的过错呀！'可以这样吗？可以这样吗？"我认为：因为木匠师傅之道与宰相之道很类似，所以特别写下来，然后收藏起来。在古代，木匠师傅又称呼为"审曲面势"的人，在今天，则被称为"监督建筑之人"。我所遇到的这位木匠师傅，他姓杨名潜。

【评析】

本文通过一位梓人"善度材""善用众工"的故事，生动形象阐明了当宰相治理国家的道理。"择天下之士，使称其职"；梓人"其不胜任者，怒而退之，亦莫敢愠焉"。与宰相"能者进而由之，使无所德。不能者退而休之，亦莫敢愠"是一样的。从而说明管理者应该使用思想智慧，细致掌握全局要领。不要自尊自大，虚图功名，不要亲自去做那些微小琐碎的事情，要信任下属，且不干涉下属人员的工作。这才是宰相和地方当政者应有的态度和作风。而谨小慎微，表面看忙忙碌碌，以微小琐碎之事为要，干涉下属工作，侵夺下属应做的事，并夸耀自己，没有全局观，丢掉了那些重大长远之事。这是不懂管理的人才干的事，是不会收到好效果的。这在中唐是政界普遍存在的问题，即政令繁苛，劳民伤财。这是柳宗元非常关注的问题。文中通篇用类比推理的方式，句句在写梓人，又句句在类比宰相，两者无论在宏观还是具体细节上都非常相似，故收到很好的效果。把抽象的道理阐释得极其形象生动。

其手法和《种树郭橐驼传》很类似，是柳宗元文章风格之一大特点。

愚溪诗序

柳宗元

灌水之阳有溪焉①，东流入于潇水②。或曰："冉氏尝居也，故姓是溪为冉溪。"或曰："可以染也，名之以其能，故谓之染溪。"余以愚触罪，谪潇水上，爱是溪，入二三里，得其尤绝者家焉。古有愚公谷③，今余家是溪，而名莫能定，土之居者犹龂龂然④，不可以不更也，故更之为愚溪。

愚溪之上，买小丘，为愚丘。自愚丘东北行六十步，得泉焉，又买居之，为愚泉。愚泉凡六穴，皆出山下平地，盖上出也，合流屈曲而南，为愚沟。遂负土累石，塞其隘，为愚池。愚池之东为愚堂。其南为愚亭。池之中为愚岛。嘉木异石错置，皆山水之奇者，以余故，咸以愚辱焉。

夫水，智者乐也⑤；今是溪独见辱于愚，何哉？盖其流甚下，不可以灌溉；又峻急，多坻石，大舟不可入也；幽邃浅狭，蛟龙不屑，不能兴云雨，无以利世；而适类于余，然则虽辱而愚之，可也。

甯武子"邦无道则愚"⑥，智而为愚者也；颜子"终日不违如愚"⑦，睿而为愚者也。皆不得为真愚。今余遭有道，而违于理，悖于事，故凡为愚者，莫我若也。夫然，则天下莫能争是溪，余得专而名焉。

溪虽莫利于世，而善鉴万类⑧，清莹秀澈，锵鸣金石⑨，能使愚者喜笑眷慕，乐而不能去也。余虽不合于俗，亦颇以文墨自慰，漱涤万物，牢笼百态⑩，而无所避之。以愚辞歌愚溪，则茫然而不违，昏然而同归，超鸿蒙⑪，混希夷⑫，寂寥而莫我知也。于是作《八愚诗》，记于溪石上。

【注释】

①灌水：湘江支流，在今广西壮族自治区东北部。②潇水：湘江支流，在湖南零陵县入湘江。③愚公谷：在今山东淄博市北。④龂龂（yín yín）然：争辩的样子。⑤智者乐：《论语·雍也》："子曰：知者乐水，仁者乐山。"⑥甯武子：春秋时卫国大夫。《论语·公冶长》：子曰："甯武子，邦有道，则知；邦无道，则愚。其知可及也，其愚不可及也。"⑦颜子：颜回。《论语·为

政》: 子曰:"吾与回言终日,不违,如愚。退而省其私,亦足以发,回也不愚。"⑧鉴:映照。
⑨锵鸣金石:水流能够发出金石般的声音。⑩牢笼百态:包罗囊括各种人情世态。⑪鸿蒙:指
无所不在之宇宙之气,极宏观。⑫希夷:无声无色,极其微观的景象。《道德经》十四章:视之
不见名曰夷。听之不闻名曰希。

【译文】

灌水的北面有一条小溪,往东流入潇水。有人说,过去有个姓冉的住在这里,
所以把这条溪水叫作冉溪。还有人说,溪水可以用来染色,用它的功能命名为染
溪。我因愚犯罪,被贬到潇水。我喜爱这条溪水,沿着它走了二三里,发现一个
风景绝佳的地方,就在这里安家。古代有愚公谷,如今我把家安置在这条溪水旁,
而它的名字没有确定,当地的居民还在争论不休,看来不能不改名了,所以把它
定名为愚溪。

我在愚溪上面买了个小丘,叫作愚丘。从愚丘往东北走六十步,发现一处泉水,
我又买下来据为己有,称它为愚泉。愚泉共有六个泉眼,都在山下平地,泉水都是
往上涌出的。泉水合流后弯弯曲曲向南流去,经过的地方就称作愚沟。于是运土堆
石,堵住狭窄的泉水通道,筑成了愚池。愚池的东面是愚堂,南面是愚亭。池子中
央是愚岛。美好的树木和奇异的岩石参差错落。这些都是山水中瑰丽的景色,全都
因为我的缘故而用愚字玷污了它们。

水是聪明人所喜爱的。可现在这条溪水竟然被愚字辱没,这是为什么呢?因为
它水道很低,不能用来灌溉。又险峻湍急,有很多浅滩和石头,大船进不去;幽深浅
狭,蛟龙又不屑于此,不能兴起云和雨,对世人没有什么好处,正恰恰很像我。既
然如此,即使是屈辱用愚字来称呼它,也是可以的。

宁武子"政治黑暗时就显得愚蠢",是聪明人故意装糊涂。颜回"从来不提与老
师不同的见解,像是很愚笨",那是明智的人而故意表现得很愚笨。他们都不是真正
的愚笨。如今我在政治清明时却做出与事理相悖的事情,所以再没有像我这么愚蠢
的人了。故天下谁也不能和我争这条溪水,我有给它命名的专利。

溪水虽然对世人没有什么好处,可它却能够映照万物,清秀明澈,能发出金石
般的响声,能使愚蠢的人喜笑颜开,对它眷恋爱慕而不忍离去。我虽然不合世俗,
也很能用文章来自我安慰,描绘洗涤万物,捕捉摹写各种情态,世间万象没有什么
能够逃得出我的笔墨。我用愚笨的言辞歌唱愚溪,觉得茫茫然没什么悖于事理的,

昏昏然似乎都是一样的归宿，超越天地尘世，融入玄虚静寂之中，而寂寞寥廓之中没有谁能真正理解我。于是创作《八愚诗》，记在溪石上。

【评析】

这是柳宗元为他的《八愚诗》所写的序。《八愚诗》是柳宗元被贬永州后为排遣郁积在心中之愤懑不平而写的一组诗，已亡佚。本文通篇以一个"愚"字点染成文。作者也以"愚"自称，以"愚"称溪，并由此而引申为八愚，为自己高才远志而横遭排挤打击，被贬谪到如此荒远之所而抒发一腔愤慨之情。他引出历史上的宁武子和颜回的智者之愚和睿者之愚为例，说明自己才是真愚。宁武子和颜回之愚是现实生活的需要，也是主动为之的。而自己是被迫的，是无奈之愚。最后以美景自美而智者自智为结尾，暗喻极高的自负和高傲的精神。全文以"愚"字为筋脉，从"予以愚触罪"，到"以愚辞歌愚溪"，充分表达一个遭受严重打击的正直士大夫的愤世嫉俗之情，对封建社会的黑暗进行了有力的控诉。

永州韦使君新堂记

柳宗元

将为穹谷嵁岩渊池于郊邑之中①，则必辇山石②，沟涧壑③，陵绝险阻④，疲极人力，乃可以有为也。然而求天作地生之状，咸无得焉。逸其人，因其地，全其天，昔之所难，今于是乎在。

永州实惟九疑之麓⑤。其始度土者⑥，环山为城。有石焉，翳于奥草⑦；有泉焉，伏于土涂。蛇虺之所蟠⑧，狸鼠之所游。茂树恶木，嘉葩毒卉，乱杂而争植，号为秽墟。

韦公之来，既逾月，理甚无事。望其地，且异之。始命芟其芜⑨，行其涂⑩。积之丘如，蠲之浏如⑪。既焚既酾⑫，奇势迭出。清浊辨质，美恶异位。视其植，则清秀敷舒；视其蓄⑬，则溶漾纡余⑭。怪石森然，周于四隅。或列或跪，或立或仆，窍穴逶邃⑮，堆阜突怒。乃作栋宇，以为观游。凡其物类，无不合形辅势，效伎于堂庑之下。外之连山高原，林麓之崖，间厕隐显⑯。迩延野绿，远混天碧，咸会于谯门之内⑰。

已乃延客入观，继以宴娱。或赞且贺曰："见公之作，知公之志。公之因土而得胜，岂不欲因俗以成化？公之择恶而取美，岂不欲除残而佑仁？公之蠲浊而流清，岂不欲废贪而立廉？公之居高以望远，岂不欲家抚而户晓？夫然，则是堂也，岂独草木土石水泉之适欤？山原林麓之观欤？将使继公之理者，视其细知其大也。"宗元请志诸石，措诸壁^⑱，编以为二千石楷法^⑲。

【注释】

①穹谷：深谷。嵁（kān）岩：峭壁。渊池：深地。②辇（niǎn）：人推或拉的车，这里用如动词，用车装载的意思。③沟：这里用作动词，沟通，开凿的意思。④陵绝：超越。⑤九疑：即九嶷山，在今湖南宁远县境内。⑥度（duó）：量度，这里有勘测规划的意思。⑦翳（yì）：遮蔽。奥草：深草。⑧虺（huǐ）：一种毒蛇。蟠：盘屈而伏。⑨芟（shān）：割除。芜：荒草。⑩行：流通，流动。这里是疏导的意思。⑪蠲（juān）：清洁，使动用法。浏如：水清澈的样子。⑫釃（shī）：疏导。⑬蓄：指积蓄的湖水。⑭溶漾：水动荡的样子。纡（yū）余：曲折萦绕。⑮窍穴：这里指山洞。逶邃（suì）曲折深远。⑯间厕：参加，这里是交错的意思。⑰谯（qiáo）门：古代建筑在门楼上用以瞭望的楼。⑱措：放置。这里是嵌置的意思。⑲编：指编入书籍。二千石：汉代郡守的俸禄为二千石，后来习惯也称州郡一级的长官为二千石，这里指州刺史。

【译文】

如果打算在城邑中营造幽谷、峭壁和深池，那就必须运载山石，开凿山涧沟壑，逾越险阻，耗尽人力，才可能办到。可是要想有那种天造地设的景致，则完全不可能。而不必耗费民力，因地制宜，且能保持天然之美，这在过去很难办到，如今在这里却出现了。

永州实际在九嶷山麓，最初在这里测量规划的人，也曾环绕着山麓建起城市。这里有山石，却被茂密的草丛遮蔽着；这里有清泉，却埋藏在污泥之下，成了毒蛇盘踞、狐狸老鼠出没优游的地方。嘉树和恶木，鲜花与毒草，混杂一处，竞相疯长。因此永州被称为荒凉芜杂之所。

韦公来到永州，过了一个月，州政大治，没有多少事情。他望着这块土地，感到它很不平常，才让人铲除荒草，挖去污泥。铲下来的草堆积如山，疏通后的泉水晶莹清澈。烧掉了杂草，疏通了清泉，奇特的景致层出不穷。清秀和污浊分开了，美景代替了荒凉。看那树木，则清秀挺拔，枝叶舒展；看那湖水，则微波荡漾，曲折萦回。怪石森然繁密，环绕四周。有的排队，有的跪拜，有的站立，有的卧倒。石洞曲折幽深，石山突兀高耸。于是在此建造厅堂，作为观赏游玩的地方。所有的怪石草木无不适应地形地势，献技于堂庑之下。新堂之外，是连绵的山脉和高原，林木覆盖的山脚悬崖，穿插交错，或隐或现。绿色的原野从近处伸向远方，跟碧蓝的天空连成一体。这一切，都汇集在门楼之内。

新堂盖好后，使君便邀请客人前来参观，接着又设宴娱乐。有的一边赞誉，一边祝贺说："看到您修建这新堂，便知道您的心志。您随着地势开辟出胜景，难道不就是想顺着当地的风俗来形成教化吗？您铲除恶木毒草而保留嘉树鲜花，难道不就是想铲除凶暴而保护仁者吗？您挖除污泥而使清泉流淌，难道不就是想除去贪污而提倡廉洁吗？您登临高处而纵目远望，难道不就是想让每个家庭都得到安抚和了解吗？如果这样，那么建这个新堂难道仅仅是为了草木土石清泉流水之赏心悦目吗？或是为了观赏山峦、原野和树林的景色吗？应该是希望继使君后治理这个州的人，能够通过这件小事而懂得治民的大道理啊！"宗元请求把这篇记文镌刻在石板上，嵌在墙里，编入书中，作为刺史的楷模法式。

【评析】

韦使君是韦宙，元和七年（812）到永州任刺史。一个月后，利用一块荒芜的高地修建一个堂，成为一处美景。柳宗元写作此文记载之。其性质有点类似《岳阳楼记》。开头先发表造景不如借景，执政者要因地制宜而不应劳民伤财大兴土木的议论。"逸其人，因其地，全其天，昔之所难，今于是乎在。"这引出记文的主旨。这个人就是韦使君。下面通过建堂前后的对比，表现新堂的美妙景色，并引发出后面的政治见解，即要与民休息、执政为民、关心民生的执政理念。这与其《捕蛇者说》《种树郭橐驼传》所表现的观点是一致的。前面写景一段："始命芟其芜，行其涂。积之丘如，蠲之浏如。既焚既酾，奇势迭出。清浊辨质，美恶异位。"与后面的议论——"公之因土而得胜，岂不欲因俗以成化？公之择恶而取美，岂不欲除残而佑仁？公之蠲浊而流清，岂不欲废贪而立廉？公之居高以望远，岂不欲家抚而户晓？"形成对应关系，前有伏笔，后有照应，文思缜密，脉络清晰。最后篇末点题，可以作为州级官吏的楷模。

钻鉧潭西小丘记

柳宗元

得西山后八日^①，寻山口西北道二百步^②，又得钻鉧潭^③。西二十五步，当湍而浚者为鱼梁^④。梁之上有丘焉，生竹树。其石之突怒偃蹇^⑤，负土而出，争为奇状者，殆不可数。其嵚然相累而下者^⑥，若牛马之饮于溪；其冲然角列而上者^⑦，若熊罴之登于山。

丘之小不能一亩^⑧，可以笼而有之。问其主，曰："唐氏之弃地，货而不售^⑨。"问其价，曰："止四百。"余怜而售之^⑩。李深源、元克己时同游，皆大喜，出自意外。即更取器用，铲刈秽草^⑪，伐去恶木，烈火而焚之。嘉木立，美竹露，奇石显。由其中以望，则山之高，云之浮，溪之流，鸟兽之遨游，举熙熙然回巧献技^⑫，以效兹丘之下^⑬。枕席而卧，则清泠之状与目谋^⑭，瀯瀯之声与耳谋^⑮，悠然而虚者与神谋，渊然而静者与心谋。不匝旬而得异地者二^⑯，虽古好事之士，或未能至焉。

噫！以兹丘之胜，致之沣、镐、鄠、杜^⑰，则贵游之士争买者，日增千金而愈不可得。今弃是州也，农夫渔父过而陋之，价四百，连岁不能售。而我与深源、克己独喜得之，是其果有遭乎^⑱！书于石，所以贺兹丘之遭也。

【注释】

①西山：山名。在今湖南永州市零陵区西。柳宗元《永州八记》第一篇便是《始得西山宴游记》。②寻：通"循"，沿着。道：这里是行走的意思。③钻鉧（gǔ mǔ）潭：潭名。钻鉧：熨斗。潭的形状像熨斗。故名。④湍：急流。浚（jùn）：深水。鱼梁：用石砌成的拦截水流、中开缺口以便捕鱼的堰。⑤突怒：形容石头凸出隆起。偃蹇（yǎn jiǎn）：形容石头高耸的姿态。⑥嵚（qīn）然：倾斜。相累：相互重叠，彼此挤压。⑦冲（chòng）然：向上或向前的样子。角列：争取排到前面去。⑧不能：不足，不满，不到。⑨货：卖，出售。不售：卖不出去。⑩怜：爱惜。售之：买进它。这里的"售"是买的意思。⑪更：轮番，一次又一次。器用：器具，工具。刈（yì）：割。⑫举：全。熙熙然：和悦的样子。回巧：呈现巧妙的姿态。技：指景物姿态各自的特点。⑬效：效力，尽力贡献。兹：此，这。⑭清泠（líng）：形容景色清凉明澈。谋：这里是接触的意思。⑮瀯瀯（yíng yíng）：象声词，像水回旋的声音。⑯匝（zā）旬：满十天。匝：周。旬：十天为一旬。⑰沣（fēng）：水名。流经长安（今陕西西安市）。镐：地名。在今西安市西南。鄠（hù）：地名，

在今陕西户县北。杜：地名。在今陕西长安县东南。⑱其：岂，难道。遭：遇合，运气。

【译文】

在我游览西山后的第八天，循着山口向西北走两百步，又发现了钴鉧潭。离潭西二十五步，正当水深流急的地方是一道坝。坝顶上有一座小丘，上面长着竹子和树木。小丘上的石头拔地而起曲折起伏，破土而出，争奇斗怪，几乎多得数不清。那些重叠着相负而下的，好像牛马俯身要到小溪去喝水；那些高耸突出，而你争我夺往上冲的，好像是熊在登山。

这小丘小得不足一亩，可以装到笼子里占为己有。我打听它的主人是谁，有人说："这是唐家不要的地方，想出售而没人买。"问它的价钱，说："只要四百文。"我很喜欢它，就买了下来。李深源、元克己这时和我一起游览，他们都非常高兴，以为是出乎意料的收获。我们就轮流拿起镰刀、锄头，铲去杂草，砍掉那些乱七八糟的树，点起大火把它们烧掉。好看的树木竹子显露出来，奇峭的石头也呈现出来。站在其中眺望，只见四面的高山，天上的浮云，潺潺的溪流，飞禽走兽的遨游，全都自然融洽地呈巧献技，表演在这小丘之下。枕石席地而卧，清澈明净的溪水使我眼目舒适，潺潺的水声分外悦耳，那悠远寥廓恬静幽深的境界使人心旷神怡，那深沉宁静的感受令人心非常恬淡静谧。不满十天就得到二处风景胜地，即使古代爱好山水的人士，也许没有到过这种机遇。

唉！凭着这小丘优美的景色，如果把它放到京都附近的沣、镐、鄠、杜等地，那么，喜欢游览观赏的人士会争先恐后地来买它，每天增加重价恐怕也买不到。如今被抛弃在这荒僻的永州，连农民、渔夫走过也瞧不上眼，售价只有四百文钱，一连几年也卖不出去。而我和深源、克己独独为了得到它而高兴，这个小丘难道真的有遇合吗？我把这篇文章写在石碑上，用来祝贺这小丘的遇合。

【评析】

本篇是《永州八记》第三篇。小丘的形势主体是石，柳宗元运用拟人化手法，着重描写石的"奇"。"突怒偃蹇"，不仅写出形状，更写出神态，再进一步，用"负土而出"的"出"字，又写出石的动作。"其嵌然相累而下者，若牛马之饮于溪；其冲然角列而上者，若熊罴之登于山"两句想象奇妙，比喻生动细致，拟物精妙绝伦。然而如此美好奇特之小丘，却是"弃地"。于是作者怜而买之。得到小丘后，"即更取器用，铲刈秽草，伐去恶木，烈火而焚之”。这番去除务尽、保护美好的行动，是对自然界秽草恶木的憎恶，也委婉传达出作者对社会邪恶势力的深恶痛绝。具有声东击西、指桑骂槐的艺术效果。经过一番治理后，嘉木美竹奇石一下子展现在新主人面前，小丘恢复了它天然幽美的风姿。小丘因为作者和他的朋友所赏识，从而彻底地改变命运，而这仅仅是偶然的机缘巧合。如此前写小丘之胜，后写弃掷之感，高兴之余顿觉凄清，转折之中独见幽怜。名为小丘，实为作者自己的命运而已。

这篇文章之主旨不在于描摹自然风景，而是借以抒发作者自己的忧愤。他慨叹这样美好的风景被遗弃而无人赏识，正是借以倾吐自己抱负才能被埋没、遭受打击的不平之鸣。可以说，永州山水之美就是柳宗元人格美的艺术写照，是人为美与自然美交响的精彩华章。

小石城山记

柳宗元

自西山道口径北，逾黄茅岭而下①，有二道：其一西出，寻之无所得；其一少北而东②，不过四十丈，土断而川分③，有积石横当其垠④。其上，为睥睨梁欐之形⑤；其旁出堡坞⑥，有若门焉，窥之正黑，投以小石，洞然有水声⑦，其响之激越⑧，良久乃已。环之可上，望甚远。无土壤而生嘉树美箭⑨，益奇而坚。其疏数偃仰⑩，类智者所施设也⑪。

噫！吾疑造物者之有无久矣⑫，及是，愈以为诚有。又怪其不为之于中州⑬，而列是夷狄⑭，更千百年不得一售其伎⑮，是固劳而无用，神者倘不宜如是⑯，则其果无乎？或曰："以慰夫贤而辱于此者。"或曰："其气之灵⑰，不为伟人，而独为是物。故楚之南，少人而多石。"是二者，余未信之。

【注释】

①黄茅岭：在今湖南省永州市零陵区西面。②少：稍、略。③土断：山势突然断落，形成峭壁。④垠：边际、界限。⑤睥睨：通"埤堄"，城上如齿状的矮墙。梁欐：栋梁。这里指山石堆积形似城上望楼一类的建筑。⑥堡坞：像小城堡的石头。⑦洞然：石子击水声。⑧激越：声音高亢激昂。⑨箭：小竹子。⑩疏数偃仰：疏密起伏。数：密。偃：俯。⑪类：好像。⑫造物者：

古人指创造万物的神灵。⑬中州：中原地区。⑭夷狄：古时对少数民族的称呼，这里指少数民族聚居的荒远地区。⑮"更千百"句：经历千百年却不能一献其优美景致而被人们所赏识、承认。更：经过。⑯不宜如是：不应这样做，即徒劳地把小石城山安排在荒僻的永州。⑰气之灵：地气的灵秀。

【译文】

　　从西山路口一直向北走，越过黄茅岭而往下，有两条路：一条向西走，沿着它走过去看不到什么好景色；另一条稍微偏北又折向东去，只走了四十丈，路就被一条河流截断了，有积石横挡在这条路的尽头。石山顶部天然生成矮墙和栋梁的形状，旁边又凸出一块好像堡垒，有一个像门的洞。从洞往里探望一片漆黑，丢一块小石子进去，"咚"的一下有水响声，那声音还很洪亮，好久才消失。石山可以盘绕着登到山顶，站在上面可以望得很远。山上没有泥土却长着很好的树木和竹子，而且更显得形状奇特质地坚硬。竹木分布疏密有致，高低参差，好像是有智慧的人特意布置的。

　　唉！我怀疑造物者的有无已经很久了，到了这儿，更以为造物者确实是有的。但又奇怪他不把这小石城山安放到人烟辐辏的中原地区去，却把它摆在这荒僻遥远的蛮夷之地，即使经过千百年也没有一次可以显示自己奇异景色的机会，这简直是白耗力气而毫无用处，如果有神灵的造物者是不会这样做的。那么造物者果真没有吧？有人说："造物者之所以这样安排是用这佳胜景色来安慰那些被贬逐在此地的贤人。"也有人说："这地方山川钟灵之气不孕育伟人，而唯独凝聚成这奇山胜景，所以楚地的南部少出人才而多产奇峰怪石。"这两种说法，我都不信。

【评析】

　　柳宗元因参加永贞革新而被贬为永州司马，政治处境险恶，心情极度苦闷压抑。于是柳宗元便到处游览，搜奇探胜，借以开阔胸襟，寻求一点慰藉。《永州八记》就是在这种心态之下写成的，本文是最后一篇。

　　这篇散文短小精悍，字字珠玑，描写景物和寓含情感却恰到好处。为什么小石城山会遭遇无人赏识的境况呢？这当然是由小石城山所处的偏僻荒凉的地理位置决定的。偏僻便荒凉，荒凉必然空旷，空旷则必幽静，幽静则令人忧郁，而忧郁则会思索，思索则会悟道，悟道便会与宇宙相通，与宇宙相通则是人类之大美。这种美感才是奇特的美。特殊的人物与特殊的自然之景巧妙相遇，产生异质同构的审美效应，人从自然中得到慰藉，自然之景又从人的思维中升华了美。这便是本文给人带来强烈的心灵震撼的原因。

贺进士王参元失火书

柳宗元

得杨八书①，知足下遇火灾，家无余储。仆始闻而骇，中而疑，终乃大喜，盖将吊而更以贺也②。道远言略，犹未能究知其状，若果荡焉泯焉而悉无有，乃吾所以尤贺者也。

足下勤奉养，乐朝夕，惟恬安无事是望也。今乃有焚炀赫烈之虞③，以震骇左右，而脂膏滫瀡之具④，或以不给，吾是以始而骇也。凡人之言皆曰："盈虚倚伏"⑤，去来之不可常。或将大有为也，乃始厄困震悸，于是有水火之孽，有群小之愠。劳苦变动，而后能光明，古之人皆然。斯道辽阔诞漫⑥，虽圣人不能以是必信，是故中而疑也。

以足下读古人书，为文章，善小学⑦，其为多能若是。而进不能出群士之上，以取显贵者，盖无他焉。京城人多言足下家有积货，士之好廉名者，皆畏忌，不敢道足下之善⑧。独自得之，心蓄之，衔忍而不出诸口。以公道之难明，而世之多嫌也。一出口，则嗤嗤者以为得重赂⑨。

仆自贞元十五年⑩，见足下之文章，蓄之者盖六七年未尝言⑪。是仆私一身而负公道久矣，非特负足下也。及为御史尚书郎⑫，自以幸为天子近臣，得奋其舌，思以发明足下之郁塞⑬。然时称道于行列⑭，犹有顾视而窃笑者。仆良恨修己之不亮，素誉之不立，而为世嫌之所加，常与孟幾道言而痛之⑮。乃今幸为天火之所涤荡，凡众之疑虑，举为灰埃。黔其庐⑯，赭其垣⑰，以示其无有，而足下之才能，乃可以显白而不污。其实出矣，是祝融、回禄之相吾子也⑱。则仆与几道十年之相知，不若兹火一夕之为足下誉也。宥而彰之，使夫蓄于心者，咸得开其喙⑲，发策决科者，授子而不慄⑳。虽欲如向之蓄缩受侮㉑，其可得乎？于兹吾有望于子，是以终乃大喜也。

古者列国有灾，同位者皆相吊。许不吊灾，君子恶之㉒。今吾之所陈若是，有以异乎古，故将吊而更以贺也。颜、曾之养㉓，其为乐也大矣，又何阙焉？

①杨八：名敬之，柳宗元亲戚，王参元朋友。②更：更改。③焚炀（yáng）赫烈：火势猛烈。④滫瀡（xiū suǐ）：都是烹调用的作料。⑤倚伏：《道德经》：祸兮福之所倚，福兮祸之所伏。⑥诞漫：漫无边际。⑦小学：古代指文字、训诂、音韵之学。⑧道：称道、赞扬。⑨嗤嗤：象声词，嘲笑的声音。⑩贞元十五年：公元799年。贞元：唐德宗年号（785—805）。⑪蓄：积蓄在心中。意谓不能推荐。⑫御史尚书郎：指在永贞元年参加永贞革新时，柳宗元曾任重要官职。⑬郁塞：指仕途堵塞不顺。⑭行列：指同僚。⑮孟幾道：即孟简，擅长诗文，尚节义，是柳宗元好友。⑯黔其庐：房屋保留火灾剩下的黑色。⑰赭其垣：墙壁保留火灾留下的赭红色。⑱祝融、回禄：都是传说中的火神。⑲喙：鸟嘴，此处借用为人嘴。⑳慄：害怕、恐惧。㉑蓄缩：畏缩、怯懦。㉒"古者"四句：春秋鲁昭公十八年时，宋、卫、陈、郑四国发生火灾，许国不进行慰问，有识之士便认为许国将要衰亡。㉓颜、曾之养：颜回、曾参的养生方式，即安贫乐道的生活态度。

【译文】

得到杨八的信，知道您遭遇火灾，家里没有一点积蓄。我开始听到很吃惊，接着感到疑惑，最后才转而非常高兴。本来我准备慰问您。现在却改变要向您道贺了。由于相隔很远，信里的话又很简单，我不能彻底了解您家的情形，如果真是像大水冲过一样，干干净净什么东西都完全没有了，我就更要因此向您道贺。

您一向小心地奉养双亲，使日子过得很安宁。只希望全家平安无事。现在却有一场大火灾吓坏了您，而调和饮食等工具，也许不能正常供给，我因此刚一听到这消息就大吃一惊。一般人都说："圆满和缺陷相互倚伏，互为因果。"得和失不会一成不变，去和来也不定。也许一个人将要大有作为时，就开始受到种种困难和种种惊吓，因此才会有水灾或火灾，才会有小人们的怨恨嫉妒和诬陷。心身受尽磨炼，不断发生变故，然后才能够走上光明的道路。古代的仁人志士都是这样，但是这种理论非常抽象奇怪，即使是最聪明的圣人也不能认为一定会这样，所以我接着就感到很疑惑。

像您这样读很多古人的书，又能写文章，对文字训诂也很有研究，您这样具备多种才能，可是不能超过一般读书人而取得高官厚禄，没有别的缘故，只因为京城的人大多数说您有很多钱，所以读书人爱惜自己清白名声的，都害怕有顾虑，不敢称赞您的优点。只是自己知道，放在心里，长期在心中而不能把它说出口。加之公道不容易说清，世人很多喜欢怀疑妒忌的，一说出称赞您的话，就有人嘲笑认为是得了您的厚礼。

我从贞元十五年（799）就看见过您写的文章，放在心里有六七年，从来没说过。这是我只顾自己而对不起公道很久了，不仅仅是对不起您。等到我做了御史尚书郎，自以为幸而做了皇上身边的臣子，能够有说话机会了，想利用这个机会来疏通足下不能上达的郁闷。但我时常在同事面前称赞您时，还有回头去互相使眼色偷偷嘲笑的。我实在恨自己的品德修养不能使人信任，平时的好名誉没有树立，竟被世人把这种猜疑加到我身上。我常常和孟幾道谈这些事情而非常痛心。您如今幸好被天火所荡涤，所有人们的猜忌疑虑，完全变为灰尘。烧黑了您的屋宇，烧红了您的断垣残壁，从而表示您一无所有。而您的才能，才可以表白清楚，再不被谣言所污染。您的真相显露出来，这是火神菩萨保佑您啦！这样看来，我和孟幾道十年来对您的了解和交情，还比不上这次火灾一个晚上给您造成的好名誉。以后大家都会知道你而表扬你，使得那些有话藏在心里的人，都能毫无顾忌地开口为您说话；主持考试的，也可以大胆录取您，不再怕别人说闲话。现在，我就是想要像过去那样避免嫌疑而被人嘲笑，可能吗？从此，我对您寄予了很大希望。因此，最后我反而非常高兴。

在古代，哪一个诸侯国有灾祸，其他诸侯国都来慰问。有一次，许国不慰问宋、卫、陈、郑的灾祸，君子都很憎恶许国。如今，我陈述了这样的事理，和古代有所不同，所以本来准备慰问您，而改为向您道贺。颜渊和曾参供养父母，虽然清贫却使父母感到非常快乐，物质上又怎么会缺乏呢！

【评析】

这是一篇"令人惊绝"的文章。标题就很奇特，出人意料，颇有悬念。王参元是鄜坊节度使王栖曜的小儿子，是李商隐岳父王茂元的弟弟，是著名诗人李贺的姐夫，是作者柳宗元的朋友，从其亲朋的圈子就可以看出此人生活环境和文化环境的优越。朋友家里"失火"，生活失去着落，作者不去劝解、安慰，反而要"祝贺"，实在是出人意表，非常奇特。文章开篇，先交代自己得到王家失火的消息时思想情绪的变化，"始闻而骇，中而疑，终乃大喜，盖将吊而更以贺也"。这构成全篇内容的筋脉，也是全文的纲领。

文章接下来就从"始骇"是柳宗元最初的反应，这是人之常情。第二层接着分析"中疑"的原因。对于"天将降大任于是人也，必先苦其心志，劳其筋骨，饿其体肤，空乏其身，行拂乱其所为，所以动心忍性，曾益其所不能"说法表示怀疑。

柳宗元并不认为"火灾"与"大有为""能光明"之间有必然的联系。最后具体分析"终喜"的原因，是全文的重点。王参元是"多能"的进士，凭他的学问才识，早就应该得到朝廷的重用，一展"济世救民"的才干，但到如今依旧是"进不能出群士之上"，郁郁不得志。原来，"公道之难明，而世之多嫌也"。实际是一种仇富心理在作怪。当时之士追求"好廉"虚名，明明知道王参元的才干，但因王家有财，怕推荐就被人说是接受贿赂，从而影响自己的名誉仕途。作者自责自己也不能免俗，虽然担任"天子近臣"，曾因赞美王参元而被别人"窃笑"，所以，心里虽然对这样的现象表示不满，但也只是"痛"而已，只能表示无奈。这从一个侧面反映了当时社会贿赂公行、猜忌横行、俗见混乱、积毁销骨的不合理现象。也流露了作者对怀才不遇之士的深切同情。如今大火烧掉了王家的财产，却也让王参元摆脱了多财的累名，也可算是种"幸运"，终于可以理直气壮地推荐他了。"则仆与几道十年之相知，不若兹火一夕之为足下誉也。"看似滑稽可笑的话语中包含着无尽的酸悲。因此这次王参元家失火，虽然家产荡然无存，但人们自可毫无顾忌地与他交往，为之延誉，这正好为王参元扬名提供机会，故值得庆贺。柳宗元庆贺王参元家遭遇火灾，正是意图借这种反常的现象造成的变态心理抨击不合理的社会风气。这才是本文的中心所在。真是匠心独运，下笔不凡，警俗戒世，快语惊人。

王禹偁

王禹偁，字元之，文学家，是宋初倡导文学革新运动的一位重要人物，也是北宋政治改革派的先驱。进士及第，擢左拾遗，后拜左司谏、知制诰。性格耿直，敢于直言谏诤，因此屡遭贬谪，曾作《三黜赋》以明心见志。诗文多触及时政，反映当时民族矛盾和民生疾苦，风格质朴自然、清新流畅。卒于黄州贬所，世称王黄州。著有《小畜集》《小畜外集》。

待漏院记

王禹偁

天道不言，而品物亨①，岁功成者②，何谓也？四时之吏，五行之佐③，宣其气矣。圣人不言④，而百姓亲万邦宁者，何谓也？三公论道⑤，六卿分职⑥，张其教矣。是知君逸于上，臣劳于下，法乎天也。古之善相天下者，自皋、夔至房、魏⑦，可数也，是不独有其德，亦皆务于勤耳，况夙兴夜寐⑧，以事一人。卿大夫犹然，况宰相乎！

朝廷自国初因旧制，设宰相待漏院于丹凤门之右⑨，示勤政也。乃若北阙向曙⑩，东方未明，相君启行，煌煌火城⑪；相君至止，哕哕銮声⑫。金门未辟⑬，玉漏犹滴。撤盖下车，于焉以息。待漏之际，相君其有思乎？

其或兆民未安，思所泰之；四夷未附，思所来之。兵革未息，何以弭之⑭；田畴多芜，何以辟之。贤人在野，我将进之；佞臣立朝，我将斥之。六气不和⑮，灾眚荐至⑯，愿避位以禳之⑰；五刑未措⑱，欺诈日生，请修德以厘之⑲。忧心忡忡，待旦而入，九门既启⑳，四聪甚迩。相君言焉，时君纳焉。皇风于是乎清夷㉑，苍生以之而富庶。若然，则总百官㉒，食万钱㉓，非幸也，宜也。

其或私仇未复，思所逐之；旧恩未报，思所荣之。子女玉帛，何以致之；车马器玩，何以取之。奸人附势，我将陟之㉔；直士抗言，我将黜之㉕。三时告灾㉖，上有忧也，构巧词以悦之㉗；群吏弄法，君闻怨言，进谄容以媚之。私心慆慆㉘，假寐而坐，九门既开，重瞳屡回㉙。相君言焉，时君惑焉。政柄于是乎隳哉㉚，帝位以之而危矣。若然，则下死狱，投远方㉛，非不幸也，亦宜也。

是知一国之政，万人之命，悬于宰相，可不慎欤？复有无毁无誉，旅进旅退㉜，窃位而苟禄，备员而全身者㉝，亦无所取焉。

棘寺小吏王禹偁为文㉞，请志院壁，用规于执政者。

【注释】

①品物：众物，万物。亨：通达顺利。②岁功：一年农事的收获。③五行：指金、木、水、火、土。佐：辅助。④圣人：这里指国君。⑤三公：周代三公有两说，一说是司马、司徒、司空，一说是太师、太傅、太保。西汉以丞相（大司徒）、太尉（大司马）、御史大夫（大司空）合称三公。东汉以太尉、司徒、司空合称三公。为共同负责军政的最高长官。唐宋仍沿此称，一般指宰相，唯已无实际对应职务。⑥六卿：《周礼》把执政大臣分为六官，即天官、地官、春官、夏官、秋官、冬官，亦称六卿。后世往往称吏、户、礼、兵、刑、工六部尚书为六卿。⑦皋（gāo）：皋陶（yáo），相传曾被舜选为掌管刑法的官。夔：尧舜时的乐官。房、魏：唐太宗时宰相房玄龄、魏徵，是著名贤相。⑧夙兴夜寐：早起晚睡，指勤政。⑨丹凤门：即朱雀门，皇宫南门。

⑩北阙：宫殿北面的城楼。⑪火城：即到处是烛光灯光的城市。百官上朝，都要打灯笼。⑫哕哕（huì）：象声词，徐缓而有节奏的响声。⑬金门：又称金马门，汉代官署门旁有铜马，故名。⑭弭：停止，消除。⑮六气：指自然之气息，即阴、阳、风、雨、晦、明。⑯眚（shěng）：原义为日食或月食，后引申为灾异。荐：副词，表示频度，相当于"一再""屡次"。⑰禳：除邪消灾的祭祀。⑱五刑：五种刑罚。⑲厘：改变，改正。⑳九门：古时天子设九门，这里指宫门。㉑清夷：形容政治清明平静。㉒总百官：总理、统率百官。㉓食万钱：指俸禄优厚。㉔陟：提拔。㉕黜：贬黜。㉖三时：春、夏、秋三个农忙季节。㉗构：编造。㉘慉慉：纷乱不息的样子。㉙重瞳：每只眼睛两个瞳子，传说舜是重瞳。这里指国君的眼神。㉚隳（huī）：崩毁，毁坏。㉛投远方：放逐到边远地区。㉜旅：俱，共同。即随波逐流。㉝备员：凑数，充数。㉞棘寺：大理寺（古代掌管刑狱的最高机关）的别称。

【译文】

天不说话，而万物却能顺利生长，年年有所收成，这是为什么呢？那是由于掌握四时的天官、掌管五行的地官们使风雨调畅的结果。皇帝不说话，而人民和睦相亲，四方万国安宁，这是为什么呢？那是由于三公商讨治国纲要，六卿职责分明，伸张推行皇帝教化的结果。所以我们知道，国君在上清闲安逸，臣子在下勤于王事，这就是效法天道。古代的贤相名臣善于治理国家的，从皋陶、夔到房玄龄、魏徵，是屈指可数的。这些人不但要有德行，而且都勤劳不懈。早起晚睡为国君效力，连卿大夫都是如此，何况宰相呢！

朝廷从建国初即沿袭前代的制度，在丹凤门西边设立宰相待漏院，这是表示崇尚勤于政务。至于当朝见之所的门楼上刚刚出现曙光，东方还未亮时，宰相就动身启行，仪仗队的灯笼火把照耀全城。宰相驾到，马车铃声叮叮当当富有节奏。这时宫门未开，刻漏还在滴水。侍从撩开车上帷盖，主人下车到待漏院暂息。在等候朝见之际，宰相大概会想得很多吧！

或许在想，百姓尚未安定，考虑怎样使他们平安；各方少数民族尚未归顺，考虑怎样使他们前来归附。战事还未停息，考虑怎样使它平息；田野还有许多荒芜之所，考虑怎样使人们前去开垦。德才兼备之人尚未任用，我将要推荐他们；奸佞人在朝，我将要贬斥他们。气候反常，天时不正，灾害一次次发生，我愿意辞去相位来乞求上天消除灭害；各种刑罚未能废止不用，欺诈行为不断发生，我将请求施行文德教化来进行矫正。怀着这种种深深的忧虑，等待天明入宫。宫门开后，善听各方意见的天子离得很近。宰相向皇帝奏明了意见，皇帝采纳了他的建议。于是世风清明安定，百姓因此而富裕。如能这样，宰相位居百官之上，总理百官，享受优厚的俸禄，那就不是侥幸而得，而完全是应该的。

或许在想，我有私仇未报，考虑怎样斥逐仇敌；有旧恩未报，考虑怎样使恩人荣华富贵。考虑着金钱美女，怎样弄到手；车马玩物，怎样才能取得。奸邪之徒依附我的权势，我便考虑如何提拔他们；正直之臣直言谏诤，我便考虑怎样罢斥他们。三时各地报告灾情，皇上忧虑，我便考虑怎样用花言巧语取悦皇帝；众官枉法，国君听到怨言，我便考虑怎样奉承献媚求得皇上的欢心。为一己之私思绪纷乱，强自坐着假睡。宫门开了，金殿上龙目四顾，宰相提出建议，皇上被他蒙惑，政权由此而毁坏，皇位也因此而动摇。如果这样，那么即使宰相被打入死牢，或流放远地，也不是不幸，而是完全应该的。

因此可以懂得，一国之政，万人之命，系于宰相一人，难道可以不谨慎对待吗？还有一种宰相，他们没有恶名声，也没有好名声，随波逐流时进时退，窃取高位贪图利禄，滥竽充数而保全身家性命，也没有什么可取之处。

大理寺小官吏王禹偁撰写此文，希望能把它记录在待漏院壁上，用以告诫执政的大臣。

【评析】

从题目类型上看，本文属"厅壁记"类，但实际是一篇"宰相论"，以宰相待漏之时的不同心态，将其分为贤相、奸相、庸相三个类型，褒贬之意非常鲜明，反映了他对现实政治的深刻认识和忧虑。开篇以天道对应人道，推导出宰臣勤于政务的重要性与必要性，再转到具有"示勤政"之意的待漏院，"勤政"为文章的立意所在。其下分三个层次描写贤相、奸相、庸相三种人物类型在待漏院中各自的心理活动，尤其用浓墨重彩刻画忠臣和奸臣两种形象，生动而有典型性。语言也非常优美，以四字句为基本句式，明快平易而朗朗上口；某些段落灵活押韵并自由换韵，充满节奏美和韵律美。以"之"字收尾的一系列句式，既整齐匀称，又有纡徐之致。王禹偁是北宋倡导文学革新的第一人，主张行文要明白晓畅，自然平易。本文便是其具体体现，语言清新，音韵流畅，有开风气的作用。

黄冈竹楼记

王禹偁

　　黄冈之地多竹①，大者如椽。竹工破之，刳去其节②，用代陶瓦③，比屋皆然，以其价廉而工省也。

　　子城西北隅④，雉堞圮毁⑤，榛莽荒秽，因作小楼二间，与月波楼通⑥。远吞山光⑦，平挹江濑⑧，幽阒辽夐⑨，不可具状。夏宜急雨，有瀑布声；冬宜密雪，有碎玉声。宜鼓琴，琴调虚畅；宜咏诗，诗韵清绝；宜围棋，子声丁丁然⑩；宜投壶⑪，矢声铮铮然⑫：皆竹楼之所助也。

　　公退之暇⑬，披鹤氅⑭，戴华阳巾⑮，手执《周易》一卷⑯，焚香默坐，消遣世虑⑰，江山之外，第见风帆沙鸟、烟云竹树而已⑱。待其酒力醒，茶烟歇，送夕阳，迎素月，亦谪居之胜概也⑲。彼齐云⑳、落星㉑，高则高矣！井幹㉒、丽谯㉓，华则华矣！止于贮妓女，藏歌舞，非骚人之事㉔，吾所不取。

　　吾闻竹工云："竹之为瓦仅十稔㉕，若重复之，得二十稔。"噫！吾以至道乙未岁㉖，自翰林出滁上；丙申㉗，移广陵；丁酉㉘，又入西掖；戊戌岁除日㉙，有齐安之命㉚；己亥闰三月到郡㉛。四年之间，奔走不暇；未知明年又在何处，岂惧竹楼之易朽乎？后之人与我同志，嗣而葺之㉜，庶斯楼之不朽也。

【注释】

　　①黄冈：地名，今湖北省黄冈市。②刳（kū）：刮削。③陶瓦：陶制的瓦。④子城：城门外的套城，也称"瓮城"。⑤雉堞（zhì dié）：女城城墙上部呈齿状的矮墙。圮毁：坍塌毁坏。⑥月波楼：王禹偁建造的小楼。⑦吞：吸收，实际是一览无余的意思。⑧挹：汲取，实际也是一览无余的意思。⑨幽阒（qù）：幽静寂寥。辽夐（xiòng）：辽阔遥远。⑩丁丁：象声词，落围棋子的声音很清脆。⑪投壶：古代很流行的一种游戏，往壶里投箭状物，以入多者为胜。⑫铮铮：象声词。⑬公退之暇：指办完公事后的休息时间。⑭鹤氅（chǎng）：用鸟羽编织的衣服。此处指道服。⑮华阳巾：道士帽。⑯《周易》：儒家经典之一。⑰消遣世虑：排遣世俗生活的烦躁。⑱第见：先后看到。第：次第。⑲谪居：贬谪生活。胜概：优美而赏心悦目的风景。⑳齐云：楼名，在吴郡（今苏州市），五代时韩浦所建。㉑落星：楼名，在桂林苑（今南京市）落星山，三国时孙权所建。㉒井幹（hán）：楼名，在长安，汉武帝所建。㉓丽谯：楼名。三国时曹操所建。㉔骚人：文人墨客。㉕稔（rěn）：年。庄家成熟曰稔，庄家一年一熟，故称一年为一稔。

㉖至道乙未岁：公元 995 年，孝章皇后死，王禹偁因议论不合，被贬滁州。㉗丙申：公元 996 年。移广陵：调任广陵。广陵：今江苏省扬州市。㉘丁酉：公元 997 年。西掖：即中书省，在北宋是朝廷最高行政机构。㉙戊戌岁：公元 998 年。除日：除夕。㉚齐安：黄州，宋代为黄州齐安郡。㉛己亥：公元 999 年。㉜嗣而葺之：接着修缮它。嗣：接续。葺：修缮。

【译文】

黄冈地方盛产竹子，大的粗如椽子。竹匠剖开它，削去竹节，用来代替陶瓦。家家房屋都是这样，因为竹瓦价格便宜而又省工。

子城的西北角上，矮墙毁坏，长着茂密的榛子和灌木丛，一片荒秽，我因而就地建造小竹楼两间，与月波楼相接连。远眺可以尽览山色，平视可以将江滩、碧波尽收眼底。那清幽静谧、辽阔绵远的景象，实在无法一一描述出来。夏天宜有急雨，如闻瀑布之声；冬天适宜大雪飘零，好像碎琼乱玉的敲击声；适宜弹琴，琴声清虚和畅；适宜吟诗，诗的韵味清雅绝妙；适宜下围棋，棋子声丁丁动听，这里适宜投壶，箭声铮铮悦耳。这些都是竹楼所玉成的。

公务办完后的空闲时间，我披着鹤氅，戴着华阳巾，手执一卷《周易》，焚香默坐于楼中，能排除世俗杂念。这里在江山形胜之外，但见轻风扬帆、沙上禽鸟、云烟竹树而已。等到酒醒之后，茶炉的烟火已经熄灭，送走落日，迎来皓月，这也是谪居生活中的一大乐事。那齐云、落星两楼，高是算高的了；井幹、丽谯两楼，华丽也算是非常华丽了，可惜只是用来蓄养妓女、安顿歌儿舞女，那就不是风雅之士的所作所为，我是不追求的。

我听竹匠说："竹制的瓦只能用十年，如果铺两层，能用二十年。"唉，我在至道元年乙未岁，由翰林学士被贬到滁州，至道二年丙申岁调到扬州，至道三年丁酉岁又重返中书省，咸平元年戊戌岁除夕，又接到贬往齐安的调令，今年闰三月来到齐安郡。四年当中，奔波不息，不知道明年又在何处，我难道还怕竹楼容易败坏吗？希望接任我的人与我志趣相同，继我爱楼之意而常常修缮它，那么这座竹楼就不会朽烂了。

【评析】

王禹偁是宋初倡导文学革新运动的重要人物，也是北宋政治改革派的先驱。他性格耿直，敢于直言谏诤，故屡遭贬谪，曾作《三黜赋》以明心见志。卒于黄州贬所，世称王黄州。

本文即是贬谪到黄州之后所作。文章之妙，在于情趣高雅，结构清晰。开篇即写黄州多竹和用竹造屋之好处，为下文详写竹楼做铺垫。接着以声写楼，以声抒情，详写在楼中可以领略到在不同情境下，种种在其他居住环境无法领略的声音效果所带来的清韵雅趣。"远吞"四句写幽静辽阔之景，展现竹楼的空间特色。"夏宜"四句写居住此楼四季不同的感受，"宜鼓琴"以下八句，描述竹楼中各种高雅活动特有之趣。"公退之暇"一段写作者悠闲自得、幽雅飘逸的谪居生活，既回扣上文，又为下文言志张本。最后一段，作者借竹楼的命运表达了自己对前途的自信。另外，对比的运用也增加了表现力。用简易的竹楼与四大名楼对比，以"贮妓女、藏歌舞"的腐朽庸俗与"焚香默坐，消遣世虑"的儒雅对比，更突出了作者高洁的品格和磊落的襟抱。

李格非

李格非，北宋济南人，著名学者，深受苏轼器重，著名女词人李清照父亲。进士及第，官至翰林学士。

书洛阳名园记后

李格非

洛阳处天下之中，挟崤渑之阻①，当秦陇之襟喉②，而赵魏之走集③，盖四方必争之地也。天下当无事则已，有事，则洛阳先受兵。予故尝曰："洛阳之盛衰，天下治乱之候也。"

方唐贞观、开元之间④，公卿贵戚开馆列第于东都者⑤，号千有余邸。及其乱离，继以五季之酷⑥，其池塘竹树，兵车蹂蹴⑦，废而为丘墟。高亭大榭⑧，烟火焚燎，化而为灰烬，与唐俱灭而共亡，无余处矣。予故尝曰："园囿之废兴⑨，洛阳盛衰之候也。"且天下之治乱，候于洛阳之盛衰而知；洛阳之盛衰，候于园囿之废兴而得。则《名园记》之作，予岂徒然哉？

呜呼！公卿大夫方进于朝，放乎一己之私以自为之，而忘天下之治忽⑩，欲退享此，得乎？唐之末路是已。

①挟（xié）：拥有。崤（xiáo）：崤山，在河南洛宁县西北。渑（miǎn）：渑池，古城名，在今河南渑池县西。崤山、渑池都在洛阳西边。②秦陇：陕西、甘肃。襟喉：比喻要害之地。③走集：行人所集中的地方。④贞观：唐太宗年号。开元：唐玄宗年号，是唐朝兴盛时期。⑤东都：即东京。唐代三京：西京长安，东京洛阳，北京太原。⑥五季：指五代，即后梁、后唐、后晋、后汉、后周。⑦蹂蹴：蹂躏、践踏。⑧榭：半水上半陆地的楼阁。⑨园囿：培育养育动植物的园林。⑩治忽：治乱。

【译文】

洛阳地处全国的中部，拥有崤山、黾隘的险阻，正当是秦川、陇地的咽喉要地，又是赵、魏争着向往的地方，是四方诸侯必争之地。天下如果太平无事也就罢了，一旦有战事，那么洛阳总是首先遭受战争。为此我曾说过："洛阳的兴盛和衰败，是天下太平或者动乱的征兆。"

正当唐太宗贞观、唐玄宗开元盛世时，公卿贵族、皇亲国戚在东都洛阳营建公馆府第的，号称有一千多家。等到后期遭受动乱而流离失所，接着是五代的惨痛破坏，那些池塘、竹林、树木，被兵车蹂躏践踏，变成一片废墟。那些高高的亭阁、宽大的台榭，被战火焚烧，化成灰烬，跟唐朝一起灰飞烟灭，没有留下一处。我因此曾说："馆第园林的繁盛或毁灭，就是洛阳兴旺或衰败的征兆啊。"况且天下的太平或动乱，从洛阳的兴衰就可以看到征兆；洛阳的兴衰，又可以从馆第园林的兴废看到征兆，那么我写作《洛阳名园记》，难道是平白无故的吗？

唉！公卿大夫们现在正被朝廷提拔任用，放纵一己的私欲，为所欲为，却忘掉了国家的太平或动乱的大事，想以后退隐了再享受这种园林之乐，能办得到吗？这样走的便是唐朝最后覆灭的末路！

【评析】

李格非乃李清照之父，深受苏轼赏识，很有学问和见识，其岳父便是在王安石退出政坛后执政之王珪，故他对于朝廷形势有比较清晰之认识。尤其是元祐绍圣党争激烈之时，也是世风大坏之时，当时大臣腐败而大造园林，李格非对之深恶痛绝，故写作《洛阳名园记》一书以警世。全文从洛阳处天下之险要而成兵家必争之地写起，因而强调洛阳的盛衰是天下治乱的标志。接着以唐朝贞观、开元之间高官贵族兴建千余所公卿名园，而随着唐朝的灭亡而化为灰烬的史实，论述园圃的兴废是洛阳盛衰的标志。"则《名园记》之作，予岂徒然哉？"一句揭示主旨，自己写作此书，不是"徒然"即平白无故的。其目的则在于警告："公卿大夫方进于朝，放乎一己之私以自为之，而忘天下之治忽，欲退享此，得乎？唐之末路是已。"如同当头棒喝，不想着天下之治乱而只图一己之私，只图退休后有享受之所，那便是唐朝的末路！

范仲淹

范仲淹，字希文，北宋著名的政治家、军事家、文学家。他幼年清苦，早蓄大志，作秀才时，即"以天下为己任"。举进士第，为政清廉，自奉简约；积极主张革除时弊。曾率兵镇守延安，西夏不敢入侵。后因得罪了时相，遭到贬谪。其诗文，艺术上颇见功力。其边塞词境界阔阔，风格苍凉，突破了五代的绮靡风气。死后赠兵部尚书，谥文正，有《范文正公集》传世。

严先生祠堂记

范仲淹

先生，光武之故人也①。相尚以道。及帝握赤符②，乘六龙③，得圣人之时，臣妾亿兆④，天下孰加焉⑤？惟先生以节高之。既而动星象⑥，归江湖⑦，得圣人之清。泥涂轩冕⑧，天下孰加焉？惟光武以礼下之。

在《蛊》之上九⑨，众方有为，而独"不事王侯，高尚其事"，先生以之。在《屯》之初九⑩，阳德方亨，而能"以贵下贱，大得民也"，光武以之。盖先生之心，出乎日月之上；光武之量，包乎天地之外。微先生不能成光武之大，微光武岂能遂先生之高哉？而使贪夫廉，懦夫立，是大有功于名教也。

仲淹来守是邦⑪，始构堂而奠焉，乃复为其后者四家⑫，以奉祠事。又从而歌曰："云山苍苍，江水泱泱，先生之风，山高水长！"

【注释】

①光武：东汉开国皇帝光武帝刘秀。②赤符：赤色符篆。当年有人向刘秀献赤符，刘

秀登基。③乘六龙：古代皇帝车驾是六匹马。因用"六龙"做天子车驾代称。④臣妾亿兆：统治天下亿万的百姓，以所有的男女为奴仆。⑤天下孰加：天下人谁能敢不服从他。⑥动星象：据说光武帝刘秀与严子陵同床，严子陵睡姿不好，大腿压光武帝肚子上。第二天负责观天象的太史奏报说："客星犯帝座甚急。"光武帝笑曰："我不过与故人严子陵同卧而已。"⑦归江湖：光武帝任命严子陵为谏议大夫，严子陵不接受，回家隐居，躬耕垂钓于富春山。⑧泥涂轩冕：把当官当作在泥泞的道路上行走。比喻污浊不堪。轩冕：显贵者的车马和服饰。⑨《蛊》之上九：《蛊》是《周易》六十四卦第十八卦名，最上一爻是阳爻，故称上九，卦辞说"不事王侯，高尚其事"。⑩《屯》之初九：《屯》是易经六十四卦第三卦，初九象辞曰："以贵下贱，大得民也。"魁按：一般注解说是"爻辞"，不确。爻辞是原书所有，一般说是文王语，而象辞是孔子《十翼》中之语。⑪守是邦：来做这地方太守。⑫其后者四家：指严子陵后代四户。

【译文】

　　严先生是光武帝的老朋友，他们之间以道义互相推崇。后来光武帝得到赤符之兆，乘坐驾着六龙马的车驾，获得了登基称帝的时机。那时他统治着千千万万的人民，天下有谁能不屈服于他呢？只有先生能够以节操而不卑不亢。后来先生与光武帝同床而卧触动了天上的星象，又归隐江湖，回到富春江畔隐居，清操自守，鄙弃禄位，达到了圣人自然清静的境界。先生视官爵为泥土，天下又有谁比得上呢？只有光武帝能够用礼节来尊敬他、对待他。

　　在《蛊》卦的"上九"爻辞中说，大家正当有为之时，偏偏显示"不事奉王侯，保持自己品德的高尚"，先生正是这样做的。在《屯》卦的"初九"象辞中说，阳气正开始亨通，因而能够显示"以高贵的身份交结卑贱的人，深得民心"。光武帝正是这样做的。可以说先生的品质，比日月还高；光武帝的气量比天地还广阔。如果不是先生就不能成就光武帝气量的宏大；如果不是光武帝，又怎能成就先生品质的崇高呢？先生的作为使贪婪的人清廉起来，胆怯的人勇敢起来，这对维护礼仪教化确实是很有功劳的。

　　我到这个州任职后，开始建造祠堂来祭奠先生，又免除了先生四家后裔的徭役，让他们负责祭祀的事情。从而又作了一首歌：云雾缭绕的高山啊，郁郁苍苍，大江的江水啊，浩浩荡荡，先生的品德啊，比高山还高，比长江还长。

【评析】

　　惺惺相惜，异质同构，范仲淹是有节操之士，故对于严子陵之精神世界便有深刻的认同和理解。范仲淹任当地地方官时才开始修建严子陵祠堂，并写此文记载其事，赞美严子陵的高风亮节。文章言简意赅，以严子陵为主，以光武帝为宾，在相互映衬中突出严子陵的伟岸。"相尚以道"是核心，严子陵"以节高之"，光武帝"以礼下之"是两翼，使全文之思想神采飞扬。"微先生不能成光武之大，微光武岂能遂先生之高"两句水到渠成，将其思想意义和价值精确表现出来。而《蛊》之上九和《屯》之初九两句用典之准确可以看出范仲淹对于《周易》熟悉之程度，令人赞佩。顺便提及，"以贵下贱，大得民也"是《屯》卦初九的象辞而不是爻辞，许多注本或不注或云是爻辞，不准确。

岳阳楼记

范仲淹

　　庆历四年春①，滕子京谪守巴陵郡②。越明年③，政通人和，百废具兴。乃重修岳阳楼，增其旧制，刻唐贤今人诗赋于其上，属予作文以记之。

　　予观夫巴陵胜状，在洞庭一湖。衔远山，吞长江，浩浩汤汤④，横无际涯；朝晖夕阴，气象万千。此则岳阳楼之大观也，前人之述备矣。然则北通巫峡⑤，南极潇湘⑥。迁客骚人⑦，多会于此。览物之情，得无异乎？

　　若夫霪雨霏霏，连月不开，阴风怒号，浊浪排空；日星隐曜，山岳潜形；商旅不行，樯倾楫摧⑧；薄暮冥冥，虎啸猿啼。登斯楼也，则有去国怀乡⑨，忧谗畏讥，满目萧然，感极而悲者矣。

　　至若春和景明⑩，波澜不惊，上下天光，一碧万顷；沙鸥翔集，锦鳞游泳；岸芷汀兰⑪，郁郁青青⑫。而或长烟一空，皓月千里，浮光跃金⑬，静影沉璧⑭，渔歌互答，此乐何极！登斯楼也，则有心旷神怡，宠辱皆忘，把酒临风，其喜洋洋者矣。

　　嗟夫！予尝求古仁人之心，或异二者之为。何哉？不以物喜，不以己悲。居庙堂之高⑮，则忧其民；处江湖之远，则忧其君。是进亦忧，退亦忧。然则何时而乐耶？其必曰"先天下之忧而忧，后天下之乐而乐"欤！噫！微斯人⑯，吾谁与归⑰！

时六年九月十五日。

【注释】

①庆历四年：公元 1044 年。庆历：宋仁宗年号（1041—1048）。②滕子京：名宗谅，字子京。河南人，范仲淹同年进士。巴陵郡：即岳州。③越明年：越过第二年，即第三年的意思。④浩浩汤汤：水流宽阔浩瀚。⑤巫峡：长江三峡之一。⑥潇湘：潇水和湘江合流后流入洞庭湖。⑦迁客骚人：被贬谪迁徙到外地的官员和文人。屈原写《离骚》，后世便称诗人为骚人。⑧樯倾楫摧：翻船或船只被毁坏。樯：桅船上之杆。楫：划船工具。⑨去国怀乡：离开京师怀念家乡。一般指被贬京官，家在京城，故云。⑩景明：日光明亮。⑪岸芷汀兰：岸上洲上长满香草。芷：香草名。兰：兰花，也是香草。⑫郁郁青青：花草茂盛貌。⑬浮光跃金：水波上下晃动，如同金光闪动。⑭静影沉璧：指水中的月亮影像。璧：圆形的玉。⑮庙堂：此处指朝廷。⑯微斯人：假如不是这种人。⑰谁与归：即"与谁归"，和谁同道。归：归向。

【译文】

庆历四年春天，滕子京降职到岳州做知州。到第二年，政事顺利，百姓和乐，很多长年荒废的事业又重新兴办起来。重新修建岳阳楼，扩大其旧有的规模，在上面刻上唐代贤人和当代人的诗赋，滕子京嘱咐我写一篇文章用来记述这件事。

我看那巴陵郡的美景，集中在洞庭湖上。洞庭湖连接着远处的群山，吞吐长江的江水，水波浩荡，宽阔无边。早晚时阴时晴，那景象真是千变万化。这是岳阳楼宏观的雄伟景象。前人对它的描述已很详尽了。然而，洞庭湖往北面通向巫峡，南面直到潇水、湘水，被降职远调的官吏和南来北往的诗人，大多在这里聚会。他们观赏这里的自然景物而触发的感情，能会没有差别吗？

如果遇上阴雨连绵繁密，有时一个月也没有晴天，寒风怒吼着，浊浪如同在拍击天空，太阳和星星都隐藏了光辉，山岳也隐没了形体；商人和旅客都无法通行，桅杆倾斜欲倒，船桨也被折断；傍晚时天色昏暗，虎在长啸，猿在哀啼。这个时候登上岳阳楼，就会感到离开国都，怀念家乡，忧虑惧怕小人谗毁、攻击和诬陷，感觉满眼萧条凄凉，感慨悲伤到了极点。

如果是春风和煦，阳光明媚的日子，湖面风平浪静，天色湖光相接，一片碧波足有万顷；沙鸥时而纷飞，时而聚集，锦丽的鱼儿在水中游来游去；湖岸上的小草和沙洲上的兰花，葳蕤茂盛，香气浓郁。夜晚时水面上的雾气完全散去，皎洁的月光一泻千里，水面荡漾的波纹闪耀着金光；圆圆的月亮好似沉入水中的玉璧，渔夫的歌声一唱一和，这样的乐趣真是美妙无极。这个时候登上岳阳楼，就会心胸开阔，精神愉悦，完全忘却了人生的荣辱得失，面对美景举起酒杯，轻风拂面，那可真是喜气洋洋啊！

唉！我曾经探求过古代仁者的情怀，或许和这两种心情都不同，为什么呢？他们不因为客观环境的好坏而高兴，也不会因为个人的得失而悲观。他们在朝廷做官的时候就忧虑百姓；在远离朝廷的时候就忧虑国君。这样，他们是在京师当朝官也担忧，在野当地方官也担忧。然而什么时候才能快乐呢？那他一定要说"在天下人忧虑之前先忧虑，在天下人快乐之后再快乐"吧？唉！如果不是这种人，我还能和谁具有同样追求呢？

【评析】

本文是千古流传之四至之文：思想至为深刻，情怀至为高远，语言至为精练，结构至为严谨。范仲淹幼年丧父，生活贫苦，却刻苦读书，少有大志。《宋史》载，他从小就立下"不能利泽生民，非丈夫平生之志"之誓言。欧阳修在给他写的碑文中说："公少有大节……常自诵曰：'士当先天下之忧而忧，后天下之乐而乐也。'"可见，"先天下之忧而忧，后天下之乐而乐"这句话是范仲淹自幼的志向。"不以物喜，不以己悲""先天下之忧而忧，后天下之乐而乐"两语便具有永恒的激励作用，具有人性的光辉，使一切蝇营狗苟之小人相形见绌。文章以单行散句为主，间以骈偶短句，既流利畅达，又简洁凝练。散句骈句依文章内容需要交错出现。如开头结尾的叙述文字用散句，庄严而质朴；中间写景状物的语句多用骈句，辞彩华美，音韵和谐；议论抒情语也用散句，抑扬顿挫，富于变化。形式服务于内容，如同行云流水，舒卷自如。这样，骈散交替，叙议结合，文质兼美，具有极强的艺术感染力。

司马光

司马光，字君实，北宋著名政治家、史学家、文学家，世称涑水先生。登进士第，历仕仁宗、英宗、神宗三朝。本传中说："光于物澹然无所好，于学无所不通。"居洛阳十五年，绝口不谈政事，专力主编《资治通鉴》。

谏院题名记

司马光

古者谏无官，自公卿大夫至于工商，无不得谏者。汉兴以来，始置官。

夫以天下之政，四海之众，得失利病，萃于一官使言之^①，其为任亦重矣。居是官者，当志其大，舍其细^②；先其急，后其缓；专利国家而不为身谋。彼汲汲于名者^③，犹汲汲于利也，其间相去何远哉？

天禧初^④，真宗诏置谏官六员，责其职事。庆历中^⑤，钱君始书其名于版^⑥，光恐久而漫灭。嘉祐八年^⑦，刻著于石。

后之人将历指其名而议之曰："某也忠，某也诈，某也直，某也曲。"呜呼！可不惧哉^⑧！

【注释】

①萃：集中。②志其大：记录其大节和重要方面。舍其细：舍弃那些小事。③汲汲：积极追求貌。④天禧：宋真宗年号（1017—1021）。⑤庆历：宋仁宗年号（1041—1048）。⑥钱君：当是钱惟演。版：当是谏院中揭示记录的图版。⑦嘉祐八年：即1063年。⑧惧：畏惧，警戒。

【译文】

古代没有专门规劝君王的官职，从公卿大夫到市井百姓以至于从事手工业和商业的人，没有不可以规劝君王的。汉朝建立开始，才设置谏官的职位。

将天下所有的政事，四海之内的百姓，国家社稷的得失利弊，都集中于谏官身上而让他们把一切意见都说出来。谏官的责任相当重啊！担任这个官职，应当注意重大的方面，舍弃细微的地方；把紧急的事放在前面，把不要紧的事放在后面；只考虑国家利益而不谋取个人利益。在名声方面积极追求的人，也会积极追求利益。求名和求利又能相差多远呢？

天禧初年的时候，真宗下诏设立谏官六名，负责具体的规劝皇帝的职责。庆历年间中，钱君开始将谏官的名字书写在专门的文书上，我恐怕日子长了名字会磨灭掉，于是在嘉祐八年时，将谏官的名字刻在石头上。

以后的人就可以逐个对着名字议论道："这个人是忠臣，这个人是奸臣，这个人正直，这个人偏邪。"唉，怎么可以不畏惧呢！

司马光为人简约，大公无私，勇于担当，文如其人。本文简要交代了谏官的由来以及其职责的重要性。作者认为这是非常重要的官职，责任重大，为此官者必须谨慎和忠诚，还要将谏官的名字刻在石上让当时和后来的人监督。他提出"专利国家，而不为身谋"的观点，光明正大。通篇仅百余字，立论正大，气盛言宜，文势丰沛，曲折有致，字里行间可以体现其敢于直谏、公正不阿、不为身谋的可贵品格。

钱公辅

钱公辅，北宋武进（今属江苏）人，字君倚。曾任天章阁待制，江宁知府，崇福观提举等官。

义田记

钱公辅

范文正公①，苏人也，平生好施与，择其亲而贫，疏而贤者，咸施之。方贵显时，置负郭常稔之田千亩②，号曰义田，以养济群族之人。日有食，岁有衣，嫁娶凶葬，皆有赡③。择族之长而贤者主其计，而时共出纳焉。日食人一升，岁衣人一缣④，嫁女者五十千，再嫁者三十千，娶妇者三十千，再娶者十五千，葬者如再嫁之数，葬幼者十千。族之聚者九十口，岁入给稻八百斛⑤。以其所入，给其所聚，沛然有余而无穷。屏而家居俟代者与焉⑥；仕而居官者罢其给。此其大较也。

初，公之未贵显也，尝有志于是矣，而力未逮者二十年⑦。既而为西帅⑧，及参大政，于是始有禄赐之入，而终其志。公既殁，后世子孙修其业，承其志，如公之存也。公虽位充禄厚，而贫终其身。殁之日，身无以为敛⑨，子无以为丧，惟以施贫活族之义，遗其子而已。

昔晏平仲敝车羸马⑩，桓子曰⑪："是隐君之赐也。"晏子曰："自臣之贵，父之族，无不乘车者；母之族，无不足于衣食者；妻之族，无冻馁者；齐国之士，待臣而举火者，三百余人。如此而为隐君之赐乎？彰君之赐乎？"于是齐侯以晏子之觞而觞桓子⑫。予尝爱晏子好仁，齐侯知贤，而桓子服义也⑬。

又爱晏子之仁有等级，而言有次第也；先父族，次母族，次妻族，而后及其疏远之贤。孟子曰："亲亲而仁民，仁民而爱物。"晏子为近之。今观文正之义田，贤于平仲，其规模远举又疑过之。

呜呼！世之都三公位⑭，享万钟禄⑮，其邸第之雄⑯，车舆之饰，声色之多，妻孥之富，止乎一己而已，而族之人不得其门者，岂少也哉！况于施贤乎！其下为卿，为大夫，为士，廪稍之充⑰，奉养之厚，止乎一己而已；而族之人操壶瓢为沟中瘠者⑱，又岂少哉？况于它人乎！是皆公之罪人也。

公之忠义满朝廷，事业满边隅，功名满天下，后必有史官书之者，予可无录也。独高其义，因以遗其世云。

【注释】

①范文正公：即范仲淹，字希文，谥文正。②负郭常稔（rěn）：紧靠外城而经常丰收。稔：庄稼丰收。③赡：供给，供养。④缣（jiān）：双丝的细绢。这里指一匹。⑤斛（hú）：古代容器名，十斗为一斛。⑥屏（bǐng）：通"摒"，抛弃不用。俟代：等待官员出缺而补上去。⑦未逮：达不到。⑧西帅：范仲淹在庆历三年为陕西路安抚经略招讨使。⑨敛：通"殓"。⑩晏平仲：即晏婴，春秋时齐国名相。羸：瘦弱。⑪桓子：齐国大夫陈文的儿子。⑫觯桓子：用晏子的酒杯罚桓子饮酒。⑬服义：在正确的道理或正义面前，表示心服。这里指桓子受觯而不辞。⑭都：久居。⑮万钟禄：形容极高的俸禄。⑯邸第：府邸门第，指宅院。⑰廪稍：公家赐给的粮食。⑱壶瓢：葫芦从中间竖开则为瓢。壶：通"葫"。

【译文】

范文正公，是苏州人，平时乐于用钱财帮助别人，选择关系亲近而贫穷，或关系疏远而贤能的人，都予以施舍帮助。当他贵重显达之时，购置近城保收的良田一千亩，称作"义田"，用来养育救济本家族的人，使他们天天有饭吃，年年有衣穿，嫁女、娶妻、生病、丧葬都予以资助。选择家族中年长辈高而且贤德的人主管账目，定时总计收入和支出。每天的饭，一人供给一升米；每年的衣服，每人分给一匹细绢。嫁闺女的发给五十千钱，闺女改嫁的发给三十千钱；娶儿媳妇的发给三十千钱，再娶的发给十五千钱；丧葬发给的费用和闺女再嫁的数目相同，孩子的丧事发钱十千。族人聚居的有九十多口，义田每年收入供分配用的稻子八百斛，用它所收入的粮食，来供应在这里的聚居的族人，充裕有余而无枯竭之时。退居在家、等待职务的人予以供给，出仕为官的人则停止供给。这就是义田的大致情况。

　　当初，范公还未贵重显达时，就曾有过这种愿望，而无力实现长达二十年之久。后来做了西部边境的统帅，又入朝参与主持朝政，从此才开始有了俸禄赏赐的收入，而终于实现了愿望。他去世后，后代的子孙修明他的事业，继承他的志向，和他在世的时候一样。他虽地位高俸禄多，却终生过着清贫的生活。逝世的时候，甚至没有钱财装殓，子女们也没有钱财为他举办像样的丧事。他只是把救济贫寒、养活亲族的道义，留传给子女罢了。

　　古时候晏平仲乘破车、驾瘦马。陈桓子说："这是隐瞒君主的赏赐啊。"晏子回答说："自从我显贵以后，父系的亲族，没有不坐车的人；母系的亲族，没有衣食不足的人；妻的亲族，没有挨饿受冻的；齐国的士子，等待我的接济而点火做饭的有三百多人。像这样，是隐瞒君主的赏赐呢，还是彰明君主的赏赐呢？"于是齐君使用晏子的酒杯，罚桓子饮酒。我仰慕晏子好行仁德，齐君了解贤者，而桓子能认错服义。又仰慕晏子的仁德有亲疏层次之分，而言辞有井然的次序：先说父系亲族，后说母系亲族，再说妻子的亲族，最后才提到关系疏远的贤者。孟子说："由爱自己的亲人而施仁德于民众，由对民众仁德而爱惜世间万物。"晏子的作为接近于这一点。现在从范文正公购置义田这件事来看，是比晏平仲还要贤明啊。他施行规模的久远和全面，恐怕是要超过晏子的。

　　唉！当今世上那些身居三公职位、享受万钟禄米的人，他们宅第的雄伟，车驾的华丽，歌伎的众多，妻儿的富有，仅是为满足自己一个人的私欲而已。本族的亲人不能登门的，难道还少吗？何况说帮助疏远的贤者呢？地位在他们以下的是卿，是大夫，是士，禄米的充裕，享用的丰富，也仅是为满足自己一人的私欲而已。本族的亲人，拿着破碗讨饭，成为沟中饿殍的，难道还少吗？何况对于其他的人呢？这些人都是范文正公的罪人啊！

　　范文正公的忠义誉满朝廷，业绩流布边境，功名传遍天下，后代一定会有史官记载的，我可以不用赘述了。唯独敬仰推崇他的道义，因而记叙"义田"之事以留赠世人。

【评析】

　　本文通篇以"义"字为骨干，旨在表彰范仲淹自奉俭约，购置义田，以养济群族之人的高风义行。前面交代义田来历、管理办法以及受惠人群，具体到什么情况支付多少，给人以清晰印象。叙述简明清晰，文笔错综而不枯燥。特别使用"错综格"中"抽换词面"之修辞方法，例如在"嫁女者五十千"等四句同样叙述文句之后，转用"葬者如再嫁之数"之表述方法，便使语气鲜活灵动。接着用倒叙的笔法简明介绍范仲淹本人生活之简朴清廉，反托其如此义举之难能可贵。再用晏子之言行正面衬托范仲淹之高尚。孟子"亲亲而仁民，仁民而爱物"的话将义田之举和古代儒家思想的最高境界吻合在一起，提升了社会意义和历史文化意义。最后用现实社会中许多贵族只顾一己之私的卑琐反衬范仲淹的高大，将主旨表达得极其充分。

▌李觏

李觏（gòu），北宋著名学者，字泰伯，博学多识。范仲淹举荐为太学助教。

袁州州学记

李觏

皇帝二十有三年①，制诏州县立学。惟时守令，有哲有愚。有屈力殚虑②，祗顺德意③，有假官借师，苟具文书。或连数城，亡诵弦声④。倡而不和，教尼不行⑤。

三十有二年，范阳祖君无泽知袁州⑥。始至，进诸生，知学宫阙状⑦。大惧人材放失，儒效阔疏，亡以称上意旨。通判颍川陈君优⑧，闻而是之，议以克合。相旧夫子庙，狭隘不足改为，乃营治之东。厥土燥刚，厥位面阳，厥材孔良。殿堂门庑，黝垩丹漆⑨，举以法。故生师有舍，庖廪有次。百尔器备，并手偕作。工善吏勤，晨夜展力，越明年成。

舍菜且有日⑩，盱江李觏谂于众曰⑪："惟四代之学，考诸经可见已。秦以山西鏖六国⑫，欲帝万世，刘氏一呼而关门不守⑬，武夫健将，卖降恐后。何耶？诗书之道废，人惟见利而不闻义焉耳。孝武乘丰富⑭，世祖出戎行⑮，皆孳孳学术⑯。俗化之厚，延于灵、献。草茅危言者⑰，折首而不悔。功烈震主者，闻命而释兵。群雄相视，不敢去臣位，尚数十年。教道之结人心如此。今代遭圣神，尔袁得贤君。俾尔由庠序，践古人之迹。天下治，则谭礼乐以陶吾民^⑱。一有不幸，尤当仗大节，为臣死忠，为子死孝。使人有所赖，且有所法。是惟朝家教学之意。若其弄笔墨以徼利达而已^⑲，岂徒二三子之羞^⑳，抑亦为国者之忧。

【注释】

①皇帝：这里指宋仁宗。②屈（jué）力殚虑：尽心竭力。③祗（zhī）：恭敬。④亡诵弦声：没有朗诵和音乐之声。亡：通"无"。⑤尼（nì）：通"匿"，教育没有被推行。⑥范阳：古郡名，在今河北涿县一带。祖君无泽：祖无泽，字泽之，北宋上蔡（今河南上蔡县）人，历官直集贤院。袁州：治所在今江西宜春县。⑦阙：空缺、亏阙。⑧通判：官名，地位略次于州府长官。陈君偋（shēn）：陈偋，字复之，北宋长乐（今福建长乐县）人，进士。⑨黝（yǒu）：淡黑色。垩（è）：白色土。⑩舍菜：也作"舍采"，古代入学开始时举行的一种仪式。即向孔子牌位献上芹藻一类菜蔬。舍，放下。⑪盱（xū）江：水名，一称抚河，又称建昌江，在今江西东部。谂（shěn）：规劝，告诉；勉励。⑫鏖：鏖战，指征战。⑬刘氏：指汉高祖刘邦。⑭孝武：即汉武帝。西汉除高祖刘邦外，皇帝庙号都冠孝字。⑮世祖：东汉开国皇帝刘秀。戎行：军队。⑯孳孳：同"孜孜"，非常关注和勤勉。⑰草茅：指在野的人。⑱谭：同"谈"。⑲徼（jiǎo）：追求。⑳二三子：即"二三君子"的略称，大家，诸君。

【译文】

　　仁宗皇帝二十三年（1055），下诏命令各州县设立学馆。那时的州县长官，有的贤明，有的愚昧。奉行诏令时，有的尽心竭力，恭敬地仰承皇帝旨意；有的装装门面，充当官、师，胡乱写一道奉诏文书了事。以致有些地方，一连几座城邑，听不到琅琅的读书声。上面倡导而地方不响应，使得教学受阻，不能推行。

　　仁宗皇帝三十二年（1054），范阳人祖无泽任袁州知州。初来时，就召见一班儒生，了解到学馆残缺破败的情况。他很担心人才流失，儒学的教化作用逐渐削弱，不能合乎皇上旨意。颍川人陈偋通判，听了很以为然，意见与祖无泽完全一致。他们一同察看了旧有的夫子庙，觉得太狭窄，不适宜改建为学馆，于是决定在城的东北角上建造新学馆。那里土地干燥坚硬，那里地势朝南，那里建筑材料非常优良。学馆的陶瓦、墙壁、大门、房廊，有深灰、雪白、朱红、漆黑诸色，完全合乎法度。所以学生、老师都有安身之所，厨房、粮仓都有安排之处。各种器物准备齐全，大家齐心协力建造，工匠技艺高超，官吏勤快不怠，没日没夜努力从事，过了一年，就将学馆建成。

在即将开学之时，盱江人李觏对众人勉励说："那虞、夏、商、周四代办学之事，我们只须考察一下经书就可以知道。那秦始皇凭借崤山以西之地，与六国大战，想万世称帝，被刘邦率军振臂一呼，却连关门也守不住。武官战将，争相投降唯恐落后，这是为什么呢？那是秦国废弃了诗书教化之道，使众人见利忘义的缘故。汉武帝即位于民富国强之际，光武帝出身于行伍之间，都能极力推行儒学，所以民风淳厚极了，一直影响到汉灵帝、汉献帝的时代。当时，那些在野之人而敢直言的，即使有杀身之祸也不反悔自己的忠直；那些功劳大得连皇帝也感到威慑的大臣，一听到天子的命令就放下了武器。各路诸侯虎视眈眈，却都不敢称帝，这种局面尚且维持了数十年。儒家的教化之道竟能这样维系人心。如今躬逢圣明天子，你们袁州人又遇到贤明的官长，使你们能通过学馆的教化，追随古代圣贤的遗迹。当天下太平的时候，则可以继承礼乐来陶冶我们百姓的性情；一旦有了变故，就更应该依靠节操，做臣子的为国尽忠，当人子的为父尽孝。学了儒道，可以使人有所效法，有了精神支柱。这就是国家倡导教学之意。如果到这里来只学得一套舞文弄墨的本领以求得名利，那岂仅是你们的羞耻，而且也是治国之人的忧虑。"

【评析】

李觏是仁宗朝著名学者，故对于教育有很深刻的认识。本文开头通过地方官员对办学所持的不同态度，引出全文的中心思想，为下文祖无泽积极办学之行为做好铺垫。接着作者不叙述创办袁州州学的全过程，而从选址、备料、房屋结构、装饰粉刷等各个方面分别叙述，叙事简明而层次清晰。再用秦朝虽然强大却迅速土崩瓦解的经验教训，说明了教育事业确实是关系国家兴衰之大事。接着，笔锋又转向现实，指出朝廷倡导办学的宗旨所在。历数汉代教育培养出的众多忠贞之士对于维系天下的重要作用。最后明确提出教育的目的和社会功能是"天下治，则谭礼乐以陶吾民。一有不幸，尤当仗大节，为臣死忠，为子死孝。这使人有所赖，且有所法，是惟朝家教学之意"。最后他对"弄笔墨以微利达"的人提出了严厉的批评，是有一定现实针对性的，故此文有警世之意义，文章到此戛然而止，颇有意味。

欧阳修

欧阳修，字永叔，晚号"六一居士"，北宋著名文学家、史学家、诗人，"唐宋八大家"之一。进士出身，官至枢密副使、参知政事；为人刚直，敢于谏诤，曾两遭贬谪。他在担任要职期间，特别留意推举贤才，荐引后进，拔擢了一大批文学家。作为文学革新运动的领袖，他在诗文方面影响巨大，尤其是散文成就很高。文风简洁清丽，流畅婉转，摇曳生姿；笔力雄浑，说理透辟，描写为其特长，而且具有浓郁的抒情气息。

朋党论

欧阳修

臣闻朋党之说①，自古有之，惟幸人君辨其君子小人而已②。大凡君子与君子以同道为朋③，小人与小人以同利为朋，此自然之理也。

然臣谓小人无朋，惟君子则有之。其故何哉？小人所好者利禄也，所贪者货财也。当其同利之时，暂相党引以为朋者④，伪也；及其见利而争先，或利尽而交疏，则反相贼害⑤，虽其兄弟亲戚，不能相保。故臣谓小人无朋，其暂为朋者，伪也。君子则不然。所守者道义，所行者忠信，所惜者名节⑥。以之修身，则同道而相益；以之事国，则同心而共济⑦；终始如一，此君子之朋也。故为人君者，但当退小人之伪朋，用君子之真朋，则天下治矣。

尧之时，小人共工、驩兜等四人为一朋⑧，君子八元、八恺十六人为一朋⑨。舜佐尧，退四凶小人之朋，而进元、恺君子之朋，尧之天下大治。及舜自为天子，而皋、夔、稷、契等二十二人并列于朝⑩，更相称美⑪，更相推让，凡二十二人为一朋，而舜皆用之，天下亦大治。《书》曰⑫："纣有臣亿万，惟亿万心；周有臣三千，惟一心。"纣之时，亿万人各异心，可谓不为朋矣，然纣以亡国。周武王之臣，三千人为一大朋，而周用以兴。后汉献帝时⑬，尽取天下名士囚禁之⑭，目为党人。及黄巾贼起⑮，汉室大乱，后方悔悟，尽解党人而释之⑯，然已无救矣。唐之晚年，渐起朋党之论⑰。及昭宗时⑱，尽杀朝之名士，或投之黄河，曰："此辈清流，可投浊流⑲。"而唐遂亡矣。

夫前世之主，能使人人异心不为朋，莫如纣；能禁绝善人为朋，莫如汉献帝；能诛戮清流之朋，莫如唐昭宗之世；然皆乱亡其国。更相称美推让而不自疑，莫如舜之二十二臣，舜亦不疑而皆用之；然而后世不诮舜为二十二人朋党所欺[20]，而称舜为聪明之圣者，以能辨君子与小人也。周武之世，举其国之臣三千人共为一朋，自古为朋之多且大，莫如周；然周用此以兴者，善人虽多而不厌也[21]。

嗟呼！治乱兴亡之迹，为人君者，可以鉴矣[22]。

【注释】

①朋党：原始意义是指为共同利益勾结起来的集团，有贬义。②惟：只。幸：希望。③大凡：大体上。道：一定的政治主张或思想体系。④党引：勾结。⑤贼害：残害。⑥守：信奉。名节：名誉气节。⑦修身：按一定的道德规范进行自我修养。济：取得成功。⑧共（gōng）工、驩兜（huán dōu）等四人：指共工、兜、鲧（gǔn）、三苗，即后文被舜放逐的"四凶"。⑨八元：传说中上古高辛氏的八个才子。八恺：传说中上古高阳氏的八个才子。⑩皋（gāo）、夔（kuí）、稷（jì）、契（xiè）：传说他们都是舜时的贤臣。⑪更（gēng）相：互相。⑫《书》：指《尚书》，也称《书经》。⑬后汉献帝：东汉最后一个皇帝刘协。此处有误。逮捕、囚禁"党人"是桓、灵帝时的宦官所为。⑭尽取天下名士囚禁之：东汉桓帝时，宦官专权，一些名士如李膺等二百多人因反对宦官而被加上"诽讪朝廷"的罪名，逮捕囚禁。到灵帝时，李膺等一百多人被杀，六七百人受到株连，历史上称为"党锢之祸"。⑮黄巾贼：此指张角领导的黄巾军。"贼"是对农民起义的诬称。⑯解：解除，赦免。⑰朋党之论：唐穆宗至宣宗年间（821—859），统治集团内形成的牛僧孺为首的牛党和以李德裕为首的李党，朋党之间互相争斗，历时四十余年，史称"牛李党争"。⑱昭宗：唐朝将要灭亡时的一个皇帝。杀名士投之黄河本发生于唐哀帝天祐二年（905），哀帝是唐代最后一个皇帝。⑲"此辈清流"两句：这是权臣朱温的谋士李振向朱温提出的建议。朱温在白马驿（今河南洛阳附近）杀大臣裴枢等七人，并将他们的尸体投入黄河。清流：指品行高洁的人。浊流：指品格卑污的人。⑳诮（qiào）：责备。㉑厌：通"餍"，满足。㉒鉴：动词，照，引申为借鉴。

【译文】

臣听说关于朋党的言论，是自古就有的。只是希望君主能分清他们是君子还是小人就好了。大概君子与君子因志趣一致结为朋党，而小人则因利益相同结为朋党，这是很自然的规律。

　　但是臣以为，小人并无朋党，只有君子才有。这是什么原因呢？小人所爱所贪的是钱财薪俸。当他们利益相同的时候，暂时互相勾结成为朋党，那是虚假的；等到他们见到利益而争先恐后，或者利益已尽而交情淡漠之时，就会反过来互相残害，即使是兄弟亲戚，也不能相互保护。所以说小人并无朋党，他们暂时结为朋党，也是虚假的。君子就不是这样：他们坚持的是道义，履行的是忠信，珍惜的是名节。用这些来提高自身修养，那么志趣一致就能相互补益。用这些来为国家做事，那么观点相同就能共同前进。始终如一，这就是君子的朋党。所以做君主的，只要能斥退小人的假朋党，进用君子的真朋党，那么天下就可以安定了。

　　唐尧的时候，小人共工、驩兜等四人结为一个朋党，君子八元、八恺等十六人结为一个朋党。舜辅佐尧，斥退"四凶"的小人朋党，而进用"元、恺"的君子朋党，唐尧的天下因此非常太平。等到虞舜自己做了天子，皋陶、夔、稷、契等二十二人同时列位于朝廷。他们互相推举，互相谦让，一共二十二人结为一个朋党。但是虞舜全都进用他们，天下也因此得到大治。《尚书》上说："商纣有亿万臣，是亿万条心；周有三千臣，却是一条心。"商纣王的时候，亿万人各存异心，可以说不成朋党了，可是纣王却因此而亡国。周武王的臣下，三千人结成一个大朋党，但周朝却因此而兴盛。后汉献帝的时候，抓捕天下名士并且都关押起来，把他们视作"党人"。等到黄巾贼来了，汉王朝大乱，然后才悔悟，解除党锢释放他们，可是已经无可挽救了。唐朝晚期，逐渐生出朋党的议论。到了昭宗时，把朝廷中的名士都杀害了，有的竟被投入黄河，说什么"这些人自命为清流，应当把他们投到浊流中去"。唐朝也就随之灭亡了。

　　前代的君主，能使人人异心、不结为朋党的，谁也不及商纣王；能禁绝好人结为朋党的，谁也不及汉献帝；能杀害"清流"们的朋党的，谁也不及唐昭宗之时；但都由此而使国家混乱以至灭亡。互相推举谦让而不疑忌的，谁也不及虞舜的二十二位大臣，虞舜也毫不猜疑地进用他们。但是后世并不讥笑虞舜被二十二人的朋党所蒙骗，却赞美虞舜是聪明的圣主，原因就在于他能区别君子和小人。周武王时，全国所有的臣下三千人结成一个朋党，自古以来作为朋党又多又大的，谁也不及周朝；然而周朝因此而兴盛，原因就在于善良之士虽多却不感到满足。

　　前代治乱兴亡的过程，为君主的可以作为借鉴了。

这是一篇具有战斗性的政治论文。庆历三年（1043），执政的杜衍、韩琦、范仲淹、富弼等人开始推行新政，即著名的"庆历新政"，遭到既得利益集团代表吕夷简、夏竦等人的攻击，并说他们搞朋党，仁宗皇帝也受到蛊惑。为此，欧阳修上此奏章义正词严驳斥对方的攻击，因为有正气在胸，故行文非常有气势。开门见山，直奔主题。开头一句，作者便理直气壮揭示主旨。它包含三个方面内容：朋党之说自古有之；朋党有君子与小人之别；仁君要善于辨别。作者首先从道理上论述君子之朋与小人之朋的本质区别；继而引用了六种史实，以历史事实证明朋党的"自古有之"；最后通过对前引史实的进一步分析，论证了仁君用小人之朋，则国家乱亡；用君子之朋，则国家兴盛。文章写得不枝不蔓，中心突出，有理有据，层层推衍，剖析透辟，具有不可辩驳的逻辑力量。

纵囚论

欧阳修

信义行于君子①，而刑戮施于小人②。刑入于死者，乃罪大恶极，此又小人之尤甚者也。宁以义死，不苟幸生，而视死如归，此又君子之尤难者也。方唐太宗之六年③，录大辟囚三百余人④，纵使还家，约其自归以就死，是以君子之难能，期小人之尤者以必能也。其囚及期而卒自归无后者，是君子之所难而小人之所易也。此岂近于人情哉！

或曰：罪大恶极⑤，诚小人矣，及施恩德以临之，可使变而为君子。盖恩德入人之深而移人之速，有如是者矣。曰：太宗之为此，所以求此名也。然安知夫纵之去也，不意其必来以冀免⑥，所以纵之乎？又安知夫被纵而去也，不意其自归而必获免，所以复来乎？夫意其必来而纵之，是上贼下之情也⑦；意其必免而复来，是下贼上之心也。吾见上下交相贼以成此名也，乌有所谓施恩德与夫知信义者哉！

不然，太宗施德于天下，于兹六年矣，不能使小人不为极恶大罪，而一日之恩，能使视死如归而存信义，此又不通之论也。

然则何为而可？曰：纵而来归，杀之无赦，而又纵之，而又来，则可知为恩德之致尔。然此必无之事也。若夫纵而来归而赦之，可偶一为之尔，若屡为之，则杀人者皆不死，是可为天下之常法乎？不可为常者，其圣人之法乎？是以尧、舜、三王之治⑧，必本于人情，不立异以为高，不逆情以干誉⑨。

【注释】

①信义：诚信道义。②刑戮：刑罚或处死。③唐太宗之六年：唐太宗贞观六年（632）。唐太宗是中国历史上有一定作为的皇帝，他在位年间，国势强大，社会较安定，史称"贞观之治"。④大辟：死刑。辟，法，刑法。大辟意为最重的刑罚。⑤罪大恶极：罪恶大到了极点。⑥冀免：希望赦免。⑦贼：用作动词，窃，私下行动，引申为窥测。⑧三王：指夏禹、商汤、周文王和周武王的合称。他们都是儒家崇拜的古代明君。⑨干誉：求取名誉。

【译文】

信义可以在君子中推行，而杀戮刑罚则在小人中施行。判刑而列入死刑的人，是罪大恶极的，又是小人中最甚的人。宁愿为正义而死，不愿意苟且贪生，而视死如归，这在君子中也是很难做到的。唐太宗即位第六年时，把判处死刑的犯人三百余人登记在册，放他们回家，约定好到期自动回来接受死刑。这是君子都难以做到的事，而希望小人中最坏的人一定能够做到。到了规定的时间，那些囚犯自动回来而没有延误的。这是君子难以做到的，而小人却很容易地做到了。这难道近于人情吗？

有人说，罪大恶极，确实是小人了；如果对他们采取恩德感化的手段，就可以使他们变为君子。恩德感化愈深入人心，人的转变速度就愈快，就如同是这种情况啊！我说，唐太宗之所以这样做，就是为了得到这种名声。可是怎么会知道他在放回囚犯时，没有料到他们一定会回来希望可以赦免自己的死罪，所以才放回他们呢？又怎么会知道那些被放回的囚犯，没有料到他们自动回来就一定会被赦免自己的死罪，这才又回来呢？料想到囚犯一定会回来这才放他们回家，这是唐太宗从上窥测下面囚犯的心理；料想到一定会被赦免死罪这才回来，这是下面的囚犯在窥测上面的皇帝的心理。我从中看到的是上下互相窥测对方的心理才成就了这种名声，哪里还有皇帝采取恩德感化的办法和囚犯遵守信义的事呢？

不然的话，唐太宗在全国施行恩德感化的办法，到这时已经六年了，却不能让小人不犯极恶大罪，只凭一天的恩德感化，就能使囚犯视死如归，而且坚守信义。

这是一种说不通的观点啊！

那么应该怎么去做才可以呢？我说，对放回家去而又回来的囚犯，杀了他而不能赦免。然后再放出一批囚犯，他们又回来了，这样才可以知道是被恩德感化所致。然而这必定是不可能的事。如果对放出的囚犯在他们回来后就赦免了死罪，可以偶尔做一次。如果总是这样去做，那么杀人犯都不会被处死。这可以作为国家的常法吗？不能作为国家的常法。这难道能说是圣人之法吗？所以说，尧、舜、周三王治理国家，必定以合乎人情为标准，不以标新立异为高明，不能违背情理来博取自己的名誉。

【评析】

这是一篇著名的政治论文。唐太宗纵囚回归特赦事一直作为美谈，欧阳修则对其进行颠覆性的评论，指出这样做属于"立异以为高，逆情以干誉"，对唐太宗的批评是很尖锐深刻的。"吾见上下交相贼以成此名"的分析入木三分，力透纸背，实际就是如此。而这样的事偶尔做一次可以，不可以为常法便不具备示范意义，故没有价值。敢于如此尖锐深刻明确批评历史上公认的明君和盛事，确实需要胆识和见识。吴楚材、吴调侯评曰："末以不可为常法结之，自是千古正论。通篇雄辩深刻，一步紧一步，令无可躲闪处。此等笔力，如刀斫斧截，快利无双。"

释秘演诗集序

欧阳修

予少以进士游京师①，因得尽交当世之贤豪。然犹以谓国家臣一四海②，休兵革，养息天下以无事者四十年③，而智谋雄伟非常之士，无所用其能者，往往伏而不出，山林屠贩④，必有老死而世莫见者，欲从而求之不可得。其后得吾亡友石曼卿⑤。曼卿为人，廓然有大志⑥，时人不能用其材，曼卿亦不屈以求合。无所放其意，则往往从布衣野老酣嬉⑦，淋漓颠倒而不厌⑧。予疑所谓伏而不见者，庶几狎而得之⑨，故尝喜从曼卿游，欲因以阴求天下奇士。

浮屠秘演者⑩，与曼卿交最久，亦能遗外世俗⑪，以气节相高。二人欢然无所间。曼卿隐于酒，秘演隐于浮屠，皆奇男子也。然喜为歌诗以自娱，当其极饮大醉，歌吟笑呼，以适天下之乐，何其壮也！一时贤士，皆愿从其游，予亦时至其室。十年之间，秘演北渡河⑫，东之济、郓⑬，无所合，困而归，曼卿已死，秘演亦老病。嗟夫！二人者，予乃见其盛衰，则予亦将老矣！

夫曼卿诗辞清绝⑭，尤称秘演之作，以为雅健有诗人之意。秘演状貌雄杰，其胸中浩然⑮。既习于佛，无所用，独其诗可行于世。而懒不自惜，已老，胠其橐⑯，尚得三四百篇，皆可喜者。

曼卿死，秘演漠然无所向。闻东南多山水，其巅崖崛峍⑰，江涛汹涌，甚可壮也，欲往游焉。足以知其老而志在也。于其将行，为叙其诗，因道其盛时以悲其衰。

【注释】

①京师：北宋都城汴京，今河南开封。②国家：指朝廷。臣一：臣服，统一。四海：古代以为中国在四海之中，故四海指全国。③兵革：兵，武器。革，将士作战用的甲盾，这里指战争。养息：休养生息。④山林屠贩：指隐居山林做屠夫、商贩的隐士。⑤曼卿：名延年，河南商丘人，北宋诗人，他一生遭遇冷落，很不得志。⑥廓然：开朗豪放的样子。⑦布衣：百姓。野老：乡村老人。酣嬉：尽情喝酒，尽情嬉游。⑧淋漓颠倒：形容非常尽兴痛快，放浪形骸。⑨庶几：或许。狎：亲近而且态度随便。⑩浮屠：佛教。这里指佛教徒，即僧人。秘演：人名。⑪遗外：超脱。即抛弃世俗的功名富贵。⑫河：黄河。⑬济、郓：济州、郓州。都在今山东省。⑭清绝：清新绝顶。即特别清新。⑮浩然：刚直正大之气。⑯胠（qū）：打开。橐（tuó）：袋子。⑰崛峍（lù）：高峻陡峭。

【译文】

我年轻时因考进士而寄居京城，因而有机会遍交当时的贤者豪杰。然而我还认为，朝廷统一四方，停止战争，休养生息以至天下太平了四十年，那些具有智谋的和雄才大略的不寻常之人，无处发挥才能的人，往往蛰伏不出，隐居山林，从事屠宰贩运，必定有老死其间而不被世人发现的，故想要跟从访求他们，与之结交而不可得。后来却认识了我的亡友石曼卿。曼卿的为人，胸怀开阔而有大志，今人不能用他的才能，曼卿也不肯委屈自己迁就别人。没有施展志向的地方，就往往跟布衣村民饮酒嬉戏，闹得痛快癫狂也不满足。因此我怀疑所谓蛰伏而不被发现的人，或许会在亲近玩乐的人中得到。所以我常常喜欢跟从曼卿游玩，想借此暗中访求天下奇士。

　　和尚秘演和曼卿交往最久，也能够将自己遗弃在世俗之外，以崇尚气节为高。两个人相处融合毫无嫌隙。曼卿在酒中隐身，秘演则在佛教中隐身，都是奇男子。然而又都喜欢作诗自我娱乐。当他们狂饮大醉之时，又唱又吟，又笑又叫，以共享天下的乐趣，这是多么豪迈啊！当时的贤士，都愿意跟从他们交游，我也常常上他们家。十年间，秘演北渡黄河，东到济州、郓州，没有遇上知己朋友，困顿而归。这时曼卿已经死了，秘演也是又老又病。唉！这两个人，我竟看到了他们从壮年而至衰老，那么我自己也将衰老了吧！

　　曼卿的诗清妙绝伦，可他更称道秘演的作品，以为典雅劲健，真有诗人的意趣。秘演相貌雄伟杰出，他的胸中又存有浩然正气。然而已经学了佛，其浩然之气也就没有可用之处。只有他的诗歌能够流传于世。可是他又懒散而不爱惜，已经老了，打开他的箱子，还能得到三四百首，都是值得玩味的好作品。

　　曼卿死后，秘演寂寞无处可去。听说东南地区多山水美景，那儿高峰悬崖峭拔险峻，长江波涛汹涌，很是壮观，他便想到那儿去游玩。这就足以了解他人虽老了可是志气尚在。在他临行之时，我为他的诗集写了序言，借此称道他的壮年并为他的衰老而悲哀。

【评析】

　　欧阳修是有节操之文人，也注意发现人才而不遗余力推荐之，这是欧阳修最光彩最高尚的品格，北宋很多人都受到过他的推荐。本文便可以体现这一品德。这虽是给和尚秘演诗集写的序，但通篇是写人，而先写石曼卿，再引出秘演，突出其"伏而不出"的磊落性格和奇才。全篇重点在对被埋没之人才的惋惜上。最后才点到其诗，而"因道其盛时以悲其衰"，再次落到惋惜人才的不得其用方面。一唱三叹，一往情深。

卷之十

梅圣俞诗集序

欧阳修

予闻世谓人少达而多穷①，夫岂然哉？盖世所传诗者②，多出于古穷人之辞也。凡士之蕴其所有③，而不得施于世者，多喜自放于山巅水涯之外④，见虫鱼草木风云鸟兽之状类，往往探其奇怪。内有忧思感愤之郁积，其兴于怨刺⑤，以道羁臣寡妇之所叹⑥，而写人情之难言。盖愈穷则愈工。然则非诗之能穷人，殆穷者而后工也。

予友梅圣俞，少以荫补为吏⑦，累举进士，辄抑于有司⑧，困于州县，凡十余年。年今五十，犹从辟书⑨，为人之佐⑩，郁其所蓄⑪，不得奋见于事业⑫。其家宛陵⑬，幼习于诗，自为童子，出语已惊其长老。既长，学乎六经仁义之说⑭，其为文章，简古纯粹，不求苟说于世。世之人徒知其诗而已。然时无贤愚，语诗者必求之圣俞；圣俞亦自以其不得志者，乐于诗而发之，故其平生所作，于诗尤多。世既知之矣，而未有荐于上者。昔王文康公尝见而叹曰⑮："二百年无此作矣！"虽知之深，亦不果荐也⑯。若使其幸得用于朝廷，作为雅、颂，以歌咏大宋之功德，荐之清庙⑰，而追商、周、鲁颂之作者，岂不伟欤！奈何使其老不得志，而为穷者之诗，乃徒发于虫鱼物类，羁愁感叹之言。世徒喜其工，不知其穷之久而将老也！可不惜哉！

圣俞诗既多，不自收拾。其妻之兄子谢景初，惧其多而易失也，取其自洛阳至于吴兴以来所作，次为十卷。予尝嗜圣俞诗，而患不能尽得之，遽喜谢氏之能类次也⑱，辄序而藏之。

其后十五年，圣俞以疾卒于京师，余既哭而铭之⑲，因索于其家，得其遗稿千余篇，并旧所藏，掇其尤者六百七十七篇⑳，为一十五卷。呜呼！吾于圣俞诗论之详矣，故不复云。

【注释】

①达：显达，在仕途上顺利得志。穷：困顿，在仕途上困窘不得志。②盖：副词，表不肯定，

大体来说。③蕴其所有：指怀抱理想和才干。蕴：蓄藏。④放：放任、纵情。⑤兴于怨刺：兴起怨恨、讽刺的念头。怨刺：怨恨、讽刺。⑥道：表达出。羁（jī）臣：即"羁旅之臣"，指旅居在外或被贬谪的官员。⑦荫：指因前辈功勋而得官。补：指官员有缺额，选人授职。⑧辄：总是。抑：受压抑。有司：官吏。⑨辟书：招聘文书。⑩佐：辅佐，指郡县的副职。⑪郁：压抑，郁闷，才能不得施展。⑫奋见：发挥、表现出来。⑬宛陵：今安徽省宣城县。⑭六经：指《诗》《书》《礼》《乐》《易》《春秋》六部儒家经典。⑮王文康公：王曙，字晦叔，号文康，河南人，宋仁宗时任宰相。⑯果：终于，到底。⑰清庙：祖庙。⑱遽（jù）：骤然，顿时。类次：分类、编排。⑲铭之：给他写了墓志铭。⑳掇：采取，选择。

【译文】

我听到社会上常说，诗人仕途畅达的少，困厄的多。难道真是这样吗？大概是由于世上所流传的诗歌，多是出于古代困厄之士言辞吧。大凡胸藏才智而又不能充分施展于世的士人，大都喜爱到山头水边去放浪形骸，看见虫鱼草木风云鸟兽等事物，往往探究它们的奇特怪异之处，内心有着忧愁感慨愤激的郁积，这些情感化为诗兴，即寄托在怨恨讽刺之中，道出了逐臣寡妇的慨叹，而写出了人所难于言传的感受来。大概越困厄就越能写得工巧。如此说来，并非写诗使人穷困潦倒，大概是穷困潦倒后才能写出好诗来。

我的朋友梅圣俞，年轻时由于荫袭补为下级官吏，屡次去参加考进士，总是遭到主考部门的压抑，在地方上困厄十多年。他年已五十，还要靠别人下聘书，去当人家的办事员，郁积着自己的才能智慧，不能在事业上充分地表现出来。他的家乡在宛陵，幼年时就学习诗歌，从他还是个孩童时起，写出诗句来就已使得父老长辈惊异了。等到长大，学习六经仁义的学问，他写出的文章简古纯正，不希求苟且取悦于世人，因此世人只知道他会写诗罢了。然而当时人不论贤愚，谈论诗歌必然会向圣俞请教。圣俞也把自己不得志的地方，喜欢通过诗歌来发泄，因此他平时所写的东西，其中诗歌就特别多。社会上已经知道他了，却没有人向朝廷推荐他。从前王文康公曾看到他的诗作，慨叹说："二百年没有这样的作品了！"虽然对他了解很深，可还是没有加以推荐。假使他有幸得到朝廷的任用，写出如《诗经》中雅、颂那样的作品，来歌颂大宋的功业恩德，献给宗庙，使他类似于商颂、周颂、鲁颂等作者，难道不是很壮伟的吗？为什么使他到老也不得志，只能写困厄者的诗歌，白白地在虫鱼之类上抒发穷苦愁闷的感叹。社会上只喜爱他诗歌的工巧，却不知道他困厄已久将要老死了，难道不值得叹息吗？

圣俞的诗很多，自己却不收拾整理。他的内侄谢景初担心它太多容易散失，选取他从洛阳到吴兴这段时间的作品，编为十卷。我曾经酷爱圣俞的诗作，担心不能全部得到它，十分高兴谢氏能为它分类编排，就为之作序并保存起来。

从那以后过了十五年，圣俞因病在京师去世，我已痛哭着为他写好了墓志铭，便向他家索求，得到他的遗稿一千多篇，连同先前所保存的，选取其中特别好的共六百七十七篇，分为十五卷。唉！我对圣俞的诗歌评论得已经很多了，所以不再重复。

【评析】

北宋诗人梅尧臣一生不得志。诗作多反映社会矛盾和民生疾苦，风格平淡朴实，有矫正宋初靡丽倾向之意，对宋诗风的转变有倡导和力行之功，被称为宋诗的"开山之祖"。他是欧阳修的好朋友，也是其诗文革新运动的重要助手。他死后，欧阳修为其诗选集并写此序。开篇先辨析"诗人少达而多穷"接着阐释"传世"之诗，皆仕途穷困者怨刺之作，顺势得出结论"非诗之能穷人，殆穷者而后工"，突出梅尧臣的诗歌才能和贫困坎坷的人生，抑扬顿挫，一往情深。其中借助当世宰相王曙"二百年无此作矣"的评价等于给梅尧臣之诗作了高度的历史定位，是很巧妙的赞美之语。

送杨寘序

欧阳修

予尝有幽忧之疾①，退而闲居，不能治也。既而学琴于友人孙道滋，受宫声数引②，久而乐之，不知其疾之在体也。

夫琴之为技小矣③，及其至也，大者为宫，细者为羽，操弦骤作，忽然变之，急者凄然以促④，缓者舒然以和，如崩崖裂石、高山出泉，而风雨夜至也。如怨夫寡妇之叹息，雌雄雍雍之相鸣也⑤。其忧深思远，则舜与文王孔子之遗音也⑥；悲愁感愤，则伯奇孤子⑦、屈原忠臣之所叹也。喜怒哀乐，动人必深。而纯古淡泊，与夫尧舜三代之言语、孔子之文章、《易》之忧患、《诗》之怨刺无以异。其能听之以耳，应之以手，取其和者，道其湮郁⑧，写其幽思，则感人之际，亦有至者焉。

予友杨君，好学有文，累以进士举，不得志。及从荫调，为尉于剑浦⑨，区区在东南数千里外，是其心固有不平者。且少又多疾，而南方少医药。风俗饮食异宜。以多疾之体，有不平之心，居异宜之俗，其能郁郁以久乎？然欲平其心以养其疾，于琴亦将有得焉。故予作琴说以赠其行，且邀道滋酌酒进琴以为别。

【注释】

①幽忧：深重的忧愁和烦恼。②宫：五音之一。引：乐曲体裁之一。数引：几支曲调。③技：技艺。④凄然：急促的韵律令人悲哀。⑤雍雍：和谐，和睦。⑥舜与文王孔子之遗音：三人都是古代圣贤，都善于鼓琴抒发幽怨。⑦伯奇：周宣王时大臣吉甫之子，因后母进谗而被逐，作琴曲《履霜操》，曲终投河而死。⑧道：同"导"，开导，引申为宣泄。湮郁：阻塞。⑨剑浦：今福建南平市。

【译文】

我曾经患过严重的抑郁症，退下来闲居，也不能医治好。不久在朋友孙道滋那里学习弹琴。学习了几支乐曲，时间一长就觉得很快乐，不知道疾病还在自己身上了。

弹琴作为一种技艺是很小的。等这技艺到了极点，大的最低的声音是宫，小的最高的声音是羽，拿起琴来迅急弹奏，声调便随着情感的变化而变化；声音急促的，显得很凄惨；声音和缓的，显得很舒畅。有时好像山崩石裂，泉水从高山上涌出来，又好像夜晚发生了大风大雨。有时像怨夫、寡妇那样叹息，又好像和睦的雌鸟和雄鸟互相唱和。它的深沉的忧虑和悠远的思绪，就是虞舜、周文王和孔子的遗音；它的悲惨、愁闷、感慨、愤激，就是孤儿伯奇、忠臣屈原所发出的叹息。喜、怒、哀、乐的情绪，一定会深深打动人的心弦；而纯厚、古雅、淡泊的音色，却跟尧舜三代的语言、孔子的文章、《易经》所表现的忧患、《诗经》所包含的怨恨讽刺，没有什么区别。它能够凭耳朵听出来，能够随手弹出来。如果选取那和谐的音调，排遣忧郁，散发幽思，则往往感动人心，极为深切。

我的朋友杨君，喜欢研究学问，很会写文章，屡次参加进士考试，都不得意。等到依靠祖上的功勋，才调到剑浦去做县尉。小小的剑浦在东南面几千里路以外，他心里确实有不平的地方。并且他从小又多疾病，而南方缺少名医良药，风俗饮食也不适应。以他多病的身体，抱着不平的心情，生活在风俗不同的地方，怎么能够长久地沉闷下去呢？然而要平静他的心思，疗养他的疾病，弹琴或许能收到一点效果吧！因此我写这篇谈琴的文章来给他送行，并且邀请孙道滋参加，喝一杯酒，弹一回琴，当作临别的纪念。

【评析】

　　这是送别序，欧阳修从自己得抑郁症到通过学习弹琴来缓解和治愈的经历，形象地说明了音乐可以疗救精神伤病的道理。并通过多方面的比喻和联想描写琴声的感人力量，在表现音乐方面别具一格。而最终扣到朋友即将远行，到偏远的地方当小官，一定会很郁闷，而如果郁闷便可以通过音乐、通过艺术来调节自己的心情，有明确的现实针对性。感情真挚，描写生动，道理明晰，情理兼胜。由自己学习弹琴开篇，用弹琴饮酒送别，首尾呼应，脉络清晰。

五代史伶官传序

欧阳修

　　呜呼！盛衰之理，虽曰天命，岂非人事哉！原庄宗之所以得天下①，与其所以失之者，可以知之矣。

　　世言晋王之将终也②，以三矢赐庄宗而告之曰："梁，吾仇也③；燕王④，吾所立；契丹，与吾约为兄弟⑤，而皆背晋以归梁。此三者，吾遗恨也。与尔三矢，尔其无忘乃父之志！"庄宗受而藏之于庙。其后用兵，则遣从事以一少牢告庙⑥，请其矢，盛以锦囊，负而前驱，及凯旋而纳之。

　　方其系燕父子以组⑦，函梁君臣之首⑧，入于太庙⑨，还矢先王，而告以成功，其意气之盛，可谓壮哉！及仇雠已灭，天下已定，一夫夜呼⑩，乱者四应，仓皇东出，未见贼而士卒离散，君臣相顾，不知所归。至于誓天断发，泣下沾襟，何其衰也！岂得之难而失之易欤？抑本其成败之迹⑪，而皆自于人欤？

　　《书》曰⑫："满招损，谦得益。"忧劳可以兴国，逸豫可以亡身⑬，自然之理也。故方其盛也，举天下之豪杰，莫能与之争；及其衰也，数十伶人困之，而身死国灭，为天下笑。夫祸患常积于忽微⑭，而智勇多困于所溺⑮，岂独伶人也哉!

【注释】

①原: 推本求源, 推究。庄宗: 指后唐庄宗李存勖。晋王李克用之子。②晋王: 李克用, 沙陀族, 因帮助唐朝镇压黄巢起义有功, 封晋王。死后李存勖即位, 消灭后梁政权后称帝, 追封李克用为武皇帝, 庙号太祖。③梁: 指朱全忠, 此人原名朱温, 黄巢麾下大将, 后降唐。曾想害死李克用, 二人结怨极深。④燕王: 指刘仁恭, 李克用极力保荐其当上燕王, 后来背叛李克用而归向梁王。⑤契丹句: 公元 907 年, 李克用曾和契丹首领耶律阿保机结拜, 结成军事同盟, 要共同打败朱温, 后来耶律阿保机背叛。⑥从事: 这里指负责具体事物的官员。一少牢: 用猪、羊各一头做祭品。牢, 祭祀用的牲畜。⑦组: 丝带, 这里指绳索。⑧函: 木匣, 这里用作动词。⑨太庙: 帝王祭祀祖先的宗庙。⑩一夫夜呼, 乱者四应: 公元 926 年, 驻扎在贝州的军人皇甫晖勾结同党作乱, 叛乱的人四处响应。⑪抑: 或者。⑫《书》曰: 语出《尚书·大禹谟》。⑬逸豫: 逍遥游乐, 不能居安思危。⑭忽微: 极细小的东西。⑮所溺: 沉溺迷爱的人或事物。

【译文】

唉! 盛衰的道理, 虽说是天命决定的, 难道不也是人事造成的吗? 推究后唐庄宗李存勖之所以取得天下, 与他所以失去天下的原因, 就可以明白这个道理了。

世人传说晋王临死时, 把三支箭赐给庄宗, 并告诫他说:"梁国是我的仇敌, 燕王是我推立的, 契丹与我约为兄弟, 可是后来都背叛我去投靠了梁。这三件事是我的遗恨。交给你三支箭, 你不要忘记你父亲报仇的志向。"庄宗接受过来把三支箭收藏在祖庙。以后庄宗出兵打仗, 便派手下的随从官员, 用猪羊去祭告祖先, 从宗庙里恭敬地取出箭来, 装在漂亮的丝织口袋里, 使人背着在军前开路, 等打了胜仗回来, 仍旧把箭收进宗庙。

当他用绳子绑住燕王父子, 用小木匣装着梁国君臣的头, 走进祖庙, 把箭交还到晋王的灵座前, 告诉他生前报仇的志向已经完成, 他那意气扬扬的气概, 是多么威风雄壮! 等到仇敌已经消灭, 天下已经安定, 一个人在夜里发难, 作乱的人四面响应。慌慌张张出兵东进, 还没见到乱贼, 部下的兵士就纷纷逃散, 君臣间相互对视, 不知道去哪里好; 甚至到割下头发来对天发誓, 抱头痛哭, 眼泪沾湿衣襟的可怜地步, 又是多么衰败! 难道说是因为取得天下难, 而失去天下容易才像这样的吗? 还是认真推究他成功失败的原因, 都是由于人事呢?

《尚书》上说："自满会招来损害，谦虚能得到益处。"忧劳可以使国家兴盛，逸豫安乐可以使自身灭亡，这是自然的道理。因此，当他兴盛时，普天下的豪杰，没有谁能和他相争；到他衰败时，数十个乐官就把他困住，最后身死国灭，被天下人耻笑。祸患常常是由一点一滴极小的错误积累而酿成的，纵使是聪明有才能和英勇果敢的人，也有很多人沉溺于某种爱好之中而国灭身亡，而溺爱沉迷的又哪里仅仅是伶官呢！受其迷惑而结果陷于困穷，难道只有乐工吗？

【评析】

这是一篇著名史论。中心论点是国家的盛衰，事业的成败，主要取决于人事，取决于执政者的思想行为。主要论据是五代后唐庄宗李存勖先盛后衰，先成后败的历史事实，例据典型而极具说服力。最后扼要提出"忧劳可以兴国，逸豫可以亡身"，"祸患常积于忽微，而智勇多困于所溺"等具体论断，精辟透彻，发人深省。在写法上，作者采用欲抑先扬，先极赞庄宗成功时意气之"盛"，再叹其失败时形势之"衰"，通过盛与衰、兴与亡、得与失、成与败的强烈对比，突出庄宗历史悲剧的根由所在，使"本其成败之迹，而皆自于人"的结论，显得更加坚实而令人信服。文中两两对举的名言警句也有很强的心灵冲击力，易背易诵，有警醒人心之效。

五代史宦者传论

欧阳修

自古宦者乱人之国[①]，其源深于女祸[②]。女，色而已；宦者之害，非一端也[③]。盖其用事也近而习，其为心也专而忍。能以小善中人之意，小信固人之心，使人主必信而亲之。待其已信，然后惧以祸福而把持之。虽有忠臣硕士列于朝廷[④]，而人主以为去己疏远，不若起居饮食，前后左右之亲为可恃也。故前后左右者日益亲，则忠臣硕士日益疏，而人主之势日益孤。势孤，则惧祸之心日益切，而把持者日益牢。安危出其喜怒，祸患伏于帷闼[⑤]，则向之所谓可恃者，乃所以为患也。

患已深而觉之，欲与疏远之臣图左右之亲近，缓之则养祸而益深，急之则挟人主以为质[⑥]。虽有圣智，不能与谋。谋之而不可为，为之而不可成，至其甚，则俱伤而两败。故其大者亡国，其次亡身，而使奸豪得借以为资而起⑦，至抶其种类⑧，尽杀以快天下之心而后已。此前史所载宦者之祸常如此者，非一世也。

夫为人主者，非欲养祸于内，而疏忠臣硕士于外，盖其渐积而势使之然也。夫女色之惑，不幸而不悟，则祸斯及矣。使其一悟，捽而去之可也⑨。宦者之为祸，虽欲悔悟，而势有不得而去也，唐昭宗之事是已⑩。故曰"深于女祸"者，谓此也，可不戒哉！

【注释】

①宦者：宦官，俗称"太监"。是经过阉割过的男人，充当皇宫的各种服务人员。②女祸：古代史书中称宠信女子或女主执政败坏国事为女祸。③一端：事情的一点或一个方面。④硕士：贤能之士，学问渊博的人。⑤帷闼（tà）：泛指皇帝居住的后宫。帷：帐幕。闼：宫中小门。⑥质：人质。⑦奸豪：奸雄豪杰，指董卓、朱温之类，都是借诛杀宦官而谋取大权。⑧抶：连根挖出。指完全铲除宦官。⑨捽（zuó）：揪。去之：除掉她。⑩唐昭宗（889—904）：名李晔，被宦官杨复恭等拥立为帝，宦官权势因之大振。昭宗恐危及自身安全，谋诛杀宦官，反被宦官刘季述等挟持，后虽为宰相崔胤救出，但节度使朱温却借机作乱，诛杀全部宦官，唐室不久即灭亡。

【译文】

自古以来宦官扰乱国家，其根源比女人带来的祸害更深。女人带来的祸害，不过是用美色迷惑人而已；宦官的祸害，就不止一点了。他们在后宫服役，能接近皇帝并熟悉其性情，他们的内心专横而凶残。会利用小的善行迎合皇帝的心意，利用小的信义而坚定皇帝对他们的信任，使得君主深信并接近他们。等到君主对他们深信不疑时，便用吉凶祸福之类的话来恐吓，从而控制住他。虽有忠臣、贤士位列朝廷，但是皇帝却认为他们和自己的距离疏远，不如伺候自己起居饮食、不离自己前后左右的那些人可靠。所以皇帝和前后左右的人日益亲近，和忠臣、贤士便日益疏远，皇帝的势力也会日益孤单。势力孤单了，惧怕祸患的心情便日益迫切，宦官对皇帝的控制也会日益牢固。皇帝的安危出自宦官的喜怒，祸患就潜伏在卧室床帏之间，那么，过去认为可以依靠的人，正是酿成祸患的根源！

发觉祸患已经严重时，皇帝想和平日疏远的大臣商议除掉左右的亲信，如果行动迟缓了就会使祸患加深，如果操之过急，宦官就会挟持皇帝作为人质。即便是有圣人的智慧，也想不出好的办法。想出的办法也无法实行，即便是实行了也不会成功，到了严重的地步，就会两败俱伤。因此最坏的结局是亡国，其次也要丧身，从而使得某些奸雄乘机兴兵作乱，直到把宦官及其党羽全部挖出来，把他们斩尽杀绝，使天下人心大快才罢休。以前史书上所记载的宦官之祸往往都是如此，不是一朝一代的事了。

做君主的人，并不是存心要在内部酿造祸患，在宫外疏远忠臣、贤士，这只是由于逐渐发展而形成的局面才使得他这样去做。女色所产生的蛊惑，不幸的是君主没有觉醒，祸患才会降临身边。如果他一旦觉醒，揪住她撵出去就可以了。宦官带来的祸患，君主虽然有悔悟之心，而在形势上却无法把祸患除掉，唐昭宗的事实就是如此。所以我说"宦官所造成的祸害比女人更深"，就是指上述情况而言。君主怎么可以不引起戒备呢！

【评析】

孔子云："唯女子与小人为难养也，近之则不逊，远之则怨。"女人就是说国君身边的嫔妃姬妾，小人实际就是指宦官一类。孔子一句话，便指出中国政治生活中最危险的两类人。欧阳修因为修《五代史》，对于事实非常清楚，并能够抽象出规律性来。他又擅长写史论，本文和《五代史伶官传序》都是极其精彩之作。作者以宦官制度这一症结给国家带来的危害立论，本身就具有一定的吸引力，文章最后写到的唐昭宗确实深受其害的典型皇帝。唐昭宗早就认识到宦官之危害，并加以防范，结果曾经被宦官禁闭一个月，最后想要除掉宦官势力，结果宦官势力死亡时顺手把他以及李唐王朝拉进坟墓。本文篇幅虽不长，但层次较多，分析详尽，而且夹叙夹议，从容不迫，确属功力不凡，揭示出这一现象的根源和提出要严加警惕。清人吴楚材、吴调侯誉之为"可为千古龟鉴"，便是从其历史认识价值来说的。

相州昼锦堂记

欧阳修

仕宦而至将相，富贵而归故乡。此人情之所荣，而今昔之所同也。盖士方穷时，困厄闾里①，庸人孺子，皆得易而侮之②。若季子不礼于其嫂③，买臣见弃于其妻④。一旦高车驷马，旗旄导前⑤，而骑卒拥后，夹道之人，相与骈肩累迹，瞻望咨嗟⑥；而所谓庸夫愚妇者，奔走骇汗，羞愧俯伏，以自悔罪于车尘马足之间。此一介之士，得志于当时，而意气之盛，昔人比之衣锦之荣者也。

惟大丞相魏国公则不然⑦。公，相人也⑧，世有令德⑨，为时名卿。自公少时，已擢高科，登显士。海内之士，闻下风而望余光者，盖亦有年矣。所谓将相而富贵，皆公所宜素有；非如穷厄之人，侥幸得志于一时，出于庸夫愚妇之不意，以惊骇而夸耀之也。然则高牙大纛⑩，不足为公荣；桓圭衮裳⑪，不足为公贵。惟德被生民，而功施社稷，勒之金石，播之声诗，以耀后世而垂无穷，此公之志，而士亦以此望于公也。岂止夸一时而荣一乡哉！

公在至和中，尝以武康之节⑫，来治于相，乃作昼锦之堂于后圃⑬。既又刻诗于石，以遗相人。其言以快恩仇，矜名誉为可薄，盖不以昔人所夸者为荣，而以为戒。于此见公之视富贵为何如，而其志岂易量哉！故能出入将相，勤劳王家，而夷险一节⑭。至于临大事，决大议，垂绅正笏⑮，不动声色，而措天下于泰山之安：可谓社稷之臣矣！其丰功盛烈，所以铭彝鼎而被弦歌者⑯，乃邦家之光，非闾里之荣也。

余虽不获登公之堂，幸尝窃诵公之诗，乐公之志有成，而喜为天下道也。于是乎书。

【注释】

①困厄：困苦，苦难。闾里：乡里。②易：轻视。③季子：战国时苏秦，贫贱时嫂子不给他做饭，后来富贵，嫂子跪拜请罪。④买臣：朱买臣，西汉人，未发迹时以打柴为生，妻嫌贫穷而改嫁。后来发达，妻要求复婚，被拒绝。⑤旄：竿顶用牦牛尾作为装饰的旗。⑥骈：并列。咨嗟：赞叹。⑦魏国公：指韩琦，北宋大臣，执政多年，并曾与范仲淹率兵同抗西夏，世称"韩范"。⑧相：相州，今河南安阳市。⑨令德：美好的德行。⑩牙：牙旗。纛（dào）：仪仗队的大旗。大纛：古代军队或仪仗队的大旗。⑪桓圭：古代三公所执玉圭。衮裳：帝王和三公礼服。⑫武康之节：武康节度使。武康，地名，在今浙江省北部。⑬昼锦：项羽曾言"富贵不归故乡，如衣绣夜行"。韩琦以宰相回乡任官，极感荣耀，故名。⑭夷险一节：太平时和危难时都能保持冷静稳重的态度。韩琦临大事沉着，有大臣之体。⑮绅：官服上的大带。笏（hù）：大臣上朝时所执的手板，以便记事。⑯彝鼎：古代祭器，可刻铭文。

【译文】

做官而能做到将相，富贵之后返回故乡，这从人情上说是光荣的，从古到今都是这样啊。大概士人在仕途不通的时候，困居乡里，那些平庸之辈甚至小孩儿，都能够轻视欺侮他们。就像苏秦不被他的嫂嫂以礼相待，朱买臣被他的妻子嫌弃一样。可是一旦坐上四匹马拉的高大车子，旗帜在前面导引，骑兵在后面簇拥，街道两旁的人们，一齐并肩接踵，一边瞻望一边叹息称赞羡慕，而那些庸夫愚妇，恐惧奔跑，汗水淋漓，羞愧地跪在地上，面对车轮马足扬起的灰尘，十分后悔，暗自认罪。这是普通的士人，在当世得志之时，那意气的壮盛，以前的人们就将他比作衣锦归乡者的荣耀。

只有大丞相魏国公却不是如此，魏国公，是相州人士。先祖世代有美德，都是当时有名的大官。魏国公年轻时就已考取高等的科第，进入显赫的士林。天下的士人们，希望听闻他的风貌，仰望他的光彩，大概也有好多年了。所谓出将入相，富贵荣耀，都是魏国公平素就应有的。而不像那些困厄的士人，靠着侥幸得志于一时一事，出乎庸夫愚妇的意料之外，为了使他们害怕而夸耀自己。如此说来，高大的旗帜，不足以显示魏国公的光荣，玉圭官服，也不足以显示魏国公的富贵。只有把恩德施于百姓，使功勋延及国家，把这些功业都镌刻在金石之上，传播在赞美的诗歌中，使荣耀传于后世而无穷无尽，这才是魏国公的大志所在，而士人们也把这些寄希望于他。难道只是为了夸耀一时而荣耀一乡吗？

魏国公在至和年间，曾经以武康节度使的身份治理过相州，便在官府的后园建造了一座昼锦堂。后来又在石碑上刻诗，赠送给相州百姓。诗中认为，那种以计较恩仇为快事，以沽名钓誉而自豪的行为是浅薄可耻的。不把前人所夸耀的东西当作光荣，却以此为鉴戒。从中可见魏国公是怎样来看待富贵的，而他的志向难道能轻易地衡量吗？因此能够出将入相，辛勤劳苦地为皇家办事，而不论平安艰险，气节始终如一。至于面临重大事件，决定重大问题，都能衣带齐整，执笏端正，不动声色，把天下国家置放得如泰山般的安稳，真可称得上国家的重臣啊！他的丰功伟绩，因此而被铭刻在鼎彝之上，流传于弦歌之中，这是国家的光荣，而不是一乡一里的光荣啊。

我虽然没有获得登上昼锦堂的机会，却荣幸地曾经私下诵读了他的诗歌，为他的大志实现而高兴，并且乐于向天下宣传叙述，于是写了这篇文章。

这是一篇应酬文字，是为韩琦在相州所建的昼锦堂写的记。主旨是赞誉韩琦身居显位，不炫耀富贵，反引为鉴戒，志在留清名于后世，显真人格于人间，同时也贬斥了那些追求名利富贵，以衣锦还乡为荣的庸俗之辈。欧阳修文章叙事简明而说理透彻豁达，善于用对比反衬之法。文章先从人情之所荣，古今所同入笔，极写衣锦还乡的意气之盛，欲扬先抑，拉出历史上这方面的典型苏秦和朱买臣作宾，来衬托韩琦的品格。接着夸赞韩琦的所作所为，他位极人臣，名重一时，却鄙弃那种炫耀富贵的庸俗作风；他回家兴建昼锦堂，是反其意而用之，其轻视富贵的品格节操，其远大的志向，非一般夸荣显富者可比，表达了对韩琦的由衷赞美敬佩之情。韩琦确实是北宋中叶名臣，具有大臣之体，故没有溢美之嫌。

丰乐亭记

欧阳修

修既治滁之明年夏①，始饮滁水而甘。问诸滁人，得于州南百步之近。其上则丰山，耸然而特立；下则幽谷，窈然而深藏；中有清泉，滃然而仰出。俯仰左右，顾而乐之②。于是疏泉凿石，辟地以为亭，而与滁人往游其间。滁于五代干戈之际③，用武之地也。昔太祖皇帝④，尝以周师破李景兵十五万于清流山下⑤，生擒其皇甫晖、姚凤于滁东门之外，遂以平滁。修尝考其山川，按其图记，升高以望清流之关，欲求晖、凤就擒之所。而故老皆无在者，盖天下之平久矣。

自唐失其政，海内分裂，豪杰并起而争，所在为敌国者，何可胜数？及宋受天命，圣人出而四海一⑥。向之凭恃险阻，划削消磨⑦，百年之间，漠然徒见山高而水清。欲问其事，而遗老尽矣！今滁介江淮之间，舟车商贾、四方宾客之所不至，民生不见外事，而安于畎亩衣食，以乐生送死。而孰知上之功德，休养生息，涵煦于百年之深也⑧。

修之来此，乐其地僻而事简，又爱其俗之安闲。既得斯泉于山谷之间，乃日与滁人仰而望山，俯而听泉。掇幽芳而荫乔木⑨，风霜冰雪，刻露清秀⑩，四时之景，无不可爱。又幸其民乐其岁物之丰成，而喜与予游也。因为本其山川，道其风俗之美，使民知所以安此丰年之乐者，幸生无事之时也。夫宣上恩德，以与民共乐，刺史之事也。遂书以名其亭焉。

【译文】

我担任滁州知州后的第二年夏天，才喝到滁州的泉水，觉得甘甜。向滁州人询问，就在距离滁州城南面一百步的近处。它的上面是丰山，高耸地矗立着；下面是深谷，幽暗地潜藏着；中间有一股清泉，水势汹涌，向上涌出。我上下左右地看，很爱这里的风景。因此，我就安排民工疏通泉水，凿开石头，拓出空地，造一座亭子，于是我和滁州人在这美景中往来游乐。滁州在五代混战的时候，是被互相争夺的地区。过去，太祖皇帝曾经率领后周兵在清流山下击溃李璟的十五万军队，在滁州东门的外面活捉了他的大将皇甫晖、姚凤，于是平定了滁州。我曾经考察过滁州地区的山水，查核过滁州地区的图籍，登上高山来眺望清流关，想寻找皇甫晖、姚凤被捉的地方。可是，当时的人都已经不在，大概是天下太平的时间长久了。

自从唐朝败坏了它的政局，全国四分五裂，英雄豪杰们全都起来争夺天下，到处都是敌对的政权，哪能数得清呢？到了大宋朝接受天命，圣人一出现，全国就统一了。以前凭靠险要的割据者都被铲除消灭。在一百年之间，静静地只看到山高水清。要想问问那时的情形，而留下来的老年人已经没有了。如今，滁州处在长江、淮河之间，是乘船坐车的商人和四面八方的旅游者达不到的地方。百姓活着不知道外面的事情，安心耕田穿衣吃饭，欢乐地过日子，一直到死。有谁晓得这是皇帝的功德，让百姓休养生息，滋润化育到一百年的长久呢！

我来到这里，喜欢它地方僻静而公事清简，又爱它的风俗安恬闲适。在山谷间找到这样的甘泉之后，于是每天同滁州的人士来游玩，抬头望山，低头听泉。春天采摘幽香的鲜花，夏天在茂密的乔木下乘凉，刮风落霜结冰飞雪之时，更鲜明地显露出它的清肃秀美，四时的风光，无一不令人喜爱。又庆幸遇到民众为谷物的丰收成熟而高兴，而喜欢与我同游。于是根据这里的山脉河流，叙述这里风俗的美好，让民众知道能够安享丰年的欢乐，是有幸生于这太平无事的时代。宣扬皇上的恩德，和民众共享欢乐，这是刺史职责范围内的事。于是就写下这篇文章来为这座亭子命名。

【评析】

本文是在欧阳修被贬滁州第二年所写，正当宦海失意时，还能如此坦然，可以看到他胸襟很开阔。名为"记丰乐亭"，实际上却用较多篇幅，通过今昔对比歌颂当时的太平盛世，同时体现了欧阳修与民同乐的思想，客观上也反映出他亲民爱民的良好作风。欧阳修散文写景是绝大本领，文中有两处写景。开头介绍清泉附近之环境，只用简练的语言即概括出"其上则丰山，耸然而特立；下则幽谷，窈然而深藏"。第三段中，作者描绘游客在一年四季中的不同感受时，只用了"掇幽芳而荫乔木，风霜冰雪，刻露清秀"寥寥十五个字，其用字简洁精练令人拍案叫绝。《醉翁亭记》中说："野芳发而幽香，佳木秀而繁阴，风霜高洁，水落而石出者，山间之四时也。"也是四句话便写出四季之景色变化，有异曲同工之妙。两相参照体会，对于写作会有启迪。

醉翁亭记

欧阳修

环滁皆山也①。其西南诸峰，林壑尤美。望之蔚然而深秀者，琅琊也②。山行六七里，渐闻水声潺潺而泻出于两峰之间者，酿泉也。峰回路转，有亭翼然临于泉上者③，醉翁亭也。作亭者谁？山之僧智仙也。名之者谁？太守自谓也④。太守与客来饮于此，饮少辄醉，而年又最高，故自号曰"醉翁"也。醉翁之意不在酒，在乎山水之间也。山水之乐，得之心而寓之酒也。

若夫日出而林霏开⑤，云归而岩穴暝，晦明变化者，山间之朝暮也。野芳发而幽香⑥，佳木秀而繁阴⑦，风霜高洁，水落而石出者，山间之四时也。朝而往，暮而归，四时之景不同，而乐亦无穷也。

至于负者歌于途，行者休于树，前者呼，后者应，伛偻提携⑧，往来而不绝者，滁人游也。临溪而渔，溪深而鱼肥，酿泉为酒，泉香而酒洌⑨，山肴野蔌⑩，杂然而前陈者⑪，太守宴也。宴酣之乐，非丝非竹⑫，射者中⑬，弈者胜⑭，觥筹交错⑮，起坐而喧哗者，众宾欢也。苍颜白发，颓然乎其间者⑯，太守醉也。

已而夕阳在山，人影散乱，太守归而宾客从也。树林阴翳⑰，鸣声上下，游人去而禽鸟乐也。然而禽鸟知山林之乐，而不知人之乐；人知从太守游而乐，而不知太守之乐其乐也。醉能同其乐，醒能述以文者，太守也。太守谓谁？庐陵欧阳修也。

【注释】

①滁：滁州，今安徽省滁州市。②琅琊：山名，在滁州西南十里。③翼然：高拔挺立貌。④太守：知州。州郡级行政长官都可以称"太守"。⑤林霏：林中的云气。⑥幽香：清幽淡淡的芳香。⑦繁阴：浓密的树荫。⑧伛偻提携：指老人和小孩儿。伛偻：弯腰驼背。提携：用手拉着领着。⑨泉香而酒洌：泉水香甜而酿成的酒就香甜而纯净。⑩山肴野蔌：山间的野味，包括荤菜和素菜。⑪杂然：错杂不规整，指随意摆放。⑫非丝非竹：不是管弦乐器演奏的音乐。⑬射者中：指投壶游戏。唐宋时期很普及的游戏，往一壶里投箭，多中者为胜。⑭弈者胜：指棋类游戏。⑮觥筹交错：酒杯和行酒令的签子散乱无序。⑯颓然：酒醉而随意闭目垂头貌。⑰阴翳：树影长而重。

【译文】

环绕着滁州城的都是山。城西南方向的各个山峰，树林和山谷尤其美丽，远望那树木茂盛，又幽深又秀丽的，那是琅琊山。沿着山路行走了六七里，渐渐听到潺潺的流水声，是从两座山峰中间倾泻而下的，那是酿泉。山势回环，路也跟着曲折拐弯，看到有一座亭子四角翘起，像鸟张开翅膀一样，坐落在泉水边上，这就是醉翁亭。修建亭子的人是谁？是山里的老僧智仙。给它起名字的人是谁？是太守用自己的别号醉翁来命名的。太守和宾客来这里喝酒，喝一点儿就醉，而年纪又最大，所以给自己起了个名号叫"醉翁"。醉翁的情趣不在于酒，而在于欣赏山水美景。欣赏山水美景的乐趣，是领会在心里，而寄托在喝酒之上的。

如果太阳出来，树林中的雾气散去，如果云聚拢过来，山里就昏暗了，或暗或明，变化不一，这就是山间早晚的景象。野花开了，散发出一股清幽的香味，美好的树木枝叶繁茂，形成一片浓郁的绿荫，天气高爽，霜色洁白，水面低落下去，石头就裸露出来，这是山中四季的景色。早晨上山，傍晚返回，四季的景色不同，那乐趣也就无穷无尽。

至于背着东西的人在路上歌唱，走路的人在树下休息，前面的人呼喊，后面的人应答，弯腰驼背的老者，需要拉着的儿童，来来往往而络绎不绝的，是滁州人在游山啊。到溪边捕鱼，溪水深鱼儿肥，用泉水酿酒，泉水香甜，酒水清澈，山中的野味野菜，杂乱地摆放在前面，这是太守在举行酒宴。宴会喝酒的乐趣，不在于音乐，投壶的人射中了目标，下棋的人得胜了，酒杯和酒筹交互错杂，时起时坐，大声喧哗的，是众位宾客欢乐的样子。脸色苍老，头发花白，醉醺醺地坐在众人中间的，是太守喝醉了。

不久太阳落向山岭，人的影子也开始散乱。太守下山回家，宾客们跟随着。树林茂密阴蔽，鸟儿到处鸣叫，那是因为游人离开后鸟儿们在快乐啊。然而鸟儿只知道山林的乐趣，却不知道游人的乐趣，游人只知道跟随太守游玩的乐趣，而不知道太守以宾客的快乐为快乐。醉了能够同大家一起快乐，醒来能够用文章记述这种快乐的人，是太守。太守是谁？是庐陵人欧阳修。

【评析】

宋仁宗庆历五年（1045），参知政事范仲淹等人遭谗离职，欧阳修上书替他们分辩，被贬到滁州做两年知州。《醉翁亭记》写于此时。文章描写滁州一带朝暮四季自然景物不同的幽深秀美，滁州百姓和平宁静的生活，特别是作者在山林中与民一齐游赏宴饮的乐趣。开头一段仿佛是移动的电影镜头，移步换形，在写景方面值得借鉴。全文贯穿一个"乐"字，却由醉字生发出来，构思很缜密也很巧妙。醉在两处：一是陶醉于山水美景之中；二是陶醉于与民同乐之中。故这种乐高雅而又充满人情味，很有感染力。关于写作特点，《古文观止》编者吴楚材、吴调侯评曰："通篇共用二十个'也'字，层层脱却，逐步顿跌。句句是记山水，却句句是记亭，句句是记太守。似散非散，似俳非俳，文家之创调也。"这确实是本文最突出的艺术特点。

秋声赋

欧阳修

欧阳子方夜读书①，闻有声自西南来者。悚然而听之②，曰："异哉！"

初淅沥以萧飒③，忽奔腾而砰湃④；如波涛夜惊，风雨骤至。其触于物也，铮铮铮铮⑤，金铁皆鸣；又如赴敌之兵，衔枚疾走⑥，不闻号令，但闻人马之行声。予谓童子："此何声也？汝出视之。"童子曰："星月皎洁，明河在天⑦，四无人声，声在树间。"

予曰："噫嘻⑧，悲哉！此秋声也。胡为乎来哉？"

"盖夫秋之为状也，其色惨淡，烟霏云敛⑨；其容清明，天高日晶；其气栗冽⑩，砭人肌骨⑪；其意萧条，山川寂寥。故其为声也，凄凄切切，呼号愤发。丰草绿缛而争茂⑫，佳木葱茏而可悦⑬。草拂之而色变⑭，木遭之而叶脱。其所以摧败零落者，乃一气之余烈⑮。夫秋，刑官也⑯，于时为阴⑰；又兵象也⑱，于行为金⑲。是谓天地之义气⑳，常以肃杀而为心。天之于物，春生秋实，故其在乐也，商声主西方之音㉑，夷则为七月之律㉒。商，伤也，物既老而悲伤；夷，戮也，物过盛而当杀。

"嗟夫！草木无情，有时飘零。人为动物，惟物之灵。百忧感其心，万物劳其形，有动于中，必摇其精。而况思其力之所不及，忧其智之所不能，宜其渥然丹者为槁木㉓，黟然黑者为星星㉔。奈何以非金石之质，欲与草木而争荣？念谁为之戕贼㉕，亦何恨乎秋声！"

童子莫对，垂头而睡。但闻四壁虫声唧唧，如助予之叹息。

【注释】

①欧阳子：欧阳修自称。方：刚刚。②悚（sǒng）：吃惊而严肃的样子。③淅沥：形容雨声。萧飒：风夹雨声。④砰湃：同"澎湃"。⑤铮铮（cōng）铮铮（zhēng）：象声词，金属物相互撞击声。⑥枚：形状如同筷子的木片。古代行军，士兵含口中，避免说话。⑦明河：即银河，也称天河。⑧噫嘻：感叹声。⑨烟霏云敛：烟消云散之意。霏：通"飞"。敛：收敛。⑩栗冽：同"凛冽"，寒冷。⑪砭：古代用来治病的石针。此处是刺的意思。⑫绿缛：绿草茂密。⑬葱茏：青翠昌盛。⑭拂之：青草被秋气吹拂过之后。⑮气：指秋气，秋天的风。⑯刑官：即司寇。古代掌刑狱、纠察之官。古人将职官与天地四时相配，司寇称秋官，取其杀戮之意。⑰于时为阴：古代有阴阳五行理论，秋冬阴气重，故为阴。⑱兵象：用兵的征象。古代练兵、征伐多在秋天。⑲于行为金：五行与四季对应，秋天属金，于色为白。⑳天地之义气：《礼记·乡饮酒义》有"天地肃杀之气，始于西南方，到西北方为极盛"。这正是秋的方位。㉑商声：五音与五行相配，商属金，秋属金，西方属金，故云。㉒夷则为七月之律：夷则是七月的音律。古音分十二律，

即十二个高度不同的标准音。十二律和十二月联系起来，夷则配七月。㉓渥然丹者：红扑扑的面容。槁木：枯槁的树皮，比喻人衰老之皮肤。㉔黟（yī）然黑者：指乌黑的头发。星星：鬓发花白。㉕戕（qiāng）贼：害人之贼。

【译文】

欧阳先生刚刚开始夜里读书，忽然听到有声音从西南方向传来，心里不禁悚然，仔细一听，吃惊道："奇怪啊！"这声音初听时像渐渐沥沥的雨声，其中还夹杂着萧萧飒飒的风吹树木声，然后忽然变得汹涌澎湃起来，像是江河夜间波涛突起、风雨骤然而至。碰到物体上发出铿锵之声，又好像是金属撞击的声音，又像是奔赴战场的军队，人和马都含枚匆匆急行军，听不到任何号令，只听见人马行进之声音。于是我对童子说："这是什么声音？你出去看看。"童子回答说："月色皎皎，星光灿烂，浩瀚银河，高悬中天，四下里悄无人声，声音来自树林之间。"

我感叹道："唉，可悲啊！这就是秋声！它为何而来呢？"

"大体来说，秋天的性状是这样的：它的色调凄惨暗淡，烟飞云收；它的形貌清新明净，天空高远而日色明亮；它的气候寒冷，刺人肌骨；它的意境萧条，山水寂寥冷落而没有生气。所以它发出的声音凄凄切切，呼号迅猛，不可遏止。绿草浓密丰美，争相繁茂，树木青翠茂盛而使人快乐。然而，一旦秋风吹起，拂过草地，草就要变色；掠过森林，树就要落叶。它所用来折断枝叶，凋落花草而使树木凋零的，便是一种构成天地万物的秋气。秋天是刑官之季节，在季节上属于阴；秋天有用兵的象征，在五行上属于金。这就是常说的天地之严凝之气，常常以肃杀为意志。天对于万物，是要它们在春天生长，在秋天结实。所以，秋天在音乐的五声中又属商声。商声是西方之声，夷则是七月的曲律之名。商，也就是'伤'的意思，万物衰老，都会悲伤。夷，是杀戮的意思，草木过繁盛期就应该衰亡。

"唉！草木是无情之物，依照季节而衰败飘零。人为动物，在万物中又最有灵性，无穷无尽的忧虑煎熬他的心绪，无数琐碎烦恼的事来劳累他的身形。只要内心被外物所触动，就一定会扬动心中的精气。更何况常常思考自己的力量所做不到的事情，忧虑自己的智慧所不能解决的问题，自然会使他红润的面色变得苍老枯槁，乌黑的头发变得鬓发花白。为什么还要以并非金石的肌体，去像草木那样争一时之荣？人应当仔细考虑究竟是谁给自己带来这么多残害，又何必去怨恨这秋声？"

书童没有应答，低头沉沉睡去。只听得四壁虫鸣唧唧，像在附和我的叹息。

【评析】

本文写于作者五十三岁时。欧阳修晚年地位较高，但回首往事，屡次无辜被诬陷而遭贬，内心隐痛难消。面对朝廷内外之污浊黑暗，眼见国家日益衰弱，改革无望，不免心情郁闷。因此借一阵秋风经过时的声音而抒发其对人生短暂，大化无情的感伤。同时他也借秋声告诫世人：不必悲秋、恨秋，怨天尤人，而应自我反省。这一立意，抒发了作者难有所为的郁闷心情，以及自我超脱的愿望。

这篇赋以"有声之秋"与"无声之秋"的对比作为基本结构框架，精心布局，文势一气贯串而又曲折变化。开头一句用博喻的手法描摹一阵秋风经过自己住处时的声音效果。仔细分析，这是一段写实的文字。"初淅沥以萧飒，忽奔腾而砰湃；如波涛夜惊，风雨骤至。其触于物也，鏦鏦铮铮，金铁皆鸣；又如赴敌之兵，衔枚疾走，不闻号令，但闻人马之行声。"开始声音很小，逐渐增大，到自己家时吹动屋檐上的铁马而发出金属之声，然后又开始变小，渐渐消失。这是极其精妙的文字，将一阵秋风之声音动态，通过想象和比喻写得如此生动逼真，是绝大本领。从凄切悲凉的秋声起笔，为下文铺写"有声之秋"蓄势；然后由草木经秋而摧败零落，写到因人事忧劳而使身心受到戕残，由自然界转到社会人生，这是"无声之秋"；最后归结出全篇主旨："念谁为之戕贼，亦何恨乎秋声！"

祭石曼卿文

欧阳修

维治平四年七月日①，具官欧阳修②，谨遣尚书都省令史李敭③，至于太清④，以清酌庶羞之奠⑤，致祭于亡友曼卿之墓下，而吊之以文⑥。曰：

呜呼曼卿！生而为英，死而为灵。其同乎万物生死，而复归于无物者，暂聚之形；不与万物共尽，而卓然其不朽者，后世之名。此自古圣贤，莫不皆然，而著在简册者，昭如日星⑦。

呜呼曼卿！吾不见子久矣，犹能仿佛子之平生。其轩昂磊落⑧，突兀峥嵘。而埋藏于地下者⑨，意其不化为朽壤，而为金玉之精。不然，生长松之千尺，产灵芝而九茎⑩。奈何荒烟野蔓，荆棘纵横；风凄露下，走磷飞萤⑪；但见牧童樵叟，歌吟上下，与夫惊禽骇兽，悲鸣踯躅而咿嘤⑫。今固如此，更千秋而万岁兮，安知其不穴藏狐貉与鼯鼪^⑬？此自古圣贤亦皆然兮，独不见夫累累乎旷野与荒城！

　　呜呼曼卿！盛衰之理，吾固知其如此，而感念畴昔，悲凉凄怆，不觉临风而陨涕者，有愧夫太上之忘情^⑭。尚飨^⑮！

【注释】

　　①治平四年：公元1067年。治平：宋英宗年号（1064—1067）。②具官：唐宋时文章底稿上官职的省写。当时欧阳修官职为观文殿大学士、刑部尚书、知亳州军州事。③李敳：时任尚书省令史，生平不详。④太清：地名，太清乡，今河南省商丘南，石曼卿墓地在此。⑤清酌：清酒。庶羞：各种食品。奠：祭品。⑥吊：凭吊祭奠。⑦昭如日星：光明如同日月星辰。指被记载在史册中的人物。⑧轩昂：仪表英俊非凡。磊落：心地光明坦荡。⑨突兀峥嵘：形容人的品质气魄突出而不平庸。峥嵘：山势高峻。⑩灵芝而九茎：灵芝是一种稀有的药用菌类植物。九茎：一种红黄色非常名贵的灵芝。⑪走磷：游走扇动的磷火，俗称鬼火。飞萤：飞动的萤火虫。⑫踯躅：徘徊不前。咿嘤（yī yīng）：鸟兽低声鸣叫。⑬孤貉：狐狸和貉。貉：类似狐狸的野兽。鼯：类似松鼠的一种飞鼠。鼪：黄鼬，俗称"黄鼠狼"。⑭太上：指圣人，能够控制感情。《晋书·王衍传》："衍尝丧幼子，山简吊之。衍悲不自胜，简曰：'孩抱中之物，何至于此？'衍曰：'圣人忘情，最下不及于情，然则情之所钟，正在我辈。'简服其言，更为之恸。"⑮尚飨（xiǎng）：希望能够享用，祭文结束套语。飨：通"享"。

【译文】

　　在治平四年七月某日，具官欧阳修，谨派尚书都省令史李敳前往太清，以清酒和几样佳肴做祭品，在亡友曼卿的墓前设祭，并写一篇祭文来吊祭：

　　呜呼，曼卿！你活着是英杰，死后也是神灵！那跟万物一样有生有死，而最后归于无物的，是暂时聚合的身躯；那不跟万物同归于尽，而出类拔萃永垂不朽的，是你流传后世的名声。自古以来的圣贤，都是如此；那些已载入史书的姓名，就像太阳星辰一样照耀天空。

　　呜呼！曼卿啊！我已经很久没有见到你了，但还能想象你生前意气风发的神情。你气宇轩昂而仪态不凡，你光明磊落是那样出众超群。你埋葬在地下的遗体，我猜想不会化为烂泥腐土，而应该化为最珍贵的金玉之精。不然的话，就会长成挺拔千尺之青松，或者产出灵芝一株而九茎。为什么你的坟墓偏偏是一片荒烟蔓草，荆棘丛生，寒风凄凄，露珠飘零，磷火闪闪，乱飞萤虫；只见牧童和砍柴的老人，唱着歌在这儿上下走动，还有一些受惊的飞禽走兽，慌慌张张在这儿徘徊和悲鸣。现在就已是这样的光景，经过千秋万岁之后，怎知道那些狐狸、老鼠和黄鼬等野兽，不会在这里掏洞穴藏身？自古以来，圣贤都是这样，难道还看不见那旷野和荒城旁一个挨着一个的坟茔！

呜呼！曼卿啊！事物由盛而衰的道理，我本来是早已知道必定如此。但怀念起过往的日子，越发感到悲凉凄怆和伤心，不知不觉迎风而掉下眼泪的我，也确实有愧于自己达不到圣人最高境界而忘情。希望你能够前来享用！

【评析】

本文是欧阳修为悼念故去二十六年的亡友石曼卿而作。石曼卿名延年，河南商丘人，一生坎坷。死后二十余年欧阳修还能够去祭奠他，可见对其器重之程度。因致祭于墓下，故从形骸、坟墓、朽壤着笔。以三呼"呜呼曼卿"为线索，一赞叹其声名，表达崇敬之诚；二悲其坟墓凄凉，寄托痛悼之情；三感念畴昔，怀想不尽。感情真挚浓烈，沉痛悲切；整散结合，长短交错。读之音节抑扬，朗朗上口。吾每读一遍，都感慨唏嘘良久，为欧公之深情之文笔感动。尤其开头一段，太精美！

泷冈阡表
欧阳修

呜呼！惟我皇考崇公①，卜吉于泷冈之六十年②，其子修始克表于其阡③。非敢缓也，盖有待也。

修不幸，生四岁而孤④。太夫人守节自誓⑤。居穷自力于衣食⑥，以长以教⑦，俾至于成人。太夫人告之曰：汝父为吏廉，而好施与，喜宾客；其俸禄虽薄，常不使有余。曰："毋以是为我累。"故其亡也，无一瓦之覆，一垄之植，以庇而为生；吾何恃而能自守邪？吾于汝父，知其一二，以有待于汝也。自吾为汝家妇，不及事吾姑⑧；然知汝父之能养也⑨。汝孤而幼，吾不能知汝之必有立；然知汝父之必将有后也。吾之始归也⑩，汝父免于母丧方逾年⑪，岁时祭祀，则必涕泣，曰："祭而丰，不如养之薄也。"间御酒食⑫，则又涕泣曰：

"昔常不足，而今有余，其何及也！"吾始一二见之，以为新免于丧适然耳⑬。既而其后常然，至其终身，未尝不然。吾虽不及事姑，而以此知汝父之能养也。汝父为吏，尝夜烛治官书⑭，屡废而叹。吾问之，则曰："此死狱也，我求其生不得尔⑮。"吾曰："生可求乎？"曰："求其生而不得，则死者与我皆无恨也；矧求而有得邪⑯，以其有得，则知不求而死者有恨也。夫常求其生，犹失之死，而世常求其死也。"回顾乳者抱汝而立于旁，因指而叹，曰："术者谓我岁行在戌将死⑰，使其言然，吾不及见儿之立也，后当以我语告之。"其平居教他子弟，常用此语，吾耳熟焉，故能详也。其施于外事，吾不能知；其居于家，无所矜饰，而所为如此，是真发于中者邪！呜呼！其心厚于仁者邪！此吾知汝父之必将有后也。汝其勉之！夫养不必丰，要于孝；利虽不得博于物，要其心之厚于仁。吾不能教汝，此汝父之志也。修泣而志之，不敢忘。

先公少孤力学，咸平三年进士及第⑱，为道州判官⑲，泗绵二州推官⑳；又为泰州判官。享年五十有九，葬沙溪之泷冈。

太夫人姓郑氏，考讳德仪㉑，世为江南名族㉒。太夫人恭俭仁爱而有礼；初封福昌县太君，进封乐安、安康、彭城三郡太君。自其家少微时，治其家以俭约，其后常不使过之，曰："吾儿不能苟合于世，俭薄所以居患难也。"其后修贬夷陵㉓，太夫人言笑自若，曰："汝家故贫贱也，吾处之有素矣。汝能安之，吾亦安矣。"

自先公之亡二十年，修始得禄而养。又十有二年，列官于朝，始得赠封其亲。又十年，修为龙图阁直学士㉔，尚书吏部郎中，留守南京㉕，太夫人以疾终于官舍，享年七十有二。又八年，修以非才入副枢密，遂参政事，又七年而罢。自登二府，天子推恩，褒其三世，盖自嘉祐以来㉖，逢国大庆，必加宠锡。皇曾祖府君累赠金紫光禄大夫、太师、中书令；曾祖妣累封楚国太夫人。皇祖府君累赠金紫光禄大夫、太师、中书令兼尚书令，祖妣累封吴国太夫人。皇考崇公累赠金紫光禄大夫、太师、中书令兼尚书令。皇妣累封越国太夫人㉗。今上初郊㉘，皇考赐爵为崇国公，太夫人进号魏国。

于是小子修泣而言曰："呜呼！为善无不报，而迟速有时，此理之常也。惟我祖考，积善成德，宜享其隆，虽不克有于其躬㉙，而赐爵受封，显荣褒大，实有三朝之锡命㉚，是足以表见于后世，而庇赖其子孙矣。"乃列其世谱，具

528

刻于碑，既又载我皇考崇公之遗训，太夫人之所以教，而有待于修者，并揭于阡。俾知夫小子修之德薄能鲜，遭时窃位，而幸全大节，不辱其先者，其来有自。熙宁三年^㉛，岁次庚戌^㉜，四月辛酉朔，十有五日乙亥，男推诚、保德、崇仁、翊戴功臣，观文殿学士，特进行兵部尚书，知青州军州事，兼管内劝农使，充京东路安抚使，上柱国，乐安郡开国公，食邑四千三百户，食实封一千二百户，修表。

【注释】

①皇考：指亡父。崇公：欧阳修的父亲，名观，字仲宾，追封崇国公。②泷（shuāng）冈：地名。在江西省永丰县沙溪南凤凰山。卜吉：指风水先生找到一块好坟地。③克：能够。表：墓表，是记述死者功德的文体。阡：墓道。④孤：古时年幼就死了父亲称孤。⑤太夫人：指欧阳修的母亲郑氏。古时列侯之妻称夫人，列侯死，子称其母为太夫人。守节自誓：意思是，郑氏决心守寡，不再嫁人。⑥居穷：家境贫寒。衣食：指生活。⑦以长以教：一边抚养一边教育他。⑧姑：即婆母，丈夫的母亲，这里指欧阳修的祖母。⑨养：奉养，指孝顺父母。⑩始归：才嫁过来的时候。古时女子出嫁称"归"。⑪免于母丧：母亲死后，守丧期满。旧时父母或祖父死，儿子与长房长孙须谢绝人事，做官的解除职务，在家守孝二十七个月（概称三年），也称"守制"。免：指期满。⑫间：间或，偶尔。御：进用。⑬适然：偶然这样。⑭官书：官府的文书。这里指刑狱案件。⑮求其生不得：指无法免除他的死刑。⑯矧：（shěn）。况且。⑰术者：指江湖术士，相面或算卦之人。戌：地支的第十一位，可与天干的甲、丙、戊、庚、壬相配来纪年。⑱咸平：宋真宗年号。咸平三年是公元1000年。⑲道州：地名，辖境为今天的湖南道县、宁远以南的潇河流域。判官：官名，州郡长官的属官，掌管文书工作。⑳推官：州郡长官的属官，专管刑事。㉑考：亡父。讳：名讳。㉒江南：宋时地区划分为路，宋真宗时全国划分为十八路，江南为一路。㉓夷陵：县名，今湖北宜昌市东南。宋仁宗景祐三年（1036），范仲淹与宰相吕夷简不和，罢知饶州，欧阳修因支持范仲淹而被贬为夷陵令。事见《宋史》范仲淹、欧阳修两传。㉔龙图阁：宋真宗建。在会庆殿西偏，北连禁中。重臣方能任职于此。包拯曾为龙图阁直学士，人称包拯为"包龙图"即源于此。㉕南京：宋时南京为应天府，治所在今河南商丘市。㉖嘉祐：仁宗年号。㉗妣：已故母亲。㉘今上：当今的皇上，指神宗赵顼。郊：祭天。㉙躬：自身、亲身。㉚三朝：仁宗、英宗、神宗。㉛熙宁：神宗年号。㉜庚戌：庚戌年，即熙宁三年，公元1070年。

【译文】

　　唉！我的父亲崇国公，在泷冈占卜吉地安葬六十年之后，他的儿子修才能够在墓道上立碑，这并不是敢有意迟缓，是因为有所期待。

　　我不幸，四岁时父亲就去世了。母亲立志守节，家境贫困，她靠自己的力量操持生活，还要抚养我、教育我，使我长大成人。母亲告诉我说："你父亲为官清廉，乐于助人，又爱结交朋友，他的薪俸微薄，常常所剩无几，说：'不要让钱财使我受累！'因此他去世后，房无一间，地无一垄，没有能庇护你生活的家产。然而我靠什么守节呢？我对于你父亲有所了解，因而把希望都寄托在你身上。自从我成为你家媳妇的时候，没赶上侍奉婆婆，但我知道你父亲能够孝敬父母。你自幼失去父亲，我不能断定你将来一定有成就，但我知道你父亲一定后继有人。我刚嫁过来时，你父亲为他母亲守孝刚过一年。岁末祭祀祖先，他总是流泪说：'祭祀再丰富，也不如生前微薄的奉养啊。'偶然吃些好的酒菜，他也会流泪说：'从前娘在时常常不够，如今富足有余，又无法让她尝到！'刚开始我遇到这种情形一两次的时候，还以为是刚服完丧不久才这样。后来却经常如此，直到去世。我虽然没来得及侍奉婆婆，可从这一点能看出你父亲很孝敬父母。你父亲做官，曾经在夜里点着蜡烛看案卷，多次停下来唉声叹气。我问他为何叹气，他就说：'这是一个判了死罪的案子，我想为他求得一条生路却办不到。'我问：'可以为死囚找生路吗？'他说：'想为他寻求生路却无能为力，那么，死者和我就没有遗憾了，况且去寻求生路而有办得到的，正因为有得到赦免的，就知道如果不认真推求而被处死的人是有遗恨的。我经常为死囚求生路，还有时因失误而错杀；可是世上总有人想追求把犯人置于死地。'他回头看见奶娘抱着你站在旁边，于是就指着你叹气说：'算命的说我遇上戌年就会死，假使他的话应验了，我就看不见儿子长大成人了，将来你要把我的话告诉他。'他也常常用这些话教育其他晚辈，我听惯了所以记得很清楚。他在外面怎么样，我不知道；但他在家里，从不装腔作势，他所做的这些事，都是发自内心的真性情。他的心是很重视仁的啊！因此我知道，你父亲将来一定后继有人。你一定要努力啊！奉养父母，不一定要丰厚，最重要的是孝敬；利益虽然不能遍施于所有的人，重要的在于要有仁爱之心。我没什么可教你的，这些都是你父亲的志向和愿望。"我流着泪记下了这些教诲，不敢忘记。

　　先父年幼丧父，努力读书。咸平三年（1000）考中进士，曾任道州判官，泗、绵二州推官，又做过泰州判官，享年五十九岁，葬在沙溪的泷冈。

太夫人姓郑，她的父亲名讳是德仪，世代都是江南有名望的家族。太夫人恭敬、俭约、仁爱又有礼仪教养，起初诰封为福昌县太君，进封为乐安、安康、彭城三郡太君。从我们家道中落以后，她就以俭约的原则持家，后来家境富裕了，也不许花费过多，她说："我的儿子不能苟且迎合世人，俭约一些，才能渡过那可能要遭受的患难。"后来，我被贬夷陵，太夫人言笑如常，说："你的家本来就贫贱，我已经习惯这种日子。你能安乐对待，我也能安乐。"

先父死后二十年，我才取得俸禄来供养母亲。又过了十二年，列位于朝廷做京官，才获得赠封双亲。又过了十年，我担任龙图阁直学士、尚书吏部郎中，留守南京。母亲因病逝世于官邸，享年七十二岁。又过了八年，我以不相称的才能，做了朝廷的副枢密使，进为参知政事。又过了七年才解除职务。自从进入军、政二府后，天子施恩，褒奖三代宗亲。自从仁宗嘉祐年间以来，每逢国家大庆，必定对我的先祖加以恩赐。曾祖父累赠为金紫光禄大夫、太师、中书令，曾祖母累赠为楚国太夫人。祖父累赠为金紫光禄大夫、太师、中书令兼尚书令，祖母累赠为吴国太夫人。先父崇国公累赠为金紫光禄大夫、太师、中书令兼尚书令，先母累赠为越国太夫人。皇上初次举行祭天大礼，先父赐爵为崇国公，先母进爵为魏国太夫人。

于是我流着泪说："唉！做善事无不得到好报的，时间或迟或早，这是必然的道理。我先祖和父亲积善有德，理应享有这种盛大的酬报。虽然他们在有生之年不能享受到，但是赐爵位、受封官，经表彰而光荣，因褒奖而崇大，具有三朝恩赏诰封，这就足够使其德行显扬于后世，庇荫保护其子孙。"于是排列我家世代的谱系，详细刻在石碑上，接着又记下先父崇国公的遗训，以及太夫人的教育，以及我有所待的原因，都写在阡表上，好让大家知道我德行浅薄，能力微小，只是适逢其时才能得到高位，有幸保全大的原则，没有辱及先祖，都由于上述的原因。神宗熙宁三年（1070），岁当庚戌，四月初一辛酉，十五日乙亥，男推诚、保德、崇仁、翊戴功臣，观文殿学士，特进行兵部尚书，知青州军州事，兼管内劝农使，充京东路安抚使，上柱国，乐安郡开国公，食邑四千三百户，食实封一千二百户，欧阳修立表。

【评析】

这是非常著名的墓志铭文，一般来说，父母的墓志铭大部分都请名人来写，亲笔给父母写墓志铭的很少，因为不太好写，且容易被人认为溢美。但欧阳修的这篇墓表写得极其精彩，读后颇感人而令人信服。父亲死后六十年才立碑刻石，似乎太晚，故作者开始就说"非敢缓也，有所待也"。

欧阳修的母亲郑氏没有见过婆母，但却能说敢说丈夫是孝子。这一点便很难说清楚，但从欧阳修的叙述中却令人无可置疑，这太神奇了。而父亲的宽厚仁慈从对于案件审理中尽最大可能为死刑犯人寻求活路的心情和说的话可以看出，是位好法官。她的母亲之所以坚决守节，是因为相信丈夫的为人必有好的儿子，因此把人生的全部都寄托在儿子的成长上。其实这是女人最大的希望也是人生最大的动力。下面欧阳修又接着写母亲的传记，只用自己初贬夷陵时母亲的态度和语言便把一位深明大义的母亲形象树立起来，真是大手笔。因此，欧阳修这篇文章便是一表双传。完全用家庭生活的琐事来表现人物性格和品德，朴实生动而感人，最后揭示出有所待的内容，那便是等待自己实现父母的遗愿时再为父母树碑立传。这是最大的孝心，是对父母最高级的汇报。孝哉！欧阳修。

苏洵

苏洵，字明允，北宋著名散文家。与其子苏轼、苏辙合称"三苏"，同被列入"唐宋八大家"。他大器晚成，二十七岁始读书，闭门发愤十余载，学业大进。得到欧阳修的赞赏，文名炽盛。长于散文，尤擅政论，"博辩宏伟"，"纵横上下，出入驰骤，必造于深微而后止"。为文论证透辟，笔势雄健，语言犀利，说服力强，具战国纵横家笔意。著有《嘉祐集》。

管仲论

苏洵

管仲相桓公①，霸诸侯，攘夷狄，终其身齐国富强，诸侯不敢叛。管仲死，竖刁、易牙、开方用②，桓公薨于乱③，五公子争立④，其祸蔓延，讫简公⑤，齐无宁岁。夫功之成，非成于成之日，盖必有所由起；祸之作，不作于作之日，亦必有所由兆⑥。故齐之治也，吾不曰管仲，而曰鲍叔⑦。及其乱也，吾不曰竖刁、易牙、开方，而曰管仲。何则？竖刁、易牙、开方三子，彼固乱人国者，顾其用之者，桓公也。夫有舜而后知放四凶⑧，有仲尼而后知去少正卯⑨。彼桓公何人也？顾其使桓公得用三子者，管仲也。仲之疾也，公问之相。当是时也，吾意以仲且举天下之贤者以对。而其言乃不过曰：竖刁、易牙、开方三子，非人情，不可近而已。

呜呼！仲以为桓公果能不用三子矣乎？仲与桓公处几年矣，亦知桓公之为人矣乎？桓公声不绝于耳，色不绝于目，而非三子者则无以遂其欲。彼其初之所以不用者，徒以有仲焉耳。一日无仲，则三子者可以弹冠而相庆矣⑩。仲以为将死之言，可以絷桓公之手足耶⑪？夫齐国不患有三子，而患无仲。有仲，则三子者，三匹夫耳⑫。不然，天下岂少三子之徒哉？虽桓公幸而听仲，诛此三人，而其余者，仲能悉数而去之耶？呜呼！仲可谓不知本者矣。因桓公之问，举天下之贤者以自代，则仲虽死，而齐国未为无仲也。夫何患三子者？不言可也。五伯莫盛于桓、文⑬，文公之才，不过桓公，其臣又皆不及仲；灵公之虐，不如孝公之宽厚。文公死，诸侯不敢叛晋，晋袭文公之余威，犹得为诸侯之盟主百余年。何者？其君虽不肖，而尚有老成人焉。桓公之薨也，一败涂地，无惑也。彼独恃一管仲，而仲则死矣。

夫天下未尝无贤者，盖有有臣而无君者矣。桓公在焉，而曰天下不复有管仲者，吾不信也。仲之书，有记其将死论鲍叔、宾胥无之为人，且各疏其短。是其心以为数子者皆不足以托国。而又逆知其将死，则其书诞谩不足信也。吾观史鳅⑭，以不能进蘧伯玉⑮，而退弥子瑕⑯，故有身后之谏⑰。萧何且死，举曹参以自代⑱。大臣之用心，固宜如此也。夫国以一人兴，以一人亡。贤者不悲其身之死，而忧其国之衰，故必复有贤者，而后可以死。彼管仲者，何以死哉？

【注释】

①管仲：齐国颍上（今安徽颍上）人。名夷吾，又名敬仲，春秋时期齐国著名的政治家、军事家。桓公：即齐桓公。原书上作"威公"，是南宋版避钦宗讳，今全部改为桓公。②竖刁、易牙、开方：齐桓公宠幸的三个近臣。桓公死而祸乱齐国。③薨（hōng）：古代称诸侯死。④五公子：指桓公的五个儿子，即公子武孟、公子昭（后立为孝公）、公子潘、公子商人、公子元。⑤简公：齐简公，名壬，公元前484年至公元前481年在位，为左相田常所杀。⑥兆：预兆，征候，迹象。⑦鲍叔：姓鲍名叔牙，史称鲍叔。春秋时期齐国的著名大夫。善于知人，管仲之被重用，出自他的推荐。⑧四凶：旧传共工（古代的世族官）、驩兜（人名）、三苗（古族名，这里指其族首领）、鲧（人名）为尧时的四凶。⑨少正卯：据《史记·孔子世家》载，少正卯是

鲁国人，曾讲学而门徒众多。孔子当大司寇后将其杀害。此事不实，少正卯可能无其人，孔子杀少正卯也无其事。⑩弹冠而相庆：《汉书·王吉传》载，王吉和贡禹是好朋友，取舍相同。世称王吉在位，贡禹弹冠。后用"弹冠相庆"形容即将做官。⑪絷（zhì）：束缚，捆绑住。⑫匹夫：普通人。⑬五伯：通称春秋五霸，即秦穆公、齐桓公、晋文公、楚庄王、宋襄公。⑭史鳅（qiú）：春秋时期卫国大夫，正直敢谏。⑮蘧（qú）伯玉：蘧瑗，卫国大夫，当世贤者，天下闻名，孔子很敬重他。⑯弥子瑕：春秋时卫灵公弄臣，极受溺爱。⑰身后之谏：据《史记·孔子世家》记载，史鳅死后，让儿子不依照礼制停放尸体，国君如果问，便说自己未能进蘧伯玉而退弥子瑕。⑱"萧何"两句：据《史记·萧相国世家》载，萧何死是推举曹参为相。

【译文】

管仲辅佐桓公，称霸于诸侯，排斥打击夷、狄等异族，终其一生都使齐国富强，诸侯不敢背叛。管仲死后，竖刁、易牙、开方被重用。桓公死于宫廷内乱，五位公子争抢君位，此祸蔓延，直到齐简公，齐国无一年安宁。功业的完成，不是完成在成功之日，必然由一定的因素而引起；祸乱的发生，不是发作于作乱之时，也必有其根源而有所预兆。因此，齐国的安定强盛，我不说是由于管仲，而说是由于鲍叔。至于齐国的祸乱，我不说是由于竖刁、易牙、开方，而说是由于管仲。为什么呢？竖刁、易牙、开方三人本就是乱国者，但重用他们的是齐桓公。有了舜才知道流放四凶，有了仲尼然后才知道杀掉少正卯，那桓公是什么人，回头看来，使桓公重用这三个人的就是管仲啊！管仲病危时，桓公询问丞相的人选。此时，我想管仲将推荐天下最贤能的人来作答，但他的话不过是"竖刁、易牙、开方三个人，不讲人情，不能亲近"罢了。

唉，管仲以为桓公果然能够不用这三个人吗？管仲和桓公相处多年了，该知道他的为人了吧。桓公是个音乐不停歇于耳，美色不离开眼的人。如无此三人，就无法满足他的欲望。他当初不重用他们，只是由于管仲还在，一旦管仲没了，这三人就弹冠相庆了。管仲以为自己的遗言就可束缚桓公吗？齐国不忧患有这三人，而是忧患没有管仲。有管仲在，这三人只是普通人罢了。若不是这样，天下难道还缺少这类人吗？即使桓公侥幸而听管仲的话，杀这三个人，但其余的这类人，管仲能一个也不剩地除掉他们吗？唉！管仲可以说是不懂根本的人啊！如果他乘着齐桓公询问时，推荐天下贤人来代替自己，那么管仲虽死，齐国也不算是失去了管仲。这三人又有什么可忧患的，就是不谈论他们也可以啊！五霸中没有比齐桓公、晋文公再强的了。晋文公的才能比不上齐桓公，他的大臣也都赶不上管仲。晋灵公暴虐，不如齐孝公宽厚。可晋文公死后，诸侯不敢背叛晋国。晋国承袭文公的余威，还能在一百年里充当盟主。为什么呢？因为它的君主虽不贤明，但是还有老成练达的大臣存在。桓公死后，齐国一败涂地，这没有什么疑问。他仅依靠一个管仲，而管仲又死了。

　　天下并非没有贤人，确实是有贤臣而没有明君。桓公在世时，就说天下再没有管仲这样的人才。我不相信。管仲的书里有记载他将死时论及鲍叔牙、宾胥无的为人，并列出他们各自的短处。这是他心中认为这几个人都不能托以国家重任。而且预料自己将死。这部书实在是荒诞，不值得相信。我看史鳍，因为活着不能荐用蘧伯玉和斥退弥子瑕，为此有身后劝谏之事。萧何临死，推荐曹参代替自己。大臣的用心，本来应该如此啊！国家因一个人而兴盛，因一个人而灭亡。贤人不悲痛自己的死亡，而忧虑国家的衰败。因此必须再推选出贤明的人来，然后才可以放心死去。那管仲，你凭什么可以死掉呢？

【评析】

　　管仲是历史名相之一。他辅佐齐桓公尊周室，攘夷狄，九合诸侯，一匡天下。对于保持三代以来的华夏文明有重要功绩，孔子对他都给予很高的评价。但作者独能从其不能推荐贤人这一要害之处进行评说，立论新奇，合乎情理。观点颇为新奇，可以称为"翻案文章"。

　　本文文笔犀利，逻辑严密，令人无懈可击。正如吴楚材、吴调侯所说："立论一层深一层，引证一段系一段，似此卓识雄文，方能令古人心服。"例如，为说明管仲提出的竖刁等三人"非人情不可近"，只是一句毫无意义的空话，他把齐桓公和舜、孔子进行比较，说明齐桓公不可能除掉这三个人。又如，谈到管仲临死时没有向桓公举荐贤人是一重大失误时，作者又用史鳍、萧何的事迹进行对比，得出"大臣之用心，固宜如此也"的结论，丝丝入扣，令人拍案叫绝。

辨奸论

苏洵

　　事有必至，理有固然。惟天下之静者，乃能见微而知著①。月晕而风②，础润而雨③，人人知之。人事之推移，理势之相因④，其疏阔而难知，变化而不可测者，孰与天地阴阳之事，而贤者有不知，其故何也？好恶乱其中，而利害夺其外也⑤。

昔者山巨源见王衍曰⑥："误天下苍生者，必此人也！"郭汾阳见卢杞曰⑦："此人得志，吾子孙无遗类矣！"自今而言之，其理固有可见者。以吾观之，王衍之为人⑧，容貌言语，固有以欺世而盗名者。然不忮不求⑨，与物浮沉，使晋无惠帝⑩，仅得中主⑪，虽衍百千，何从而乱天下乎？卢杞之奸⑫，固足以败国；然而不学无文，容貌不足以动人，言语不足以眩世⑬，非德宗之鄙暗⑭，亦何从而用？由是言之，二公之料二子，亦容有未必然也。

今有人，口诵孔老之言⑮，身履夷齐之行⑯，收召好名之士，不得志之人，相与造作言语，私立名字，以为颜渊孟轲复出⑰；而阴贼险狠，与人异趣，是王衍卢杞合而为一人也，其祸岂可胜言哉！

夫面垢不忘洗，衣垢不忘浣，此人之至情也。今也不然，衣臣虏之衣⑱，食犬彘之食，囚首丧面而谈诗书，此岂其情也哉？凡事之不近人情者，鲜不为大奸慝⑲，竖刁、易牙、开方是也。以盖世之名，而济其未形之患，虽有愿治之主，好贤之相，犹将举而用之，则其为天下患，必然而无疑者，非特二子之比也。

孙子曰："善用兵者，无赫赫之功。"使斯人而不用也，则吾言为过，而斯人有不遇之叹，孰知祸之至于此哉！不然，天下将被其祸，而吾获知言之名，悲夫！

【注释】

①见微而知著：微，小，指苗头、迹象；著，明显。②月晕（yùn）：指环绕月球的彩色光环或通过月球的白色光带。历来群众有"日晕三更雨，月晕午时风"的谚语。③础：柱子下的石墩。润：潮湿。④理势：中国哲学术语。理：法则；势：发展趋势。⑤夺：侵夺。这里有影响的意思。⑥山巨源见王衍：山巨源，山涛，字巨源，西晋河内怀县（今河南武陟西）人，喜老、庄学说，为"竹林七贤"之一。据《晋书·王衍传》记载，山涛初见王衍时，"嗟叹久之，曰：'何物老妪，生宁馨儿！然误天下苍生者，未必非此人也！'"⑦郭汾阳见卢杞：郭汾阳，郭子仪，平定安史叛乱之大将。郭子仪病重时，百官探望时让爱姬侍奉而不回避。卢杞去则全部回避，隐几而待。"家人怪问其故。子仪曰：'彼外陋内险，左右见必笑，使后得权，吾族无类矣！'"⑧王衍：

字夷甫，琅琊临沂（今属山东）人。以谈老、庄为事，义理若有不安，随即更改，世号"口中雌黄"。晋惠帝时居宰辅之位，周旋诸王之间，唯求自全之计。东海王司马越死，众推其为元帅，全军为石勒所破，被杀。⑨忮（zhì）：忌恨，嫉妒。⑩惠帝：即著名白痴皇帝司马衷。⑪中主：平庸的君主。⑫卢杞：唐滑州人，字子良。貌陋，好口辩。德宗时为宰相，专权自恣，搜刮无度，怨声满天下。颜真卿即被他间接害死。⑬眩：通"炫"，迷惑，炫耀。⑭德宗：即李适（kuò），唐代皇帝，代宗子。⑮孔、老：孔子和老子。⑯夷齐：伯夷、叔齐，商朝人，两兄弟，互让帝位，后周灭商，两人耻食周粟，隐居首阳山，饿死在山里。⑰颜渊：孔子的弟子颜回，字子渊，故称"颜渊"，乐道安贫，以德行著称，后世尊为"复圣"。孟轲：字子舆，战国时期邹国人。即孟子，继承孔子学说，兼言仁义。后世称"亚圣"。⑱臣虏：奴隶。⑲慝（tè）：邪恶。

【译文】

事情有必定达到的地步，道理有本该如此的规律。只有天下那些心境静穆的人，才能够从微小的迹象中预知日后显著的结果。月亮四周出现光环，预示天要刮风；柱石回潮湿润，表示天要下雨；这是人人都知道的。至于世间人事的变化，情理形势的因果关系，抽象渺茫而难以理解，千变万化而不可预测，又怎么能与天地阴阳的变化相比呢？而即使贤能的人对此也有不知道的，这是什么原因呢？就因为爱好和憎恶扰乱了他心中的主见，而利害得失又左右着他的行动啊。

从前山涛见到王衍，说："误普天下百姓的，一定是这个人！"汾阳王郭子仪见到卢杞，说："此人一旦得志，我的子孙就要被杀光了！"从今天来说，其中的道理固然可以预见一些。依我看来，王衍的为人，不论是容貌还是谈吐，固然有欺世盗名的条件，然而他不妒忌、不贪污，追随大溜儿。假如没有晋惠帝，只要有一个中等才能的君主，即使有成百上千个王衍，又怎么能扰乱天下呢？像卢杞那样的奸臣，固然足以使国家败亡，然而此人不学无术，容貌不足以打动别人，言谈不足以夸夸其谈，如果不是唐德宗鄙陋昏庸，又怎能受到重用呢？从这一点来说，山涛和郭子仪对王衍和卢杞的预料，也或许有不完全正确的地方。

现在有人嘴里吟诵着孔子和老子的话，身体力行伯夷、叔齐的清高行为，收罗一批追求名声的读书人和郁郁不得志的人，相互勾结制造舆论，私下里互相标榜，自以为是颜回、孟子再世，但实际上阴险凶狠，与一般的人志趣不同。是把王衍、卢杞集合于一身，他酿成的灾祸难道能够说得完吗？

脸脏不忘洗脸，衣服脏不忘洗衣，这是人之常情。现在却不是这样，他穿着罪犯奴仆的衣服，吃猪狗般的食物，头发像囚犯，面孔像家里死了人，却大谈《诗》《书》，这难道合乎情理吗？凡是做事不近人情的，很少有不是大奸大恶的，竖习、易牙、开方就是这种人。此人借助最崇高的名声，来掩盖还没有暴露的祸患，即使是有希望治理好国家的皇帝，即使有敬重贤才的宰相，也会推举而任用这个人。这样，他是天下的祸患就必定无疑，而其祸患的程度决非仅仅王衍、卢杞等人可比。

孙子说："善于用兵的人，没有显赫的功勋。"假如这个人没有被重用，那么我的话说错了，而这个人就会发出不遇明主的慨叹，谁又能够知道灾祸会达到这种地步呢？不然的话，天下将蒙受他的祸害，而我也将获得有远见的名声，那可就太可悲了！

【评析】

此文是赝品，绝非苏洵所作。苏洵只是在欧阳修请客的宴席上见过王安石一面，对王安石并不了解，王安石和苏洵都不是主要客人，怎么见一面就有如此之看法。王安石变法尚未开始苏洵已死。此文最早见之于邵雍之子邵伯温《河南邵氏闻见录》，当是假托苏洵之名。"夫面垢不忘洗，衣垢不忘浣，此人之至情也。今也不然，衣臣虏之衣，食犬彘之食，囚首丧面而谈诗书"，如果王安石就这副德行会得到当世那么多人之高度赞美吗？韩琦、富弼、欧阳修、司马光都曾经有高度赞美王安石的语言，这么多人都不识人？神宗皇帝怎么会用这样的人当宰相？而且这种以人的生活习惯和个别缺点来判断其政治品质的逻辑，也是非常荒谬的。这种影射咒骂、人身攻击的写作手段也非常低劣。吴楚材、吴调侯不应该将其选入，本人有心剔除之，但觉得保留也无妨，假者不可能变真。"唯仁者能好人，能恶人。"

心术

苏洵

为将之道，当先治心①。泰山崩于前而色不变，麋鹿兴于左而目不瞬②，然后可以制利害③，可以待敌。

凡兵上义④；不义，虽利勿动。非一动之为利害，而他日将有所不可措手足也。夫惟义可以怒士，士以义怒⑤，可与百战。

凡战之道，未战养其财，将战养其力，既战养其气，既胜养其心。谨烽燧⑥，严斥堠⑦，使耕者无所顾忌，所以养其财；丰犒而优游之⑧，所以养其力；小胜益急，小挫益厉⑨，所以养其气；用人不尽其所欲为，所以养其心。故士常蓄其怒，怀其欲而不尽。怒不尽则有余勇，欲不尽则有余贪。故虽并天下，而士不厌兵，此黄帝之所以七十战而兵不殆也⑩。不养其心，一战而胜，不可用矣。

凡将欲智而严⑪，凡士欲愚。智则不可测，严则不可犯，故士皆委己而听命，夫安得不愚？夫惟士愚，而后可与之皆死。

凡兵之动，知敌之主，知敌之将，而后可以动于险。邓艾缒兵于蜀中⑫，非刘禅之庸⑬，则百万之师可以坐缚，彼固有所侮而动也。故古之贤将，能以兵尝敌，而又以敌自尝，故去就可以决。

凡主将之道，知理而后可以举兵，知势而后可以加兵，知节而后可以用兵。知理则不屈，知势则不沮，知节则不穷。见小利不动，见小患不避，小利小患，不足以辱吾技也，夫然后有以支大利大患⑭。夫惟养技而自爱者，无敌于天下。故一忍可以支百勇，一静可以制百动。

兵有长短，敌我一也。敢问："吾之所长，吾出而用之，彼将不与吾校；吾之所短，吾蔽而置之，彼将强与吾角，奈何？"曰："吾之所短，吾抗而暴之⑮，使之疑而却；吾之所长，吾阴而养之，使之狎而堕其中⑯。此用长短之术也。"

善用兵者，使之无所顾，有所恃。无所顾，则知死之不足惜；有所恃，则知不至于必败。尺棰当猛虎，奋呼而操击；徒手遇蜥蜴⑰，变色而却步，人之情也。知此者，可以将矣。袒裼而案剑⑱，则乌获不敢逼⑲；冠胄衣甲⑳，据兵而寝㉑，则童子弯弓杀之矣。故善用兵者以形固㉒。夫能以形固，则力有馀矣。

【注释】

①治心：指锻炼培养军事上的胆略、意志和吃苦的精神等。②麋：鹿类的一种。左：附近。瞬：眨眼。③制：掌握。④上：通"尚"，崇尚。⑤怒：激发。⑥烽燧：即烽火，古代边防报警的信号。白天放烟叫"烽"，夜间燃火叫"燧"。⑦斥堠：古代用来瞭望敌情的土堡，这里指放哨、瞭望。⑧犒：犒赏，旧指用酒食或财物慰劳将士。丰犒：丰厚的奖赏。优游：闲暇自得的样子。

⑨挫：挫折，这里指打了败仗。厉：激励。并天下：兼并天下。⑩黄帝：司马迁《史记·五帝本纪》之首，是我国中原各族的共同祖先。相传曾在战争中多次取胜，打败了炎帝、蚩尤，成为部落联盟的领袖。殆：通"怠"，懈怠。⑪智：有智慧。严：有威严。⑫邓艾缒兵于蜀中：邓艾，三国时魏国将领，公元263年，他率兵攻蜀，山高谷深，士兵都用绳子系着放下山去。缒：系在绳子上放下去。⑬刘禅：三国时蜀后主，小名阿斗，刘备之子，公元223年至263年在位。⑭支：经得起，对付得了。⑮抗：高，引申为突出地。暴：显露。却：退。⑯狃：轻忽。堕：落。⑰蜥蜴：一种爬行动物，形似壁虎，俗称"四脚蛇"。⑱袒裼（xī）：脱衣露体。⑲乌获：战国时秦国的大力士，相传能力举千钧。⑳冠胄衣甲：戴着头盔，穿着铠甲。胄：盔。冠、衣：都用作动词。㉑据兵：靠着兵器。㉒以形固：指利用各种有利形势来巩固自己。以：凭借，利用。形：各种有利的形式和条件。固：巩固。

【译文】

作为将领的原则，应当首先修养心性。必须做到泰山在眼前崩塌而面不改色，麋鹿在身边奔突而不眨眼睛，然后才能够控制利害因素，才可以对付敌人。

凡是军事行为都崇尚正义。如果不合乎正义，即使有利可图也不要行动。并非一动就有危害，而是因为后来将有不能应付的事情发生。只有正义能够激愤士气，用正义激愤士气，就可以投入一切战斗。

作战的规律大体如此：当战争尚未发生时，要积蓄财力；当战争即将发生时，要培养战斗力；当战争已经打起来时，要培养士气；当战争已经取得胜利时，就要修养心性。小心谨慎地设置报警的烽火和狼烟，严格认真地在边境巡逻放哨，使农民无所顾忌，安心耕种，这就是积蓄财力的做法。用丰盛的酒食等物慰劳战士，让他们悠闲自在，养精蓄锐，这就是培养战斗力的做法。取得小的胜利，要使战士感到更加紧迫；受到小的挫折，要让战士得到更大的激励，这就是培养士气的做法。使用战士要注意不让他们完全实现自己的欲望，这就是修养心性的做法。所以战士们常常积蓄着怒气，心中怀有欲望却不能完全实现。怒气没有消除干净就有余勇，欲望没有完全实现就将继续追求，所以即使吞并了天下，战士也不厌恶打仗。这就是黄帝的军队经历了七十次战斗也不懈怠的原因。如果不修养心性，战士们打一次胜仗后就不能继续作战了。

将领要聪明而严厉，战士要愚昧。聪明就不可预测，严厉就不可冒犯，所以战士们都把自身完全交出来听从命令，怎么能不愚昧呢？唯其战士愚昧，然后才可以与他们一道舍生忘死。

大凡出动军队，要了解敌方的君主，了解敌方的将领，然后才能够出兵于危险的地方。魏将邓艾率兵伐蜀汉，从阴平小道行无人之地七百余里，用绳子拴着士兵从山上坠下深谷，如果不是蜀汉后主刘禅昏庸无能，那么百万大军也可以坐而捆绑擒获。邓艾本来就对刘禅轻慢，所以才出兵于危险之地。因此，古代的良将，能用大军去试探敌人的强弱、虚实，同时也用敌人的反应来衡量自己，这样就可以决定行动方针了。

作为主将的原则是：明白道理然后可以出兵，了解形势然后可以增兵，懂得节制然后可以用兵。明白道理就不会屈服，了解形势就不会丧气，懂得节制就不会困窘。见了小利益不动心，遇上小祸难不回避。小利益、小祸难不值得辱没我的本领，然后才能够应付大利益、大祸难。只有善于培养本领又自爱的人，才无敌于天下。所以一忍可以抵御百勇，一静可以控制百动。

军队自有长处和短处，无论敌我都如此。请问："我方的长处，我拿出来运用，敌人却不与我较量；我方的短处，我隐蔽起来，敌人却竭力与我对抗，怎么办呢？"回答道："我方的短处，我故意显露出来，使敌人心生疑虑而退却；我方的长处，我暗中隐蔽起来，使敌人轻慢而陷入圈套。这就是灵活运用自己的长处和短处的方法。"

善于用兵打仗的人，要使战士们没有什么顾忌但有所依靠。没有什么顾忌，就知道牺牲了也不值得可惜；有所依靠，就知道不至于一定失败。手握一尺长的木棒，面对着猛虎，敢于奋力呐喊而挥棒打击；空着手遇上了蜥蜴，也会吓得面容变色连连后退，这是人之常情。懂得这个道理，就可以带兵了。假如赤身露臂但手握着剑，那大力士乌获也不敢逼近；如果头戴盔，身穿铠甲，靠着武器而睡觉，那小童也敢弯弓射杀了。所以善于用兵打仗的人，利用各种条件来巩固自己；能够利用各种条件来巩固自己，那就威力无穷了。

【评析】

北宋王朝在对外一直软弱无能，苟且偷安。苏洵写作《权书》十篇，是他系统研究战略战术问题的军事专著，本文是其中一篇。有很强的现实针对性。文章结构巧妙，首段论治心，二、三、四段论养士，五、六两段论审势，七段论阴长暴短，出奇制胜，最后一段论守备，要"无所顾，有所恃"，而全文都是围绕着为将的心术发挥，故题作《心术》。正如吴楚材、吴调侯所指出的，本文"先后不紊。由治心而养士，由养士而审势，由审势而出奇，由出奇而守备，段落鲜明，井井有序，文之善变化也"。

本文涉及战争中诸多重要问题，具有很深刻的思想。首先是战争中"义"与"利"的关系。"凡兵上义"，战争的正义性是决定战争胜负之关键。不义的战争，逐"利"的战争，即使一时不为所害，但从长远看是不利的，会弄到不可收拾的地步。只有正义的战争，才能激发士气；只有士气旺盛，才能百战不殆。这一点由目前世界发生的许多战争所证明。其次是战争与财、力、心、气的关系，即战争与充分的物质准备、旺盛的战斗意志之间的关系，"凡战之道，未战养其财，将战养其力，既战养其气，既胜养其心"。都分析得很透彻。

本文语言也铿锵有力，给人以排宕顿挫之感，这得力于文中大量排偶句的纯熟运用。不足千字，排偶句却有十余处之多。像"泰山崩于前而色不变，麋鹿兴于左而目不瞬""怒不尽则有余勇，欲不尽则有余贪""一忍可以支百勇，一静可以制百动"等排偶句，音韵铿锵，气势不凡，又是极富哲理的警句。茅坤说"此文中多名言"，就是针对文中大量的排偶句而言的。

张益州画像记

苏洵

至和元年秋①，蜀人传言②：有寇至边，边军夜呼，野无居人。妖言流闻，京师震惊。方命择帅，天子曰："毋养乱，毋助变，众言朋兴，朕志自定③，外乱不足，变且中起，既不可以文令④，又不可以武竞⑤，惟朕一二大吏。孰为能处兹文武之间，其命往抚朕师。"乃推曰："张公方平其人。"天子曰："然。"公以亲辞⑥。不可，遂行。冬十一月至蜀。至之日，归屯军⑦，撤守备，使谓郡县："寇来在吾，无尔劳苦。"明年正月朔旦，蜀人相庆如他日⑧，遂以无事。又明年正月，相告留公像于净众寺⑨，公不能禁。

眉阳苏洵言于众曰⑩："未乱易治也，既乱易治也。有乱之萌，无乱之形，是谓将乱。将乱难治，不可以有乱急，亦不可以无乱弛。惟是元年之秋，如器之敧⑪，未坠于地。惟尔张公，安坐于其旁，颜色不变，徐起而正之。既正，油然而退⑫，无矜容。为天子牧小民不倦，惟尔张公。尔繄以生⑬，惟尔父母。且公尝为我言：'民无常性，惟上所待。人皆曰：蜀人多变。于是待之以待盗贼之意，而绳之以绳盗贼之法⑭。重足屏息之民⑮，而以砧斧令⑯，于是民始忍以其父母妻子之所仰赖之身，而弃之于盗贼，故每每大乱。夫约之以礼，驱之以法，惟蜀人为易。至于急之而生变，虽齐、鲁亦然。吾以齐、鲁待蜀人，而蜀人亦自以齐、鲁之人待其身。若夫肆意于法律之外，以威劫齐民，吾不忍为也。'呜呼！爱蜀人之深，待蜀人之厚，自公而前，吾未始见也。"皆再拜稽首⑰，曰："然。"

苏洵又曰："公之恩在尔心，尔死，在尔子孙，其功业在史官，无以像为也。且公意不欲，如何？"皆曰："公则何事于斯，虽然，于我心有不释焉。今夫平居闻一善，必问其人之姓名，与其邻里之所在，以至于其长短大小美恶之状。甚者，或诘其平生所嗜好，以想见其为人，而史官亦书之于其传。意使天下之人，思之于心，则存之于目。存之于目，故其思之于心也固。由此观之，像亦不为无助。"苏洵无以诘，遂为之记。

公南京人⑱，为人慷慨有大节，以度量雄天下。天下有大事，公可属⑲。系之以诗曰：

天子在祚，岁在甲午。西人传言，有寇在垣⑳。庭有武臣，谋夫如云。天子曰嘻，命我张公。公来自东，旗纛舒舒㉑。西人聚观，于巷于涂。谓公暨暨㉒，公来于于㉓。公谓西人，安尔室家，无敢或讹。讹言不祥，往即尔常。春尔条桑，秋尔涤场。西人稽首，公我父兄。公在西圃，草木骈骈㉔。公宴其僚，伐鼓渊渊㉕。西人来观，祝公万年。有女娟娟㉖，闺闼闲闲㉗。有童哇哇，亦既能言。昔公未来，期汝弃捐。禾麻芃芃㉘，仓庾崇崇。嗟我妇子，乐此岁丰。公在朝廷，天子股肱。天子曰归，公敢不承。作堂严严，有庑有庭㉙。公像在中，朝服冠缨。西人相告，无敢逸荒。公归京师，公像在堂。

【注释】

①至和：宋仁宗年号。至和元年，公元1054年。②传言：相互谣传。③朕：秦始皇后皇帝自称。④文令：用圣旨下政令，进行礼乐教化。⑤武竞：指用派军队武装镇压的方式。⑥以亲辞：用养老的理由推辞。⑦屯军：指临时调动来驻扎在益州的军队，撤回防地。⑧蜀人相庆如他日：张方平断定敌人要来进犯是谣言，便在第二年元宵节故意三夜不关城门，不宵禁，百姓和往年一样欢乐，人心才开始安定。⑨净众寺：也称万福寺，在成都县西北。⑩眉阳：即眉山，苏洵家乡。⑪欹（qī）：倾斜。⑫油然：谦和谨慎的样子。⑬繄："是"的意思，为助词。⑭绳之：

绳本是工匠使用取直的墨线，这里指严格要求约束百姓。⑮重足：叠足而立，不敢走步。屏息：憋住呼吸，不敢大出气。⑯砧（zhēn）斧：古代砍头刑具。砧：下面的垫板。⑰稽（qǐ）首：古时跪拜大礼，叩头到地。⑱南京：北宋南京称应天府，在今河南省商丘市。⑲属：有所托付。⑳垣：矮墙，这里引申为边境。㉑纛（dào）：古代军队或仪仗队的大旗。㉒暨暨：果敢的样子。㉓于于：自足的样子。㉔骈骈：茂盛的样子。㉕渊渊：象声词，敲鼓的声音。㉖娟娟：美好。㉗闲闲：悠闲的样子。㉘芃芃（péng péng）：茂盛的样子。㉙庑（wǔ）：堂下周围的廊屋。

【译文】

宗仁宗至和元年秋天，四川一带人传说，有敌寇侵犯边界，驻边军士夜里惊呼，四野百姓全都逃光。谣言流布，京城上下大为震惊。将要选派将帅，天子说："不要酿成祸乱，不要助成事变。虽然众人传说纷起，但我的主意已定，外患不一定会酿成，事变却会从内部兴起。这事既不可一味用文教感化，又不可以一味用武力解决。只需要我的一两个大臣去妥善处理。谁能够为我处理好这既需文治又需武功的事情，就派他去安抚我的军队。"于是众人推荐说："张方平就是这样的人。"天子说："对！"张公以侍奉双亲为由推辞，未获批准，于是就动身出发。冬季十一月到达蜀地。到任那一天，就命令驻军回去，撤除守备，派人对郡县长官说："敌寇来了由我负责，不必劳苦你们。"到明年正月初一早上，蜀地百姓像往年一样庆贺新春，于是一直相安无事。再到了明年的正月里，百姓相互商量要把张公的像安放在净众寺里，张公没能禁止得住。

眉阳人苏洵向众人说道："祸乱没有发生，这是容易治理的；祸乱已成，这也容易治理；有祸乱的苗头，没有祸乱的表现，这叫作将要发生祸乱，祸乱将发未发之际最难治理。既不能因有祸乱苗头而操之过急，又不能因为还没有形成祸乱而放松警惕。至和元年（1054）秋季的局势，就像器物虽已倾斜，但还没有倒下掉地。只有你们的张公，安坐旁边，面色不改，慢慢地起身将其扶正。扶正之后，从容退坐，没有一点骄矜自得之色。替天子管理小民百姓，孜孜不倦，这就是你们的张公。你们是因为张公而得生，他就是你们的再生父母。再者张公曾对我说道：'老百姓没有不变的性情，只看上司如何对待他们。人们都说，蜀地人经常发生变乱。所以上司就用对待盗贼的态度去对待他们，用管束盗贼的刑法去管束他们。对于本来已经战战兢兢、连大气也不敢出的百姓，却用残酷的刑法去号令他们，这样百姓才忍心不顾自己这父母妻儿所依靠的身躯，而沦为与盗贼为伍，所以常常发生大乱。倘若以礼义来约束他们，用法律来差使他们，那么只有蜀人是最容易管理的。至于逼急他们而发生变乱，那么即使是齐鲁的百姓也会如此的。我用对待齐鲁百姓的方法对待蜀人，那么蜀人也会把自己当成齐鲁之人。假如任意胡来不按法律，用淫威胁迫平民，我是不愿干的。'啊，爱惜蜀人如此深切，对待蜀人如此厚道，在张公之前，我还未曾见过。"大家听了，一齐再重新行礼，并说："是这样的。"

苏洵又说："张公的恩情，记在你们心中；你们死了，记在你们子孙心里。他的功劳业绩，载在史官的史册上，不用画像了。而且张公自己又不愿意，如何是好？"众人都说："张公怎么会关心这事？即使如此，我们心里总觉不安。如今平时听得有人做件好事，一定要问那人的姓名及他的住处，一直问到那人的身材长短、年龄大小、面容美丑等情况；更有甚者，还有人讯问他平生的爱好，以便推测他的为人。而史官也把这些写入他的传记里，目的是要使天下人不仅铭记在心里，而且要显现在眼前。音容显现在人们目中，所以心里的铭记也就更加真切久远。由此看来，画像也不是没有意义。"苏洵听了，无法答对，就为他们写了这篇画像记。

张公是南京人，为人意气慷慨，高尚有节操，雅量高致，闻名天下。国家有重大事情，张公是可以托付的。末了以诗作结，写道：

大宋天子坐龙庭，甲午之年日月新。忽然蜀人谣言起，边关敌寇将兴兵。朝廷良将纷如雨，文臣谋士多如云。天子赞叹说声嘻，命我张公远出征。张公方平来东方，西风猎猎大旗扬。蜀人围观睹风采，人山人海满街巷。齐道张公真坚毅，神色镇静又安详。张公开口谕蜀人："各自还家且安顿，谣言莫传自安宁。谣言不祥且勿听，回去照常做营生。春日动手修桑枝，秋天谷场要扫清。"蜀人磕头拜张公，称他就像父与兄。公在蜀国园林居，草木繁茂郁葱葱。宴请文官与武将，击鼓作乐响咚咚。蜀人庆贺来观望，万年长寿祝张公。姑娘佳丽美婵娟，幽娴贞静闺房间。幼儿哇哇向人啼，牙牙学语已能言。当初张公不来蜀，你辈早将沟壑填。如今庄稼多茂盛，粮仓高耸堆满谷。感慨我们妇与子，欢欢喜喜庆丰足。张公本是朝中臣，天子左右得力人。天子下诏命返驾，张公岂敢不应允。修起殿堂好庄严，又有廊房又有庭。公像挂在正当中，朝服冠带宛如真。蜀人纷纷来禀告，不敢放荡做懒人。张公放心回京城，像挂殿堂传美名。

【评析】

苏洵文章老到辛辣，慷慨意气，与其性格有关。本文便极有特点，显示出作者善于结构文章的特点。开头突兀，写出蜀地的紧张气氛，然后引出张方平治理蜀地的事迹。实际上张方平到蜀地只有一年多，但确实给蜀地百姓带来了安定和幸福。接着写百姓要给张方平画像留像的经过。其中用张方平的口吻写其爱民尊重百姓的思想和具体的施政方针，既委婉歌颂了张方平的政绩，也写出了蜀人对张方平的热爱和感激之情。最后的韵文是仿照《诗经》的形式，完全用四言诗来写，古香古色，有的诗句基本就是《诗经》里的原句，很古朴有味道。

苏轼

　　苏轼，字子瞻，号东坡居士，北宋著名文学家，是我国古代伟大的文化名人。进士及第后，官至中书舍人、礼部尚书。由于新旧党争、谏官弹劾，仕途蹉跌，屡遭贬谪。所历州郡，关心国计民生，多有惠政。他学识渊博，多才多艺，在书法、绘画、诗词、散文各个方面都有很高的造诣，做出了卓越贡献。其文纵横恣肆，挥洒畅达；为诗题材广阔，清新雄健；词风一洗绮罗香泽之态，逸怀浩气，开"豪放派"之先河。

刑赏忠厚之至论

苏轼

　　尧、舜、禹、汤、文、武、成、康之际，何其爱民之深，忧民之切，而待天下以君子长者之道也。有一善，从而赏之，又从而咏歌嗟叹之，所以乐其始而勉其终。有一不善，从而罚之，又从而哀矜惩创之，所以弃其旧而开其新。故其吁俞之声①，欢休惨戚②，见于虞、夏、商、周之书。成、康既没，穆王立③，而周道始衰，然犹命其臣吕侯④，而告之以祥刑⑤。其言忧而不伤，威而不怒，慈爱而能断，恻然有哀怜无辜之心，故孔子犹有取焉。

　　《传》曰：赏疑从与⑥，所以广恩也；罚疑从去⑦，所以慎刑也。当尧之时，皋陶为士⑧。将杀人，皋陶曰"杀之"三。尧曰"宥之"三。故天下畏皋陶执法之坚，而乐尧用刑之宽。四岳曰⑨"鲧可用⑩"，尧曰："不可，鲧方命圮族⑪"，既而曰"试之"。何尧之不听皋陶之杀人，而从四岳之用鲧也？然则圣人之意，盖亦可见矣。

　　《书》曰："罪疑惟轻，功疑惟重。与其杀不辜，宁失不经。"呜呼，尽之矣。可以赏，可以无赏，赏之过乎仁；可以罚，可以无罚，罚之过乎义。过乎仁，不失为君子；过乎义，则流而入于忍人[12]。故仁可过也，义不可过也。古者赏不以爵禄[13]，刑不以刀锯。赏之以爵禄，是赏之道行于爵禄之所加，而不行于爵禄之所不加也。刑之以刀锯，是刑之威施于刀锯之所及，而不施于刀锯之所不及也。先王知天下之善不胜赏，而爵禄不足以劝也；知天下之恶不胜刑，而刀锯不足以裁也。是故疑则举而归之于仁，以君子长者之道待天下，使天下相率而归于君子长者之道。故曰：忠厚之至也。

《诗》曰："君子如祉，乱庶遄已。君子如怒，乱庶遄沮[14]。"夫君子之已乱，岂有异术哉？时其喜怒，而无失乎仁而已矣。《春秋》之义，立法贵严，而责人贵宽。因其褒贬之义，以制赏罚，亦忠厚之至也。

【注释】

①吁俞：吁，疑怪声；俞，应词也。②欢休：和善也。惨戚：悲哀也。③穆王：周穆王，名满。④吕侯：人名，一作甫侯，周穆王之臣，为司寇。周穆王用其言论作刑法。⑤祥刑：刑而谓之祥者，即刑期无刑之意，故其祥莫大焉。⑥赏疑从与：言而赏而疑，则宁可与之。⑦罚疑从去：言当罚而疑，则宁可去之。⑧士：狱官也。⑨四岳：唐尧之臣，羲和之四子也，分掌四方之诸侯。一说为一人名。⑩鲧：传说大禹之父，四凶之一也。⑪圯族：犹言败类也。⑫忍人：谓性情狠戾之人也。⑬爵禄：爵位和官职。⑭"君子如祉"四句：出自《诗经·小雅·巧言》。祉：犹喜也。遄：速也。沮：止也。

【译文】

唐尧、虞舜、夏禹、商汤、周文王、周武王、周成王、周康王的时候，他们爱戴百姓关心百姓是多么地深切，而且用君子长者的态度来对待天下人。有人做一件好事，奖赏他之余，又用歌曲赞美他，为他有一个好的开始而高兴，并勉励他坚持到底。有人做一件不好的事，处罚他之余，又哀怜同情他，希望他抛弃错误而开始新生。因此欢喜和忧伤的声音，欢乐悲伤的感情抒发，见于虞、夏、商、周的历史书籍。成王、康王死后，穆王继承王位，周朝的王道便开始衰落。然而穆王还是吩咐大臣吕侯，告诫他使用"祥刑"。他说的话忧愁却不悲伤，威严却不愤怒，慈爱而能决断，凄惨的表情表现出哀怜无罪者的好心肠。因此，孔子把这篇《吕刑》选进《尚书》里。

古书上说，奖赏时如有可疑者应照样给予，为的是推广恩泽；处罚时遇有可疑者

547

则应该免除，为的是谨慎地使用刑法。尧当政时，皋陶是掌管刑法的官。要处死一个人，皋陶三次说当杀，尧帝却一连三次说应当宽恕。所以天下人都害怕皋陶执法坚决，而赞美帝尧用刑宽大。四岳建议："鲧可以任用。"尧说："不可！鲧违抗命令，毁谤同族。"过后，他还是说："试用一下吧。"为什么尧不听从皋陶处死犯人的主张，却听从四岳任用鲧的建议呢？那么圣人的心意，从这里可以看出来了。

《尚书》说："罪行轻重有可疑时，宁可从轻处置；功劳大小有疑处，宁可从重奖赏。与其错杀无辜的人，宁可犯执法失误的过失。"唉！这句话完全表现出忠厚之意。可以赏也可以不赏时，赏就过于仁慈了；可以罚也可以不罚时，罚就超出义法了。过于仁慈，还不失为一个君子；超出义法，就流为残忍了。所以，仁慈可以超过，义法是不可超过的。古人奖赏不用爵位和俸禄，刑罚不用刀锯。用爵位、俸禄行赏，只对能得到爵位、俸禄的人起作用，不能影响不能得到爵位和俸禄的人。用刀锯作刑具，只对受这种刑的人起作用，对不受这种刑的人不起作用。古代君主知道天下的善行是赏不完的，不能都用爵位俸禄来奖赏；也知道天下的罪恶是罚不完的，不能都用刀锯来制裁。所以当赏罚有疑问时，就以仁爱之心对待。用君子长者的宽厚仁慈对待天下人，使天下人都相继回到君子长者的忠厚仁爱之道上来，所以说这就是赏罚忠厚到了极点啊！

《诗经》说："君子如果高兴纳谏，祸乱就会快速止息；君子如果怒斥谗言，祸乱也会快速止息。"君子止息祸乱，难道有异术吗？他不过是适时地控制自己的喜怒，不偏离仁慈宽大的原则罢了。《春秋》的大义是，立法贵严，责人贵宽。根据它的褒贬原则来制定赏罚制度，这也是忠厚之至啊！

【评析】

这篇策论，是作者在进士考场即兴写就的"命题作文"。副主考梅尧臣和主考官欧阳修曾问苏轼"当尧之时，皋陶为士。将杀人，皋陶曰'杀之'三。尧曰'宥之'三"的出处，苏轼答云："何须出处。"可见苏轼思想的敏锐和立论的大胆。但平心而论，这种用杜撰历史事实来作为论据的做法并不可取。但苏轼文笔流畅，思维活跃，一个很枯燥的题目，却说得有声有色，好像早就成竹在胸，完全没有一般试卷那种战战兢兢，揣摩谄媚讨好之。其中围绕主旨"赏疑从与，所以广恩也；罚疑从去，所以慎刑也""罪疑惟轻，功疑惟重。与其杀不辜，宁失不经"进行布局谋篇，从容论证，有力突出了"刑赏忠厚之至"的主题。

范增论

苏轼

汉用陈平计①，间疏楚君臣②，项羽疑范增与汉有私，稍夺其权。增大怒曰："天下事大定矣，君王自为之，愿赐骸骨③，归卒伍。"归，未至彭城，疽发背④，死。苏子曰："增之去，善矣。不去，羽必杀增。独恨其不早尔。"然则当以何事去？增劝羽杀沛公，羽不听，终以此失天下，当以是去耶？曰："否。增之欲杀沛公，人臣之分也；羽之不杀，犹有君人之度也。增曷为以此去哉？《易》曰：'知几其神乎⑤！'《诗》曰：'相彼雨雪，先集维霰⑥。'增之去，当于羽杀卿子冠军时也⑦。"

陈涉之得民也，以项燕扶苏。项氏之兴也，以立楚怀王孙心⑧；而诸侯之叛之也，以弑义帝⑨。且义帝之立，增为谋主矣。义帝之存亡，岂独为楚之盛衰，亦增之所与同祸福也；未有义帝亡而增独能久存者也。羽之杀卿子冠军也，是弑义帝之兆也。其弑义帝，则疑增之本也，岂必待陈平哉？物必先腐也，而后虫生之；人必先疑也，而后谗入之。陈平虽智，安能闲无疑之主哉？

吾尝论义帝，天下之贤主也。独遣沛公入关，而不遣项羽；识卿子冠军于稠人之中，而擢为上将，不贤而能如是乎？羽既矫杀卿子冠军，义帝必不能堪，非羽弑帝，则帝杀羽，不待智者而后知也。增始劝项梁立义帝，诸侯以此服从。中道而弑之，非增之意也。夫岂独非其意，将必力争而不听也。不用其言，而杀其所立，羽之疑增必自此始矣。

方羽杀卿子冠军，增与羽比肩而事义帝⑩，君臣之分未定也。为增计者，力能诛羽则诛之，不能则去之，岂不毅然大丈夫也哉？增年七十，合则留，不合即去，不以此时明去就之分，而欲依羽以成功名，陋矣！虽然，增，高帝之所畏也；增不去，项羽不亡。呜呼！增亦人杰也哉！

【注释】

①陈平：秦末汉初阳武（今河南原阳县）人，先跟从项羽，后归附刘邦，是汉初重要谋臣。②间疏：离间疏远。③骸（hái）骨：身体的代称。④疽（jū）：一种恶性疮。⑤几：事物发生变化的细微迹象。⑥霰（xiàn）：细碎的雪粒。这几句诗出自《诗经·小雅·颊弁》。⑦卿子冠军：指宋义。公元前207年，秦围赵，楚怀王封宋义为上将军，项羽为次将军，范增为末将军，救赵，途中，宋义畏缩不前，项羽矫诏杀之。⑧楚怀王孙心：即楚怀王的孙子熊心，项梁拥立他为王，

仍称怀王。项羽称霸后尊称熊心为义帝。⑨弑:臣子杀国君,儿子杀父亲称弑。⑩比肩:并肩。

【译文】

刘邦用陈平之计,离间疏远楚国君臣。项羽怀疑范增和汉国私下勾结,渐渐剥夺他的权力。范增大怒,说:"天下大事已经确定了,君王自己处理吧。希望能让我告老还乡。"回乡时,还没到彭城,就因背上痈疽发作而死。苏子说,范增离去是好事,若不离去,项羽一定会杀他。只遗憾他没有早早离开而已。然而范增应当为什么事而离开呢?当初范增劝项羽杀沛公,项羽不听,终因此而失去天下,应当在此时离去吗?回答说:"不。范增想要杀死沛公,是做臣子的职责。项羽不杀刘邦,还显得有君王的度量。范增为什么在此时离去呢?《周易》说:'知道选择恰当时机,那不是很神明吗?'《诗经》说:'观察那气象,若要下雪,水汽必定先聚集成霰。'范增离去,应当在项羽杀卿子冠军的时候。"

陈涉能够得民心,是因为打出了楚将项燕和公子扶苏的旗帜。项氏的兴盛,因为拥立了楚怀王的孙子熊心为义帝;而诸侯背叛他,也是因为他谋杀义帝。况且拥立义帝,范增实为主谋。义帝的存亡,岂止决定楚国的盛衰;范增也与此祸福相同。绝没有义帝被杀,而单单范增能够长久得生的道理。项羽杀卿子冠军;就是谋杀义帝的先兆;他杀义帝,就是怀疑范增的根本。难道还要等到陈平出反间之计吗?物品必定先腐烂了,然后才能生蛆虫;人必定先有怀疑之心,然后谗言才得以听入。陈平虽说智慧过人,又怎么能够离间没有疑心的君主呢?

我曾经评论义帝,称他是天下的贤君。仅仅是派遣沛公入关而不派遣项羽,在稠人广众之中识别卿子冠军并且提拔他做上将军这两件事,若不是贤明之君能做到这些吗?项羽既然假托君王之命杀死了卿子冠军,义帝必然不能容忍。因此,不是项羽谋杀义帝,就义帝杀了项羽,这用不着智者指点就可以知道了。范增当初劝项梁拥立义帝,诸侯因此而服从;中途谋杀义帝,必不是范增的主意;其实岂但不是他的主意;他必然力争而却没有被接受。不采用他的忠告而杀死他所拥立之人,项羽怀疑范增,一定是从这时就开始了。

在项羽杀卿子冠军之时,项羽和范增并肩侍奉义帝,还没有确定君臣之身份,如果替范增考虑,有能力诛杀项羽就杀了他,不能杀他就离开他,岂不是毅然决然的男子汉吗?范增年龄已经七十岁,意见相合就留下来,意见不合就离开他,不在这个时候弄清去留的分寸,却想依靠项羽而成就功名,浅陋啊!即使这样,范增还是被汉高祖所畏惧。范增不离去，项羽就不会灭亡。唉，范增也是人中的豪杰呀！

【评析】

　　本文是苏轼早期史论。其中观点有的还显得不成熟，如其中提出范增应杀项羽便属书生之见。但指出在那个时候范增应该离开项羽则是很深刻的见解。尤其是认为项羽怀疑范增是从那时就开始的观点也很值得注意。"物必先腐也，而后虫生之；人必先疑也，而后谗入之"，这极其精彩的比喻，对于表达观点也很有说服力。文章立意不落俗套能翻空出奇，抓住范增不能早点离开项羽这一中心观点而随机生发，极尽回环变幻之态。对于范增惋惜的心情也可以体会出来。

留侯论

苏轼

　　古之所谓豪杰之士，必有过人之节。人情有所不能忍者①，匹夫见辱，拔剑而起，挺身而斗，此不足为勇也。天下有大勇者，卒然临之而不惊②，无故加之而不怒。此其所挟持者甚大③，而其志甚远也。

　　夫子房受书于圯上之老人也④，其事甚怪；然亦安知其非秦之世，有隐君子者出而试之⑤。观其所以微见其意者，皆圣贤相与警戒之义；而世不察，以为鬼物，亦已过矣。且其意不在书。

　　当韩之亡，秦之方盛也，以刀锯鼎镬待天下之士⑥。其平居无罪夷灭者⑦，不可胜数。虽有贲、育⑧，无所获施。夫持法太急者，其锋不可犯，而其势未可乘。子房不忍忿忿之心，以匹夫之力而逞于一击之间⑨。当此之时，子房之不死者，其间不能容发，盖亦危矣。

　　千金之子，不死于盗贼，何者？其身之可爱，而盗贼之不足以死也。子房以盖世之才，不为伊尹、太公之谋⑩，而特出于荆轲、聂政之计⑪，以侥幸于不死，此圯上老人所为深惜者也。是故倨傲鲜腆而深折之⑫。彼其能有所忍也，然后可以就大事，故曰："孺子可教也⑬。"

　　楚庄王伐郑，郑伯肉袒牵羊以迎⑭。庄王曰："其主能下人⑮，必能信用其民矣。"遂舍之。勾践之困于会稽⑯，而归臣妾于吴者，三年而不倦。且夫有报人之志，而不能下人者，是匹夫之刚也。夫老人者，以为子房才有余，而忧其度量之不足，故深折其少年刚锐之气，使之忍小忿而就大谋。何则？非有生平之素⑰，卒然相遇于草野之间，而命以仆妾之役，油然而不怪者⑱，此固秦皇之所不能惊，而项籍之所不能怒也。

观夫高祖之所以胜，而项籍之所以败者，在能忍与不能忍之间而已矣。项籍唯不能忍，是以百战百胜而轻用其锋；高祖忍之，养其全锋而待其弊，此子房教之也。当淮阴破齐而欲自王⑲，高祖发怒，见于词色。由此观之，犹有刚强不能忍之气，非子房其谁全之？

太史公疑子房以为魁梧奇伟，而其状貌乃如妇人女子，不称其志气⑳。呜呼！此其所以为子房欤！

【注释】

①这句话的意思是：常人在情感上总有不能忍耐的时候。②卒：同"猝"，突然，仓促。临：逼近。③挟持者：指怀抱的理想。④圯（yí）：桥。⑤隐君子者：隐居逃避尘世的高人。⑥刀锯鼎镬：四者皆古代刑具，借指酷刑。⑦平居：平日。⑧贲、育：战国时勇士，卫国人孟贲、夏育。⑨《史记·留侯世家》："秦皇帝东游，良与客狙击秦始皇博浪沙中，误中副车。秦皇帝大怒，大索天下，求贼甚急，为张良故也。良乃更名姓，亡匿下邳。"此语即说张良暗杀秦始皇的事。⑩伊尹、太公之谋：用智慧化解危机的谋略。伊尹：商之贤相，名挚。太公：太公望吕尚，姓姜，名尚，字子牙，周文王时太师。⑪荆轲、聂政：是著名刺客，司马迁《史记·刺客列传》中都有传。⑫倨傲鲜腆：傲慢而非常无礼。⑬孺子：小孩儿，是对他人傲慢的称呼。⑭郑伯：指春秋时期郑国君主郑襄公。肉袒：脱衣露体，表示臣服。牵羊：用羊作为礼物。⑮下人：向别人低头。⑯勾践：春秋时越国国君，因战败而到吴国当奴仆三年。其后卧薪尝胆终于复仇。⑰平生之素：指平常的交情。⑱油然：指很自然而顺从的样子。⑲淮阴破齐而欲自王：指在楚汉相争的关键时刻，韩信破齐后请求代理齐王，刘邦听后很生气，刚要发作，陈平踩他脚，他马上改口封韩信为齐王。⑳称（chèn）：相称。

【译文】

古时候被人称作豪杰的志士，一定具有过人的节操，有一般人的常情所无法忍受的度量。普通的人被侮辱，一定会拔出宝剑，挺身上前搏斗，这不足以被称为勇敢。天下真正具有豪杰气概的人，遇到突发的情形毫不惊慌，当无缘无故受到别人侮辱时，也不愤怒。这是因为他们胸怀极大的抱负，志向非常高远。

张良被桥上老人授予兵书这件事，确实很古怪。但是，又怎么知道那不是秦代一位隐居君子出来考验张良呢？看那老人用以微微显露出用意的方式，都具有圣贤相互提醒告诫的意义。一般人不明白，把那老人当作神仙，也太荒谬了。再说，桥上老人的真正用意并不在于授予张良兵书。

在韩国已灭亡时，秦国正在强盛时期，秦王嬴政用刀锯、油锅对付天下的志士，那种住在家里平白无故被抓去杀头灭族的人，数也数不清。就是有孟贲、夏育那样的勇士，也没有施展本领的机会。凡是执法过分严厉的君王，他的刀锋是不好硬碰的，而其势也不可以找出机会。张良忍不住对秦王愤怒的情感，以他个人的力量，在一次狙击中求得一时的痛快，那时他没有被捕被杀，那间隙连一根头发也容纳不下，也太危险了！

富贵人家的子弟，是不肯死在盗贼手里的。为什么呢？因为他们的生命宝贵，死在盗贼手里太不值得。张良有盖世的才能，不去做伊尹、姜尚那样深谋远虑之事，反而只学荆轲、聂政行刺的下策，侥幸所以没有死掉，这必定是桥上老人为他深深感到惋惜的地方。所以那老人故意态度傲慢无理、言语粗恶而深深羞辱他，他如果能忍受得住，方才可以凭借这点而成就大功业，所以到最后，老人说："这个年轻人是值得教育的。"

楚庄王攻打郑国，郑襄公脱去上衣裸露身体、牵了羊来迎接。庄王说："国君能够委屈自己而低头，一定能得到百姓的信任。"于是保留郑国而没有灭掉。越王勾践在会稽陷于困境，他到吴国去做奴仆，好几年都不懈怠。再说，有向人报仇的心愿，却不能做人下人的，是普通人的刚强而已。那老人，认为张良才智有余，而担心他的度量不够，因此深深挫挫他年轻人刚强锐利的脾气，使他能忍得住小怨愤去成就远大的谋略。为什么这样说呢？老人和张良并没有平生的老交情，突然在郊野之间相遇，却拿奴仆的低贱之事来让张良做，张良很自然而不觉得怪异，这本是秦始皇所不能惊惧他和项羽所不能激怒他的原因。

再看汉高祖之所以成功，项羽之所以失败，原因就在于一个能忍耐、一个不能忍耐罢了。项羽不能忍耐，因此战争中是百战百胜，因此随随便便使用他的刀锋。汉高祖能忍耐，保养自己完整的锋锐的战斗力，等到对方疲惫。这是张良教他的。当淮阴侯韩信攻破齐国要自立为王时，高祖为此发怒，语气脸色都显露出来，从此可看出，他还有刚强不能忍耐的气度，不是张良，谁能成全他？

司马迁本来猜想张良的形貌一定是魁梧奇伟的，谁料到他的长相竟然像妇人女子，与他的志气和度量不相称。啊！外柔内刚，这就是张良之所以成为张良吧！

【评析】

本文是苏轼早年所作的策论，是在考场中即兴发挥的文字，充分体现了作者的博闻才识和独到的见识。文章主旨在于阐发"忍小忿而就大谋"，作者广征史实，不仅引用了郑伯肉袒迎楚王、勾践卧薪尝胆等善于隐忍的正面典型，而且还引用项羽、刘邦等不善于隐忍的反面典型，从正反两方面加以论证发挥。作者抓住留侯能忍这一主线，引证史实层层递进，流转变化，阐明张良能忍的性格玉成高祖成就了帝王大业。开阖自然，气势奔放，言简意赅，分析透彻，鞭辟入里，具有无可辩驳的说服力和艺术感染力。其中关于圯上老人身份的推断很有道理，批评了以为是"鬼物"的错误观点，也表现出作者唯物主义的思想光辉，他认为圯上老人的出现其意不在授书，而是有意试一试张良之隐忍度，并用傲慢的行为锻炼张良忍耐之力的观点都入情入理。文中多有警语。"天下有大勇者，卒然临之而不惊，无故加之而不怒，此其所挟持者甚大，而其志甚远也。"这句话既有历史事实做支撑，对于现实人生又有警示和指导的意义，值得深思品味，甚至可以作为人生座右铭。苏轼一生，屡遭贬谪，正是以忍为大德，才在"投荒忘岁月"的人生中以难以想象的坚韧和忍受力顽强地活着，并把自己的全部人生感受投入文学艺术之中，造就一个词、文、诗、书、画多方面的全才，留下一个丰富多彩的苏东坡。

贾谊论

苏轼

非才之难，所以自用者实难①。惜乎！贾生王者之佐②，而不能自用其才也。

夫君子之所取者远，则必有所待；所就者大，则必有所忍。古之贤人，皆负可致之才③，而卒不能行其万一者④，未必皆其时君之罪⑤，或者其自取也。

愚观贾生之论，如其所言，虽三代何以远过⑥？得君如汉文⑦，犹且以不用死。然则是天下无尧舜，终不可有所为耶？仲尼圣人，历试于天下，苟非大无道之国，皆欲勉强扶持，庶几一日得行其道⑧。将之荆⑨，先之以冉有⑩，申之以子夏⑪，君子之欲得其君，如此其勤也。孟子去齐，三宿而后出昼⑫，犹曰："王其庶几召我。"君子之不忍弃其君，如此其厚也。公孙丑问曰："夫子何为不豫⑬？"孟子曰："方今天下，舍我其谁哉？而吾何为不豫？"君子之爱其身，如此其至也。夫如此而不用，然后知天下果不足与有为，而可以无憾矣。若贾生者，非汉文之不用生，生之不能用汉文也。

夫绛侯亲握天子玺而授之文帝⑭，灌婴连兵数十万⑮，以决刘、吕之雌雄⑯，又皆高帝之旧将，此其君臣相得之分，岂特父子骨肉手足哉⑰？贾生，洛阳之少年，欲使其一朝之间，尽弃其旧而谋其新，亦已难矣。为贾生者，上得其君，下得其大臣，如绛、灌之属，优游浸渍而深交之⑱，使天子不疑，大臣不忌，然后举天下而唯吾之所欲为，不过十年，可以得志。安有立谈之间，而遽为人痛哭哉⑲！观其过湘为赋以吊屈原⑳，萦纡郁闷，趯然有远举之志㉑。其后以自伤哭泣，至于夭绝㉒，是亦不善处穷者也㉓。夫谋之一不见用，安知终不复用也！不知默默以待其变，而自残至此。呜呼！贾生志大而量小㉔，才有余而识不足也。

古之人有高世之才，必有遗俗之累㉕，是故非聪明睿智不惑之主㉖，则不能全其用。古今称苻坚得王猛于草茅之中㉗，一朝尽斥去其旧臣而与之谋。彼其匹夫略有天下之半㉘，其以此哉！愚深悲生之志，故备论之。亦使人君得如贾生之臣，则知其有狷介之操㉙，一不见用，则忧伤病沮㉚，不能复振。而为贾生者，亦谨其所发哉㉛。

【注释】

①自用：自己创造条件为世所用。②贾生：即贾谊，汉初大臣，著名政论家。③可致之才：指可以建功立业的才能。④卒：最终。⑤时君：当时君主。⑥三代：指夏、商、周三个朝代。⑦汉文：汉文帝刘恒。比较有作为的皇帝，开创汉代"文景之治"的局面。⑧庶几：也许有希望。⑨之荆：到楚国去。⑩冉有：孔子弟子，姓冉，名求，字子有。⑪子夏：孔子弟子，姓卜，名商，字子夏。⑫昼：地名，今山东临淄市临淄县西北，齐国边境。⑬不豫：不高兴。⑭绛侯：周勃。汉朝开国功臣，封绛侯。在平定诸吕安定刘氏天下的关键时刻建立奇功。在确定刘恒为天子方面是决策人物之一。刘恒进京，他亲手将天子玉玺捧交给文帝。⑮灌婴：汉朝开国功臣，封颍阴侯，在平定诸吕的关键时刻和周勃联手，建有大功。并称"灌绛"。⑯刘、吕之雌雄：决定刘邦一族和吕后家族的胜败。⑰岂特：哪里仅仅是。⑱优游：从容不迫。浸渍：逐渐渗透浸染。

⑲痛哭：贾谊在《治安策》中说："臣窃惟事势，可为痛哭者一，可为流涕者二，可为长叹息者六。"⑳吊屈原：贾谊被贬为长沙王太傅，过湘江时作《吊屈原赋》。㉑矍然：心情激动愤慨貌。远举：远离政治中心，即隐居。㉒夭绝：夭折，指英年早逝。贾谊三十三岁郁闷而终。㉓处穷：处在穷困境界中。㉔志大而量小：志向远大而器量狭小。㉕遗俗之累：遗弃世俗的拖累，即不能融入世俗社会。㉖睿哲：英明智慧有思想。㉗苻坚：南北朝时前秦皇帝。王猛：前秦著名谋士，出身微贱，遇到苻坚被委以重任。权臣贵族谗毁者则被叱责或贬黜。㉘匹夫：指苻坚。前秦苻坚时很兴盛，领土很广袤。㉙狷介：洁身自好，不与世俗同流合污。㉚忧伤病沮：忧愁伤感非常沮丧。㉛发：发表见解。

【译文】

不是才能难得，而是自己能够把才能施展出来实在是非常困难。可惜啊，贾谊是辅佐帝王的人才，却未能施展自己的才能。

君子要想达到长远的目标，则一定要等待时机；要想成就伟大的功业，则一定要能够忍耐。古代的贤能之士，都有建功立业的才能，但有些人最终未能施展其才能于万一，未必都是当时君王的过错，也许是他们自己造成的。

我看贾谊的议论，照他所说的规划目标，即使夏、商、周三代的成就又怎能远远地超过它？遇到像汉文帝这样的明君，尚且因未能尽才而郁郁死去，照这样说起来，如果天下没有尧、舜那样的圣君，就终生不能有所作为吗？孔子是圣人，曾周游天下，只要不是极端无道的国家，他都想勉力扶助，希望终有一天能实践他的政治主张。将到楚国时，先派冉有去接洽，再派子夏去联络。君子要想得到国君的重用，就是这样殷切。孟子离开齐国时，在昼地住了三夜才出走，还说："齐宣王大概会召见我的。"君子不忍心别离他的国君，感情是这样的深厚。公孙丑向孟子问道："先生为什么不高兴呢？"孟子回答："当今世界上，治国平天下的人才，除了我还有谁呢？我为什么要不高兴？"君子爱惜自己是这样的无微不至。如果做到了这样，还是得不到施展，那么就应当明白世上果真已没有一个可以共图大业的君主了，也就可以没有遗憾了。像贾谊这样的人，不是汉文帝不重用他，而是贾谊不能利用汉文帝来施展自己的政治抱负啊。

周勃曾亲手持着皇帝的印玺献给汉文帝，灌婴曾联合数十万兵力，决定过吕、刘两家胜败的命运，他们又都是汉高祖的旧部，他们这种君臣遇合的深厚情分，哪里只是父子骨肉之间的感情所能比拟的呢？贾谊不过是洛阳的一个青年，要想使汉文帝在一朝一夕之间，就全部弃旧图新，也真太难了。作为贾谊这样的人，应该上面取得皇帝的信任，下面取得大臣的支持，对于周勃、灌婴之类的大臣，要从容地、逐渐地、感情深厚地结交他们，使得天子不疑虑，大臣不猜忌，这样以后，整个国家就会按我的主张去治理了。不出十年，就可以实现自己的理想。怎么能在顷刻之间就突然对人痛哭起来呢？看他路过湘江时作赋凭吊屈原，心绪紊乱，十分忧郁愤闷，大有远走高飞、悄然退隐之意。此后，终因经常感伤哭泣，以至于短命早死，这也真是个不善于身处逆境的人。谋略一旦不被采用，怎么知道就永远不再被采用呢？不知道默默地等待形势的变化，而自我摧残到如此地步。唉，贾谊真是志向远大而气量狭小，才力有余而见识不足啊。

古人有出类拔萃的才能，必然会不合时宜而招致困境，这就是所以若非英明智慧、不受蒙蔽的君主，就不能充分发挥他们的作用。古人和今人都称道符坚能从草野平民之中起用了王猛，在很短时间内全部斥去了原来的大臣而与王猛商讨军国大事。符坚那样一个平常之辈，竟能占据了半个中国，这道理就在于此吧。我很惋惜贾谊的抱负未能施展，所以详尽地评论。同时也要使君主明白：如果得到了像贾谊这样的臣子，就应当了解这类人有孤高不群的性格，一旦不被重用，就会忧伤颓废，不能重新振作起来。而像贾谊这种人，也应该有节制地谨慎地发泄自己的情感啊！

【评析】

李商隐诗说："贾生才调更无伦"，而终不见用，责任在汉文帝那里。苏轼此文却以充足的论据、令人信服的辩说，认定贾谊的悲剧是因为不能"自用其才"，"志大而量小，才有余而识不足"，责任全在自己。但古代人才怀才不遇是因为制度问题，苏轼可谓志大量大但也终生不能施展才能。但说贾谊心胸不够开阔，经受挫折打击的忍耐力不够，则有一定的道理。语意深沉，有痛惜，有责备，其间也包括对自己一生坎坷的教训总结；最后落到人君也应敢于破格使用贤才，莫要错过时机，更有不尽之意。立论警策，出语不凡，且能层层演进，从不同角度加以论证，令人心服。

晁错论

苏轼

天下之患，最不可为者，名为治平无事，而其实有不测之忧。坐观其变，而不为之所①，则恐至于不可救；起而强为之，则天下狃于治平之安而不吾信②。惟仁人君子豪杰之士，为能出身为天下犯大难，以求成大功；此固非勉强期月之间，而苟以求名之所能也。

天下治平，无故而发大难之端；吾发之，吾能收之，然后有辞于天下。事至而循循焉欲去之③，使他人任其责，则天下之祸，必集于我。

昔者晁错尽忠为汉，谋弱山东之诸侯④。山东诸侯并起，以诛错为名⑤；而天子不以察，以错为之说⑥。天下悲错之以忠而受祸，不知错有以取之也。

古之立大事者，不惟有超世之才，亦必有坚忍不拔之志。昔禹之治水⑦，凿龙门⑧，决大河而放之海。方其功之未成也，盖亦有溃冒冲突可畏之患⑨；惟能前知其当然，事至不惧，而徐为之图，是以得至于成功。

夫以七国之强，而骤削之，其为变，岂足怪哉？错不于此时捐其身⑩，为天下当大难之冲⑪，而制吴楚之命；乃为自全之计，欲使天子自将而己居守⑫。且夫，发七国之难者，谁乎？己欲求其名，安所逃其患！以自将之至危，与居守之至安；己为难首，择其至安，而遗天子以其至危，此忠臣义士所以愤怨而不平者也。当此之时，虽无袁盎⑬，亦未免于祸。何者？己欲居守，而使人主自将。以情而言，天子固已难之矣，而重违其议。是以袁盎之说，得行于其间。使吴楚反，错已身任其危，日夜淬砺⑭，东向而待之，使不至于累其君，则天子将恃之以为无恐，虽有百盎，可得而间哉？

嗟夫！世之君子，欲求非常之功，则无务为自全之计。使错自将而讨吴楚，未必无功，惟其欲自固其身，而天子不悦，奸臣得以乘其隙。错之所以自全者，乃其所以自祸欤！

【注释】

①为之所：为之采取措施进行处置。②狃（niǔ）：习以为常。③循循焉：稳重而有次序的样子。④谋弱：谋划削弱。山东：古时称崤山以东为山东。⑤诛错：七国之乱打出的政治口号是"请诛晁错，以清君侧"。⑥以错为之说：用杀晁错对叛乱诸侯进行答复。⑦禹：三代开创者，受舜的命令治水，在治水过程中建立威信，使华夏民族实现文化上的统一。⑧龙门：在今山西省河津市西北。此处黄河两岸峭壁对峙，形如阙门，相传为禹所开。⑨溃冒冲突：溃坝冒顶决口等危险。⑩捐其身：献出其生命。⑪冲：要道，此处引申为矛盾最集中的地方。⑫天子自将而己居守：当时景帝曾提出御驾亲征而责成晁错在京师留守的方案。晁错同意，此乃犯大忌。

⑬袁盎：曾任齐相、吴相，因与吴王刘濞有关系而被晁错告发，被削职为民。吴楚之乱时，他乘机进谗言而促使景帝杀晁错。⑭淬砺：打造磨砺兵刃，意为做好战争准备。

【译文】

天下的祸患，最不好办的，是表面上太平无事，但实际上却有无法预料的隐患。坐在那里观察事情在变化，却不想办法去解决，那么事情就会发展到不可挽救的地步；但开始就用强制的手段去处理，那么天下的人由于习惯太平安逸，就不会相信我。只有那些仁人君子的杰出人物，才能挺身而出为天下的人去承担大难，以求建立伟大的功业。这当然不是在短时期内可以完成的，也不是由那些只图求名的人所能做到的。

天下太平，无缘无故而挑起大难，我能挑起它，我就要能收拾它，然后才有言辞向天下的人交代。如果事到临头，却想慢慢避开它，让别人来承担责任，那么天下的祸患必然集中在自己身上。

从前晁错竭尽忠心为汉朝出力，谋划削弱山东诸侯的势力。山东诸侯联合起兵，借诛杀晁错的名义反叛朝廷。但是皇帝不能明察，就杀了晁错来向诸侯解释。天下人都悲叹晁错因尽忠朝廷而遭杀身之祸，却不知晁错也有自取其祸的原因。

古时候能够建立大功业的人，不只具有超出一般的才能，还必须有坚忍不拔的意志。从前大禹治水，凿开龙门堤口，疏通大河，让水流进大海。当他的功业尚未完成的时候，也有堤坝溃决和洪水横冲直闯的可怕灾难。只因为他事先估计到这种必然性，事情来了并不惊慌，从容不迫地规划解决，所以最后获得成功。

七国诸侯那样强盛，却要一下子削弱他们，他们起来叛乱有什么奇怪的呢？晁错不在这个时候献出自己的全部身心，替天下人做抵挡大难的先锋，控制吴、楚等国的命运，却为保全自己着想，想使皇帝亲自带兵出征，自己在后方防守。那么试问，引起七国叛乱的是谁呢？自己想求得名誉，又怎能逃避祸患呢？亲自带兵出征极为危险，留守后方十分安全，你自己是引发大难的魁首，却选择十分安全的事情来做，而把极为危险的事情留给皇上去担当，这是忠臣义士之所以愤恨不平的原因。在这个时候，即使没有袁盎，晁错也未必能免除杀身之祸。为什么呢？自己想留在后方防守，却让皇帝亲自出征。按照常理来说，皇帝已经很难以忍受了，又加上很多人不同意他的建议，所以袁盎的话就能在这中间发生作用。假使吴、楚反叛，晁错挺身而出承担危险，日夜操劳，率兵向东去阻击他们，不至于使自己的君王受牵累，那么皇上将依靠他而无所畏惧，即使有一百个袁盎，能够离间得了吗？

唉！世上的君子，想要建立不平凡的功业，就不要专门去考虑保全自己的计策。假使晁错自己带兵去讨伐吴、楚，不一定没有成效。只因为他想保全自己，就使得皇上不高兴，奸臣能够乘机进言。晁错用来保全自己的计策，不就是用来自己害自己的吗！

【评析】

本文也是苏轼写的人物评论，评论对象是西汉初年景帝时期政治家晁错。晁错极力提出并推进削藩，引起吴、楚七国之乱。当形势比较紧急时景帝听信袁盎谗言而杀晁错，是历史上最大之冤案。晁错之死，世人皆以为是忠而见诛，为他感到冤枉，予以叹惋和同情。但苏轼却发前人所未发，认为他本人是有责任的，并且指出其责任的关键是"欲求非常之功，则无务为自全之计"，是因为晁错同意汉景帝御驾亲征而他留守京师的建议而引起景帝的不满，这一点有一定道理。但晁错之死，个人之责任是很小的，还是景帝刻薄寡恩的结果。无论如何也是景帝的一个重大失误，不能忽略这一点。

卷之十一

上梅直讲书

苏轼

轼每读《诗》至《鸱鸮》①，读《书》至《君奭》②，常窃悲周公之不遇。及观《史》③，见孔子厄于陈、蔡之间④，而弦歌之声不绝，颜渊、仲由之徒相与问答。夫子曰："'匪兕匪虎，率彼旷野'，吾道非邪，吾何为于此？"颜渊曰："夫子之道至大，故天下莫能容。虽然，不容何病？不容然后见君子。"夫子油然而笑曰："回，使尔多财，吾为尔宰。"夫天下虽不能容，而其徒自足以相乐如此。乃今知周公之富贵，有不如夫子之贫贱。夫以召公之贤，以管、蔡之亲而不知其心，则周公谁与乐其富贵？而夫子之所与共贫贱者，皆天下之贤才，则亦足以乐乎此矣！

轼七八岁时，始知读书，闻今天下有欧阳公者，其为人如古孟轲、韩愈之徒；而又有梅公者，从之游，而与之上下其议论。其后益壮，始能读其文词，想见其为人，意其飘然脱去世俗之乐，而自乐其乐也。方学为对偶声律之文，求斗升之禄⑤，自度无以进见于诸公之间。来京师逾年，未尝窥其门。今年春，天下之士，群至于礼部，执事与欧阳公实亲试之。轼不自意，获在第二。既而闻之，执事爱其文，以为有孟轲之风，而欧阳公亦以其能不为世俗之文也而取，是以在此。非左右为之先容⑥，非亲旧为之请属⑦，而向之十余年间，闻其名而不得见者，一朝为知己。退而思之，人不可以苟富贵，亦不可以徒贫贱。有大贤焉而为其徒，则亦足恃矣。苟其侥一时之幸，从车骑数十人，使闾巷小民，聚观而赞叹之，亦何以易此乐也。

《传》曰⑧："不怨天，不尤人⑨。"盖"优哉游哉，可以卒岁⑩"。执事名满天下，而位不过五品。其容色温然而不怒⑪，其文章宽厚敦朴而无怨言，此必有所乐乎斯道也⑫。轼愿与闻焉。

【注释】

①《鸱鸮》：是《诗经·豳风》篇名，诗中假托鸟的口气，诉说处境困难。《诗序》认为是

周公所作。②《君奭》：《尚书》篇名，据说是周公摄政时，召公有所不满，周公写此文给召公姬奭，表白自己并与召公互勉。③《史》：指司马迁《史记》。④孔子厄于陈、蔡之间：指孔子在周游列国时，在陈国和蔡国之间遇到苦难，弟子饥饿很严重，孔子和子路、子贡、颜回三大弟子谈话。颜回最理解孔子，曾说出"不容何病，不容然后见君子"的非常有哲理的话，受到孔子赞扬。⑤斗升之禄：指微薄的俸禄。⑥先容：指事前请人推荐。⑦请属：指托人求情。⑧《传》曰：指《论语》，本是门人所传。⑨不怨天，不尤人：是孔子的话，出自《论语·宪问》。⑩优哉游哉，可以卒岁：语出《左传·襄公二十一年》。⑪温然：温和的样子。⑫斯道：这种道，指跟随贤者的快乐。

【译文】

　　我每次读到《诗经》的《鸱鸮》篇，读到《书经》的《君奭》篇，总是暗暗地悲叹周公没有遇到知己。等到读了《史记》，才看到孔子被围困在陈国和蔡国之间的时候，弹琴唱歌的声音依旧没有断绝，并且与颜渊、仲由等学生互相问答。孔子说："我不是犀牛、老虎那样的野兽，为什么要沦落到在野外游荡的境地？难道是我的政治主张和做法不对吗？我为什么落到这种地步？"颜渊说："先生的理想和做法非常宏大，所以天下不能接受；虽然这样，不被人接纳又有什么担忧的呢？不被人接纳之后还能坚持真理坚持正义才更能显现出您是君子。"孔子温和地笑着说："颜回，如果你有很多财产，我给你当管家。"虽然天下没有人接受孔子的理想，但孔子和他的学生竟能够自我满足而且是这样的快乐。于是我才知道，周公的富贵实在还比不上孔子的贫贱。凭召公的贤能，管叔、蔡叔的亲近，却不能够了解周公的心思，那么周公跟谁一同享受这富贵的快乐呢？然而跟孔子一同过着贫贱生活的人，却都是天下的贤才，光凭这一点也就值得快乐了啊！

　　我七八岁的时候，才知道读书。听说如今天下有一位欧阳公，他的为人就像古代孟轲、韩愈一类人；又有一位梅公，跟随欧阳公交游，并且和他共同议论文章。从那时起，我日益成长，才能够读先生们的文章辞赋，想象出先生们的为人，领会到先生们潇洒地摆脱世俗的快乐，而陶醉在自己的快乐之中。因为我当时刚刚学做诗赋骈文，想求得微薄的俸禄，自己估量没有什么才能可以进见诸位先生，所以来到京城一年多，不曾登门求教。今年春天，天下的读书人聚集在礼部，先生和欧阳公亲自考察我们。我没有想到自己竟得了第二名。后来听说，先生喜欢我的文章，认为有孟轲的风格，而欧阳公也因为我能不做世俗的文章而录取我，因此我能留在及第的行列里，没有左右亲近的人先替我推荐，也没有亲戚朋友为我请求嘱托，从前十多年里听到名声却不能进见的人，一下子竟成为知己。退下来思考这件事，觉得人不能够苟且追求富贵，也不能够空守着贫贱，有大贤人而能成为他的学生，那也很值得自负了。如果凭一时的侥幸而得意，带着成队的车马和几十个随从，使里巷的小百姓围着观看并且赞叹他，又怎么能代替这种快乐啊！

《论语》上说"不埋怨天，不责怪人"，大概就是说"从容地交游君子，就可以快乐度过天年"。先生名满天下，但官位不过五品；面色温和而不恼怒；文章宽厚质朴而没有怨言。这必定有乐于此道的原因，我希望听到先生对我这种看法的教诲。

【评析】

苏轼在礼部考试中获第二名，他便给考官之一的梅尧臣写信表示感谢。这是很平常的事，但本文写得很巧妙。开头写能够和有德君子交游乃人生之最大快乐，并用周公虽然富贵却没有孔子困厄时快乐的对比，令人信服其观点。其后写自己读书开始向往欧阳修和梅尧臣的心情，极力抬高赞美对方但不过分，很得体，会让对方十分舒服得意。接着写自己参加进士考试获取第二名的兴奋心情。歌颂欧阳修和梅尧臣的公平和慧眼，实际这一层意思是非常关键的，因为社会最关键的是公平，人们最需要的也是公平。正因为自己被公平录取，所以有了可以和欧阳修、梅尧臣交往而享受君子之交最高快乐的待遇，回应开头，篇末点题，畅谈士人得到知己的无比快乐。这确实是人生之最大快乐，孔子颜回之乐，便是如此，这也是儒家文化的最大亮点之一吧。

喜雨亭记

苏轼

亭以雨名，志喜也。古者有喜，则以名物，示不忘也。周公得禾，以名其书①；汉武得鼎，以名其年②；叔孙胜敌，以名其子③。其喜之大小不齐，其示不忘一也。

予至扶风之明年④，始治官舍。为亭于堂之北，而凿池其南，引流种木，以为休息之所。是岁之春，雨麦于岐山之阳⑤，其占为有年⑥。既而弥月不

565

雨^⑦，民方以为忧。越三月，乙卯乃雨，甲子又雨，民以为未足。丁卯大雨，三日乃止^⑧。官吏相与庆于庭，商贾相与歌于市，农夫相与忭于野^⑨，忧者以喜，病者以愈，而吾亭适成。

于是举酒于亭上，以属客而告之^⑩，曰："五日不雨可乎？"曰："五日不雨则无麦。""十日不雨可乎？"曰："十日不雨则无禾。""无麦无禾，岁且荐饥^⑪，狱讼繁兴，而盗贼滋炽^⑫。则吾与二三子，虽欲优游以乐于此亭^⑬，其可得耶？今天不遗斯民，始旱而赐之以雨。使吾与二三子得相与优游以乐于此亭者，皆雨之赐也。其又可忘耶？"

既以名亭，又从而歌之，曰："使天而雨珠，寒者不得以为襦；使天而雨玉，饥者不得以为粟。一雨三日，伊谁之力？民曰太守。太守不有，归之天子。天子曰不然，归之造物^⑭。造物不自以为功，归之太空。太空冥冥，不可得而名。吾以名吾亭。"

【注释】

①周公得禾，以名其书：周成王的同母弟唐叔得一异禾。这种禾是两禾生在不同的田亩上，而合生一穗。于是献给成王，成王送给周公。周公受禾后，作《嘉禾》一篇。《嘉禾》文已佚亡，今《尚书》仅存篇名。②汉武得鼎，以名其年：据《汉书·武帝纪》记载，元鼎元年（前116）五月，得宝鼎于汾水，于是改元为元鼎元年。《通鉴考异》认为得宝鼎应在元鼎四年（113），元鼎年号是后来追改的。③叔孙胜敌，以名其子：鲁文公十一年，北狄鄋瞒国伐鲁，鲁文公派叔孙得臣御敌，打败鄋瞒，并击杀其国君侨如，于是将自己儿子命名为侨如，以表其功。④扶风：即凤翔府，今陕西凤翔府。苏轼曾做过凤翔府判官，于嘉祐六年（1061）到任。明年：第二年。⑤雨麦：上天下麦子。岐山：今陕西岐山县。⑥占：占卦。年：年成。有年：指丰收。人们不知道雨麦是不是"祥瑞"，所以占卦。⑦弥：满。弥月：整月。雨：下雨。⑧乙卯：四月初二日。甲子：四月十一日。丁卯：四月十四日。⑨忭（biàn）：高兴，喜欢。⑩属（zhǔ）：注，酌。属客：指斟酒给客人喝。⑪荐：重。荐饥：重复地遭到饥荒。⑫滋炽：滋生而且非常多。⑬优游：叠韵连绵字，从容不迫的样子。⑭造物：造物主，即大自然。

【译文】

这座亭子用雨来命名，是为了纪念喜庆的事件。古时候有了喜事，就用它来命名事物，表示不忘的意思。周公得到赏赐的稻禾，便用"嘉禾"作为他文章的篇名；

汉武帝得了宝鼎，便用"元鼎"称其年号；叔孙得臣打败敌人侨如，便用"侨如"作为儿子的名字。他们的喜事大小不一样，但表示不忘的意思却是一样的。

我到扶风的第二年，才开始造官邸，在堂屋的北面修建一座亭子，在南面开凿了一口池塘，引来流水，种上树木，把它当作休息的场所。这年春天，在岐山的南面下了麦雨，占卜此事，认为今年有个好年成。然而此后整整一个月没有下雨，百姓刚刚因此而忧虑。过了三月，乙卯日才开始下雨，甲子日又下雨，百姓们认为下得还不够；丁卯日又下了大雨，一连三天才停止。官吏们在庭院里一起庆贺，商人们在集市上一起唱歌，农夫们在野地里一起欢笑，忧愁的人因此而高兴，生病的人因此而痊愈，而我的亭子也恰好在这时候建成。

于是我在亭子里摆上酒宴，向客人劝酒而告诉了这件事，问他们道："五天不下雨可以吗？"他们回答说："五天不下雨，就不能收获麦子了。"又问"十天不下雨可以吗？"他们回答说："十天不下雨就不能收获稻子了。""没有麦子没有稻子，年成自然荒歉，诉讼案件就会增多，而盗贼也会猖獗起来。那么我与你们即使想在这亭子上游玩享乐，又怎么可能呢？现在上天不遗弃这里的百姓，刚有旱象便降下雨来，使我与你能够一起在这亭子里游玩赏乐，都靠这雨的恩赐啊！这又怎能忘记呢？"

既用它来命名亭子以后，又接着来歌唱此事。歌词道："假使上天下珍珠，受寒的人不能把它当作短袄；假如上天下白玉，挨饿的人不能把它当作米饭。一场雨下了三天，这是谁的力量？百姓说是太守，太守说没有这力量。归功于天子，天子也否认。归之于造物主，造物主也不把它当作自己的功劳，归之于太空。而太空冥然缥缈，不能够命名它，于是我用它来为我的亭子命名。"

【评析】

本文紧扣一"雨"字、一"喜"字。不到五百字，"雨"字出现十五次，"喜""乐"共六次。因雨而喜成为全文的主题。充分体现出作者关心国计民生的胸怀。写法上先说用"喜"来记事，并举历史上三件以喜记事的大事做铺垫，然后笔锋转到下雨之"喜"上，最后揭示"喜雨亭"名字之来历。环环相扣，逻辑谨严。写法上详略得当，两处排比句式的运用增强了文章的气势。"周公得禾，以名其书；汉武得鼎，以名其年；叔孙胜敌，以名其子。"作者将三件很复杂的历史典故用三个很整齐的短句便罗列出来，确实是大手笔。"官吏相与庆于庭，商贾相与歌于市，农夫相与忭于野"三种不同身份的人用三种不同的方式共同庆祝一场及时雨，形象生动。"忧者以喜，病者以愈，而吾亭适成”也可以看成一个排比句式，极力夸张这场雨给人们带来的喜庆，并为最后的命名做一过渡，有金针暗度之巧妙。

凌虚台记
苏轼

　　国于南山之下，宜若起居饮食与山接也①。四方之山，莫高于终南②；而都邑之丽山者，莫近于扶风③。以至近求最高，其势必得。而太守之居④，未尝知有山焉。虽非事之所以损益，而物理有不当然者。此凌虚之所为筑也⑤。

　　方其未筑也，太守陈公杖履逍遥于其下⑥。见山之出于林木之上者，累累如人之旅行于墙外而见其髻也⑦。曰："是必有异。"使工凿其前为方池，以其土筑台，高出于屋之檐而止。然后人之至于其上者，恍然不知台之高⑧，而以为山之踊跃奋迅而出也。公曰："是宜名凌虚。"以告其从事苏轼⑨，而求文以为记。

　　轼复于公曰："物之废兴成毁，不可得而知也。昔者荒草野田，霜露之所蒙翳，狐虺之所窜伏⑩。方是时，岂知有凌虚台耶？废兴成毁，相寻于无穷⑪，则台之复为荒草野田，皆不可知也。尝试与公登台而望，其东则秦穆之祈年橐泉也⑫，其南则汉武之长杨五柞⑬，而其北则隋之仁寿，唐之九成也⑭。计其一时之盛，宏杰诡丽，坚固而不可动者，岂特百倍于台而已哉⑮？然而数世之后，欲求其仿佛，而破瓦颓垣，无复存者，既已化为禾黍荆丘墟陇亩矣，而况于此台欤⑯！夫台犹不足恃以长久，而况于人事之得丧，忽往而忽来者欤！而或者欲以夸世而自足，则过矣。盖世有足恃者，而不在乎台之存亡也。"既以言于公，退而为之记。

【注释】

　　①国：指都市，城邑。这里用如动词，建城。起居：起来和休息。②终南：即终南山。主峰在今陕西西安市南。③扶风：宋称凤翔府，治所在今陕西凤翔县。这里沿用旧称。④太守：官名。宋称知州或知府，这里沿用旧称。⑤所为筑：所以要建筑的原因。⑥陈公：当时知府陈希亮，字公弼，青神（今四川青神县）人。宋仁宗（赵祯）天圣年间进士。公：对人的尊称。

杖履：指老人出游。⑦累累（léi léi）：多而重叠貌，连贯成串的样子。旅行：成群结队地行走。髻（jì）：绾束在头顶上的发。⑧恍然：仿佛，好像。⑨从事：宋以前的官名，这里指属员。作者当时在凤翔府任签书判官，是陈希亮的下属。⑩蒙翳（yì）：掩蔽，遮盖。虺（huǐ）：毒虫，毒蛇。窜伏：潜藏，伏匿。⑪相寻：相互循环。寻：通"循"。⑫秦穆：即秦穆公，春秋时秦国的君主，曾称霸西戎。祈年、橐泉：据《汉书·地理志·雍》颜师古注，祈年宫是秦惠公所建，橐泉宫是秦孝公所建，与本文不同。⑬汉武：即汉武帝刘彻。长杨、五柞（zuò）：长杨宫，旧址在今陕西周至县东南。本秦旧宫，汉时修葺。宫中有垂杨数亩，故名。五柞宫：旧址也在周至县东南，汉朝的离宫，有五柞树，故名。⑭仁寿：宫名。隋文帝（杨坚）开皇十三年（593）建。故址在今陕西麟游县境内。九成：宫名。本隋仁寿宫。唐太宗（李世民）贞观五年（631）重修，为避暑之所，因山有九重，改名"九成"。⑮特：止，仅。⑯既已：已经。而况于：何况，更何况。

【译文】

居住在南山脚下，自然饮食起居都与山接近。四面的山，没有比终南山更高的。而城市当中靠近山的，没有比扶风城更近的了。凭借靠山最近而要求住得最高，那么这位置必然能达到。但太守的住处，开始还不知道附近有山。虽然不会对政事有什么损失和补益，但按道理却不该这样。这就是凌虚台修筑的原因。

在它还没有修建之前，陈太守拄着拐杖穿着布鞋在山下闲游，见到山峰高出树林之上，山峰重重叠叠的样子正如有人在墙外行走而看见的发髻形状一样。陈太守说："这地方必有不同之处。"于是派工匠在山前开凿出一个方池，用挖出的土建造一个高台。台子修到高出屋檐才停。其后有人到台上，都恍恍惚惚不知道台的高度。而以为是山突然活动起伏冒出来的。陈公说，这台叫凌虚台很合适。把这件事告诉了他的下属苏轼。而求文章来记叙。

苏轼回复陈公说："事物的兴盛和衰败，是无法预料的。这里从前是长满荒草的野地，被霜露所覆盖，狐狸和毒蛇出没的所在。在那时，哪里知道会有凌虚台呢？兴盛和衰败交替循环而无穷无尽，那么高台会不会又变成长满荒草的野地，都是不能预料的。我曾试着和陈公一起登台而望，看到其东面就是当年秦穆公的祈年、橐泉两座宫殿遗址，其南面就是汉武帝的长杨、五柞两座宫殿遗址，其北面就是隋朝的仁寿宫，也就是唐朝的九成宫遗址。回想它们一时的兴盛，宏伟奇丽，坚固而不可动摇，何止百倍于区区一座高台呢？然而几百年之后，想要寻找它们的样子，却连破瓦断墙都不复存在，已经变成种庄稼的田亩和长满荆棘的废墟，何况这座高台呢? 一座高台尚且不足以长久依靠, 相比于人之间的得失, 来去匆匆又如何呢? 或者想要以高台夸耀于世而自我满足, 那就错了。大概世间有足以凭恃的东西, 就不在乎台子的存亡了。"这些话我已经对陈公说了, 下台后我便为他记下来。

【评析】

本文记叙凌虚台修建之缘起, 然后联系古往今来废兴成毁的历史, 先用凌虚台附近可见之秦汉隋唐之著名古建筑遗址的荒废, 感叹沧海桑田的变化无常, 而修筑一个台子实在不值得自足, 看是贬抑, 实际是有更高的追求。"盖世有足恃者, 而不在乎台之存亡也。"篇末点题, 主旨含蓄而深刻。实际是夸赞主人的道德政绩才是不朽的, 而一切建筑都会灰飞烟灭, 只有文化道德是永恒的。

超然台记

苏轼

凡物皆有可观。苟有可观, 皆有可乐, 非必怪奇伟丽者也。哺糟啜醨①, 皆可以醉, 果蔬草木, 皆可以饱。推此类也, 吾安往而不乐?

夫所谓求福而辞祸者, 以福可喜而祸可悲也。人之所欲无穷, 而物之可以足吾欲者有尽。美恶之辨战乎中②, 而去取之择交乎前, 则可乐者常少, 而可悲者常多, 是谓求祸而辞福。夫求祸而辞福, 岂人之情也哉! 物有以盖之矣③。彼游于物之内, 而不游于物之外; 物非有大小也, 自其内而观之, 未有不高且大者也。彼挟其高大以临我, 则我常眩乱反复, 如隙中之观斗, 又焉知胜负之所在? 是以美恶横生, 而忧乐出焉; 可不大哀乎!

余自钱塘移守胶西④, 释舟楫之安, 而服车马之劳; 去雕墙之美, 而庇采椽之居⑤; 背湖山之观, 而适桑麻之野。始至之日, 岁比不登⑥, 盗贼满野, 狱讼充斥; 而斋厨索然⑦, 日食杞菊⑧, 人固疑予之不乐也。处之期年⑨, 而貌加丰, 发之白者, 日以反黑。予既乐其风俗之淳, 而其吏民亦安予之拙也, 于是治其园圃, 洁其庭宇, 伐安丘、高密之木⑩, 以修补破败, 为苟全之计。而园之北, 因城以为台者旧矣; 稍葺而新之⑪, 时相与登览, 放意肆志焉。南望马耳、常山⑫, 出没隐见, 若近若远, 庶几有隐君子乎! 而其东则卢山⑬,

秦人卢敖之所从遁也⑭。西望穆陵⑮，隐然如城郭，师尚父、齐桓公之遗烈⑯，犹有存者。北俯潍水⑰，慨然太息，思淮阴之功⑱，而吊其不终。台高而安，深而明，夏凉而冬温。雨雪之朝，风月之夕，予未尝不在，客未尝不从。撷园蔬，取池鱼，酿秫酒⑲，瀹脱粟而食之⑳，曰：乐哉游乎！

　　方是时，予弟子由适在济南㉑，闻而赋之，且名其台曰"超然"，以见余之无所往而不乐者，盖游于物之外也。

【注释】

　　①哺：吃。糟：酒糟。啜（chuò）：饮。醨：淡酒。②美恶之辨：好和坏的区别。③盖：掩盖、遮蔽。④钱塘：代指杭州。胶西：指山东胶河以西地区，此处指密州，治所在山东省诸城。⑤采椽之居：采伐来的木材直接做的椽子，指简陋的房屋。⑥岁比不登：连续几年歉收。登：庄稼成熟。⑦斋厨索然：厨房中萧索冷清。⑧杞菊：枸杞和野菊，两种可食野生植物。此处泛指野菜。⑨期年：一周年。⑩安丘、高密：二县名，皆归属密州。⑪葺：修缮。⑫马耳、常山：二山名，位于密州城南。⑬卢山：山名，位于密州城东。⑭卢敖：秦朝博士，为秦始皇求仙药不得，逃到密州东部卢山隐居。⑮穆陵：关名，故址在今山东省临朐东南大岘山上。⑯师尚父：即姜太公。齐桓公：春秋五霸之一。⑰潍水：即今潍河，韩信曾在此击败龙且军二十万。⑱淮阴：淮阴侯韩信。⑲秫（shú）酒：黄米酒。⑳脱粟：只去皮的糙米。㉑子由：即苏轼弟弟苏辙，字子由。

【译文】

　　事物都有可观赏的地方。如有可观赏的地方，那么都可使人有快乐，不必一定要怪异、新奇、雄伟、瑰丽的景观。吃酒糟、喝薄酒，都可以使人醉，水果、蔬菜、草木，都可以充饥。以此类推，那么，我到哪儿会不快乐呢？

　　人们之所以要追求幸福，避开灾祸，因为幸福可使人欢喜，而灾祸却使人悲伤。人的欲望是无穷的，而能满足我们欲望的东西却是有限的。如果美好和丑恶的区别在胸中激荡，选取和舍弃的选择在眼前交织，那么能使人快活的东西就很少了，而令人悲哀的事就很多，这叫作求祸避福。追求灾祸，躲避幸福，难道是人们的心愿吗？这是外物蒙蔽了人！这些人局限在事物之中，而不能自由驰骋在事物之外；事物本无大小之别，如果人拘于从它内部来看待它，那么没有一物不是高大的。它以高大的形象横在我们面前，那么我常常会眼花缭乱反复不定，就像在缝隙中看人争斗，又哪里能知道谁胜谁负呢？因此，心中充满美好和丑恶的区别，忧愁也就由此产生了，这不令人非常悲哀嘛！

我从杭州调到密州任知州，放弃了乘船的舒适快乐，而承受坐车骑马的劳累；放弃墙壁雕绘的华美漂亮的住宅，而栖身在粗木造的屋舍里；远离杭州湖光山色的美景，来到桑麻丛生的荒野。刚到之时，连年收成不好，盗贼到处都是，案件也多不胜数；而厨房里空荡无物，每天都以野菜充饥，人们一定都怀疑我会不快乐。可我在这里住了一年后，面腴体丰，头发白的地方，也一天天变黑了。我既喜欢这里风俗的淳朴，这里的官吏百姓也习惯了我的愚拙无能。于是，在这里修整花园菜圃，打扫干净庭院屋宇，砍伐安丘、高密的树木，用来修补破败的房屋，以便勉强度日。在园子的北面，靠着城墙筑起的高台已经很旧了，稍加整修，让它焕然一新。我不时和大家一起登台观览，在那儿尽情游玩。从台上向南望去，马耳、常山时隐时现，有时似乎很近，有时又似乎很远，或许有隐士住在那里吧？台的东面就是卢山，秦人卢敖就是在那里隐遁的。向西望去是穆陵关，隐隐约约像一道城墙，姜太公、齐桓公的英雄业绩，尚有留存。向北俯视潍水，不禁慨叹万分，想起了淮阴侯韩信的赫赫战功，又哀叹他不得善终。这台虽然高，但却非常安稳；这台上居室幽深，却又明亮，夏凉冬暖。雨落雪飞的早晨，风清月明的夜晚，我没有不在那里的，朋友们也没有不跟随我的。我们采摘园子里的蔬菜，钓取池塘里的游鱼，酿高粱酒，煮糙米，大家一边吃一边赞叹："这种优游的生活多么游乐啊！"

这个时候，我的弟弟子由恰好在济南做官，听说这件事，写了一篇文章，并且给这个台子取名"超然"，以说明我之所以到哪儿都快乐的原因，是遨游于物外啊！

【评析】

本篇表现作者淡泊自适、无往而不乐的生活态度，阐发其超然物外，随遇而安的思想。议论为主，开头以阐释哲理领起，然后才交代建台的背景与经过，进而叙写登台之乐。顿觉别开生面，跌宕有致。理趣美，意蕴深，为本文之亮点。金圣叹的评价很有启发性："台名超然，看他下笔便直取'凡物'二字，只是此二字已中题之要害。便以下横说竖说，说自说他，无不纵心如意也。须知此文手法超妙。全从《庄子·达生》《至乐》等篇取气来。"

放鹤亭记

苏轼

熙宁十年秋①，彭城大水②。云龙山人张君之草堂③，水及其半扉。明年春，水落，迁于故居之东，东山之麓。升高而望，得异境焉，作亭于其上。彭城之山，冈岭四合，隐然如大环，独缺其西一面，而山人之亭，适当其缺。春夏之交，草木际天；秋冬雪月，千里一色；风雨晦明之间，俯仰百变。山人有二鹤，甚驯而善飞，旦则望西山之缺而放焉，纵其所如。或立于陂田④，或翔于云表；暮则傃东山而归⑤。故名之曰"放鹤亭"。

郡守苏轼，时从宾佐僚吏，往见山人，饮酒于斯亭而乐之。挹山人而告之曰⑥："子知隐居之乐乎？虽南面之君⑦，未可与易也。《易》曰：'鸣鹤在阴，其子和之⑧。'《诗》曰：'鹤鸣于九皋，声闻于天⑨。'盖其为物，清远闲放，超然于尘埃之外，故《易》《诗》人以比贤人君子。隐德之士，狎而玩之⑩，宜若有益而无损者；然卫懿公好鹤则亡其国⑪。周公作《酒诰》⑫，卫武公作《抑》戒⑬，以为荒惑败乱，无若酒者；而刘伶、阮籍之徒⑭，以此全其真而名后世。嗟夫！南面之君，虽清远闲放如鹤者，犹不得好，好之则亡其国；而山林遁世之士，虽荒惑败乱如酒者，犹不能为害，而况于鹤乎？由此观之，其为乐未可以同日而语也。"山人欣然而笑曰："有是哉！"乃作放鹤、招鹤之歌曰：

鹤飞去兮西山之缺，高翔而下览兮，择所适。翻然敛翼，宛将集兮，忽何所见，矫然而复击。独终日于涧谷之间兮，啄苍苔而履白石。

鹤归来兮，东山之阴。其下有人兮，黄冠草履⑮，葛衣而鼓琴。躬耕而食兮，其余以汝饱。归来归来兮，西山不可以久留。

【注释】

①熙宁十年：宋神宗年号，公元 1077 年。②彭城：即今江苏省徐州市。③云龙山人：张天骥，当时彭城隐士。④陂（bēi）：水田。⑤傃：（sù）向，向着，沿着。⑥挹：为人斟酒。⑦南面之君：指皇帝。皇帝坐北朝南。⑧鸣鹤在阴，其子和之：《周易·中孚》中九二的爻辞。意谓有德者虽在下位，也会有人应和。⑨鹤鸣于九皋，声闻于天：见《诗经·小雅·鹤鸣》。⑩狎（xié）：亲近。⑪卫懿公春秋是卫国国君，过分爱鹤，养很多鹤，待遇优厚，不关心百姓，后来

亡国。⑫《酒诰》：《尚书》篇名，是周公所作，训诫贵族不要酗酒。⑬《抑》：《诗经·大雅》中篇名。《诗序》说，此诗是西周时卫武公写的，用来规劝周厉王，并警醒自己。⑭刘伶、阮籍：西晋名士，竹林七贤中人，以嗜酒著名。⑮黄冠草履：用竹子做的冠，用草编的鞋。

【译文】

熙宁十年（1077）的秋天，彭城发大水，云龙山人张君的草堂，水已没到他家门的一半。第二年春天，大水落下，云龙山人搬到故居的东面，在东山的脚下。登到高处向远望去，看到一个奇特的情境，于是，他便在那座山上建亭子。彭城周边的山脉，山冈从四面合拢，隐约像一个大环；只是在西面缺一个口，而云龙山人的亭子，恰好对着那个缺口。春夏两季交替的时候，草木茂盛，似乎接近天空；秋冬的瑞雪和皓月，千里一色。风雨阴晴，瞬息万变。山人养两只鹤，非常温驯而且善于飞翔。早晨就朝着西山的缺口放飞它们，任它们飞到哪里，有时立在低洼的池塘，有时飞翔在万里云海之外；到了晚上就向着东山飞回来，因此给这个亭子取名叫"放鹤亭"。

郡守苏轼，当时带着宾客随从，前往拜见山人，在这个亭子里喝酒并以此为乐。给山人斟酒并告诉他说："您懂得隐居的快乐吗？即使是面南称尊的国君，也不能和他交换。《周易》上说：'鹤在北边鸣叫，它的小鹤也会应和它。'《诗经》上说：'鹤在深泽中鸣叫，声音传到天空。'大概鹤这种动物清净深远、幽闲旷达，超脱世俗之外，因此《周易》《诗经》中把它比作圣人君子。不显露自己有德行的人，亲近把玩它，应该好像有益无害。但卫懿公喜欢鹤却使他的国家灭亡。周公作《酒诰》，卫武公作《抑》，认为造成荒唐的灾祸没有能比得上酒的；而刘伶、阮籍那类人，凭借这保全他们的真性，并闻名后世。唉，西南的君主，即使清净深远幽闲旷达，像鹤这样，还不能过分享受，过分喜好就会使他的国家灭亡。而超脱世俗隐居山林的贤士，即使荒唐迷惑、颓败迷乱得像饮酒的人，还不能成为祸害，更何况对鹤的喜爱呢？由此看来，君主之乐和隐士之乐是不可以同日而语的。"山人欣然笑着说："有这样的道理啊！"于是，写了放鹤、招鹤之歌：

鹤飞翔到西山的缺口，凌空高飞向下选择它去的地方，突然收起翅膀，好像将要落下；忽然看到了什么，矫健地又凌空翻飞。独自整天在山涧峡谷中，啄食青苔踩着白石头。

鹤飞回吧，到东山的北面。那下面有人，戴着黄色的帽子，穿着草鞋，披着葛麻衣服，弹奏着琴弦，亲自耕种自食其力，剩下的东西就能喂饱你。回来吧，回来吧！西山不可以久留。

【评析】

苏轼文章，妙在气势纵横，自然清畅，完全是作者性情的流露。本文是借题发挥，表现隐士的情趣，帝王爱鹤过分也会招来祸害；但隐士，不仅爱鹤没有关系，即使纵酒都不要紧，反就这一点来说，隐士确实逍遥自在，可以过清闲自在的生活。文章写景精约，却特征突出；叙事简明，却清晰有致；引用典故能切中当今；用活泼的对答歌咏方式抒情达意，显得轻松自由，读来饶有兴味。其中引用卫懿公的典故，极其恰当妥帖，最后用生动活泼的楚辞体写放鹤和招鹤的诗歌，其中寄寓对于鹤之飘逸高雅、超脱凡尘之情趣的讴歌，抒发了自己的人生情趣。数年前徐州市文化界创办《放鹤亭》杂志，便是借助了苏东坡这篇文章的意旨。

石钟山记

苏轼

《水经》云①："彭蠡之口有石钟山焉②。"郦元以为下临深潭③，微风鼓浪，水石相搏，声如洪钟。是说也，人常疑之。今以钟磬置水中④，虽大风浪，不能鸣也，而况石乎！至唐李渤始访其遗踪⑤，得双石于潭上，扣而聆之，南声函胡⑥，北音清越，枹止响腾⑦，馀韵徐歇。自以为得之矣。然是说也，余尤疑之。石之铿然有声者，所在皆是也，而此独以钟名，何哉？

元丰七年六月丁丑⑧，余自齐安舟行适临汝⑨，而长子迈将赴饶之德兴尉⑩，送之至湖口⑪，因得观所谓石钟者。寺僧使小童持斧，于乱石间择其一二扣之，硿硿然。余固笑而不信也。至其夜月明，独与迈乘小舟至绝壁下。大石侧立千尺，如猛兽奇鬼，森然欲搏人；而山上栖鹘⑫，闻人声，亦惊起，磔磔云霄间⑬；又有若老人咳且笑于山谷中者，或曰此鹳鹤也⑭。余方心动欲还，而大声发于水上，噌吰如钟鼓不绝⑮。舟人大恐。徐而察之，则山下皆石穴罅⑯，不知其浅深，微波入焉，涵淡澎湃而为此也⑰。舟回至两山间，将入港口，有大石当中流，可坐百人，空中而多窍，与风水相吞吐，有窾坎镗鞳之声⑱，与向之噌吰者相应，如乐作焉。因笑谓迈曰："汝识之乎？噌吰者，周景王之无射也^⑲；窾坎镗鞳者，魏庄子之歌钟也^⑳。古之人不余欺也！"

事不目见耳闻，而臆断其有无，可乎？郦元之所见闻，殆与余同，而言之不详；士大夫终不肯以小舟夜泊绝壁之下，故莫能知；而渔工、水师虽知而不能言：此世所以不传也。而陋者乃以斧斤考击而求之^㉑，自以为得其实。余是以记之，盖叹郦元之简，而笑李渤之陋也。

【注释】

①《水经》：我国古代一部专记江水河道的地理书。②彭蠡：即今江西鄱阳湖。③郦元：即郦道元，《水经注》作者。④钟磬：古代打击乐器。磬：石或玉制造。⑤李渤：唐代人，写过《辨石钟山记》。⑥函胡：厚重模糊。⑦枹：鼓槌。⑧元丰七年：即 1084 年。⑨齐安：黄州别称。临汝：今河南临汝县。⑩迈：苏迈，苏轼长子。饶：饶州，在今江西省。德兴：县名。⑪湖口：县名，今江西省湖口县，石钟山所在地。⑫鹘：一种猛禽。⑬磔磔（zhé zhé）：象声词，鸟鸣声。⑭鹳鹤：一种水鸟，形似鹤而顶不红。⑮噌吰（chēng hóng）：象声词，形容水声。⑯石穴罅：石头间的孔洞和缝隙。⑰涵淡：水波荡漾貌。澎湃：水波涌动的声音。⑱窾坎：击物声。镗鞳（tāng tà）：钟鼓声。⑲周景王之无射：据史书记载，周景王二十四年铸成无射钟。⑳魏庄子之歌钟：据《左传》襄公十一年载，郑国送给晋侯歌钟两套，晋侯赐给魏绛歌钟。魏绛即魏庄子。㉑斧斤考击：用斧头敲击考察。

【译文】

《水经》说："鄱阳湖的湖口有石钟山。"郦道元认为在下面靠近深潭，微风振动波浪，水和石互相碰撞，发出的声音好像大钟一般。这个说法，人们常常怀疑它。如果现在把钟磬放在水中，即使大风大浪也不能使它发出声响，何况是石头呢！到唐代的李渤才去探寻它的所在地，在深潭边找到两块山石，敲打它们，听它们的声音，南边的声音重浊而模糊，北边的声音清脆而响亮，鼓槌停止了敲击，声音还在传播，余音慢慢消失。他自己认为找到了这个石钟山命名的原因。但这个说法，我更加怀疑。能发出铿锵声音的山石，到处都是，可是唯独这座山用钟来命名，为什么呢？

元丰七年六月初九，我从齐安坐船到临汝去，大儿子苏迈将要去就任饶州德兴县县尉，我送他到湖口，趁此能够观察所说的"石钟"。庙里的和尚叫小童拿着斧头，在乱石中间选一两处敲打它，硿硿地发出声响，我就是笑，不相信。到了晚上，月光明亮，我和苏迈坐着小船来到绝壁下面。巨大的山石竖立着，有千尺高，好像凶猛的野兽和奇异的鬼怪一样，阴森森地想要向人扑去；山上宿巢的老鹰，听到人声也受惊飞起来，在高空中发出磔磔的鸟鸣声；又有像老人在山谷中边咳边笑的声音，有人说这是鹳鹤。我正心惊想要回去，忽然巨大的声音从水上发出，声音洪亮像钟鼓声连续不断。船夫很惊恐。我慢慢地观察，山脚下都是山石大大小小的洞穴和裂缝，不知它们的深度，细微的水波涌进洞穴和裂缝，波浪激荡便形成这种声音。船绕到两山之间，将要进入支流口，有块大石头正坐落在水流中心，上面可坐百来个人，中间是空的，而且有许多窟窿，把风浪吞进去又吐出来，发出窾坎镗鞳的声音，同先前噌吰的声音相互应和，好像音乐演奏。因此我笑着对苏迈说："你知道那些典故吗？那噌吰的响声，是周景王无射钟的声音，窾坎镗鞳的响声，是魏庄子歌钟的声音。古人没有欺骗我啊！"

凡事不亲眼看到亲耳听到，却根据主观猜测去推断它的有或者没有，可以吗？郦道元所看到的、所听到的，大概和我一样，但是描述不详细；士大夫终究不愿用小船夜间在悬崖绝壁的下面停泊，所以不能知道；渔人和船工，虽然知道却又不能用文字表达、记载。这就是世上没有流传下来石钟山得名由来的原因。而浅陋的人竟然用斧头敲打石头来寻求石钟山得名的原因，自以为得到了这个事情的真相。我因此记下以上的经过，叹惜郦道元简略而嘲笑李渤的浅陋。

【评析】

这是一篇考察性游记。写于宋神宗元丰七年（1084）夏，苏轼送长子苏迈赴任饶州途中。文章生动地记叙了作者深夜探察石钟山的经过，阐明要认识事物的真相，必须"目见耳闻"，切忌主观"臆断其有无"的道理。因疑而察，察中考辨，进而得出正确结论——这是认识事物的规律，也是本文展开铺叙的步骤。全文最后一句"盖叹郦元之简，而笑李渤之陋"极其精练而意蕴深远，对于郦道元是叹息其记载太简略，而对于李渤这是嘲笑其自以为是的浅薄。用语很有尺度。全文逻辑严密，浑然一体；绘声绘色，妙语传神。

潮州韩文公庙碑

苏轼

匹夫而为百世师，一言而为天下法。是皆有以参天地之化，关盛衰之运，其生也有自来，其逝也有所为。故申、吕自岳降①，傅说为列星②，古今所传，不可诬也。孟子曰："我善养吾浩然之气③。"是气也，寓于寻常之中，而塞乎天地之间。卒然遇之，则王公失其贵，晋、楚失其富，良、平失其智④，贲、育失其勇⑤，仪、秦失其辩⑥。是孰使之然哉？其必有不依形而立，不恃力而行，不待生而存，不随死而亡者矣。故在天为星辰，在地为河岳，幽则为鬼神，而明则复为人。此理之常，无足怪者。

自东汉以来，道丧文弊，异端并起，历唐贞观、开元之盛，辅以房、杜、姚、宋而不能救⑦。独韩文公起布衣，谈笑而麾之，天下靡然从公，复归于正，盖三百年于此矣。文起八代之衰⑧，而道济天下之溺⑨；忠犯人主之怒⑩，而勇夺三军之帅⑪：此岂非参天地，关盛衰，浩然而独存者乎？

盖尝论天人之辨，以谓人无所不至，惟天不容伪。智可以欺王公，不可以欺豚鱼⑫；力可以得天下，不可以得匹夫匹妇之心。故公之精诚，能开衡山之云⑬，而不能回宪宗之惑；能驯鳄鱼之暴⑭，而不能弭皇甫镈、李逢吉之谤⑮；能信于南海之民⑯，庙食百世，而不能使其身一日安于朝廷之上。盖公之所能者天也，其所不能者人也。

始潮人未知学，公命进士赵德为之师。自是潮之士，皆笃于文行，延及齐民，至于今，号称易治。信乎孔子之言，"君子学道则爱人，小人学道则易使⑰"也。潮人之事公也，饮食必祭，水旱疾疫，凡有求必祷焉。而庙在刺史公堂之后，民以出入为艰。前太守欲请诸朝作新庙，不果。元祐五年，朝散郎王君涤来守是邦⑱。凡所以养士治民者，一以公为师。民既悦服，则出令曰："愿新公庙者，听！"民欢趋之，卜地于州城之南七里，期年而庙成。

或曰："公去国万里，而谪于潮，不能一岁而归。没而有知，其不眷恋于潮也，审矣。"轼曰："不然！公之神在天下者，如水之在地中，无所往而不在也。而潮人独信之深，思之至，焄蒿凄怆⑲，若或见之。譬如凿井得泉，而曰水专在是，岂理也哉？"元丰元年⑳，诏拜公昌黎伯，故榜曰："昌黎伯韩文公之庙。"潮人请书其事于石，因作诗以遗之，使歌以祀公。其辞曰：

公昔骑龙白云乡，手抉云汉分天章㉑，天孙为织云锦裳㉒。飘然乘风来帝旁，下与浊世扫秕糠。西游咸池略扶桑㉓，草木衣被昭回光。追逐李杜参翱翔，汗流籍湜走且僵㉔，灭没倒影不能望。作书抵佛讥君王，要观南海窥衡湘，历舜九嶷吊英皇。祝融先驱海若藏㉕，约束蛟鳄如驱羊。钧天无人帝悲伤㉖，讴吟下招遣巫阳㉗。爆牲鸡卜羞我觞㉘，於粲荔丹与蕉黄。公不少留我涕滂，翩然被发下大荒。

【注释】

①申、吕：申侯，吕伯，周朝大臣。岳降：指他们是四岳所降生。②傅说（yuè）：商朝大臣。传说死后化为星宿。③浩然之气：即正气，刚正至大的气概。④良、平：张良、陈平，西汉谋臣。⑤贲（bēn）、育：孟贲、夏育，古代武士。⑥仪、秦：张仪、苏秦，战国辩士。⑦房、杜：房玄龄、杜如晦，贞观年间贤相。姚、宋：姚崇、宋璟，开元年间贤相。⑧八代：东汉、魏、晋、宋、齐、梁、陈、隋。此时骈文盛行，文风衰败。⑨道济天下之溺：谓提倡儒家之道，使天下人不受佛教、道教之害。济：拯救。⑩忠犯人主之怒：唐宪宗迎佛骨入宫，韩愈直谏，几被处死，经大臣营救，贬潮州刺史。⑪勇夺三军之帅：唐穆宗时，镇州兵变，韩愈奉命前去宣抚，说服叛军首领归顺朝廷。⑫豚鱼：《周易·中孚》说"信及豚鱼"，意即只有诚心祭祀，连供品猪鱼都感动，才得吉卦。⑬开衡山之云：韩愈赴潮州中途，谒衡岳庙，因诚心祝祷，天气由阴晦转晴。⑭驯鳄鱼之暴：传说韩愈被贬为潮州刺史时，听说潮州境内的恶溪中有鳄鱼为害，就写下了《祭鳄鱼文》来劝诫鳄鱼搬迁。不久，恶溪之水西迁六十里，潮州境内永远消除了鳄鱼之患。⑮皇甫镈（bó）、李逢吉：均为当时宰相。⑯南海之民：指潮州人民。潮州地处南海之滨。⑰"君子学道"两句：出自《论语·阳货》篇。⑱朝散郎：五品文官。⑲焄（xūn）：香气。蒿（hāo）：蒸发。凄怆：祭祀时引起的感情。⑳元丰元年：元丰，宋神宗年号，元丰元年为公元1078年。㉑云汉：天河。天章：文采。㉒天孙：织女星。㉓咸池：神话中太阳沐浴的地方。扶桑：神木名。㉔籍湜（shí）：张籍、皇甫湜，均为韩愈学生，其古文的成就远不及师，因此说"不能望"。㉕海若：海神。㉖钧天：天之中央。㉗巫阳：神巫名。这两句意思是韩愈死后必为神。㉘"鸡卜"句：爆（bào）牲，牦牛。用鸡骨卜卦。

【译文】

普通人却能成为千百代人的榜样，一句话却能成为天下人效法的准则。这都是因为他的品格可以与天地化育万物相提并论，也关系到国家气运的盛衰。他们的降生是有来历的，他们的逝世也是有去处的。所以，申伯、吕侯由高山之神降生，傅说死后成为天上的列星，从古到今的传说，是不可否认的。孟子说："我善于修养我盛大正直的气。"这种气，寄托在平常事物中，又充满于天地之间。突然遇上它，那么，王公贵族就会失去他们的尊贵，晋国、楚国就会失去它们的富有，张良、陈平就会失去他们的智慧，孟贲、夏育就会失去他们的勇力，张仪、苏秦就会失去他们的辩才。是什么东西使它这样的呢？那一定有一种不依附形体而成立，不依靠外力而行动，不等待出生就存在，不随着死亡就消逝的东西了。所以在天上就成为星宿，在地下就化为河川山岳；在阴间就成为鬼神，在阳世便又成为人。这个道理十分平常，不值得感到奇怪。

自从东汉以来，儒道沦丧，文风败坏，佛、道等邪说一齐兴盛起来。经历了唐代贞观、开元的兴盛时期，再加上房玄龄、杜如晦、姚崇、宋璟等名臣辅佐，还不能挽救这种文风。只有韩文公从普通人里崛起，在谈笑风生中指挥古文运动，天下人纷纷倾倒追随他，使思想和文风又回到正路上来，到现在已经有三百年左右了。他使八代以来的衰败文风得到振兴，他极力弘扬儒道，排斥佛老，使天下人在沉溺中得到拯救，他的忠诚曾触犯皇帝的恼怒，他的勇气能折服三军的主帅：这难道不是与天地一样化育万物，关系到国家盛衰，浩大刚正而独立存在的浩然正气吗？

我曾谈论过天道和人事的区别：认为人没有什么事不能做出来，只是天道不作伪。人的智谋可以欺骗王公，却不能欺骗豚鱼；人的力量可以取得天下，却不能取得普通老百姓的民心。所以韩公的专心诚意，能够驱散衡山的阴云，却不能够挽回宪宗佞佛的执迷不悟；能够驯服鳄鱼的凶暴，却不能够制止皇甫镈、李逢吉的诽谤；能够在潮州老百姓中取得信任，百代都享受庙堂祭祀，却不能使自身在朝廷上有一天的平安。原来，韩公能够遵从的，是天道；他不能屈从而左右逢源的，是人事。

从前，潮州人不知道学习，韩公指定进士赵德做他们的老师。从此潮州的读书人，都专心于学问的研究和品行的修养，并影响到普通百姓。直到现在，潮州被称为"容易治理的地方"。孔子的话确实有道理。"当官的学道理就会爱护人民，百姓学道理就容易领导。"潮州人敬奉韩公，吃喝的时候必定要祭祀他，水灾旱荒、疾病瘟疫，凡是有求助于神灵的事，必定到祠庙里去祈祷。可是祠庙在州官衙门大堂的后面，百姓以为进出不方便。前任州官想申请朝廷建造新的祠庙，没有成功。元祐五年（1090），朝散郎王涤先生来担任这个州的知州，凡是用来培养士子、治理百姓的措施，完全以韩公为榜样。老百姓心悦诚服以后，便下命令说："愿意重新修建韩公祠庙的人，就来听从命令。"老百姓高高兴兴地赶来参加这项工程。在州城南面七里选了一块好地方，一年后新庙就建成了。

有人说："韩公远离京城约万里，而贬官到潮州，不到一年便回去了，他死后有知的话，是不会深切怀念潮州的，这是明摆着的。"我说："不是这样的，韩公的神灵在人间，好比水在地上，没有什么地方不存在。而且潮州人信仰得特别深厚，思念得十分恳切，每当祭祀时，香雾缭绕，不由得涌起悲伤凄怆的感觉，就仿佛见到了韩文公，好比挖一口井得到了水，就说水只在这个地方，难道有这个道理吗？"元丰元年（1078），皇帝下诏书封韩公为昌黎伯，所以祠庙的匾额上题为"昌黎伯韩文公之庙"。潮州人请我书写他的事迹刻在石碑上，因此作首诗送给他们，让他们歌唱着祭祀韩公，歌词说：

您从前骑龙邀游在白云乡，双手拨动银河分布开天上的文章，织女殷勤为您织成云锦的衣裳。您轻快地乘风来到皇帝身旁，为混乱的俗世扫除异端之秕糠。您在西边游览咸池后又巡视扶桑，草木都披上了您的恩泽和荣光。您追随李白、杜甫和他们相翱翔，使张籍、皇甫湜奔跑得汗流浃背两腿都跑僵了，就连您在水中的倒影都不能望。您上书痛斥佛教冒死谏君王，便被邀请到潮州来观看南海，归途中又游览衡山和潇湘，经历埋葬帝舜的九嶷山，凭吊女英和娥皇。祝融在前为您开辟道路，海若不敢现身而躲藏。您管束蛟龙鳄鱼如同驱赶小绵羊。天上缺少人才天帝感悲伤，便派巫阳唱着歌到下界招您的英魂上天堂。用牦牛做祭用鸡骨来占卜，敬献上我们的珍馐美酒请您来品尝；还有殷红的荔枝和金黄色的香蕉。您不肯稍作停留使我们泪如下雨心悲伤，只得送您的英灵翩然轻快地返仙乡。

【评析】

韩愈死后近二百五十年，苏东坡写作这篇碑文，感情澎湃，气势磅礴，令人不厌百回读，我一读一震撼，感谢苏东坡留下如此精美震撼的文字。《三苏文范》引黄震的话说："《韩文公庙碑》，非东坡不能为此，非韩公不足以当此，千古奇观也。"文章开始用一段文字歌颂孟子所提倡的"浩然之气"，这种气至大至刚，充塞天地之间，"卒然遇之，则王公失其贵，晋、楚失其富，良、平失其智，贲、育失其勇，仪、秦失其辩"能够使这些历史上各类英雄人物失色，"其必有不依形而立，不恃力而行，不待生而存，不随死而亡者"，这种气"在天为星辰，在地为河岳，幽则为鬼神，而明则复为人"，如此无所不在、无所不能的浩然之气是中华民族最宝贵的精神财富，是五千年文明的核心力量，这就是人们平常所说的正义的力量和精神。这就是苏东坡身后宋末抗元英雄文天祥所作《正气歌》的正气。到此，韩文公还没有出现。接着笔锋一转，"自东汉以来，道丧文弊，异端并起，历唐贞观、开元之盛，辅以房、杜、姚、宋而不能救。独韩文公起布衣，谈笑而麾之，天下靡然从公，复归于正，盖三百年于此矣"。这是全文核心所在。因为"道丧文弊"三百年，才突出韩愈的历史功绩。"文起八代之衰，而道济天下之溺；忠犯人主之怒，而勇夺三军之帅"一句概括韩愈一个方面的伟大功绩，前两句为虚写，后两句为实写，韩愈一生之大节尽在于此，这四个分句也成为整个碑文最警策的名句而流传千古、脍炙人口。这是绝大手笔。

"天人之辨"一段文字也值得注意。所谓"天人之辨"，就是分清天意和人为两方面情况："智可以欺王公，不可以欺豚鱼；力可以得天下，不可以得匹夫匹妇之心。""故公之精诚，能开衡山之云，而不能回宪宗之惑；能驯鳄鱼之暴，而不能弭皇甫镈、李逢吉之谤；能信于南海之民，庙食百世，而不能使其身一日安于朝廷之上。"韩愈一生，遭受排挤打击太多，而苏东坡遭受的排挤和打击更甚，故也是苏东坡借此碑向天地和后人倾诉自己的人生感受。而这种情况又岂止是韩愈和苏东坡？碑文将议论、描述、引证、对话、诗歌等熔铸于一炉，高论卓识，雄健奔放，骈散兼施，文情并茂。正如王世贞所说："此碑自始至末，无一懈怠，佳言格论，层见迭出，如太牢之悦口，夜明之夺目，苏文古今所推，此尤其最得意者。"

乞校正陆贽奏议进御札子

苏轼

臣等猥以空疏[①]，备员讲读[②]。圣明天纵，学问日新。臣等才有限而道无穷，心欲言而口不逮[③]，以此自愧，莫知所为。窃谓人臣之纳忠，譬如医者之用药，药虽进于医手，方多传于古人。若已经效于世间，不必皆从于己出。

伏见唐宰相陆贽[④]，才本王佐[⑤]，学为帝师[⑥]。论深切于事情，言不离于道德。智如子房而文则过[⑦]，辩如贾谊而术不疏[⑧]，上以格君心之非，下以通天下之志。但其不幸，仕不遇时。德宗以苛刻为能[⑨]，而贽谏之以忠厚；德宗以猜疑为术，而贽劝之以推诚；德宗好用兵，而贽以消兵为先；德宗好聚财，而贽以散财为急。至于用人听言之法，治边御将之方，罪己以收人心，改过以应天道，去小人以除民患，惜名器以待有功[⑩]，如此之流，未易悉数。可谓进苦口之药石[⑪]，针害身之膏肓。使德宗尽用其言，则贞观可得而复。

臣等每退自西阁，即私相告，以陛下圣明，必喜贽议论。但使圣贤之相契，即如臣主之同时。昔冯唐论颇牧之贤⑫，则汉文为之太息。魏相条晁董之对⑬，则孝宣以致中兴。若陛下能自得师，则莫若近取诸贽。

夫六经⑭、三史⑮、诸子百家，非无可观，皆足为治。但圣言幽远，末学支离⑯，譬如山海之崇深，难以一二而推择。如贽之论，开卷了然。聚古今之精英，实治乱之龟鉴。臣等欲取其奏议，稍加校正，缮写进呈。愿陛下置之坐隅，如见贽面；反复熟读，如与贽言。必能发圣性之高明，成治功于岁月。臣等不胜区区之意⑰，取进止。

【注释】

①狒：谦词，承蒙。空疏：空洞而疏阔，没有真学问。②备员：凑数。讲读：指侍讲、侍读，官名。③逮：到，及。④陆贽：中唐名相，德宗朝任翰林学士、宰相，后受谗被贬，著有《翰苑集》，亦名《陆宣公奏议》。⑤王佐：帝王的辅佐，指具备大臣之体。⑥帝师：帝王的老师。⑦子房：即张良，字子房，汉初大臣，谋士。⑧贾谊：汉初文士，著名政论家。⑨德宗：中唐皇帝唐德宗，名李适。刚愎自用之主。⑩名器：《左传》："唯器与名，不可以假人。"意即赏赐不可滥。⑪药石：治病的药材和针砭用的医疗器械，即银针之类。⑫颇：廉颇。牧：李牧。均为战国时名将。⑬晁：晁错。董：董仲舒。均为西汉时思想家。⑭六经：儒家经典，《诗经》《尚书》《礼记》《易经》《乐经》《春秋》。其中《乐经》已失传。⑮三史：指《史记》《汉书》《后汉书》。⑯支离：分散，引申为散乱没有条理。⑰区区：犹言拳拳之心。

【译文】

臣苏轼学问空疏，承蒙陛下信任，凑数担任侍讲、侍读。陛下有上天赋予的聪明智慧，学问一天天进步。我们的才能有限而儒家学说的道理奥妙无穷，心里想要表达什么而嘴又笨而词不达意，因此感觉很惭愧，不知道应该怎么办。私下认为人臣献纳忠心，如同是医生用药。药虽然是通过医生之手进献上去，而药方多是古人传下来的。如果药方已经在社会上有效，则不必一定要从自己的手里出。

我们看唐朝宰相陆贽，才能本来是帝王的辅佐大臣，学问可以是帝王的老师。议论深深切合事理，言谈不离开道德。智慧如同张良而文才则超过他，思辨能力如同贾谊但学术不迂阔，对上能够理解皇帝的心理，对下可以沟通百姓的心情。但是他很不幸，仕途上没有遇到好时机。德宗把苛刻当作才能，陆贽就用忠厚来劝导他；德宗以猜疑为权术，陆贽就用推心置腹以诚待人来开导他。德宗好用兵动武，陆贽就用尽量消除战争为先来劝谏，德宗好聚敛钱财，陆贽就提出散财为当务之急。至于用人采纳意见的方法，治理边疆和驾驭大将的方略，检讨自己的罪过以收回天下人心，改正错误以适应天道，贬黜小人以解除百姓的祸患，珍惜爵禄名位以等待有功绩的人。如此这样可贵的主张，不容易全部列举出来。真可谓苦口之良药，可以治疗膏肓之针砭。假如德宗能够采纳他的意见，那么是有希望恢复贞观之治的。

臣等每次从西阁退出，即相互谈论，认为以皇上的聪明，一定喜欢陆贽的议论。只要圣主和贤臣的意见相合，等于相隔百年的君臣处身同一时代。从前，冯唐谈论廉颇、李牧的贤能，使汉文帝为不遇贤才而叹息；魏相列举晁错、董仲舒的对策，令汉宣帝采用而导致汉室中兴。如果皇上能够自去得到老师，没有比就近从陆贽身上取得教益更合适的了。

传统的六部经书和三部史书，诸子百家的文章，并非没有可观的地方，学习这些文章都有助于治理国家。但是，圣人的言论太深奥，史书和诸子百家的道理太支离破碎，好像山高海深，难以精简地选出来。可是像陆贽的言论，一看就明白，聚合了古今政治见解的精华，确实是国家治乱的借鉴。臣等想取来他的奏议，稍为校正，缮写进呈，希望皇上把它放在座位旁边，就像见到陆贽一样；反复熟读，好像和陆贽交谈一般。这样，相信一定能启发皇上神圣的天分，在短时间内成就太平盛世的事业。臣等表达不尽诚恳的心意，希望皇上决定呈进与否。

【评析】

神宗死，哲宗即位不久，苏轼被召回京师任翰林学士充侍读侍讲，即小皇帝哲宗的老师。备受太皇太后高氏的尊崇，是苏轼一生中最得意的时期。此文便是这一时期所写。开头的比喻便极其精妙，"人臣之纳忠，譬如医者之用药，药虽进于医手，方多传于古人"，将陆贽的奏议比作药方，很贴切生动，这种联想便很高明，苏轼文章类似的比喻非常多，是其一大本领。接着正面评价陆贽的才能与道德，再用张良和贾谊做铺垫对比，突出陆贽的杰出才能。然后一转，可惜德宗不能用，如果能用，则最负盛名的贞观之治也不在话下。并用"可谓进苦口之药石，针害身之膏肓"回应开头的比喻。而最后一段是希望哲宗皇帝能够重视施行陆贽提出的许多建议。"愿陛下置之坐隅，如见贽面；反复熟读，如与贽言。必能发圣性之高明，成治功于岁月"，语重心长，言简意明，其迫切心情可以体会出来。文章叙事简明，说理透彻，可见一片赤诚之心。

前赤壁赋

苏轼

壬戌之秋①，七月既望②，苏子与客泛舟游于赤壁之下。清风徐来，水波不兴。举酒属客③，诵明月之诗，歌窈窕之章④。少焉，月出于东山之上，徘徊于斗牛之间⑤。白露横江，水光接天。纵一苇之所如，凌万顷之茫然。浩浩乎如冯虚御风⑥，而不知其所止；飘飘乎如遗世独立，羽化而登仙⑦。

于是饮酒乐甚，扣舷而歌之。歌曰："桂棹兮兰桨，击空明兮溯流光。渺渺兮余怀，望美人兮天一方。"客有吹洞箫者，倚歌而和之，其声呜呜然：如怨如慕，如泣如诉；余音袅袅，不绝如缕；舞幽壑之潜蛟，泣孤舟之嫠妇⑧。

苏子愀然⑨，正襟危坐，而问客曰："何为其然也？"客曰："月明星稀，乌鹊南飞，此非曹孟德之诗乎⑩？西望夏口，东望武昌。山川相缪，郁乎苍苍；此非孟德之困于周郎者乎？方其破荆州，下江陵，顺流而东也，舳舻千里⑪，旌旗蔽空，酾酒临江⑫，横槊赋诗；固一世之雄也，而今安在哉？况吾与子，渔樵于江渚之上，侣鱼虾而友麋鹿，驾一叶之扁舟，举匏樽以相属⑬；寄蜉蝣与天地⑭，渺沧海之一粟。哀吾生之须臾，羡长江之无穷；挟飞仙以遨游，抱明月而长终；知不可乎骤得，托遗响于悲风⑮。"

苏子曰："客亦知夫水与月乎？逝者如斯⑯，而未尝往也；盈虚者如彼⑰，而卒莫消长也。盖将自其变者而观之，则天地曾不能以一瞬；自其不变者而观之，则物于我皆无尽也。而又何羡乎！且夫天地之间，物各有主。苟非吾之所有，虽一毫而莫取。惟江上之清风，与山间之明月，耳得之而为声，目遇之而成色。取之无禁，用之不竭。是造物者之无尽藏也，而吾与子之所共适⑱。"

客喜而笑，洗盏更酌。肴核既尽⑲，杯盘狼藉。相与枕藉乎舟中，不知东方之既白。

【注释】

①壬戌：神宗元丰五年（1082）。②既望：每月农历十六。③属：同"嘱"，嘱咐，劝酒的意思。④明月之诗，窈窕之章：指《诗经·陈风·月出》第一章："月出皎兮，佼人僚兮。舒窈纠兮，劳心悄兮。"⑤斗牛：二星宿名，即斗宿和牛宿，均属于二十八星宿之一。⑥冯虚御风：

凭依着天空而驾驭着风。冯：通"凭"。⑦羽化而登仙：道教认为人能够飞升成仙，如同生有羽翼一样。⑧嫠（lí）妇：寡妇。⑨愀然：严肃而忧伤的神情。⑩曹孟德：曹操字孟德，"月明星稀，乌鹊南飞"是曹操《短歌行》中的诗句。⑪舳舻（zhú lú）：船头和船尾相连接。舳：船后掌舵处。舻：船头摇棹处。⑫酾（shī）酒临江：往江面上洒酒凭吊古代豪杰。⑬匏（páo）樽：用葫芦做的酒器。⑭蜉蝣：漂浮或飞在水面的小虫，生命很短暂。⑮遗响：指箫音。⑯逝者如斯：指近处的江水。⑰盈虚者如彼：指远处空中的月亮。⑱适：适用享受。⑲肴核：菜和果品。

【译文】

壬戌年秋天，七月十六日，我与友人在赤壁下泛舟游玩。清风阵阵拂来，水面波澜不起。举起酒杯向同伴劝酒，吟诵《明月》中"窈窕"这一章。不一会儿，明月从东山后升起，在斗宿与牛宿之间来回移动。白茫茫的雾气横贯江面，水光连着天际。任凭小船随便漂流，越过那茫茫的江面。前进时就好像凌空乘风而行，并不知道到哪里才会停下来，感觉身轻得似要离开尘世飘飞而去，有如道家羽化成仙的感觉。

于是饮酒，喝得非常高兴，敲打着船边打节拍，应声高歌道："桂木船棹啊香兰船桨，迎击月光下的清波啊，逆流而上泛着月光。我的心怀悠远，眺望我心中的美人，却在天的另一方。"有位吹洞箫的客人，依着节奏为歌声伴和，洞箫"呜呜"作声：有如哀怨有如思慕，既像啜泣也像倾诉，余音在江上回荡，连续不断像游荡的细线和丝缕。那声音的悲凉，能使深谷中的蛟龙为之起舞，能使孤舟上的寡妇为之饮泣。

我的神色也愁惨严肃起来，整好衣襟端正坐好，向客人问道："箫声为什么这样哀怨呢？"客人回答："'月明星稀，乌鹊南飞'，这不是曹公孟德的诗吗？这里向西望是夏口，向东望是武昌，山河相互缭绕，郁郁苍苍。这不正是曹孟德被周瑜所围困的地方吗？当年的曹操攻陷荆州，夺得江陵，大军沿长江顺流东下，麾下的战船首尾相连延绵千里，旌旗遮蔽了天空，他面对大江而斟酒，横执长矛而吟诗，固然是一代英雄，然而他现在又在哪里呢？何况我与你在江中的小洲打渔砍柴，以鱼虾为侣，以麋鹿为友，在江上驾着这一叶小舟，举起杯盏还相互敬酒，就如同蜉蝣置身于广阔的天地之中，像沧海中的一粒粟米那样渺小。唉，哀叹我们的一生只是短暂的片刻，不由得羡慕长江的无尽无穷。想要携同仙人携手遨游各地，与明月相拥而和天地相始终。知道这些理想都不可能实现，只得将憾恨化为箫音，托寄在悲凉的秋风之中。"

我问道："客人你知道这水与月的道理吗？时间流逝就像这水，其实并没有真正流到哪里去；时圆时缺的就像这月亮，最终也没有增减什么。可见，如果从事物易变的一面看来，那么天地间万事万物时刻在变动，连一眨眼的工夫都不停止；而从事物不变的一面看来，万物同我们人类来说都是永恒的，又有什么可羡慕的呢？何况天地之间，万物各有主宰者，若不是自己应该拥有的，即使一分一毫也不能求取。只有这江上的清风，以及山间的明月，耳朵听到便成了美妙的声音，进入眼帘便形成美丽的景色，获取这些美丽的景色不会有人禁止，享受这些美丽的景色永远也不会枯竭。这是大自然恩赐的没有穷尽的宝藏，而如今我和你可以共同享受。"

客人们高兴地笑了，洗净酒杯重新斟酒。菜肴果品都已吃完，杯子盘子杂乱一片。大家互相枕着垫着睡在船上，不知不觉东方已经露出鱼肚的白色。

【评析】

本文乃千古至文，其妙处有三：一、以感情变化为内在线索，文中抒写了由"乐甚"到"愀然"到"喜笑"的三次心态变化，实际是一次由感性之乐到理性的思索而带来的悲，再到最后大彻大悟的解脱，脉络清晰。二、利用回答客人的悲而阐释的关于宇宙、人生变与不变的看法，富有哲理，将庄、禅齐一生死、荣辱、得失的思想进行了形象合理的阐释，令人释怀，也为他自己在险恶境遇中提供一种精神资源，是使他具有随缘自适的达观态度的思想基础。三、艺术手法高超，寓情于景，借景明理，将理、景、情天衣无缝地融合在一起；开篇之美景便有清风、明月、江水构成，其后的叙事说理均由此引申。关于变与不变的道理阐发，便用江水和明月作喻体，情、景、理融会一体，圆融流动，翻转起伏。

后赤壁赋

苏轼

是岁十月之望①，步自雪堂②，将归于临皋③。二客从予过黄泥之坂④。霜露既降，木叶尽脱。人影在地，仰见明月，顾而乐之，行歌相答。已而叹曰："有客无酒，有酒无肴，月白风清，如此良夜何？"客曰："今者薄暮，举网得鱼，巨口细鳞，状如松江之鲈⑤。顾安得酒乎？"归而谋诸妇⑥。妇曰："我有斗酒，藏之久矣，以待子不时之需。"

于是携酒与鱼，复游于赤壁之下。江流有声，断岸千尺；山高月小，水落石出。曾日月之几何，而江山不可复识矣！予乃摄衣而上，履巉岩⑦，披蒙茸⑧，踞虎豹⑨，登虬龙⑩，攀栖鹘之危巢⑪，俯冯夷之幽宫⑫。盖二客不能从焉。划然长啸⑬，草木震动，山鸣谷应，风起水涌。予亦悄然而悲，肃然而恐，凛乎其不可留也。反而登舟，放乎中流，听其所止而休焉。

时夜将半，四顾寂寥。适有孤鹤，横江东来。翅如车轮，玄裳缟衣⑭，戛然长鸣⑮，掠予舟而西也。

须臾客去，予亦就睡。梦一道士，羽衣蹁跹⑯，过临皋之下，揖予而言曰："赤壁之游乐乎？"问其姓名，俯而不答。"呜呼噫嘻！我知之矣。畴昔之夜⑰，飞鸣而过我者，非子也耶？"道士顾笑，予亦惊寤。开户视之，不见其处。

【注释】

①是岁：本篇与《前赤壁赋》同年而作，亦神宗元丰五年（1082）。望：望日，农历每月十五。②雪堂：苏轼在黄州所建之书房。③临皋：临皋馆，在黄冈县南长江边上。苏轼贬谪到黄州后便临时居住在这里。④黄泥之坂：黄泥坂，是雪堂到临皋的必经之路。⑤松江之鲈：松江的鲈鱼。松江县今属上海市，以产鲈鱼著名。⑥诸：之于的合音。⑦履巉岩：蹬着险峻的岩石。⑧披蒙茸：分开杂乱细长的杂草。⑨踞虎豹：蹲在虎豹形状的石头上。⑩虬龙：道劲如龙的树枝树丫。⑪鹘（hú）：一种猛禽。⑫冯夷：古代传说中的水神名。⑬划然：长啸的声音。啸：撮口从腹腔发出长音，是古人抒发强烈情怀之表现方式。⑭玄裳缟（gǎo）衣：黑色下衣白色上衣。裳：古代下衣称裳，类裙。⑮戛（jiá）然：象声词，清亮的鸟鸣声。⑯羽衣：道士服。蹁跹：飘飘飞舞貌。⑰畴昔：先前。

【译文】

这一年十月十五日，我从雪堂出发，准备回临皋亭。有两位客人跟随着我，一起走过黄泥坂。这时霜露已经降下，树叶全都脱落。我们的身影倒映在地上，抬头望见明月高悬。环顾天地，心里十分快乐；于是一面走一面吟诗，相互酬答。过了一会儿，我叹惜地说："有客人却没有酒，有酒却没有菜。月色皎洁，清风吹拂，这样美好的夜晚，我们将怎么度过呢？"一位客人说："今天傍晚，我撒网捕到了鱼，大嘴巴，细鳞片，形状就像吴淞江的鲈鱼。不过，到哪里去弄到酒呢？"我回家和妻子商量，妻子说："我有一斗酒，保存收藏很久，就是为了应付您的急需。"

于是我们携带酒和鱼，再次到赤壁下面游览。长江的流水发出声响，陡峭的江岸高峻直耸；山峦很高，月亮显得小了，水位降低，礁石露出来。才相隔多少日子，上次游览所见的江景山色再也认不出来！我就撩起衣襟上岸，踏着险峻的山岩，拨开纷乱的野草；蹲在虎豹形状的怪石上，又不时拉住形如虬龙的树枝，攀上猛禽做窝的悬崖，下望水神冯夷的深宫。两位客人都不能跟着我到这个极高处。我大声长啸，草木被震动，高山与我共鸣，深谷响起了回声，大风刮起，波浪汹涌。我也觉得忧愁悲哀，感到恐惧而静默屏息，觉得这里令人畏惧，不可久留。回到船上，把船划到江心，任凭它漂流到哪里就在哪里停泊。

这时快到半夜，望望四周，冷清寂寞而寥廓。正好有一只鹤，横穿江面从东边飞来，翅膀像车轮一样大小，尾部的黑羽如同黑裙子，身上的白羽如同洁白的衣衫，它嘎嘎地拉长声音叫着，擦过我们的船向西飞去。

过了会儿，客人离开，我也回家睡觉。梦见一位道士，穿着羽毛编织成的衣裳，轻快地走来，走过临皋亭的下面，向我拱手作揖说："赤壁的游览快乐吗？"我问他的姓名，他低头不回答。"噢！哎呀！我知道你的底细了。昨天夜晚，边飞边叫着从我身边经过的人，不就是你吗？"道士回头笑了起来，我也忽然惊醒。开门一看，却看不到他在什么地方。

【评析】

本篇进一步引申前赋中"挟飞仙以遨游，抱明月而长终"，解脱苦闷、旷怀达观的思想，重在状景叙事，遨游观赏，饱享奇异惊悚之美；与前赋借景抒怀，阐发哲理，感悟人生，恰成鲜明的对照。前赋重点写江面泛舟之优游，本篇重点写舍舟登岸之奇崛，前赋写秋景之静谧，本篇写冬景之寂寥凄清，故有变化。本文内容深受庄子思想影响，艺术手法上也酷似《庄子》。篇末之梦，奇幻无比，令人深思，以"羽衣蹁跹"的道士寄托潇洒出尘之想。清人评说此文："忽鹤忽道士，奇幻极矣，乃神似《南华》。"

三槐堂铭

苏轼

天可必乎？贤者不必贵，仁者不必寿。天不可必乎？仁者必有后。二者将安取衷哉①？吾闻之申包胥曰②："人定者胜天，天定亦能胜人。"世之论天者，皆不待其定而求之，故以天为茫茫③。善者以怠，恶者以肆。盗跖之寿④，孔颜之厄⑤，此皆天之未定者也。松柏生于山林，其始也，困于蓬蒿，厄于牛羊；而其终也，贯四时、阅千岁而不改者，其天定也。善恶之报，至于子孙，则其定也久矣。吾以所见所闻考之，而其可必也审矣。

国之将兴，必有世德之臣，厚施而不食其报⑥，然后其子孙能与守文太平之主共天下之福。故兵部侍郎晋国王公⑦，显于汉、周之际⑧，历事太祖、太宗，文武忠孝，天下望以为相，而公卒以直道不容于时⑨。盖尝手植三槐于庭，曰："吾子孙必有为三公者⑩。"已而其子魏国文正公⑪，相真宗皇帝于景德、祥符之间，朝廷清明，天下无事之时，享其福禄荣名者十有八年。今夫寓物于人，明日而取之，有得有否；而晋公修德于身，责报于天，取必于数十年之后，如持左契⑫，交手相付。吾是以知天之果可必也。

吾不及见魏公，而见其子懿敏公⑬，以直谏事仁宗皇帝，出入侍从将帅三十余年，位不满其德。天将复兴王氏也欤！何其子孙之多贤也？世有以晋公比李栖筠者，其雄才直气，真不相上下。而栖筠之子吉甫，其孙德裕⑭，功名富贵，略与王氏等；而忠恕仁厚，不及魏公父子。由此观之，王氏之福盖未艾也⑮。懿敏公之子巩与吾游，好德而文，以世其家，吾以是铭之。铭曰：

呜呼休哉⑯！魏公之业，与槐俱萌；封植之勤，必世乃成。既相真宗，四方砥平⑰。归视其家，槐阴满庭。吾侪小人⑱，朝不及夕，相时射利⑲，皇恤厥德⑳？庶几侥幸，不种而获。不有君子，其何能国？王城之东，晋公所庐；郁郁三槐，惟德之符㉑。呜呼休哉！

【注释】

①衷：通"中"，适当。②申包胥：春秋时期楚国大夫。③茫茫：渺茫难测。④盗跖：春秋时期鲁国大盗，很有组织才能，富贵高寿。⑤孔颜：孔子和颜回，是道德高尚的圣人。⑥厚施：对社会和百姓贡献很大。食：享受。⑦晋国王公：王祐大名莘县（今属山东）人，被封为晋国公。⑧汉、周之际：指五代的后汉、后周。⑨直道：正直而行。容：容纳。⑩三公：古代职官最高等级的三位官员。秦汉是三公九卿制，三公名称各代不同。⑪魏国文正公：即王旦，王祐之子。曾任宰相，死后谥"文正"。⑫左契：古代契约分左右两联，左契凭以索偿。⑬懿敏公：即王素，谥懿敏。⑭李吉甫、李德裕：均为唐代贤相。⑮艾：止，尽。⑯休：美。⑰砥：磨刀石，

比喻政治清平。⑱吾侪（chái）：我们这类人。⑲射利：追求利益。⑳皇：通"遑"，闲暇。㉑符：祥瑞的象征。

【译文】

上天一定会展现意志吗？为什么贤人不一定富贵，仁人不一定长寿？难道上天不一定会展现意志吗？但行善仁爱之人一定有好后代。这两种说法哪一种是对的呢？我听说申包胥曾经说过："人为的因素可以改变天命，天命确实也能够胜于人为因素。"世上议论天道的人，都不等上天意志完全表现出来就去责求，因此认为天是茫茫无知的。善良的人因此而懈怠，邪恶的人因此而放肆。盗跖可以长寿，孔子、颜回却遭受困厄，这都是上天还没有表现出来他真实意愿的缘故。松柏生长在山林之中，起初被蓬蒿围困，遭牛羊践踏，但最终还是四季长青，经千年而不凋零，这就是上天赐予它的天性。关于对人的善恶报应，有的要一直到子孙后代才能表现出来，这也是上天确定已久的。我根据所见所闻来验证，上天的意志是一定会展现的，这是明白无疑的。

国家将要兴盛时，必定有世代积德的大臣，做了很大的贡献而没有得到福报，但此后他的子孙却能够与遵循先王法度的太平君主，共享天下的福禄。已故的兵部侍郎晋国公王祐，显赫于后汉、后周之间，先后在太祖、太宗两朝任职，文武忠孝，天下的人都期盼他能出任宰相，然而王祐由于正直不阿，不为当世所容。他曾亲手在庭院里种植三棵槐树，说："我的后世子孙将来一定有位列三公者。"后来他的儿子魏国文正公王旦，在真宗皇帝景德、祥符年间做了宰相，当时朝廷政治清明，天下太平，他享有福禄荣耀十八年。现在如果把东西寄存在别人处，第二天就去取，可能得到，也可能得不到了。但晋国公自身修养德行，以求上天的福报，在几十年之后，得到了必然的回报。如同手持契约，亲手交接一样。因此我知道上天的意志是一定会展现的。

我没来得及见到魏国公王旦，却见到了他的儿子懿敏公。他侍奉仁宗皇帝时直言敢谏，出外带兵，入内侍从三十多年，这种爵位还不足以和他的德行相称。上天将再一次使王氏兴盛吗？为什么他的子孙有这么多贤人呢？世上有的人把晋国公王祐与唐代李栖筠相比，他们两人的雄才大略，正直气节，确实不相上下。而李栖筠的儿子李吉甫，孙子李德裕，享有的功名富贵和王氏也差不多，但忠恕仁厚，则不如魏公父子。由此可见，王氏的福分正旺盛不衰啊！懿敏公的儿子王巩，跟我交游，他崇尚道德而又善文，以此继承家风，我因此为之作铭，铭曰：

啊，多么美好啊！魏公的家业，跟槐树一起萌兴。辛劳的培植，一定要经过一代才能长成。他辅佐真宗，天下太平，回乡探家，槐荫笼庭。我辈小人，一天从早到晚，只知窥察时机求取利名，哪有空闲修养德行？只希望有意外侥幸，不种植就能五谷丰登。如果没有君子，国家又怎么能行？京城的东面，是晋国公住所，三棵槐树郁郁葱葱。这象征着王家的德行。啊，这是多么美好的情景！

【评析】

本文是宋神宗元丰二年（1079）苏轼在湖州任上为学生王巩家中"三槐堂"题写的铭词。三槐堂，因北宋初年兵部侍郎王祐手植三棵槐树于庭而得名。这是他对于自己道德才能的高度自信，是对于天道公平的笃信。开篇从天命有常立论，肯定善恶的因果报应，提出"仁者必有后"的观点，为全文的理论基础。再简明记叙王祐手植三槐的经过和期待，以及王祐子孙后代多有仁德贤能者之事实，证明其"仁者必有后"的观点，从而突出主旨。天命有常，因果报应等思想，其中之内核是崇尚仁厚忠恕的德行。这对于警示人心，教化人伦，使社会风气淳朴忠厚，是有积极意义的，故不可否定。文章叙议兼行，挥洒如意。文字简洁流畅。

方山子传

苏轼

方山子，光、黄间隐人也①。少时慕朱家、郭解为人②，闾里之侠皆宗之③。稍壮，折节读书④，欲以此驰骋当世，然终不遇。晚乃遁于光、黄间，曰岐亭。庵居蔬食，不与世相闻。弃车马，毁冠服，徒步往来山中，人莫识也。见其所著帽，方耸而高，曰："此岂古方山冠之遗象乎⑤？"因谓之方山子。

余谪居于黄⑥，过岐亭，适见焉。曰："呜呼！此吾故人陈慥季常也。何为而在此？"方山子亦矍然，问余所以至此者。余告之故。俯而不答，仰而笑，呼余宿其家。环堵萧然⑦，而妻子奴婢皆有自得之意。余既耸然异之⑧。独念方山子少时，使酒好剑⑨，用财如粪土。前十九年⑩，余在岐山⑪，见方山子从两骑，挟二矢，游西山。鹊起于前，使骑逐而射之，不获。方山子怒马独出⑫，一发得之。因与余马上论用兵及古今成败，自谓一世豪士。今几日耳，精悍之色犹见于眉间，而岂山中之人哉？

然方山子世有勋阀⑬，当得官，使从事于其间，今已显闻。而其家在洛阳，园宅壮丽与公侯等。河北有田，岁得帛千匹，亦足以富乐。皆弃不取，独来穷山中，此岂无得而然哉？

余闻光、黄间多异人，往往佯狂垢污，不可得而见。方山子傥见之欤？

【注释】

①光、黄：即光州和黄州。光州和黄州邻接，宋时同属淮南西路。②朱家、郭解：二人都是西汉时的游侠，喜欢替人排忧解难。③闾里：乡里。宗：尊奉。④折节：改变以往的志向行为。⑤方山冠：汉代祭祀宗庙时乐舞者所戴的一种帽子。唐宋时，隐者常喜戴之。⑥谪：降职。苏轼是在元丰三年（1080）贬到黄州的。黄州：今湖北黄冈。⑦环堵萧然：室内空空，只有四壁。⑧耸然：吃惊的样子。⑨使酒：酗酒任性。⑩前十九年：即嘉祐八年（1063），作者任凤翔府签判。⑪岐山：地名，指凤翔。⑫怒马：使马怒，即纵马向前。⑬方山子：即宋陈慥，字季常。晚年隐居在光州、黄州一带，苏轼在任凤翔签判时，与其相识。勋阀：指出身官宦之家。

【译文】

方山子，是光州、黄州一带的隐士。年轻时，仰慕汉代游侠朱家、郭解的品行，乡里的游侠之士都推崇他。等到年岁稍长，就改变志趣，发奋读书，想以此来驰名当代，然而始终没有机遇。到晚年就隐居在光州、黄州一带，名叫岐亭的地方。住茅草屋，吃的是粗茶淡饭，不与社会各界来往。放弃坐车骑马，毁坏书生衣帽，徒步在山里来往，没有人认识他。人们见他戴的帽子，上面方方的而且又很高，就说："这不就是古代乐师戴的方山冠遗留下来的样子吗？"因此就称他为"方山子"。

我因贬官居住在黄州，有一次经过岐亭时，正巧碰见了他。我说："哎，这是我的老朋友陈慥陈季常啊，怎么会在这里呢？"方山子也很惊讶，问我到这里来的原因。我把原因告诉他，他低头不回答，继而仰天大笑，请我住到他家去。他的家里四壁萧条，然而他的妻子儿女奴仆都显出怡然自得的样子。我对此感到十分惊异。我回想起方山子年轻的时候，酗酒任性，喜欢使剑，挥金如土。十九年前，我在岐亭下，见到方山子带着两名骑马的随从，身带两支箭，在西山游猎。只见前方一鹊飞起，他便叫随从追赶射鹊，未能射中。方山子独自跃马向前，一箭射中飞鹊。他就在马上与我谈论起用兵之道及古今成败之事，自认为是一代豪杰。至今才过几天啊，但是一股英气勃勃的神色，依然显现在眉宇之间，这怎么能是一位隐居山中的人呢？

方山子出身于世代功勋之家，理应有官做，假如他能置身官场，到现在必定声名显赫了。他原本家在洛阳，园林宅舍雄伟富丽，可与公侯之家相同。在河北地方还有田地，每年可得上千匹的丝帛收入，这些也足以使生活富裕而安乐。然而他都抛开不去享用，偏偏要来到穷僻的山里，这难道不是他独有会心才会如此吗？

我听说光州、黄州一带有很多奇人异士，常常假装疯癫、衣衫破旧，但是无法见到他们；方山子或许能遇见他们吧。

【评析】

这是别具一格的人物小传，苏轼之意当是以文存人。与唐代李商隐之《齐鲁二生传》、方苞之《辽东二生传》有同样意义和价值。且结构很巧，先设疑问，是从当地人听说方山子之逸闻，后见面方知是陈季常，再补写一二生活细节，人物形象很真实生动。且方山子是主动抛弃功名富贵而过隐居生活，自己则是在官场遭受残酷打击而被贬谪到这里，同样是怀才不遇。虽无一字提及，但这种感受应该存在。苏轼在初到黄州时，内心之惊恐与忧伤很深，故在方山子之际遇中有别样感受。

▌苏辙

苏辙，字子由，北宋著名散文家。与其兄苏轼同时登进士第。仕途上，因新旧党争而浮沉迁宦，几遭贬谪。晚年隐居许州（今河南省许昌市），自号颍滨遗老，以读书著述、默坐参禅为事。文学方面深受乃兄影响，风格也基本切近；成就虽逊于兄，但建树颇多，尤其擅长政论和史论。著有《栾城集》。

六国论

苏辙

尝读六国世家①，窃怪天下之诸侯，以五倍之地，十倍之众，发愤西向，以攻山西千里之秦②，而不免于灭亡。常为之深思远虑③，以为必有可以自安之计。盖未尝不咎其当时之士，虑患之疏，而见利之浅，且不知天下之势也。

夫秦之所与诸侯争天下者，不在齐、楚、燕、赵也，而在韩、魏之郊④。诸侯之所与秦争天下者，不在齐、楚、燕、赵也，而在韩、魏之野。秦之有韩、魏，譬如人之有腹心之疾也。韩、魏塞秦之冲⑤，而蔽山东之诸侯，故夫天下之所重者，莫如韩、魏也。昔者范雎用于秦而收韩⑥，商鞅用于秦而收魏⑦。昭王未得韩、魏之心，而出兵以攻齐之刚、寿⑧，而范雎以为忧，然则秦之所忌者可见矣！秦之用兵于燕、赵，秦之危事也。越韩过魏，而攻人之国都，燕、赵拒之于前，而韩、魏乘之于后，此危道也。而秦之攻燕、赵，未尝有韩、魏之忧，则韩、魏之附秦故也。夫韩、魏，诸侯之障，而使秦人得出入于其间，此岂知天下之势耶？委区区之韩、魏，以当强虎狼之秦，彼安得不折而入于秦哉⑨？韩、魏折而入于秦，然后秦人得通其兵于东诸侯，而使天下遍受其祸。

夫韩、魏不能独当秦，而天下之诸侯藉之以蔽其西，故莫如厚韩亲魏以摈秦，秦人不敢逾韩、魏以窥齐、楚、燕、赵之国，而齐、楚、燕、赵之国因得以自完于其间矣。以四无事之国佐当寇之韩、魏，使韩、魏无东顾之忧，而为天下出身以当秦兵；以二国委秦，而四国休息于内以阴助其急。若此可以应夫无穷，彼秦者将何为哉？不知出此而乃贪疆场尺寸之利，背盟败约，以自相屠灭，秦兵未出，而天下诸侯已自困矣。至于秦人得伺其隙，以取其国，可不悲哉！

【注释】

①六国世家：指《史记》中的《燕召公世家》《楚世家》《赵世家》《魏世家》《韩世家》《田敬仲完世家》，分别记述六国的史事。②攻山西千里之秦：公元前318年，韩、赵、魏、齐、燕等五国联合攻秦，反被秦国战败。山西：指崤山以西。③深思远虑：深入周密地思考。④郊：与下文的"野"互文，指国土。⑤冲：交通要道，战略重地。⑥范雎（jū）：战国时期魏国人，投奔秦国后受重用，提出远交近攻策略，被秦昭王任为相，封为应侯。⑦商鞅：战国时期卫国人，姓公孙，名鞅，投奔秦国后受到重用，辅佐秦孝公变法，因功封为商君，故称商鞅。他曾多次策划进攻魏国。⑧刚：齐地名，在今山东省兖州县境。寿：齐地名，在今山东省东平县境。⑨折：屈服。

【译文】

我曾经阅读《史记》的六国世家，私下里感到很奇怪，天下诸侯国凭借五倍于秦国的土地和十倍于秦国的人口，全力向西攻打崤山以西方圆千里的秦国，却免不了被灭亡的命运。我常常为这些诸侯深思远虑，认为一定会有可以保全自我的策略。因而未尝不责怪当时六国的那些谋臣，他们对于祸患的考虑太粗疏，谋求利益的眼光太短浅，而且不了解整个天下的形势啊！

秦国和诸侯争夺天下的地方，并不在齐、楚、燕、赵等国，而是在韩、魏的境内；诸侯要和秦国争夺天下的场地，也不在齐、楚、燕、赵等地区，而是在韩、魏的区域。对秦国来说，韩、魏的存在，就好比一个人在心腹间患病一样；韩、魏两国阻碍了秦国出入的要道，从而掩护了崤山以东的诸侯各国，所以对天下各国来说，没有比韩、魏两国更重要的了。从前范雎被秦国重用，他就建议拉拢韩国，商鞅被秦国重用，他就建议拉拢魏国。秦昭王在还没获得韩、魏的真心归服时，就要出兵去攻打齐国的刚、寿两地，范雎就为此担忧而加以劝阻。既然这样，那么秦国所顾忌的，就可以看得出来了。秦国要对燕、赵两国动用兵力，对秦国是很危险的事情；越过韩、魏两国去攻打他人的国都，前面有燕、赵的抵抗，后面有韩、魏乘机进攻，这是危险的道路啊。可是，当秦国去攻打燕、赵两国时，却不曾有对韩、魏的顾虑，那是韩、魏归附了秦国的缘故啊。韩、魏是诸侯各国的屏障，却让秦国人能够在他们的国境内进出自如，这难道算得上了解天下的形势吗？放弃小小的韩、魏两国，让他们去抵挡像虎狼一般强大的秦国，他们怎能不屈服于秦国呢？韩、魏屈服于秦国后，秦国人就可以对东方各诸侯国用兵，从而使全天下诸侯普遍受到秦国的祸害。

韩、魏是不能独自抵挡秦国的，可是全天下的诸侯却要凭借两国作为对西方的屏障，所以就不如亲近韩、魏以此来抗拒秦国。秦国人就不敢越过韩、魏，去觊觎齐、楚、燕、赵等国，那么齐、楚、燕、赵等国就能够凭这样的局面保全自身了。凭着四个没有战事的国家，去支持面对敌寇的韩国和魏国，使韩国和魏国没有来自东方的忧虑，从而替全天下挺身而出来抵挡秦国军队。用韩、魏两国对付秦国，其余四国在后方休养生息，以便暗中帮助前方两国解除危急，像这样就可以应付一切事变，那秦国还能怎么样呢？诸侯们不知道想出这样的策略，却只贪图边境和战场上获取些微土地和利益，违背盟誓、毁弃约定，来互相残杀，秦国的军队还没出动，天下的诸侯各国就已经困厄了，致使秦国人能够乘虚而入，攻取这些国家，结果能不令人悲哀吗？

苏洵也有一篇《六国论》，批评六国国君和大臣赂秦国策的错误，本篇则批评六国国君和谋臣没有长远的战略眼光，不能相互支持共同对付秦国。尤其是韩、魏两国，是秦国通往山东其他国家的咽喉，如果齐、楚、燕、赵四国暗中支持韩、魏，则六国便都可以安全而不被灭。这种分析有道理，但历史实际远比想象的更复杂多变。然而，北宋积弱积贫，对外一直软弱妥协，如何避免战略失败是当时许多士人都思考的问题，本文的写作，也有一片忧国忧民之心。

上枢密韩太尉书

苏辙

太尉执事①：辙生好为文，思之至深。以为文者气之所形②，然文不可以学而能，气可以养而致。孟子曰："我善养吾浩然之气③。"今观其文章，宽厚宏博，充乎天地之间，称其气之小大④。太史公行天下，周览四海名山大川⑤，与燕、赵间豪俊交游⑥，故其文疏荡⑦，颇有奇气。此二子者，岂尝执笔学为如此之文哉？其气充乎其中，而溢乎其貌，动乎其言，而见乎其文⑧，而不自知也。

辙生十有九年矣。其居家所与游者，不过其邻里乡党之人⑨，所见不过数百里之间，无高山大野，可登览以自广。百氏之书，虽无所不读，然皆古人之陈迹，不足以激发其志气。恐遂汩没⑩，故决然舍去，求天下奇闻壮观，以知天地之广大。过秦汉之故都⑪，恣观终南、嵩、华之高⑫；北顾黄河之奔流，慨然想见古之豪杰。至京师，仰观天子宫阙之壮，与仓廪府库、城池苑囿之富且大也，而后知天下之巨丽。见翰林欧阳公⑬，听其议论之宏辩，观其容貌之秀伟，与其门人贤士大夫游⑭，而后知天下之文章聚乎此也。太尉以才略冠天下⑮，天下之所恃以无忧，四夷之所惮以不敢发⑯。入则周公、召公⑰，出则方叔、召虎⑱，而辙也未之见焉。

且夫人之学也，不志其大，虽多而何为⑲？辙之来也，于山见终南、嵩、华之高，于水见黄河之大且深，于人见欧阳公，而犹以为未见太尉也！故愿得观贤人之光耀⑳，闻一言以自壮，然后可以尽天下之大观而无憾者矣。

辙年少，未能通习吏事。向之来，非有取于斗升之禄^㉑；偶然得之，非其所乐。然幸得赐归待选^㉒，使得优游数年之间，将归益治其文，且学为政。太尉苟以为可教而辱教之，又幸矣。

【注释】

①太尉执事：太尉属下供职人员。此处是尊敬对方的写法，不直接称呼对方而是通过对方下属转达。②文者气之所形：文章是由气形成的。气，指人的道德修养和学问见识所形成的气质。曹丕《典论·论文》："文以气为主，不可力强而致。"③浩然之气：博大刚正之气节和道德情操。语见《孟子·公孙丑上》。④称（chèn）：相称、合适。⑤太史公：司马迁，写作《史记》前游览许多历史遗迹进行考察。⑥燕赵：战国时期两个诸侯国，燕国地域在今京津地区、河北省以及辽西。赵国在今河北省和山西省部分地区。豪俊：豪爽俊杰之士。⑦疏荡：疏朗跌荡有气势。⑧见：同"现"。表现、流露出来。⑨邻里乡党：古代基层居民区之名称。泛指邻居。相传周朝制度以五家为邻，二十五家为里，五百家为党，一万两千五百家为乡。⑩汩没（gǔmò）：沉没，引申为志气消沉而被埋没。⑪秦汉之故都：秦都咸阳，西汉都长安，均在今陕西省。东汉都洛阳，在今河南省。⑫恣观：尽情观览。终南：终南山，在今陕西省西安市西南。嵩：嵩山，在今河南省洛阳市东南，为中岳。华：华山，在今陕西省华阴县南，为西岳。⑬翰林欧阳公：翰林学士欧阳修。⑭门人贤士大夫：指曾巩、梅尧臣等人。⑮才略：才能胆略。冠天下：天下第一。⑯惮：惧怕。发：发难。⑰周公：姬旦，西周名臣；召公：姬奭，西周名臣，辅佐成王、康王，政绩显赫。⑱方叔、召虎：都是周宣王时名将，武功卓著。⑲不志其大：没有大的志向。⑳光耀：丰采。㉑升斗之禄：微薄的俸禄，指低级官吏。㉒赐归待选：准许回家，等待选拔。

【译文】

太尉执事：苏辙生性喜好写文章，对此想得很深。我认为文章是气的外在体现，然而文章不是单靠学习就能写好的，气却可以通过培养而得到。孟子说："我善于培养我的浩然之气。"现在看他的文章，宽广厚重宏伟博大，充塞于天地之间，同他气的大小相称。司马迁走遍天下，广览四海名山大川，与燕、赵之间的英豪俊杰交游，所以他的文章疏朗洒脱，颇有奇伟之气。这两个人，难道曾经执笔学习过写这种文章吗？这是因为他们的浩气充满荡漾在内心而流溢到外貌，发于言语而表现为文章，他们自己并没有觉察到。

苏辙出生已经十九年了。我住在家里时，所交往的，不过是邻居同乡这一类人。

所看到的，不过是几百里之内的景物，没有高山旷野可以登临观览以开阔心胸。诸子百家的书，虽然无所不读，但都是古人过去的东西，不能激发自己的志气。我担心就此而被埋没，所以断然离开家乡，去寻求天下的奇闻壮观，以便了解天地的广阔深远。我走访考察秦朝、汉朝的故都，尽情观览终南山、嵩山、华山的高峻，向北眺望黄河奔腾的急流，深有感慨地想起了古代的英雄豪杰。到了京城，抬头观看天子宫殿的壮丽，以及粮仓、府库、城池、苑囿的富庶而且巨大，这才知道天下的广阔富丽。见到翰林学士欧阳公，聆听了他宏大雄辩的议论，看到了他秀美奇伟的容貌，同他的学生贤士大夫交游，这才知道天下的文章都汇聚在这里。太尉以雄才大略称冠天下，全国人依靠您而无忧无虑，四方异族国家惧怕您而不敢侵犯，在朝廷之内像周公、召公一样辅君有方，领兵出征像方叔、召虎一样御敌立功。可是我至今还未见到您。

况且一个人的学习，如果不是有志于大的方面，即使学了很多又有什么用呢？苏辙这次来，对于山，看到了终南山、嵩山、华山的高峻；对于水，看到了黄河的深广；对于人，看到了欧阳公；可是还没有谒见您。所以希望能够一睹贤人的风采，能够听到您的一句话来激发自己的雄心壮志，这样就算是看遍了天下的壮观也没有什么遗憾了。

苏辙年纪很轻，还没能通晓做官的事情。先前来京应试，并不是为了谋取微薄的俸禄，偶然得到了它，也不是自己所喜欢的。然而有幸得到恩赐还乡，等待吏部的选用，使我能够有几年空闲的时间，将用来更好地研习文章，并且学习从政之道。太尉假如认为我还可以教诲而屈尊教导我的话，那我就更感到幸运了。

【评析】

这是一封干谒信，其主旨就是要求见当时名臣枢密使韩琦。开篇提出自己对于写作与浩然之气的关系，即"文气说"，并用孟子和司马迁两位名人为例论证自己的观点，有浩然之气方能有浩然之文。然后自我介绍，并紧扣养气需要开阔视野，遍访名山大川与拜谒大贤。然后写拜见欧阳修而未见韩太尉，回转到主旨上，即只有见到韩太尉，聆听教诲，才能激发"气"。年仅十九岁的青年进士，直接上书军事最高长官，本意是求见，希望得到赏识，却大谈作文与养气，着意于此，而立言在彼。文章酣畅流转，显现激扬踔厉之势。吴楚材、吴调侯称之为"绝妙奇文"。

黄州快哉亭记

苏辙

江出西陵①，始得平地，其流奔放肆大，南合湘、沅②，北会汉、沔③，其势益张。至于赤壁之下④，波流浸灌⑤，与海相若。清河张君梦得⑥，谪居齐安⑦，即其庐之西南为亭，以览观江流之胜。而余兄子瞻名之曰"快哉"。

盖亭立所见，南北百里，东西一合⑧。涛澜汹涌，风云开阖⑨，昼则舟楫出没于其前，夜则鱼龙悲啸于其下。变化倏忽⑩，动心骇目，不可久视。今乃得玩之几席之上⑪，举目而足。西望武昌诸山⑫，冈陵起伏，草木行列，烟消日出，渔夫、樵父之舍，皆可指数。此其所以为快哉者也。至于长洲之滨⑬，故城之墟，曹孟德、孙仲谋之所睥睨⑭，周瑜、陆逊之所驰骛⑮，其流风遗迹，亦足以称快世俗。

昔楚襄王从宋玉、景差于兰台之宫⑯，有风飒然至者，王披襟当之⑰，曰："快哉此风！寡人所与庶人共者耶？"宋玉曰："此独大王之雄风耳，庶人安得共之？"玉之言，盖有讽焉。夫风无雌雄之异⑱，而人有遇不遇之变；楚王之所以为乐，与庶人之所以为忧，此则人之变也，而风何与焉？士生于世，使其中不自得⑲，将何往而非病⑳？使其中坦然，不以物伤性㉑，将何适而非快？今张君不以谪为患，收会稽之余㉒，而自放山水之间㉓，此其中宜有以过人者。将蓬户瓮牖㉔，无所不快；而况乎濯长江之清流㉕，挹西山之白云㉖，穷耳目之胜以自适也哉㉗！不然，连山绝壑，长林古木，振之以清风，照之以明月，此皆骚人思士之所以悲伤憔悴而不能胜者㉘，乌睹其为快也哉㉙！

【注释】

①西陵：即西陵峡，长江三峡之一，在今湖北省宜昌西北。②湘、沅：即湘江、沅江，皆在今湖南省境内。③汉、沔（miǎn）：即汉水、沔水。汉水上游古称"沔水"。④赤壁：即黄州之赤壁。⑤浸灌：浸漫灌注，形容水流大而猛。⑥清河：郡名，今河北省南宫市。张君梦得：事迹不详。⑦齐安：即黄州。⑧一合：当是"舍"，古代三十里为一舍。⑨风云开阖：风吹云动，忽散忽聚，变幻不定。⑩倏忽：非常快。⑪几席：凭几和坐席。几：古代类似茶几的小矮桌，供人坐着，起凭依之用。⑫武昌：县名，今湖北省武汉市武昌区。⑬长洲之滨：狭长洲渚的水边。⑭曹孟德：即曹操，字孟德。孙仲谋：即孙权，字仲谋。睥睨：侧目窥察。⑮周瑜：东

吴名将，曾在赤壁大败曹操。陆逊：东吴名将，曾指挥军队大败刘备。驰骛（wù）：奔走、驰骋。⑯楚襄王：战国时楚国国君。宋玉：楚国大夫，擅长辞赋。景差：楚国辞赋家。兰台宫：楚国行宫，故址在今湖北省钟祥县。⑰披襟：敞开衣襟。⑱雌雄之异：雌雄的差别。⑲其中：内在的学识和修养。⑳病：此处指忧愁和精神痛苦。㉑以物伤性：因为外物而伤害自己内在的性情。㉒会计：指计算管理钱财、税务之事的工作。㉓放：任情放纵，指自在逍遥。㉔蓬户瓮牖（yǒu）：用蓬草编成的门，用罐子当作窗户。㉕濯：洗涤。㉖挹：汲取。㉗穷：穷尽，尽情。㉘骚人：文人，因屈原作《离骚》，后称诗人为"骚人"，也指所有文人。思士：思辨之士，指哲人。不能胜：不能忍受。㉙乌：怎么。

【译文】

长江出了西陵峡，才进入平地，水势奔腾浩荡。南边与沅水、湘水合流，北边与汉水汇聚，水势更加壮阔。流到赤壁之下，波浪滚滚，就像是无际的海洋。清河张梦得，贬官后居住在齐安，他在房舍的西南方修建了一座亭子，用来观赏长江的胜景。我的哥哥子瞻给这座亭子起名叫"快哉亭"。

在亭子里能看到长江南北上百里、东西三十里。波涛汹涌，风云时而出现，时而消失。在白天，船只在亭前往来如梭；在夜间，水中生物在亭下的江水中悲声长啸。景物变化万端，惊心动魄，不可以长久地欣赏。现在我能在小桌旁边的座位上欣赏这些景色，抬起眼来就足够看了。向西眺望武昌的群山，山脉蜿蜒起伏，草木成行成列，烟消云散，阳光普照，捕鱼、打柴的村民的房舍，都可以一一数清。这大概就是把亭子称为"快哉"的原因吧。至于长江水流中的岛屿，岸边古城的废墟，是曹操、孙权傲视群雄的地方，是周瑜、陆逊驰骋战场的地方，那些流传下来的风范和事迹，也足够让世俗之人称快。

从前，楚襄王让宋玉、景差跟随着游兰台宫。一阵风吹来，飒飒作响，楚王敞开衣襟，迎着风，说："这风使人多么快乐啊！这是我和百姓所共有的吧。"宋玉说："这只是大王的雄风，百姓怎么能和你共同享受它呢？"宋玉的话在这儿大概有讽喻的意味吧。风并没有雄雌的区别，而人有生得逢时、生不逢时的不同。楚王之所以感到快乐，而百姓之所以感到忧愁，正是由于人们的境遇不同，跟风又有什么关系呢？读书人生活在世上，假使心中不坦然，那么，到哪里没有忧愁？假使胸怀坦荡，不为外物而伤害天性，那么，在什么地方会不快乐呢？如今张梦得不因为被贬官而感到忧愁，利用征收钱谷的公事之余，在大自然中释放自己的身心，他心中应该有超过常人的地方。即使是用蓬草编门，以破瓦罐做窗，都没有觉得不快乐，更何况在清澈的长江中洗涤心灵，面对着西山的白云，尽享耳目的美景来自求安适呢？如果不是这样，连绵的峰峦，深陡的沟壑，辽阔的森林，参天的古木，清风拂摇，明月高照，这些都会成为文人游子感到悲伤憔悴而不能忍受的景色，怎么能看得出这是畅快的呢！

【评析】

本文通过记叙"快哉亭"得名的原因，借题发挥，劝慰在谪居生活中的张梦得和苏轼，同时，作者也在贬谪之中，写作此文亦有自慰之意。本文艺术技巧高超，被人推崇，公认是一篇写景、叙事、抒情、议论紧密结合而融为一体之妙文。最能体现苏辙纡徐条畅、汪洋淡泊之文风。文章由写景叙事入手，而后转入议论。条理清晰，结构严谨，过渡自然，不露痕迹。最杰出之处在议论。文章就同样的"风"，因帝王、庶人生活、思想之不同而感觉殊异的事实，得出"使其中不自得，将何往而非病？使其中坦然，不以物伤性，将何适而非快"的结论。立论正确，论证有力，结论无可辩驳，令人信服。确实如刘勰《文心雕龙·论说》所提倡的"论如析薪，贵能破理"。文章清新开阔，气势奔逸，借用典故并加以发挥，把快意之情写得淋漓尽致。

曾巩

曾巩，字子固，北宋著名文学家，世称南丰先生，"唐宋八大家"之一。登进士第，官至中书舍人。以散文名世，立论警策，说理曲折尽意，讲究章法结构；也是著名学者，整理、校订过许多古籍。著有《元丰类稿》。

寄欧阳舍人书

曾巩

去秋人还，蒙赐书及所撰先大父墓碑铭①。反复观诵，感与惭并。夫铭志之著于世②，义近于史，而亦有与史异者。盖史之于善恶，无所不书。而铭者，盖古之人有功德材行志义之美者，惧后世之不知，则必铭而见之。或纳于庙，或存于墓，一也。苟其人之恶，则于铭乎何有？此其所以与史异也。

其辞之作③，所以使死者无有所憾，生者得致其严④。而善人喜于见传，则勇于自立；恶人无有所纪，则以愧而惧。至于通材达识，义烈节士，嘉言善状，皆见于篇，则足为后法⑤。警劝之道，非近乎史，其将安近？

及世之衰，为人之子孙者，一欲褒扬其亲而不本乎理⑥。故虽恶人，皆务勒铭⑦，以夸后世。立言者既莫之拒而不为，又以其子孙之所请也，书其恶焉，则人情之所不得，于是乎铭始不实。后之作铭者，当观其人。苟托之非人，则书之非公与是⑧，则不足以行世而传后⑨。故千百年来，公卿大夫至于里巷之士，莫不有铭，而传者盖少。其故非他，托之非人，书之非公与是故也。

然则孰为其人而能尽公与是欤？非畜道德而能文章者⑩，无以为也。盖有道德者之于恶人，则不受而铭之，于众人则能辨焉。而人之行，有情善而迹非，有意奸而外淑，有善恶相悬而不可以实指⑪，有实大于名，有名侈于实。犹之用人，非畜道德者，恶能辨之不惑，议之不徇？不惑不徇，则公且是矣。而其辞之不工，则世犹不传，于是又在其文章兼胜焉。故曰，非畜道德而能文章者无以为也，岂非然哉！

然畜道德而能文章者，虽或并世而有，亦或数十年或一二百年而有之。其传之难如此，其遇之难又如此。若先生之道德文章，固所谓数百年而有者也。先祖之言行卓卓，幸遇而得铭其公与是，其传世行后无疑也。而世之学者，每观传记所书古人之事，至其所可感，则往往蠹然不知涕之流落也⑫，况其子孙也哉？况巩也哉？其追晞祖德而思所以传之之由⑬，则知先生推一赐于巩而及其三世。其感与报，宜若何而图之？

抑又思若巩之浅薄滞拙⑭，而先生进之，先祖之屯蹶否塞以死⑮，而先生显之，则世之魁闳豪杰不世出之士，其谁不愿进于门？潜遁幽抑之士⑯，其谁不有望于世？善谁不为，而恶谁不愧以惧？为人之父祖者，孰不欲教其子孙？为人之子孙者，孰不欲宠荣其父祖？此数美者，一归于先生。既拜赐之辱，且敢进其所以然。所论世族之次⑰，敢不承教而加详焉？愧甚，不宣。

【注释】

①先大父：死去的祖父。曾巩祖父曾致尧道德高尚，欧阳修为之写的墓志铭。②铭：在器物上记述事实、功德等的文字。③辞：指墓志铭的文辞。④致：表达。严：尊严，尊敬。⑤后

法：后世的榜样，准则。⑥一欲：一心一意要。⑦勒铭：立碑刻石。⑧非公与是：不公正和正确。
⑨行世：在社会上流传。传后：流传到后世。⑩畜：同"蓄"，储备，富有。⑪实指：如实指出。
⑫盭(xì)然：悲伤感动的样子。⑬晞(xī)：仰慕。⑭滞拙：迟钝愚笨。⑮屯(zhūn)蹶否(pǐ)塞：
人生步履艰难阻塞，坎坷多。⑯潜遁幽抑：指逃避世俗默默无闻而遭到压抑的隐士。⑰世族之
次：世族的次序，指家谱。

【译文】

　　去年秋天，我派去的人回来，承蒙您赐予书信及为先祖父撰写的墓碑铭。我反
复读诵，真是感激和惭愧的心情交加在一起。铭志之所以能够著称后世，是因为意
义与史传接近，但也有与史传不同的地方。因为史传对人的善恶都一一加以记载，
而碑铭，大概是古代功德卓著、才能操行出众、志气道义高尚的人，怕后世人不知道，
所以一定要立碑刻铭来显扬自己，有的置于家庙里，有的放置在墓穴中，其用意是
一样的。如果那是个恶人，那么有什么好铭刻的呢？这就是碑铭与史传不同的地方。
铭文的撰写，为的是使死者没有什么可遗憾，生者借此能表达自己的尊敬之情。行
善之人喜欢自己的善行善言流传后世，就积极建立功业；恶人没有什么可记，就会
感到惭愧和恐惧。至于博学多才、见识通达的人，忠义英烈、节操高尚之士，他们
的美善言行，都能一一表现在碑铭里，这就足以成为后人的楷模。铭文警世劝诫的
作用，不与史传相近，那么又与什么相近呢？

　　到了世风衰微的时候，为人子孙的，一味地只要褒扬他们死去的亲人而不顾事
理。所以即使是恶人，都一定要立碑刻铭，用来向后人夸耀。撰写铭文的人既不能
推辞不作，又因为死者子孙的一再请托，如果直书死者的恶行，在人情上过不去，
这样铭文就开始出现不实之辞。后代要想给死者作碑铭者，应当观察一下作者的为
人。如果请托的人不得当，那么他写的铭文必定会不公正、不正确，就不能流行于世，
传之后代。所以千百年来，尽管上自公卿大夫下至里巷小民死后都有碑铭，但流传
于世的很少。这不是别的原因，是请托了不适当的人，撰写的铭文不公正、不正确
的缘故。

　　那么，什么样的人才能做到完全公正与正确呢？如果不是道德高尚文章高明的
人，是做不到的。因为道德高尚的人对于恶人是不会接受请托而撰写铭文的，对于
一般的人也能加以辨别。而人们的品行，有内心善良而没有什么事迹的，有内心好
恶而外表良善的，有善行恶行相差悬殊而很难确指的，有实际大于名望的，有名过

其实的。这好比用人，如果不是道德高尚的人怎么能辨别清楚而不被迷惑，怎么能议论公允而不徇私情？能不受迷惑，不徇私情，就是公正和实事求是了。但是如果铭文的辞藻不精美，那么依然不能流传于世，因此就要求他的文章也好。所以说不是道德高尚而又工于文章的人是不能写碑志铭文的，难道不是这样吗？

但是道德高尚而又善做文章的人，虽然有时会同时出现，但也许有时几十年甚至一二百年才有一个。因此铭文的流传是如此之难；而遇上理想的作者更是加倍的困难。像先生的道德文章，真正算得上几百年中才有的。我先祖的言行高尚，有幸遇上先生为其撰写公正而又正确的碑铭，它将流传当代和后世是毫无疑问的。世上的学者，每每阅读传记所载古人事迹的时候，看到感人之处，就常常激动得不知不觉地流下了眼泪，何况是死者的子孙呢？又何况是我曾巩呢？我追怀先祖的德行而想到碑铭所以能传之后世的原因，就知道先生惠赐一篇碑铭将会恩泽于我家祖孙三代。这感激与报答之情，我应该怎样来表示呢？

我又进一步想到像我这样学识浅薄、才能庸陋的人，先生还提拔鼓励我，我先祖这样命途多舛穷困潦倒而死的人，先生还写了碑铭来显扬他，那么世上那些俊伟豪杰、世不经见之士，他们谁不愿意拜倒在您的门下？那些潜居山林、穷居退隐之士，他们谁不希望名声流播于世？好事谁不想做，而做恶事谁不感到羞愧恐惧？当父亲、祖父的，谁不想教育好自己的子孙？做子孙的，谁不想使自己的父祖荣耀显扬？这种种美德，应当全归于先生。我荣幸地得到了您的恩赐，并且冒昧地向您陈述自己所以感激的道理。来信所论及的我的家族世系，我怎敢不听从您的教诲而加以研究领悟呢？惭愧之至，书不尽怀。

【评析】

曾巩仰慕欧阳修，二人是亦师亦友之关系。公元 1046 年夏，曾巩写信请欧阳修为已故祖父曾致尧作一篇墓碑铭。欧阳修为之撰写后，曾巩即写此信致谢。本文独具特色，通过对铭志作用及流传条件的分析，来说明撰写者的重要性，表达了对道德文章兼胜的赞许与追求。与孔子"唯仁者能好人，能恶人"的观点一致。文章结构谨严，起承转合非常自然。

赠黎安二生序

曾巩

　　赵郡苏轼①，予之同年友也②。自蜀以书至京师遗予，称蜀之士曰黎生、安生者③。既而黎生携其文数十万言④，安生携其文亦数千言，辱以顾余。读其文，诚闳壮隽伟⑤，善反复驰骋，穷尽事理；而其材力之放纵，若不可极者也。二生固可谓魁奇特起之士，而苏君固可谓善知人者也。

　　顷之，黎生补江陵府司法参军⑥。将行，请予言以为赠。予曰："予之知生，既得之于心矣，乃将以言相求于外邪？"黎生曰："生与安生之学于斯文，里之人皆笑以为迂阔⑦。今求子之言，盖将解惑于里人。"予闻之，自顾而笑。

　　夫世之迂阔，孰有甚于予乎？知信乎古，而不知合乎世；知志乎道⑧，而不知同乎俗。此予所以困于今而不自知也。世之迂阔，孰有甚于予乎？今生之迂，特以文不近俗，迂之小者耳，患为笑于里之人。若予之迂大矣，使生持吾言而归，且重得罪，庸讵止于笑乎⑨？然则若予之于生，将何言哉？谓予之迂为善，则其患若此；谓为不善，则有以合乎世，必违乎古，有以同乎俗，必离乎道矣。生其无急于解里人之惑，则于是焉，必能择而取之。

　　遂书以赠二生，并示苏君，以为何如也？

【注释】

　　①赵郡苏轼：苏轼本四川眉山人，但其远祖盛唐苏味道是赵州栾城人。②同年友：古代同榜及第者都称为同年。曾巩和苏轼均是宋仁宗嘉祐二年（1057）进士。③称：称赞，这里有推荐之意。④既而：不久。⑤闳壮隽伟：气魄宏大意味深长。⑥补：补阙出任。古代有官员资格者多，实职位置少，故需要出现空缺才能补充上去。⑦迂阔：迂腐空疏而不切合实际。⑧志乎道：有志于道。道是指儒家之道。⑨庸讵：又哪里。

【译文】

　　赵郡苏轼，和我是同年科考及第的学友。他从蜀地写信寄到京城给我，赞扬蜀地的学士黎生、安生。不久黎生带着他的文章几十万字，安生带着他的文章也有几千字，屈驾前来看我。我读他们的文章，确实气势壮阔，意味深长，善于反复辨析，把事理说得很深透。而他们的才情和笔力之奔放纵横，似乎是不可估量的。他们二人确实可以说得上特别杰出卓越的人才，而苏轼当然可以说是善于识别人才的人！

不久以后，黎生补缺出任江陵府司法参军。临走的时候，请我写几句话作为赠别。我说："我对你的了解，已经放在心里了，还需要用言辞表达出来吗？"黎生说："我和安生学习古文，同乡邻里都讥笑我们，认为是迂阔。现在请您写几句话，是想解除同乡邻里的糊涂看法。"我听了这话，想想自己，不禁笑了。

世上迂阔的人，还有谁比我更厉害的吗？只知道信奉古训，却不懂得迎合当世；只知道立志于圣贤之道，却不懂得随同世俗。这就是我为什么困顿到现在而自己尚不知道的原因啊。世人的迂阔，有谁比我更厉害呢？现在你们的迂阔，只因文章不合世俗，这不过是小的迂阔罢了，还担心被同乡邻里讥笑，像我的迂阔可就大了。如果你们拿了我的话回去，将要得到更多的责怪，岂能只停留在讥笑上呢？然而我将对你说些什么呢？说我的迂阔是好的，可是它的祸害却是这样；说它不好，那么虽然可以迎合当世，但一定会违背古训，有附和流俗的地方，就一定背离圣贤之道。你们还是不要急于解除同乡邻里的糊涂认识吧，这样就一定能够在古文和时文、道和世俗这两个方面中做出选择。

我于是写了这些话赠给二位，并且拿给苏君看，你们认为如何？

【评析】

这是一篇赠序。开篇简洁交代写作之缘起，引出黎生求序。于是作者借题发挥，有针对性地指出应当如何认识迂阔。"知信乎古，而不知合乎世；知志乎道，而不知同乎俗"，这几句话是文眼，即主题所在。所谓迂阔，是指人坚持自己的独立人格而不随波逐流，俗世独立横而不流，这是宝贵的性格。文中语气委婉而没有居高临下的味道，最后劝诫二生"择而取之"，取舍由他们自己去决定，这就容易令人接受。

▌王安石

王安石，字介甫，北宋著名政治家、文学家。封荆国公，世人又称"王荆公"。中进士后，先后任淮南判官、鄞县知县、舒州通判、常州知州等地方官吏；后入朝擢拔为参知政事，两度拜相，推行新法。王安石散文创作，峭拔雄健，说理透辟，概括力强，为"唐宋八大家"之一；诗词方面亦有很高成就。著有《临川先生文集》。

读孟尝君传

王安石

世皆称孟尝君能得士①，士以故归之，而卒赖其力②，以脱于虎豹之秦③。嗟乎！孟尝君特鸡鸣狗盗之雄耳④，岂足以言得士？不然，擅齐之强⑤，得一士焉，宜可以南面而制秦⑥，尚何取鸡鸣狗盗之力哉⑦？夫鸡鸣狗盗之出其门，此士之所以不至也。

【注释】

①孟尝君：战国时齐国人，姓田名文，战国四公子之一。②赖其力：依赖士人的智慧。③脱于虎豹之秦：据《史记·孟尝君列传》载，孟尝君被困在秦国，秦昭襄王要杀他。他的门客中有偷盗高手，偷到狐白裘献给秦王宠姬，孟尝君得救。当逃到函谷关时，天未亮。秦法规定，鸡叫开关。门客中学鸡叫，骗守吏开关门。于是孟尝君逃出秦国。④特鸡鸣狗盗之雄：只不过是鸡鸣狗盗之徒的领袖而已。⑤擅齐之强：占据强大的齐国。⑥宜：应当。南面：古代帝王面南称帝，此处指臣服秦国。⑦尚：还。

【译文】

世人都称孟尝君能够赢得贤士，贤士因此愿意投奔他，孟尝君终于依靠他们的力量，从像虎豹一样凶残的秦国逃脱出来。唉！孟尝君只不过是一群鸡鸣狗盗的首领罢了，哪里能说得到贤士？如果不是这样，孟尝君拥有强大的齐国，只要得到一个真正的贤士，就应当可以依靠国力面向南方称王而制服秦国，哪里还要借助鸡鸣狗盗之徒的力量呢？鸡鸣狗盗之徒出现在他的门下，这就是真正的贤士不到他门下的原因。

【评析】

这是一篇驳论文，主旨是推翻"孟尝君能得士"的传统说法。全篇只四句话、八十八个字，凡婉转四折，笔势峭拔，辞气横厉，可谓"文短气长"，"咫尺有千里之势"。清人赞之为："语语转，笔笔转，千秋绝调。"足以显示王安石务出新意、发人深思的敏锐洞察力。

同学一首别子固

王安石

江之南有贤人焉，字子固^①，非今所谓贤人者，予慕而友之；淮之南有贤人焉，字正之^②，非今所谓贤人者，予慕而友之。二贤人者，足未尝相过也，口未尝相语也，辞币未尝相接也^③；其师若友，岂尽同哉？予考其言行，其不相似者何其少也！曰：学圣人而已矣。学圣人，则其师若友，必学圣人者。圣人之言行，岂有二哉？其相似也适然。

予在淮南，为正之道子固，正之不予疑也；还江南，为子固道正之，子固亦以为然。予又知所谓贤人者，既相似又相信不疑也。子固作《怀友》一首遗予，其大略欲相扳以至乎中庸而后已^④。正之盖亦尝云尔。夫安驱徐行，辅中庸之庭^⑤，而造于其室^⑥，舍二贤人者而谁哉？予昔非敢自必其有至也，亦愿从事于左右焉尔，辅而进之其可也。

噫！官有守，私有系^⑦，会合不可以常也，作《同学一首别子固》，以相警，且相慰云。

【注释】

①子固：指曾巩，字子固。②正之：王安石朋友孙侔，字正之。吴兴（今属浙江）人。③辞币：指书信和钱物上的往来。④中庸：儒家思想，处理事务不偏不倚，适度，是道德行为的最高境界。⑤辅（lìn）：指车轮滚动行走。⑥造：到，去。⑦系：关系，交情，指有朋友。

【译文】

江南有一位贤人，字子固，他不是现在一般人所说的那种贤人，我敬慕他，并和他交朋友。淮南有一位贤人，字正之，他也不是现在一般人所说的那种贤人，我敬慕他，也和他交朋友。这两位贤人，不曾互相往来，不曾互相交谈，也没有互相赠送过礼品。他们的老师和朋友，难道都是相同的吗？我注意考察他们的言行，他们之间的不同之处该是多么少哇！应该说，这是他们学习圣人的结果。学习圣人，那么他们的老师和朋友，也必定是学习圣人的人。圣人的言行难道会有两样的吗？他们的相似也就是必然的了。

我在淮南，向正之称道子固，正之不怀疑我的话。回到江南，向子固称道正之，子固也很相信我的话。于是我知道被人们认为是贤人的人，他们的言行既相似，又互相信任而不猜疑。子固写了一篇《怀友》赠给我，其大意是希望互相帮助，以便达到中庸的标准才肯罢休。正之也曾经这样说过。驾着车子稳步前进，沿着中庸的门庭而进入内室，除了这两位贤人还能有谁呢？我过去不敢肯定自己有可能达到中庸的境地，但也愿意跟在他们左右奔走。在他们的帮助下前进，大概能够达到目的。

唉！做官的各有自己的职守，私人也有些事情的牵挂，我们之间不能经常相聚，作《同学一首别子固》，用来互相告诫，并且互相慰勉。

【评析】

本文是给曾巩的信，重点谈交友之道，与曾子的"君子以文会友以友辅仁"的观点完全一致。以圣人之道相互劝勉，起点高，值得深味。吴楚材、吴调侯说："笔情高寄，淡而飘远，自令人寻味无穷。"

游褒禅山记

王安石

褒禅山亦谓之华山，唐浮图慧褒①，始舍于其址②，而卒葬之；以故其后名之曰"褒禅"③。今所谓慧空禅院者，褒之庐冢也④。距其院东五里，所谓华阳洞者，以其乃华山之阳名之也⑤。距洞百余步，有碑仆道，其文漫灭⑥，独其为文犹可识，曰"花山"。今言"华"如"华实"之"华"者，盖音谬也⑦。

其下平旷，有泉侧出，而记游者甚众，所谓前洞也。由山以上五六里，有穴窈然⑧，入之甚寒，问其深，则其好游者不能穷也，谓之后洞。予与四人拥火以入⑨，入之愈深，其进愈难，而其见愈奇。有怠而欲出者⑩，曰："不出，火且尽。"遂与之俱出。盖予所至，比好游者尚不能十一⑪，然视其左右，来而记之者已少。盖其又深，则其至又加少矣。方是时⑫，予之力尚足以入，火尚足以明也。既其出，则或咎其欲出者⑬，而予亦悔其随之，而不得极乎游之乐也。

于是予有叹焉。古人之观于天地、山川、草木、虫鱼、鸟兽，往往有得，以其求思之深，而无不在也。夫夷以近⑭，则游者众；险以远，则至者少。而世之奇伟、瑰怪、非常之观⑮，常在于险远，而人之所罕至焉，故非有志者不能至也。有志矣，不随以止也，然力不足者，亦不能至也。有志与力，而又不随以怠，至于幽暗昏惑而无物以相之⑯，亦不能至也。然力足以至焉，于人为可讥，而在己为有悔；尽吾志也，而不能至者，可以无悔矣，其孰能讥之乎？此予之所得也！

予于仆碑⑰，又以悲夫古书之不存，后世之谬其传而莫能名者⑱，何可胜道也哉！此所以学者不可以不深思而慎取之也。

四人者：庐陵萧君圭君玉⑲，长乐王回深父⑳，余弟安国平父，安上纯父㉑。

【注释】

①浮图：梵语，音译，有佛、塔、寺院、和尚多义，此处指和尚。慧褒：唐代高僧。②舍于其址：居住在山脚下。址：山脚下。③禅：梵语禅那的省称，本意是静思，为佛教徒追求的一种境界。后来泛指与佛教有关的人或事。④庐冢（zǒng）：房屋和坟墓。应该是偏义复词，指坟墓。⑤阳：山之南面为阳。⑥漫灭：模糊或完全消失。⑦音谬：因为同音出现的错误。⑧窈然：深邃的样子。⑨拥火以入：相互簇拥着并拿着火把。⑩怠：懒惰且有些疲乏。⑪十一：十分之一。⑫方是时：当那个时候。⑬咎：责备。⑭夷以近：平坦而近的地方。⑮瑰怪：瑰丽奇怪。非常：不寻常。⑯相：辅助，一定的客观条件。⑰仆碑：扑倒的碑。⑱谬其传：以讹传讹。⑲庐陵：地名，即今江西省吉安市。萧君圭：字君玉。⑳长乐：今福建省长乐县。王回：字深父。㉑"余弟"句：王安石弟弟王安国字平父，王安上字纯父。

【译文】

褒禅山也称为华山。唐代和尚慧褒，当初在这里筑室居住，死后又葬在那里，因此后人就称此山为"褒禅山"。现在所谓的慧空禅院，就是当初慧褒和尚墓边的庐舍。距离那禅院东边五里，是人们所说的华阳洞，因为它在华山南面而这样命名。距离山洞一百多步，有一座石碑倒在路旁，上面的文字已被剥蚀、损坏近乎磨灭，只勉强能认得出的文字说"花山"。现在说"华"是"华实"的"华"，大概是读音相同产生的错误。

由此向下平坦而空阔，有山泉从旁边涌出，在这里游览、题记的人很多——这就是人们所说的"前洞"。经由山路向上五六里，有个幽深的洞穴，进去便感到寒气逼人，打听它的深度，就是那些喜欢游险的人也未能走到尽头，这是人们所说的"后洞"。我与四个人打着火把走进去，进去越深，前进越困难，而所见到的景象越奇妙。有个懒于前进而想退出的伙伴说："再不出去，火把就要熄灭了。"于是，只好都跟他退出来。我们走进去的深度，比起那些喜欢游险的人来，大概还不足十分之一，然而看看左右的石壁，来此而题记的人已经很少了。洞内更深的地方，大概来到的游人就更少了。当那个时候，我的体力还足够前进，火把还能够继续照明。我们出洞以后，就有人埋怨那主张退出的人，我也后悔跟他出来，而未能享尽游洞的乐趣。

因此我便很有感慨。古人观察天地、山川、草木、虫鱼、鸟兽，大多能有所收获，是因为他们探究、思考问题深远而广泛全面。道路平坦距离又近的地方，前来游览的人便多；道路艰险而又偏远的地方，前来游览的人便少。但是世上奇妙雄伟、珍异奇特、非同寻常的景观，常常在那险阻、僻远，很少有人到的地方，所以，没有意志的人是不能到达的。有志气，不盲从别人而停止，但是体力不足的，也不能到达。有了志气与体力，也不盲从别人而有所懈怠，但到了那幽深昏暗、令人迷乱的地方却没有必要的物件来辅助，也不能到达。然而，力量足以达到目的而未能达到，在别人看来是可以讥笑的，在自己来说也有所悔恨；尽自己心志而未能达到，便可以无所悔恨，还有谁能讥笑他吗？这就是我得到的收获。

对于那倒在路上的石碑，我又感叹古代刻写的文献未能存留，后世讹传而无人弄清其真相的事，哪能说得完呢？这就是学者不可不深入思考而谨慎取舍的原因了。

同游的四个人：庐陵人萧君圭，字君玉；长乐人王回，字深父；我的弟弟安国，字平父；安上，字纯父。

【评析】

这是一篇十分别致的记游文字。名曰游记，却着意于即事明理，抒发作者关于治学的见解，而不在于描摹山川之美，景物之胜。其主旨是要说明"夫夷以近，则游者众；险以远，则至者少。而世之奇伟、瑰怪、非常之观，常在险远"，而要达到险远之理想境地，只有具备志、力与相助之物这三个条件，才能到达理想的境地。

这种感悟对于人生来说有重要的启迪。"然力足以至焉，于人为可讥，而在己为有悔；尽吾志也，而不能至者，可以无悔矣，其孰能讥之乎？"几句是鼓励我勇敢前行而从不止步的座右铭。故很敬仰地感谢王安石。行文之中，作者把记叙、感悟、议论熔于一炉，充满思辨色彩、哲学意蕴，能帮助读者获得一些规律性的启示。

泰州海陵县主簿许君墓志铭

王安石

君讳平①，字秉之，姓许氏。余尝谱其世家，所谓今泰州海陵县主簿者也②。君既与兄元相友爱称天下③，而自少卓荦不羁④，善辩说，与其兄俱以智略为当世大人所器。宝元时⑤，朝廷开方略之选，以招天下异能之士，而陕西大帅范文正公⑥、郑文肃公争以君所为书以荐⑦，于是得召试，为太庙斋郎⑧，已而选泰州海陵县主簿。贵人多荐君有大才，可试以事，不宜弃之州县。君亦尝慨然自许，欲有所为。然终不得一用其智能以卒。噫！其可哀也已。

士固有离世异俗，独行其意，骂讥、笑侮、困辱而不悔，彼皆无众人之求而有所待于后世者也，其龃龉固宜⑨。若夫智谋功名之士，窥时俯仰以赴势物之会，而辄不遇者，乃亦不可胜数。辩足以移万物，而穷于用说之时；谋足以夺三军，而辱于右武之国⑩，此又何说哉！嗟乎！彼有所待而不遇者，其知之矣。

君年五十九，以嘉祐某年某月某甲子葬真州之扬子县甘露乡某所之原。夫人李氏。子男瓌，不仕⑪；璋，真州司户参军；琦，太庙斋郎；琳，进士。女子五人，已嫁二人，进士周奉先、泰州泰兴县令陶舜元。

铭曰：有拔而起之，莫挤而止之。呜呼许君！而已于斯，谁或使之？

【注释】

①讳：古代不直接说别人名字，而加一"讳"字，表尊敬。②泰州海陵县：今江苏省泰县。主簿：县令副手，主管簿籍文书。③兄元：许平兄长许元。朝廷命官，历任扬州、越州、泰州知州。④卓荦：卓越出群。不羁：旷达而不拘谨。⑤宝元：宋仁宗年号（1038—1040）。⑥范文正公：名仲淹，字希文，苏州吴县人，为宋名臣。⑦郑文肃公：名戬，字天休，苏州吴县人。

⑧太庙斋郎：太庙祭祀时主持的小吏。⑨龃龉（ jǔ yǔ）：这里指政治意见不合。⑩右武：崇尚武道。⑪不仕：没有做官。

【译文】

先生名平，字秉之，姓许。我曾经编过他的家谱，他就是家谱上边所说的现在任泰州海陵县的主簿。先生不但与兄长许元相互友爱并被天下称赞，而且从少年时就超出一般人，很放达而不受拘谨，擅长辩论，与哥哥都因富有才智谋略而被当世的大人先生所器重。仁宗宝元年间，朝廷开设方略科，以招纳天下具有特异才能的人才。当时陕西大帅范文正公范仲淹、郑文肃公郑戬，争相写信推荐先生，于是被征召进京应试，结果被任命为太庙斋郎，不久被选派做泰州海陵县主簿。朝中的大臣多荐举先生有雄才大略，应该任用做重要的事以考验他，不应该把他放置在州、县做一般官吏。许君也曾经意气慷慨，自信自负，想有一番作为。但终究没能有一次显示自己才智的机会就死去了。唉！真令人哀伤啊！

读书人当中本来就有那种远离尘世、与世俗不合，一味按自己的意图行事的人，即使受到讽刺谩骂、嘲笑侮辱、穷苦愁困都不后悔，他们都没有一般人那种对名利的营求之心，而对后世有所期望。因此他们的失意、不合时宜也是应该的。至于那些富有机智谋略而追求功名利禄的读书人，观察时机而逢迎干谒，去营求权势和物利，而不能得志的，也难以数记。然而，才辩足以改变一切事物，却在重用游说的时代困穷；智谋足以夺取三军的统帅，却在崇尚武力的国家遭受屈辱，这种情况又怎么解释呢？唉！那些对后世有所期待，遭受困厄却不后悔的人，大概理解其中的原因吧！

许君死时五十九岁，在仁宗嘉祐某年某月某日葬于真州扬子县甘露乡某地的原上。夫人姓李。长子名瓛，没有做官；次子名璋，任真州司户参军；三子名琦，任太庙斋郎；四子名琳，中了进士。五个女儿，已经出嫁的两个，一个嫁于进士周奉先，一个嫁于泰州泰兴县令陶舜元。

墓碑上的铭文是：有人提拔而任用他，没有谁排挤而阻碍他。唉！许君却死于海陵县主簿这样微小的官位上，是什么人使他这样的呢？

【评析】

许平是终身不得志的普通官吏。这篇墓志铭主要哀悼许平有才能而屈居下位之悲剧。最后铭文只二十余字，概括许平一生遭遇，隐含强烈的悲愤。

卷之十二

宋濂

宋濂，字景濂，号潜溪，明初主要开国文臣、著名散文家。自幼刻苦励学，元末，受业于古文大家吴莱、柳贯等；曾被荐为翰林院编修，辞不应召，隐居著书。明初，就任江南儒学提举，为太子朱标讲经，主修《元史》。后以年老，辞官归里。因长孙被牵连到胡惟庸党案，全家被流放四川茂州，病死途中。由于学识渊博，蜚声海内外。有《宋学士集》传世。

送天台陈庭学

宋濂

西南山水，惟川蜀最奇。然去中州万里[①]，陆有剑阁栈道之险[②]，水有瞿塘、滟滪之虞[③]。跨马行，则竹间山高者，累旬日不见其巅际。临上而俯视，绝壑万仞，杳莫测其所穷，肝胆为之掉栗[④]。水行，则江石悍利，波恶涡诡[⑤]，舟一失势尺寸，辄糜碎土沉[⑥]，下饱鱼鳖。其难至如此。故非仕有力者，不可以游；非材有文者，纵游无所得；非壮强者，多老死于其地。嗜奇之士恨焉[⑦]。

天台陈君庭学[⑧]，能为诗，由中书左司掾，屡从大将北征，有劳，擢四川都指挥司照磨[⑨]，由水道至成都。成都，川蜀之要地，扬子云[⑩]、司马相如[⑪]、诸葛武侯之所居[⑫]，英雄俊杰战攻驻守之迹，诗人文士游眺饮射，赋咏歌呼之所，庭学无不历览。既览必发为诗，以纪其景物时世之变，于是其诗益工。越三年，以例自免归，会予于京师；其气愈充，其语愈壮，其志意愈高；盖得于山水之助者侈矣。

予甚自愧，方予少时，尝有志于出游天下，顾以学未成而不暇。及年壮方可出，而四方兵起，无所投足。逮今圣主兴而宇内定，极海之际，合为一家，而予齿益加耄矣。欲如庭学之游，尚可得乎？

然吾闻古之贤士，若颜回、原宪[⑬]，皆坐守陋室，蓬蒿没户，而志意常充然，有若囊括于天地者。此其故何也？得无有出于山水之外者乎？庭学其试归而求焉？苟有所得，则以告予，予将不一愧而已也！

【注释】

①中州：指中原一带。狭义的中州指今河南一带。②剑阁栈道：在今四川省剑阁县北。栈道：凿石架木所修建的通道。③瞿塘：即瞿塘峡，长江三峡第一峡，水流湍急。滟滪：即滟滪堆，瞿塘峡口中间巨大礁石，是古代著名险滩。④掉栗：即"悼栗"，心惊胆战。⑤波恶：波浪大而凶险。涡诡：水的漩涡诡怪。⑥糜：破碎。⑦嗜：爱好。⑧天台：县名，今属浙江省。⑨擢：提拔。都指挥司：明代在各省设置的地方军事机关。照磨：都指挥司属官，主管文书事宜。⑩扬子云：即扬雄，西汉著名文学家、哲学家。⑪司马相如：西汉著名文学家。⑫诸葛武侯，即诸葛亮。⑬颜回：即颜渊；原宪，即子思。二人都是孔子的学生。

【译文】

我国西南一带的山水，只四川境内最为奇特。但那里与中原一带相距万里之遥，陆路上有剑阁栈道之类的险阻；水路上有瞿塘峡、滟滪堆之类的忧虑。骑着马走，沿路层层竹林遮蔽高山，连续十来天，仰头看不到山顶；登上高处往下俯瞰，绝险的山谷有几万尺深，茫茫渺渺看不到谷底，令人惊恐万状，肝胆颤抖。乘船在水中行，江水悍猛，礁石尖利，波涛险恶，旋涡诡异，船只一旦稍微失去控驭，偏离航道仅有尺寸大小，就被撞得粉碎像泥土般下沉，船中人便喂饱了江中鱼鳖之腹，通往四川的道路艰难到这种地步。因此，不是做官出仕富有财力的人不能前往游历；不是天生富有文才的人，即使游览了也无所得；不是身壮体强的人，大多老死在那里。喜欢寻奇探胜的人因而心存憾恨。

天台士人陈庭学君，会写诗。他由中书左司掾，屡次随从大将北征，颇有功劳，升任四川都指挥司照磨，从水路到了成都。成都，是四川的要地，扬雄、司马相如、诸葛亮等名人住过的地方。入川后，凡是英雄俊杰争战攻取、驻扎戍守的遗迹，诗人文士游览登临、饮酒射投、赋诗咏诗、歌唱呼啸的处所，庭学没有不去游历观览的。他既经游览，就必定写诗抒发感受，来记写那景物时世的变迁。于是他的诗歌愈加工妙。过了三年，庭学依照惯例辞官归家，在京城和我会面。他的精神更加饱满，言谈越发宏壮，志向意趣愈加高远，这大概是因为在川蜀山水中得到了很多的助益吧。

我很惭愧，当我年轻的时候，曾经有出外游历天下的志愿，但是因为学业未成，没有空闲的时间。到了壮年可以出游时，四面八方战火纷飞，没有落脚的地方。及至当今，圣明天子兴起，天下安定，远到海边，合为一家，而我已经年龄大了。想要再像庭学君那样去游历，还能够做到吗？

不过，我听说古代的贤士，如孔子的弟子颜回、原宪等，大都坐守乡间甘居陋室，蓬蒿杂草遮没了门户，但他们的志向意趣却经常是很充沛的，好像他们的胸中存在足以包容天地万物的精神力量。这是什么原因呢？莫非有超出山水之外的东西吗？希望庭学君归去之后，尝试探求一番。如果有什么新的体会，请把它告诉我，我将不仅仅因为庭学曾经游历川蜀这一点而惭愧了。

【评析】

宋濂与韩愈、欧阳修有相似处，都喜欢奖掖后进，道德很高。他晚年写过不少赠序，以本文和另一篇《送东阳马生序》最为著名。本文首先肯定游览名山大川对写作上的裨益，而在最后提出新见，即"坐守陋室"也照样可以修身养性。其实是对陈庭学提出劝诫，希望陈庭学更要重视提高个人修养。这对于一切年轻人同样都有警示意义。

阅江楼记

宋濂

金陵为帝王之州①。自六朝迄于南唐，类皆偏据一方，无以应山川之王气。逮我皇帝②，定鼎于兹③，始足以当之。由是声教所暨④，罔间朔南⑤；存神穆清⑥，与天同体。虽一豫一游⑦，亦可为天下后世法。京城之西北有狮子山⑧，自卢龙蜿蜒而来⑨。长江如虹贯，蟠绕其下。上以其地雄胜，诏建楼于巅，与民同游观之乐。遂锡嘉名为"阅江"云⑩。

登览之顷，万象森列，千载之秘，一旦轩露⑪。岂非天造地设，以俟大一统之君，而开千万世之伟观者欤？当风日清美，法驾幸临⑫，升其崇椒⑬，凭阑遥瞩，必悠然而动遐思。见江汉之朝宗⑭，诸侯之述职，城池之高深，关阨之严固，必曰："此朕栉风沐雨⑮，战胜攻取之所致也。"中夏之广⑯，益思有以保之。见波涛之浩荡，风帆之上下，番舶接迹而来庭，蛮琛联肩而入贡⑰，必曰："此朕德绥威服⑱，覃及外内之所及也⑲。"四陲之远，益思有以柔之。见两岸之间，四郊之上，耕人有炙肤皲足之烦⑳，农女有捋桑行馌之勤㉑，必曰："此朕拔诸水火而登于衽席者也㉒。"万方之民，益思有以安之。触类而思，不一而足。臣知斯楼之建，皇上所以发舒精神，因物兴感，无不寓其致治之思，奚止阅夫长江而已哉？彼临春、结绮㉓，非弗华矣；齐云、落星㉔，非不高矣。不过乐管弦之淫响，藏燕赵之艳姬。不旋踵间而感慨系之，臣不知其为何说也。

虽然，长江发源岷山，委蛇七千余里而入海㉕，白涌碧翻，六朝之时，往往倚之为天堑；今则南北一家，视为安流，无所事乎战争矣。然则，果谁之力欤？逢掖之士㉖，有登斯楼而阅斯江者，当思帝德如天，荡荡难名㉗，与神禹疏凿之功同一周极㉘。忠君报上之心，其有不油然而兴者耶？

臣不敏，奉旨撰记，欲上推宵旰图治之功者㉙，勒诸贞珉㉚。他若留连光景之辞，皆略而不陈，惧亵也。

【注释】

①金陵：今江苏南京市。②皇帝：指明太祖朱元璋。③定鼎：传说夏禹铸九鼎以象征九州，历商周，都作为传国重器置于国都，后因称定都或建立王朝为定鼎。④暨：至。⑤罔间朔南：不分南北。⑥穆清：指天。⑦一豫一游：谓巡游。《孟子·梁惠王下》："夏谚曰：吾王不游，吾何以休；吾王不豫，吾何以助。"豫：义同"游"。⑧狮子山：晋时名卢龙山，明初，因其形似狻猊，改名为狮子山。西临大江，有高屋建瓴之势，自古以来是南京西北部的屏障，为兵家必争之地。⑨卢龙：卢龙山，在今江苏江宁县西北。⑩锡：赐。⑪轩露：显露。⑫法驾：皇帝的车驾。⑬崇椒：高高的山顶。⑭江汉之朝宗：《尚书·禹贡》："江汉朝宗于海。"意为江汉等大川以海为宗。⑮栉（zhì）风沐雨：风梳发，雨洗头，形容奔波的辛劳。⑯中夏：中国华夏，这里指全国。⑰琛（chēn）：珍宝。⑱德绥：用德安抚。⑲罩：延。⑳皲（jūn）足：冻裂脚上的皮肤。㉑行馌（yè）：为田里耕作的农夫送饭。㉒衽（rèn）席：卧席。意为有寝息之所。㉓临春、结绮：南朝陈后主所建之阁。自居临春阁，张贵妃居结绮阁，更有望春阁，用以居龚、孔二贵嫔。㉔齐云：唐曹恭王所建之楼，后又名"飞云阁"。落星：三国时吴大帝所建，故址在今江苏南京市东北。㉕委蛇：亦作"逶迤"，连绵曲折。㉖逢掖：宽袖之衣，古代儒者所服，因用作士人的代称。㉗荡荡难名：《论语·泰伯》："巍巍乎！唯天为大，唯尧则之。荡荡乎！民无能名焉。"㉘神禹疏凿之功：指夏禹治水之功。㉙宵旰（gàn）：即"宵衣旰食"，指勤于政务，早起晚食。㉚勒：刻。贞珉：指碑石。

【译文】

　　金陵是帝王居住的城邑。从六朝以至南唐，全都是偏安一方，无法与当地山川所呈现的王气相适应。直到当今皇上，建国定都于此，才足以与之相当。从此声威教化所及，不因地分南北而有所阻隔；涵养精神和穆而清明，几乎与天道融为一体。即使一次巡游，一次娱乐，也想到怎样被天下后世效法。京城的西北方有座狮子山，是从卢龙山蜿蜒伸展而来。长江有如一线长虹，盘绕着流过山脚下。皇上因为这地方形势雄伟壮观，下诏在山顶上建楼，与百姓同享游览观景之乐，于是赐予它美妙的名字叫"阅江"。

　　登上楼极目四望，万千景色次第罗列，千年的大地秘藏，顷刻显露无遗。这难道不是天地有意造就了美景，以等待一统海内的明君，来展现千秋万世的奇观吗？每当风和日暖的时候，皇上的车驾降临，登上山巅，倚着栏杆远眺，必定神情悠悠而启动遐想。看见长江汉江的流水滔滔东去，诸侯赴京朝见天子，高深的城池，严密固防的关隘，必定说："这是我栉风沐雨、战胜强敌、攻城取地所获得的啊。"广阔的中华大地，更感到想要怎样来保全它。看见波涛的浩荡起伏，帆船的上下颠簸，外国船只连续前来朝见，四方珍宝争相进贡奉献，必定说："这是我用恩德安抚、以威力镇服，声望延及内外所达到的啊。"四方僻远的边陲，更想到要设法有所安抚它们。看见大江两岸之间、四郊田野之上，耕夫有烈日烘烤皮肤、寒气冻裂脚趾的烦劳，农女有采桑送饭的辛勤，必定说："这是我拯救于水火之中，而安置于床席之上的人啊。"对于天下的黎民，更想到要让他们安居乐业。由看到这类现象而触发的感慨推及起来，真是不胜枚举。我知道这座楼的兴建，是皇上用来舒展自己的怀抱，凭借着景物而触发感慨，无不寄寓着他志在治理天下的思绪，何止是仅仅观赏长江的风景呢？那临春阁、结绮阁，不是不华美啊；齐云楼、落星楼，不是不高大啊。但无非是因为演奏了淫荡的歌曲而感到快乐，或藏匿着燕赵的美女以供寻欢。但转瞬之间便与无穷的感慨联结在一起了，我真不知怎样来解释它啊。

　　虽然这样，长江发源于岷山，曲折蜿蜒地流经七千余里才向东入海，白波汹涌、碧浪翻腾，六朝之时，往往将它作为天然险阻。如今已是南北一家，于是视长江为平安河流，不再用于战争了。然而，这到底是谁的力量呢？读书人有登上此楼观看此江的，应当想到皇上的恩德有如苍天，浩浩荡荡难以形容它的广阔，简直与大禹凿山疏水拯救万民的功绩同样地无边无际。忠君报国的心情，难道还有不油然而生的吗？

621

我没有才能，奉皇上旨意撰写这篇记文，于是准备将心中替皇上考虑到的昼夜辛劳操持国事最急切之处，铭刻于碑石。至于其他流连光景的言辞，一概略而不言，唯恐有所亵渎。

【评析】

阅江楼，在今南京狮子山，为明代开国皇帝朱元璋诏令所建。本文是宋濂奉诏所写。文章很巧妙，歌功颂德很得体，朱元璋推翻蒙古族统治，在华夏历史上具有特殊意义。文章同时也意存讽劝。又能援引历史上，特别是六朝覆灭的事实，达到"以史为鉴"之目的。寓规劝于叙事，当是本文的主旨所在。宋濂为一代宗师，文风庄重浑厚，语言简洁得体。本文堪称代表作之一。文中写到皇帝在登楼时的种种心理活动颇有弦外之音，即为皇帝敲响警钟，暗喻皇帝要处处关心国事民瘼，而不应为观赏胜景而登临。

全文有叙有议，骈散兼备，显出作者非凡的功力。如"声教所暨，罔间朔南，存神穆清，与天同体"，"登览之顷，万象森列，千载之秘，一旦轩露"之类的四字句，读起来铿锵有力，颇具音韵之美。

刘基

刘基，字伯温，明朝开国功臣、政治家、军事家，也是著名散文家、寓言小品作家。元末进士，曾任高安县丞、江浙儒学提举等职；因遭排挤，归隐著书十余载。朱元璋起兵后，应邀出仕，协助开创帝业；官至御史中丞兼太史令，封诚意伯。后遭疑忌，辞官返乡，忧愤而死。有《诚意伯文集》。

司马季主论卜

刘基

东陵侯既废①，过司马季主而卜焉②。

季主曰："君侯何卜也③？"东陵侯曰："久卧者思起，久蛰者思启④，久懑者思嚏⑤。吾闻之：蓄极则泄，闷极则达⑥，热极则风，壅极则通⑦。一冬一春，靡屈不伸⑧；一起一伏，无往不复。仆窃有疑，愿受教焉。"季主曰："若是⑨，则君侯已喻之矣⑩，又何卜为？"东陵侯曰："仆未究其奥也⑪，愿先生卒教之。"

季主乃言曰："呜呼！天道何亲？惟德之亲⑫；鬼神何灵？因人而灵。夫蓍⑬，枯草也；龟，枯骨也，物也。人灵于物者也，何不自听，而听于物乎？且君侯何不思昔者也？有昔者必有今日。是故碎瓦颓垣⑭，昔日之歌楼舞馆也；荒榛断梗⑮，昔日之琼蕤玉树也⑯；露蛬风蝉⑰，昔日之凤笙龙笛也⑱；鬼磷萤火⑲，昔日之金釭华烛也⑳；秋荼春荠㉑，昔日之象白驼峰也㉒；丹枫白荻㉓，昔日之蜀锦齐纨也㉔。昔日之所无，今日有之不为过；昔日之所有，今日无之不为不足。是故一昼一夜，华开者谢；一春一秋，物故者新。激湍之下㉕，必有深潭；高丘之下，必有浚谷㉖。君侯亦知之矣，何以卜为？"

【注释】

①东陵侯：邵平，秦时封东陵侯。秦亡后，在长安城东种瓜卖瓜，瓜有五色，味美，时人称东陵瓜。②司马季主：作者虚拟的人物。③君侯：汉代对有爵位者的尊称。④蛰：虫类冬眠。启：开启闭塞。⑤懑：气息不通畅。嚏：喷嚏。⑥闷：同"闭"，闭塞。⑦壅：阻塞。⑧摩屈不伸：没有弯曲后不伸展的。⑨若是：如果是这样。⑩喻：知晓、明白。⑪奥：奥妙、奥秘。⑫惟德之亲：语出《尚书·蔡仲之命》中"皇天无亲，惟德是辅"。⑬蓍（shī）：一种草，古人用茎来占卜。⑭颓垣：坍塌的墙头。⑮荒榛（zhēn）：荒芜的榛子。断梗：折断的树枝。⑯琼蕤（ruǐ）：珍贵美好的树木。⑰露蛬风蝉：生活在野外风露中各种蛬和蝉。⑱凤笙：管乐器，形状如凤的笙。龙笛：一端有龙形装饰的笛。⑲鬼磷萤火：萤火虫和磷火，俗称"鬼火"。⑳金釭（gāng）：金饰的灯。华烛：花烛，高档蜡烛。㉑秋荼（tú）：苦菜。荠：荠菜。㉒象白：象的脂肪。驼峰：骆驼峰的肉，都是名菜。㉓丹枫白荻：红色的枫叶和白色芦花。㉔蜀锦：蜀地出产的锦。齐纨：齐地出产的白色细绢。㉕激湍之下：冲击力很强的水流。㉖浚谷：很深的山谷。

【译文】

东陵侯被废弃以后，走访司马季主而去占卜。

季主说："您要占卜什么事呢？"东陵侯说："躺卧时间长了就想起来，闭门独居久了就想出去，胸中积闷久了就想打喷嚏。我听说，积聚过多就要宣泄，烦郁至极就要开畅，闷热太甚就会起风，堵塞过分就会流通。有一冬就有一春，没有只屈而不伸的；有一起就有一伏，没有只去不来的。我私下有所怀疑，希望得到你的指教。"

季主说："既然这样，那么您已经明白了，又何必要占卜呢？"东陵侯说："我未能深入理解其中的高深微妙，希望先生能指点究竟。"

季主于是说道："唉！天道和什么人亲？只和有德的人亲。鬼神怎么会灵？靠着人相信才灵。蓍草不过是枯草，龟甲不过是枯骨，都是物。人比物灵敏聪明，为什么不听从自己，却听命于物呢？而且，您为什么不想一下过去呢？有过去就必然有今天。所以，现在的碎瓦坏墙，就是过去的歌楼舞馆；现在的荒棘断梗，就是过去的琼花玉树；现在在风露中哀鸣的蟋蟀和蝉，就是过去的凤笙龙笛；现在的鬼火萤光，就是过去的金灯华烛；现在秋天的苦菜，春天的荠菜，就是过去的象脂驼峰；现在红的枫叶，白的荻草，就是过去的蜀产美锦，齐制细绢。过去没有的现在有了，不算过分；过去有过的现在没有了，也不能算不足。所以从白昼到黑夜，盛开的花朵凋谢了；从秋天到春天，凋萎的植物又发出新芽。激流漩涡下面，必定有深潭；高峻的山丘下面，必定有深谷。这些道理您也已经知道了，何必还要占卜呢？"

【评析】

本文具有寓言性质，用秦汉之际东陵侯邵平与卜者司马季主对话的形式，论述有盛必有衰、有兴必有废，世事循环往复的道理。"天道何亲？惟德之亲；鬼神何灵？因人而灵"两句是主旨，说明天道唯亲道德，而鬼神也因人而灵，具有很强的哲理。李白有诗："升沉应已定，不必问君平。"司马季主回答："君侯亦知之矣，何以卜为？"意思完全一样。

卖柑者言

刘基

杭有卖果者，善藏柑，涉寒暑不溃①。出之烨然②，玉质而金色。置于市，贾十倍③，人争鬻之。予贸得其一④，剖之，如有烟扑口鼻，视其中，干若败絮。予怪而问之曰："若所市于人者，将以实笾豆⑤，奉祭祀，供宾客乎？将衒外以惑愚瞽也⑥？甚矣哉，为欺也！"

卖者笑曰："吾业是有年矣⑦，吾赖是以食吾躯⑧。吾售之，人取之，未尝有言，而独不足子所乎？世之为欺者不寡矣，而独我也乎？吾子未之思也。

今夫佩虎符、坐皋比者⑨，洸洸乎干城之具也⑩，果能授孙吴之略耶⑪？峨大冠、拖长绅者⑫，昂昂乎庙堂之器也⑬，果能建伊皋之业耶⑭？盗起而不知御，民困而不知救，吏奸而不知禁，法斁而不知理⑮，坐糜廪粟而不知耻。观其坐高堂，骑大马，醉醇醴而饫肥鲜者⑯，孰不巍巍乎可畏，赫赫乎可象也⑰，又何往而不金玉其外，败絮其中也哉！今子是之不察，而以察吾柑！"

予默默无以应。退而思其言，类东方生滑稽之流⑱。岂其愤世疾邪者耶？而托于柑以讽耶？

【注释】

①溃：腐烂。②烨然：光亮新鲜貌。③贾十倍：价格是十倍。④贸得其一：买到一个。⑤笾豆：古代祭祀用的礼器。⑥愚瞽：傻子和瞎子。⑦业是有年：从事这个买卖有很多年。⑧食吾躯：养活我自己。⑨佩虎符：佩戴兵符，即将军。皋比：披在椅子上的虎皮，指武将的座椅。⑩洸洸（guāng guāng）：威武的样子。干城之具：捍卫国家安全的工具，即大将之才能。⑪孙吴：古代名将孙武和吴起。⑫峨：高。绅：腰带。戴大冠、拖长绅是文官的服饰。⑬昂昂：扬眉吐气高傲的样子。庙堂：朝廷。⑭伊皋：古代著名贤相伊尹和皋陶。⑮斁（dù）：败坏。⑯醇醴：味浓的美酒。饫：饱食。⑰赫赫：显赫的样子。可象：可以效法。⑱东方生滑稽：像东方朔那样诙谐幽默的人。

【译文】

杭州有个卖水果的人，擅长贮藏柑橘，经过冬夏也不腐烂，拿出的时候还是光彩鲜明的样子，玉石一样的质地，金灿灿的颜色。放到市场上卖，价格高出普通柑橘十倍，人们争相购买柑橘。我买到一个，切开它，像有股烟直扑口鼻，看它的里面，干得像破烂的棉絮。我对此感到奇怪，问他说："你卖给别人的柑橘，是将要用来装满在盛祭品的容器中，供奉神灵、招待宾客的吗，还是要炫耀它的外表用来迷惑傻瓜和盲人的吗？实在太过分了，做这种欺骗的事！"

卖柑橘的人笑着说："我从事这个行业已有好多年了。我依靠这个用来养活自己。我卖它，别人买它，不曾有人说过什么，却唯独不能满足您的要求吗？世上做欺骗事的人不少，难道只有我一个吗？你没有好好的思考。现在那些佩戴虎形兵符、坐在将军坐席上的人，那威武的样子，好像是捍卫国家的将才，他们真的有孙武、吴起的谋略吗？那些戴着高帽子，拖着长长带子的人，气宇轩昂的样子像是国家的栋梁之材，他们真的能建立伊尹、皋陶的业绩吗？偷盗四起却不懂得抵御，百姓困顿却不懂得救助，官吏狡诈却不懂得禁止，法度败坏却不懂得治理，白白地浪费国家粮食却不懂得羞耻。看看那些坐在高堂上，骑着大马，喝着美酒，吃着美食的人，谁不是高大的外表而令人敬畏，显赫过人好像值得效仿。可是无论到哪里，又有谁不是外表如金似玉、内里破败得像破絮呢？现在你不考察这些现象，却只看到我的柑橘！"

我默默地没有话用来回答。回来思考这卖柑橘人的话，觉得他像东方朔那样是诙谐多讽、机智善辩的人。难道他是对世间邪恶现象激愤痛恨之人吗？是借托柑橘用来讽刺吗？

【评析】

本文是一篇寓言体散文。作者借一卖柑橘小贩的话，用类比推理的方法讽刺、揭露官场上"金玉其外，败絮其中""欺世盗名"的行径；以形象、贴切的比喻，揭示了元末社会盗贼蜂起，官吏贪污，法制败坏，民不聊生的现实，有力地讽刺和鞭挞了那些冠冕堂皇、声威显赫、道貌岸然的达官贵人们本质上都是"金玉其外，败絮其中"的人物，从而有力抨击了统治者及统治集团的腐朽无能，揭示了当时社会的黑暗，抒发了作者愤世嫉俗的情感。文章构思奇巧，出语溪刻，寓意深邃。"金玉其外，败絮其中"已经凝固为成语。

▋方孝孺

方孝孺，字希直，又字希古。人称正学先生。宋濂的学生，明太祖时授汉中府教授，惠帝时任侍讲学士。燕王起兵入南京，命他起草登基诏书，被他严词拒绝。不从，被灭十族。著有《逊志斋集》。

深虑论
方孝孺

虑天下者，常图其所难而忽其所易①，备其所可畏而遗其所不疑②。然而，祸常发于所忽之中，而乱常起于不足疑之事。岂其虑之未周与？盖虑之所能及者，人事之宜然，而出于智力之所不及者，天道也③。

　　当秦之世，而灭诸侯④，一天下。而其心以为周之亡在乎诸侯之强耳，变封建而为郡县⑤。方以为兵革可以不复用，天子之位可以世守，而不知汉帝起陇亩之中⑥，而卒亡秦之社稷。汉惩秦之孤立，于是大建庶孽而为诸侯⑦，以为同姓之亲，可以相继而无变，而七国萌篡弑之谋⑧。武、宣以后，稍剖析之而分其势⑨，以为无事矣，而王莽卒移汉祚⑩。光武之惩哀、平⑪，魏之惩汉，晋之惩魏，各惩其所由亡而为之备。而其亡也，盖出于所备之外。

　　唐太宗闻武氏之杀其子孙⑫，求人于疑似之际而除之，而武氏日侍其左右而不悟⑬。宋太祖见五代方镇之足以制其君⑭，尽释其兵权⑮，使力弱而易制，而不知子孙卒困于敌国。此其人皆有出人之智、盖世之才，其于治乱存亡之几，思之详而备之审矣。虑切于此而祸兴于彼，终至乱亡者，何哉？盖智可以谋人，而不可以谋天。

　　良医之子，多死于病；良巫之子，多死于鬼。岂工于活人而拙于谋子也哉？乃工于谋人而拙于谋天也。古之圣人，知天下后世之变，非智虑之所能周，非法术之所能制，不敢肆其私谋诡计，而唯积至诚，用大德以结乎天心，使天眷其德，若慈母之保赤子而不忍释⑯。故其子孙，虽有至愚不肖者足以亡国，而天卒不忍遽亡之。此虑之远者也。夫苟不能自结于天，而欲以区区之智笼络当世之务，而必后世之无危亡，此理之所必无者，而岂天道哉！

【注释】

　　①图：谋划，设法对付。②遗：放弃，忽略。③天道：天意，天命。④灭诸侯：指秦先后灭韩、魏、楚、赵、燕、齐六国。⑤封建：指自周以来的分封制。郡县：秦统一六国后，实行中央集权制，将全国分为三十六郡，郡下设县，郡县长官，均由中央任免。⑥汉帝：指汉高祖刘邦。起陇亩之中：刘邦出身农民家庭，起兵反秦前，只做过乡村小吏"泗水亭长"。陇：田垄。⑦建庶孽：指汉高祖即位后大封同姓诸侯王。⑧七国：指汉高祖所分封的吴、楚、赵、胶东、胶西、济南、临淄七个同姓诸侯王。篡弑之谋：汉景帝在位时，吴王刘濞为首的七国，以诛晁错为名，举兵叛乱。史称"七国之乱"。⑨剖析：分割削弱。⑩王莽：西汉末年外戚，逐渐掌权后称帝，于公元9年改国号为"新"。祚（zuò）：皇位。⑪光武：东汉光武帝刘秀。哀、平：西汉末年的哀帝刘欣、平帝刘衍。⑫唐太宗：李世民。武氏之杀其子孙：贞观十二年（648），民间流传《秘记》

说："唐三世之后，女主武氏代有天下。"太宗问太史令李淳风，答道："臣仰观天象，俯察历数，其人已在陛下宫中，不过三十年，当王天下，杀唐子孙殆尽。"⑬武氏：指武则天，她十四岁被唐太宗选入宫中为才人。高宗时立为皇后，参预朝政。其后自称圣神皇帝，改国号为周。她执政数十年间，屡兴大狱，冤杀许多李唐宗室和朝臣。⑭宋太祖：赵匡胤，宋朝开国皇帝。五代方镇：指唐代以后五代的后梁朱全忠、后唐李存勖、后晋石敬瑭、后汉刘知远、后周郭威等拥有兵权的藩镇。⑮尽释其兵权：赵匡胤吸取晚唐五代藩镇割据的教训，给武将高官厚禄而解除其兵权，所谓"杯酒释兵权"。⑯赤子：初生婴儿。

【译文】

筹划国家大事的人，常注重艰难危险的一面，而忽略平常容易的一面，防范随时会出现的可怕事件，而遗漏不足疑虑的事件。然而，灾祸常常在疏忽之际发生，变乱常常在不加疑虑的事上突然发生。难道是考虑不周到吗？大凡智力所能考虑到的，都是人事发展理应出现的情况，而超出智力所能达到的范围，那就是天道了！

秦始皇剿灭诸侯，统一天下后，认为周朝的灭亡在于诸侯的强大，于是改封建制为郡县制。以为这样一来就会根除战争动乱，天子的尊位可以代代安享，却不知汉高祖在乡野间崛起，最终推翻了秦朝的江山。汉王室鉴于秦朝的孤立无辅，大肆分封兄弟、子侄为诸侯，自以为凭着同胞骨肉的亲情，可以共辅江山，不生变乱，然而吴王刘濞等七国还是萌生了弑君篡位的阴谋野心。汉武帝、汉宣帝之后，逐渐分割诸侯王的土地，削弱他们的势力，这样便以为平安无事了，没想到外戚王莽最终夺取了汉家的皇位。光武帝刘秀借鉴了西汉哀帝、平帝的教训，曹魏借鉴了东汉的教训，西晋借鉴了曹魏的教训，各自借鉴其前代的教训而进行防备，可他们灭亡的根由，都在防备的范围之外。

唐太宗听传言说：将有带"武"字的人杀戮唐室子孙，便将可疑之人找出来统统杀掉。可武则天每天侍奉在他身边，却怎么也没想到她。宋太祖看到五代的节度使可以制伏君王，便收回节度使的兵权，使其力量削弱，容易对付，哪料想子孙后代竟在敌国的困扰下逐步衰亡。这些人都有着超人的智慧，盖世的才华，对国家乱亡的诱因，他们可谓考虑得细致，防范得周密了，然而，思虑的重心在这边，灾祸却在那边产生，最终免不了灭亡，为什么呢？或许智力谋划的只是人事的因素，却无法预测天道的安排。

良医的儿子，多数死于疾病；良巫的儿子，多数死于神鬼，难道是善于救助别人而不善于救自己的子女吗？这是善于谋划人事而不善于应对天道啊！古代的圣人，知道国家将来的变化，不是人的智谋能考虑周全的，也不是政治手段能控制的，不敢滥用阴谋诡计，只是积累真诚，用大德来感动天心，使上天顾念他对百姓的恩德，像慈母保护初生婴儿那样不忍心舍弃。尽管他的子孙有愚笨不贤良足以使国家灭亡的，而上天却不忍心立即灭其家国，这才是思虑得深远呀！假如不能用大德赢得天心，仅凭着微不足道的智谋，包揽天下的事务，想使国家没有希望危亡，这从道理上是讲不过去的，难道天意会如此安排吗！

【评析】

　　方孝孺是明初重臣，本文之写作有现实针对性。本文之主旨接触到国家能否长治久安的大问题，是每代统治者都要思考的最关键的问题。本文的观点可以概括为：利用人谋尤其是权术阴谋是无法长治久安的，因为人的谋划只能谋划人事内的问题而无法谋划突发或意外的事情。因此只能归之于天道。然而，人也不是无能为力的，这就是"唯积至诚，用大德以结乎天心，使天眷其德，若慈母之保赤子而不忍释"，这样才可能使政权多延续一些时间。明太祖朱元璋好耍权术，好用阴谋诡计驾驭群臣，故方孝孺这篇文章是有深心的。所以吴楚材、吴调侯说："古今之论天道人事者多，得此乃见透快。"

豫让论

方孝孺

　　士君子立身事主，既名知己①，则当竭尽智谋，忠告善道②，销患于未形③，保治于未然④，俾身全而主安⑤。生为名臣，死为上鬼，垂光百世⑥，照耀简策⑦，斯为美也。苟遇知己，不能扶危为未乱之先，而乃捐躯殒命于既败之后⑧；钓名沽誉⑨，眩世炫俗⑩，由君子观之，皆所不取也。

　　盖尝因而论之：豫让臣事智伯⑪，及赵襄子杀智伯⑫，让为之报仇。声名烈烈⑬，虽愚夫愚妇莫不知其为忠臣义士也。呜呼！让之死固忠矣，惜乎处死之道有未忠者存焉⑭。何也？观其漆身吞炭，谓其友曰："凡吾所为者极难，将以愧天下后世之为人臣而怀二心者也。"谓非忠可乎？及观其斩衣三跃，襄子责以不死于中行氏^⑮，而独死于智伯。让应曰："中行氏以众人待我，我故以众人报之；智伯以国士待我，我故以国士报之。"即此而论，让有余憾矣！

段规之事韩康^⑯，任章之事魏献^⑰，未闻以国士待之也；而规也章也，力劝其主从智伯之请，与之地以骄其志，而速其亡也。郗疵之事智伯^⑱，亦未尝以国士待之也；而疵能察韩、魏之情以谏智伯。虽不用其言以至灭亡，而疵之智谋忠告，已无愧于心也。让既自谓智伯待以国士矣，国士，济国之士也。当伯请地无厌之日，纵欲荒暴之时，为让者正宜陈力就列^⑲，谆谆然而告之曰^⑳："诸侯大夫各安分地，无相侵夺，古之制也。今无故而取地于人，人不与，而吾之忿心必生；与之，则吾之骄心以起。忿必争，争必败；骄必傲，傲必亡。"谆切恳至^㉑，谏不从，再谏之，再谏不从，三谏之。三谏不从，移其伏剑之死^㉒，死于是日。伯虽顽冥不灵^㉓，感其至诚，庶几复悟^㉔。和韩、魏，释赵围，保全智宗，守其祭祀。若然，则让虽死犹生也，岂不胜于斩衣而死乎^㉕？

让于此时，曾无一语开悟主心^㉖，视伯之危亡，犹越人视秦人之肥瘠也^㉗。袖手旁观，坐待成败，国士之报，曾若是乎？智伯既死，而乃不胜血气之悱悱^㉘，甘自附于刺客之流。何足道哉，何足道哉！虽然，以国士而论，豫让固不足以当矣；彼朝为仇敌，暮为君臣，觍然而自得者^㉙，又让之罪人也。噫！

【注释】

①名：声称，称说。知己：了解、赏识自己的人。②善道：善加诱导。《论语·颜渊》："忠告而善道之，不可则止。"③销患：消除祸患。未形：指祸患还没有形成。④保治：进行治理以使安定。未然：没有出现的时候。⑤俾：使。身全：生命得以安全。主安：主人平安。⑥垂光：比喻流传美名。⑦简策：即简册，本指编连的竹简，后代指史籍。⑧捐躯殒命：献出生命。⑨钓名沽誉：即沽名钓誉，有意做作或用某种手段猎取名誉。⑩眩世骇俗：谓欺骗、迷惑世俗。眩：欺编。骇：夸惑。⑪臣事：以为臣的道理和本分来侍奉。智伯：春秋时晋卿，亦作知伯，名智瑶，亦作知瑶。⑫赵襄子：春秋时晋大夫，名赵无恤，晋的执政大臣。⑬烈烈：形容影响非常大。⑭处死之道：处理死的方式、方法。⑮中行（háng）氏：中行为复姓，春秋时晋侯作三行川御敌，荀林父将中行，后遂以为姓。此指晋卿荀寅，晋顷公时为下卿，后奔齐，卒谥文。⑯段规：战国时韩人。韩康：韩康子。智伯索地韩康子，段规劝给予，以骄其志。⑰任章：春

秋战国时魏国人，曾为灭晋出谋划策。魏献：春秋战国时晋国的卿，名魏驹，一称桓子。智伯索地于魏桓子，桓子不与，任章规劝给之以骄其志，俟后图之。⑱郤疵之事智伯：郤疵，春秋战国时晋人。据载，智伯率魏之兵围攻赵国，郤疵劝智伯说，从韩魏攻赵，赵亡，灾难必及韩魏，韩魏必反。智伯不听。⑲宜：应该。陈力就列：在自己所任职位上恪尽职守。⑳谆谆然：形容忠诚恳切反复劝谏貌。㉑谆切恳至：极其真挚诚恳。㉒伏剑：以剑自刎。㉓顽冥不灵：谓愚钝无知。㉔庶几：犹或许，也许。㉕斩衣而死：赵襄子出外，豫让暗伏桥下，谋刺赵襄子，没有成功。被捕后，求得赵襄子衣服，"拔剑三跃，呼天击之"，然后自杀。㉖开悟：开导以使醒悟。㉗肥瘠：即胖瘦。因古时秦国与越国相去甚远，故谓。㉘不胜：不克制。血气：指感情。悻（xìng）悻：形容刚愎自傲貌。㉙靦（tiǎn）然：形容厚颜貌。自得：自己感到得意。

【译文】

士人君子要建立功名，侍奉主人，既然被称作知己，就应当竭尽智谋，诚恳地劝告而善于开导，在祸患还未显露时就消除它，在动乱发生之前保住主人的安全。使自己不受损害而主人也没有危险。活着是著名忠臣，死后做高尚之鬼，流芳百世，照耀史册，这才是完美的士人。如果遇到知己，不能拯救危难于动乱之前，而在事情失败之后才去献身自尽，沽名钓誉，迷惑世人，夸耀于社会，在君子看来，这是不足取的。

我曾经因此而评论过豫让。豫让做智伯的家臣，等到赵襄子杀了智伯，豫让要为他报仇，名声显赫，即使是平民百姓，也没有一个不知道他是忠臣义士的。唉！豫让的死当然可以称为忠了，可惜，在怎样死的方式上还有未能尽忠的表现。为什么这样说呢？看他漆身吞炭，对他朋友说："我做的事情都特别难，我是想用这种做法使天下后世做臣子而怀有二心的人感到羞愧。"这能说他不忠吗？等看到他连续三次跳起来，用剑来刺赵襄子的衣服，赵襄子责备他不为中行氏而死，却单单为智伯而死的时候，豫让回答说："中行氏像对待一般人那样对待我，所以我就要像一般人那样去报答他；智伯把我当国士对待，所以我就要像国士一样报答他。"就此而论，豫让就有遗憾的地方了。

段规侍奉韩康子，任章侍奉魏献子，并没有听说如同国士那样对待他们，可是段规、任章却尽力劝说他们的主人顺从智伯的无理要求，割给智伯土地，使他志气骄盛，从而使他更快地灭亡。郤疵侍奉智伯，智伯也没有待他如同国士。可是郤疵却能洞察韩、魏的企图来劝谏智伯。虽然智伯不采纳他的意见以至于灭亡，但是郤疵的智谋忠告，已经无愧于心了。豫让既然自己认为智伯待他如同国士了，所谓国士，是为国家济困扶危的士人。当智伯向韩魏两国谋求土地贪得无厌之时，放纵情欲，荒淫暴虐之时，作为豫让，正应竭力来尽自己的职责，耐心地劝谏主人说："诸侯大夫应各自安心守着自己分内的土地，不要互相侵夺，这是自古以来的规矩。如今，无缘无故地向人家索取土地，人家不给，我就要产生愤恨之心；人家给了，那么我就会产生骄横之心。愤恨必然会引起争斗，争斗必然会失败；骄横必然傲视一切，傲视一切必然导致灭亡。"非常耐心诚恳地劝谏，一次不听，再来第二次，第二次不听，再来第三次，第三次劝谏还不听从，再自己伏剑而死，应该死在这个时候。这样智伯虽然顽固愚昧，但受至诚之心的感动，也许会重新醒悟，从而与韩、魏讲和，解除赵国的围困。保全智氏的宗族，使他们能香火不断，延续不绝。假如这样，豫让即使死了也像活着一样，难道不胜过斩衣然后自杀吗？

豫让在那时，甚至连一句开导主人使他醒悟的话都没说。看着智伯的危亡，就像越人远远地看秦人的肥瘦一样。袖手旁观，坐待成败，国士的报答竟然能像这个样子吗？智伯已死，豫让才压抑不住愤怒的血气，甘心情愿地加入刺客的行列，这有什么可以值得称道的呢？有什么可以值得称道的呢？虽然这样，用国士的标准来评价豫让，豫让的确是不配的了。可是同那些早晨还是仇敌，晚上就变成了君臣，厚着脸皮自以为得意的人相比，他们又都是豫让的罪人了。唉！

【评析】

这是一篇历史人物评价，别有卓见。他认为，真正的忠臣烈士应以国家利益为重，具有政治远见，敢于犯颜直谏，防患未然；而不应计较个人恩怨，或在祸患发生之后，凭血气之勇，怀死名之义，以沽名钓誉。这种认识和理论是很深刻的，很有说服力。据实说理，剖析透彻，评论抑扬得体，颇有见地，文章层层深入，具有很强的逻辑性。还有一层意思也应当指出，即方孝孺在末尾说："以国士而论，豫让固不足以当矣；彼朝为仇敌，暮为君臣，觍然而自得者，又让之罪人也。"说豫让虽然不够国士的标准，但那些早晨还是仇敌，晚上却成为君臣而还觍着脸的人，对于豫让来说，更是罪人。方孝孺正逢所谓的"靖难之役"，而原来是建文帝朱允炆的臣子立即投入新皇帝的怀抱，方孝孺或许是由这种现实针对性而发。

王鏊

王鏊（áo），字济之，吴县（今属江苏省）人。历侍讲学士。正德中，累官至户部尚书、文渊阁大学士。

亲政篇

王鏊

《易》之《泰》曰①："上下交而其志同②。"其《否》曰③："上下不交而天下无邦。"盖上之情达于下，下之情达于上，上下一体，所以为"泰"。下之情壅阏而不得上闻④，上下间隔，虽有国而无国矣，所以为"否"也。交则泰，不交则否，自古皆然，而不交之弊，未有如近世之甚者。君臣相见，止于视朝数刻⑤；上下之间，章奏批答相关接，刑名法度相维持而已。非独沿袭故事，亦其地势使然。何也？国家常朝于奉天门⑥，未尝一日废，可谓勤矣。然堂陛悬绝⑦，威仪赫奕，御史纠仪⑧，鸿胪举不如法⑨，通政司引奏⑩，上特视之，谢恩见辞，惴惴而退，上何尝治一事，下何尝进一言哉？此无他，地势悬绝，所谓堂上远于万里，虽欲言无由言也。

愚以为欲上下之交，莫若复古内朝之法。盖周之时有三朝：库门之外为正朝⑪，询谋大臣在焉；路门之外为治朝⑫，日视朝在焉；路门之内为内朝，亦曰燕朝。《玉藻》云⑬："君日出而视朝，退适路寝听政⑭。"盖视朝而见群臣，所以正上下之分；听政而适路寝，所以通远近之情。汉制：大司马⑮、左右前后将军⑯、侍中、散骑诸吏为中朝⑰，丞相以下至六百石为外朝⑱。唐皇城之北南三门曰承天，元正、冬至受万国之朝贡⑲，则御焉，盖古之外朝也。其北曰太极门，其西曰太极殿，朔、望则坐而视朝⑳，盖古之正朝也。又北曰两仪殿，常日听朝而视事，盖古之内朝也。宋时常朝则文德殿，五日一起居则垂拱殿㉑，正旦、冬至、圣节称贺则大庆殿，赐宴则紫宸殿或集英殿，试进士则崇政殿。侍从以下，五日一员上殿，谓之轮对，则必入陈时政利害。内殿引见，亦或赐坐，或免穿靴，盖亦有三朝之遗意焉。盖天有三垣㉒，天子象之。正朝，象太极也；外朝，象天市也；内朝，象紫微也。自古然矣。

国朝圣节、正旦、冬至大朝会则奉天殿，即古之正朝也。常日则奉天门，即古之外朝也。而内朝独缺。然非缺也，华盖、谨身、武英等殿，岂非内朝之遗制乎？洪武中如宋濂、刘基^㉓，永乐以来如杨士奇、杨荣等^㉔，日侍左右，大臣蹇义、夏元吉等^㉕，常奏对便殿。于斯时也，岂有雍隔之患哉？今内朝未复，临御常朝之后，人臣无复进见。三殿高闶^㉖，鲜或窥焉。故上下之情，雍而不通；天下之弊，由是而积。孝宗晚年^㉗，深感有慨于斯，屡召大臣于便殿，讲论天下事。方将有为，而民之无禄^㉘，不及睹至治之美，天下至今以为恨矣。

惟陛下远法圣祖，近法孝宗，尽铲近世雍隔之弊。常朝之外，即文华、武英二殿，仿古内朝之意，大臣三日或五日一次起居，侍从、台谏各一员上殿轮对；诸司有事咨决，上据所见决之，有难决者，与大臣面议之；不时引见群臣，凡谢恩辞见之类，皆得上殿陈奏。虚心而问之，和颜色而道之，如此，人人得以自尽^㉙。陛下虽身居九重，而天下之事灿然毕陈于前。外朝所以正上下之分，内朝所以通远近之情。如此，岂有近时雍隔之弊哉？唐、虞之时^㉚，明目达聪，嘉言罔伏^㉛，野无遗贤，亦不过是而已。

【注释】

①《易》：即《易经》，古代占卜用书，后为儒家经典之一。《泰》：卦名，《泰》卦是"地天"，"乾""坤"组成，但坤上乾下。《易经》六十四卦之一。②上下交：天气上升，地气下降，两气相交，象征着君王、臣民的上下交融，所以叫"泰"。③《否》：卦名，《易经》六十四卦之一。《否》卦与《泰》卦相反，乾上坤下。古人认为两者气不能相交，所以叫作"否"，闭塞。④雍阏：阻塞，堵住。⑤视朝：君王临朝。数刻：刻，古代计时单位，一昼夜为一百刻，数刻指时间极短。⑥奉天门：北京故宫的太和门。⑦堂陛悬绝：皇帝在殿堂上，臣子跪在台阶下，两者地位相差悬殊。⑧御史纠仪：封建王朝的御史官，上朝时监督纠举臣子不合礼仪的动作。⑨鸿胪：鸿胪寺的官员，负责朝会、祭祀等礼仪工作，相当于宫廷的司仪官。⑩通政司：明朝始设的负责收转内外奏章的机构。这里指通政司的官吏通政使。⑪库门：古代传说天子有五门，库门是比较靠外的一个门。⑫路门：古代天子宫廷中最里面的一个门。⑬《玉藻》：《礼记》中篇名，记载天子及贵族的生活规程。引文为节选，稍有出入。⑭路寝：路门内的宫室，是君王处理政事的处所，也叫"燕寝"。⑮大司马：汉代官名，主管全国军事。⑯左右前后将军：四种武官。⑰侍中、散骑：官名。都是汉代皇帝的近臣。⑱丞相以下至六百石：指政府各级官员。六百石

是汉制官员的俸禄。⑲元正：指春节。冬至：即冬至日，古代是很重要的节日。⑳朔、望：农历每月初一和十五。㉑起居：请安、问好。㉒三垣：古代天文术语，天文学家把天空星辰分为三垣、二十八星宿及其他星座。三垣在北极星周围，依次为太微垣、紫微垣和天市垣。下句的"太极"应为"太微"。㉓洪武：明太祖朱元璋年号（1368—1398）共三十一年。宋濂、刘基：均是明太祖的开国功臣。㉔永乐：明成祖朱棣年号（1403—1424）共二十二年。杨士奇、杨荣：永乐时期高官。㉕蹇义、夏元吉：永乐以来成祖、仁宗、宣宗等朝的高官。㉖高闳：高大、幽深。鲜或窥焉：很少有人看到里面。㉗孝宗：朱祐樘，年号弘治（1488—1505）在位共十八年。㉘无禄：同"不禄"，无福，不幸。㉙自尽：把自己的意见全部说出。㉚唐虞：唐尧、虞舜。㉛明目达聪，嘉言罔伏：眼睛明亮，耳朵灵敏，正确的意见从不被埋没。

【译文】

《周易》的《泰》卦说："君臣上下沟通就会志向一致。"它的《否》卦上又说："君臣上下不沟通天下就不会有国家了。"因为上情下达，下情上呈，君臣上下成为一个整体，才可以称得上"泰"。而下情受到阻隔无法上达，上下不相沟通，那么有国家也形同虚设，这就是"否"。上下沟通叫泰，不通畅则叫否，自古以来莫不如此。然而上下阻隔，没有比近世更严重的了。君臣相见，仅仅是上朝那点儿时间，上下之间，也只是以奏章批复为纽带，靠法令和制度来维持而已。这并非只是沿袭了旧例，也是上下地位悬殊所造成的。为什么这样说呢？国家总是在奉天门举行朝会，从来都是如此，没有一日耽误，这可以称得上勤政了。然而殿堂台阶高峻，仪礼威严显赫，有御史来督察朝仪、鸿胪卿来检举失礼违法的人，通政司来引导上奏，皇帝只不过是看看而已，臣僚就谢恩告退，诚惶诚恐地退朝。照此看来，皇帝何曾办过一件事，臣僚又何曾进献过一言呢？这没有其他原因，只是因为君臣地位悬殊，关系隔绝所致，这正是人们所说的：君臣同处一殿，却有如万里的阻隔，臣僚即便有意见要陈述也无由陈述啊。

我认为，要做到君臣上下沟通，不如恢复古代内朝的制度。在周朝时候，有三种朝制：在库门外所设的为正朝，君主在这里向臣僚咨询和谋划政事；在路门外所设的叫治朝，天子每天在这里视朝；路门内所设的叫内朝，也叫燕朝。《玉藻》上说："君主待日出时就视朝，退朝后在路寝听政理事。"因为在朝会上接见群臣，是为了正君臣上下的名分，而在路寝听政理事，是为了沟通远近各地的情况。按汉朝制度，有大司马、左右前后将军、侍中、散骑等官员的朝会叫中朝，有丞相以下至六百石官员参加的朝会叫外朝。唐朝皇城的北面的南三门叫承天门，在每年的元旦、冬至，皇帝驾临这里接受各国的朝贡，这大概就是古代的正朝吧。它的北面是太极门，西面是太极殿，每月初一、十五日，皇帝在这里坐朝，这大概就是古代的正朝吧。再往北面是两仪殿，皇帝平时在这里坐朝理事，这大概就是古代的内朝。宋朝时，皇帝平时在文德殿听朝，臣僚每五天向皇帝的请安就在垂拱殿，元旦、冬至和皇帝寿辰的庆典，在大庆殿举行，而赐宴则安排在紫宸殿或是集英殿，进士考试则在崇政殿。侍从以下的官员，每五天就有一位上殿，叫作轮对，他要向皇帝陈述当前政事的得失利害。在内殿引见臣僚，有时也赏赐他们座位，有时免去他们穿朝靴的礼节，这大概还保留着三朝制度的遗风吧。原来上天有太微、紫微、天市三垣，天子效法它们。设立正朝，这是效法太微一垣，外朝是效法天市一垣，内朝是效法紫微一垣，自古以来都是这样的。

本朝皇帝寿辰、元旦、冬至等大朝会，在奉天殿举行，这就相当于古代的正朝。而平时在奉天门设朝，这就相当于古代的外朝。可是唯独缺少内朝，然而也不是缺少，那华盖、谨身、武英等殿举行的朝会，难道不是古代内朝的遗制吗？洪武年间，如宋濂、刘基以及永乐年以来如杨士奇、杨荣等人，每天侍奉在皇帝身边。大臣蹇义、夏元吉等人，常常在便殿启奏应答政事。在那时，难道有上下阻隔的弊病吗？现在内朝还没有恢复，皇帝驾临平常的朝会后，众位臣僚就不再觐见了。三大殿门高峻深闭，很少人能入内一见。因而君臣上下的情况，阻隔难通，天下的弊病就由此累积起来。孝宗晚年时，对此深有感触，多次在便殿召大臣商议政事。正将有所作为时，他便去世了，百姓无福分，没等到眼见天下大治的美好形势，臣民至今还对此深感遗憾。

愿皇上效法圣明的先祖，就近而论，要仿效孝宗，全部铲除近世以来上下阻隔的所有弊端。在平常的朝会之余，再到文华、武英二殿设立朝会，以此效法古代内朝的制度。大臣们每三天或是五天就请安一次，侍从和台谏各一员上殿轮流奏对政事，各部有事请示皇帝裁定，皇上依据所掌握的情况来裁决，遇到有难于裁决的问题，就同大臣们当面商议。要经常引见群臣，凡是谢恩、告辞、觐见一类的，都能上殿向皇上陈说启奏。皇上虚心地向他们询问，和颜悦色地指导他们，如此一来，人人都能够畅所欲言。皇上即使深居九重内宫，但天下事情都能够鲜明地全部展现在眼前。外朝制度是用来正君臣名分的，而内朝制度是用来沟通远近情况的。这样一来，难道还会发生近世那样的上下阻隔的弊病吗？尧舜时代，圣上心明眼亮，好意见都不会被埋没，贤才全部为君王所用，也不过如此而已。

【评析】

　　明朝中叶，武宗即正德皇帝昏庸殆政，不亲政，不接见大臣，大权旁落，宦官刘瑾、谷大用恣意胡为，政治黑暗。本文是明世宗即嘉靖即位后，王鏊所作答谢世宗慰问的奏疏。中心论点就在于"亲政"二字，即皇帝要亲自处理朝政之意，主旨是"远法圣祖，近法孝宗，尽铲近世壅隔之弊"，开头用《周易》"泰""否"两卦上下相交与否为关键提出中心论点，归结到"交则泰，不交则否，自古皆然"。接着指出当下的问题"而不交之弊，未有如近世之甚者"再条分缕析提出正面的做法，最后以"唐、虞之时，明目达聪，嘉言罔伏，野无遗贤，亦不过是而已"终篇，归结到亲政之重要和必要上。全文结构严谨，说理透彻，具有极强的现实意义和深远的历史意义。由此反映出王鏊的政治远见。

　　在写作上，作者善于引经据典，对古代内朝制度与亲政之关系能条分缕析，再用唐宋例证，尤其是用孝宗晚年的事例对现实政治有所劝惩，对世宗皇帝的颂扬中寄寓期望，内容充实，态度鲜明，议论允当，语言的质朴反映出作者务实的政治作风。

▋王守仁

　　王守仁，字伯安，号阳明先生，明代著名哲学家、军事家、文学家，陆王心学之集大成者，世称其学为"王学"。登进士第，官至兵部尚书。因上疏弹劾宦官刘瑾，贬谪为贵州龙场驿丞。文学上，他反对模仿、依傍古人，主张直抒胸臆。为文平易畅达，自成一格。著有《王文成公全书》。

尊经阁记
王守仁

　　经①，常道也②。其在于天谓之命③；其赋于人谓之性④。其主于身谓之心⑤。心也，性也，命也，一也⑥。通人物⑦，达四海⑧，塞天地⑨，亘古今⑩，无有乎弗具，无有乎弗同，无有乎或变者也，是常道也。其应乎感也，则为恻隐，为羞恶，为辞让，为是非；其见于事也，则为父子之亲，为君臣之义，为夫妇之别，为长幼之序，为朋友之信。是恻隐也，羞恶也，辞让也，是非也；是亲也，义也，序也，别也，信也，一也。皆所谓心也，性也，命也。通人物，达四海，塞天地，亘古今，无有乎弗具，无有乎弗同，无有乎或变者也，是常道也。

以言其阴阳消长之行[11]，则谓之《易》；以言其纪纲政事之施[12]，则谓之《书》；以言其歌咏性情之发，则谓之《诗》；以言其条理节文之著[13]，则谓之《礼》；以言其欣喜和平之生，则谓之《乐》；以言其诚伪邪正之辨，则谓之《春秋》。是阴阳消息之行也，以至于诚伪邪正之辨也，一也，皆所谓心也，性也，命也。通人物，达四海，塞天地，亘古今，无有乎弗具，无有乎弗同，无有乎或变者也。夫是之谓六经[14]。六经者非他，吾心之常道也。

是故《易》也者，志吾心之阴阳消息者也[15]；《书》也者，志吾心之纪纲政事者也；《诗》也者，志吾心之歌咏性情者也；《礼》也者，志吾心之条理节文者也；《乐》也者，志吾心之欣喜和平者也；《春秋》也者，志吾心之诚伪邪正者也。君子之于六经也，求之吾心之阴阳消息而时行焉，所以尊《易》也；求之吾心之纪纲政事而时施焉，所以尊《书》也；求之吾心之歌咏性情而时发焉，所以尊《诗》也；求之吾心之条理节文而时著焉，所以尊《礼》也；求之吾心之欣喜和平而时生焉，所以尊《乐》也；求之吾心之诚伪邪正而时辨焉，所以尊《春秋》也。

盖昔者圣人之扶人极[16]，忧后世，而述六经也，犹之富家者之父祖，虑其产业库藏之积，其子孙者，或至于遗亡散失，卒困穷而无以自全也，而记籍其家之所有以贻之[17]，使之世守其产业库藏之积而享用焉，以免于困穷之患。故六经者，吾心之记籍也，而六经之实，则具于吾心。犹之产业库藏之实积，种种色色，其存于其家，其记籍者，特名状数目而已。而世之学者，不知求六经之实于吾心，而徒考索于影响之间，牵制于文义之末[18]，硁硁然以为是六经矣[19]。是犹富家之子孙，不务守视享用其产业库藏之实积，日遗忘散失，至为窭人丐夫[20]，而犹嚣嚣然指其记籍曰[21]："斯吾产业库藏之积也！"何以异于是？

呜呼！六经之学，其不明于世，非一朝一夕之故矣。尚功利[22]，崇邪说，是谓乱经；习训诂[23]，传记诵，没溺于浅闻小见[24]，以涂天下之耳目，是谓侮经；侈淫辞，竞诡辩，饰奸心盗行[25]，逐世垄断[26]，而犹自以为通经，是谓贼经。若是者，是并其所谓记籍者，而割裂弃毁之矣，宁复之所以为尊经也乎？

越城旧有稽山书院^㉗，在卧龙西冈^㉘，荒废久矣。郡守渭南南君大吉^㉙，既敷政于民，则慨然悼末学之支离^㉚，将进之以圣贤之道，于是使山阴令吴君瀛，拓书院而一新之^㉛。又为尊经阁于其后，曰："经正则庶民兴，斯无邪慝矣。"阁成，请予一言以谂多士。予既不获辞，则为记之若是。呜呼！世之学者，得吾说而求诸其心焉，则亦庶乎知所以为尊经也已。

【注释】

①经：此为对儒家典范著作的尊称。②常道：指常行的义理和法则。③命：天命。朱熹言："物所受为性，天所赋为命。"④性：人的本性。⑤心：通称思想和意念。⑥一：统一。此句说这三者是统一的。⑦通人物：适用于各种人物。⑧达四海：谓畅游天下。⑨塞天地：谓充满天地之间。⑩亘古今：贯串古今。⑪阴阳：指宇宙间贯通物质和人事的两大对立面。消长：增减，盛衰；变化。⑫纪纲政事：指国家的法度政务。⑬条理节文：指礼节秩序。⑭六经：儒家的六种经典著作，即《易》《书》《诗》《礼》《乐》和《春秋》。⑮消息：发展变化，同"消长"。⑯扶：匡扶，扶正。人极：即纲纪，指社会的准则。⑰贻：遗留、流传。⑱牵制：犹拘泥束缚。文义之末：指文章中非根本的、次要的义理或内容。⑲硁硁然：形容固执浅陋貌。⑳窭人：穷苦之人。丐夫：讨饭的人。㉑嚣嚣然：自鸣得意的样子。记籍：账簿。㉒尚功利：崇尚功名利禄。㉓训诂：此指对古书字句所做的解释。㉔没溺：沉迷。浅闻小见：浅薄的见解。㉕饰：粉饰，伪装。奸心盗行：作恶之心与行为。㉖逐世：近世、近期。垄断：把持。㉗越城：即今之绍兴，因为古越国之都而得名。稽山：会稽山的简称。㉘卧龙：山名，位于浙江绍兴县，越大夫文种葬于此，故又名"种山"。㉙南君大吉：南大吉，字元善，渭南（今陕西渭南市）人，正德进士，官绍兴知府。㉚末学：犹后学。支离：流离、流落他处。㉛山阴：旧县名，秦置，因位于会稽山之北而得名，今为浙江绍兴县。

【译文】

经是永恒不变的真理，它在天称为"命"，秉赋于人称为"性"，作为人身的主宰称为"心"。心、性、命，是一个东西。它沟通人与物，遍及四海，充塞天地之间，贯通古往今来，无处不存，无处不是同样，无处可能改变的存在，所以它是永恒不变之道。它表现在人的情感里，便是恻隐之心、羞恶之心、谦让之心、是非之心；它表现在人际关系上，便是父子之亲、君臣之义、夫妇之别、兄弟之序、朋友之信。

因此恻隐心、羞恶心、谦让心、是非心，也就是亲、义、序、别、信，是同样一件东西；都是所说的心、性、命。这些都是沟通人与物，普及四海，充塞天地，贯穿古今，无处不存，无处不相同，无处可能改变的存在，即永恒不变之道。

这永恒不变之道，用以阐述阴阳盛衰的运行，便称它为《易》；用以表明纪纲政事的施行，便称它为《书》；用以传达歌咏性情的感发，便称它为《诗》；用以显示体统仪节的表征，便称它为《礼》；用以宣泄欣喜和平的跃动，便称它为《乐》；用以辨别真假邪正的标准，便称它为《春秋》。因此阴阳盛衰的运行，以至于真假邪正的评价，同样是一个东西；都是心、性、命。这些都是沟通人与物，普及四海，充塞天地，贯穿古今，无处不存，无处不相同，无处可能改变的真理，唯其如此所以称为六经。六经不是别的，就是我们心中永恒不变之道。

因此《易》是记我们内心阴阳盛衰的经；《书》是记我们心中的纪纲政事的经；《诗》是记我们心中的歌咏性情的经；《礼》是记我们心中的体统仪节的经；《乐》是记我们心中的欣喜和平的经；《春秋》是记我们心中的真假邪正的经。君子对待六经，省察心中的阴阳盛衰而使之及时运行，这才是尊重《易》；省察心中的纪纲政事而使之及时施行，这才是尊重《书》；省察心中的歌咏性情而使之及时感发，这才是尊重《诗》；省察心中的体统仪节而使之及时表露，这才是尊重《礼》；省察心中的欣喜和平而使之及时跃动，这才是尊重《乐》；省察心中的真假邪正而及时地辨明，这才是尊重《春秋》。

大抵是古代圣人为匡扶人间正道，忧虑后世的颓废衰败而著述六经。正如同富家的上一辈，忧虑他们的产业和库藏中的财富，到子孙手里或许会被遗失流散，最后困顿贫穷而无以自谋生活，因而记录下他们家中所有财富的账目而遗留给子孙，使他们能永世守护这些产业库藏中的财富而得以享用，以避免贫困的祸患。所以六经，就是我们内心的账本，而六经的实际内容，则具备在我们内心，正如同产业库藏的财富，各种各样的具体物资，都存在家里。那账本，不过记下它们的名称品类数目罢了。而世上学六经的人，不懂得从自己的心里去探求六经的实际内容，却空自从实际之外仿佛的形迹之中去探索，拘守于文字训诂的细枝末节，鄙陋地以为那些就是六经了。这正像富家的子孙，不致力守护和享用家中的产业库藏中的实际财富，一天天遗忘散失，而终于变成穷人乞丐，却还要呶呶不休地指着账本，说道："这便是我家产业库藏的财富！"同这有什么两样？

唉！六经之学不显扬于人世，不是一朝一夕的事了。重视功利，崇奉谬论，这叫作淆乱经义；学一点文字训诂，教授章句背诵，沉陷于浅薄的知识和琐屑的见解，以掩蔽天下的耳目，这叫作侮慢经文；肆意发表放荡的论调，逞诡辩以取胜，文饰其邪恶的心术和卑劣的行为，驰骋世间以自高身价，而还自命为通晓六经，这叫作残害经书。像这样一些人，简直是连所谓账本都割裂废弃掉了，哪里还知道什么叫作尊重六经呢！

越城过去有稽山书院，在卧龙西冈，荒废已久了。知府渭南人南君大吉，在治理民政之暇，即慨然痛惜晚近学风的颓败，将使之重归于圣贤之道，于是命山阴县令吴瀛君扩大书院使之一新，又建造一座尊经阁于书院之后，说道："经学归于正途则百姓就会振发，百姓振发那便不会犯罪作恶了。"尊经阁落成，邀我写一篇文章，以晓喻广大的士子，我既推辞不掉，便为他写了这篇记。唉！世上的读书人，掌握我的主张而求理于内心，当也大致接近于知道怎么样才是真正地尊重六经的了。

【评析】

本文题目为"记"，实际是一篇论文。王守仁是南宋陆九渊学说的自觉继承人，他认为"心即理，心外无物。心外无事，心外无理"（《传习录》）。"心"实际上是指人的思想意识。他认为心是世界本源，因此在强调儒家经典六经时，尤其重视它主宰人心的作用。因此提出"六经者非他，吾心之常道也"，并指出六经的无所不在，"通人物，达四海，塞天地，亘古今，无有乎弗具，无有乎弗同，无有乎或变者也。是常道也"。吴楚材、吴调侯的概括比较经典："六经不外吾心，吾心自有六经，学道者何事远求？返之于心，而六经之要取之当前而已足。阳明先生一生训人，一以良知良能根究心性。于此记略，已备具矣。"但理论性过强，而有空疏之感，语言也有些烦琐。

象祠记

王守仁

灵、博之山①，有象祠焉②。其下诸苗夷之居者③，咸神而祠之。宣慰安君④，因诸苗夷之请，新其祠屋⑤，而请记于予。予曰："毁之乎，其新之也？"曰："新之。""新之也，何居乎？"曰："斯祠之肇也⑥，盖莫知其原。然吾诸蛮夷之居是者，自吾父、吾祖溯曾高而上⑦，皆尊奉而禋祀焉⑧，举而不敢废也。"予曰："胡然乎？有鼻之祀⑨，唐之人盖尝毁之⑩。象之道，以为子则不孝，以为弟则傲。斥于唐，而犹存于今；坏于有鼻，而犹盛于兹土也，胡然乎？"

我知之矣：君子之爱若人也，推及于其屋之乌，而况于圣人之弟乎哉？然则祀者为舜，非为象也。意象之死，其在干羽既格之后乎⑪？不然，古之骜桀者岂少哉⑫？而象之祠独延于世，吾于是盖有以见舜德之至，入人之深，而流泽之远且久也。象之不仁，盖其始焉耳，又乌知其终之不见化于舜也？《书》不云乎："克谐以孝，烝烝乂⑬，不格奸。"瞽瞍亦允若⑭，则已化而为慈父。象犹不弟⑮，不可以为谐。进治于善，则不至于恶；不底于奸⑯，则必入于善。信乎，象盖已化于舜矣！《孟子》曰："天子使吏治其国，象不得以有为也。"斯盖舜爱象之深而虑之详，所以扶持辅导之者之周也。不然，周公之圣，而管、蔡不免焉⑰。斯可以见象之见化于舜，故能任贤使能而安于其位，泽加于其民，既死而人怀之也。诸侯之卿，命于天子，盖《周官》之制，其殆仿于舜之封象欤⑱？

吾于是盖有以信人性之善，天下无不可化之人也。然则唐人之毁之也，据象之始也；今之诸夷之奉之也，承象之终也。斯义也，吾将以表于世，使知人之不善，虽若象焉，犹可以改；而君子之修德，及其至也，虽若象之不仁，而犹可以化之也。

【注释】

①灵、博之山：两山名。即灵鹫山、博南山。均在云南省境内。②象祠：象的祠庙。象：人名，传说中虞舜的弟弟。③苗夷：苗族。古代对少数民族统称夷。④宣慰：即宣慰使，明代在少数民族地区设立此官职，又士人世袭，掌管该地区军政事务。⑤新：动词，翻新修缮。⑥肇（zhào）：开始创建。⑦曾高：即曾祖、高祖。⑧禋（yīn）祀：泛指祭祀。禋：古代祭天的一种礼仪。⑨有鼻：古地名，在今湖南道县境内。相传舜封象于此。象死后，当地人为他建了祠庙。⑩唐之人盖尝毁之：唐代元和年间，道州刺史薛伯高将象祠拆毁。⑪干羽：古代两种舞蹈，干舞和羽舞。据《尚书·大禹谟》载，舜命禹征有苗，三月未成。舜则用文德感化，在两阶"舞干羽，七旬，有苗格"。格，即归附。⑫骜桀：又作桀骜，倔强凶暴。⑬烝烝乂：兢兢业业工作，进行治理。⑭瞽瞍（gǔ sǒu）：舜父名。⑮弟：通"悌"，敬爱兄长。⑯底：通"抵"，到。⑰管、蔡：周公的弟弟管叔和蔡叔。武王死后，管叔和蔡叔反叛，被周公率军队平定。⑱殆：大概。

灵鹫山和博南山有象的祠庙。那山下住着的许多苗民，都把他当作神祭祀。宣慰使安君，顺应苗民的请求，把祠庙的房屋重新修整，同时请我作一篇记。我说："是拆毁它呢，还是重新修整它呢？"宣慰使说："是重新修整它。"我说："重新修整它，是什么道理呢？"宣慰使说："这座祠庙的创建，大概没有人知道它的起源了。然而我们居住在这里的苗民，从我的父亲、祖父，一直追溯到曾祖父、高祖父以前，都尊敬信奉，并诚心祭祀，一直不敢荒废呢。"我说："为什么这样呢？有鼻那地方的象祠，唐朝人曾经把它毁掉了。象的为人，作为儿子就是不孝，作为弟弟就是傲慢。对象的祭祀，在唐朝就受斥责，可是还留到现在；他的祠庙在有鼻被拆毁，可是在这里却还兴旺。为什么这样呢？"

我懂得了！君子爱这个人，便推广到爱他屋上的乌鸦，更何况是对于圣人的弟弟呢！既然这样，那么兴建祠庙是为了舜，不是为了象啊！我猜想象的死去，大概是在舜用干舞、羽舞感化了苗族之后吗？如果不是这样，那么古代凶暴乖戾的人难道还少吗？可是象的祠庙却独独能传到今世。我从这里能够看到舜的品德的高尚，进入人心的深度，和德泽流传的辽远长久。象的凶暴，是开始时的样态，又怎见得他后来不被舜感化呢？《尚书》上不是这样说吗："舜能用他的孝道使家庭和睦，一天天上进向善，不走到邪路上。"瞽瞍也能听从，那么他已被舜感化成为慈祥的父亲了；如果象还不尊敬兄长，就不能够说是全家和睦。既然上进向善，就不至于仍是恶人；不走上邪路，就说明一定会向善。象已经被舜感化了，确实是这样啊！孟子说："天子派官吏治理他的国家，象不能有所作为呢！"这大概是舜爱象爱得深，并且考虑得仔细，所以用来扶持辅导他的办法就很周到呢。如果不这样的话，即使如同周公之圣明，而管叔和蔡叔还不免于叛乱而被诛杀。从这里能够看到象已经被舜感化了，所以能够任用贤人，安稳地保有他的位子，把恩泽施给百姓，因此死了以后，人们依旧怀念他啊。诸侯的卿，由天子任命，是周代的制度；这也许是仿效舜封象的办法吧！

我因此有理由相信：人的本性是善良的，天下没有不能够感化的人。既然这样，那么唐朝人拆毁象的祠庙，是根据象开始的行为；现在苗民祭祀他，是信奉象后来的表现。这层意义，我将把它向世上讲明。使人们知道：人的不善良，即使跟象一样，还能够改正；君子修养自己的品德，到了极点，即使别人跟象一样凶暴，也还是能够感化他。

本文为王守仁被贬为贵州龙场驿丞时所作，是其"致良知"哲学思想的具体体现。象祠是纪念虞舜同父异母弟象而修建的祠堂。此事尚有许多意义值得探索。据说，舜之弟象被封在有鼻，在今湖南永州境内。死后当地人为之修祠堂纪念，一直传到唐代。元和年间被道州刺史薛伯高拆毁之，柳宗元《道州毁鼻亭神记》记载此事。本文所记之事，发生在云南，可能当时也在象的统治区内，而祠堂一直到明代依旧被保存并享受香火祭祀。这确实是值得深思的事。故本文之思想价值和文化价值极高。而王守仁认为"天下无不可化之人"，象之所以最后受到感化，正说明舜的伟大，从而说明君子修德之重要性。这也成为其一贯倡导的"致良知"的有力证明。

瘗旅文

王守仁

维正德四年秋月三日①，有吏目云自京来者②，不知其名氏。携一子一仆，将之任，过龙场③，投宿土苗家④。予从篱落间望见之，阴雨昏黑，欲就问讯北来事，不果。明早，遣人觇之⑤，已行矣。薄午⑥，有人自蜈蚣坡来云："一老人死坡下，傍两人哭之哀。"予曰："此必吏目死矣。伤哉！"薄暮，复有人来云："坡下死者二人，傍一人坐哭。"询其状，则其子又死矣。明日，复有人来云，见坡下积尸三焉。则其仆又死矣。呜呼伤哉！

念其暴骨无主⑦，将二童子⑧，持畚锸往瘗之⑨，二童子有难色然⑩。予曰："噫！吾与尔犹彼也！"二童闵然涕下⑪，请往。就其傍山麓为三坎⑫，埋之。又以只鸡、饭三盂，嗟吁涕洟而告之曰⑬：

呜呼伤哉！繄何人⑭？繄何人？吾龙场驿丞余姚王守仁也⑮。吾与尔皆中土之产⑯，吾不知尔郡邑，尔乌乎来为兹山之鬼乎⑰？古者重去其乡⑱，游宦不逾千里。吾以窜逐而来此⑲，宜也。尔亦何辜乎？闻尔官，吏目耳，俸不能五斗，尔率妻子躬耕可有也。胡为乎以五斗而易尔七尺之躯⑳？又不足，而益以尔子与仆乎？呜呼伤哉！尔诚恋兹五斗而来，则宜欣然就道，胡为乎吾昨望见尔容蹙然㉑，盖不胜其忧者。

夫冲冒霜露，扳援崖壁，行万峰之顶，饥渴劳顿㉒，筋骨疲惫，而又瘴病侵其外，忧郁攻其中，其能以无死乎？吾固知尔之必死，然不谓若是其速^㉓，又不谓尔子尔仆亦遽然奄忽也^㉔！皆尔自取，谓之何哉？吾念尔三骨之无依而来瘗耳，乃使吾有无穷之怆也。呜呼伤哉！纵不尔瘗，幽崖之狐成群，阴壑之虺如车轮^㉕，亦必能葬尔于腹，不致久暴露尔。尔既已无知，然吾何能为心乎？自吾去父母乡国而来此^㉖，三年矣。历瘴毒而苟能自全，以吾未尝一日之戚戚也^㉗。今悲伤若此，是吾为尔者重，而自为者轻也。吾不宜复为尔悲矣。

吾为尔歌，尔听之。歌曰：连峰际天兮^㉘，飞鸟不通，游子怀乡兮，莫知西东。莫知西东兮，维天则同^㉙。异域殊方兮^㉚，环海之中。达观随寓兮^㉛，莫必予宫。魂兮魂兮，无悲以恫^㉜。

又歌以慰之曰：与尔皆乡土之离兮，蛮之人言语不相知兮。性命不可期！吾苟死于兹兮，率尔子仆来从予兮，吾与尔遨以嬉兮^㉝！骖紫彪而乘文螭兮^㉞，登望故乡而嘘唏兮！吾苟获生归兮，尔子尔仆尚尔随！道傍之冢累累兮，多中土之流离兮，相与呼啸而徘徊兮。餐风饮露，无尔饥兮。朝友麋鹿^㉟，暮猿与栖兮^㊱。尔安尔居兮，无为厉于兹墟兮^㊲！

【注释】

①正德：明武宗年号。正德四年是公元 1509 年。②吏目：明代在知州下设吏目，掌出纳文书，或分领州事。③龙场：贵州省修文县龙场驿。④土苗家：本土苗族人家。⑤觇（chān）：窥视。⑥薄午：将近中午。⑦暴骨：暴露的尸骨。无主：没有主人。⑧将：带领。⑨畚：畚箕，装土运土工具。锸：铁锹。瘗（yì）：埋葬。⑩难色然：为难貌。⑪悯然：忧伤貌。⑫坎：土坑，此处指埋人的土穴。⑬涕洟：眼泪鼻涕。洟：流鼻涕，此处指哭泣。⑭繄（yī）：发语词。⑮驿：古代朝廷设置交通要道上供应官差食宿交通的馆舍，也负责公文传送。⑯中土之产：出生在中原内地的人。⑰乌为乎：为什么。⑱重去其乡：重视离开他的家乡。⑲窜逐：被贬谪放逐。⑳五斗：微薄的俸禄。㉑蹙然：皱眉头的忧伤貌。㉒劳顿：劳苦困顿。㉓不谓：没有想到。若是其速：像这样迅速。㉔遽然：突然。奄忽：指死亡。㉕虺：毒蛇。㉖父母乡国：即家乡。㉗戚戚：局促忧伤。㉘连峰际天：山峰相连与天交接。㉙维天则同：只有上天是相同的。㉚异域殊方：边远地区，生活风俗都不相同。㉛达观随寓：观念要通达要随遇而安。㉜无悲以恫（tōng）：不要悲伤和哀痛。恫：哀痛。㉝遨以嬉：遨游和嬉戏。㉞骖：驾驶。紫彪：紫色小虎。文螭：无角的黄龙。㉟朝友麋鹿：早晨去和麋鹿交朋友。㊱暮猿与栖：夜晚就和猿猴居住在一起。㊲厉：厉鬼。

【译文】

　　在大明正德四年（1509）秋季某月初三日，有一名吏目从北京来到这里，不知他姓甚名谁。身边带着一个儿子、一个仆人，将要上任，路过龙场，投宿在一户苗族人家。我从篱笆中间望见他，当时阴雨昏黑，想靠近他打听北方的情况，也没有打听到。第二天早晨，派人去探视，他已经走了。近午时刻，有人从蜈蚣坡那边来，说："有一个老人死于坡下，旁边两人哭得很伤心。"我说："这一定是吏目死了。可悲啊！"傍晚，又有人来说："坡下死了两个人，旁边一人坐着哭泣。"问明他们的情状，方知是他的儿子又死了。第二天，又有人来说："看到坡下堆了三具尸体。"那么，他的仆人又死了。唉，令人伤心啊！

　　想到他们的尸骨暴露在荒野，无人认领，于是我就带着两个童仆，拿着畚箕和铁锹，前去埋葬他们。两名童仆脸上流露出为难的情绪。我说："唉，我和你们，本像他们一样啊。"两名童仆怜悯地流下眼泪，要求一起去。于是在旁边的山脚下挖了三个坑，把他们埋了。随即供上一只鸡、三碗饭，一面叹息，一面流着眼泪，向死者祭告说：

　　唉，悲伤啊！你是什么人？你是什么人啊？我是此地龙场驿的驿丞，余姚王守仁哪。我和你都生长在中原地区，我不知你的家乡是何郡何县，你为什么要来做这座山上的鬼魂啊？古人不会轻率地离开故乡，外出做官也不超过千里。我是因为流放而来此地，理所应当。你又有什么罪过而非来不可呢？听说你的官职，仅是一个小小的吏目而已。薪俸不过五斗米，你领着老婆孩子亲自种田就会有了。为什么竟用这五斗米换去你堂堂七尺之躯？又为什么还觉得不够，再加上你的儿子和仆人啊？哎呀，太悲伤了！你如真正是为留恋这五斗米而来，那就应该欢欢喜喜地上路，为什么我昨天望见你皱着额头，面有愁容，似乎承受不起那深重的忧虑呢？

　　顶着风霜雨露，攀缘悬崖峭壁，走过万山的峰顶，饥渴劳累，筋骨疲惫，又加上瘴毒侵其外，忧郁攻其中，难道能免于一死吗？我固然知道你会必死，可是没想到会如此之快，更没有想到你的儿子、你的仆人也会很快地死去啊。都是你自己找的呀，还说什么呢？我不过是怜念你们三具尸骨无所归依才来埋葬罢了，却使我引起无穷的感怆。唉，悲痛啊！纵然不葬你们，那幽暗的山崖上狐狸成群，阴森山谷中粗如车轮的毒蛇，也一定能够把你们葬在腹中，不致长久暴露。你已经没有一点知觉，但你又怎能安心呢？自从我离开父母之乡来到此地，已经三个年头。历尽瘴毒而能勉强保全自己的生命，主要是因为我没有一天怀有忧戚的情绪啊。今天忽然如此悲伤，乃是我为你想得太重，而为自身想得很轻啊。我不应该再为你悲伤了！

我来为你唱歌，你请听着。歌曰：连绵的山峰高接云天啊，飞鸟不通。怀念家乡的游子啊，不知西东。不知西东啊，顶上的苍天却一般相同。地方纵然相隔甚远啊，都在四海的环绕之中。想得开的人到处为家，又何必守住那旧居一栋？魂灵啊，魂灵啊，不要悲伤，不要惊恐！

再唱一支歌来安慰你：我与你都是背井离乡的苦命人啊，蛮人的语言谁也听不懂，性命不可期望啊，一切都迷茫朦胧。假使我也死在这个地方啊，请带着你子你仆紧相从。我们一起遨游同嬉戏，其乐也无穷。驾驭紫色虎啊，乘坐五彩龙；登高望故乡啊，放声叹息长悲恸。假使我有幸能生还啊，你尚有儿子仆人在身后随从。道旁累累多枯冢啊，中原的游魂卧其中，与他们一起呼啸，一起散步从容。餐清风，饮甘露啊，莫愁饥饿腹中空。麋鹿朝为友啊，到晚间再与猿猴栖一洞。安心居墓中啊，可不要变成厉鬼村村寨寨乱逞凶！

【评析】

本文作于明武宗正德四年（1509），这时作者被贬龙场驿已第三年。该文是作者埋葬三个客死在外的异乡人后所作的哀祭文。这三人为微薄的薪俸而万里奔走，终于暴死异乡。王守仁与他们素昧平生，但祭文的感情却相当深切，关键是作者景况略如客死之人，悲客死之人也是作者借以抒发自己被贬异域的凄苦哀伤之情。叙事简明，写景逼真，感情真挚，怜人怜己，吊死伤生，兼而有之。

▌唐顺之

唐顺之，字应德，人称荆川先生，明代中期重要的散文家。曾任郎中，督师浙江，亲自泛海，屡次击败入侵的倭寇，以功升右金都御史。学识渊博，文学之外，通晓天文、地理、音乐、数学。著有《荆川先生文集》。

信陵君救赵论

唐顺之

论者以窃符为信陵君之罪[1]，余以为此未足以罪信陵也。夫强秦之暴亟矣，今悉兵以临赵，赵必亡。赵，魏之障也。赵亡，则魏且为之后。赵、魏，又楚、燕、齐诸国之障也，赵、魏亡，则楚、燕、齐诸国为之后。天下之势，未有岌岌于此者也②。故救赵者，亦以救魏；救一国者，亦以救六国也。窃魏之符以纾魏之患，借一国之师以分六国之灾，夫奚不可者？然则信陵果无罪乎？曰：又不然也。余所诛者，信陵君之心也。

信陵一公子耳，魏固有王也。赵不请救于王，而谆谆焉请救于信陵，是赵知有信陵，不知有王也。平原君以婚姻激信陵③，而信陵亦自以婚姻之故，欲急救赵，是信陵知有婚姻，不知有王也。其窃符也，非为魏也，非为六国也，为赵焉耳。非为赵也，为一平原君耳。使祸不在赵，而在他国，则虽撤魏之障，撤六国之障，信陵亦必不救。使赵无平原，而平原亦非信陵之姻戚，虽赵亡，信陵亦必不救。则是赵王与社稷之轻重，不能当一平原公子，而魏之兵甲所恃以固其社稷者，只以供信陵君一姻戚之用。幸而战胜，可也，不幸战不胜，为虏于秦，是倾魏国数百年社稷以殉姻戚，吾不知信陵何以谢魏王也。

夫窃符之计，盖出于侯生④，而如姬成之也⑤。侯生教公子以窃符，如姬为公子窃符于王之卧内，是二人亦知有信陵，不知有王也。余以为信陵之自为计，曷若以唇齿之势激谏于王，不听，则以其欲死秦师者而死于魏王之前，王必悟矣。侯生为信陵计，曷若见魏王而说之救赵，不听，则以其欲死信陵君者而死于魏王之前，王亦必悟矣。如姬有意于报信陵，曷若乘王之隙而日夜劝之救，不听，则以其欲为公子死者而死于魏王之前，王亦必悟矣。如此，则信陵君不负魏，亦不负赵；二人不负王，亦不负信陵君。何为计不出此？信陵知有婚姻之赵，不知有王。内则幸姬，外则邻国，贱则夷门野人，又皆知有公子，不知有王。则是魏仅有一孤王耳。

呜呼！自世之衰，人皆习于背公死党之行而忘守节奉公之道，有重相而无威君，有私仇而无义愤，如秦人知有穰侯⑥，不知有秦王，虞卿知有布衣之交⑦，不知有赵王，盖君若赘旒久矣⑧。由此言之，信陵之罪，固不专系乎符之窃不窃也。其为魏也，为六国也，纵窃符犹可。其为赵也，为一亲戚也，纵求符于王，而公然得之，亦罪也。虽然，魏王亦不得无罪也。兵符藏于卧内，信陵亦安得窃之？信陵不忌魏王，而径请之如姬，其素窥魏王之疏也；如姬不忌魏王，而敢于窃符，其素恃魏王之宠也。木朽而蛀生之矣。古者人君持权于上，而内外莫敢不肃。则信陵安得树私交于赵？赵安得私请救于信陵？如姬安得衔信陵之恩？信陵安得卖恩于如姬？履霜之渐⑨，岂一朝一夕也哉！由此言之，不特众人不知有王，王亦自为赘旒也。

故信陵君可以为人臣植党之戒，魏王可以为人君失权之戒。《春秋》书葬原仲、翚帅师⑩。嗟夫！圣人之为虑深矣！

【注释】

①符：兵符，其形如虎，故又称"虎符"。国君调动军队之凭证。②岌（jí）岌：极端危险。③平原君：战国时赵惠文王之弟，名赵胜，曾任赵相，为战国四公子之一。其夫人为信陵君之姐。④侯生：侯嬴，原为魏国国都夷门的守门人，后为信陵君家中门客。当平原君向信陵君求救时，他向信陵君提出窃符之计。⑤如姬：如姬之父被人杀害，信陵君曾为之复仇，故如姬对信陵君深为感激。⑥穰（ráng）侯：魏冉，秦昭襄王之舅父，曾任秦将军、相国，握有秦国军政大权。"穰侯"为其封号。⑦虞卿：赵孝成王时相国。他和魏国魏齐曾为早年好友，其后魏齐遇难出奔，他为帮助魏齐，竟弃官与之一起出走。⑧赘旒（zhuì liú）：旒，同"瘤"，多余的东西。⑨履霜之渐：《周易·坤》："履霜坚冰至。"说明行路时如踏到霜，则冰天雪地即将到来。⑩葬原仲：原仲为陈国大夫，死后，其旧友季友私自去陈国将其埋葬。孔子认为这是非礼的行动。翚（huī）帅师：鲁隐公时，宋、陈等国进攻郑国，宋国也要鲁国出兵，鲁隐公不同意，鲁大夫翚未得允许便率师而去。孔子认为这是目无君主。

【译文】

评论者拿盗窃兵符一事作为信陵君的罪过，我认为凭这一点还够不上拿来问责怪罪于信陵君。那强劲的秦国暴虐到极点了，如今把其所有的兵力都压到赵国，赵国肯定会灭亡。赵国是魏国的屏障，赵国亡了，那么魏国将要步其后尘；赵国与魏国，又是楚、燕、齐各国的屏障，赵、魏亡了，那么楚、燕、齐各国就得步其后尘了。天下的形势，再没有岌岌可危到像当时那样的了。因此，救赵国，也就是用以救魏国；救一个国家，也就是用以救六个国家啊！盗窃魏国的兵符来解脱魏国的祸患，借用一国的军队来分担六国的灾难，这有什么不可以的！那么信陵君真的没有罪过吗？回答是：这话又不对了。我所责备的，是信陵君的心啊！

信陵君不过是一个王室公子罢了，魏国自有其君王。赵国不请求于魏王，而不断地恳切求救于信陵君，这说明赵国只知道有信陵君，不知道还有个魏王。平原君用亲戚情分来激将信陵君，而信陵君也因为亲戚的缘故，想急于救赵，这说明信陵君只知道有自己的亲戚，不知道还有个君王。他盗窃兵符，不是为魏国，也不是为六国，而是为赵国。其实也不是为赵国，只是为一个平原君。假使祸患不在赵国，而在其他国家，即使撤销魏国的屏障，撤销六国的屏障，信陵君也必然不会去拯救的。假使赵国没有平原君，或者平原君不是信陵君的亲戚，纵然赵国亡了，信陵君也必然不会拯救的。这就是说赵王及其国家的轻重，不能当得起一个平原公子；而且魏国的军备原是依靠它来巩固自己的国家的，如今却拿来供信陵君的一个亲戚使用了。幸而战胜了，还算是可以的；如果不幸而战败了，做了秦国的俘虏，就是倾覆了魏国几百年来的国家命运来殉葬于自己的亲戚。如果这样，我不知道信陵君用什么来向魏王道歉赔罪呢！

　　盗窃兵符的计谋，出自侯生，而由如姬来完成的。侯生教魏公子来盗窃兵符，如姬替魏公子盗窃兵符于魏王卧室之内，这两个人也只知道有信陵君，而不知道有魏王啊。我认为信陵君若为自己打算，不如用赵、魏两国唇齿相依的形势，以激发、建议于魏王，如果不听，就用他本人想为赵国而牺牲于秦国军中的心愿，而死在魏王面前，魏王也就必然会醒悟了。侯生为信陵君打算，不如朝见魏王来劝说他救赵，如果不听，就以想为信陵君而死的心愿，死在魏王面前，魏王也必然醒悟了。如姬既有意于报答信陵君，不如乘魏王的空闲时，日日夜夜劝他救赵，如果不听从，就用想为公子而死的心愿，而死在魏王面前，魏王也必然醒悟了。这样做，就使信陵君不辜负魏国，也不辜负赵国；侯生等二人不辜负魏王，也不辜负信陵君。为什么不提出这种计划呢？信陵君只知道有作为亲戚的赵国，不知道有魏王。里边则有宠幸的侍妾，外边则有邻国，低贱者则有像夷门监侯生等鄙野之人，又是都只知道有个魏公子，却不知道还有位君王。这就是魏国仅仅有一个孤立的君王罢了。

　　唉！自从世运衰败以来，人们都习惯于违背公益而甘心死于私党的行为，却忘掉了守节义而奉公的道理。于是就形成只有权重的宰相而没有具有权威的君王，只有私仇而没有义愤的局面。例如，秦国人只知道有穰侯魏冉，而不知道有秦王；虞卿只知道贫贱时的老朋友，而不知道有赵王。这乃是君王好像一面多余的旗子一样地被人把持着已经很久很久了。由此说来，信陵君的罪过，原不在于兵符的盗窃与否，若是为了魏国，为了六国，纵然是盗窃兵符，还是可以的；若是为了赵国，为了一个亲戚，纵然请求魏王，并且公然得到它，也是有罪过的。虽是如此，魏王也不得以为是没有罪过的。兵符既藏在卧室之内，信陵君怎么能盗窃了呢？信陵君不害怕魏王，而居然直接请托如姬，这是他平日已看到魏王的疏忽了。如姬不害怕魏王，而敢于盗窃兵符，这是她素来仗恃着魏王的宠爱。木头枯朽了，而后蛀虫就生出来了。古代的人君操持权柄于上，而宫廷内外没有敢不肃敬的，那么信陵君怎能建立私交于赵国呢？赵国怎能私下求救于信陵君呢？如姬怎能承受信陵君的恩惠呢？信陵君怎能施卖恩德于如姬呢？《周易》的所谓"履霜，坚冰至"，就是说一切都是逐渐形成的道理，难道说一朝一夕就会突然发生这一切吗？由此说来，不只是众人不知道有魏王，连魏王也自以为是个多余的被把持着的旗子呢。

因此，信陵君可以作为人臣结党营私的鉴戒，魏王可以作为人君失权的鉴戒。从《春秋》书写"葬原仲"和"翚帅师"的笔法来看，就叹息圣人考虑得是多么深远啊！

【评析】

本文以"窃符救赵"为题，对已有评论予以反驳，并陈述自己观点。开篇指出"救赵者，亦以救魏，救一国者，亦以救六国"的论断，肯定"窃符救赵"的结局是好的。但笔锋一转，切入作者观点："余所诛者，信陵君之心也。"作者认为，信陵君之所以救赵，动机有问题，并非为保魏国或其他几国，而只因其姻亲平原君在赵。并由此引出，其实信陵君心中无魏王。而信陵君窃符救赵之计所以能成功，魏王本身也有责任。末尾进行综合性的评价，"自世之衰，人皆习于背公死党之行而忘守节奉公之道，有重相而无威君，有私仇而无义愤"是全文之主旨。运用辩证法对论点详加阐明，使全文无懈可击。

整篇文章构思严谨，逻辑特征鲜明，以驳斥原有论点开篇，步步紧逼，有条不紊地陈述出自己观点。又指出，明代大臣结党营私严重，党争激烈，故本文之写作与此背景有关。

宗臣

宗臣，字子相，号方城，是明代嘉靖、隆庆年间文学流派"后七子"之一。登进士第，任刑部主事、吏部考官等职。曾率众击溃倭寇入侵，升为提学副使。为人耿介、刚正，当时严嵩专权，许多士大夫丧失廉耻，趋炎附势，而宗臣则傲骨崚嶒，不肯依附权贵。文章明爽畅达，在当时颇有影响。有《宗子相集》传世。

报刘一丈书

宗臣

数千里外，得长者时赐一书①，以慰长想，即亦甚幸矣；何至更辱馈遗②，则不才益将何以报焉③！书中情意甚殷，即长者之不忘老父，知老父之念长者深也。至以"上下相孚、才德称位"语不才④，则不才有深感焉。夫才德不称，固自知之矣；至于不孚之病⑤，则尤不才为甚。

且今世之所谓孚者，何哉？日夕策马候权者之门⑥，门者故不入，则甘言媚词作妇人状，袖金以私之⑦。即门者持刺入，而主人又不即出见，立厩中仆马之间⑧，恶气袭衣袖，即饥寒毒热不可忍，不去也。抵暮⑨，则前所受赠金者出，报客曰⑩："相公倦，谢客矣⑪，客请明日来。"即明日，又不敢不来。夜披衣坐，闻鸡鸣，即起盥栉⑫，走马抵门。门者怒曰："为谁？"则曰："昨日之客来。"则又怒曰："何客之勤也！岂有相公此时出见客乎？"客心耻之，强忍而与言曰："亡奈何矣⑬，姑容我入！"门者又得所赠金，则起而入之。又立向所立厩中⑭。幸主者出，南面召见，则惊走匍匐阶下⑮。主者曰："进！"则再拜，故迟不起，起则上所上寿金⑯。主者故不受⑰，则固请；主者故固不受，则又固请，然后命吏纳之⑱。则又再拜，又故迟不起，起则五六揖，始出。

出，揖门者曰："官人幸顾我，他日来，幸勿阻我也⑲！"门者答揖。大喜奔出，马上遇所交识⑳，即扬鞭语曰："适自相公家来㉑，相公厚我㉒，厚我！"且虚言状。即所交识，亦心畏相公厚之矣。相公又稍稍语人曰："某也贤，某也贤。"闻者亦心计交赞之㉓。此世所谓"上下相孚"也，长者谓仆能之乎？

前所谓权门者，自岁时伏腊㉔，一刺之外㉕，即经年不往也。间道经其门㉖，则亦掩耳闭目㉗，跃马疾走过之，若有所追逐者。斯则仆之褊衷㉘，以此常不见悦于长吏，仆则愈益不顾也。每大言曰："人生有命，吾惟守分而已！"长者闻此，得无厌其为迂乎？

【注释】

①长者：指刘一丈，是作者父亲的朋友，属于长辈。赐：敬语。②辱：屈辱您。馈遗：赠送

652

礼品。③不才：自谦辞。报：报答。④上下相孚、才德称位：上下级相互信任，才能道德和职位相称。⑤不孚之病：和上级不融洽的毛病。⑥策马：鞭策马。古代驾车，用皮鞭为鞭，竹鞭为策。此处指骑着马。⑦袖金以私之：在衣袖里将金钱秘密送上去。⑧厩中：马圈。仆马：仆人和马匹。⑨抵暮：到了日暮。⑩报客：回答客人。⑪谢客：不接见客人。⑫盥栉：洗脸梳头。⑬亡奈何：没有办法。⑭向：先前、原来。⑮惊走：快步小跑，极度恭敬貌。匍匐：拜倒在地。⑯寿金：祝寿礼金，实际就是贿赂的金钱。⑰故不受：故意不接受。⑱纳之：收纳起来。⑲幸：希望。⑳交识：交往认识的人。㉑适：刚刚。㉒厚我：对我非常看重，招待很热情。㉓心计交赞：心中计算交相赞美。㉔岁时伏腊：年节假日。古代很重视伏日和腊日。㉕一刺之外：投一次名片，即例行公事般去一次。㉖间道经其门：偶尔经过他的门口。㉗掩耳闭目：假装看不见听不着。㉘褊（biǎn）：心胸狭窄。

【译文】

数千里以外，时常得到您老人家的来信，安慰我长久的想念，这已十分幸运了。竟然还承蒙您赠送礼物，那么我要用什么来报答呢？您在信中表达的情意十分恳切，说明您没有忘记我的老父亲，从而也可以知道我的老父亲是很深切地想念您的。至于在信中以"上下互相信任关系融洽，才能品德与职位相符"的话来评价我，我则有很深的感慨。才能品德与职位不相称，这是我本来就知道的。至于和上级不能相互信任，关系融洽的毛病，在我身上表现得尤其严重。

况且当今社会上所说的上下信任关系融洽是怎么一回事呢？那人从早到晚骑马去权贵人家的门口恭候着，守门人故意为难不让他进去，他就用甜言媚语装作妇人的姿态，把袖里藏着的金钱偷偷地塞给守门人。守门人拿着名帖进去之后，而主人又不立即出来接见。他就站在马棚里仆人和马匹的中间，臭气熏着衣服，即使是饥饿寒冷或闷热得无法忍受，也不肯离去。一直等到傍晚，那个先前接受金钱的守门人出来对他说："相公疲劳了，谢绝会客，客人请明天再来吧。"到了第二天，他又不敢不来。晚上披衣坐等，一听到鸡叫就起来洗脸梳头，骑着马跑到相府门口，守门人发怒地问："是谁？"他便回答说："昨天的客人又来了。"守门人又怒气冲冲地说："你这个客人怎么这样勤快！哪有相公在这个时候出来会客的！"客人心里感到耻辱，也只能勉强忍耐着对守门人说："没有办法啦！姑且让我进去吧！"守门人再次得到他送的钱，才起身放他进去。他又站在原来站过的马棚里。幸好主人出来，在客厅上朝南坐着，召他进去见面，他就慌慌张张地跑上去，拜伏在台阶下。主人说："进来！"他便拜了又拜，故意迟迟不起来，起来后就献上进见的金银。主人故意不接受，他就一再请求收下；主人故意坚决不接受，他就再三请求。然后主人叫手下人把东西收起来，他便拜了又拜，故意迟迟不起，起来后又作五六个揖才出来。出来他就对守门人作揖说："多亏老爷关照我！下次再来，希望不要阻拦我。"守门人向他回礼，他就十分高兴地跑出来。他骑在马上碰到相识的朋友，就扬起马鞭得意扬扬地对人说："我刚从相府出来，相公待我太好了！太好了！"并且虚假地叙述受到接待的情况。因此与他相识的朋友，也从心里敬畏他能得到相公的优待。相公又偶尔对别人说："某人好，某人好。"听到这些话的人也都在心里盘算着并且一齐称赞他。这就是社会上所说的"上下相孚"，您老人家说我能这样做吗？

前面所说的权贵人家，我除了过年过节如伏日、腊日投一个名帖外，就整年不去。有时经过他的门前，我也是捂着耳朵，闭着眼睛，鞭策着马匹飞快地跑过去，就像后面有人追逐似的。这就是我狭隘的心怀，因此经常不受长官欢迎，而我则更加不顾这一切。我常常发表高谈阔论："人生遭际都是由命运决定的，我只是守自己的本分罢了！"您老人家听了我的这番话，能不嫌我过于迂阔吗？

【评析】

本文就是给家乡长辈的一封回信，却一直受到重视而进入诸多选本。当时严嵩掌权，朝野官员多是溜须拍马，阿谀逢迎之徒。贿赂公行，官场不堪入目。老父亲的朋友写信给宗臣谋求职位，宗臣便写此信委婉谢绝。故抓住来信中"上下相孚"一语，淋漓尽致地揭露出官场中贿赂公行，买官卖官，沆瀣一气的丑恶现象。仿佛是漫画，通过一人行贿成功的典型揭示了官场的内幕。三个人物形象栩栩如生。行贿者奴颜婢膝，一副乞讨相；守门人刁钻势力，狗仗人势揩油奸滑；权势者虚伪贪婪，当婊子还要立牌坊。而对行贿者的丑态描摹最形象逼真。其实他进入相府大堂后就干两件事，一是送礼，二是叩头，而其总是"迟不起"的慢动作就是磨蹭时间，时间越长假象越真。刻画入骨三分，且有诛心之力。

归有光

归有光，字熙甫，号震川，又号项脊生。明代中期著名散文家。讲学二十余年，从学者甚众。科考极不顺利，屡试屡挫，六十岁始成进士，做过县令。以散文见长，有"明文第一"之誉，抒情散文更是别具一格。论者谓："无意于感人，而欢愉惨恻之思，溢于言语之外。"六年后，卒于南京。著有《震川集》等。

吴山图记

归有光

吴、长洲二县①，在郡治所，分境而治。而郡西诸山，皆在吴县。其最高者，穹窿、阳山、邓尉、西脊、铜井②。而灵岩③，吴之故宫在焉④，尚有西子之遗迹⑤。若虎丘⑥、剑池⑦，及天平⑧、尚方⑨、支硎⑩，皆胜地也。而太湖汪洋三万六千顷⑪，七十二峰沉浸其间⑫，则海内之奇观矣。

余同年友魏君用晦为吴县⑬，未及三年，以高第召入为给事中⑭。君之为县，有惠爱⑮，百姓扳留之⑯，不能得，而君亦不忍于其民。由是好事者绘《吴山图》以为赠。

夫令之于民，诚重矣。令诚贤也，其地之山川草木，亦被其泽而有荣也⑰；令诚不贤也，其地之山川草木，亦被其殃而有辱也。君于吴之山川，盖增重矣。异时吾民将择胜于岩峦之间，尸祝于浮屠⑱、老子之宫也，固宜。而君则亦既去矣，何复惓惓于此山哉？昔苏子瞻称韩魏公去黄州四十余年而思之不忘⑲，至以为《思黄州》诗，子瞻为黄人刻之于石。然后知贤者于其所至，不独使其人之不忍忘而已，亦不能自忘于其人也。

君今去县已三年矣。一日，与余同在内庭⑳，出示此图，展玩太息，因命余记之，噫！君之于吾吴有情如此，如之何而使吾民能忘之也！

【注释】

①吴：吴县，今已撤销并入江苏苏州市，为吴中区。长洲：明代县名，后并入吴县。明朝二县均属苏州府管辖。②穹窿：山名，在今苏州市西南。阳山：在今苏州市的西北。邓尉：山名，

在今苏州市西南，因东汉时邓禹曾隐居此山而得名，山上多梅花。西脊：又称西碛山，在邓尉山西。铜井：又称铜坑山，亦在今苏州市西南，以产铜而得名。③灵岩：山名，在今苏州市木渎镇，又名石鼓山、研石山、象山、石城山。④吴之故宫：春秋时吴国君主夫差曾在灵岩为西施建馆娃宫。据传今灵岩山寺一带即是馆娃宫的遗址。⑤西子：即西施，春秋时越国美女，越国君主勾践将西施献给吴王夫差，西施备受吴王宠爱。相传吴王曾在灵岩山上为西施建有琴台、梳妆台等。⑥虎丘：山名，一名海涌山。在江苏苏州市西北阊门外。相传春秋时吴王阖闾葬于此，三日有虎踞于上，故名。唐王朝避其先世李虎讳，改称武丘，后复旧名。泉石幽胜，上有塔，登眺则全城在目，为苏州名胜。⑦剑池：池名。在今江苏苏州市虎丘山。相传秦始皇东巡时在这里找寻过吴王阖闾的宝剑；一说阖闾葬在这里，曾用鱼阳扁诸等宝剑各三千殉葬，故名。⑧天平：山名，在灵岩山北，因山顶方平，故名天平山。⑨尚方：山名，又称上方山、楞枷山，在原吴县西南。⑩支硎（xíng）：山名，在原吴县西南，相传晋代名僧支遁曾隐于此山。⑪太湖：在今江苏省南部，面积两千四百多平方公里，是我国第三大淡水湖。旧说有三万六千公顷。⑫七十二峰：太湖中有大小岛屿四十八个，加上沿湖的山峰和半岛，号称七十二峰。尤以洞庭东山、西山、马迹山、三山、鼋头渚最为有名。沉浸：浸入水中。⑬同年：封建时代同一年中举或同一年登进士第的互相称同年。为吴县：出任吴县县令。⑭高第：在吏部举行的考核中列为上等者称高第。给事中：官名。魏用晦所任为刑科给事中。⑮惠爱：对老百姓施惠和爱护。⑯扳留：挽留。又作"攀留"，即攀缘车驾挽留，表示对离任者的眷念。⑰被：通"披"，受。泽：恩惠。荣：兴旺。⑱尸祝：尸，代表鬼神受享祭的人；祝，传告鬼神言辞的人。⑲苏子瞻：即苏轼（1036—1101），字子瞻，号东坡。韩魏公：即韩琦，北宋名臣，封魏国公。韩琦曾与其兄在黄州居住过，黄州人以此为荣。⑳内庭：即内廷，宫廷之内。隆庆四年（1570），归有光任南京太仆寺丞，留京执掌内阁制敕房，纂修《世宗实录》，因此有机会在内廷与时任给事中的魏用晦见面。

【译文】

吴县、长洲两县的县治，在吴郡的郡治所在地，两县划分境界各自管理。府城西南的众多山冈，都在吴县境内。其中最高的山峰，有穹窿、阳山、邓尉、西脊、铜井等山。灵岩山上，春秋时吴国宫殿的故址就在那儿，还有西施的遗迹。像虎丘、剑池以及天平、尚方、支硎等处，都是名胜所在地。太湖浩浩渺渺，面积三万六千顷，七十二峰在湖中沉浮，真可以算海内奇观了。

我同年好友魏用晦任吴县县令未满三年，因考绩列入优等被调入京城担任给事中。魏君任吴县县令期间有恩于民，离任时，百姓设法挽留却未能成功，魏君也舍不得离开他的百姓，于是有热心人便画了一幅《吴山图》送给他。

县令对于老百姓来说，确实是非常重要的，如果县令确实是贤良的，那么当地的山川草木也为蒙受其恩泽而感到荣耀；如果县令不贤良，那么当地的山川草木也会遭殃，感受到耻辱。魏君对于吴县的山河，可以说是增添了光彩。今后有那么一天，吴县的老百姓将会在青山秀岩间挑选一块名胜宝地，在佛寺或道观里祭祀他，这完全是应该的。那么魏君既然已经离开了吴县，为什么还对这里的名山那样眷恋呢？从前，苏东坡称赞韩琦离开黄州四十多年，还念念不忘黄州，以至于写下了怀念黄州的诗歌。苏东坡为黄州人把这诗刻在石碑上。由此后人才明白这样一个道理：贤能之士到某一处地方，不单单会使那儿的人民不忍心忘记他，而且连自己也不能忘记那儿的人民。

现在魏君离开吴县已经三年了。一天，他与我同在内庭，取出这幅《吴山图》给我看，一边欣赏，一边叹息，就命我写篇文章记载这件事情。唉！魏君对于我乡吴县有如此深厚的感情，又怎能使我们吴县百姓忘记他呢！

【评析】

本文是归有光应同年魏用晦所请写的纪念性文章。以《吴山图》为契机紧扣官民关系展开议论，文章之主旨在于歌颂赞扬和谐美好的官民关系，"不独使其人之不忍忘而已，亦不能自忘于其人也"是文眼。中间用苏轼和韩琦的故事为例，说明贤能之官吏自然会得到当地百姓的深切怀念。在抬高魏用晦的同时也抬高了自己，委婉而不露痕迹。

沧浪亭记

归有光

浮图文瑛居大云庵①，环水，即苏子美沧浪亭地也②。巫求余作《沧浪亭记》，曰："昔子美之记，记亭之胜也。请子记吾所以为亭者。"

余曰：昔吴越有国时③，广陵王镇吴中④，治园于子城之西南；其外戚孙承佑⑤，亦治园于其偏。迨淮海纳土⑥，此园不废。苏子美始建沧浪亭，最后禅者居之⑦：此沧浪亭为大云庵也。有庵以来二百年，文瑛寻古遗事，复子美之构于荒残灭没之余：此大云庵为沧浪亭也。

夫古今之变，朝市改易。尝登姑苏之台⑧，望五湖之渺茫⑨，群山之苍翠，太伯、虞仲之所建⑩，阖闾、夫差之所争⑪，子胥、种、蠡之所经营⑫，今皆无有矣。庵与亭何为者哉？虽然，钱镠因乱攘窃⑬，保有吴越，国富兵强，垂及四世。诸子姻戚，乘时奢僭，宫馆苑囿，极一时之盛。而子美之亭，乃为释子所钦重如此。可以见士之欲垂名于千载之后，不与其澌然而俱尽者⑭，则有在矣！

文瑛读书喜诗，与吾徒游，呼之为沧浪僧云。

【注释】

①浮图：僧人。②苏子美：苏舜钦，字子美，祖籍梓州铜山（今四川中江）人，后移居开封。宋景祐元年（1034）进士，官至集贤殿校理，监进奏院，因故除名，隐居苏州，建沧浪亭。今集中有《沧浪亭记》。③吴越：五代十国之一，钱镠所建立，占据今浙江及江苏西南部、福建东北部地区，传五主。④广陵王：钱元璙，字德辉，钱镠之子。曾为苏州刺史。元瓘时进检校太师中书令，后封广陵郡王。⑤孙承佑：钱塘人。吴越主钱俶纳其姊为妃，因擢处要职，曾为中吴军节度使。后随钱俶归宋。⑥淮海纳土：指吴越国主钱俶献其地于宋。⑦禅者：僧人。⑧姑苏之台：姑苏台，在今苏州城西南。据传是春秋末期由吴王阖闾、夫差两代君主所建，工程浩大。越灭吴，被焚毁。⑨五湖：这里指太湖。⑩太伯：周先祖太王长子，相传太王欲传位给季历，他和弟弟仲雍避居江南，开发吴地，为吴国的始祖。太伯卒，无子，弟仲雍立。虞仲：即仲雍。⑪阖闾：一作阖庐，即姬光。他重用伍子胥，派专诸刺杀吴王僚，代立为王，屡败楚兵，曾攻入楚都郢。后为越王勾践战败。夫差：吴王阖闾之子，继位后，誓报父仇，在夫椒大败越兵，后又被越王勾践所攻灭。⑫子胥：伍员，字子胥，吴国大臣。种：文种，越国大夫。蠡：范蠡，越国大夫，他们都是春秋末吴越争霸的主要人物。⑬钱镠（liú）：被后梁封为吴越王，后自立为帝，建都杭州。攘窃：窃取。⑭澌（sī）然：灭尽的样子。

【译文】

文瑛和尚居住在大云庵，那里四面环水，从前是苏子美建造沧浪亭的地方。文瑛曾多次请我写篇《沧浪亭记》，说："过去苏子美的《沧浪亭记》，是写亭子的胜景，您就记述我修复这个亭子的缘由吧。"

我说，从前吴越建国时，广陵王镇守吴中，曾在内城的西南修建了一个园子，他的外戚孙承佑，也在它的旁边修了园子。到吴越主动归降宋朝时，这个园子还没有荒废。苏子美开始在园中建造沧浪亭，后来归僧人居住。这时沧浪亭就叫大云庵。大云庵至今已有二百年的历史。文瑛寻访亭子的遗迹，又在废墟上按原来的样子修复了沧浪亭。这是从大云庵到沧浪亭的演变过程。

　　历史在变迁，朝代在改易。我曾经登上姑苏台，远眺浩渺的太湖，苍翠的群山。遥想太伯、虞仲建立的国家，阖闾、夫差争夺的对象，伍子胥、文种、范蠡等谋划的事业，如今都已消失殆尽。大云庵和沧浪亭的兴废，又算得了什么呢？虽然如此，钱镠趁天下动乱，窃据权位，占有吴越，国富兵强，传了四代，他的子孙亲戚，也借着权势大肆挥霍，广建宫馆园囿，盛极一时，而子美的沧浪亭，却被和尚如此钦重。可见士人要想垂名千载之后，不与吴越遗迹而一起迅速消失殆尽，则确实是有这种情况的。

　　文瑛好读书，爱作诗，常与我们交往游处，我们称他为沧浪僧。

【评析】

　　本文选自《震川先生集》卷十五。沧浪亭，是苏州市的四大古名园之一。它原是五代广陵王钱元璙的池馆，又说是五代末中吴军节度使孙承佑的别墅。到北宋时，被诗人苏舜钦购得，并临水筑亭，题为"沧浪亭"，园也因亭而得名。后来又屡易其主。南宋初为抗金名将韩世忠所居，故又名韩园。由元至明为佛寺。本文是归有光应僧人文瑛之请而作，记述了沧浪亭的历代沿革、兴废，感慨于自太伯、虞仲以来的遗迹荡然无存，钱镠等以权势购筑的宫馆苑囿尽成陈迹，只有苏子美的沧浪亭能长留天地间。篇末点题："可以见士之欲垂名于千载之后，不与其澌然而俱尽者，则有在矣！"

▌茅坤

　　茅坤，字顺甫，号鹿门，浙江归安（今浙江吴兴县）人。嘉靖进士，文武皆能，喜谈兵。文学上不满前后七子的复古主张，提倡学习唐宋古文，与王慎中、唐顺之、归有光等被称为"唐宋派"，他评选的《唐宋八大家文钞》影响很大。有《茅鹿门集》传世。

青霞先生文集序

茅坤

青霞沈君①，由锦衣经历上书诋宰执②，宰执深疾之。方力构其罪③，赖明天子仁圣，特薄其谴，徙之塞上④。当是时，君之直谏之名满天下。已而，君累然携妻子⑤，出家塞上。会北敌数内犯⑥，而帅府以下，束手闭垒，以恣敌之出没，不及飞一镞以相抗。甚且及敌之退，则割中土之战没者与野行者之馘以为功⑦。而父之哭其子，妻之哭其夫，兄之哭其弟者，往往而是，无所控吁。君既上愤疆场之日弛⑧，而下痛诸将士日菅刈我人民以蒙国家也⑨，数鸣咽欷歔，而以其所忧郁发之于诗歌文章，以泄其怀，即集中所载诸什是也⑩。君故以直谏为重于时，而其所著为诗歌文章，又多所讥刺，稍稍传播，上下震恐。始出死力相煽构，而君之祸作矣。君既没，而一时闻寄所相与谗君者⑪，寻且坐罪罢去。又未几，故宰执之仇君者亦报罢。而君之门人给谏俞君⑫，于是裒辑其生平所著若干卷⑬，刻而传之。而其子以敬，来请予序之首简。

茅子受读而题之曰：若君者，非古之志士之遗乎哉？孔子删《诗》，自《小弁》之怨亲⑭，《巷伯》之刺谗而下⑮，其间忠臣、寡妇、幽人、怼士之什，并列之为"风"，疏之为"雅"，不可胜数。岂皆古之中声也哉？然孔子不遽遗之者⑯，特悯其人，矜其志。犹曰"发乎情，止乎礼义"，"言之者无罪，闻之者足以为戒"焉耳。予尝按次春秋以来，屈原之《骚》疑于怨⑰，伍胥之谏疑于胁⑱，贾谊之《疏》疑于激⑲，叔夜之诗疑于愤⑳，刘蕡之对疑于亢㉑。然推孔子删《诗》之旨而裒次之，当亦未必无录之者。君既没，而海内之荐绅大夫㉒，至今言及君，无不酸鼻而流涕。呜呼！集中所载《鸣剑》《筹边》诸什，试令后之人读之，其足以寒贼臣之胆，而跃塞垣战士之马，而作之忾也固矣！他日国家采风者之使出而览观焉，其能遗之也乎？予谨识之㉓。

至于文词之工不工，及当古作者之旨与否，非所以论君之大者也，予故不著。

【注释】

①沈君：名炼，字纯甫，号青霞。明朝会稽（今浙江绍兴）人，嘉靖进士。②锦衣：明代

官署锦衣卫的简称。原为皇帝禁卫军，后转变为特务机关。诋：诋毁，这里指弹劾。宰执：执政宰相，沈炼弹劾当时宰相严嵩严世蕃父子。③构：罗织构陷。④徙之塞上：流放到边塞。沈炼被削职为民流放到保安州（今陕西延安）。⑤累然：不得志的样子。⑥会：适逢。北敌：指流窜在河套地区的蒙古残余军队。⑦馘（guó）：被杀者的左耳。古时作战凭割取敌人的左耳来计功。⑧疆场（yì）：边境。⑨菅（jiān）刈：割草。菅：草名。这里指像割草一样残害百姓。蒙：欺骗。⑩诸什：诸篇。什：《诗经》大雅和小雅十篇为一组，称"某某之什"，故后世有"篇什"一词。⑪阃（kǔn）寄：统兵在外的人。阃：特指部门的门槛。寄：托付。⑫给谏：给事中。⑬裒（póu）辑：搜集、编辑。裒：聚。⑭《小弁》：《诗·小雅》篇名相传为西周末年，周幽王听信宠妃褒姒谗言，废掉太子宜臼。宜臼被废后，作《小弁》诗，抒发自己被弃逐以后的忧怨。⑮《巷伯》：《诗经·小雅》篇名。相传巷伯被谗而受宫刑，气愤之下作此诗。⑯遽遗：骤然删除。⑰屈原之《骚》：屈原，名平，战国时楚国贵族。辅佐楚怀王。后受谗毁而被放逐。"骚"即屈原所作的《离骚》。⑱伍胥之谏：伍胥，即伍子胥。春秋时吴国大夫。谏：指劝吴王拒绝越王勾践的求和，并停止伐齐，被夫差赐死。⑲贾谊之《疏》：贾谊，西汉初期杰出的文学家、政论家。多次上疏批评时政，建议削弱诸侯王势力。后受排挤被贬，不久抑郁而死。⑳叔夜之诗：指嵇康的《幽愤诗》。嵇康，字叔夜，竹林七贤之一。魏晋之际的文学家、思想家、音乐家。因不满司马氏集团，被司马昭所杀。《幽愤诗》是嵇康被捕后在狱中所写。㉑刘蕡（fén）之对：刘蕡，唐代人。文宗时应贤良对策，激昂慷慨，怒斥宦官罪行而被黜落。对：指刘蕡所上对策。㉒荐绅：同"缙绅"，本指古代官员的一种装束，这里代指官员。㉓识（zhì）之：记下这篇序。识：记。

【译文】

　　沈君青霞，以锦衣卫经历的身份，上书抨击宰相，宰相因此非常痛恨他。正在竭力罗织他罪名的时候，幸亏皇帝仁慈圣明，特别减轻他的罪责，把他流放到边塞去。在那段时期，沈君敢于直谏的美名已传遍天下。不久，沈君就带着妻子儿女，离家来到塞上。正巧碰上宣府镇、大同镇一带频频传来敌人入侵的告急警报，而帅府以下的各级将领，都束手无策，紧闭城垒，任凭敌寇出入侵扰，连射一支箭抗击敌人的事都没有做，甚至等到敌人退却，就割下自己队伍中阵亡者和在郊野行走百姓的左耳，来邀功请赏。于是父亲哭儿子，妻子哭丈夫，哥哥哭弟弟的惨状，到处都是，百姓们连控诉呼吁的地方都没有。沈君对上既愤慨边疆防务的日益废弛，对下又痛恨众将士任意残杀人民，蒙骗朝廷，多次哭泣感叹，便把他的忧郁表现在诗歌文章之中，以抒发情怀，就成为文集中的这些篇章。沈君原来就以敢于直谏，受到时人的敬重，而他所写的诗歌文章，又对时政多有讽刺，逐渐传播出去，朝廷上下都感到震惊恐慌。于是他们开始竭力进行造谣陷害，这样沈君的大祸就发生了。沈君被害死以后，虽然朝中的官员不敢为他申冤，但当年身居军事要职、一起陷害沈君的人，不久便因罪撤职。又过了不久，原来仇视沈君的宰相也被罢官。沈君的老朋友给事中俞君，于是收集编辑了他一生的著述若干卷，刊刻流传。沈君的儿子沈襄，来请我写篇序言放在文集前面。

我恭读了文集后写道：像沈君这样的人，不就是古代有高尚节操的那一类志士吗？孔子删定《诗经》，从《小弁》篇的怨恨亲人，《巷伯》篇的讥刺谗人以下，其中忠臣、寡妇、隐士和愤世嫉俗之人的作品，一起被列入"国风"、分入"小雅"的，数不胜数。它们难道都符合古诗的音律吗？然而孔子之所以并不轻易删掉它们，只是因为怜悯这些人的遭遇，推重他们的志向。还说"这些诗歌都是发自内心的感情，又以合乎礼义为归宿"，"说的人没有罪，听的人完全应该引为鉴戒"。我曾经按次序考察从春秋以来的作品，屈原的《离骚》，似乎有发泄怨恨之嫌；伍子胥的进谏，似乎有进行威胁之嫌；贾谊的《陈政事疏》，似乎有过于偏激之嫌；嵇康的诗歌，似乎有过分激愤之嫌；刘蕡的对策，似乎有亢奋偏执之嫌。然而运用孔子删定《诗经》的宗旨，来收集编次它们，恐怕也未必不被录取。沈君虽已去世，但海内的士大夫至今一提到他，没有一个不鼻酸流泪的。啊！文集中所收载的《鸣剑》《筹边》等篇，如果让后代人读了，它们足以使奸臣胆寒，使边防战士跃马杀敌，而激发起同仇敌忾的义愤，那是肯定的！日后假如朝廷的采风使者出使各地而看到这些诗篇，难道会把它们遗漏掉吗？我恭敬地记在这里。

至于说到文采辞藻的精美不精美，以及与古代作家为文的宗旨是否符合，那不是评论沈君大节的东西，所以我就不写了。

【评析】

本文是作者应沈炼之子所请而为同沈炼诗文集所作的序言。文章始论沈炼生平大节，盛称沈炼忧国忧民，敢于抗颜直谏，揭露当时权奸严嵩父子的大无畏精神。次论沈炼诗文集的由来及写作主旨。指出其与诗骚同义，"足以寒贼臣之胆，而跃塞垣战士之马，而作之忾也"。写至感情激越处，一唱三叹，感慨涕零之状如跃纸上，有极强的艺术感染力。还应该指出，沈炼"由锦衣经历上书诋宰执"一句很关键，锦衣卫经历是掌管公文出纳的官职，故其上书揭露严嵩父子以及同党之奸佞是很有力度的。严嵩父子当时气焰熏天，炙手可热。故沈炼之举动如同暗夜之光芒，山野之响箭，对中国历史有永远的警示意义和价值。

王世贞

王世贞，字元美，号凤洲，又号弇州山人。太仓（今属江苏省）人。嘉靖进士，官至南京刑部尚书。早年与李攀龙同为"后七子"领袖。主张"文必秦汉，诗必盛唐"。有《弇州山人四部稿》。

蔺相如完璧归赵

王世贞

蔺相如之完璧①，人皆称之。予未敢以为信也②。

夫秦以十五城之空名，诈赵而胁其璧。是时言取璧者，情也③，非欲以窥赵也④。赵得其情则弗予，不得其情则予；得其情而畏之则予，得其情而弗畏之则弗予。此两言决耳，奈之何既畏而复挑其怒也！

且夫秦欲璧，赵弗予璧，两无所曲直也⑤。入璧而秦弗予城，曲在秦⑥；秦出城而璧归，曲在赵。欲使曲在秦，则莫如弃璧；畏弃璧，则莫如弗予。夫秦王既按图以予城，又设九宾⑦，斋而受璧，其势不得不予城。璧入而城弗予，相如则前请曰："臣固知大王之弗予城也。夫璧非赵璧乎？而十五城秦宝也。今使大王以璧故，而亡其十五城，十五城之子弟，皆厚怨大王以弃我如草芥也。大王弗与城，而绐赵璧⑧，以一璧故，而失信于天下，臣请就死于国，以明大王之失信！"秦王未必不返璧也。今奈何使舍人怀而逃之，而归直于秦？是时秦意未欲与赵绝耳。令秦王怒而僇相如于市⑨，武安君十万众压邯郸⑩，而责璧与信⑪，一胜而相如族，再胜而璧终入秦矣。

吾故曰：蔺相如之获全于璧也，天也。若其劲渑池⑫，柔廉颇⑬，则愈出而愈妙于用。所以能完赵者，天固曲全之哉！

【注释】

①蔺相如：战国时期赵国大臣。机智有胆识，识大体。②信：确实如此。③情：真实意图。

663

④窥：窥探，观察其动向。⑤曲直：对错。⑥曲：理亏。⑦九宾：九位迎接使者的傧相，皆立于朝廷上，是战国时期隆重的外交礼节。⑧绐（dài）：欺骗，欺诈。⑨僇：通"戮"，杀。⑩武安君：秦将白起的封号。邯郸：赵国都城，在今河北邯郸市。⑪责：求，这里指索取。⑫劲渑池：指蔺相如在渑池（今河南林州）迫秦王为赵王击缶之事。⑬柔廉颇：指蔺相如对赵大将廉颇委曲容让，终使廉颇感悟并负荆请罪之事。

【译文】

蔺相如完璧归赵，人人都称赞他。但我不敢认为这一看法是对的。

秦国以十五座城池的空名，欺诈赵国以勒索和氏璧。这时说它要得到璧是实情，而不是借此以窥视赵国。赵国知此实情就不给，不知此实情就给；知此实情而惧怕秦国就给，不知此实情而不惧怕秦国就不给。这只要两句话就能解决了，为何既惧怕它而又去激怒它呢？

况且秦国想要得到玉璧，赵国不给，双方都没有什么是非曲直可言。赵国送去玉璧而秦国不给城，其曲在秦。秦国给城而赵国收回了玉璧，其曲在赵。要想使秦国理屈，则不如放弃玉璧；害怕失去玉璧，则不如不给。秦王既然按照地图划给了城池，又设九宾之仪典，斋戒之后才接受玉璧，其势已是不得不给城的了。如果秦王得到了璧而不给城，相如便可上前陈述："我本来就知道大王是不会给城的。这璧不就是赵国的一块玉璧吗？而十五座城池是秦国的宝物。现在假如大王以一块璧的缘故，而抛弃了十五座城池，十五城的百姓，都会深深怨恨大王像草芥一样抛弃了他们。大王不给城，而骗去了赵国的璧，为了一块璧的缘故而失信于天下，我请求死在这里，以表明大王的失信。"这样，秦王未必不归还玉璧。而当时为什么要派手下的人藏璧逃离，从而使理直的一方归于秦国呢！当时秦国并不想与赵国关系破裂啊。假如秦王怒斩相如于市上，再派武安君率十万大军逼临邯郸，责问璧的去向以及赵国的失信，一次获胜可使相如灭族，第二次获胜玉璧终究还得属于秦国。

因此我说，蔺相如之所以能保全玉璧，那是天意。至于他在渑池对秦国的强硬较量，以柔软的策略而使廉颇惭悟，就越来越显得高妙了。而他能够保全赵国的原因，的确是上天在成全他啊！

【评析】

蔺相如完璧归赵是深入人心、家喻户晓的故事，早有定论。而作者却作翻案文章，指出蔺相如的做法"既畏而复挑其怒"，是不明智的。并归结为成功是侥幸，是天意。单从文章看，似乎可以自圆其说。但历史实际不是那样，蔺相如"完璧归赵"还是爱国的，智慧的，应该充分肯定。文章语言精练，叙事简明，说理透彻。

袁宏道

袁宏道，字中郎，号石公，明代著名文学家，为明代文坛重要流派"公安派"创始人，与兄宗道、弟中道，合称为"三袁"，都以文学见长。为人洒脱不羁，蔑视封建礼法。早年中进士，任江苏吴县县令，为政口碑甚佳，但他无意做官，志在访师问学，游历山川。文学方面，主张抒写性灵、不拘俗套，提倡"文随时变"，反对拟古剽窃的形式主义。散文小品优美生动，格调清新。著有《袁中郎全集》。

徐文长传

袁宏道

徐渭，字文长，为山阴诸生①，声名籍甚②。薛公蕙校越时③，奇其才，有国士之目④。然数奇⑤，屡试辄蹶⑥。中丞胡公宗宪闻之⑦，客诸幕⑧。文长每见，则葛衣乌巾⑨，纵谈天下事，胡公大喜。是时，公督数边兵⑩，威镇东南，介胄之士⑪，膝语蛇行⑫，不敢举头，而文长以部下一诸生傲之。议者方之刘真长、杜少陵云⑬。会得白鹿，属文长作表⑭，表上，永陵喜⑮。公以是益奇之，一切疏计，皆出其手。文长自负才略，好奇计，谈兵多中⑯，视一世事无可当意者。然竟不偶⑰。

文长既已不得志于有司⑱，遂乃放浪曲糵⑲，恣情山水，走齐、鲁、燕、赵之地，穷览朔漠⑳。其所见山奔海立，沙起雷行，雨鸣树偃，幽谷大都，人物鱼鸟，一切可惊可愕之状，一一皆达之于诗。其胸中又有勃然不可磨灭之气，英雄失路，托足无门之悲，故其为诗，如嗔如笑㉑，如水鸣峡，如种出土，如寡妇之夜哭，羁人之寒起㉒。虽其体格时有卑者，然匠心独出，有王者气，非彼巾帼而事人者所敢望也㉓。文有卓识，气沉而法严，不以摸拟损才，不以议论伤格，韩、曾之流亚也㉔。文长既雅不与时调合㉕，当时所谓骚坛主盟者㉖，文长皆叱而怒之，故其名不出于越，悲夫！

喜作书，笔意奔放如其诗，苍劲中姿媚跃出，欧阳公所谓"妖韶女老自有余态"者也㉗。间以其余㉘，旁溢为花鸟㉙，皆超逸有致㉚。

辛以疑杀其继室㉛，下狱论死。张太史元汴力解㉜，乃得出。晚年愤益深，佯狂益甚，显者至门，或拒不纳。时携钱至酒肆，呼下隶与饮。或自持斧击破其头，血流被面，头骨皆折，揉之有声。或以利锥锥其两耳，深入寸余，竟不得死。周望言晚岁诗文益奇㉝。无刻本，集藏于家。余同年有官越者㉞，托以钞录，今未至。余所见者，《徐文长集》《阙编》二种而已。然文长竟以不得志于时，抱愤而卒。

石公曰㉟：先生数奇不已，遂为狂疾。狂疾不已，遂为囹圄㊱。古今文人牢骚困苦，未有若先生者也。虽然，胡公间世豪杰㊲，永陵英主，幕中礼数异等㊳，是胡公知有先生矣；表上，人主悦，是人主知有先生矣，独身未贵耳。先生诗文崛起，一扫近代芜秽之习，百世而下，自有定论，胡为不遇哉？

梅客生尝寄予书曰㊴："文长吾老友，病奇于人，人奇于诗。"余谓文长无之而不奇者也。无之而不奇，斯无之而不奇也。悲夫！

【注释】

①山阴：今浙江省绍兴市。诸生：经过考试获取最低资格的学生，俗称秀才。②声名籍甚：名声非常大。③薛公蕙：薛蕙，明武宗朝进士，官至吏部考功郎中，但他未担任过浙江学官。据记载，薛应旂担任过浙江提学副使，并表扬了徐渭。当是误记。④国士：国家杰出人物。⑤数奇（shù jī）：命运不好。⑥蹶：跌倒，比喻失败。⑦中丞：胡宗宪时任浙江巡按御史，明朝制度，巡按例带副都御使官衔，雅称中丞。⑧客诸幕：以客卿的身份在胡宗宪幕府。⑨葛衣乌巾：粗布衣裳，黑色头巾，乡野隐者之服。⑩督数边兵：统领几个边的军队。⑪介胄：铠甲和头盔，这里指武将。⑫膝语蛇行：跪下说话，爬着走路。⑬刘真长：东晋简文帝时任宰相，为人清简，不拘小节。杜少陵：即唐代诗人杜甫，在严武幕府也不受拘束。⑭表：古代大臣给皇帝上奏章中的一种。⑮永陵：明世宗即嘉靖皇帝庙号永陵。⑯谈兵多中：谈论军事问题多次切中要害。⑰不偶：命运不好。⑱有司：有关部门的官吏。⑲曲蘖：造酒原料，这里代指酒。⑳朔漠：西北方之大漠。㉑嗔（chēn）：怒。㉒羁人：客居他乡之游子。㉓巾帼：古代妇女戴的头巾，后代指妇女。㉔韩、曾：指唐宋八大家中的韩愈、曾巩。流亚：同类。㉕时调：当时文坛的主流情调。㉖骚坛：文坛。㉗欧阳公：欧阳修。妖韶：艳冶妖媚。㉘间：偶尔。㉙旁：附带。

㉚超逸有致：超脱飘逸而有情趣。㉛卒（cù）：突然。㉜张太史：张元汴，徐渭同学张天复之子，曾任翰林院编修，故称太史。㉝周望：陶望龄字周望，明万历年间曾任国子监祭酒。㉞同年：科举中同年中进士者都可以称作"同年"。㉟石公：袁宏道自号。㊱囹圄：监狱。㊲间世：世上罕见。㊳礼数：礼节。㊴梅客生：徐渭朋友。

【译文】

　　徐渭，字文长，是山阴秀才，声名很盛，薛公蕙做浙江试官时，对他的才华感到震惊，视之为国士。然而他命运不佳，屡次应试屡次落第。中丞胡宗宪听说后，聘请他做幕僚。文长每次参见胡公，总是身着葛布长衫，头戴乌巾，挥洒自如地谈论天下大事，胡公听后十分赞赏。当时胡公统率着几支军队，威镇东南沿海，部下将士在他面前，总是跪下回话，侧身缓步，不敢仰视。而文长以帐下一生员对胡公的态度却如此高傲，好议论的人把他比作刘真长、杜少陵一流人物。恰逢胡公猎得一头白鹿，以为祥瑞，嘱托文长作贺表，表文奏上后，世宗皇帝很满意。胡公因此更加器重文长，所有疏奏计簿都出自他手。文长深信自己才智过人，好出奇制胜，谈论的用兵方略往往切中肯綮。他恃才傲物，觉得世间的事物没有能入他眼目的，然而却总是没有机遇施展身手。

　　文长既然不得志于有关部门，于是就放浪形骸，肆意狂饮，纵情山水。他游历了山东、河北各地，又饱览了塞外大漠的风光。他所见的山势如奔马、海浪壁立、胡沙满天和雷霆千里的景象，风雨交鸣的声音和奇木异树倒伏的形状，乃至山谷的幽深冷清和都市的繁华热闹，以及奇人异士、怪鱼珍鸟，所有前所未见、令人惊愕的自然和人文景观，他都一一化入诗中。他胸中一直郁结着一种强烈的愤懑不平和英雄无用武之地的悲凉。所以他的诗有时怒骂，有时嬉笑，有时如山洪奔流于峡谷，发出轰雷般的涛声，有时如春芽破土，充满蓬勃的生机。有时他的诗像寡妇在深夜的哭声那样凄厉，有时像逆旅行客冲寒启程那样无奈。虽然他诗作的格调，有时比较卑下，但是匠心独运，有王者的气概。那种如同以色事人的女子一般媚俗的诗作是难以望其项背的。徐文长于为文之道有真知灼见，他的文章气象沉着而法度精严，他不为墨守成规而压抑自己的才华和创造力，也不漫无节制地放纵议论以致伤害文章的严谨思路，真是韩愈、曾巩一流的文章家。徐文长志趣高雅，不与时俗合调，对当时的所谓文坛领袖，他一概加以愤怒地抨击，所以他的文字没人推崇，名气也只局限在家乡浙江一带，这实在令人为之悲哀！

文长喜好书法，他用笔奔放犹如他的诗，在苍劲豪迈中另具一种妩媚的姿态跃然纸上，欧阳公所谓的美人迟暮另具一种韵味的说法，可用之于形容文长的书法。文长以诗、文、书法修养的余绪，涉笔成花鸟画，也都超逸有情致。

后来，文长因疑忌误杀他的继室妻子而下狱定死罪，张元汴太史极力营救，方得出狱。晚年的徐文长对世道愈加愤恨不平，于是有意做出一种更为狂放的样子，达官名士登门拜访，他时常会拒绝不见。他又经常带着钱到酒店，叫下人仆隶和他一起喝酒。他曾拿斧头砍击自己的头颅，血流满面，头骨破碎，用手揉摩，碎骨咔咔有声。他还曾用尖利的锥子锥入自己双耳一寸多深，却竟然没有死。周望声称文长的诗文到晚年愈加奇异。他没有刻本行世，诗文集稿都藏在家中。我有在浙江做官的科举同年，曾委托他们抄录文长的诗文，至今没有得到。我所见到的，只有《徐文长集》《徐文长集阙编》二种而已。而今徐文长竟以不合于时，不得伸展抱负，带着对世道的愤恨而死去了。

石公说，徐文长先生的命途多艰，坎坷不断，致使他激愤成狂疾，狂病的不断发作，又导致他被投入监狱，从古至今文人的牢骚怨愤和遭受到的困难苦痛，再没有能像徐文长先生的。但尽管如此，仍有胡公这样的不世之豪杰，世宗这样的英明帝王赏识他。徐文长在胡公幕中受到特殊礼遇，这是胡公认识到了他的价值，他的上奏表文博得皇帝的欢心，表明皇帝也认识到了他的价值，唯一欠缺的，只是未能致身显贵而已。文长先生诗文的崛起，可以一扫近代文坛庞杂卑陋的习气，将来历史自会有公论，又怎么能说他生不逢时呢？

梅客生曾经写信给我说，徐文长是我的老朋友，他的怪病比他这个怪人更要怪，而他作为一个奇人又比他的奇诗更要奇。我则认为徐文长没有一处地方不怪异奇特，正因为没有一处不怪异奇特，所以也就注定他一生命运没有一处不艰难，不坎坷。令人悲哀呀！

【评析】

徐渭是明嘉靖至万历年间一流画家、书法家，又是著名诗人、戏曲家。而且他好谈兵法，积极参与当时东南沿海的抗倭战争，曾入浙闽军务总督胡宗宪幕中，参与机宜，写过两篇对倭作战的方案。后胡宗宪被捕下狱，他受到牵连，忧愤成狂，之后游历山水，遇见总兵李成梁并教导其子李如松兵法战略，并使李如松在万历二十年（1592）的朝鲜战争中大败丰臣秀吉的日本军。可知他是明代的抗日英雄。

但他"不得志于时，抱愤而卒"，身后有可能淹没无闻。袁宏道慧眼识珠，为他刊布文集、撰写传记，使之大显于世，是功德无量之善举。传主为世之奇才，事迹属世间奇闻，传记更是传世奇文。序文通篇在出奇之"奇"和命运不遇之"奇"二字上做文章。尾句"无之而不奇，斯无之而不奇也"便是全文的主线。

张溥

张溥，字天如，号西铭，明末文学家，爱国社团复社的领袖。进士得中，授庶吉士，后以葬亲告假，遂不复出。崇尚气节，坚持正义。一生著述繁多，遍及文、史、经学各科，精通诗词，尤擅散文，写过许多抨击时政的文章。著有《七录斋诗文合集》等。

五人墓碑记

张溥

五人者，盖当蓼洲周公之被逮①，激于义而死焉者也。至于今，郡之贤士大夫请于当道②，即除魏阉废祠之址以葬之③。且立石于其墓之门，以旌其所为④。呜呼，亦盛矣哉！

夫五人之死，去今之墓而葬焉⑤，其为时止十有一月耳⑥。夫十有一月之中，凡富贵之子，慷慨得志之徒⑦，其疾病而死，死而湮没不足道者⑧，亦已众矣；况草野之无闻者欤⑨！独五人之皦皦⑩，何也？

予犹记周公之被逮，在丁卯三月之望⑪。吾社之行为士先者⑫，为之声义，敛资财以送其行⑬，哭声震动天地。缇骑按剑而前⑭，问谁为哀者，众不能堪，抶而仆之⑮。是时以大中丞抚吴者⑯，为魏之私人，周公之逮，所由使也⑰。吴之民方痛心焉⑱，于是乘其厉声以呵⑲，则噪而相逐，中丞匿于溷藩以免⑳。既而以吴民之乱请于朝，按诛五人㉑，曰：颜佩韦、杨念如、马杰、沈扬、周文元，即今之傫然在墓者也㉒。然五人之当刑也㉓，意气扬扬，呼中丞之名而詈之㉔，谈笑以死；断头置城上，颜色不少变。有贤士大夫发五十金，买五人之脰而函之㉕，卒与尸合。故今之墓中，全乎为五人也。

嗟夫！大阉之乱㉖，缙绅而能不易其志者㉗，四海之大，有几人欤？而五人生于编伍之间^㉘，素不闻诗书之训，激昂大义，蹈死不顾^㉙，亦曷故哉？且矫诏纷出^㉚，钩党之捕^㉛，遍于天下，卒以吾郡之发愤一击，不敢复有株治^㉜；大阉亦逡巡畏义^㉝，非常之谋^㉞，难于猝发。待圣人之出^㉟，而投缳道路^㊱：不可谓非五人之力也！

由是观之，则今之高爵显位^㊲，一旦抵罪^㊳，或脱身以逃，不能容于远近，而又有剪发杜门^㊴，佯狂不知所之者^㊵，其辱人贱行^㊶，视五人之死，轻重固何如哉？是以蓼洲周公，忠义暴于朝廷^㊷，赠谥美显^㊸，荣于身后；而五人亦得以加其土封^㊹，列其姓名于大堤之上^㊺，凡四方之士，无有不过而拜且泣者，斯固百世之遇也！不然，令五人者保其首领，以老于户牖之下^㊻，则尽其天年，人皆得以隶使之^㊼，安能屈豪杰之流^㊽，扼腕墓道^㊾，发其志士之悲哉！故予与同社诸君子，哀斯墓之徒有其石也^㊿，而为之记。亦以明死生之大，匹夫之有重于社稷也^{〔51〕}。

贤士大夫者：冏卿因之吴公^{〔52〕}、太史文起文公^{〔53〕}、孟长姚公也^{〔54〕}。

【注释】

①蓼洲周公：周顺昌，字景文，号蓼洲，明末吴县（今江苏省苏州市）人，万历年间进士出身，在朝为官得罪魏忠贤，辞官归隐苏州，被捕入狱死。②当道：当政有权之人。③魏阉：魏忠贤当政时，各地党羽为其修生祠。魏忠贤死后，都成为废祠。④旌：表彰扬扬。⑤去：距离。意为五人之死距离被修墓表彰不过十一个月。⑥十有一月：有，通"又"。⑦慷慨得志：指官场上善于钻营而意气激昂的人。⑧湮没：淹没。不足道：不值得称道。⑨草野：指民间普通百姓。⑩皦皦（jiǎo jiǎo）：明亮、显眼。⑪丁卯三月之望：即明熹宗天启七年（1627）三月十五。⑫吾社：指张溥所参加并领导的复社。当时虽未成立，但已经在酝酿并准备中。⑬敛资财：募集钱财。⑭缇骑：明代锦衣卫军官，皇帝禁卫军，兼管巡察缉捕，为魏忠贤控制。⑮抶（chì）：打、推搡。仆之：使之向前倒下。⑯大中丞抚吴者：即毛一鹭，挂大中丞职衔任江苏巡抚，是魏忠贤党羽。⑰所由使：是由他指使的。⑱痛心：痛恨到极点。⑲乘其厉声以呵：乘着对方大声呵斥的机会，借机发作。⑳溷藩：厕所。㉑按诛：追究定罪诛杀。㉒傫（lěi）然：聚集。㉓当刑：临刑被杀时。㉔詈：叱责痛骂。㉕脰（dòu）：脖子，这里指头。函：用木匣装起来。㉖大阉之乱：指魏忠贤祸国殃民的祸乱。㉗缙绅：指官员和士大夫。㉘编伍：指普通百姓。因为编入户口，古代每五户为一伍。㉙蹈死不顾：身赴死地而毫不顾惜和犹豫。㉚矫诏：假传皇帝的圣旨。㉛钩党：牵连罗织同党。㉜株治：株连治罪。㉝逡巡畏义：犹疑退缩，畏惧正义。㉞非常之谋：

指篡夺帝位的阴谋。㉟圣人：指崇祯皇帝，即位后废黜诛杀魏忠贤，放逐其党羽。㊱投缳道路：魏忠贤被放逐，途中听说崇祯皇帝要追杀他，便上吊自尽。㊲高爵显位：指当时阿附魏忠贤的官僚。㊳抵罪：因犯罪而受到惩治。㊴剪发：剪掉头发出家。杜门：闭门不出。㊵佯狂：装疯。㊶辱人贱行：使人感到耻辱的人，是很卑贱的行为。㊷暴：显露出来。㊸赠谥：崇祯追赠周顺昌为太常卿，追谥为"忠介"。美显：美好而荣耀。㊹土封：指重修坟墓。㊺大堤：即虎丘前苏州河大堤，五人墓在此。㊻户牖：门窗，代指自己家。㊼隶使：被当成奴仆来役使。㊽豪杰之流：豪杰们。㊾扼腕：用手握腕，激动感奋貌。㊿徒有其石：空有石碑而没有碑文。51匹夫：普通百姓。社稷：国家。52闾卿：太仆寺卿。因之吴公：吴默，字因之，万历时官太仆寺少卿。53太史：古官名，即史官。文起文公：即翰林院修撰文震孟，字文起。54孟长姚公：姚希孟，字孟长，万历进士，官至翰林院检讨。

【译文】

　　墓中的五个人，就是当周蓼洲先生被捕时，激于正义而死于这件事的英雄。直到现在，本郡有声望的士大夫们向有关当局请求，就在清理已被废除的魏忠贤生祠旧址来安葬他们。并且在他们的墓门之前竖立碑石，来表彰他们的事迹。唉，也算是盛大隆重啊！

　　这五人的死，距离现在建墓安葬，时间只不过十一个月罢了。在这十一个月当中，所有富贵人家的子弟，意气激昂，得志的人，他们因患病而死，死后埋没不值得称道的人，也太多了；何况乡间没有声名的人呢？唯独这五个人声名显赫，为什么呢？

　　我还记得周公被捕，是在丙寅年农历三月十五。我们社里那些道德品行可以作为读书人的榜样的人，替他伸张正义，募集钱财送他起程，哭声震天动地。缇骑按着剑柄上前，问："在为谁悲痛？"大家不能再忍受了，把他们打倒在地。当时以大中丞职衔担任苏州巡抚的是魏忠贤的党羽毛一鹭，周公被捕就是由他主使的；苏州的老百姓正在痛恨他，这时趁着他厉声呵骂的时候，就一齐喊叫着追赶他。这位大中丞藏在厕所里才得以逃脱。不久，他以苏州人民发动暴乱的罪名向朝廷请示，追究这件事，杀了五个人，他们是颜佩韦、杨念如、马杰、沈扬、周文元，就是现在一起埋葬在墓中的这五个人。然而，当五个人临刑的时候，神情慷慨自若，呼喊着中丞的名字斥骂他，谈笑着死去了。砍下的头放在城头上，脸上的神情一点也没改变。有位有名望的人拿出五十两银子，买下五个人的头并用棺材收起来，最终与尸体合到了一起。所以现在墓中是完完整整的五个人。

唉！当魏忠贤作乱的时候，能够不改变自己志节而做官的人，那么大的中国，能有几个呢？但这五个人生于民间，从来没受过《诗经》《尚书》的教诲，却能被大义所激励，踏上死地，义无反顾，又是什么缘故呢？况且当时假托皇帝的诏书纷纷传出，追捕同党的人遍布天下，终于因为我们苏州人民的发奋抗击，使阉党不敢再进行株连治罪；魏忠贤也迟疑不决，畏惧正义，篡夺帝位的阴谋难以立刻发动，直到当今皇上即位，魏忠贤畏罪吊死在路上，不能不说是这五个人的功劳。

由此看来，如今这些高官显贵，一旦犯罪受罚，有的人脱身逃走，不能被远近的百姓所容纳；也有的削发为僧、闭门不出，或假装疯狂不知逃到何处，他们那可耻的人格，卑贱的行为，比起这五个人的死来，轻重的差别到底怎么样呢？因此周蓼洲先生的忠义显露在朝廷，赠给他的谥号美好而光荣，在死后享受到荣耀；而这五个人也能够修建一座大坟墓，在大堤之上立碑刻名，所有四方的有志之士，经过这里没有不跪拜流泪的，这实在是百代难得的机遇啊。不这样的话，假使让这五个人保全性命在家中一直生活到老，尽享天年，人人都能够像对待奴仆一样使唤他们，又怎么能让豪杰们屈身下拜，在墓道上扼腕叹息，抒发他们志士的悲叹呢？所以我和我们同社的诸位先生，惋惜这墓前空有一块石碑，就为它作了这篇碑记，也用来说明生死意义的重大，一个普通老百姓对于国家也有重要的作用啊！

几位有声望的士大夫是：太仆卿吴公因之，太史文起文公，姚孟长公。

【评析】

本文热情歌颂了明代在反对魏忠贤斗争中殉难的颜佩韦、杨念如、沈扬、马杰、周文元五位义士，表达了对其敬仰赞叹的心情。其思想意义有二：一、对于腐朽黑暗势力反抗的精神永远都是可歌可泣的。二、将生命投入正义斗争中是有价值的，可以绽放异彩。明末阉党迫害东林党是中国历史上非常重要的事件，故本文便有极高的思想价值。文章将叙事、议论、抒情融为一体，激扬慷慨，情见乎辞，具有强烈的感染力。

图书在版编目（ＣＩＰ）数据

古文观止译注评 / 毕宝魁，尹博著. -- 北京 ：
现代出版社，2024.7

ISBN 978-7-5231-0903-8

Ⅰ．①古… Ⅱ．①毕… ②尹… Ⅲ．①《古文观止》
－译文②《古文观止》－注释 Ⅳ．①H194.1

中国国家版本馆CIP数据核字(2024)第111960号

古文观止译注评

著　　者	毕宝魁　尹 博　著

出 版 人	乔先彪
责任编辑	赵海燕　马文昱
责任印制	贾子珍
出版发行	现代出版社
地　　址	北京市安定门外安华里504号
邮政编码	100011
电　　话	(010) 64267325
传　　真	(010) 64245264
网　　址	www.1980xd.com
印　　刷	固安兰星球彩色印刷有限公司
开　　本	710mm×1000mm　1/16
印　　张	43.5
字　　数	745千字
版　　次	2024年8月第1版　2024年8月第1次印刷
书　　号	ISBN 978-7-5231-0903-8
定　　价	98.00元